中国科学技术大学编年史稿

主编 朱清时

中国科学技术大学出版社

图书在版编目(CIP)数据

中国科学技术大学编年史稿/朱清时主编. —合肥:中国科学技术大学出版社,2008.9
ISBN 978-7-312-01958-6

Ⅰ. 中… Ⅱ. 朱… Ⅲ. 中国科学技术大学—校史—大事记 Ⅳ. G649.285.41

中国版本图书馆 CIP 数据核字(2008)第 135815 号

责任编辑　李攀峰
书籍设计　敬人工作室

出版
中国科学技术大学出版社
安徽省合肥市金寨路 96 号,邮编:230026
网址:http://press.ustc.edu.cn

印刷
合肥晓星印刷有限责任公司

发行
中国科学技术大学出版社

经销
全国新华书店

开本
880 mm×1 230 mm　1/16

印张
38.5

字数
840 千

版次
2008 年 9 月第 1 版

印次
2008 年 9 月第 1 次印刷

印数
1—2 000 册

定价
160.00 元

编纂委员会

顾 问
(以姓氏笔画为序)

王广训　王东进　王学保　尹鸿钧　叶向东　史济怀
朱灿平　朱　滨　伍小平　汤洪高　许　武　李志超
李国栋　李曙光　何多慧　辛厚文　陈国良　金大胜
周又元　侯建国　俞书勤　施蕴渝　郭传杰　鹿　明
韩荣典　窦贤康　蔡有智

主　编

朱清时

副主编

丁毅信(常务)　胡化凯　黄超群

撰　稿
(以姓氏笔画为序)

丁兆君　丁毅信　万　绚　马　壮　王高峰　王燕霞
方黑虎　付邦红　刘　杰　汤传霞　孙洪庆　杨　晶
吴华宝　何淳宽　张志辉　张　振　张新年　陈崇斌
郑红群　胡化凯　柯资能　祝　捷　贾　瑞　黄超群
程学玲

编纂说明

一、本书以编年史形式记述学校1958年创建以来至2007年的历史。编者在充分调查研究的基础上,逐年提炼相关条目,予以逐条记叙和说明。

二、全书由正文、附录等组成,人物、文献、地名等酌加注释,图表随文编列。

三、写作上,真实记叙,客观描述,不加评论;表述上,以清晰反映重要事件及活动为原则,篇幅服从内容需要。

四、源于期刊、专著的参考文献酌情注释,源于档案、校报等非公开出版物不另标注。

五、关于领导视察活动一般为省、部级以上,有特殊意义者除外。各类事件、活动的选取视其在校史上的价值与意义而定。

六、关于党群、行政机构的调整及增设事项限于处级以上,科研机构的调整酌情而定,干部任免事项限副校级及以上职务。

七、关于国外专家学者访问活动,视访问者身份与访问活动的重要程度选取。

八、科研成果选取原则为省部级二等奖、中国科学院三等奖以上,年度论文排行列相应条目。

九、历史人物第一次出现时注明职务,此后均直呼其名。

十、时间、学生年级等表述均使用阿拉伯数字。

目 录

正　文　001—588

1958 年 …………………… 001	1983 年 …………………… 255
1959 年 …………………… 015	1984 年 …………………… 265
1960 年 …………………… 023	1985 年 …………………… 276
1961 年 …………………… 029	1986 年 …………………… 285
1962 年 …………………… 038	1987 年 …………………… 294
1963 年 …………………… 046	1988 年 …………………… 307
1964 年 …………………… 064	1989 年 …………………… 325
1965 年 …………………… 077	1990 年 …………………… 341
1966 年 …………………… 086	1991 年 …………………… 357
1967 年 …………………… 092	1992 年 …………………… 377
1968 年 …………………… 095	1993 年 …………………… 393
1969 年 …………………… 101	1994 年 …………………… 410
1970 年 …………………… 111	1995 年 …………………… 429
1971 年 …………………… 117	1996 年 …………………… 448
1972 年 …………………… 122	1997 年 …………………… 463
1973 年 …………………… 132	1998 年 …………………… 475
1974 年 …………………… 141	1999 年 …………………… 486
1975 年 …………………… 148	2000 年 …………………… 499
1976 年 …………………… 161	2001 年 …………………… 512
1977 年 …………………… 168	2002 年 …………………… 523
1978 年 …………………… 178	2003 年 …………………… 533
1979 年 …………………… 197	2004 年 …………………… 546
1980 年 …………………… 210	2005 年 …………………… 557
1981 年 …………………… 230	2006 年 …………………… 567
1982 年 …………………… 243	2007 年 …………………… 577

附录 589—603

历任校党政领导一览表 ·· 589
历年本科生、研究生招生、毕业情况一览表 ····················· 590
系科专业设置沿革 ·· 591
党群行政机构沿革 ·· 597

后记 604—605

1958年

● 中国科学院部分科学家倡议创办一所新型大学

1956年，中共中央发出"向科学进军"的号召。在周恩来总理和陈毅、李富春副总理的直接参与下，以聂荣臻副总理为主任的国务院科学规划委员会制订出新中国第一个科学技术发展规划，即《1956—1967年全国科学技术发展远景规划》。《规划》对我国未来十二年的科技发展作出了全面部署，并列出若干填补空白及追赶国际先进水平的项目。中国科学院于1956年开始建立半导体、电子学、计算机和自动化等研究所，1958年诞生了制造人造卫星和人工合成胰岛素的设想，并着手原子弹、导弹等尖端国防科技的研究。所有这些，标志着中国科学技术的现代化开始起步。

当时，作为全国学术科研中心的中国科学院，虽拥有众多的高级科学人才，却急需补充优秀的后备力量，特别是国内新兴技术学科方面的尖端科技人才。而从高等学校分配的毕业生，在数量和质量上都难以满足需要。在这种情况下，利用中国科学院的自身优势，创办一所培养新兴、边缘、交叉学科尖端科技人才的新型大学，就成为中国科学院领导和许多科学家的共同期望。

1958年春，中国科学院力学研究所所长钱学森、副所长郭永怀等确定了力学研究所的研究方向是"上天、下海、入地"。钱学森认为，首先必须办一个学校培养学生，不能只靠所里刚回国的几位专家。随之，他向当时的中国科学院院长郭沫若建议成立星际航行学院。中国科学院召开院务会议讨论力学研究所成立星际航行学院的提议，许多研究所负责人都表达了急需年轻人才的强烈愿望，讨论结果是建立一所多学科的新型大学。

在此前的1957年10月至1958年1月，中国科学院主要领导参加中国科学技术代表团访问苏联，参观了新建的西伯利亚科学分院及同时建立的新西伯利亚大学，从中受到启发。该大学依托科学分院各研究所的师资和实验设备，培养研究所的后备人才。部分科学家的倡议与中国科学院领导的想法不谋而合，从而形成由中国科学院创办一所新型理工大学的共同愿望。

● 张劲夫向聂荣臻提交创办新型大学的报告

在众多科学家的倡议下，中国科学院院长郭沫若正式提出了由科学院创办一所大学的建议。在中央科学小组的一次会议上，中国科学院党组书记、副院长张劲夫向主管科技工作的中央科学小组组长聂荣臻汇报了科学院拟办一所大学的设想，聂荣臻表示值得考虑，并要求中央宣传部研究一下这个问题。

4月15日，中央宣传部科学处处长于光远通过教育处处长程今吾致函中央宣传部部长陆定一，转达了中国科学院拟办大学的愿望，表示赞同，并提出了三点注意事项：要解决好中国科学院与北京大学的协作关系；只办自然科学方面与中国科学院已有研究所对口的系科；由教育部与中国科学院一起研究是否办这样的大学。次日，程今吾亦表示同意，并"觉得这个建议很好"，"要办就在城里找一栋房子很快地办起来，全部招走读生，暑假后就可以开学。"4月24日，教育部部长杨秀峰通过程今吾转报陆定一，表示同意于、程的意见，并建议由于光远召集中国科学院、教育部和北京大学三方共谈关于中国科学院与北京大学的协作问题。

4月29日，中国科学院有关部门召开座谈会，经讨论，提出了筹办大学的15项意见，包括建校的宗旨、方针、拟设立科系、招生名额、毕业年限、教学工作、学生来源、学生待遇、成绩考核、学校组织和领导关系、经费和教学设备、干部配备、校址、筹办时间与筹委会成员等内容。次日，中国科学院副秘书长郁文将此15项意见上报科学院党组。

5月9日，张劲夫代表中国科学院向聂荣臻副总理和中央宣传部及时任中央文教小组副组长、教育工作委员会副主任的康生呈交请示，建议由中国科学院试办一所大学，主要培养当前世界上最新的尖端学科的科学研究工作干部。提议这所大学由教育部和中国科学院双重领导，主要依靠中国科学院现有的科学力量，同时请教育部调配一定数量的讲师、助教支援，由中国科学院院长郭沫若、教育部副部长黄松龄和竺可桢、吴有训、严济慈、钱学森、杜润生、郁文、赵守攻九人组成筹备委员会，立即进行筹备工作。

● 聂荣臻向中央书记处提交创办新型大学的报告

在收到中国科学院党组的请示后，聂荣臻于5月20日向周恩来总理汇报中国科学院拟办大学一事，得到周恩来的首肯。次日，聂荣臻向中共中央书记处提交报告："中国科学院拟办一所大学，我认为是可行的。昨与恩来同志面谈时，他也很赞成。校址科学院曾建议用原华北行政委员会旧址，我与彭真同志谈过，请市委予以调整。请中央同意批准，以便立即着手筹备暑期招生。"

1958年

● 中央宣传部召集会议讨论中国科学院筹办大学问题

5月30日,由中央宣传部召集教育部、中国科学院、清华大学等单位开会,讨论中国科学院筹办大学问题。参加会议的有教育部副部长黄松龄,中央宣传部科学处处长于光远、教育处处长程今吾,中国科学院党组书记张劲夫、副秘书长郁文和谢鑫鹤、计划局副局长汪志华和谷羽,清华大学校长蒋南翔,北京大学校长陆平等人。与会人员纷纷发言,表明对中国科学院办大学的态度,并指出所存在的问题。张劲夫在发言中阐明了由中国科学院创办一所新型大学的必要性与可行性,同时表明中国科学院将继续支持清华大学、北京大学办学的态度,以消除他们的顾虑。会议最后形成决议:"在原来(中国科学院与清华大学、北京大学的)协作不削弱而且进一步加强的条件下,中国科学院还是照办大学。"

● 邓小平代表中央书记处批准同意成立中国科学技术大学

6月2日,经中共中央书记处讨论,中共中央总书记邓小平批示:"书记处会议批准这个报告,决定成立这个大学,校址另议。"刘少奇、周恩来、陈云等领导人也审批同意了中央书记处的决定。聂荣臻随即批示:"张劲夫同志即办。"

● 成立建校筹备委员会、学校筹备处

6月8日,中国科学院院长郭沫若主持召开学校筹备委员会第一次会议,决定学校定名为"中国科学技术大学"。郭沫若担任新成立的建校筹备委员会主任委员,黄松龄、竺可桢、杜润生、郁文、严济慈、赵守攻、钱学森、于光远等为委员。会议通过了建校方案和1958年招生简章,明确教学设备原则上由中国科学院各有关研究所负责。会议决定学校设置原子核物理和原子核工程系、技术物理系、化学物理系、物理热工系、无线电电子学系、自动化系、力学和力学工程系、放射化学和辐射化学系、地球化学和稀有元素系、高分子化学和高分子物理系、应用数学和计算技术系(后又称应用数学和电子计算机系)、生物物理系共12个系;并与北京大学、清华大学建立联系协作关系。此后,中国科学院党组上报中央宣传部,将拟定校名、所设系科、招生规划、各地区名额分配等事宜上报,并请中央通知各省、市委协助中国科学院筹办此大学,保证招生质量。此外,鉴于学校所设尖端性学科密切联系国防和国家重要建设,保密性很强,为了保证入学学生的质量,中国科学院拟请中央通知有招生任务的各地党委将招收的学生列入机密专业。

6月18日,中国科学技术大学建校筹备处成立,负责人为力学研究所副所长晋曾毅、科

学出版社副社长张新铭。筹备处在中国科学院文津街3号办公。自8月1日起,筹备处迁至复兴门外玉泉路19号(本校校址)办公。

6月21日,中国科学院召开院务常务会议,讨论了关于筹建中国科学技术大学问题。出席会议的有张劲夫、陶孟和、竺可桢、吴有训等副院长,生物学地学部副主任童第周,以及大学筹备处负责人晋曾毅等人。会议听取了晋曾毅关于筹建大学的报告,会议认为中国科学院筹建一所以培养目前最新的尖端性学科的忠实于社会主义建设事业,具有坚实的科学理论基础,并能掌握最新科学实验技术的科学研究工作干部和技术干部为目的的大学是完全必要与迫切需要的。会议同意筹建中国科学技术大学,建议郭沫若兼任校长。由于当前学校急需制订组织规程、教学大纲和课程大纲,今后对学生需加强思想教育和劳动生产锻炼,童第周强调必须加强系一级的干部配备。竺可桢还提出了希望加强外文训练的建议。

● 《人民日报》等刊登我校招生简章

为解决招生问题,中国科学院党组报请中央批准,从各省、市当年考生中由我校优先录取1600名新生。6月18日,《人民日报》、《光明日报》、《中国青年报》登载了我校招生简章。华罗庚等著名科学家利用到外地作学术报告的机会,亲自为学校作招生宣传。

有关我校招生工作中的若干问题解答于7月2日在《北京日报》、《中国青年报》发表,并在中央人民广播电台广播。

学校筹备处办公室编印《中国科学技术大学招生工作简报》,分发全国各考区及各有关研究所,通报招生工作情况、交流经验和指导招生工作。

● 学校筹备处召开第一次系主任会议

7月28日,学校筹备处召开第一次系主任会议,出席会议的有中国科学院副秘书长杜润生、郁文,学校筹备处负责人晋曾毅、张新铭,以及赵忠尧、施汝为、郭永怀、柳大纲、马大猷、钱学森、杨承宗、侯德封、华罗庚、贝时璋等各研究所负责人。会议听取了筹备处关于招生工作的汇报,通过了增设应用地球物理系的决定,并确定了13个系主任、副主任人选,见下表:

系　　别	主　　任	副主任
原子核物理和原子核工程系	原子能研究所副所长　赵忠尧	郑　林
技术物理系	物理研究所所长　施汝为	李德仲
化学物理系	力学研究所副所长　郭永怀	柳大纲

1958年

续表

系　　别	主　　任	副主任
物理热工系	动力研究室研究员　吴仲华	李树诚
无线电电子学系	电子研究所所长　顾德欢	马大猷
自动化系	自动化研究所所长　武汝扬	陆元九
力学和力学工程系	力学研究所所长　钱学森	杨刚毅
放射化学和辐射化学系	地质研究所研究员　杨承宗	苏振芳
地球化学和稀有元素系	地质研究所所长　侯德封	张从周 梁树权
高分子化学和高分子物理系	化学研究所副所长　华寿俊	王葆仁
应用数学和计算技术系	数学研究所所长　华罗庚	阎沛霖
生物物理系	生物物理研究所所长　贝时璋	康子文
应用地球物理系	地球物理研究所所长　赵九章	卫一清

由于办学时间仓促，师资力量不足，会议认为解决这一问题的唯一办法就是"全院办校，分头包干"，各系教学、管理工作由有关研究所对口分包。会议决定成立普通物理、普通化学、数学和政治课四个小组。普通物理组组长由施汝为担任，普通化学组组长由柳大纲担任，数学组由华罗庚召集。会后，华罗庚、施汝为、柳大纲分别主持了数学、普通物理、普通化学教学大纲的制订和教材审订工作。

会议讨论了有关基础课和各系教学大纲及必需的仪器设备问题，还讨论了勤工俭学、教学和管理人员安排、学生在校学习时间等问题。

● 校筹备处召开第二次系主任会议

8月4日，学校筹备处召开第二次系主任会议。参会人员有郁文、晋曾毅、张新铭等院领导与筹备处负责人，贝时璋、华罗庚、武汝扬、杨承宗、赵忠尧、施汝为、华寿俊、郭永怀八位系主任，以及马大猷等十位系副主任，会议由中国科学院副秘书长杜润生主持。会议听取了数学组组长华罗庚、普通物理组组长施汝为和普通化学组组长华寿俊关于各组教学研究情况的汇报，讨论通过了数学、普通物理、普通化学和工程画等课程的安排与教学人员问题。

会议一致同意，在数学基础课教学上，全校设置10个班，每班170—200人，需教授10人，分别由华罗庚等6人和力学研究所2人、计算技术研究所2人担任；需讲师、助教25人，由数学研究所、计算技术研究所和力学研究所各抽4人，尚缺13人有待各研究所支援解决。

关于普通物理课的教学安排,有两种意见:第一种是将全校各系科专业分为两种类型,一为两年半400学时,二为一年半约250学时;第二种意见是全校一律两年,压缩教学内容。会议决定10个班的物理课教授,除请中国科学院副院长吴有训和技术科学部主任严济慈各担任1个班外,由自动化研究所、电子研究所、动力研究室共同担任1个班,向仁生担任1个班,两个物理研究所各包干3个班。需要讲师、助教40人,除现有22人外,尚缺18人,会议决定由地球物理研究所抽2名,其余16名由两个物理研究所平均分担。

关于普通化学教学,10个班共需讲师、助教人员50人,除已有35人外尚缺15人。会议决定由应用化学研究所抽1人,石油研究所抽3人,应届大学毕业生分配4人,还缺7人另作研究。10个班教授由化学研究所柳大纲、王葆仁等7人和物理研究所3人、计算技术研究所1人分别担任。

会议一致认为工程画课很需要,除生物物理系外,其他12个系都进行讲授,所需教师约6人,由力学研究所抽1人,热工研究所抽2人,尚缺3名拟商请机械部帮助解决。授课时间各系均为半年。

关于外语教学,原则上要求学生先学会一种外语,凡在高中时学过俄语的继续学习俄语,学过英语的继续学习英语。

● 学校筹备处召开第三次系主任会议

8月14日,学校筹备处召开第三次系主任会议。会议由郁文主持。出席会议的有严济慈、晋曾毅、张新铭,以及华罗庚、赵九章、赵忠尧、钱学森、顾德欢、武汝扬、施汝为、杨承宗、华寿俊九位系主任与马大猷等七位系副主任。会议讨论了教学计划、教学大纲的原则和任课教师名单;会议听取了大学筹备处负责人晋曾毅《关于第一学年基础课计划的初步意见》和外语教研组曲毓琦《关于公共必修外国语课程设置的几点意见》。会上,晋曾毅宣布了吴有训、严济慈、华罗庚等三十多位教授为基础课程的任课教师。会议详细讨论了教学时间安排,决定全校各基础课的类型划分。高等数学分两个类型:第一类型学习两年半,430学时;第二类型为一年半,计260学时。普通物理课设三种类型:第一类型学习两年半,上课408学时,实验280学时;第二类型为两年,上课323学时,实验224学时;第三类型为一年半,上课238学时,实验168学时。普通化学分为两个类型:第一类型学习一年,每周上课4学时,实验4学时;第二类型学习时间也是一年,每周上课3学时,实验4学时。各系基础课教学类型划分如下表所示(以Ⅰ、Ⅱ、Ⅲ代表课程类型):

1958年

科目 系别 类型	高等数学	普通物理	普通化学
原子核物理和原子核工程系	Ⅰ	Ⅰ	Ⅰ
技术物理系	Ⅰ	Ⅰ	Ⅰ
化学物理系	Ⅰ	Ⅰ	Ⅰ
物理热工系	Ⅰ	Ⅱ	Ⅰ
无线电电子学系	Ⅰ	Ⅰ	Ⅱ
自动化系	Ⅰ	Ⅱ	Ⅱ
力学和力学工程系	Ⅰ	Ⅱ	Ⅱ
放射化学和辐射化学系	Ⅱ	Ⅰ	Ⅰ
地球化学和稀有元素系	Ⅱ	Ⅱ	Ⅰ
高分子化学和高分子物理系	Ⅱ	高分子物理Ⅰ 高分子物理化学Ⅱ 高分子合成及天然高分子Ⅲ	Ⅰ
应用数学和计算技术系	Ⅰ	Ⅰ	Ⅱ
生物物理系	待定	Ⅰ	Ⅰ
应用地球物理系	Ⅰ	Ⅱ	Ⅱ

● 学校筹备处召开第一次行政会议

8月22日,学校筹备处召开第一次行政会议,会议由晋曾毅主持。会议讨论了开学前处、室的工作计划和职责范围,文书处理工作暂行办法等工作制度草案。会议决定文书处理办法可以试行;成立迎接新生临时工作委员会,由肖佛先负责;会议还讨论了创办校刊问题。

● 校址选定北京西郊玉泉路

临近开学不到两个月,校舍问题迫在眉睫,需要及时解决。中国科学院建议用原华北行政委员会旧址办学,聂荣臻指示请北京市委予以调整,并于5月21日报中央书记处批准,6月2日邓小平批示"校址另议"。

6月12日,中国科学院呈请国务院副秘书长齐燕铭,要求批准北京西苑(靠近颐和园)的房屋为建校之用。后来由于只从西苑得到8幢旧楼,与所需房舍相差甚远。根据聂荣臻指示,中共中央办公厅主任杨尚昆决定将原中央党校在玉泉路的二部让给我校作校址,但

该址此前已商定交给解放军工程兵设计院。中央军委秘书长黄克诚得知此事,立即下令已进驻的解放军工程兵设计院搬迁。郭沫若、张劲夫前往拜访解放军工程兵设计院,院长唐凯将军表示保证在一周内搬迁,绝不耽误开学。校内教室虽勉强够用,但宿舍不够,于是在马路对面的解放军政治学院借了两幢宿舍楼,从而基本满足了新生入学的需要。中国科学院院部和各研究所支援了一大批员工、教室、图书资料和实验设备。

7月21日,学校校址从西苑改至北京复兴路门外玉泉路19号,筹备处从中国科学院文津街3号搬至玉泉路19号办公。

● 学校筹备处召开第四次系主任会议

8月23日,学校筹备处召开第四次系主任会议。出席会议的有张劲夫、吴有训、严济慈等中国科学院领导,晋曾毅、张新铭等筹备处负责人,武汝扬、华罗庚、郭永怀、赵九章、杨承宗、华寿俊、赵忠尧、施汝为八位系主任,以及马大猷等七位系副主任。会议由郁文主持。会议讨论通过了第一学年各基础课教学计划修正稿,高等数学、普通物理、普通化学课程的任课教授名单,各系学生名额分配方案和勤工俭学工厂问题。会议对当年录取新生中工农成分占65%比例,党、团员占83%比例,考试成绩良好感到满意。会上,郁文传达了中央教育会议的精神,张劲夫作了指示,提出"苦战三年打下基础,奋战五年建设成具有先进水平的大学"的奋斗目标;吴有训副院长介绍了武汉大学、上海交通大学、南京大学等高校办勤工俭学工厂的经验。

会议一致通过高等数学课由华罗庚、关肇直、吴文俊等12人担任(共11个班,其中有2人担任1个班);化学课由杨承宗、王葆仁、梁树权、刘达夫等13人担任(共12个班,其中有2人担任1个班);物理课由吴有训、严济慈、向仁生等12人担任。数学课讲师、助教和工程画教师(需10人,现只4人)尚缺,除由学校积极向外地求援外,由各研究所支援解决。会议还研究了保证兼课教授上课的问题,决定开学后从院部和中关村到本校增设班车,以解决交通工具问题。

● 学校筹备处召开第二次行政会议

8月30日,学校筹备处召开第二次行政会议。会议由郁文主持。

会议着重讨论了学校的体制问题和开学前的准备工作。根据中国科学院党组指示,学校遵照中央教育会议决定,实行党委领导下的校务委员会负责制。党的工作由北京市委高校党委领导,行政工作受中央教育部和中国科学院双重领导。会议讨论通过了学校体制与本校1958年人员编制方案;各教研组和图书馆均直属校长领导,暂由教务处负责教学组织的筹备工作;决定成立勤工俭学办公室、俱乐部,勤工俭学办公室由张新铭负责,俱乐部受

1958年

团委领导;校卫队受人事处领导;原总务处更名为行政处。

● 招收新生1 600余名

经过紧张工作,全校共招考录取和接收保送新生1 634名。其中原计划招生950名,后由各省、市保送292名,代中央各部门培养392名。

9月1—2日,在北京考区录取的150名新生提前报到,办理注册手续,参加整理校园和修建操场等义务劳动。9月15日,京外新生办理报到注册手续。

● 创新的系科专业设置

尽快填补国内高校在新兴学科方面的空白,加强建设一些力量薄弱的专业,是酝酿建校的一个十分重要的因素。学校在系科专业设置上没有采用苏联理工分家的模式,实行理工结合、科学与技术结合。当时设立的13个系41个专业,都是经过中国科学院各研究所周密研讨后确定的。所设专业均体现尖端、边缘、新兴、交叉学科对人才的需求,绝大多数专业是国内空白或紧缺专业,特别是核物理、空间技术、计算机技术、无线电电子学、自动化、化学物理、近代力学及其相关的系和专业。

各系科专业列表如下:

一、原子核物理和原子核工程系 　1. 原子核物理专业 　2. 原子核工程专业 二、技术物理系 　1. 半导体物理专业 　2. 低温物理专业 　3. 铁氧体专业 　4. 固体物理专业 三、化学物理系 　1. 高速反应动力学专业 　2. 物理力学专业 四、物理热工系 　1. 原子能动力专业 　2. 燃气轮机及喷气发动机专业 　3. 工程热物理专业 五、无线电电子学系 　1. 无线电技术专业 　2. 电波天线专业 　3. 电子学专业 　4. 声学专业	六、自动化系 　1. 自动学专业 　2. 运动学专业 　3. 自动化计算技术专业 　4. 自动化技术工具专业 七、力学和力学工程系 　1. 高速空气动力学专业 　2. 化学流体力学专业 　3. 高温固体力学专业 　4. 岩石和土力学专业 八、放射化学和辐射化学系 　1. 放射化学专业 　2. 辐射化学专业 　3. 同位素化学专业 九、地球化学和稀有元素系 　1. 稀有分散元素地球化学专业 　2. 放射性元素地球化学专业 　3. 同位素地球化学专业 　4. 地球化学专业 　5. 稀有元素专业

续表

十、高分子物理和高分子化学系 　1. 高分子合成专业 　2. 高分子物理化学专业 　3. 高分子物理专业 　4. 重有机合成专业 十一、应用数学和电子计算机系 　1. 应用数学专业	2. 电子计算机专业 　3. 工程逻辑专业 十二、生物物理系 　生物物理专业 十三、应用地球物理系 　1. 天气控制专业 　2. 高空大气物理专业

● 学校筹备处召开全校师生员工动员大会

9月18日下午,学校筹备处召开全体师生员工大会。郁文报告了学校的办学方针、特色,即要成为共产主义的新型大学,所培养的干部应该是又红又专的科学技术人才。此外,他还分析了学校在创办初期所面临的困难,以及办好学校的信心。田夫为广大同学提出了关于对学校、对实验科学、对思想意识等问题的认识理解,以及学生对所分配系科的满意程度等讨论题,交由大家参考。

● 周恩来对学校成立作出指示并修改校歌歌词

开学前夕,郭沫若起草了校歌《永恒的东风》歌词,并邀请全国音协主席吕骥谱曲。9月17日,郭沫若向周恩来总理汇报了他亲笔起草的"开学典礼致辞"内容,聂荣臻、彭真在场。周总理说:"可以,是施政方针了。"

郭沫若将校歌歌词送周恩来审阅,周恩来建议将"为共产主义建设作先锋"中的"建设"改为"事业"。

9月19日,郭沫若与全体同学第一次见面,请吕骥教学生唱校歌。

校歌《永恒的东风》歌词全文如下:

> 迎接着永恒的东风把红旗高举起来,
> 插上科学的高峰!
> 科学的高峰在不断创造,
> 高峰要高到无穷,
> 红旗要红过九重。
> 我们是中国的好儿女,
> 要刻苦锻炼,辛勤劳动,
> 在党的温暖抚育坚强领导下,
> 为共产主义事业作先锋。

1958年

又红又专，理实交融，
团结互助，活泼英勇，
永远向人民学习，学习伟大领袖毛泽东。

● 中国科学技术大学成立暨开学典礼

9月20日上午，在中国人民解放军政治学院大礼堂隆重举行中国科学技术大学成立暨开学典礼大会。国务院副总理聂荣臻，中国人民大学校长吴玉章，国务院科学规划委员会副秘书长安东、武衡，北京大学副校长周培源，清华大学副校长陈士骅，北京师范大学副校长何锡麟，中国人民解放军政治学院副院长莫文骅应邀出席大会。出席大会的中国科学院领导有：院长郭沫若，副院长张劲夫、陶孟和、吴有训，副秘书长杜润生，技术科学部主任严济慈，哲学社会科学部副主任潘梓年和院部各单位负责人、各研究所正副所长。

会上，郭沫若作题为《继承抗大的优秀传统前进》的致辞，聂荣臻作题为《把红旗插上科学的高峰》的重要讲话，吴玉章、周培源、莫文骅和学生代表都在会上讲话，各教研组向大会作了献礼。大会由晋曾毅主持。

聂荣臻副总理在讲话中指出："在科学技术方面，必须大力培养新生力量，以满足国家建设的需要，创办一所新型的大学是十分必要的。这种大学和研究机构结合在一起，选拔优秀高中毕业生，给予比较严格的科学基本知识和技术操作训练，在三四年级时，让学生到相关研究机构中参加实际工作，迅速掌握业务知识，加快培养进度，以便在一段时期内使祖国最急需的、薄弱的、新兴的科学部门迅速赶上先进国家水平。中国科学技术大学就是在这样的要求下筹办的。经过很短的时间，在郭沫若院长的直接领导下进行筹备工作，一个社会主义的新型大学——中国科学技术大学诞生了。这将是写在我国教育史和科学史上的一项重大事件。"这段话勾画了国家创办我校时的创新思路，也指明了我校的办学方针和特色。

9月20日下午，学校举行了文艺汇演，郭沫若应同学们的请求，登台向大家朗诵了他的词作《声声快》。

● 郭沫若任校长，郁文任党委书记

9月24日，国务院第80次全体会议决定任命郭沫若为中国科学技术大学校长。10月22日，中央宣传部正式下发《关于中国科学技术大学领导人选的任免通知》，除郭沫若任校长外，同时还任命晋曾毅为副校长，郁文任党委书记。

1958年

● 张劲夫来校作形势报告

9月24日,中国科学院副院长张劲夫在中国人民解放军政治学院礼堂向全校师生员工作《坚决贯彻共产主义教育方针》的报告,张劲夫副院长在报告中号召"科学技术大学必须坚决、彻底、迅速地贯彻党的教育方针"。

● 《中大校刊》创刊

9月27日,中国科学技术大学校刊《中大校刊》正式创刊,郭沫若题写刊名。1959年10月1日第36期起,《中大校刊》更名为《科大校刊》。1960年7月20日第74期后停刊。

● 全校师生参加中国科学院"十一"献礼大会

全校师生员工集体步行至离校约40华里的中关村,参加中国科学院"十一"献礼祝捷万人大会。在大会上献礼的有2 152项科学成果,其中我校向大会所献的礼有铁氧体、氧化铁和化学用品共130项。

● 成立校团委

10月16日,共青团北京市委组织部批复同意我校成立校团委会。此前,9月22日,校党委组织部拟就《各系共青团组织建立的方案(草案)》。11月5日,校团委会决定于当月12日召开全校青年积极分子大会,表扬在政治思想、劳动、学习等各方面均优的先进集体和先进青年,广泛宣传他们的事迹,进一步鼓足干劲,提高觉悟。

● 全校停课三周,学习"教育方针"

10月13日,为贯彻中共中央"教育为无产阶级政治服务,教育与生产劳动相结合"的教育方针,校党委决定是日起全校停课3周,以整风的方式深入学习与贯彻党的教育方针,11月3日恢复上课。在此期间,学校组织开展"大鸣大放大争大辩"运动,共贴出大字报5万多张,对学校贯彻中央教育方针、教学改革、勤工俭学、行政管理等方面提出意见;还就红与专、脑力劳动与体力劳动、勤工俭学等问题展开辩论。停课期间,学校还组织师生员工参加"全民炼钢运动"和到密云红旗人民公社参加秋收劳动,并组织部分同学参加科研,开展勤

1958年

工俭学。

● 地球化学稀有元素专业进行教改

11月11日,为摸索教学改革经验和培养青年教师,化学教研组在地球化学稀有元素专业开办"教改试验田"。通过试验,集体编写教材,研究改善教学的方法,培养提高青年教师。在开办的"教学试验田"中实行教师集体备课,分工授课,相互听讲,授课以后注意听取学生意见,经过集体讨论,总结经验,逐步地加以改进。

化学教研组对稀有元素专业28个同学进行了了解,并分头赴北京大学、北京师范大学调查,还研究了武汉大学的有关资料。通过吸取兄弟院校的经验制定出教案,先由有教学经验的教师上课,正式授课前先在教研组内试讲,大家提意见讨论改进,然后再给学生讲课,课后再进行讨论改进。这样,精简了课程内容,合并了性质相同的实验,讲授课程系统不变,深入了解了学生的水平。在此基础上制定教学大纲,选择教材,编写讲义,受到了学生的欢迎。

● 力学和力学工程系研制的模型火箭试验成功

在"大鸣大放大争大辩"运动中,力学和力学工程系提出试造火箭的建议。经校领导同意,10月18日,力学和力学工程系勤工俭学干事张菊生根据同学们的建议,组织了火箭研究试验小组。其成员有该系韩金虎(组长)、朱小光(副组长)、吕家昌、周贞明、徐庆祥、刘国仪、杨阴堂七名学生,另吸收了技术物理系学生谭富江参加。此后经力学和力学工程系与教研组联系,又取得了教师们的积极支持。其中数学教研组有徐燕侯、吴肇曼、毛瑞庭三名教师参加试验小组。化学教研组亦有教师邢兰敏参加,负责和学生们一起解决燃料问题。

由于成员都较为年轻,尚无火箭方面的知识,只能根据一些简单资料进行摸索,边设计、边制造、边试验。后来当钱学森得知此事后,非常支持学生参加课外科研小组活动,并明确指出搞小火箭很好,方向要明确,要搞人工降雨小火箭,为农业生产服务。

10月25日,由于操作不慎,三名组员在学校第六化学实验室门口试验时,发生了爆炸。有一名学生右手拇指及中指一节被炸掉。

经过了29次试验和21次试射后,12月27日,火箭试验小组研制的单级模型火箭终于试验成功,发射上天高度达6 000多米。

● 学校举行1959年元旦献礼大会

12月31日,学校举行1959年元旦献礼大会。校长郭沫若和党委领导都出席了大会。

此外，中国科学院原子能研究所赵忠尧副所长、力学研究所郭永怀副所长、化学研究所柳大纲副所长等学校兼职系主任、教授也应邀出席了大会。大会由晋曾毅副校长主持。郭沫若校长作了讲话。他要求同学们不但要重视科学，还要特别重视科学精神，大胆创造要与科学精神相结合，要仔细、耐心地观察、分析、研究客观事物的发展规律，掌握规律，利用规律，要有持久战的精神，并向同学们提出"八好"，即：思想好、作风好、工作好、学习好、互助好、身体好、劳动好、休息好。郭沫若讲话后，题诗三首勉励大家。会后，校文工团表演了文艺节目。向大会献礼的礼品有52项，75种，共12 936件和138万多克化学用品与金属元素，还有化学教材5册，俄、英、德等外国语教材7册。

● "全院办校，所系结合"办学方针的确立

中国科学院对我校实行"全院办校，所系结合"的办校方针，在我国高等教育界独树一帜，改变了当时教育体制和科研体制相互割裂的状况，促进了教学与科研的一体化建设。这不仅开创了我国教育史上的一个先例，而且也在后来的教育实践中显示出强大的生命力。

中国科学院发挥人才、设备等优势，全力支持我校办校，所系之间对口合作，大批科学家到校讲课和开展合作研究。建校伊始，中国科学院每年到校授课的科研人员达300人次。马大猷、贝时璋、严济慈、华罗庚、钱学森、吴有训、柳大纲、赵九章、赵忠尧等一批国内最有声望的科学家亲自登台授课，及时把最新科技成就和科研前沿课题传授给学生。他们承担了专业设置、教学计划、教学大纲制订乃至编写讲义等一系列工作。这样，既解决了建校初期师资缺乏的困难，也极大地丰富了教学内容，保证了高起点、高水平的教学质量。实力雄厚、阵容强大的一流师资队伍，使得学校一诞生就以人才荟萃、群星璀璨而享有盛誉。

1959年

● 基建委员会成立

为保证学校基建项目的有序进行,学校党委研究决定成立基建委员会,由晋曾毅、肖佛先、李声簧、高树祯、周可实、韩震、刘达夫、向仁生、胡翼之、姜清海、李友林、杨静仁、黄文之13人组成,专门负责领导学校的基建工作。其中,晋曾毅任主任委员,肖佛先任副主任委员。3月12日上午,校基建委员会组织召开了第一次会议。肖佛先在会上提出了学校当前和今后建设发展的主要任务,强调了建立专门基建委员会的重要性。会议听取了基建委员会秘书黄文之《关于科大当前建设情况的汇报和1960—1963年本校基建规划的意见》的报告,安世杰向与会人员作了补充说明。

● 我校列入全国重点高校

1959年3月,中共中央经调查研究后认为,在国家经济较为困难的条件下,为了较快、较好地发展高等教育,防止平均主义造成的力量分散,导致高等教育质量的普遍降低,决定从基础相对较好的高等学校中,指定16所学校作为全国重点高校,要求它们"从现在起积极采取相应措施,着重提高学校的教育质量"。我校建校第二年便名列首批全国重点高校,说明党中央对我校办学实力充分肯定。

● 招生工作委员会成立

在学校党委的直接领导下,学校招生工作委员会于3月31日正式成立,由张新铭任主任委员,肖佛先任副主任委员,李侠、李声簧、王榆、张栋、刘达夫、向仁生、高树祯、谷军、陈

文九人任委员。招生工作委员会下设办公室,王榆任办公室主任,负责处理招生工作委员会的日常工作。招生工作委员会成立后积极开展招生宣传工作,编辑1959年学校系科介绍,对1959年招生工作进行部署。

● 第一次教务会议召开

4月4日,校党委副书记张新铭主持召开了学校第一次教务会议,张新铭、田夫、张耀南、王榆、胡翼之、任知恕等24人参加。会议集中讨论了平时、期中测验办法,决定不组织期中测验,以平时测验为主要手段来了解教学情况,平时测验内容不必太多,测试时间不超过一节课,每学期每科平均测验次数为两到三次。会议还讨论了学校的五年教学计划修订等相关问题。

● 校务委员会成立

4月6日下午,郁文主持召开了校党委常委会议,张新铭、田夫、肖佛先出席,王卓、罗有生、刘栋列席会议。

会议研究决定成立中国科学技术大学校务委员会,指出校务委员会是学校的权力机关,每一到两个月召开一次会议。会议确定了委员会成员名单,郭沫若任主任委员,晋曾毅任副主任委员,委员有:郁文、张新铭、王卓、田夫、肖佛先、罗有生、钱临照、李德仲、杨晓华、郭永怀、柳大纲、顾远程、杨承宗、苏振芳、王葆仁、王景盛、赵九章、卫一清、康勤校、李树诚、李萍实、华罗庚、阎沛霖、姜清海、侯德封、梁树权、杨敬仁、贝时璋、康子文、何曼秋、钱学森、杨刚毅、胡导环、陆元九、武汝扬、刘宏、赵忠尧、郑林、李友林、顾德欢、马大猷、刘福安、李侠、李声簧、周可实、黄履冰、关肇直、施汝为、向仁生、华寿俊、刘达夫、曲毓琦、杨云、王桂芹,共56人。

● 第一次党代会召开

建校半年以来,学校在政治思想、教学工作、生产劳动等方面均已取得了一定成绩,为了继续深入贯彻党的教育工作方针,进一步推动学校各项工作的发展,校党委于4月15—22日召开了学校第一届党员代表大会。

会议的中心任务是总结工作,交流经验,讨论如何继续深入贯彻党的教育方针,选举学校的第一届党委会。郭沫若校长在会上致开幕辞,与会代表听取了郁文书记的工作报告和大会总结报告,并一致通过了这两份报告。会议确定了接下来学校党委的工作任务是:加

1959年

强党的领导,紧密团结全校党员和师生员工,贯彻党的教育方针,提高教育质量,争取三年打好基础,五年成型,为把学校建成一所共产主义大学而努力奋斗。

● 马大猷来校作报告

为了纪念苏联无线电节,无线电电子学系于5月2日举行报告会。中国科学院电子学研究所副所长兼学校无线电电子学系副主任马大猷给大家作了内容丰富的报告。

他在报告中指出了无线电这门科学的重要性,讲述了无线电科学的先驱者——波波夫在早年就找到了把无线电应用在通信事业上的关键方法,但并未得到沙皇政府的重视,十月革命后,这项工作得到了很大的重视,因此苏联的无线电事业得到了很大发展。他指出,无线电科学在我国过去一直是空白状态,建国后在党的领导下,已有了很大的发展。马大猷的报告增进了同学们对无线电电子学的认识,提高了他们对这门科学的兴趣。

● 一批著名科学家撰写系与专业介绍文章

学校为配合招生工作,组织印制了招生宣传册《系与专业介绍》,这份宣传册于5月20日出版,一批著名的科学家分别就所兼职系的"学科现状与发展远景"撰写文章。

中国科学院原子能研究所副所长兼学校原子核物理和原子核工程系主任赵忠尧撰文分别介绍了原子核物理和原子核工程学科的发展历史、原子核物理的内容及其发展、原子核工程的内容及其发展。物理研究所所长兼学校技术物理系主任施汝为撰文介绍了技术物理学科的基本概念、目前的状况与发展远景,内容包括半导体、低温物理、铁氧体、金属物理、固体发光等方面。力学研究所副所长兼学校化学物理系主任郭永怀介绍了化学物理的现状及发展远景。电子学研究所副所长兼学校无线电电子学系副主任马大猷撰文介绍了无线电电子学的应用与发展,指出无线电电子学在现代生活中发挥着重要的作用。自动化系主任武汝扬及副主任陆元九以《自动化科学技术的今天和明天》为题介绍了自动化学科的基本情况。力学研究所所长兼学校力学和力学工程系主任钱学森介绍了力学系的专业设置、力学的分支和该学科新领域的发展方向。放射化学和辐射化学系主任杨承宗撰文介绍了放射化学与辐射化学的现状与前景。地质研究所所长兼学校地球化学和稀有元素系主任侯德封介绍了地球化学和稀有元素学科的由来与发展,以及该系所分的专业。高分子化学和高分子物理系副主任王葆仁介绍了高分子化合物的现状与发展,指出高分子化合物现在已广泛应用,高分子是一门以化学、物理、力学、化工、机械学为基础的综合学科,强调高分子材料的重要意义。数学研究所所长兼学校应用数学和电子计算机系主任华罗庚撰文指出数学是一门概括性的学问,一门无处不用的学问,是基础学科之一,是一切学科的最好助手。生物物理研究所所长兼学校生物物理系主任贝时璋介绍了生物物理学这门学科

的任务和发展远景。地球物理研究所所长兼学校应用地球物理系主任赵九章以《地球物理学的生长点》为题介绍了地球物理学的现状及发展、该门科学的新的生命力,及对今后祖国建设的重要作用。物理热工系副主任李树诚撰文介绍了物理热工的研究与国民经济和国防建设的关系,指出物理热工是一门理论与实践相结合的新兴学科,并从人类利用能源的发展角度阐述了目前迫切需要大量优秀青年科学工作者从事各项新型动力机械的设计研究。

● 钱三强来校作《关于红与专问题》报告

中国科学院原子能研究所所长钱三强,应邀于5月27日下午向全体学生和青年教工,作了《关于红与专问题》的报告。他从近代科学的发展,谈到苏联科学迅速进步,阐述了社会主义的优越性,正是由于社会主义国家培养出大量又红又专的科学技术干部,苏联的科学才发展得这样迅速。钱三强以自己的亲身经历,介绍了知识分子的红专道路。他认为,先专后红是不现实的,也是时代不允许的,只有又红又专才是唯一正确的道路。

● 张劲夫来校作时事政策报告

6月28日下午,中国科学院副院长张劲夫应邀来学校作了关于时事政策问题的报告。张劲夫副院长分析了"大跃进"以来市场上某些商品供应紧张的原因以后,指出要大力提倡增产节约,反对铺张浪费。他勉励大家说,同学们要在五年里完成学习任务,必须下狠心,刻苦钻研,认真读书,提倡艰苦奋斗的精神,树立新的校风。

● 学生参加北京理工院校物理课考试获最优成绩

学校技术物理系三名同学(其中一名同学是所在班级的团支部书记,另两位同学是团员)参加由共青团北京市委员会主办的北京理工院校的物理课考试,取得出色成绩。在所有参加的学校中,我校是获得成绩最优的一个学校。

● 增设与调整部分机构

8月11日,学校召开第19次行政会议,参加会议的有张新铭、王卓等四十余人,会议由郁文主持。会议讨论通过了部分机构的增设与调整,其中包括:原勤工俭学办公室分设生产劳动处、器械处,生产劳动处由胡翼之负责,器械处由李振忠负责;原基建科扩建为基建处,周可实任处长;原政治教研组改名为马克思列宁主义教研室,原机械制图教研组改名为机电工程教研室,原数学教研组改名为高等数学教研室,原普通化学教研组改名为普通化学教研室,原物理教研组改名为普通物理教研室,原外国语教研组改名为外国语教研室;原体育教研组改名为体育教研室,各系的教研组不变;科学研究工作暂由生产劳动处主管。

● 中国科学情报大学并入我校

1956年,中国科学院建立了科学情报研究所,1957年出版了《科学情报工作》杂志,介绍国内外科学情报工作的现状与发展,是中国情报学研究的开端。中国科学院编译出版委员会组织院图书馆、科学出版社和科学情报研究所联合创建了中国科学情报大学,培养新中国的科学情报人才。中国科学院为了集中力量办好大学,决定将原中国科学情报大学并入我校,建立科学情报系,原中国科学情报大学的教职工由我校接收,该校的学生也于8月底到我校报到学习。

中国科学情报大学自1959年9月合并至学校,1959年没有招收新生,1960年又未招收新生,学生思想波动较大。由于科学情报图书以及出版方面所需干部涉及的专业较广,集中一个系培养存在较多困难,自1960年起学校三年级学生逐渐开设了专业课,而且新招收的一年级新生需要增设相关基础课,许多教师感觉教学较为紧张。学校从这一情况出发,为了精简机构,减少专业重复,1960年8月向中国科学院党组申请将科学情报系归并至其他各系。中国科学院党组经研究讨论后同意了学校的申请。

科学情报系的学生分别合并到技术物理系(原物理专业)、高分子化学和高分子物理系(原化学专业)和生物物理系(原生物专业)。由于学生的学业水平大部分差得较多,学校拟用半年至一年的时间逐步过渡到各系专业课程的条件,根据这种精神,学校进一步修订了他们的教学计划。学校虽将学生分散到有关各系,但课程设置上仍保留图书情报以及出版方面的特点,这批学生毕业后也将主要分配到情报所、出版社以及图书馆等单位工作。

● 学校举行1959级新生开学典礼

9月8日,学校在中国人民解放军政治学院礼堂隆重举行1959—1960学年度开学典礼。中国科学院原子能研究所副所长赵忠尧、力学研究所副所长郭永怀等也参加了典礼。郭沫若校长在大会上作了题为《勤奋学习,红专并进》的讲话,郭沫若校长对1958级学生升入二年级以及1959级新生的到来表示祝贺,介绍了学校在中国科学院"全院办校"方针的支持下,在创办一年时间内取得显著的成绩,指出我校是培养研究尖端科学人才的学校,学习尖端科学必须打好基础、鼓励大家打好思想基础、科学基础和语文基础,只有逐步打好基础,才能进一步学习专业知识,学校的老师会尽最大力量帮助同学们打好基础;同时,要进一步巩固勤俭办学,艰苦朴素,红专并进,团结互助的校风;勉励新生面对困难不低头,千方百计克服困难,不骄不躁做自己应该做的事情;勉励同学们要好好学习,好好锻炼身体,好好端正思想,做到学习、锻炼、思想三丰收,一起努力,勤奋学习,红专并进。晚上还举行了全校的联欢晚会。

● 严济慈来校作学术报告

为了不断提高教学质量,大力提高师资水平,普通物理教研室决定采取由老教师带新教师的方法,抓紧对青年教师的培养。9月18日,普通物理教研室邀请相关专家举行学术报告会,中国科学院技术科学部主任兼学校物理教授严济慈应邀作了电解质问题的报告。

● 学校师生员工参加建国十周年国庆节游行

为迎接建国十周年庆典活动,学校组织了筹备小组,校内各单位相互配合。学校组织师生员工2 200人参加了建国十周年国庆节游行,其中160人组成了仪仗队,学校民乐团在天安门广场前演奏。根据国务院规定,为了庆祝建国十周年国庆节,学校10月1—3日放假三天。

● 开展整风运动

根据北京市委关于十七级以上党员干部的整风指示,10月15日,学校正式开始整风反右倾运动。这次整风运动最初由学校党委常委会领导,随着整风形势的发展,按照北京市委大学部的指示,学校成立了整风领导小组,由党委书记郁文任组长,副书记张新铭、常委王卓任副组长,领导小组下设整风办公室,由党委组织部长和党委办公室主任分别兼任正、副主任,负责整风运动中的具体工作。参加这次整风的十七级以上的党员干部有71人,共编为5个组(党委委员单编一组),每组设正、副组长共3人。每天上午半天整风,当天各小组向学校领导小组汇报,并按北京市委规定,及时向北京市委反映情况,取得指导。

整风运动初期,主要是围绕对田夫的资产阶级个人主义问题进行揭发和批判。11月9日,党委书记郁文根据北京市委大学部的指示,在十七级以上干部中进行了深入的动员,强调指出要严肃认真地划清大是大非的界限,澄清对"大跃进"、人民公社、教育革命等方面的模糊认识。

11月14日,王卓在学校整风工作领导小组中传达了"高校党委关于不断克服领导右倾,集中揭发,重点批判,继续深入开展整风运动"的指示。随后运动全面铺开,在自我揭发

1959年

和互相揭发中暴露出较多的问题。领导小组根据个人暴露和互相揭发出来的问题,决定了3个具有较严重错误思想的人作为全校的批评重点,20人为小组内的批评重点。11月26日以后,整风运动转向普遍的个人交心和系统检查。

● 学校举行首届体育运动会

10月17—18日,学校举行了首届体育运动大会。这次运动大会,是为了检阅学校一年来体育锻炼的成果,进一步推动全校群众性体育运动的开展,进一步增强全校人员的体质,增进团结。17日上午举行了开幕式,校运动会筹委会主任委员田夫讲话,勉励同学们要把身体锻炼好。

在这次运动大会上,有18名同学超过了三级运动员标准,有的接近二级运动员标准。自动化系荣获田径男女总分第一名,无线电电子学系荣获第二名,力学和力学工程系荣获第三名。运动大会结束前,应学校邀请,北京体育学院三、四年级的20多位同学,为大家作了精彩的体操和器械操表演。首届体育运动大会于18日下午闭幕。

● 苏联康德拉捷夫院士来校作学术报告

10月24日下午,应中国科学院化学研究所邀请,来我国讲学的苏联科学院化学物理研究所副所长康德拉捷夫院士,在学校大礼堂为北京化学界人士和学校化学物理系学生作了关于"自由基化学"的报告。会议由中国科学院化学研究所副所长华寿俊和学校副教务长张耀南主持,参加报告会的有中国科学院化学研究所、力学研究所和北京大学、北京工业学院等单位的科学工作者百余人,学校化学物理系、应用地球物理系、放射化学和辐射化学系的学生和化学教研室教师都认真聆听了报告。

● 脉动式喷气发动机试制成功

11月中旬,学校物理热工系科学研究小组经过近半年的刻苦钻研,试制成功了学校第一台脉动式喷气发动机。这台脉动式喷气发动机的试制成功,是充分发挥了学生的智慧所取得的成果,也得到了中国科学院相关科研单位和兄弟院校的大力支持。

● 郭沫若捐赠学校两万元稿费

郭沫若向学校捐赠了《沫若文集》的两万元稿费,作为全校同学的福利金,帮助生活较为困难的同学们添置衣被。1959年寒假正值困难时期,绝大多数同学都没有回家。除夕,郭沫若等校领导和同学们一起吃团圆饭。饭后学校召开春节晚会,会上郭沫若校长给大家拜年,党委书记郁文向大家宣布郭沫若校长将《沫若文集》的两万元稿费捐献给学校,用于补助生活困难的学生。为使同学们过好年,郭沫若校长还发给每位同学两元钱,一元入春节伙食费,一元发到每个学生手中,作为"压岁钱"。

● 学校召开科学研究会议

11月下旬,学校召开第三次科学研究工作会议。会议讨论了如何贯彻校党委提出的"积极地、有计划有步骤地开展科学研究工作"的指示,并制订出了1960年元旦献礼和1960年全年科学研究计划,计划初步确定为183项。其中,新产品试制和新技术推广36项(20项为1960年元旦献礼),文献资料的整理与探索性研究为18项(7项为1960年元旦献礼),编写教材、讲义为71项(21项为1960年元旦献礼),建立实验室、建造实验室设备和设计新的实验为53项(31项为1960年元旦献礼),继续过去的研究项目5项。在这些研究项目中,包括了建造质子螺旋加速器、建造107小型电子计算机、建立苯乙烯工厂、进一步研究人工降雨火箭等。这个计划的制订,是经过各单位有关人员的讨论,充分考虑了学校的具体情况和条件后提出的。这个计划认真贯彻了中央提出的"教学与生产劳动、科学研究密切相结合"的原则,强调了以保证教学质量为中心,密切结合教学,充分发动群众,以老教师带新教师的方法进行科学研究。各教研室、物理热工系、化学物理系、力学和力学工程系等单位都组成了以教师为主的科学研究小组。

● 校共青团第一次代表大会召开

学校共青团第一次代表大会于12月12—13日召开。这次团代会的任务主要是:根据中共八届八中全会提出的"反对右倾,鼓足干劲"的精神,讨论共青团组织如何切实贯彻校党委提出的"勤奋学习,红专并进"的号召,研究如何加强团员的思想教育,如何加强基层团支部工作,充分发挥基层团组织的战斗力作用和共青团员的模范带头作用,在推进学校工作的全面发展中成为党的好助手。学校党委常委吴侬直接指导了大会的各项准备工作,党委副书记张新铭和其他常委都出席了大会的开幕式,闭幕前党委书记郁文作了报告。会议通过了《共青团中国科学技术大学第一次代表大会关于工作报告的决议》。

1960 年

● 学校制订 1960—1967 年教学人员发展规划

1月21日，学校制订了1960—1967年教学人员发展规划。规划主要包括以下内容：学校于1958年9月建立，截至当前，学生人数已达3145人。全校共有14个系，44个专业，课程设置共为304门，绝大部分是专业课。这些专业课所需要的教师，大部分是目前国内大学还没有毕业生的，因而必须提前从专业性质相近的大学生中选拔，提前一年或两年到校，经过短期进修或送出国外培养，才能担任工作。各年度所计算的教师数字包括这一部分人数在内。

全校有基础课教师268人。1960年将招收新生2000人。师生比例按8∶1计算，需增加375名教师。为了提前为今后开设专业课培养师资，希望能多分配大学毕业生190名。总计1960年共分配大学毕业生565人。

1961年及1962年每年将增加学生2500人，到1962年学校总人数将达到10145人。因此希望1961年能分配作师资的大学毕业生486人，1962年分配539人。到1962年底，学校教师人数将达到1858人。按在校学生与教师人数比例8∶1计算，应有教师1268人，超过的590名，作为提前为学校第三个五年发展培养师资之用。

1963—1967年全校学生总人数计划增至20000人，按8∶1计算，共需教师2500人，除去1962年以前已有的1858人外，在这五年内计划增加教师642人。

● 华罗庚到校作报告

1月22日，学校举行寒假学术报告会，中国科学院数学研究所所长兼学校应用数学和电子计算机系主任华罗庚在寒假的第一天给同学作了题为《数学的应用》的报告。

华罗庚在报告中告诉同学们："要学好数学，必须打破对数学的神秘观点。"他从农民计

1960年

算稻子面积的土方法讲到了人造地球卫星速度的计算，以及苏联发射的强大的试验火箭距离的计算等。最后华罗庚勉励大家，在学习中必须独立思考。

赵九章到校作报告

2月3日，从印度访问归国的中国科学院地球物理研究所所长兼学校应用地球物理系主任赵九章，以《关于人类征服宇宙空间的历史以及苏联目前在这方面的卓越成就》为题，给同学们作了一场报告。

他简略叙述了人类征服宇宙的历史，谈到了要实现星际航行必须解决的几个基本问题，并谈了苏联在征服宇宙空间的事业中取得的卓越成就。赵九章勉励大家："在党的正确领导下，在攻克科学堡垒途中以高速度前进，为祖国的科学文化繁荣昌盛，为征服宇宙空间，为人类谋福利的伟大事业献出毕生精力。"

学校召开先进集体和先进工作者大会

2月10日，学校召开了第一次先进集体和先进工作者大会，表扬先进集体和先进工作者。学校7个先进集体代表和40名先进工作者出席大会，全校教职工都列席参加。

吴依副教务长致开幕词，介绍了出席这次大会的7个先进集体代表和40名先进工作者，有教师、实验员、行政人员、政治工作人员、工人、医生、绘图员、炊事员、公务员等各方面的先进人物，并且介绍了先进工作者的先进思想和先进事迹。吴依代表大会主席团，对47名先进集体代表和先进工作者进行了表彰。王卓代表校党委把7面锦旗授予先进集体，并分别向每个先进工作者授予奖品。根据主席团提议，大会一致通过出席北京市文教卫生先进工作者代表大会的5名先进集体和25名先进工作者的名单。

学校成立党委统战部

为贯彻北京市委统战工作会议精神，学校要求各系做好政治思想和服务态度的排队工作，对70多位兼职教师做好统战工作，对6位民主党派人士，要多接触，多谈心，征求意见，调动他们的积极性；对青年教师要加强思想教育，并调动各个阶层知识分子的工作积极性，更好地为教学工作服务。为提高统战工作的水平，学校党委决定成立校级统战机构，由党委办公室主任李侠兼任统战部部长，并由党委常委张耀南具体分管此项工作。

1960年

● 学校召开第一次科学研究工作报告会

2月28日,学校召开第一次科学研究工作报告会。一年多来,学校共完成科研项目203项,其中结合生产56项,比较尖端的7项。学校党委书记郁文、副书记张新铭及其他领导参加了这次大会,中国科学院许多著名科学家和领导人员都亲临指导,包括:力学研究所所长兼力学和力学工程系主任钱学森、原子能研究所副所长兼原子核物理和原子核工程系主任赵忠尧、地质研究所所长兼地球化学和稀有元素系主任侯德封、力学研究所副所长兼化学物理系主任郭永怀、化学研究所所长兼化学物理系副主任柳大纲、地球物理研究所副所长兼应用地球物理系副主任卫一清及物理学家钱临照等。中国科学院电子研究所、动力研究所、科学出版社及科学时报社都派人参加。此外,还有中央气象局及北京市许多中学的来宾也参加了大会。王卓秘书长宣布大会开始,接着进行了科学工作报告,在各个报告后都进行了讨论,并分别由各位科学家做总结。钱学森主任做了人工降雨火箭和脉冲发动机研究的总结报告,在总结中他强调,科学研究一定要有明确的目的性,要与国民经济密切联系,要能对人民有利。中央气象局孙亦敏表示,人工降雨火箭是很有发展前途的,希望以后能很好地合作。地球物理研究所副所长卫一清勉励青年要立大志,继续努力。大会最后由校党委书记郁文做总结,他表示,希望通过这次大会,掀起全校群众性科学研究运动,今后的科学研究工作要结合教学,面向生产,由浅入深、由低到高,全面开展科学研究工作,并代表校党委向到会的来宾表示感谢。

● 学校召开首届学生代表大会

学校首届学生代表大会于3月6日召开,全校共630学生代表参加大会。在会上,学代会筹委会主席王宗丰同学代表筹委会致开幕词,他表示在建校短短一年多以来,在学校党委的领导下,学校各方面都取得了巨大的成就,同学们充满着高涨的学习热情。他指出大会的主要任务是:"遵照党委的指示,通过传达和贯彻中华全国学生第十七届代表大会精神,动员全校同学在党的总路线和教育方针的照耀下,继续鼓足革命干劲,用毛泽东思想武装自己,树立不断革命的思想,沿着又红又专的道路,努力攀登现代科学的高峰。"

学校党委常委吴侬在会上代表校党委作了指示。学校团委副书记陈文代表校团委在会上致贺词。下午乔林同学在会上作了关于全国第十七届学代会的传达报告,宣读了苏联西伯利亚大学学生的来信和力学和力学工程系人工降雨火箭研究小组向大会的贺信,随后开始选举,会议通过了学生会章程和大会决议。

1960年

● 王卓任校党委副书记

由于原副校长晋曾毅于1959年因病逝世,党委副书记田夫在整风中受到批判,学校的党员领导干部急需补充,校党委向中国科学院党组和北京市委请示增补党员领导干部。3月15日,经中共北京市委大学科学工作部同意,王卓任中国科学技术大学党委副书记。

● 学校召开兼职系主任会议

4月4日,中国科学院副秘书长杜润生组织召开了学校兼职系主任会议。杜润生、张新铭、王卓、张耀南、田夫、郑林、杨承宗、施汝为、钱临照、顾德欢、武汝扬、黎映霖、张从周、叶寿俊、王葆仁、范凤岐、阎沛霖、康子文、卫一清、过兴先、杨家德、史优东、王榆、任忠恕、刘焯文、杨晓华、肖岩、李萍实、刘宏、胡导环、张雷、杨敬仁、李朝、王景盛、姜清海、何景秋、赵剑岐等出席会议。

会议讨论的议题主要有四项:

一、讨论1960年招生名额分配的方案。由于1960年教育部分配学校的招生名额仍与1959年相同(1 400名),故各系招生名额的分配原则上亦与1959年相同。考虑到有的学科急需发展,应增加学生人数及增设专业,故一方面向教育部提请增加招生名额,另一方面计划内招200名左右的在职干部入学。如果不能增加学生总名额,则各系人数不再增加;如可能增加学生总名额,则放射化学和辐射化学系、应用数学和电子计算机系、应用地球物理系可考虑增加名额,并考虑科学情报系招收少量学生。

二、讨论专业设置问题。技术物理系增设光学专业;物理热工系改称工程热物理系,并将"燃气轮机与喷气发动机专业"改称"喷气动力热物理专业","原子能动力专业"改称"原子核动力热物理专业",取消"工程热物理专业";自动化系的"自动学专业"改称"自动控制理论专业","自动化技术工具专业"改称"特殊精密仪表专业","运动物体自动控制专业"不变动,并取消"运动学专业"和"能源自动控制专业";放射化学和辐射化学系改称原子能化学系,并将"放射化学工艺学专业"和"同位素化学专业"合称"放射化学专业","辐射化学专业"不变动;应用地球物理系增设"地壳物理专业"。

三、讨论关于选派出国进修教师的问题。自1960年至1962年学校开设的课程需要派教师出国留学才能开设的,初步提出需要61名,其中1960年22名,1961年35名,1962年4名。1960年的22名出国进修教师由各有关研究所选派,其中原子能研究所3名、地质研究所5名、应用地球物理研究所3名、动力研究室4名、应用物理研究所3名、生物物理研究所2名、化学研究所2名。

四、中国科学院副秘书长杜润生对学校工作做了相关指示。要求各有关研究所领导每

1960年

年要定期抓几次学校工作,加强各个研究所与系的关系,要继续坚持"全院办校"的方针,各系兼职系主任应多关心所在系的工作,研究所与系要结合紧密,各系的学制只能是五年,决不能超过五年半的限额,还要抽出更多一些时间搞科学研究,修订教学计划,改革课程,并指定专人编写专业课程的教学大纲。

● 举行数学讨论会

5月15日,应用数学和电子计算机系(简称"11系")和高等数学教研室联合举办了数学讨论会,两个单位的师生员工、数学研究所的研究人员和校外工厂代表以及中学的数学教师等三十余位来宾参加了会议。

学校党委副书记王卓致开幕词,祝贺师生们取得的成绩,感谢有关单位的大力帮助和支持,并鼓励师生继续努力,获得更大的成绩。会上九位师生作了科学研究报告。中国科学院数学研究所所长兼11系主任华罗庚作了总结发言,表示这次会议开得很成功,希望今后把这次科研成果进一步推广与运用,使每个师生成为多能的数学工作者;并且着重表示,从前的研究是从文献中来到文献中去,因而冷冷清清,而现在要从实践中来到实践中去,教导学生要听党的话,就可以在社会主义、共产主义建设中发挥应有的作用。此外,他还谈到数学的广泛应用,今后的研究方法以及数学教学改革等问题。报告会由11系副主任主持,他在报告会结束时希望大家要戒骄戒躁,不断努力,勇往直前,争取更大的成果。

● 技术物理系举行科研报告会

5月16日,技术物理系举行科研报告会,会议由中国科学院物理研究所所长兼该系主任施汝为主持,6个科研小组的代表在会上作了科研报告。

● 学校举行新生开学典礼

8月31日,学校举行新生开学典礼,郭沫若校长在典礼上作了题为《实事求是,自力更生,勤奋学习,大胆创造》的报告。郭沫若表示,欢迎新同学来到学校学习,学校在创办的短短两年内取得了较大的成绩是值得高兴的,勉励大家重视生产劳动,劳动创造文化,劳动创造社会,教学、研究与生产劳动相结合,使得学校在建校的短短时间内,不仅在教学工作上完成了任务,而且在科学研究上取得了很大的成绩,增加了广大师生自力更生的信心。郭沫若还以苏联在"十月革命"以来取得的成就为例,鼓励同学们埋头苦干,自力更生,刻苦锻炼,辛勤劳动,红专并进,理实交融,团结紧张,严肃活泼,必须要实事求是地学好功课,使尖

1960年

端科学为生产建设服务,勉励大家学习学习再学习,要勤奋学习,大胆创造,敢于与国际先进的学术水平相比,刻苦钻研,鼓励大家要树立雄心大志,勇于攀登科学技术的高峰。中国科学院副院长李四光也在会上讲话。会上,大家表示一定要在已有的成绩基础上,创造出更优异的成绩向"十一"国庆节献礼。

● 学校成功进行人工降雨试验

力学和力学工程系学生研制的"科大4C"型人工降雨火箭发射试验成功。此前的几次发射均不太理想,经过改进,性能大大提高,已能承担人工降雨的任务。火箭研制小组以力学和力学工程系的学生为主要力量,并与地球物理系、自动化系合作,同学们在较重的课业负担下,保持着很高的科研积极性。钱学森曾多次与火箭研制小组座谈,指导火箭的研发工作,对如何改进设计提出了具体的意见和建议。火箭研制小组的工作到了1959年和1960年,已相当深入,从初期的以上天、打得高为目标,逐渐转为重视科学实验与科学分析,以提高整体水平,为进一步发展打好基础。火箭的研制较为成熟后,便开始与中国科学院地球物理研究所人工控制天气研究室及中央气象局合作,以它作为运载工具,把降雨催化剂带到云中炸开散播,用来人工降雨或增雨,或者用于消除冰雹。火箭研制小组在北京和甘肃等地用小火箭作为运载工具,进行人工降雨、增雨和消除冰雹的试验,取得了较好的效果。中央气象局等单位曾大批量向学校火箭研制小组采购此类小火箭,意大利和苏联的格鲁吉亚共和国相关部门也曾与学校联系,寻求合作,索要图纸,有的获取了样机。中国科学院应苏联科学院要求,送给他们2支小火箭。

1961年

● 中国科学院党组来学校检查工作

为了贯彻中央提出的"调整、巩固、充实、提高"的方针,进一步加强中国科学院党组对我校的领导,切实加强和改进我校的工作,根据张劲夫副院长的指示,1月17日至2月9日,中国科学院党组组织工作组深入我校检查工作,协助我校总结经验,发现问题,研究提出改进的措施,以期达到办好学校的目的。

1月17日,中国科学院党组派工作组来校开展检查工作。工作组由院干部局、各有关研究所和学校的干部27人组成,下分政治思想工作、教学工作两个小组,由郁文任组长,唐若恩、张新铭任副组长。检查组了解的工作以政治思想工作和教学工作为主,同时结合检查了解设备条件、生活及劳逸结合等方面存在的主要问题、群众的意见和建议。

政治思想工作方面,以检查了解当前政治思想工作存在的主要问题为中心,进一步深入检查学校的党团工作、学校的民主生活;党员和干部的工作作风、思想作风和工作方式;党群、团群、干群以及积极分子与一般同学的关系;当前学生中存在的主要的思想问题及其解决的情况等。

教学工作方面,检查了解学校实现中国科学院党组提出的"三年打基础,五年成型"的要求的情况,主要了解以下一些情况:教学、科研、生产劳动三结合的情况;所系结合和如何充分发挥科学研究机关办学的特点;教学质量(教师队伍,教师的教学水平、教学态度、教学思想,学生的接受程度、学习成绩、理论基础和解决实际问题的能力);实验设备,实验的内容、安排和效果,学生掌握实验技术的情况;教学工作的各个主要环节;师生对教学的主要反映,等等。在检查了解教学工作的同时,结合了解教学条件方面存在的主要问题。

中国科学院党组通过召开各种类型学生的小型座谈会、个别谈话和宿舍访问等,经过20天的工作,深入了解了学校师生情况,发现了存在的问题;在总结经验的基础上提出了具体的改进措施。

1961年

● 中国科学院基建局设计院并入我校

2月25日，为适应学校基本建设需要，经中国科学院领导研究决定，将原基建局设计院连同该院全体干部和业务技术人员全部并入我校。

● 龚昇负责一条龙授课

1958年学校创办之初，华罗庚担任应用数学和电子计算机系主任，并为1958级学生讲授高等数学课。他认为，数学是一个整体，人为地把数学基础课一门一门分开教不好，主张把整个数学基础课放在一起教，这就是后来的"一条龙"教学法。受华罗庚教授的影响，1959年关肇直、1960年吴文俊为数学系学生讲课时，都采用"一条龙"教学法。这就是后来有名的"华龙"、"关龙"和"吴龙"的"三条龙"教学法，即每人负责一个年级自始至终的数学课。

关于1961级学生的一条龙教课问题，由于数学研究所抽人困难，经关肇直、华罗庚及姜德海同意，数学研究所决定由龚昇负责1961级的一条龙教学。学校考虑到一人担任一条龙教学会有困难，要求数学研究所派吴芳共同担任。

● 学校决定高年级学生迁到中关村上课，成立第一分部

自1958年创办以来，学校的建设已初具规模，加上学校发展很快，而且每年增收千余名学生，例如1961年学校有1 200余名新生入校，这样不仅教师、干部等需要随之补充，住房问题更需要解决，学校教学及生活用房已不能满足需要。另外，随着学生年级的提高，专业课也随之大量开设，而实验室及仪器设备却不能满足需要，两者之间的矛盾也就显得尤为突出。

由于玉泉路校址已无法容纳当时学校的规模，因此，中国科学院院部决定将学校四年级学生搬住中关村，把中关村81号楼及原基建局食堂拨给学校使用，教室及实验室暂时利用各有关研究所现有条件分别解决。

4月10日，学校决定成立中国科学技术大学第一分部。自下学期起，高年级学生迁至中关村上课。20日，第一分部办公室正式组成并迁至中关村办公，办公室下分设教务、行政、人保、秘书、器材等五个组。26日，"中国科学技术大学第一分部办公室"印章正式启用。

9月份，近代物理系、技术物理系、无线电电子学系、自动化系、近代力学系、应用地球物理系等理工方面六个系的四年级（1958级）共计977名同学迁到中关村上课，同时有教学人

1961 年

员 200 人，其他行政管理人员等 358 人一并迁去，总共 1 514 人。第一分部于 9 月 9 日开学。

● 国务院任命曹海波、严济慈、华罗庚为我校副校长

4 月 6 日，中央宣传部通知，任命曹海波为中国科学技术大学副校长，严济慈、华罗庚兼任中国科学技术大学副校长。但是，曹海波因故一直未能到任。

1960 年下半年，学校得知曹海波来校任副校长以后，与曹海波联系，希望他早日来校。当时由于曹海波在高级党校学习的基础课尚未结束，他希望寒假以后再来校工作。在此期间，曹海波曾两次来校找人了解过有关学校人员编制和组织机构以及政治理论学习的情况，也分别与学校一些领导交谈过。1961 年 4 月 22 日，国务院第 110 次全体会议正式通过了对曹海波、严济慈、华罗庚的任命，学校向全校进行了公布，郭沫若校长对几位副校长的到来很欢迎。但曹海波因身体不适在高级党校卫生所疗养，一直未能到任。

8 月 4 日，北京市委科学工作部通知学校，经北京市委同意，任命曹海波为中国科学技术大学党委副书记。但曹海波也一直未能到任。

● 系和专业调整

当前学校有 13 个系、46 个专业，各系和专业的学科都是根据新兴学科发展的趋向和各有关研究所的任务需要而设置的。由于学校是新建的，学校人力、物力和办校经验都不足，而且当前各系和专业的学科、内容都比较狭窄，教学组织战线拉得较长。在一个新建的学校内，这种情况与学校的人力、物力和办校经验等都不相适应，由于这种不适应的存在，工作中存在一定的困难，并在一定程度上影响了教学质量的提高。

根据中央"调整、巩固、充实、提高"的方针，学校在即将开设专业课的阶段将已设置的系和专业加以调整，合并一些系和专业，以便缩短战线，集中力量教学。

调整的原则是：根据当前一些新兴学科发展的方向和各有关研究所确定的主要研究任务的需要；根据课程设置的性质相近，便于组织教学工作；便于所系结合，以培养科学工作干部。

5 月 9 日，经报中国科学院、教育部同意，学校将原有的 13 个系、46 个专业合并为 12 个系、30 个专业。合并后的系为：近代物理系，技术物理系，化学物理系，无线电电子学系，自动化系，近代力学系，近代化学系，地球化学系，高分子化学和高分子物理系，应用数学系，生物物理系，应用地球物理系。其中，工程热物理系与力学和力学工程系合并为近代力学系，应用数学系的电子计算机专业并入自动化系，原子能化学系改名为近代化学系。

1961年

◉ 学校召开科研工作会议

5月14日,学校召开科研工作会议,根据"调整、巩固、充实、提高"及"一主二辅三结合(以教学为主,科研和生产为辅,教学、科研、生产三结合)"的方针,讨论修订了1961年科研工作规划。

科研工作是关系到学生培养质量的有长远意义的重要问题,在总结过去开展科研活动中所存在的主要问题的基础上,会议指出必须加强领导,坚持"一主二辅三结合"的方针,为进一步发挥科学研究工作在教学工作中的作用而奋斗,要把科研的安排纳入到整个学校工作程序当中去,以教学为主,把教学、科研和生产劳动统一安排好,不断地积累经验,总结经验,逐步地充实提高,使之成为培养学生、建立师资队伍的重要手段。

◉ 第一次校务委员会全体会议召开

9月9日下午,学校召开第一次校务委员会全体会议。严济慈为会议主席,出席会议的正式委员有:郁文、华罗庚、王卓、赵忠尧、郭永怀、钱学森、贝时璋、王葆仁、王景盛、杨承宗、梁树权、张雷、梅镇岳、胡导环、刘宏、李荣光、沈淑敏、崔铭珠、赵剑岐、黄履冰、何作涛、向仁生、刘达夫、傅雪、彭瑢、李蕊、刘淑仪、曹继贤、邹明德、沈志荣、朱和、和琛、于宾清、伏义路、尹鸿钧、李声簧、李侠、顾远程、周可实、于庆华、杨秀清、张秀峰、王洪年、王维章、王宗丰,共45人。

会议讨论通过了校务委员会暂行条例。会议讨论通过了1961—1962学年第一学期的工作计划纲要,确定学期的中心任务是大力改进教学工作,提高教学质量,口号是"一切为了教学质量"。会议还讨论了招生工作,听取了招生办主任王榆关于当年招生工作的汇报:1961年学校共录取新生518人,平均成绩达422.8分,其中400分以上的有404人,政治质量、健康质量、学业质量均比往年有所提高。会议决定成立校委会常务委员会。校务委员会委员共62人,经学校提名并报中国科学院批准。会议听取了华罗庚副校长关于校务委员会委员产生的说明;为处理日常工作,会议决定成立常务委员会,并列出郭沫若、曹海波、严济慈、华罗庚、郁文、张新铭、王卓、肖佛先、陈镜吾、张耀南、钱临照、梁树权、向仁生、刘达夫、李侠15人为常务委员。原则上暂定校务委员会每学期举行两次会议,常委会两周一次会议。

◉ 学校举行开学典礼大会

9月11日,学校举行了1961—1962学年开学典礼大会。会议由严济慈副校长主持,郁

文书记、华罗庚副校长作报告,钱临照、丁立华、刘桂荣等在会上讲话。

华罗庚在报告中指出:"学校的培养目标是:要具有社会主义的觉悟;坚实的理论基础、基本的专业科学知识,并且掌握最新的科学试验技术和某些工程能力;且掌握一种以上的外语工具以及健康的体质。"并且指出"大力提高教学质量是本学期的中心任务",提出学校的口号是"一切为了提高教学质量"。在会上,华罗庚对上个学期学校的政治思想工作、教学工作、卫生工作及学生的学习情况等给予了充分肯定,并且勉励同学们要培养独立的学习思考习惯、独立的工作能力,要培养坚强的毅力,在学习中要不怕失败,永攀高峰。

本学期学校招收新生518名,总平均成绩为422.8分,新生中党团员占80.7%。

● 学校人民武装部成立

根据中央和北京市委指示精神,为了加强民兵建设,10月3日经学校常委会研究决定,将民兵师部办公室改为"中国科学技术大学人民武装部",并由杨晓华兼任部长,胡胜全任副部长。

● 学校化工厂苯烯车间建成投产

学校工厂作为校属生产性工厂,一方面供学生进行生产劳动,一方面根据国家需要生产定性产品。根据"三年打基础,五年成型"的要求,结合学校工厂实际情况,工厂应该总结经验,不断提高工艺技术,陆续充实设备,培养人才,为尖端技术准备物质条件作坚实后盾。因此,工厂在1961年努力于打基础,为尖端生产做技术准备;逐步充实设备,培养技术力量。工厂在1961年对机械厂、电子仪器厂、化工厂等提出进一步具体规划。其中,要求电子仪器厂1961年底能成批生产每秒运算300—500次的计算机;化工厂正式生产稀有轻金属及聚苯乙烯、二乙烯苯。

另外,当时国家为满足人民生活需要,急需大量聚苯乙烯作轻工业产品原料。同时,第二机械工业部为提炼稀有元素,也急需大量苯乙烯作特种离子交换树脂原料。"完成苯乙烯车间建设并投入生产"的项目计划于1961年5月1日投入生产。正式进度中,苯乙烯车间于1961年7月投入生产,苯乙烯及二乙烯苯均属尖端技术部门材料,投产期间在设备、技术及一般原材料(除酒精外)方面均已准备就绪。学校化工厂与北京市化工局及第二机械工业部取得联系,原材料及产品均由北京市包供包销。

● 郭沫若来校作报告

10月21日,学校召开全校人员大会,会议由严济慈主持,郭沫若在会上作了关于访问缅甸、印度尼西亚的报告。

郭沫若校长在报告中首先对新同学的到来表示欢迎,并说中国科学技术大学是新建的学校,希望大家一起努力使学校逐步完善起来,并号召全体人员:"你们人人都是创办人,希望要以创办人的姿态来爱护学校。"然后,在报告中郭校长较详细地介绍了缅甸、印度尼西亚等国的当前情况和他出国访问的观感。最后,郭校长在报告中对学校全体人员提出了几点希望。他说:"通过对比,进一步体会到祖国的伟大可爱,全国人民在党和毛主席的领导下取得的成就多么辉煌,做个中国人多么自豪,生活在毛泽东时代多么骄傲。"他希望全体人员听党和毛主席的话,发扬"三八"作风,继承抗大的优良传统;做到八个字——"调整、巩固、充实、提高";做到三句话——"坚定正确的政治方向,艰苦朴素的工作作风,灵活机动的战略战术";要认真做到三好——身体好、学习好、工作好,并且希望同学们在学习专业课、搞尖端科学技术之外,学习一下文艺,如照相、演戏、唱歌、舞蹈、中国书法等,以增加文艺修养和提高文艺欣赏的能力;读书要做到"眼到、口到、手到、心到、耳到(学习外文)"。希望教师多开展一些学术活动,在系、年级里,请专家多来作学术报告,组织专业小组,组织讨论会,把学术空气搞浓厚起来。

◉ 钱学森来校作报告

10月28日,中国科学院力学研究所所长、学校近代力学系主任钱学森来校作《谈谈工作与学习》的报告。报告共分六个方面,包括对理论的学习和掌握及掌握应用理论的手法和技巧;数量的概念;如何选择参考书;解决问题的关键在于弄清问题的机理及重视实验技术等问题。

在报告中,钱学森指出:"掌握知识就是要服务于人类,所以不要死啃书,不要学究气,而要明理;明理后,还要具体内容充实,为了应用,必须强调熟练和技巧。""力学工作者不能仅停留在理论研究上,要给出具体结果。结果是用数字或图形、表格表示出来,因此具体计算也是很重要的。"进一步强调:"力学工作者也要懂一点计算数学,以便能和计算技术专家合作。"钱学森最后指出:"要重视实验技术。自然界还有问题没有搞清楚,一种是原理没有搞清,规律没有掌握;一种是问题复杂到目前的计算技术还不能解决这些问题,这时只能依老办法做实验;最后,在理论研究过程中为了摸清机理,也要做一些实验来证实。实验在尖端技术中特别重要,尖端技术要求高速度发展,不能等待,只有用实验来解决。另一方面,尖端技术要求做大量实验,保证绝对可靠,否则就要出很大危险。因此,要求我们必须重视实验技术。"

1961年

● 学校成立生活管理委员会和生活处

根据国务院关于加强副业生产工作的指示和教育部关于劳逸结合的指示精神，学校第二次党委常委会议进行了研究，认为必须大抓副业生产、大抓伙食、加强管理工作，保证教职员工的身体健康，以更好地完成教学任务，争取在一两年内基本实现机关工作人员副食品生产自给，为此，必须加强副业生产的领导。又由于基建任务压缩和北郊建校任务完成，基建处的工作相对减少，据此，11月2日，人事处建议成立生活管理处，撤销基建处。

11月6日，学校召开第四次校务委员会常委会会议，严济慈主持。会议讨论通过了人事处提出的《关于成立生活管理处和撤销基建处的建议》。与会人员认为，根据当前情况大抓副业生产、大抓伙食、加强领导和管理工作是非常必要而且是非常及时的。

会议决定，成立生活管理委员会，由王卓任主任委员，肖佛先、杨晓华为副主任委员；将行政处的副业科和食堂科分出，成立生活管理处，于庆华任处长，高文华任副处长，主管副业生产和伙食等有关工作。

● 学校组织学习贯彻高等学校工作条例

《教育部直属高等学校暂行工作条例（草案）》（即《高教六十条》）于1961年7月经中央批准发布试行，在教育部直属的26所高等学校全体师生员工中进行讨论，要求各校把讨论意见汇集起来送给教育部，同时在这些学校中试行这个条例草案，以便积累经验，更好地提高教学质量和学术水平。

10月中旬至11月，学校各单位对条例草案进行了初步学习讨论，经不完全统计，全校提出了大小意见1 200多条，经学校初步整理汇总出193条。为了深入研究各方面的意见，学校组织了五个专题小组来研究具体单位的具体问题，这五个小组包括：教学工作组、政治思想工作组、体制组、知识分子政策组、行政工作组。

11月底，学校对讨论中提出的问题进行了汇总，主要有五个方面的问题，即提高教学质量问题、所系结合问题、知识分子政策问题、思想政治工作问题及对《高教六十条》的一些补充意见等。

在提高教学质量问题方面，意见主要有：希望助教起主导作用，因材施教；学生的独立思考应与教师辅导有效结合起来；系教研室要有定期的教学活动；增加考核制度；对学生要严格要求，目前对学生缺少"三严"，即"严格、严肃、严密"，要培养学生"三独立"，即"独立学习、独立工作、独立生活"；科研与生产劳动应该分清等30个问题。

在所系结合问题方面，希望兼职教师能做好辅导工作，并且能解决好研究所要求学生做实验与学校缺少实验设备两方面的矛盾。另外，学校对高校条例也提出了补充意见。

1961年

● 教学大楼四层生化实验室失火

11月29日晚6点10分左右，教学大楼四层生物物理系生化组实验室449号房间失火，经组织抢救将火扑灭，这次失火损失1 800余元。

失火的主要原因是该组实验员杨德业为下周实验作准备时，使用实验仪器及用电情况不符合安全规定。

经过这次失火事件，学校发现实验室、宿舍等用电方面存在极大的隐患。学校除责成保卫科、科研劳动处、行政处、器材处等单位加强管理外，还邀请北京市公安局对全校进行了一次彻底的安全检查，不仅对各单位的用电量、安全操作规章制度作了重新规定，而且要求各单位对存放的易燃、易爆及剧毒等药品进行清理归类、妥为保管，防止失火，坚决杜绝用电事故的发生。

● 第五食堂发生食物中毒事件

12月20日晚饭时，学校第五食堂（技术物理系、地球化学系、应用地球物理系、生物物理系共1 100多名就餐人员）发生吃鱼中毒事件。1 100多名就餐人员中，中毒的有310人，其中中毒较重的有204人。

中毒原因是第五食堂炊事人员未将采购来的河豚鱼拣出。鱼的来源是机关供应站，有安康鱼和河豚鱼两种，安康鱼可以吃，但是河豚鱼有毒，不能吃。机关供应站已向食堂采购员说明，采购员和食堂科长也向各个食堂有关人员作了交代，并要求将河豚拣出，第二、三、四、六、七食堂均拣出毒鱼，未出现中毒事件。而第五食堂由于未足够重视，结果造成了食物中毒事件的发生。

此次中毒事件引起了学校的高度重视，进一步加强了对学校食堂的卫生、体制管理。由于对中毒的人员进行及时救护，未发生严重后果。

● 钱学森为学校捐款

12月25日，中国科学院力学研究所所长、学校近代力学系主任钱学森为学校捐款人民币11 500元，以作为改善学校教学条件及解决部分学生在学习中的一些特殊困难之用。学校决定将其用于购买计算尺供学生使用，这不仅帮助许多同学解决了经济上的困难，而且给他们精神上很大的温暖和鼓舞。

1961年

● 生物物理系设立两个教研室

生物物理系经过研究,决定设立两个教研室。物理教研室主任由系业务副主任沈淑敏先生兼任,副主任由业务助理赵文兼任;生物教研室主任由兼职教师马秀权先生兼任。

1962年

● 学校研制成功107电子计算机

107电子计算机是1958年中国科学院计算技术研究所举办训练班时，为贯彻党的教育方针而提出研制的。经过对所需器材及技术的充分准备，此项目于1959年下半年开始研制，通过逻辑设计、插件定型、生产安装和调整，在1960年3月总调告一段落后，搬到我校进行重新安装和调整，并在"五一"前夕试算了题目。但因存储器容量很小(256字节)，工作情况并不理想，所以又决定在总结前一段工作的基础上重新制造一台容量为1 024字节的磁芯存储器。

1960年10月，该存储器(容量1 024字节)在计算技术研究所内研制，1961年5月完成并搬至学校(在此约7个月期间，运算器、控制器及外部设备在校内进行了框图修改和修改后的调整工作)，9月正式开始总调，年底完成，1962年1月投入运行。1月19日，中国科学院计算技术研究所吴国华副所长、冯康、范新弼、李道凯、吕振元等人对107电子计算机进行了参观和鉴定，并提出了一些改进意见。

107电子计算机是一台小型的串联通用电子管计算机，具有一系列为教学服务的特点：具有低频表演能力，可以解剖电子计算机的运算过程；逻辑结构简明，便于建立全机概念。它主要为教学服务，在该机研制的过程中就用于学生的科研劳动，并且实习教师也逐步开始编写该机讲义等工作。它特别适应学校情况，因为它能随开随停，像仪器似地使用，加电后不需要很长时间来恢复调整。另外，对它的维护也比较方便，这样就便于工作安排，以节约人力。最重要的是，该机是由我国自行设计，采用国产小型电子管进行研制的。

107机任务是在"大跃进"时期的1958年提出，1959年研制的，1960年根据党的政策——集中力量打歼灭战，学校集中力量攻107机。1961年，根据党的"调整、巩固、充实、提高"的方针，终于在年底完成了107机的研制。该机是我校自动化系师生在中国科学院计算技术研究所夏培肃先生的具体指导下，得到计算技术研究所的全面支援和合作而研制

1962年

成功的,是所系结合的产物,所系密切结合为107机的研制创造了有利条件。

107机的研制成功,证明我们能够自力更生成功制造出计算机来,这不仅增强了当时人们攀登科学高峰的信心,同时也激发了人们更好地为教学和国家建设服务的热情。

◉ 张劲夫来校作报告

2月5日,中国科学院张劲夫副院长来校作关于国际国内形势的报告。在报告中,张劲夫主要讲了三个部分:当前国际形势、国内形势及三大革命运动。

分析当前国际形势时,张劲夫说:"帝国主义内部四分五裂,内部矛盾严重。"把当前国际势力概括为东、西世界外有个中间地带,一个是亚非拉国家,另一个是西方内部反对美国控制的国家,并认为当前国际形势对我们有利。讲到国内形势时,他概括为一句话:"新的、更好的、全面的大跃进的前程。"并且认为过渡时期很必要,我们要在思想上、物质上做好准备,迎接"大跃进"高潮的到来,要"两迎两促(国际国内形势)";要到外面去取经,"比、学、赶、帮"是执行总路线的好方法。讲到三大革命运动时,他说:"科学实践要为生产服务,这个很容易理解,为阶级斗争服务时要从反帝反封反民族主义的角度来看。"

最后,张劲夫激励大家:"这是出成品的时代,是我们国家人才辈出、光辉灿烂的时代,是出现大批科学家的时代。"

◉ 学校第二届学生代表大会召开

1960年3月,学校第一届学生代表大会召开。按照第一届学生代表大会决议,学生代表大会应每年召开一次,并对学生会委员进行改选。由于多方面的原因,学生代表大会已有两年没有召开。

9月4日,校团委常委会研究发现,学生会的原有干部变动很大。因为学生会干部中有的随着年级的迁移而迁移,有的由于学习或身体不好的原因,在学生会里仅是挂名,因此,当前学生会里很多干部没有通过选举,是由团委征得各系党总支、分团委的同意后补进来的,这样不符合民主集中制的原则。为了进一步发扬民主,改进学生会的工作,经党委批准,学校决定于1962年10月下旬召开第二届学生代表大会。

10月27日下午,学校第二届学生代表大会召开,历时一天半(自10月27日下午至28日下午),出席这次大会的代表共有573名。校党委武汝扬、王卓两位副书记出席了大会,并在会上作了指示,各系负责人及各行政部门领导也出席了大会。

会议总结了第一届学生会的工作。会议认为:两年以来,学生会在校党委的领导及校团委的帮助下,在推动同学不断提高共产主义思想觉悟,团结全校同学积极参加党的各项中心运动,宣传党的方针政策及学校的好人好事,关心同学生活福利,丰富同学的课余生活等方面做了不少工作,取得了一定的成绩。同时,也进一步明确了学生会今后的任务是:在党委的领导下,在共青团的帮助下,团结全校同学继续不断地推动同学提高共产主义觉悟,努力学习,刻苦钻研,搞好生产劳动和科学研究,组织同学参加社会政治活动和文化体育活动,为贯彻党的教育方针,实现毛主席"身体好、学习好、工作好"的伟大号召而努力。

大会最后,校党委副书记武汝扬讲话,他分析了当前的国内、国际形势,号召全体同学积极认真学习党的八届十中全会文件,并希望同学们树立共产主义世界观,学习毛泽东思想,认真读书,学好基础课,练好基本功,积极参加生产劳动和各种政治活动,在党和毛主席的领导下,高举"三面红旗",贯彻执行无产阶级的教育方针,为争取我国社会主义建设事业新的胜利贡献自己的一切力量。

会上还交流了系学生会、班委会和小组的工作经验,介绍了个人的学习体会;对原学生会章程作了一些修改,通过了《关于学生会工作报告的决议》;选举邓述慧(女)任学生会主席,并选出了下届学生会委员会。会上,代表们对上届学生会的工作及学校其他部门提出了不少意见和建议,大会总结、交流了经验,进一步明确了今后的工作方向。

● 武汝扬任校党委副书记、副校长

4月13日,中共中央宣传部通知,经中央批准,任命武汝扬为中国科学技术大学党委副书记、副校长。

5月28日,中国科学院党组正式公布了这一通知。

● 武汝扬副书记、副校长作关于国内形势的报告

8月31日下午,武汝扬副书记、副校长在团干部学习会上作了关于国内形势的报告。在报告中,他指出国内政治上是大好形势,即全国人民紧紧团结在党的周围,相信党,相信毛主席,有信心克服困难;经济形势不大好或者不太好,但总的是有好转,而且是逐步好转。讲到"三面红旗(国内总路线、大跃进、人民公社)"问题时,他认为"三面红旗"是正确的,暂时的、局部的困难是有的,但基本方向是正确的,这里有成功的经验,也有失败的教训,八大二次会议提出"多、快、好、省"的总路线基本方向是正确的。他对大跃进、人民公社等问题进行了分析,号召大家为继续高举"三面红旗"而斗争。

● 学校召开第三次校务常委会会议

5月21日下午,在校第一会议室召开1962年度第三次校务常委会会议,严济慈、王卓、

陈镜吾、向仁生、刘达夫、李侠等出席了会议,大会由严济慈副校长主持。

大会就以下四个方面进行了讨论:一、讨论通过了有关干部调配任免事项。任命王维章为器材科和科研劳动处合并后的处长,王洪年、利振忠为副处长;科研劳动处科研科拨归教务处后,刘为端为教务处副处长兼科研科科长;杨翠定任化学物理系系助理,同时免去林佑系副主任职务。二、讨论通过了聘请、任命专业课教研室主任、副主任名单。任命钱临照、杨承宗、梅镇岳等14人为专职专业教研室主任或副主任;聘任赵九章、傅承义、钱人元、林同骥、钱寿易、梁树权、昌保维等41人为兼职专业课教研室主任或副主任。三、讨论通过了关于学籍管理工作移归人事处学生科主管的意见。四、讨论了关于自动化系成立系务委员会问题。

● 陈毅来校作形势报告

6月26日,陈毅副总理应郭沫若校长的邀请,来校作形势报告。

校党委在5月份对国内、国外形势教育作了统一研究布置,其中包括在全体师生员工中传达周恩来总理在全国人民代表大会上的报告,并展开了广泛讨论。讨论中有各种不同的意见,绝大多数人赞同周总理的报告,大家有信心克服困难,但是也有一些人提出一些疑问和不同的看法,针对这样的情况,郭沫若校长邀请陈毅副总理来学校作报告,以帮助解决疑问,统一一些看法。

陈毅的讲话包括三个方面,首先讲关于对周总理的报告讨论的意见以及疑问,然后讲了国际形势及蒋介石进犯大陆等问题。

陈毅回顾了党的历史上最困难的三个时期,即1927年大革命失败后党处于灭亡的边缘时期;万里长征时期;1941—1942年的战争困难时期等。讲到在这些困难时期,党没有退却,而是通过紧密团结全国人民战胜了重重困难。陈毅通过这些历史事实来向大家说明,遇到困难时,大家意见会多起来,疑问会多起来,这是革命的规律。遇到困难时,我们通过学习、交谈、耐心地说服,是可以消除疑问,克服困难的;而面对困难时,我们"第一是团结,第二是团结,第三还是团结",对说服不了的再采取其他措施。在这次学校讨论中,有的人对周总理报告中的"三面红旗"即"国内总路线、大跃进、人民公社"有怀疑,陈毅认为"三面红旗"是正确的,并且说"周总理的报告我认为对困难是有信心克服的"。

最后,陈毅副总理对全校师生提出"红专'二八'开",即十分之八搞业务(专),十分之二搞政治(红)。希望大家在年轻的时候练好基本功,学校对于党的、团的活动不要搞太多,让学生有更多的时间学习、复习、辩论。

1962年

● 学校进行系和专业调整

8月3日,学校拟定系和专业的调整方案。根据全国教育会议的要求,高等学校需进行调整。学校原计划招收7 000名学生,设置12个系、30个专业。现在招生规模压缩为2 000多名学生,系和专业必须调整。调整系和专业的酝酿经过是:1961年11月学习《高教六十条》时,校党委就讨论过调整系和专业的意见。1962年1月在中国科学院党组张劲夫主持的党内座谈会上,有关研究所的党员负责人和学校党委成员一道研究过设置5个或6个系和25—30个专业的调整方案。就这个问题,2月,校党委会又讨论过几次,认为暂按9个系和不超过30个专业设置为宜。5月,严济慈副校长主持召开了有钱三强、施汝为、杨承宗、梁树权和郁文等党内外领导人参加的座谈会,广泛地交换了情况和调整意见。此后,严济慈等领导又与钱学森、钱三强、施汝为、赵忠尧、杨承宗、梁树权、刘达夫、赵九章、贝时璋、马大猷等科学家分别交换了意见。除个别科学家外,一致认为科大应该压缩专业、并系。

调整理由及依据是:充分考虑到我国目前生产、科研、教育的水平与要求,并结合这几年的办学经验、学校的特点及各研究所的要求来考虑学校专业与系的设置,专业不宜分得过窄、过细。学校现有的一些专业,如果与别的学校专业有重复且并未表现出学校特色的,应该少设或者不设。学校十分重视并加强学生的基础课和基本功的训练,使学生在五年的学习过程中,在学好基础课和练好基本功的基础上,就读书方法、思考方法和工作方法得到较好的训练,为达到上述培养目的,专业课也不宜过多、过重、过窄、过细。

调整意见是:取消的专业为原子核工程专业、爆破力学专业、自动化特殊精密仪表专业及天气控制专业。合并的专业为"磁学"和"固体物理"合并为固体物理专业;"无线电"、"微波"、"声学"合并为微波无线电专业;"自动控制理论"和"运动物体自动控制"合并为自动化专业;"高分子化学和重有机合成"和"高分子物理"合并为高分子物理与化学专业;"探空技术"和"高空物理"合并为地球物理专业。增加的专业有理论物理专业和基础数学专业。调整后的系由原来有关研究所联合办系部分变为有关研究所办专业。

● 学校举行新生开学典礼大会

9月3日上午,学校举行1962级新生开学典礼大会,严济慈、华罗庚和武汝扬等校领导参加了大会,严济慈主持大会。

大会上,华罗庚首先结合自己学数学的体会,要求大家结合自己的情况也去摸索一个适合自己的学习方法;其次,讲述了大学学习和中学学习的不同点,希望新同学能够适应新的大学生活;最后,给新生提了几点要求和希望:希望同学们能勤学苦练、不辞艰辛、提法深刻、独立思考、持久不停,立志做一个有文化的好学生,做一个科学队伍里的优秀兵。之后,

武汝扬对我国的当前国内形势作了介绍。

1962年,按照中央规定的录取标准,学校在全国14个省、市招生。经过严格选拔,共录取新生500名,录取新生的办法是按照成绩的高低和考生志愿的顺序,从高分到低分分段录取。新生的学业成绩比往年有所提高,而且更加整齐,在500名新生中,平均分数90分以上的51人,85分以上的286人,80分以上的163人,总平均成绩是86.04分(1959年总平均70分,1960年总平均80分,1961年总平均84.5分)。

● 一分部召开兼职教师座谈会

1958级学生下学期开始进入第五学年,他们是学校首届毕业班。为了努力抓好1958级的教学工作,力争首届毕业生有较好成绩,达到学校的培养目标,学校的当前任务是认真贯彻《高教六十条》,充分运用有利条件(所系结合、四年经验),重点抓好1958级,带动1959级。学校提出的口号是:"学得更活些,更扎实些,力争首届毕业班有较好成绩,打响第一炮!"为了完成这一艰巨的教学任务,为今后长远发展打好基础,一分部就培养青年教师队伍、加强辅导工作、所系结合等问题召开了兼职教师座谈会。

9月29日至11月7日,一分部相继邀请了技术物理系(02系)、自动化系(06系)、无线电电子学系(05系)、生物物理系(12系)、近代物理系(01系)五个系的兼职教师参加座谈会。

9月29日上午,技术物理系兼职教师座谈会召开,会议由技术物理系主任钱临照主持。严济慈在会上谈到莫斯科有个工程物理学院,说这个学校的特点有三:(1)入校学生质量较高,挑选严格,学生在学习过程中淘汰的较多;(2)兼职人员多,教课的多是所里的研究人员,而且兼职教师也多是处于他们一生研究工作中最活跃的时期;(3)学生参加研究工作的时间早,也特别多,从二年级开始就参加研究工作,有的教师还把学生带到所里参加自己从事的研究工作。严济慈认为我们学校也有这个条件,正在努力这样做,现在各研究所参加学校兼职的研究人员愈来愈多了。

一分部就这次兼职教师座谈会各系所提出的意见进行了总结。其中,05系就所系挂钩的方式和内容及关于毕业论文工作的安排问题进行了重点讨论。05系共4个专业、12个专门组,这些专门组在业务上基本分别和各研究室对口,各个专门组分别和相应的研究室建立比较密切的联系即所谓所系"挂钩"。系里向各研究室提供学生的学习成绩、外语水平、个人特长和政治思想情况,研究室则根据自己的人力、物力和工作要求,结合学生情况,分派一些有一定能力的研究人员分别和学生挂钩,负责辅导工作。就所系挂钩的形式和内容,归纳起来意见大致有以下几个方面:(1)希望研究人员举行专业报告会、座谈会或个别交谈,向学生介绍专业内容和国内外成就、发展方向及目前国内进行的工作等,并且介绍研究人员自己在研究工作中的体会、经验等。(2)学生应到研究室参观实习,接触实际,这样可以让学生对专业课有比较一般的感性认识。(3)安排学生参加研究室内部举行的学术活动(报告会、答辩会、讨论会等)。(4)研究人员应指导学生查阅文献,积累专业资料(一般为外文);并结合专门化课程,安排一些学校里没有开设的基本实验,如气体放电方面的实验,微波传输方面的实验等。(5)指导学生制作一些电子设备,如安装速调管电源等,以锻炼学生的动手能力。

05系讲到毕业论文工作的安排问题时,认为对导师的要求应主要依据其本人的实际工作能力和水平,而不应该看他的毕业时间早晚;并且定了一个原则:凡独立带论文的必须是助研以上的研究人员,若论文的实际指导是由研究实习员担任的,我们称他为"第一导师",而另请一位有较多经验的助研以上研究人员担任"第二导师"。

● 赵九章建议学校开办研究生院

10月22日,赵九章致信中国科学院张劲夫副院长和郁文秘书长,建议我校创办研究生院。在信中,赵九章说中国科学院已招考一批研究生,并且正准备招收第二届研究生,这是贯彻十四条、系统培养研究骨干的一项重要措施。苏联科学院1929年就开办了研究生院,对研究生的培养考核有一定的办法;中国科学院办有中国科学技术大学,将来亦必会逐渐加重对研究生的培养。为了能在中国科学院党组领导下,全面统筹研究生的招收与培养办法,更有效地培养新一代青年科学工作者,建议科学院在开办研究生院之前,参考苏联的一些办法,并考虑科学院及我校的具体情况,采取一些措施,为我校开办研究生院做好准备。并在信中提出如下建议:

1. 建议招考研究生的考试命题,除专业课由导师负责外,其余外语、高等数学、基础理论物理(如四大力学),可由我校有关专业承担。

2. 建议研究生到院以后有关研究专题基础知识的补充,除本专业的由各研究所负责外,非本专业的课程除向北京大学有关系旁听外,可请我校考虑承担,逐渐在我校组织协调下,开办研究生课程。

3. 研究生毕业考试及论文答辩,各研究所组织考试委员会时,应请我校有关系及学校业务领导参加。

4. 在这个过渡时间内,中国科学院党组请我校总结各研究所培养研究生的经验,为我校开办研究生院做好准备。

● 严济慈副校长三次邀请兼职教师座谈

10月28日,严济慈副校长邀请近代物理系、技术物理系和近代力学系专业课的兼职教师23人进行座谈,到会的有李荫远、卞荫贵、张祖绅、葛绍岩等13位兼职教师。严济慈副

1962 年

校长首先对开学以来的教学情况给予了肯定,继而说明由于一分部就靠在各研究所旁边,许多课程就在研究所里讲授,学生已是"登堂入室";在各研究所的关心及精心培育下,教学已经丰收在望;各位兼职教师也得到"得天下英才而教育之"之乐。他希望兼职教师对学校工作多提意见,并请他们介绍讲课的经验和心得,以便据以改进工作,提高教学质量。与会人员一致认为校领导直接和兼职教师座谈并征求意见的方法是极好的,都竞相发表意见,并且对当前的教学各方面提了不少宝贵意见。主要意见如下:学生基础知识掌握不够巩固,缺乏应用能力;学生偏重理论学习,忽视实践应用知识的学习;学生过多依赖教师,独立工作、独立钻研还未摸到方法。

会后,张新铭教务长作了发言,严济慈副校长进行了总结。严副校长在总结时说:"今天大家所谈的许多看法都是亲身体会得出的,很实在,也给了我很大的启发,增强了办学的信心。我将向郭校长、院党组汇报,不会使他们失望。"并且着重就严格要求学生、培养学生独立学习能力的问题、课程间的衔接配合问题及外语的训练问题作了说明。

11月4日,严济慈副校长继续邀请无线电电子学系、自动化系和应用地球物理系专业课的兼职教师19人进行座谈,到会的有叶笃正、顾震潮、吴志元、童世璜、冯绍松等15人。张耀南副教务长出席了这次会议。会上教师所提问题除了与第一次座谈会上意见相同外,主要有:辅导专业课的教师水平的提高、辅导方法的改进是提高教学质量的关键之一,目前的辅导力量太薄弱,辅导的方法也有待改进;专业课教研室的活动必须加强,教学组织工作也必须加强。

11月11日,严济慈副校长继续邀请化学物理系、自动化系、地球化学系、高分子化学和高分子物理系、应用数学系和生物物理系等系的兼职教师26人进行座谈,到会的有钱人元、林一、夏培肃、叶玉芬等14人。这次座谈提出的主要问题有:科学研究是培养青年教师迅速提高业务能力的重要途径,应给予充分重视;"三严"精神的贯彻,首先要严格训练助教,对同学实验操作的基本训练应该严格要求,对数量或形式上的任务追求不能反映教学水平;各系应设教学秘书,以减轻兼职教师的行政工作负担。

至此,全校12个系的兼职教师均已受到邀请,连续三个周末举行了座谈。

1963年

● "天气控制专业"改名为"大气物理专业"

2月11日,我校向教育部报告,应用地球物理系天气控制专业是1958年建校时从培养目标的长远方向考虑定名的,数年来由于条件所限,该专业的教学内容与"天气控制专业"的名称不相适应,经中国科学院批准改名为"大气物理专业"。

● 学校要求重视科学研究并合理安排生产劳动

2月13日,校党委提出重视科学研究,合理安排和坚持生产劳动制度的要求。由教务处会同系、教研室商同教师本人,根据学校科学研究的统一安排,结合教师本人的志趣、专长确定可行的科研项目。为科研创造条件,保证科研时间,对造诣较深的教授进行科研工作,应给他们配备助手,助手不能随意调动。对条件尚不具备的青年教师和开新课的老教师可暂不规定科研任务,让他们有充分的精力和时间首先搞好教学。

在学生中一、二、三年级不安排科学研究工作;四、五年级可在教育计划规定的时间内,到有关研究所搞一些科学研究学习活动,使他们受到一些科研工作的基本训练。

坚持生产劳动制度,保证体力劳动时间,防止与纠正削弱体力劳动的倾向,克服轻视体力劳动的观点,培养学生、教师、干部与工农相结合的观点和理论联系实际的观点。学生的生产劳动主要是参加校内外工、农业生产和其他体力劳动。学生参加体力劳动的时间,每学年平均为一个月。教师和干部也要求按规定参加体力劳动。

9月份下发的1963—1964学年度工作计划要点将继续推动科学研究、开展学术活动作为一项重要的工作。

1963年

● "四定"方案出台

2月,学校出台绝密的《中国科学技术大学四定方案(草案)》,确定学校规模为3 000人,编制定员1 150人,其中教师600人,现有校舍面积81 000平方米,按发展规模计算尚需增加校舍面积25 000平方米。共30个专业,分别为:原子核物理、原子核工程物理、半导体物理、磁学、光学、固体物理、高速化学反应动力学、物理力学、无线电技术、微波、电真空技术、声学、自动控制、自动控制元件、运动物体控制、计算技术、高速空气动力学、高温固体力学、喷气技术热物理、爆炸力学、放射化学、稀有元素化学、地球化学、高分子化学、高分子物理、数学、生物物理、探空技术、高空大气物理、大气物理,另设地壳物理专门组,各专业、专门组学制均为五年。

● 中国科学院向教育部报送我校专业调整、发展规模方案

3月4日,中国科学院向教育部报送《中国科技大学专业调整、发展规模和机构编制的方案》,内容包括三个方面:

一、关于学校的发展规模。我校发展规模曾经中央和教育部批准定为3 000人,每年招生600人,经研究认为这个规模是恰当的。需要说明的是,其中原子能物理和原子能化学方面约有800人,主要是第二机械工业部所需要的。

学校现有学生近6 000人,今后逐渐压缩至3 000人,除了为改善学生的生活条件和教学条件而需要的一部分基本建设,以及补充一部分专业课师资和专业实验室设备外,其他条件一般是具备的。

二、关于专业调整。我校原设43个专业,经过几次调整,现设30个专业和1个专门组。这次根据教育部调整专业的精神,多次征求了有关科学家的意见,认为保留这30个专业还是适当的。部分专业的名称,已按教育部的指示,力求与《高等学校通用专业目录》统一。《方案》对设置这30个专业的意见为:

1. 原子核物理、无线电技术、声学、自动控制、计算技术、地球化学、高分子化学、数学、大气物理、固体物理、半导体物理、磁学、光学、微波、电真空技术、放射化学等16个专业和固体地球物理专门组是《高等学校通用专业目录》中已有的,有5个专业在《高等学校通用专业目录》中是专门组。考虑到这些学科发展很快,而且领域日益宽广,为使学生适应科学研究工作的需要,因此学校希望把它们作为专业来设置。

2. 高空大气物理、高分子物理、稀有元素化学、爆炸力学等4个专业,是《高等学校通用专业目录》中所没有的,其他高等学校也没有设置。《方案》认为从我国科学事业发展的需要来看,设置这些专业还是必要的。自动控制元件和生物物理专业,在《高等学校通用专业

目录》中是试办专业，我校还是有条件办的。

3. 其他8个专业（原子核工程物理、高速化学反应动力学、高温固体力学、物理力学、运动物体控制、高速空气动力学、喷气技术热物理、探空技术）均属国防机密专业。考虑到学校设置的专业较多，而发展规模又不宜过大，因此有些专业拟隔年招生，分别是：光学、物理力学、声学、自动控制、自动控制元件、爆炸力学、稀有元素化学、生物物理、探空技术、高空大气物理。固体地球物理专门组亦拟隔年招生。

三、关于学校的机构编制。我校现有职工1941人，其中教师695人。根据学校的专业设置和发展规模，考虑到编制定额标准和学校的实际情况，拟将今后学校的编制定为1300人，其中专职教师700人。这个数字略高于教育部规定的定额标准，原因如下：

1. 学校设置的专业较多，专业课程也很多，据统计，现有专业课和专业基础课293门，其中153门有实验。因此，师资和教学辅助人员也就需要较多。

2. 为使学生在学习期间经常接触研究所的工作，特别是高年级学生能就近在研究所从事毕业论文或毕业设计工作，以更好地培养从事科学工作的人才，现在学校分为两个部分，低年级学生在玉泉路，部分高年级学生在中关村。这样，在行政管理和教学管理方面的人员也就需要稍多。

为提高教学质量，教师需要从事一定的科研工作，同时，为培养学生从事科学工作的能力，也需要有一定的专职科研人员。

3. 今后学校每年拟招收一定数量的研究生，需为研究生培养配备一定的辅助人员。

● 开展"五反"运动

1963年2月，中共中央在北京召开工作会议，讨论关于在城市开展"五反"①运动、坚决打击投机倒把等问题。此后，"五反"运动在全国展开。这是一次与1952年在资本主义工商业者中开展的"五反"②不同的运动。4月，我校成立"五反"运动领导小组，并设立"五反"办公室，拉开了学校开展增产节约和"五反"运动的序幕。在运动期间，还分期编印了《"五反"运动简报》、《"五反"运动大字报及小组揭发材料》等刊物。"五反"运动一直是该年度政治思想工作的一个中心。9月7日，全校进一步动员，进行学生的社会主义自我教育，三周内，有7个系不同年级的学生690人参加了运动。各系召开小组会讨论动员报告，结合个人检查，用摆事实、摆思想的方法，认识资产阶级思想侵蚀的危害性和严重性。

对贪污盗窃、投机倒把的摸底情况，据初步统计，全校共揭发检举出148条线索，其中有重大嫌疑的42件（100元以上者33人，500元以上者9人），有15人坦白交代了贪污盗

---

① 反对贪污盗窃，反对投机倒把，反对铺张浪费，反对分散主义，反对官僚主义。

② 反行贿，反偷税漏税，反盗骗国家财产，反偷料，反盗窃国家经济情报。

1963年

窃、投机倒把的行为，5人已退回赃款838元。成立9个专案组，已核实1 000元以上者2人，1 000斤粮以上者2人，500元以上者2人。

● 进行精简人员编制工作

4月1日，学校成立精简工作领导小组，由王卓等五人组成。4月15日，学校制定了关于精简职工的安置处理办法。学校在此次继续进行的精简工作中确定的原则为：精简各类人员，除了教学人员可以稍多于教育部规定的标准外，其余人员应坚决按教育部规定的标准认真进行精简。

此前，3月25日，校党委讨论决定，人员编制比例，教职工与学生仍为1∶3.3，教师与学生为1∶6.5，教师与实验员为4∶1，党政干部数应占在编职工总数的47%，工勤人员应占在编职工总数的53%，在4月份完成精简任务73人（教辅人员46人，副业职工27人）。另根据北京市委指示和3.3∶1的原则，上半年再减225人。要求做好老弱残疾人员的退休、动员家属还乡的摸底工作以及编外人员的安置工作，在教职工中进行动员教育，放手发动群众讨论，算大账，算细账。做到边摸底、边动员、边行动，同时严格控制增加人员，并组成精简工作领导小组在党委领导下具体抓这一工作。

● 制订总体规划任务书

4月15日，学校制订出《中国科学技术大学总体规划设计任务书》。按照1962年教育部正式批准我校学生3 180人、教工1 328人的规模规划，需用地35公顷，除现有21公顷外尚缺14公顷基地，需要建筑面积124 228平方米，除现有77 517平方米外尚缺建筑面积46 546平方米。

● 校共青团第二次代表大会

5月3—4日，共青团中国科学技术大学第二次代表大会召开，出席大会的代表共597人。顾远程代表上届团委作了工作报告，大会通过了决议，选举出顾远程等31人为第二届团委会委员。大会还表彰了一批优秀学生。

● 钱学森等对学校如何发展提出意见

6月3日下午，校党委书记刘达访问中国科学院力学研究所，与钱学森、郭永怀等11位

1963年

兼课科学家就学校一些重大问题进行了座谈,各位科学家就关系学校发展的一些具体问题提出了如下意见:加强基础理论课(包括专业基础课在内)非常重要;学时考虑减少,课程内容必须慎重选择与精炼;必须用更多时间来解决外文问题;除理论之外,实验同样重要;专业不能得分过窄,又理又工实际上办不到,一般的其他学校都有的专业可以不办,但是新的学科虽然不成熟也可以办;学校应有自己的师资队伍;中国科学院自己办一所科技大学是必要的,也有条件,但不能完全依靠自己的大学,研究人员都从一个学校来有缺点,就像近亲繁殖一样,缺少新血液;建议学校办研究生院,与各研究所结合,统一管理中国科学院的研究生;反映学校对学生要求得不严,对先生要求得严;一致提议学生在学习过程中采取淘汰制(名称可以考虑不用"淘汰"二字),从入校到毕业淘汰20%左右,淘汰后的学生可以转入事先安排好的一般高等学校;认为学校的特点应该是:有坚实的理论基础,并且掌握较多的实验能力。

钱学森说:"一开始就参与科技大学的规划,有些不切实际的想法。今天同志们讲的都是从实践中得来的,我都同意。科技大学的特点应该是:外文必须学好,可以多用一点时间;基础(包括专业基础)必须打好;能做实验;专业面很广,又没有真正的专业。向国家说清楚,就是培养的科研干部不能做,毕业时不一定做毕业论文,现在的毕业论文做得就很勉强。赞成实行淘汰制,如果能淘汰20%左右,对提高质量有很大作用。"

● 应用数学和电子计算机系与数学教研室合并

6月15日,校务委员会扩大会议决定,应用数学和电子计算机系与数学教研室合并。与会人员一致认为,将数学教研室并入应用数学和电子计算机系,能为建立和加强一支又红又专的专职数学教师队伍创造条件,能进一步提高数学教学质量。10月,校务委员会议定应用数学和电子计算机系系务委员会委员名单,华罗庚为主任委员,姜清海、郑之辅为副主任委员,委员包括:关肇直、吴文俊、张克明、吴新谋、冯康、王寿仁、许国志、艾提、龚昇、李宝光、曹进。

● 原子能研究所科学家就如何建好我校发表意见

6月17日,校党委书记刘达到原子能研究所,和钱三强、赵忠尧、彭桓武以及在我校兼课的科学家13人,就有关学校的一些重要问题进行了座谈。原子能研究所的科学家们提出了许多有益的意见和建议。

一、外语的学习问题。他们认为,外语是工具,应该学好。在外语教学中,应加强词汇和语法的训练,特别要重视结合专业阅读。英语在原子核物理方面的文献应用很广,大部分人应学英语,但俄语也要有人学。我校学生外语水平参差不齐,最好能按程度分班上课。

第一外语过关了,经过考试合格,才可选修第二外语。

二、提高教学质量和学生学习问题。科学家们认为,我校学生学习负担过重,应严格执行教育部规定的学时,不要超时。在课程安排上,包括基础课和专业课存在的一些问题,应采取措施加以改进,按照"少而精"的原则大力砍掉重复和不必要的课程内容。应该鼓励冒尖的同学,考虑采取淘汰制。

三、一致赞成我校建立自己的专职教师队伍。专职教师队伍的建立应采取多种途径和方法。有些人还认为,青年教师不宜忙于上台讲课,最好先送研究所从事1—2年研究工作,继续打好基础,然后再返回学校讲课。基础课最好由老科学家或老教授来讲授。有的人还认为,学校有了自己的专职教师队伍之后,仍要依靠研究所。

四、应重视政治思想教育和培养学生的独立学习、工作、生活能力。

五、专业的口径不宜过窄,应该加大口径。

六、应该加强基础的训练(包括专业基础)。

钱三强特别强调指出,随着近代科学的发展,要求科学与技术、理论与实验更密切地结合,以便在新的科学领域中从事创造性的探索工作,建立新的学科。从最近的资料获悉,外国在这方面非常重视培养亦工亦理的科学研究干部,从苏联的经验可以看出,苏联在某些重要科学技术方面赶上美国,很重要的原因是注意培养这方面的干部。我们也必须注意培养这方面的干部。目前我们国内这类性质的系和专业很稀少,因此尽管我们办学过程中有许多困难,但亦工亦理的方向不要改变和放弃。至于工与理的比例如何安排,可研究。

● 物理研究所科学家提出发展我校的意见

6月24日,校党委书记刘达到物理研究所,与施汝为、张志三、徐叙瑢等几位科学家,就有关我校发展的一些重大问题进行座谈。各位科学家的意见大致如下:

一、科学家普遍认为,作为一个从事科研工作的人来说,掌握外语很重要,既方便又省时间。大部分同学学英语适合当前发展的实际需要。英语教科书和参考书不全,可组织人力编纂。新生入学后,对他们的外语程度先作测验或调查,然后据情确定哪些人学英语,哪些人学俄语或其他外语,这样较为有利。用现有的外语教学全部时间首先学好第一外语,切实保证过关,然后在此基础上,再学第二外语。

二、一致强调应该加强基础课的训练。他们指出:基础打得牢,学专业困难不大。应利用有限的时间集中力量打好基础。另一方面,由于我校高年级学生靠近研究所,常有机会参加研究所的学术活动,能比较快地了解到许多有关科技方面的新成果,这对于他们掌握专业知识很有帮助。

三、一致赞同学校建立自己的师资队伍。教师除了教学工作外,应参加一些科研活动,不断了解学科发展动态。

四、实验工作应该重视加强,同时应重视加强学生的毕业论文(设计)训练。

五、我校基础课实验室设备较全,专业实验室设备很不完善,远不如北京大学与复旦大学,建议在几年内充实起来。

六、系和专业的调整问题。系和专业的调整应和目前的学科发展联系起来考虑。现有的专业,经过研究所几年的努力,课程已全部开出,如把它合并或不办大家感到惋惜。同时,系和专业的调整,涉及问题很多。几个研究所办一个系,研究所之间有矛盾,办校的积极性会有影响,只办一个研究室对口的专业,不办另一个研究室对口的专业,研究室之间有矛盾。为了解决专业设置过多的矛盾,今后对各专业采取轮流招生的办法,适当停办一些专业。

七、形成淘汰制。物理研究所的科学家在"五反"学习中谈到提高我校的教学质量时,大家曾设想了一个方案,即把我校的学制分成四年、五年、八年三种,每个学生若要念完八年必须通过两个关口。这不但能促进教学质量的提高,而且对培养高级研究人才有重要意义。

● 中国科学院向教育部提出我校专业调整的意见

6月26日,根据高等学校专业调整会议的精神和教育部的意见,经过初步研究,中国科学院致文教育部,提出对我校专业设置问题的意见:

一、中国科学技术大学现设30个专业,经认真考虑了教育部意见之后,决定合并成24个专业,将磁学、光学、固体物理三个专业合并成物理学专业;将自动控制、自动控制元件、运动物体自动控制三个专业合并成自动控制专业;将高空大气物理和大气物理专业合并成地球物理专业;将探空技术专业改为无线电遥测专门组。有三个专业仍希望保留,即高分子物理专业、高速化学反应动力学专业、爆炸力学专业。

二、为了统一专业名称,根据教育部的意见,拟更改中国科学技术大学五个专业的名称,即原子核工程物理专业改名为反应堆工程专业;微波专业改名为无线电物理学专业;电真空技术专业改名为电子物理学专业;稀有元素化学专业改名为化学专业;高温固体力学专业改名为飞行器结构力学专业。此外,有三个专业希望不改变学校现用的名称:高速空气动力学专业、喷气技术热物理专业、数字电子计算机专业。

三、中国科学技术大学所设各专业每年招生数字表(见附表:中国科学技术大学各专业发展规划)。其中适应面较广、目前就全国来看仍较紧张的专业有物理、无线电电子学、高分子化学、数学等。并对其他专业作了说明:

1. 每年招收的600名学生中,有200名主要为第二机械工业部培养,其绝大部分属于原子核物理、反应堆工程、放射化学、化学等专业。

2. 高速化学反应动力学和物理力学专业每年招生人数共25人,这个数字还是不能完

1963年

全满足需要。

3. 力学方面现设的高速空气动力学、高温固体力学、爆炸力学、喷气技术热物理四个专业，每年共招生55人。

4. 自动控制专业，每年共招生35名。

四、中国科学技术大学现设的专门组，也准备待"五反"运动告一段落后再研究调整。

附表：中国科学技术大学各专业发展规划（1963年6月26日）

专 业	每年计划招生人数	备 注
原子核物理 反应堆工程	125	二机部需100人
半导体物理 物理	20 45	
无线电技术 无线电物理 电子物理 声学	60	
自动控制 数字电子计算机	35 20	二机部需10人
高速空气动力学 飞行器结构力学 喷气技术热物理 爆炸力学	55	二机部需11人
放射化学 化学	80	二机部需60人
地球化学	25	
高分子化学 高分子物理	30	
数学	30	
生物物理	25	
地球物理	25	

● 学校制定七个系专业、专门组调整方案

一、原子核系，下设原子核物理学专业（包括实验原子核物理专门组、理论原子核物理专门组、电物理专门组）、反应堆工程专业。

二、物理系，下设半导体物理专业、物理专业（包括磁学专门组、光学专门组、固体理论专门组、低温物理专门组、晶体学专门组、固体电子学专门组）、地球物理专业（包括高空大

气物理专门组、大气物理专门组、地壳物理专门组)、生物物理学专业。

三、无线电电子学系,下设无线电技术专业(包括无线电技术专门组、无线电遥测专门组)、无线电物理学专业(包括微波专门组、电波传播专门组)、电子物理学专业(包括电子物理专门组、电子器件专门组)、声学专业。

四、自动控制系,下设自动控制专业(包括自动控制特殊精密元件仪表专门组、运动物体自动控制专门组、自动控制理论专门组)、计算技术与装置专业。

五、力学系,下设空气动力学专业、飞行器结构力学与强度计算专业、热物理专业、爆破力学专业、物理力学专业。

六、原子能化学与高分子化学系,下设放射化学专业(包括放射化学专门组、辐射化学专门组)、化学专业(包括稀有元素与无机合成专门组、稀有元素分析专门组)、高分子化学专业、高分子物理专业、高速化学反应动力学专业(包括高速化学反应动力学专门组、爆震物理专门组)、地球化学专业。

七、数学系,下设数学专业(包括微分方程专门组、计算数学专门组、运筹学专门组、概率论和数理统计专门组、几何拓扑专门组、控制理论专门组、数论代数专门组、物理数学专门组)。

同时,我校还提出了六个系和八个系专业、专门组调整方案,其中六个系专业、专门组调整方案与七个系方案基本相同,只是将"无线电电子学系"和"自动控制系"合并为"电子学系",内设专业、专门组不变。八个系方案则将物理系分为第一物理系和第二物理系,其中第一物理系由半导体物理和物理专业组成,另将物理力学和高速化学反应动力学两个专业调整至第二物理系。各个方案专业和专门组总数和名称不变,均在原有的12个系、30个专业基础上,调整为24个专业、35个专门组。

● 学校举行首届毕业典礼

7月14日,我校举行首届毕业典礼。会议日程为:郭沫若校长致开幕辞,聂荣臻副总理讲话,陈毅副总理讲话,中国科学院裴丽生副院长讲话,毕业学生家长王光伟讲话,兼课教师钱学森教授讲话,专职教师钱临照教授讲话,学生代表、学生会主席邓述慧致欢送辞,毕业学生代表致答辞。参加人员除本校教职员工外,还有力学研究所钱学森等26人,电子研究所陈芳允、汪德昭等14人,数学研究所吴新谋、关肇直等12人,化学研究所胡日恒、柳大纲等26人,地质研究所侯德封等14人,计算研究所范新弼等12人,自动化研究所潘守鲁等9人,物理研究所施汝为等11人,生物物理研究所贝时璋等9人,半导体研究所林兰英等6人,地球物理研究所赵广增等14人,原子能研究所钱三强等24人,原子能研究所二部9人,情报研究所10人,科学院图书馆11人,科学出版社14人,北京钢铁研究院、北京大学、北京师范大学、北京天文台、北京水利科学院、北京医学院等也派代表参加。

郭沫若在开幕辞中介绍,我们的学校创建于1958年,曾经被称为"跃进大学"。它是总路线的一个成果,大跃进的一座纪念碑,教育大革命的一块试验田。从建校之初到目前取得了显著成果。对同学们喊出的"坚决服从国家分配"口号郭校长大加赞赏,并送给同学们几点临别赠言:

"第一,希望你们做党的好儿女,永远听党的话,遵守纪律,服从调度,毫不动摇。

第二,希望你们作为工人阶级的知识分子,以普通工人姿态出现,重视生产劳动,克勤克俭,埋头苦干,永不生锈……你们在新的岗位上切切不要忘记勤俭建国、勤俭办一切事业的方针。以艰苦朴素为荣是我校校风的特点之一,希望你们长远地保持着这个特点。

第三,希望你们以革命家的高标准来期待自己,投身于伟大的革命运动中,站稳立场,坚决进行阶级斗争,争取革命的全面胜利。

第四,希望你们始终保持着学生的态度,继续不断地勤奋学习,红专并进,至死不变,成为毛主席的好学生……"

聂荣臻副总理向毕业同学表示祝贺,并指出:在我们大家面前,摆着一个具有历史意义的光荣艰巨任务,这就是进行阶级斗争、生产斗争、科学实验这三项伟大的革命运动。为了很好地完成这个任务,要求我们在斗争实践中很好地改造、锻炼、提高,把自己锻炼成为一个又红又专的工人阶级的知识分子。我们学习是为了工作,在工作中又要不断学习。社会主义革命和建设的大学校里的学问,是一生也学不完的。他对同学们提了几点希望:首先,是加强阶级观点、劳动观点,抓紧自我改造的问题;第二,是树立远大革命理想,服从祖国需要的问题;第三,培养科学态度、作风的问题;第四,是勤俭办科学,反对浪费国家资财的问题。

◉ 校党委就学校急需解决的问题向中国科学院党组递交请示

8月7日,校党委向中国科学院党组请示关于调整系和专业设置、保证学生培养质量等问题。

一、调整系和专业设置,缩短学校建设战线,以提高教学质量。拟将13个系合并为6个系,30个专业压缩为24个。为达到真正缩短战线的效果,建议压缩专业的同时切实减少专门组的设置。

合并为6个系时,现有一部分基础课教研室除数学教研室已合并到数学系外,其他3个(物理、化学、机电工程)也拟分别合并到有关的各系。这样可以使教师力量实行统筹使用,消除教学组织和实验室设置上重复设摊子,在人力、物力和建筑物使用上的严重浪费现象,可解决精密贵重仪器的统一管理和使用维护中缺乏技术力量等复杂困难,并可抽出骨干充实系的业务领导力量。

合并后仍坚持有关各研究所的领导人兼任系的主任、副主任,领导系务委员会,主持各系教学业务上的毕业设计。研究各专业的教学等问题时,由对口研究所的负责人主持,其他非对口研究所的领导人一般可以不参加,以巩固所系结合的办校方针。

二、为保证学生的培养质量,部分专业或全部专业需考虑适当延长学制的问题。

学校认为我校学生一向负担较重的一个根本原因在于培养要求和学制年限不适应。几次修订教学计划,都想压缩课程,但由于课程内容上存在着纵横交错的相互制约关系,几次反复研究,能压缩的总是十分有限,压缩以后,也还是显得比较重,难以消除许多不合理现象。清华大学、北京大学两校(我校绝大部分专业该两校都有)与我校相同,专业的学制都一律是六年,他们所以这样做,是有其重要原因的。就目前和近期内我校的条件来看,部分专业适当地延长学制,有利于使我校培养的大部分学生的水平赶上这两所学校。建议科学院党组经过专门研究后,能考虑将我校各专业的学制普遍地或部分地延长为六年或五年半(1959年曾有6个系的学制定为五年半,1960年春又一律改为五年)。如决定延长学制后,可减少每年招生人数,不再为此扩大学校的规模。

三、逐步培养专职教师,继续依靠兼职教师的同时,要有效地调配充实基础课和专业基础课的教师力量。

四、校本部和一分部的布局以及永久性校址问题。

学校的意见是另找地基,重新规划,逐步施工。所需的基建面积和经费,如能以玉泉路校舍与有关单位相交换,可节省国家投资。

五、大力充实专业课及专业基础课的实验设备问题。

六、严格执行考试考查制度和升留级与学籍管理规定,以保证在校学生程度更加齐整,更大限度地发挥学生的学习积极性,以有利于教学质量的提高。

● 第二次党代会总结五年来工作经验和教训

8月25—27日,我校第二次党员代表大会召开。193名代表、73名候补代表出席了大会,科长、讲师以上党员干部也列席了大会。与会人员听取了武汝扬代表上届党委作的五年工作报告并进行了小组讨论后,12名代表在大会上分别就教学工作、监察工作、组织工作、行政工作、形势教育、团的工作、支部工作等发言。选举出23人为本届党委委员,通过了大会决议。第二届党委委员名单为:王卓、王榆、王群、丛培坤、包忠谋、刘达、李友林、李萍实、谷军、何作涛、武汝扬、姜清海、胡导环、张新铭、张耀南、张栋、张秀峰、陈镜吾、黄履冰、黄有华、杨敬仁、杨晓华、杨秀清。

校党委报告了学校相关情况,我校计有师生员工7833名,其中学生5897名,专职教师698名,职工1238名,另有兼职教师148名。共设12个系,30个专业,7个基础课教研室,40个专业课教研室,97个实验室。

五年来初步建立教学为主、结合劳动生产的教育制度,初步建立起进行科学技术教育、

1963年

政治思想教育和劳动锻炼的一套基本教学秩序。基础课建立起可以独立担当教学任务的教学系统，培养与配备了一支能担负起教学工作的专职教师队伍。依靠所系结合的方法，争取了研究所大批研究人员来校兼课。

报告还对有关工作进行了检讨。认为"全院办校，所系结合"的办法经实践证明是完全正确的。过去党委对教学工作的领导存在着党政不分和党委包办代替行政业务的缺点，今后党委必须认真加强对教学工作的思想领导。此外，还讨论了执行党的知识分子政策问题与知识分子的思想改造问题。

● 1958级毕业生分配和1963年招生工作

6月6日，学校党委会开会讨论我校第一届毕业生分配比例方案。会议决定：我校留下的毕业生中，不做教师工作的要侧重政治条件，做教师工作的要侧重学业成绩。

我校1958级应届毕业生1603名，其中代培生190名，到8月底，除暂留校的65名待分配（补考、因病住院、反动学生）和近代力学系165名需到寒假后才能毕业的以外，有1373名毕业生调配派遣工作已经结束。整个派遣工作比较顺利，学生、学校和用人单位都比较满意，但工作中也存在对个别学生的困难和思想问题估计不足等问题。

根据中央和国务院的通知和北京市委大学部的部署，我校从8月1日至8月22日对政治上反动的毕业生郭祝胜、陈良荣、胡存玲、孙永江、马家骅五人进行揭发批判。

教育部批准我校本年度招收600名新生。由于试题较难，录取新生的学业成绩的总平均分数比去年86.04分低，为80.1分。录取的学生的学业成绩和政治条件还比较好。对新生的分配工作，绝大部分是按照他们的志愿分配的，只有2个系缺18人，要调系的学生只占学生总数的3%。

● 刘达提出关于学校今后校舍建设的一些设想

8月13日，刘达提出，鉴于玉泉路土地面积太小，建筑物不符合规格，有很多精尖设备无法充分使用与维护，且在玉泉路建设永久性校舍会令学校永久分为两个摊子，造成对工作不利，永久性校舍定不下来导致不能进行长期规划，造成浪费，故按3000人的规模提出几个方案：

一、选择一个适当地点重新建设统一的新校舍，地点可以在北郊地质研究所以北，放弃原来的规划与已建成的部分建筑物，全部面积需15万平方米，投资3000万元上下，费时5年，1968年秋能迁入新学舍。

二、分两个摊子进行建设。四、五年级和将来的研究生院建在中关村，一、二、三年级（基础部分）建在北郊。这样需新建校舍12万—13万平方米。

三、在现有的基础上作出长期拆建规划。在中关村再建 2 万平方米左右供四、五年级和研究生用,在玉泉路再建 4 万—5 万平方米,供基础部和教师住宅用,共计需要 6 万—7 万平方米,共需投资 1 000 万元上下。

最后认为第三个方案比较切合实际,虽然拆一部分房子,但用钱较少,易于实现。虽有很多缺点,但比现在缺乏长期整体规划,到处乱塞建筑物要好得多。

● 校领导就进一步办好学校与各研究所负责人座谈

9 月 16 日,由郁文主持,有关各研究所负责人与我校领导就进一步办好学校问题举行座谈。参加座谈人员一致同意下列意见:

一、"全院办校,所系结合"的方针,在学校的建设过程中起了重大作用,今后必须继续贯彻这一方针,并在总结经验的基础上发展提高。但根据具体情况,有的可以所系结合,有的可以所与专业结合,有的可以所与专门组结合,不能强求一致。

二、基本上同意学校提出的调整系与专业的方案,以便缩短教学战线,提高教学质量。在调整专业时主要应以学科对口为主,在此原则下适当照顾到与研究所对口。具体调整方案再由学校与各研究所交换意见后即定下来,不宜再拖。

三、专业分得不宜过细,专业课不宜过多,应集中时间与精力搞好基础理论(包括专业基础理论)、外语的学习与实际操作技能的训练,毕业生视各专业实际情况而定,不一定都做毕业论文。

四、学校师资队伍与所负担的教学任务不相适应,现在 75% 以上是助教上课,教学质量不高。坚决由各研究所抽调一批在科研工作上不能发挥很大作用,但在教学工作中可以发挥更大作用的老科学家充实学校的师资队伍,为了照顾这些老科学家的意愿,其中少数人仍可在研究所兼少量研究工作。学校应加强这批老教师的工作,以便充分发挥他们的作用。

五、各研究所都提出兼课对研究人员是一项很重的负担,必须积极培养学校自己的基本师资队伍,并逐步建立健全各教研组,其顺序应是基础课、专业基础课、专业课。

六、各研究所希望学校能代他们统一管理研究生,并给研究生补上所缺的基础理论与外语。学校同意接受这个任务,希望中国科学院能作出决定,以便早日进行规划。

七、为了使所系更好地结合,互相提高,一致同意今后学校教师在一定时期内到研究所里做一两年研究工作;研究所里的研究人员在一定时期内到学校教一两年课。

八、大家一致同意不再延长学习时间,为了能够更好提高毕业生的质量,将来可以考虑采取淘汰制或拔尖的办法。

九、为了便于所系结合,多数人希望学校校舍以建在中关村为宜。如果明年能在一分部基础上再建 2 万平方米(6 000 平方米为宿舍,其余为教室与试验室),把四、五年级学生、

专业实验室、校领导机构移到中关村,把玉泉路作为基础部,这样校舍问题在近期内可以基本解决。

有两个研究所的负责人觉得多几个系也好,能与研究所对口,但不反对调整专业。

如果在中关村建2万平方米校舍,现在学校占用各研究所的房子即可大部分腾出,使各研究所也增加一部分房子。

● 校党委结合北京市委工作会议精神讨论如何推动学校工作

11月,为落实北京市委工作会议精神,校党委讨论提出学校应该有个长远规划,明确奋斗目标。是根据国家两个十五年规划和学校的特点办学,还是仅仅向清华大学、北京大学看齐,要明确。学校也应该有个过渡时期,订出计划,包括学校体制、党政组织机构、专业设置、课程内容的调整、师资、干部队伍的培养整顿以及教学、行政和政治思想工作秩序的整顿,等等。

体制和工作问题。政治课教师应兼任学生的一部分思想政治工作。学校领导也应担任一部分马列主义政治理论课。党团组织的关系有问题,校宣传部偏离了抓好政治思想的中心工作。

整顿队伍的问题。首先要了解干部,对干部作全面的、深入的考察。对某些不适于现在工作的干部和工勤人员,应进行调整。对精减下来的人员的处理,应该严格地按中央与国务院的规定办事。应加强对干部的培养教育和管理工作。对行政干部也应有个培养计划,只有提高他们的工作能力,增进他们的业务知识,才有利于搞好现职工作。

对青年教师的要求,应该严格一些,对他们的不坐班问题,应区别对待。

教学工作问题。认为党委抓教学不够,抓得不具体,贯彻少而精的精神只是口号,缺乏实际的、有效的行动。课程内容多,而学时少,学生负担重,开夜车的学生很多。教与学之间有矛盾。

工作作风问题。认为学校各级负责干部开会的时间多,而做实际工作和调查研究的时间少。应该学习和研究兄弟院校的经验。

同时还提出节制生育、"五反"运动等问题。

会上还讨论了两个十五年计划的问题,绝大多数人认为跟苏、美相比仍是跃进的,但也有人认为两个计划保守了。

● 教务处总结科学家对我校实验教学的意见

11月6日,教务处对1962年秋与兼职教师座谈会中科学家对实验教学的意见进行总结。要点为:

一、关于加强实验技术训练的问题。加强实验室的建设,给学生以必要的实验技术训练,是学校当前最为重要的问题。学校现有实验设备和学生的操作技术与学校要求不符。学校应特别注重"技"字的训练。1958级学生在基础理论方面学得还不够扎实,但实验技术的训练更差。做实验要求要严格,要讲求实效,反对形式主义的实验;实验课学生必须自己动手;教师应根据"三严"精神要求学生,不合格的重做、重写报告。

二、关于如何引导学生重视实验的问题。不少人提出,"科技大学的特色,是注重理的同时也注重工,培养出来的学生应该具有比较巩固的理论基础和熟练的实验技术。作为科大的学生应该重视实验,对实验有很大兴趣才行。但1958级学生有不少人对实验不感兴趣、不重视。什么原因,应值得好好研究"。造成学生不重视实验的原因很多,而主要是教师对实验的态度。有人主张,学校加强实验室的建设,设备条件好了,做实验能有很多书本上得不到的收获,学生就会对实验发生兴趣,就会重视起来。学生在低年级时就加强基本功的训练,到高年级时吸收参加一些研究所的学术活动和科学实验工作,来增长知识见闻,培养起重视科学实验的兴趣。还有人主张,实验课要单独记成绩,学校从教学安排中来提高实验课的地位。如果实验课单独记成绩,并分出高低,教师和学生就会重视起实验来。

三、关于培养学生独立工作能力的问题。很多科学家强调培养学生独立工作能力的重要性,他们说:判断一个学生学习好坏的标志之一,就是看他是否具有独立工作的能力(包括自学能力)。1958级的实验课内容太多,学时又少,指导力量又不强,不少实验只是开了个头,或演示一番,训练不到家,不能独立工作。他们主张,实验课应给学生一套完整的、严格的基本训练,从头到尾都要亲手做过,内容不要太多,要注重综合训练。

● 校党委确定教师选拔与培养的原则

专职教师队伍建设是1963年度的一个焦点话题,11月7日,校党委常委会提出以下教师培养和选拔的原则:

在现有教师的基础上,统筹兼顾,自力更生,全面安排教师的调整与充实问题。在调整过程中,从长远观点和调整后系与专业的规模来考虑,慎重细致地力求把政治情况好、有业务能力的适合学校工作而又有培养前途的教师选拔出来(首先注意选拔好基础课和专业基础课的师资力量),然后明确他们的专业方向,抓紧培养提高工作。力争在尽可能短的时间内,培养起自己的又红又专的师资队伍。

根据我校已定的规模和当前的实际状况,我校的教师编制应按中央教育部规定的比例。由于我校专业较多,且分散两处,可适当多留一些,但不得超过650人。要实事求是,讲求质量,不要凑数。对调整后多余的教师,要抽调出来,进行训练,加强思想教育,分期分批地妥善安置。

选拔干部要遵循德才为主、兼顾资历的政策。但是,为了推动和促进学校的工作和发

1963年

展,要十分重视新生的又红又专干部队伍的成长和培养,大胆地把德才兼优的干部选拔到领导工作岗位上来,打破偏重资历的观点。对有关干部的调配使用,可以兼听和采纳有关研究所的意见,但主要的还应该依据学校的具体情况和实际需要而定。

● 校党委请求减少严济慈和钱临照校外兼职

12月24日,校党委请示中国科学院党组,请求中国科学院党组与有关方面商量减少严济慈和钱临照两位先生的校外兼职。因为严先生兼职达13种以上,钱先生也达10种以上,而且所兼职务中很多都是如编辑刊物等很繁重的工作,减少两位先生兼职,以利于他们能更多完成教学任务并早日培养接班人。

● 制订1963—1972年教师培养十年规划(草案)

为了进一步提高教学质量和学术水平,根据教育部和中国科学院"制订今后十年培养提高师资规划"的要求,12月,我校制订《中国科学技术大学1963—1972年教师培养十年规划(草案)》。其主要内容如下:

五年来,我校共开出了43门基础课,242门专业基础课和专业课(原1958级开220门,1959级又新开22门)。基础课教学基本上由学校专职教师担任,全校现有规模大小不等的实验室106个,开出了专业基础课实验202个,专业课实验485个。实验室的设备,基本能适应教学上的要求。但是,由于我校建校时间较短,专职教师队伍还不能满足教学任务的需要,需要有领导、有计划地迅速培养。

一、师资队伍基本情况。我校现有12个专业,学生4 844人,教师1 004人(教授和研究员44人,副教授和副研究员38人,讲师和助教141人)。在教师队伍中,专职教师782人(教授10人,副教授12人,讲师65人),其中业务差或不对口径,不适合我校教学要求以及由于其他原因不适合作教师工作,需要调整的有204人(教授、副教授6人,讲师8人,助教190人)。兼职教师222人(研究员34人,副研究员26人,助理研究员76人,实习研究员86人)。专职主讲教师约占主讲教师的56%。各系基础课及部分专业基础课教学,由我校专职教师担任。专业课教学,基本上由科学院各有关研究所承担。在专职教师队伍中,绝大部分是青年教师,1958年后大学毕业分配来我校作助教的占专职教师的75%。

二、规划指标。1961年确定,学校规模为学生3 000人,按照8个系、25个专业的设置,需要教师650人。同时,充实提高实验课教学的教师队伍,大力培养讲师以上水平的实验课教学人员和实验技术员、实验员。加强实验教学,改进实验室管理工作,建立和健全必要的规章制度,进一步充实实验仪器设备,努力提高实验教学的质量。

建设专职教师队伍的同时,必须长期实行"所系结合",继续聘请中国科学院各有关研

1963年

究所中学有所长、学术水平较高的科学家来校担任教学工作,以便不断以我国和国际科学研究的最新成就充实课程内容,使教学质量不断提高。

三、对教师的基本要求。培养提高教师,必须坚持又红又专的方向,坚持理论与实践相结合的原则。对职务和业务水平不同的教学人员有不同的具体要求,如果已达到本职务要求的,应向高一级职务的要求进修。

四、培养途径和基本措施。师资培养工作必须根据工作需要,以教学为主的精神进行,加强在职进修。大多数教师是通过教学实践来培养提高的,但也要根据需要与可能安排教师及实验员从事校内外的脱产或半脱产进修。

重点培养骨干教师。在一般培养的基础上,分期、分批地重点培养骨干教师,以重点带一般,对重点培养教师,要尽可能地减轻一些非教学任务,使其在完成教学任务的同时,从事进修提高的时间得到保证;安排工作任务时尽可能地结合进修方向,必要时,对少数教师采取脱产方式,派往国外、中国科学院有关研究所、兄弟院校等单位进修。特别重视帮助骨干教师配备有经验、有水平的指导力量,在政治上和业务上都严格要求,加强培养。

积极开展科学研究的学术活动。各个教研室都应该确定比较固定的科学研究方向。凡是有条件的教师,在完成教学任务的前提下,都要妥善安排科学研究工作,使他们通过科学研究的实践提高教学质量和学术水平。

建立教师的考核制度。按照学校制订的《教学人员业务考核办法》,每年考核鉴定一次(从1964年上半年开始执行)。考核的结果,供今后奖惩、调整和提升参考。并在1964年建立教学人员业务考核档案,所有考核的成绩、材料均列入业务考核档案。

12月底,学校召开校务常委会议,经讨论原则同意教务处制订的《中国科学技术大学1963—1972年教师培养十年规划(草案)》,确定十年后我校师资队伍建设目标达到:教授34人,副教授71人,讲师350人。

● 跟踪了解毕业生情况

年底,为进一步了解我校教育质量和毕业生分配情况,发现问题,改进工作,人事处对1958级毕业生的政治思想、学业、工作分配情况作了一些调查。发现个别人的工作需要调整;有些教学上的问题,需要改进;有些思想问题,需要通过教育解决。

● 机构调整和人事任免

教务处成立实验科,负责实验室建设的规划及统一管理,并接管器材处设备科,建立中心实验室。撤销生活管理处,原生活管理处所属人员并入行政处统一管理。成立增产节约和"五反"运动领导小组,由武汝扬等5人组成,并设立"五反"办公室;精简工作领导小组,

由王卓等5人组成；工资调整领导小组，由张新铭等5人组成，下设调整工资工作办公室；体育工作委员会，由王卓等19人组成，王卓任主任委员。计划生育委员会，由王卓等8人组成，王卓任主任委员。

5月，刘达调入我校任党委书记，顾远程任校团委书记。第八次党委常委会议一致选出刘达为党委书记，武汝扬、张新铭、王卓为副书记。同意王卓任此届监委会的监委书记，张栋任副书记。此前，各党总支进行换届选举。免去曹海波中国科学技术大学副校长职务。

● 其他事项

确定每年9月20日为我校校庆日。首次招收研究生9名。接待朝鲜科学代表团和越南科学代表团来校参观。华罗庚、严济慈参加了第二届全国人大第四次会议。钱学森给1958级学生作《如何撰写毕业论文》的报告，提出以"严肃、严密、严格"的"三严"作风来对待论文。

1964 年

- 讨论加强对科学实验工作的领导

为加强学校对科学实验工作的领导，校党委常委会讨论，确定由武汝扬负责全校科学实验工作的统一领导，张新铭、刘为端参与领导并处理全校实验室的各项工作，作为加强科学实验工作领导的一条渠道。同时，建立学校的科学实验工作委员会，吸收有经验的老教授、老专家参加研究、指导，作为另一条渠道。党委将通过这两条渠道来全面加强对科学实验工作的领导。要求由各系总支与教务处、人事处共同研究，在寒假前基本上配齐现有实验室的主任或副主任。实验室主任或副主任的人选条件，由好的讲师、助教来担任，个别的也可选择适合做实验室工作而又有经验的副教授或教授来担任。人员配齐后，力求稳定下来，未经学校批准，一律不得随便更换。今后各级组织要把对实验室的建设、实验教师、实验员的培养提高工作，提到议事日程上来加以重视，认真改变过去对实验室工作不够重视的状况和部分人轻视实验室工作的思想；实验室的建设，要贯彻勤俭办学的方针。本着全校一盘棋的原则，今年开始将按照"调整、巩固、充实、提高"的方针，首先对各实验室不同的使用情况进行合理的调整，以减少不必要的重复，提高实验室的利用率，同时研究各单位实验室的部署，进一步健全实验室的各项制度；加强对科学实验条件的统筹工作。学校体制调整后，有关实验器材设备等工作，将划归教务处统一管理，并在该处设置相应的机构，以利于加强实验室的建设。

- 校务委员会通过《关于外语教学问题的决定》

1月6日，校务委员会常务会通过《关于外语教学问题的决定》。根据《高教六十条》的规定，我校外语教学的原则是：在总结五年来外语教学经验的基础上，明确外语教学的基本方针，选用质量较高的外语教材，采取最有效的教学方法，大力加强第一外语的基本功训练,严格掌握加选第二外语的条件,使学生把最必需的语言基本知识和技能真正学到手,培养学生独立运用外语工具解决问题的能力。

关于第一外语必修课。每个学生必须首先学好第一外语必修课,达到真正能够熟练应用,力争在毕业前达到《高教六十条》对外语的要求。第一外语的学习和应用,在五年内力求不间断,达到第一外语的培养目标应该作为全校性的任务。第一外语五年内划分为三个阶段:第一阶段为打好语言基础、练好基本功阶段,教学计划中规定的第一外语基础课总学时由240学时增加为288学时,安排在6个学期内,各学期的周学时为4-4-3-3-2-2,由外语教研室负责。第二阶段为结合专业巩固应用阶段。在教学计划中不安排学时。这个阶段由各系负责。第三阶段为结合毕业论文(设计)实际应用阶段。

各阶段的主要任务和基本要求是:第一阶段外语教研室的主要任务是通过课内外听、说、读、写对学生进行严格的外语基本功训练。第二阶段的主要任务是在第一阶段的基础上,结合学生所学专业和学年论文,由各系专业教师循序渐进地指定必读的外文专业参考书刊,通过学生的独立阅读,培养学生比较熟练地阅读专业书刊的能力。各系必须把第一外语的巩固提高问题切实抓起来,确定专业教师负责这项工作。第三阶段的任务由学生的导师根据做毕业论文(设计)的需要提出。

各阶段结束后,课业成绩由各负责单位给出。凡中学学过俄语,入学后改学英语作为第一外语的学生,总学时为384学时,安排在8个学期内,各学期的周学时为4-4-3-3-2-2-3-3。总学时结束后,由外语教研室进行课程结束考试。

关于第二外语加选课。学生必须切实学好第一外语,真正具有坚实的语言基础和阅读一般外文书刊的基本能力,学习成绩优良,才能加选第二外语。

第二外语的教学任务在目前应该是通过听、说、读、写的训练为学生打下一个初步的语言基础,培养学生初步的自学能力。总学时为96学时,安排在两个学期内,从第七学期开始,周学时为3-3。加选第二外语的学生必须经过考试,合乎下列三个条件方能报名参加入学考试:第一外语课程结束,成绩及格;其他主要课程学习成绩优良;加选第二外语以后,确有能力和时间,保证继续巩固应用第一外语。第二外语加选课入学考试由外语教研室负责。

该决定自1962级开始执行,1961级第一外语英语延长一学期结束,第一外语俄语不延长。1961级第一外语结束后,第一外语的巩固提高和第二外语加选课亦必须严格按本决定执行。

调整系及专业设置

我校原设有13个系、45个专业,1961年调整为12个系、30个专业。为进一步贯彻中央"调整、巩固、充实、提高"的方针,自1962年开始酝酿将系合并为5—6个,专业调整为25

个左右。

2月,学校成立专业调整与课程调整委员会,由严济慈等35人组成,其中包括有关研究所的著名科学家朱洪元、钱学森等12人,严济慈为主任。同月,校党委召开扩大会议,提出改进教学工作的重大措施:首先进行系和专业的调整,将原有的12个系合并成5个系,即物理系、化学系、电子学系、力学系和数学系;或6个系、7个系。学制改为四年半,学生不做毕业论文;四年的课堂学习时间定为2 000—2 200小时,将现有的课时砍去约三分之一,大大增加学生课外自修时间,用更多的时间加强基础课学习和实验技术训练;用较少的时间学习专业基础课和部分机械工程课。学生的生产劳动时间为半年,安排在新学期的开始进行。1964年仍按12个系安排招生工作。在中关村代中国科学院开办研究生院,在校人数保持1 000名研究生的名额。研究生的专业课由各研究所科学家担任;学校负责研究生院的行政管理、思想政治教育和补基础课。将本科生压缩到2 000人,逐步将他们迁回玉泉路本部。坚持"全院办校,所系结合"的方针,系合并后,实行所办专业。有关研究所原兼任系主任的科学家,仍要兼管系里的重大教学工作。

4月,教育部决定我校的专业设置为24个。

6月30日,学校召开校务委员会常委会议,根据中国科学院党组的意见,经讨论确定将原有的12个系合并为6个系,即:数学系、物理系、近代化学系、近代物理系、近代力学系、无线电电子学系。同时,确定将物理教研室并入物理系,分设普通物理及理论物理两个教研室;化学教研室并入近代化学系,分设有机、无机、分析、物化等四个教研室;机电教研室分别并入近代力学系和无线电电子学系。随着系的调整,相应地将现有30个专业调整成24个专业。

7月,经中国科学院批准,正式将我校原有的12个系、30个专业合并为6个系、24个专业,即:数学系(数学专业)、物理系(包括原技术物理系、生物物理系、应用地球物理系——除探空技术专业外,包括半导体物理、物理学、地球物理学、生物物理学四个专业)、近代化学系(包括原近代化学系、高分子化学和高分子物理系、地球化学系、化学物理系,放射化学、化学、地球化学、高分子化学、高分子物理、高速化学反应动力学、物理力学七个专业)、近代物理系(原子核物理学、反应堆工程两个专业)近代力学系(空气动力学、飞行器结构力学与强度计算、热物理、爆炸力学四个专业)、无线电电子学系(包括原无线电电子学系、自动化系和应用地球物理系的探空技术专业,无线电技术、无线电物理学、电子物理学、声学、自动控制、计算技术与装置六个专业)。

● 确定各系负责干部及系和专业代码

学校确定各系专职主要负责干部名单为:

1. 数学系,系副主任艾提,系业务副主任龚昇,总支书记张雷,总支副书记朗雨仪,系行政副主任曹进。

2. 物理系,系副主任钱临照、黄有莘,系业务副主任潘怡航,总支书记李萍实,总支副书记李淑傑,系行政副主任杨少增。

3. 近代化学系,系副主任杨承宗、黎彤,系业务副主任林念芸、阮连三,总支书记王景盛,总支副书记孙克、刘兴汉。

4. 近代物理系,系副主任梅镇岳、廖伯石,总支书记胡翼之,总支副书记张春江。

5. 近代力学系,系副主任王群,总支书记张玉崑,总支副书记陈陵、杨秀芳。

6. 无线电电子学系,系副主任王文涛,总支书记杨云,总支副书记吕竞、陈议,系行政副主任康锡环。

专业课程仍按原定基本不变,以利于所系结合。原来的教研室还要保留,以便经常和研究所取得密切联系。

各系、专业、专门组的代号以五位阿拉伯数字为限,前两位数字代表年级,第三位数字代表系别,第四位数字代表专业,第五位数字用稍小字体写于下角,代表专门组。以数学系数学专业物理数学专门组五年级为例,编号为 6011_1。各系代码分别为:1(数学系),2(物理系),3(近代化学系),4(近代物理系),5(近代力学系),6(无线电电子学)。低年级没有分专业,常常以行政班上课,编课表时可在第四位数字后用加括号的中文数字表示。

● 校党委讨论今后对教学、劳动和科学研究的领导任务

校党委确定今后党对教学、劳动和科学研究工作的领导任务是:

一、在教学内容上贯彻少而精的精神,逐步保证学生更扎实地把知识和技能学到手。实现加强基础理论学习和基本实验技能锻炼,并要在减轻学习负担的条件下,使学生有较多时间投入外语学习,以做到切实提高外语水平。

二、要遵循勤俭办校的方针,切实抓紧实验室的规划和建设,切实加强实验室的管理和仪器的维修,争取把专业课实验室缺短的重要仪器设备在三五年内添齐,并有计划地提高实验室技术人员和实验课教师的业务水平,严格地要求教师在实验技术和作风上贯彻对学生的"三严"要求。

三、调整系和专业设置,压缩专门组,缩短教学战线,相对地稳定教学计划,精简教学组织机构,减少党委和校部的领导头绪,以便有效地克服官僚主义,提高领导质量。

四、严格执行成绩考核制度、升降级与学籍管理的规定,以促进学生水平更加整齐,使教学质量的提高具备有利条件。

五、要组织教师积极开展科学研究和学术活动,开阔师生的学术眼界,培养师生的学术兴趣,担负的国家科研项目必须作落实的安排,保证进度,保证按时完成任务。

六、要认真坚持师生劳动锻炼的制度,政治干部带领并尽可能安排去固定的工厂、农村

1964年

与工农群众一起生活,一起从事生产劳动。

七、要加强对学生的政治理论学习,结合理论学习加强思想的指导。

八、要继续坚持"所系结合"的办校方针。继续争取研究所在师资方面的大力支援,争取高水平的兼职教师继续教课。要继续坚持四、五年级到研究所进行科研实习和毕业论文、毕业设计。

● 筹建研究生院

5月,学校决定筹建研究生院,筹备工作由陈镜吾、李声簧负责。5月11日,刘达等校领导在中关村向中国科学院张劲夫副院长汇报了一分部和研究生院的问题。根据张劲夫副院长指示,初步决定:充分利用各研究所的高级研究人员与实验设备,积极培养研究生。研究生院暂定1 000人规模(每年300人左右)。政治思想教育,外文与基础课补课,日常生活管理,部分基础课与专业基础课实验原则上集中进行,房舍与实验设备即按这个精神具体研究解决。把培养研究生与函授教育、在职干部进修结合起来,逐步由研究生院负责。1964年北京地区研究生约为200人,原则上由学校负责组织学习与安排生活。将中关村东北角(化学研究所以北,清华路以南)6万多平方米土地拨作研究生院与高年级学生教室、实验室、宿舍等建筑用地,迅速进行规划、设计,第二年争取开始建设。

● 拟订1963—1972年培养研究生规划

6月8日,学校拟订《1963—1972年培养研究生规划》,计划前五年招生人数为59人,后五年为105人,合计有26个专业、43名导师招收研究生。43名导师中,专职教师26名,占导师人数的60%,其中副教授以上的教学人员为11名,占专职导师的42%;讲师有15名,这些讲师的教学水平和科研能力均在一般水平以上。兼职导师17名,均为中国科学院有关研究所副研究员以上的研究人员。导师人数及招生计划数见下表:

1963—1972年培养研究生规划总表

专业名称	现有导师人数	现有研究生人数	1963—1972年导师数			1963—1972年计划招生人数			备注
			合计	前五年导师人数	后五年新增导师人数	合计	前五年招生人数	后五年招生人数	
原子核物理	1	1	2	1	1	14	6	8	
理论物理	1	1	2	1	1	3	1	2	
核电子			1		1	2		2	

1964年

续表

专业名称	现有导师人数	现有研究生人数	1963—1972年导师数 合计	前五年导师人数	后五年新增导师人数	1963—1972年计划招生人数 合计	前五年招生人数	后五年招生人数	备注
中子物理			1	1		8	3	5	
原子核工程物理			1		1	2		2	
加速器			1		1	4		4	
化学动力学	1	1	1	1		1	1		
物理力学	1	1	1	1		1	1		
无线电物理			1	1		6	6		
调节原理			2		2	6		6	
流体力学			1		1	4		4	
固体力学			2	2		7	3	4	
爆炸力学			1		1	5		5	
喷气动力热物理			1	1		3	1	2	
分析化学	1	1	1	1		1	1		
空气动力学			1		1	3		3	
放射化学	1	1	7	3	4	37	7	30	
高分子化学	2	2	2	2		9	4	5	
高分子物理	1	1	1	1		4	2	2	
函数论	1	1	2	2		9	4	5	
天气动力学			2	2		8	6	2	
大气物理			3	1	2	9	1	8	
空间物理			2	1	1	10	2	8	
地壳物理			2	2		4	4		
高频磁学			1	1		3	3		
仪器分析			1	1		2	1	1	

1964年

● 学校向中国科学院党组和聂荣臻请示将8个一般专业调整为机密专业

学校请示中国科学院党组和聂荣臻副总理,希望将8个一般专业调整为机密专业。因为自1962年以来,招收新生的政治条件与用人单位的要求矛盾很大,1962年录取的新生属于一般标准的占12%,1963年的新生增至16%。这一方面导致每年都发生数起学生未能按计划实习,影响教学质量,引起学生思想情绪不安定的状况;另一方面则使一般专业标准的学生难以分配,首届毕业生中5月份仍有十几名一般政治条件的学生无法分配。

聂荣臻5月25日对此作出批示:"科技大学的专业,大都改为机密,是不必要的。科技大学应主要为科学院培养人才,不是以为国防工业培养人才为主。如果科技大学要调整密级,那么北大、清华以及其他大学也都要调整,结果就会形成许多理工科一般专业都是机密了。这样并不利于确保真正的机密。况且,各个国防工业部门和国防科委系统,都有高等院校。对报告中所提出的具体问题,请科学院党组研究一下。"

张劲夫5月26日批示:"请干部局根据聂总指示精神和科大研究后提出意见。"

6月29日,学校按照聂荣臻和张劲夫的批示,在中国科学院干部局的帮助下做过研究后向中国科学院党组重新递交了报告,提出对我校设置的24个专业中只规定"反应堆工程"、"空气动力学"、"飞行器结构力学与强度计算"、"热物理"共4个专业为机密专业,"放射化学"、"高速化学反应动力学"、"爆炸力学"、"无线电技术"、"无线电物理"、"地球化学"、"自动控制"和"原子核物理理学"等8个专业亦应列为机密专业。其中有的专业名称虽与国家计委、教育部拟定的《高等学校绝密、机密专业目录》不完全一致,但业务的内容实质上是同一类的,仍确定为机密专业。

学校认为,以上8个专业的毕业生,绝大部分都分配在机密要害部门工作,在校期间即需到有关部门进行实习和做毕业论文或毕业设计,这些部门对学生的政治条件要求很高,审查很严,必须符合机密或绝密专业的政治审查标准,将上述8个专业的密级由一般专业调整为机密专业后,我校将有机密专业12个、一般专业12个,才能基本上解决培养与分配使用的矛盾。

● 《中国科学技术大学学报》创刊

7月28日,学校决定筹办《中国科学技术大学学报》,并对外公开发行,每半年出版一期,全年两期。学报编辑委员会由我校专职教师17人、兼职教师27人组成,华罗庚任主任委员,严济慈、武汝扬任副主任委员。8月17日,中央宣传部批准学校出版《中国科学技术大学学报》。12月11日,郭沫若校长为《中国科学技术大学学报》题写刊名并撰写发刊词。

发刊词指出:学报的内容包括数学、物理、近代化学、近代物理、近代力学、无线电等各

1964年

个方面的教学和研究论文。编辑和选稿工作要尽可能保持严密、严格、严肃的态度,以保证学报的质量。"三严"态度要和"三敢"精神紧密地结合起来。我们要严于律己,培养我们的敢想、敢说、敢做的独创精神,决不是束缚我们的独创精神。独创精神不是不负责任的胡思乱想、胡说八道、胡作非为,而是在坚实的科学基础上的创造性的解放,前无古人,勇往直前。学报是"百花齐放,百家争鸣"的园地。我们要好好地培植这个园地,使教学工作、科研工作不断进步,"四个现代化"的国家建设事业一步一步地走上更高的阶段。

● 第三次党代会召开

9月,中共中国科学技术大学第三次代表大会召开,出席这次大会的代表共188名。大会通过了刘达代表上届党委所作的工作报告和决议,选出由25人组成的第三届党委会,候选人参考名单为:刘达、武汝扬、王卓、陈镜吾、张耀南、王榆、张栋、何作涛、李萍实、丛培坤、谷军、杨秀清、杨晓华、张秀峰、黄有莘、包忠谋、王群、李声簧、李侠、王景盛、张雷、胡翼之、张玉昆、杨云。10月,第三届委员会第一次会议选举刘达、武汝扬、王卓、陈镜吾、张耀南、王榆、张栋、李侠、张秀峰、李萍实10人为第三届党委委员。

● 提出并系后机构调整、干部配备的问题和原则

关于并系后的主要干部班子的搭配问题,学校专门开会听取了多方意见。大家一致认为,政治指导员的配备,除了重视政治质量外,要尽可能配些年轻的懂得业务的干部去担任,这样才有可能把思想工作做得更深入。为了逐步解决问题,可依据条件,从1958级留校的同学和现有的青年教师中挑选这类干部。对业务领导干部的配备问题,会议认为,对少数业务能力较强,在教学上有培养前途的干部,行政工作又非特别需要,可考虑其实际情况,不再兼任业务领导,以便集中精力搞好教学工作。在考虑调整学校、系的组织机构时,必须本着:坚持政治思想工作第一的原则;培养和提拔新生力量的原则;遵循《高教六十条》的规定,党政工作机构分设的原则;"精兵简政"和加强基层的原则。提拔使用干部的原则、标准为:政治历史清楚、立场坚定、在"五反"运动中没有问题、工作积极、学习积极认真、作风正派。

● 确定校领导的工作分工

刘达负责总的党务工作;武汝扬负责全校性行政工作和部分政治思想工作;张新铭负责教学工作;王卓负责行政工作和干部工作;张耀南负责政治思想工作,重大问题可与武汝

扬商定。陈镜吾负责一分部的党政工作。根据以上分工,进行日常工作,处理具体问题。重大问题提交党委常委会或党委会讨论决定。

加强党委同各系总支的联系,党委常委分别与各系总支联系:刘达联系近代力学系、武汝扬联系无线电电子学系,王卓联系近代物理系,张耀南联系数学系,王榆联系化学系,李萍实联系物理系。

● 确立干部参加劳动和联系群众的制度

为改变领导作风,学校要求干部深入基层蹲点,坚持参加体力劳动。一是采取半天工作半天深入基层或离职深入蹲点的办法。二是从领导干部开始,按规定劳动时间安排到基层参加体力劳动,将劳动表现记入劳动考核手册。三是实行与师生职工同吃的制度,从9月1日开始,十七级以上党员干部,首先从党委领导干部开始,轮流(每周一次)到食堂和群众同吃。同时,试行党员领导干部和学生同楼住宿的办法(每月2—3次)。以克服官僚主义,联系群众,改变领导作风。

由王卓、陈镜吾、丛培坤三人分别率领两批学生到农村参加劳动,人数约600人,时间为两周。由张耀南、张栋、谷军、杨秀清、张秀峰等组成领导小组负责领导毕业生的教育、鉴定及发展党的工作。在中关村住宿问题可解决的情况下,将玉泉路毕业生400人迁往中关村,以便统一进行教育。

● 钱学森对物理力学专业调整提出建议

9月29日,钱学森听说我校在进行教研室调整,致信刘达谈自己对物理力学方面的想法。他认为:

物理力学历经1958级、1959级、1960级三班,已有一定的储备,所以未在1961级学生中开设物理力学专业。但这不是说物理力学就此停止不办了,1962级也许还得开物理力学的班。

现有的物理力学教师不宜分散,应组成一个物理力学教研室。教师们如果教学工作之余还有时间,可以参加力学研究所物理力学研究室(四室)的研究工作。

物理力学专业放在化学系中不太合适,应该放在技术物理系中。

王榆会同教务处对钱学森看法提出的背景作了详细调查,认为钱学森提出此看法是因为其准备扩大物理力学方面的研究工作,而我校1958级、1959级两级学生的分配情况不佳,1960级尚有41人于明年毕业。故对钱学森所提三条建议的意见为:(1)物理力学专业将要有大的发展,又是本校独有,可以继续办,但人数可以少点(10—15人),1962级可以分出来。(2)物理力学教师共6名,有2名去"四清",1名党员暂兼任1960级政治辅导员,待

1960级毕业后,"四清"归来后,可以去力学研究所进修。(3)物理力学现放在化学系的确不沾边,可以放到物理系。但这要做施汝为的工作,因施汝为坚决不要。另外,也要做郭永怀的工作,因为郭永怀主张化学物理两个专业是一个整体,不应分开。王榆与教务处的意见是可以分开,如果物理系有困难,可放在力学系。

● 校党委要求加强政治课的教学工作

10月,校党委常委会开会讨论加强政治课教学工作问题。认为,政治课是同资产阶级争夺青年一代的重要武器,政治课就是要教主席思想,学政治课就是要学主席思想。要求:在教学方法上,理论与实际相结合,一方面讲清理论,讲清党的方针政策;另一方面,要抓学生的活的思想,引导学生用主席思想解决自己思想中根本性的问题。

定期研究政治课的教学工作,各级抽时间深入课堂听讲授,不断帮助改进政治课的教学。加强马列主义教研室的领导力量。重视政治课教师队伍建设,在现有基础上,调整充实政治课教师的数量和质量,对年龄大或不宜作政治课教师者,另外安排。并原则上决定从本校毕业生中选拔政治课教师对象,在两年内选拔十余人,1965年先解决五六人,纳入我校增配人员方案之内。

为保证政治学习和党团活动时间,学校还统一规定:每周六下午为政治学习时间,每周三下午为政治学习或党团活动时间,不得占用。

● 讨论建立半工半读教育制度

11月,学校讨论了试行半工半读教育制度问题,决定先在无线电电子学系半导体专业、近代物理系反应堆工程专业搞试点。具体做法可先派人到天津、北京机械学院等单位去参观访问,取得经验,结合我校实际情况,拟出在以上两个专业试行半工半读的方案。同月,又开会讨论贯彻半工半读教育制度,提出具体方案,包括课程设置、学生参加劳动的场地、专业课教学与阶级斗争、生产斗争、科学实验三大革命运动如何结合起来等问题。

● 继续"五反"运动并开始"四清"运动

"五反"运动在1964年以反对官僚主义、分散主义为中心继续深入开展。5月16日,党委书记刘达在全校师生员工大会上作反对贪污盗窃、投机倒把运动总结,学校的"五反"运动自1963年4月初开始至是日基本结束。这次运动在政治上、思想上、经济上和改进领导作风等方面都进一步总结了经验,改进了工作。

1963年2月,中共中央召开工作会议,决定在农村开展以"四清"为主要内容的社会主义教育运动。1964年,此项运动延伸至高校。11月6日,校党委常委会决定,组织近代力学系1960级同学,近代化学系高分子物理、高分子化学专业的1960级同学和部分教师、干部共约500人,由刘达带队到北京市朝阳区王四营公社搞"四清"。全体"四清"人员组成一个分团,下设大队工作组,由刘达等4人组成分团党委会。21日,学校组织1960级518名学生和116名教职员工,由刘达带队到顺义县沿河公社参加"四清"。学校对参加"四清"人员进行严格审查,"五反"运动中表现不好和有政治历史问题的人,一律不能参加。

● 开展教学改革工作

11月底,校党委常委会两次开会讨论教学改革问题。决定在进行较为深入的调查研究,提出教学改革初步方案的基础上,各总支分别发动学生参加教学改革。党团干部和行政单位的职工,也要安排一定的时间参加教学改革的学习和讨论。确定在数学系、物理系、近代化学系的有关专业搞"大改"的试点,要求提出教学改革方案(包括半年"四清",半年集中劳动,两个月当兵,八周分散劳动)。

各系普遍开展"中改",提出中改"方案",包括:搞一期"四清",时间在半年之内,其余劳动按《高教六十条》规定安排。要求已定为半工半读试点的近代物理系工程物理专业和无线电电子学系无线电技术专业抓紧工作,尽快提出方案,交校党委讨论确定。

为推动教学改革工作进行,进一步明确校党委常委委员联系各系的分工:武汝扬、王卓、李萍实三人仍联系原来分工的系,钱志道联系近代化学系,王榆联系数学系,张栋联系近代力学系。同时,物理系副主任黄有莘与在物理研究所工作的12位我校毕业生进行了座谈,请他们根据在工作岗位上的体验,对母校的培养教育工作提出意见和建议。教务处还派出韩大成和姚力到上海地区,调查了我校72名1958级毕业生工作的情况,并征询他们对母校培养工作的意见。

● 刘达拟定《关于在晋东南建立后方基地问题的报告》

10月,刘达拟写学校《关于在晋东南建立后方基地问题的报告》。报告介绍了一般情况,并提出几点想法和具体做法。认为:

晋东南的席店,地理条件适宜,粮多,生产潜力大,适宜作为大后方。具体做法是:由我校当年节约与处理积压物资收入中拨出三四十万元,请县人民委员会向附近大队定制砖一千万块,石灰若干斤,于1965年7月1日后开始建设。先期建好全部生活用房和基础设施,部分要求条件较高的实验室则待下一步再行建设。

《报告》提出的几点想法有:对形势估计和安全程度的要求,大体上按抗日战争初期

1964年

(1940年)的形势安排,但在防空方面要特别注意。建筑标准,除工作上特别需要的少数教室、实验室外,所有生活用房基本与当地群众居住条件相仿。建设战时后方要和推动山区建设、发展山区经济文化密切结合起来。速度和步骤,两年内把全部生活用房、一部分低级教学用房(均为砖)全部建设起来,然后根据形势再考虑某些标准要求较高的实验室。

● 部分机构调整和人事任免

3月,中共北京市委大学科学工作部给校党委复函,同意刘达、武汝扬、张新铭、王卓、陈镜吾、张耀南、王榆、张栋八人任校党委常委;刘达继任党委书记,武汝扬、张新铭、王卓继任副书记;王卓兼任党委监委书记,张栋继任副书记。

6月,学校议定成立政治部,在政治部成立之前,先成立政治工作小组,在党委领导下负责政治思想工作。政治工作小组由武汝扬、陈镜吾、张耀南、张栋、王榆、杨秀清、谷军、杨枫、杨晓华、陈文、丛培坤、张秀峰12人组成。11月,经中国科学院党组会议决定,武汝扬兼任中国科学技术大学政治部主任,王榆任副主任。

7月,为了适应工作需要,决定将器材处合并到教务处。关于教务处下辖的器材机构和人员如何设置的问题,由教务处、人事处共同商议拟出方案,报请党委批准解决。

8月,中国科学院党组调张新铭到中国科学院另行分配工作。校党委决定,张新铭离职后,暂由王榆负责领导教学工作。

9月,学校决定撤销防空办公室机构,将原防空办公室的业务并入武装部。

9月,校党委决定建立一分部党委会,由陈镜吾等六人组成。11月,校党委增补钱志道为校党委委员和校党委常委委员。决定人事处、马列主义教研室党支部改为党委直属支部。

10月,组织部与人事处合并,一个机构两个名义,人事处处长、副处长兼任组织部副部长。对于将来组织、人事部门的机构设置,决定待成立政治部时一并考虑。

12月7日,校党委会向中国科学院张劲夫副院长并中国科学院院党组建议六个系的系主任、副主任任职问题,建议数学系主任为华罗庚,副主任为关肇直;物理系主任为施汝为,副主任为王守诚、沈淑敏(生物物理研究所);近代化学系主任为柳大纲或白介夫,副主任为王葆仁;近代物理系主任为赵忠尧,副主任为郑林;近代力学系主任为钱学森;无线电电子学系主任为马大猷,副主任为陆元九。

12月18日,学校成立工会筹备委员会,由李萍实等7人组成,李萍实任主任委员。

此外,本年度有数个临时组织成立。1月,学校成立"三查"工作领导小组,由王卓等7人组成,王卓为组长。由武汝扬等6人组成审干领导小组,武汝扬为组长,下设审干办公室,张栋为办公室主任,研究布置审干工作。成立研究生招生委员会,由严济慈等16人组成,严济慈、武汝扬为主任委员。调整福利委员会,调整后的福利委员会由王卓等15人组成,王卓为主任委员。

● 1963—1964学年师资队伍情况

1963—1964学年,我校教师中有共产党员175人,共青团员362人,民主党派9人,无党派222人,计768人。其中教授10人,副教授12人,讲师65人,助教660人,教师21人。近代物理系总计42人,其中教授1人,副教授1人,讲师4人,助教36人;技术物理系总计39人,其中教授1人,讲师1人,助教36人,教师1人;化学物理系总计26人,其中讲师2人,助教24人;无线电电子学系总计43人,其中教授1人,讲师2人,助教39人,教师1人;自动化系总计50人,全部为助教;近代力学系总计44人,其中副教授4人,讲师3人,助教37人;近代化学系总计40人,其中教授1人,讲师5人,助教34人;地球化学系总计34,其中讲师7人,助教26人,教师1人;高分子系总计33人,其中讲师3人,助教30人;应用数学系总计66人,其中教授1人,副教授1人,讲师10人,助教54人;生物物理系总计33人,其中副教授1人,讲师2人,助教29人,教师1人;地球物理系总计29人,全为助教;物理教研室总计68人,其中教授1人,副教授1人,讲师4人,助教59人,教师3人;化学教研室总计59人,其中教授2人,讲师7人,助教50人;外语教研室总计66人,其中教授1人,副教授2人,讲师8人,助教45人,教师10人;马列主义教研室总计24人,其中讲师2人,助教19人,教师3人;机电教研室总计55人,其中教授1人,副教授1人,讲师5人,助教47人,教师1人。

● 招生情况

1964年我校在全国21个省市共招收本科新生625名。应届本科毕业生的调配派遣工作于9月中旬基本结束,毕业生共1420人,除考取研究生86人、自然流动减少4人、待分配17人外,实际分配数为1313人。在校学生总数为4088人,其中硕士研究生24人,本科生4064人。全校教职工总数为1922人,教师768人。

● 重新修订或制订教学大纲

各系、各教研室依据"少而精"的原则,重新修订或制订教学大纲。学校编印《中国科学技术大学1964年毕业生专业介绍》。经过反复讨论审查,确定计算技术实验室等10个实验室作为第一批(1964—1965)重点建设项目。计划承担国家1963—1972年科学技术发展规划中有关数学、物理学、力学、化学等学科研究项目计38项。

1965年

● 近代化学系实验室发生钴源事故

近代化学系辐射化学实验室在年 1 月 9 日上午请北京超重运输公司搬移实验室设备时,发生钴源铅罐翻倒,甩出 400 克镭当量的严重事故。在北京市防疫站和公安局等单位的帮助下,学校组织人员进行了三天三夜的抢救工作,于 1 月 12 日下午将钴源置于专用水井中,排除了事故。事后,相关工作人员和领导进行了深刻的检查,对事故原因从思想上、组织上、制度上、技术上进行了深入分析,认为,发生这一严重事故,除搬运工人计划不周,方法不对头,负有责任外,该系领导对搬运工作思想麻痹,重视不够,无人领导,组织工作不落实,制度不健全,责任不明确,是发生事故的主要原因。学校认真总结了经验教训。

校党委第二十四、二十五次常委会两次对事故进行讨论,对事故处理意见为:检查报告上报中国科学院党组,通报全校、总结经验、吸取教训、改进工作,对不畏艰险、积极勇敢参加抢险的有关人员通报表扬。此事过后,学校制定《关于放射性工作的若干规定(试行草案)》,并在全校贯彻执行。

● 确定半工半读、大改、中改试点单位

1 月 15 日,学校确定半工半读、大改、中改的试点单位。半工半读的试点单位为近代物理系反应堆工程专业和无线电电子学系电子物理专业。大改试点单位为数学系、物理系物理专业(包括半导体专业)、近代化学系放射化学专业。其余各专业都考虑中改。4 月 30 日,学校讨论半工半读的一些细节问题:(1) 一年就集中到中关村,上课到本部来,下课就回中关村(郁文提出只搞电子物理专业半工半读);(2) 简单实验部分在半工时解决;(3) 马列、外语教师要来回跑;(4) 住房问题,工厂给 5 间;(5) 成立领导核心组;(6) 招生人数 46 人,招某专业学生在研究所附设工厂半工半读。

中国科学技术大学编年史稿

1965年

5月17日,学校对半工半读试点单位进行重新调整,决定以无线电电子学系电子物理专业试行半工半读。大改和中改试点单位不变。确定半工半读单位的主要劳动场地为0305工厂,经过一定的技术锻炼以后,参加一定的生产岗位,从事生产劳动,并请求中国科学院领导指示有关部门,把我校半工半读的学生列入劳动计划,给予生产任务,规定生产指标,并作劳动工资计划。

学校和0305工厂党委统一领导,组成包括学校、0305工厂和电子研究所人员的半工半读领导小组,具体组织半工半读的教育工作。教师也实行半工半教,由学校、电子研究所和工厂共同研究组成基本教师队伍。

对"读"的要求,基本上和全日制相同,要求达到将来能够从事科学研究、设计、生产的水平。基础要打牢,主要的专业课要掌握好,实验技术要加强,毕业论文的训练照常安排。课程内容上,根据"少而精"的原则,做必要的精减,总学时由原来的3 200学时压缩为2 098学时。

为照顾学习的连续性,又保证劳动的经常性,使学生一入学既是学生,又是工人,一至四年级实行间周劳动、间周学习的方式。参加工厂生产劳动的时间总共为78周,劳动内容为:一年级参加17周金工劳动,达到1—2级水平;二年级参加19周玻璃工劳动,达到1—2级工水平;三、四、五年级参加42周专业性劳动,学生可根据工厂当时生产需要从二十多项工种中选择1—3项工种,并达到工厂一般实验员的水平。劳动工种的安排服从工厂生产需要,劳动期间服从工厂的统一管理和领导,与工人同吃、同劳动、同活动。

试点的目标是:使学生逐步实现劳动化、革命化。通过劳动,使学生掌握一定的生产技能,理论联系实际,增强学生实际动手能力。

● 进一步实施教学改革

1月19日,学校开展教学改革,在这次学期考试中,采取了开卷、闭卷、口试等不同形式的考试方法。

1月23日,校务常委扩大会议着重讨论了今后教学改革中的具体问题,除半工半读、大改、中改的单位确定和教育计划的安排问题外,还提出:

1. 我校在培养无产阶级接班人,为无产阶级政治服务的前提下,提出面向科学研究,实行科学与技术相结合是恰当的。

2. 把周学时控制在20学时以内,并按年级规定不同的最高限额;学期的教学周数也要有明确的规定。

3. 今后对学生劳动要加强组织和管理,尽量使学生参加农业和工业劳动,投身到农村、工厂实际阶级斗争的熔炉中去锻炼和考验,使学生通过劳动真正达到思想、劳动双丰收。

7月14日,进一步提出下学期教学改革重点:

1965年

根据国家需要,研究调整专业设置,明确专业方向;充分利用现有设备,加强实验室建设,大力建设和扩大学校的"技术后方",为提高教学质量,使我校办出特色打下技术基础;加强师资队伍的培养,提高教师的政治思想和业务水平,这是最重要的基本建设。

11月,贯彻毛泽东主席"七三"指示,大搞教学改革。规定:

如学生确已掌握某课教学大纲要求的内容,可申请经批准、考试合格后免修;学生可要求自学某课程,但需在教师指导下按教学大纲规定内容制订自学计划,完成一定数量作业,按期或提前参加结束考试;有余力的学生可申请、经批准后,适当提前学习高年级课程、加选其他课程;学生可选同一门功课的任何其他同类型或高类型授课班听课。政治课和体育课不适用上述各项,实验课只适用第三项。

教学改革中还对资产阶级教育思想进行清理,批评业务脱离政治现象,指出有些专业设置、课程设置不符合国家需要实际,直接或间接套用苏联或欧美的旧框框,普遍存在脱离实际,重理论轻实验的倾向。

总之,本年度的教学改革,加强实验动手能力、生产技能的培养训练,精简、合并了一些专业、专门化课程,减少课堂教学,增加了实验课时间。

● 讨论决定三线与备战问题

1月22日,学校召开党委常委会议,对三线问题提出初步意见:学校规模保持3 000人,不再压缩。校址暂不变动。学校不再另设三线,一旦有事化整为零并再压缩招生人数,各系分别搬至对口研究所的第三线。

对于备战问题,3月份党委会讨论决定,要做到"两好两保证"(教师要教好,学生要学好;要保证教学的正常秩序,保证教学质量),通过形势教育,对广大干部、教师、学生、工人加强敌情观念、加强备战的思想教育。采取如下措施:

健全原有防空指挥部各级组织,加强组织领导;清理、修缮防空设备和用具;加强防空的思想教育;加强对民兵的基本训练;对易爆、剧毒、放射性等物品要妥善放置,确保安全;整顿防火组织与设备;清查档案、文件,进行保密检查。

5月,成立备战领导小组,由武汝扬、钱志道、王卓、王榆、李侠、李萍实、张栋、张秀峰八人组成,武汝扬任组长,由王卓具体抓。"小三线"地点也于本月初步确定。为做好保密工作,要求十七级以上干部彻底清查本人存用文件,交保卫处处理。

● 提出五年教育计划总精神

1月,各系、专业纷纷修订《五年教育计划初步方案》,在新的教育方案中,对阶级斗争、生产劳动和政治思想教育课等在安排上都有所加强;贯彻"少而精"的教学原则,注重基础和专业基础;加强培养实际动手能力,精减课程,减轻学生负担,使学生在德、智、体诸方面都得到发展。学校于29日提出的教育计划的总精神为:

培养目标所对的口径是"面向科学研究"。

一学年仍分两个学期。寒假两周,暑假四周。

大改、中改各专业都要把体育课列入计划。学生在校学习期间,均按每周1学时安排。

学生必须学好一门外语,达到能看书的水平。原已学俄文的新生可自愿选择或先学英文,或先学一年俄文再学英文两种方案。经测验达到规定外语水平者,可以申请免修或跳级学习。

中改教育计划总学时控制在2 300学时以内,每周课内学时控制在20学时左右,每周课内、外学时控制在48学时以内。

各专业都有教师试行启发式教学。本学期考试中,大部分实行新考试方法。1960级考过的95门课中,约有71门采用开卷考试,也有采取闭卷、口试、在实验室里考试等等。

● 承担国家研究任务

3月31日,学校计划承担国家十年规划1965—1966年度研究计划,计有36个中心问题的47个研究项目。

● 开展招生宣传

4月,学校为招生宣传专门精工印制材料,介绍学校整体情况和6个系、24个专业的研究对象、现实意义和毕业去向等。其中的学校简介如下:

中国科学技术大学对学生培养的目标是:(1)通过阶级斗争、生产斗争和科学实验三大实践和政治思想教育,使学生具有社会主义觉悟,成为踏实于社会主义和共产主义事业的科学技术工作者;(2)通过业务教育和训练,使学生具有坚实的科学理论基础,具有初步的专业科学知识,熟练掌握基本实验技术,并至少掌握一种外语;(3)通过体育锻炼、民兵训练,使学生具有健康的体质和初步的军事知识。

大力进行教学改革,在教学中贯彻"少而精"的原则,减轻学生负担,并培育学生在德、智、体诸方面的全面发展;加强阶级斗争、生产斗争实践的安排,使学生在战斗中成长;从1965年开始,选择一个专业实行半工半读的试点工作。

各系与中国科学院的研究所有着密切的联系,高年级的专业基础课和专业课,大部分由在研究所工作的研究人员担任。毕业前在研究所的研究室或有关生产单位,从实战出发,做毕业论文或毕业设计。

本校已有三届毕业生,毕业后分配在中国科学院各研究所、国防研究单位及地方的研

1965年

究单位,以及其他方面担任科学技术、生产、教学和科学组织工作。

● 编印毕业生专业介绍

6月,我校印刷毕业生专业介绍。1965届毕业生的专业有:应用数学、物理学、半导体、生物物理、地球物理、高速化学反应动力学、物理力学、放射化学、稀有元素、地球化学、高分子化学、高分子物理、原子核物理、反应堆工程、空气动力学、飞行器结构力学、喷气动力热物理、爆炸力学、无线电技术、无线电物理、电子物理、声学、运动物体自动控制、自动控制理论、计算技术与装置、自动化元件仪表,共26个专业。

● 任命钱志道为副校长

8月23日,国务院第158次全体会议通过,任命钱志道为中国科学技术大学副校长。

● 招生工作情况

本年度高等教育部批准我校在全国23个省、市的招生计划为600名,根据重点学校可超额录取1%—3%的新生的规定,我校增加了江苏5名,四川5名,广东4名,湖南3名,黑龙江2名,福建、辽宁各1名,共21名;在广西减少1名,贵州减少3名,增减相抵,实际增加17名。

在政治条件方面,1965年是我校历年来最好的一年,合乎绝、机密条件的学生占95%以上,其中绝密占63%,仅有不到5%的新生是一般专业。党团员占74%,工人、贫下中农和干部子弟占73%,上中农和剥削阶级家庭出身的仅占4%。据各地招生干部反映,我校新生的政治质量比清华大学、北京大学等都高,估计除军事院校外,我校的政治质量方面可能居首位。

在各地的录取成绩仅次于清华大学,稍高于北京大学,在全国来看属于前三名。

报我校第一志愿的,数学系110人,近代物理系216人,大有多余,其他系均不足,根据第二、第三志愿作了调整,全部按照本人所填志愿进行了分配。录取结果:数学系30人,物理系114人,近代化学系148人,近代物理系90人,近代力学系80人,无线电电子学系155人,不服从分配者1人。在分系阶段对近代物理系和近代力学系的政治质量作了具体认真的挑选,全部学生合乎绝、机密条件,使两个系的政治质量基本得到保证。

存在的问题是:报考情况有逐年下降趋势,今年第一志愿总人数为3 878人,比去年减少3%。但报考的学生成绩比较高,淘汰率比较小;还有中学生不知道有我校;第一志愿报考学生数自1962年起呈逐年递减趋势。总的录取比例为6.9∶1。

针对以上问题，武汝扬、钱志道向中国科学院张劲夫副院长和中国科学院党组递交报告，提出关于招生人数和学校规模的建议。认为招生600名过少，会影响生源，不利于保证新生的质量。以学校的师资力量和仪器设备条件，4 000名学生较为经济合理，建议每年招生800名。

光谱学专门组改名为受激光专门组

我校物理专业自1959级起设光谱学专门组，由于适应我国受激光技术发展的需要，自1960级开始将光谱学专门组的培养方向改为培养从事光激射研究的人才。当时考虑到专业教研室的师资、设备等条件，虽已作了一些准备，但还处在创设阶段，尚未成型，所以专门组名称未改，而在学生专业课程及毕业论文的安排上都已改为受激光发射的内容，因而毕业学生的分配上就出现了一些不合理的现象。1965届16名毕业学生大部分都不对口径，没有从事受激光发射的工作。有的分在科学仪器公司，有的从事光谱分析工作，而急需这方面干部的上海光机所只分配到3名，物理研究所则一名也没有。1966届将有10名毕业生，初步分配方案中，也是按"光谱学"来分配的，中国科学院只分到1名。为更好发挥这些学生的作用，学校接受建议，自1961级将光谱学专门组改为受激光专门组，以免在分配时再发生误解。

学校对机构、人事进行调整

为加强政治思想工作，2月，我校申请成立政治部。政治部组织机构包括：党委办公室、组织部、宣传部、统战部、马列主义教研室和保卫科。负责有关干部的全面管理、审查、调配等工作，有关干部升调、工资调整等手续办理仍由人事处干部科负责。

5月，武装部划归政治部；人事处设治安科，原保卫科的有关治安工作，划归治安科。

12月，经校党委反复研究，成立教务部，下设教务处、外语教研室、体育教研室、统筹方法研究室和图书馆；校务部，下设校务办公室、保卫处和行政处，由钱志道兼任教务部主任，李侠任校务部主任。

调整后校部组织机构系为：党委会下设政治部（包括秘书科、组织部、干部部、宣传部、统战部、武装部、马列主义教研室），团委会，工会，监委会；校务委员会下设教务部（包括教务处、统筹方法研究室、外语教研室、体育教研室、图书馆），校务部（下设校务办公室、行政处（包括总务科、财务科、食堂科、房产基建科、卫生所）、保卫处（治保会））。

机构调整后，政治、教务、校务等部干部进行了大调整。武汝扬、钱志道、李侠、张栋、姜清海、黄履冰、宣雅静、姚国华、孙克、于瑛十人组成第三届党委监察委员会，武汝扬为监委

会书记,张栋为副书记。团委、工会等组织领导也重新任免。8月,党委任命各系总支书记,吕竞任数学系总支书记,杨少增任物理系总支书记,孙克任近代化学系总支书记,孙文凯任近代物理系总支书记,陈陵任近代力学系总支书记,宣雅静任无线电电子学系总支书记。

● 建立统筹方法研究室

1964年北京科学讨论会后,日本东京大学教授系川英夫通过国家科委送给华罗庚一本《The Theory and Management of Systems》。1965年2月,我校数学系1960级毕业生(运筹专门组)16人和3名教师去北京电子管厂结合实际搞毕业论文,探索这一方法的应用。4月22日至5月7日,华罗庚到西南铁路建设工地,为工程技术人员开了讲座。5、6月间又向北京市科协、北京市无线电电器研究所、建设工业部、北京市电子工业局等单位1400余人分别做了三次讲座。从西南回来后,华罗庚向校党委常委会汇报,并向国家科委韩光、张有萱等汇报到西南铁路建设工地参观和讲解统筹方法的情况。汇报会后,国家科委确定:在我校数学系成立统筹方法研究室,另给编制20人;要我校派出专业组去西南铁路建设工地继续探索统筹方法。

我校采取边工作边成立的办法,自6月份起,从毕业生中选择条件合适的学生并配备教师2—3名,一道到西南铁路建设工地工作,进一步进行探索,着眼点是使这一方法为建设服务,视工作的开展情况,将研究室逐步建立和健全起来。

整个过程经历了在北京电子管厂试点到西南铁路统筹方法试点工作组,再到办西南铁路统筹方法训练班,目的在于摸索积累数学研究联系实际、数学为建设服务的经验。6月22日,中国科学院向国家科委递交《关于建立统筹方法研究室的报告》,请求按科委要求在数学系下建立小而精的统筹方法研究室,并增加编制名额20人,分配应届毕业大学生20人。7月9日,国家科委复函同意。随后,统筹方法研究室成立。同月,北京市科技协会决定成立"统筹方法"试点协作组,邀请我校华罗庚和艾提参加,并担任正、副组长。

● 继续开展精简工作

本年度的精简工作全方位进行,在机构设置方面要求大力精简机构,减少层次,简化制度,以利于机关革命化。校与系两级的工作分工,以校为主,系级党政机关应短小精干,主要抓好"四个第一"的落实,贯彻执行党委的决议,保证教学任务的完成。成立政治部、教务部、校务部后,规定各部可根据工作需要下设科和处,不求一致。各系组织机构要求为:脱产干部力求少,一般可设总支正副书记1—3人,专业副主任1—2人,党、政秘书各1人,干事1—2人,分团委书记1人,计7—10人。指导员按学生人数设置。不能一事一人,应据工作量大小,可以多人一职、一人一职或一人多职。教学改革方面要求贯彻"少而精"原则,压

1965 年

缩总课时。根据中国科学院下达的精简指标和学校规模,我校1965年需精简451人。至8月精简112名,完成原计划的25%。至11月精减170名,尚有364名待逐步精简。

● 开展"五反"、"四清"运动

以反对官僚主义、分散主义为中心的"五反"运动继续深入开展,在机关行政部门也继续进行。

学校统一规定,学生第九学期安排一期"四清"。半工半读试点单位在第15周安排参加农业劳动或参加"四清"运动,由钱志道全面负责。6月,决定上期参加农村"四清"的干部、教师除按北京市委规定条件可调回外,都再参加下期"四清"运动。1961级学生原则上全部参加,于放假4周后参加"四清"集训。学校由武汝扬等5人组成"四清"领导小组,下设办公室,杨秀清为办公室主任。

● 制订1965年人员编制计划

1965年学生总数2500人,教职工总数833人,与学生比例为3∶1。其中教师417人,为6∶1;教辅人员89人,为28∶1;干部158人,工勤人员173人,附属工厂75人,占3%。

根据中央精简调整精神,1965年中国科学院下达的我校人员编制(包括长期临时职工,不包括短期临时职工)和工资指标是:1625名,全年工资总额146万元,其中短期临时(合同)工工资2.88万元(不包括1965年分配的大学毕业生和留学生)。学校对人员编制提出了调整意见。

● 校党委常委会讨论教师工作量问题

11月,校党委常委会讨论宣传部提出的关于教师活动量的调查报告,决定建立一支又红又专又健康的师资队伍;减轻骨干教师的负担,加强教学,提高教学质量,搞好教学改革,完成教学任务。大力提倡、积极安排科研工作,组织教师充分利用时间进修。保证教师一周六分之五的时间用于教学和进修,有一天时间用于政治、社会活动。具体安排是:每周星期三下午毛泽东著作学习,每月四个星期六下午为政治活动时间,其中一次为形势教育(指定内容或听报告,或学毛泽东著作)、一次毛泽东著作学习、一次党团活动、一次工会活动(包括一小时民兵活动)。每周用一个晚间自学毛泽东著作。

负有兼职的教师保证三分之二时间用于业务,减少兼职。教师除教学业务外,只能兼任一职。安排确有困难时,可一人兼任同系统的两个职务,兼职可试行轮换方式。

1965年

减少会议。要求会议内容少而精,尽可能减少会议时间、次数和参加会议人数。星期二、四为无会议日,全校各级组织均不得开会(个别谈话例外),会议只能安排在星期一、五。

● 成立部分临时机构

为加强对精简工作的领导,4月7日,学校成立精简办公室,由王卓、张栋任正、副主任,并抽调专职干部5人。成立保密委员会,由武汝扬兼任保密委员会主任。成立技术档案鉴定委员会,由钱志道兼任主任。决定由武汝扬、钱志道、王卓、王榆、李侠、李萍实、张栋、张秀峰八人组成备战领导小组,武汝扬任组长,由王卓具体负责。成立国防体育领导小组,开展全校国防体育活动,国防体育领导小组办公室设在武装部。

根据高等教育部关于编写教材会议的要求,决定由华罗庚、严济慈、钱志道、钱临照、杨承宗、梅镇岳、李苾、沈志荣、包忠谋、黄有莘、王群、王文涛、艾提、黎彤等组成校教材审查委员会,各系成立编审小组,抓紧教材的编写审查工作。

● 年度数据统计

本年度全校教职工1890人,其中教师822人,教授9人,副教授13人;在校学生总数3034人,其中本科生3006人,研究生28人。1965届毕业学生共1684人(包括代培生29人),实际调配人数为1676人,待分配7人,派遣中病故1人。学校招收1965级研究生4人,在全国23个省、市招收1965级本科新生616人。

对大学生需求计划为104人,其中本校83人,清华大学5人,北京大学2人,北京航空学院1人,北京工业学院1人,复旦大学2人,中国人民大学2人,北京外语学院5人,北京体育学院3人。

1966年

校党委讨论学校科研存在的问题

1月初,校党委开展党委委员交心活动,各委员坦陈并互相指出各自工作中存在的问题,探讨学校存在某些问题的原因。大家一致认为,一些业务骨干觉得科研工作存在问题,对于中国科学院张劲夫副院长提出的"科大能不能为打掉美国的海空优势做出些什么贡献"普遍感到压力。部分党委委员检讨了自己原先的先过教学关再搞科研的想法,认为学校这么大名气,再不搞科研就不行了。有人认为,科研没搞起来,首先是认识问题,重视不够;另外人是关键;整套的组织管理工作没跟上形势。干部要花更多力量抓,要主动才行。

党委书记刘达也总结了对科研的看法:曾认为教学没过关,谈那么多科研是空话。我一来校就建议党委委员要有几个懂业务的,以补我们是外行的不足,多反映情况,使党委处理问题更全面。这想法看来不错,今后应该坚持下去。

第四届党代会召开

在1965年12月21日至1966年1月14日历时23个半天的预备会议之后,我校第四届全体党员大会于1月15日召开,刘达代表上届党委做了工作报告。经选举产生的第四届党委会成员为:刘达、武汝扬、钱志道、王榆、张栋、张秀峰、包忠谋、李侠、何作涛、杨云、孙克、宣雅静、王炽昌、杨秀清、黄有华、孙文凯、朱成锁、吕竞、王群、黄履冰、付雪。

1月18日,第四届党委第一次会议召开,决定推选刘达、武汝扬、钱志道、王榆、李侠、张栋、张秀峰、何作涛八人为第四届党委常委,刘达任党委书记,武汝扬、王榆任副书记。确定王榆、张栋、姚国华、战纪科、李新云、石万全、孙颜珍、叶兰、史孟云九人为监委会委员,组成新的监委会。王榆为书记,张栋为副书记。

1966年

● 更改研究生学习期限

我校从1963年开始招收研究生,将学习期限定为脱产研究生四年,在职研究生五年。根据中央历次对教育工作的指示精神,考虑到时间的具体情况,学校于2月份决定,研究生的学制,从本年招收的研究生开始,按照高等教育部的规定"高等学校的脱产研究生学习期限一般为三年,在职研究生学习期限一般为四年"执行。1965年以前入学的研究生的学习期限原则上可以不变。但在保证培养质量、完成教学计划的前提下,亦可按新的学习期限考虑提前毕业,但有关各系和教研室要经过慎重研究,并将具体意见报送教务处备案。

● 招生与毕业生分配

1966年招收研究生计划为14名,分属9个专业,分别为无线电物理、数论、函数论、金属物理、放射化学、辐射化学、地球化学、有机化学、实验原子核物理。导师11名:华罗庚、李芯、杨承宗、梅镇岳教授,龚昇副教授(已经审查同意),钱临照、刘达夫教授,王元副教授,张曼维、赵贵文、黎彤讲师(系新增导师)。

负责培养研究生的教研室有7个,分别为无线电物理教研室、实验原子核物理教研室、基础数学教研室、有机高化教研室、地化与分化教研室、放射化学教研室、中心实验室。钱临照所招金属物理专业,本校没有这个专业教研室,由钱临照导师个人负责。

1965年10月9日,我校即向中国科学院人事局申请将钟家庆、孙继广、曾宪立、陆洪文、林秀鼎等5名(前3名同学在1965年寒假毕业,其他人毕业时间待定)在我校学习的数学研究所的研究生,留我校数学系任教,一个月后中国科学院人事局批复同意。

1966年高等教育部规定,本届高等学校毕业生一律在本校"文化大革命"基本结束时再分配工作,学校推迟了当年毕业生的分配时间,1965年储备待分配的毕业生的分配工作和当年研究生的录取工作均相应推迟。

1962—1965年我校共招收研究生32人,其中可参与分配的研究生计12人,包括1965年及以前毕业的储备研究生(实为1962年入学,应于1966年毕业的学生)4人(其中函数论3人,数论1人),1963年入学研究生8人,其中代数、理论原子核物理、实验原子核物理、同位素化学、分析化学、高分子物理各1人,高分子化学2人。直到1967年9月13日,高等教育部方下达1966年度毕业研究生专业分配计划。

1966年本科毕业生共17个专业,我校于1月编制出《1966年毕业生专业介绍》,各专业名称为:数学专业(包括统计专门组、物理数学专门组)、物理学专业(包括磁学专门组、低温物理专门组、固体发光专门组、受激发射专门组)、半导体专业、地球物理专业(包括地震学专门组、高空大气物理专门组)、化学专业(包括稀有元素分析化学专门组、稀有元素无机

化学专门组)、高速化学反应动力学专业(包括爆震物理专门组、燃烧专门组)、高分子物理学专业、高分子化学专业、原子核物理学专业(包括实验原子核物理专门组、理论原子核物理专门组、核电子学与电物理专门组)、空气动力学专业、飞行器结构力学专业、爆炸力学专业、无线电技术专业、无线电物理专业(包括微波和天线专门组、量子电子学专门组)、电子物理专业(包括电子器件专门组、电子物理专门组)、声学专业、自动控制专业。

5月6日,高等教育部发通知至我校及中山大学等,请我校提前派遣学生至高等教育部工作,我校储备毕业生桂水德、陈祖福、朱学孝三位同学被选调,并要求在"四清"结束后派遣。

● "文化大革命"拉开序幕

5月9日,临时校党委常委会议做出"干部带头,做文化大革命的先锋"的决定。校党委于9日下午立即组织十七级(教八级)以上党员干部、总支正副书记、马列主义教研室党员教师讨论《解放军报》、《光明日报》发表的有关文章,坚决积极地领导好全校"文化大革命"。5月10上午,组织政治指导员及政治部全体干部学习讨论有关文件,交谈思想,提高认识。

号召全校师生员工带着"文化大革命"中的问题,结合5月8日《解放军报》和《光明日报》分别发表的《向反党反社会主义的黑线开火》、《擦亮眼睛,辨别真假》两篇文章,大学毛主席有关论述文学艺术问题的四篇著作,向反党反社会主义的黑线展开坚决斗争。停课3—5天,组织全校师生员工投入这一场文化领域的阶级斗争,在反击资产阶级猖狂进攻的斗争中,进行群众性的毛泽东思想教育。

校党委要求采取下列具体措施:各单位出刊板报、墙报,进行批判斗争;动员师生员工写批判文章投送各报社(不必通过宣传部转发);广播台重点转播中央人民广播电台、各报刊有关的较为重要的文章,以补充材料的不足;宣传部应加强有关材料、文件的介绍等工作。

各级党组织注意了解师生思想情况,及时汇报。宣传部召开师生座谈会,重点了解情况。已有情况由宣传部尽速整理报送上级机关,以供参考。

会议决定,进一步开展批判斗争的具体安排待请示研究后再下达执行。

● 讨论"文革"形势并做出相关决定

5月10日,第22次党委会讨论当前"文革"的形势及我校师生员工的思想动态,做出若干决定。

会议决定,党委、总支、党支部分别为各级组织领导"文化革命"的机构(不另设专门组织),坚决领导好这场"文化大革命"。干部带头,做革命的促进派。党委委员和十七级(教

1966年

(八级)以上党员干部每周二、四、五上午集中学习,先走一步,主要目标对准以邓拓为首的反党反社会主义集团,进行口诛笔伐,做"文化大革命"的促进派;其他时间则参加群众性的批判斗争活动,加强指导。

会议决定采取的具体做法是:我校暂不停课,学生可充分用政治理论课、党团组织生活、形势教育时间进行批判斗争,教工除用党团组织生活、形势教育时间外,酌情占用部分工作时间进行;教务处考虑适当减轻师生教学负担,向学生进行"三查"动员、评选"四好"团支部、工会干部训练等工作均为之让路,以利于"文革"开展。

批判斗争的方式,除座谈讨论、举行各种形式专题批判会、出刊板报、墙报、向各报社投稿等形式外,各单位可汇集群众的智慧,千方百计利用一切宣传工具、一切宣传场合对敌人进行口诛笔伐。党委出刊简报以向上汇报、对下交流情况。

● 独立确定"文革"的原则和做法

5月18日、5月30日、6月2日,校党委又分别召开会议,讨论了学校"文化大革命"的问题,分析存在的问题,并安排学校今后"文化革命"的做法。其中,5月18日的会议提出了在中央指示未下的情况下工作的具体做法和原则:

1. 继续批判邓拓。
2. 对于报纸上至今未指名批判的,而认为有问题的人,可以批判,但不公开指名批判,可以给中央写信揭发批判。
3. 党员和团的干部不要在群众中传播不是经过组织传达的传言,以免造成思想混乱,不利于革命的开展。
4. 批判方式仍以座谈会、大小字报、板报、写批判文章以及其他好的形式进行。教育全体师生员工好好学习毛主席四篇文章及有关文章和社论,克服现在学习不够的现象。
5. 系总支切实认真负责说服同学,不要上街,不要经常到报社去批评责问,以免造成社会混乱,影响报社正常工作和同学身体健康。如有特殊情况,应请求总支、党委商量决定。
6. 说服同学不要开夜车。

5月30日的党委扩大会还提出,"文化革命"是我校当前的中心工作,在上级尚无具体指示之前,本学期的教学和期终考试仍然进行。教学和考试都是经常性的工作,其内容方法必须改革,以有利于师生参加"文化革命"。

● 决定三个大改专业

为进一步贯彻毛主席教育思想,更好地学习解放军,决定三个大改专业,即1系数学专业、2系技术物理专业、3系放射化学专业的1965级学生,共158人,组成一个营(两个连),

1966年

于5月30日到山西大同解放军装甲兵学院当兵两个月,军事、政治各占一半时间,具体训练计划由解放军装甲兵学院安排,并由他们领导。我校由刘军、于开福、李俊三人组成领导小组,刘军任组长(接受解放军装甲兵学院的领导)。营、连、排的正职干部均由解放军装甲兵学院配备,营、连、排的副职干部及班的干部由我校配备,刘军、于开福任副教导员,李俊任副营长。为做到政治思想、军事训练双丰收,搞好此项活动,5月27日学校作动员,要求有关系、专业的党团组织一方面做好必要的准备工作,另一方面要引导同学安心当前学习,积极参加当前"文化大革命"。

● "文革"进入组织实施阶段

6月2日,校党委召开紧急会议,决定成立"文化革命小组",由刘达、钱志道、王榆、杨云、王炽昌、吕竞、孙文凯七人组成,刘达任组长,钱志道、王榆任副组长。"文化革命小组"作为党委领导"文化革命"的参谋机构,协助党委领导文化革命运动。决定开办《文化革命》报,由刘达、钱志道、王榆、杨云、包忠谋、杨枫、孙文凯、吕竞、徐青、孟炳春、张云生、冯景源十二人组成编委会,刘达任主任,钱志道、王榆任副主任。编委会下设编辑室,由杨枫任编辑室主任。为保证师生员工能更好地参加"文化革命",即日起停课四天,下周照常上课。暂定不进行本学期期终考试,待请示有关上级部门后最后决定。下午,刘达代表党委向全校师生员工作有关"文化革命"的报告。次日,全校对刘达报告进行讨论,大鸣大放,形式不限。刘达《追记华北局负责同志关于文化革命若干精神》一文,由于未经正式组织而传达,不久被追回,并要求检讨。

6月6日,根据北京市委要求中央机关向学校派出"文革"工作组的决定,中国科学院党组正式决定,由李焕、王鹤坪任驻中国科学技术大学工作组正、副组长,即日起正式开展工作。16日,驻校工作组召开学校全体人员会议,提出要高举毛泽东思想伟大红旗,活学活用毛主席著作;运动的重点是揭露校党委和刘达的问题,向一切有意见的人用大字报去揭发;在校一级要建立"文化大革命委员会"等三个问题。17日,驻校工作组召开全校师生员工大会,由李焕宣布了工作组的决定:经请示国务院"文化革命小组"批准,决定刘达停职反省。学校的无产阶级"文化大革命"工作由工作组来领导;各系的"文化大革命"工作由各系工作组来领导。此后,揭发会、批斗会、大字报、大辩论持续不断,掀起了全校"文化大革命"的高潮。

6月16日,工作组部分成员召开会议,郁文传达中国科学院张劲夫副院长指示,李焕转达:

1. 要放手让学生搞,自下而上建立斗争的组织形式,要摸不纯的人,在运动中逐步地把他改掉。

2. 要多做工作,引导群众把校的"文化大革命委员会"、系的"文化大革命领导小组"、年

1966年

级和班的"文化大革命核心小组"组织起来，先从年级开始。

张劲夫副院长又直接给李焕同志打电话指示：

1. 进一步发动群众，依靠无产阶级革命左派，把无产阶级"文化大革命"进行到底。

2. 对工作组来讲，总的来说是执行毛主席的指示的，但也会有这样那样的缺点，要与群众一起把工作做好。

李焕提出目前要做的工作有三条：

第一，要高举毛泽东思想伟大红旗，活学活用毛主席著作，把毛主席的话当作最高指示。希望大家认真地学习《人民日报》社论：《无产阶级文化大革命万岁》。在这同时，还准备传达华北局第一书记兼北京新市委第一书记李玉峰的八条指示。

第二，当前运动的锋芒仍然是把重点放在揭露校党委和刘达的问题上。但这也不妨碍向你们的总支，向一切有意见的人用大字报去揭发。

第三，必须建立无产阶级大革命的新的组织形式，在基层（相当各系党支部）建立"文化大革命核心小组"；相当总支的范围要建立"文化大革命领导小组"，在校一级要建立"文化大革命委员会"。

李焕最后指出，以郁文为首的工作组是无产阶级"文化大革命"的左派，也会有这样那样的缺点，我们是来和大家一起革命的，希望大家给予支持和协助。

7月4日，中国科学院党组电话通知，由李焕、栾峰如、杨照临、王鹤坪四人组成驻中国科学技术大学工作组领导小组，市委联络员李儒斌不参加领导小组，开会可列席。工作组28日撤离我校。

7月26日，全校出现大字报的高潮，共135份，1 171张。

8月，学校选举成立了"文化革命委员会"筹备委员会。

9月，在部分学生和一般干部中成立"红卫兵"组织和造反组织。学生开始外出串联。

10月，大部分学生及部分教工到京外省市串联。留校的部分教工组成"接待站"，接待来京串联的外地"红卫兵"，共接待一万多人次，全校正常秩序彻底被打乱，各项工作陷于停顿。

1967年

● 东方红公社夺权，雄狮战斗队贴出《中央文革向何处去？》大字报

1966年中央政治局扩大会议和8月党的八届十一中全会，以及这两次会议相继通过的《五·一六通知》和《关于无产阶级文化大革命的决定》，是全面发动"文化大革命"的标志。1967年全面夺权是"文化大革命"发展的必然结果。

1967年初，"文化大革命"进入了一个新阶段。《人民日报》、《红旗》杂志发表了《把无产阶级文化大革命进行到底》的元旦社论，社论根据毛泽东谈话内容，提出1967年将是"全国全面展开阶级斗争的一年"，"将是无产阶级联合其他革命群众，向党内一小撮走资本主义道路的当权派和社会上的牛鬼蛇神，展开总攻击的一年"，这其实是全面夺权的动员令。

全国各地学校和社会上的群众组织投入向所谓的"走资派"夺权浪潮，我校也进入一年多的学校管理层整体休克、正常工作被迫停顿状态。在中央"文革"的号召下，部分师生先后自发建立了东方红公社、延安公社等群众性组织。1967年1月，东方红公社开始向学校各级组织"夺权"。与此同时，也有群众组织尖锐地指出当时存在的问题。1月1日，雄狮战斗队在西单和玉泉路我校校园里，贴出大字报《中央文革向何处去？》，轰动北京城。该大字报由近代物理系、近代化学系三名师生共同起草，后在雄狮全体会议上讨论修改，于1967年1月1日贴出。该大字报的主要内容有以下两点：

1. 讲话风。中央"文革"以无产阶级司令部自居，每到一处就表态，支持一派，打倒一派，造成群众组织对立。

2. 抓人风。中央"文革"让群众火烧这个，炮打那个，可就是自己碰不得，把持有不同意见的给他们贴大字报的群众抓起来，开创了"文化大革命"中用专政办法处理不同意见的先例，这是不符合十六条精神的。

1月5日，雄狮战斗队又贴出第二张大字报《分歧在哪里？》。1月10日，有人组织抄大字报起草者的家。1月14日，北京市公安局将雄狮战斗队主要人员逮捕，雄狮战斗队历时

半个月后解散。

4月,我校又一大群众组织延安公社成立,与东方红公社形成了两大派群众组织对立的形势。

● 各派实现大联合

波及全国的夺权运动使原有的管理机构几乎完全停止运转,而各种群众组织风起云涌,此起彼伏。尽管各派都打着保卫毛泽东的旗号,但意见分歧很大,从文攻迅速发展到武斗,大有一发不可收拾之势,我校也不例外。为了避免造成更大的悲剧,控制局势,根据毛泽东的最新指示:"在工人阶级内部,没有根本的利害冲突。在无产阶级专政下的工人阶级内部,更没有理由一定要分裂成为势不两立的两大派组织。"《人民日报》在9月14日发表社论《在革命的大批判中大力促进革命的大联合》,9月17日转载《红旗》杂志当天出版的第14期杂志社论《在革命大批判的高潮中实现革命的大联合》,第二天又发表社论《毛主席最新指示的辉煌胜利——欢呼上海革命大联合的新高涨》,接着发表了王洪文的文章《来一个革命大联合的新飞跃》。在强大的舆论背景下,全国的群众性造反组织进入了联合、和解的快车道。

响应毛泽东主席的号召,在各方努力下,我校以延安公社、东方红公社为首的自发性群众组织于校庆前实现大联合,让全校师生在混沌、困惑和恐慌中看到了重建秩序的希望。郭沫若校长在9月20日晚上得知大联合消息之后,无比兴奋,夜不能寐。21日凌晨,创作了激情洋溢的《满江红》,"庆祝中国科学技术大学实现革命的大联合"。全词内容如下:

> 皓月当空,校园内,天高气爽。
> 大联合,弟兄携手,肺肝相向。
> 学用宝书期更活,抛除派性忠于党。
> 锣鼓声,彻夜震遥天,神向往。
> 斗批改,莫轻放!
> 帝修反,甚狂妄。
> 望同敌忾,把内忧外患,和根扫荡!
> 西望延安情万种,东方红日寿无量!
> 立新功,志壮又心雄,忠于党!

21日,全校师生员工召开庆祝大联合大会,郭沫若亲自到台上朗诵《满江红》。

● 响应中央号召,部分班级开始复课

3月7日,中共中央发出《关于大专院校当前无产阶级文化大革命的规定(草案)》。《规

定》要求,下厂、下乡和在外地串联(包括参加外单位夺权和设在外地的联络站)的师生,一律在3月20日前返回本校,参加本校"文化大革命";各大专院校必须活学活用毛主席著作,整顿思想,整顿作风,整顿组织。按照统一安排,分期分批地进行短期军政训练;各院校根据本单位具体情况对"党内一小撮走资本主义道路的当权派"和"资产阶级反动学术权威"在政治上、思想上、学术上深入地进行批判和斗争,并着手研究改革旧的教育制度、教学方针和教学方法。响应中央号召,我校外出串联的广大师生纷纷返校参加校内的"文化大革命"。

10月14日,中共中央、国务院、中央军委、中央"文革"发出《关于大、中、小学校复课闹革命的通知》,要求全国各地大学、中学、小学在认真执行毛主席关于斗私、批修的指示,贯彻实行毛主席教育革命思想的同时一律立即开学,我校部分年级开始复课。

● 1967年招收研究生计划流产

根据高等教育部1966年4月21日[66]高教字第1091号文件《关于制订1967年全国理工农医各专业招收研究生计划的通知》,1966年5月7日我校印发《关于制订1967年招收研究生计划的通知》(下称《通知》)。《通知》要求各系根据国家需要和本单位的可能条件,认真制订1967年研究生招生计划,实行按教研室招生。凡有条件的教研室,应该积极招收研究生。对指导教师的选择,既要重视业务条件,也要注意政治条件。确实具备培养研究生条件的讲师也可以担任指导教师。为了使1967年招收研究生的计划落实,各系在制订招生计划时,应考虑到同年本校本科毕业生的情况。由于"文化大革命"的深入发展,1967年全校工作全面停顿,该计划没有实施。

● 年度数据统计

截至年底,全校全部教职工1727人,固定职工总人数为1686人,其中教师781人(副教授以上24人),党政人员304人(其中司级以上6人,处级39人),学生3040人,全校共计4767人。

1968年

● 大联合总部发文整顿校内财务秩序

大联合总部于2月5日发出《紧急通知》,规定:北京地区限于2月8日,在京以外者限于2月15日前返校,否则一律停发工资或助学金。

3月2日发出《关于"节约闹革命"的通知》,指出"我校六七年的财务开支比六六年有所压缩,六七年第四季度支出比第二、三季度也减少了20%",但仍然存在严重的浪费现象,例如外调交通费大幅度增加,用电大幅度增加等。要求外调必须统一安排,通过联合并经科学院军委会政工组批准才予报销。尽可能内调,月票财务科掌控,专人管理。节约用电、用水,并注意维修水电设备。印刷、摄影一律严加控制。做好仪器设备、器材等物资的清理和维护工作,以免损坏和浪费。擅自离职离校经催询动员仍不返校满三个月者,按自动退职处理。

● 校革委会成立

为了填补夺权之后形成的管理真空,中共中央早在1967年3月7日《关于大专院校当前无产阶级文化大革命的规定(草案)》中即提出成立革委会的设想。"大专院校必须由革命师生、革命教职员工和革命领导干部组成临时权力机构,领导无产阶级文化大革命,行使本校的权力。已经由革命左派学生组织掌握领导权的,应着手吸收革命教职员工和革命领导干部参加。在条件成熟时,实行全面选举制,正式建立文化革命小组、文化革命委员会和文化革命代表大会的组织形式,作为领导文化大革命的正式权力机构。"由于各高校内部造反组织成分复杂,意见分歧很大,难以被中央掌控驾驭,实现其高难度的"文革"意图。8月19日,中央军委作出《关于集中力量执行支左、支农、支工、军管、军训任务的决定》,派人民解放军实行"三支两军"。

1968年

在支左部队的领导和组织下,经北京市革命委员会批准,中国科学技术大学革命委员会1968年3月5日正式成立,并于6日开始办公,发布革办字第一号公告和第二号通告,在革委会各办事机构健全之前,统管一切有关革委会事宜。革委会组成人员名单如下:

副主任:杨秀清、黄英达、贾志斌

常　委:杨秀清、黄英达、贾志斌、刘军、蔡有智、钱逸泰、李庭秀、张秀峰、王国政、宣雅静、龙涛(军代表)、冯锡祥(军代表)、冯磊(军代表)、张景田

3月3日,郭沫若校长创作《沁园春》词一首,提前庆祝学校成立革命委员会。全词如下:

军训有方,凯歌迭奏,鼓荡东风。
喜冰雪潜逃,苍山如海,云霞蒸蔚,红雨翻空。
万丈长缨,倚天宝剑,缚就长鲸斩大鹏。
怀三七,遇周年纪念,喜讯重重。
十年校庆欣逢,把抗大作风莫放松。
要服务工农,一心一德,赶超国际,有始有终。
解放人群,牺牲自我,永远忠于毛泽东。
培党性,把红旗高举,树立新功!

● 决定开展"大批判"

3月5日夜里发生抄家事件,校革委会强令所抄广联站一切材料于3月7日上午交革委会办公室封存,所抄原东方红公社战斗队的材料及个人物品应立即退回,赔礼道歉,并保证不再发生类似事件。

校革命委员会要求"全校师生员工立即掀起学习毛泽东光辉著作的新高潮",明确开展"对敌斗争"的伟大意义。为加强对所谓的"对敌斗争"的领导,革委会下设"斗、批、改"组,负责此项工作。革委会还要求广播台、宣传队、《科大红卫兵报》、《东方红文艺》等都要把"对敌斗争",在当时特别要把对"走资派"的斗争摆在重要的地位,认真做好宣传工作。校革委会还决定召开全校性的"对敌斗争"誓师大会。

3月12日,校革命委员会重申大联合总部3月2日有关"节约闹革命"决定的有效性,要求各单位发信督促师生尽快返校,并把仍未返校人员名单上报,以备处理。

3月14日,校革命委员会"斗、批、改"组作出《关于放手发动群众开展对敌斗争的重要决定》,认为当前的中心工作就是开展"对敌斗争",彻底清算刘达和干联站"反攻倒算"、破坏文革的"滔天罪行",校革命委员会、各系部三结合领导小组以及全校师生必须把活学活用毛泽东思想放在高于一切、大于一切、先于一切、重于一切的位置。

3月16日,校革命委员会作出《关于目前运动的几项决定》。决定以"斗私批修"为纲,

1968年

大力加强"对敌斗争",通过大办毛泽东思想学习班,全面落实毛泽东的"三·七指示"和一系列最新指示,狠抓"两个阶级、两条道路、两条路线"的斗争,集中一段时间有重点地、全面深入地开展对我校所谓"以郁文、刘达为首的党内一小撮走资派"的"大揭发、大批判、大斗争",为清理阶级队伍和全面斗、批、改做好各项准备工作。以阶级斗争为纲,突出政治,抓好复课闹革命。

3月18日,校革委会发出革字1号文件《中国科技大学革命委员会专政通令》,对郁文、刘达等所谓的"党内的一小撮走资派、叛徒、特务、反革命分子"实行专政。4月12日,正式启用"中国科学技术大学革命委员会"及"中国科学技术大学革命委员会办事组"新印章,同时废除原"中国科学技术大学革命大联合总部"及革联总部办公室印章。

◉ 清理阶级队伍

6月24日,为贯彻毛泽东"五·一九批示"、中共中央"六·六通令",执行北京市革委会《关于清理阶级队伍工作中几个问题的通知》,在支左部队领导下,校革委会作出《关于清理阶级队伍工作的几项规定》,反对"右倾"思想。各部、系具体的清理工作,由各部、系军训小组、革命领导小组统一领导进行。

10月14日,开始大规模的"清理阶级队伍",全校师生口诛笔伐,进行大揭发、大批判、大斗争,截至11月21日,全校共召开部、系以上批判大会96次。

10月17日,指挥部领导班子和机构调整,确定领导小组由7人组成,其中工人3人,解放军2人,军代表2人。指挥部由9人组成,其中工人7人,解放军2人。由工人、解放军共8名同志组成指挥部办公室。原指挥部的4个办事机构与校革委会的办事机构归口合并,以利于实行工人阶级领导,减少重叠层次。清理阶级队伍的重点对象是干部和教职工。

截至1969年1月17日,全校47名副处级以上党政干部中,已被群众专政的有10人,正在隔离审查的有5人,列为一般专案审查的有18人。根据1969年2月20日填写的《清理阶级队伍情况汇总表》,共查定案的人数为114人,其中叛徒6人,特务9人,死不改悔的走资派3人,现行反革命39人,地主分子4人,富农分子3人,历史反革命8人,右派分子9人,坏分子4人,自杀身死5人,已被公安机关逮捕9人,人民内部矛盾21人。

◉ 制止武斗与实行军管

5月17日,校革委会关于制止武斗提出五点措施,号召响应毛泽东"要文斗,不要武斗"的指示,要求各部、系、班、室的革命领导小组、文革小组,组织广大师生认真学习讨论毛泽东的这一指示,并在此基础上制定本单位制止武斗公约,并要互相监督、定期检查。各级领导小组、文革小组要经常地做好制止武斗的检查工作。严禁制造和私藏任何武斗凶器,严禁制造武斗的舆论,严禁煽动武斗的气氛。凡撤出宿舍的一律立即搬回原宿舍居住。发动群众杜绝引起武斗的事端。

校革委会重申坚决维护"六·六通令",坚决严禁以任何借口进行打、砸、抢、抄、抓等违反"六·六通令"的事件发生;校革委会委员不准参加任何打、砸、抢、抄、抓行动,对于带头参加这类活动的委员,除责令其认真检查外,将酌情予以处理。严禁委员带头转移物品,制造武斗气氛,已经带头转移物品的革委会委员必须立即作出公开检讨。校革委会决定成立由黄英达、贾志斌、冯磊、张珏、许志胜五人组成的制止武斗监督小组,在革委会、军训团领导下有权处理违反"六·六通令"的一切事件,组织进行关于制止武斗的调查、检查工作。

制止武斗的措施并没得到很好的贯彻执行,东方红公社和延安公社怕自己小团体吃亏,互不相让,造成武斗升级。8月3—4日发生武斗导致一位教师死亡的严重事件。8月7日,中国人民解放军北京卫戍区司令部特派于长合为军代表,对我校化学楼实行临时军事管制。为确保化学楼的安全,校革委会通令化学楼内所有群众组织或个人必须立即撤离化学楼,不得携带转移任何化学药品,要求全校师生员工积极协助军管人员维护该楼的秩序和安全。

● 军宣队、工宣队进驻,倒派旗、平山头

为了宣传毛泽东思想、制止武斗、促进联合,根据毛泽东主席与党中央的指示精神,8月9日,解放军驻京部队毛泽东思想宣传队200多人、首都工人毛泽东思想宣传队150人进驻我校,领导学校的"斗、批、改",实际掌握了学校的党、政、财大权。

8月20日下午,第二批首都工人毛泽东思想宣传队150人进驻学校。

8月21日上午,全校师生员工召开了欢迎首都工人、解放军毛泽东思想宣传队驻学校的欢迎大会。

在毛泽东"希望你们不要分天派、地派,搞成一派算了,搞什么两派"指示发表后,经过工宣队、军宣队做工作,两天之内全校群众组织全部倒旗,归口"闹革命"。

8月22日上午9点,机械厂、印刷厂、锅炉房等100多名工人宣布与本校两大派群众组织延安公社、东方红公社脱钩。下午5点,"5·19战团"(延安公社)宣布倒旗。

幼儿园宣布倒旗之后,23日凌晨零点,"5·19野战军"(延安公社)宣布倒旗,回本系,在本单位革委会领导下搞斗、批、改,抓革命,促生产。晚上9时,"东方红红卫兵"(东方红公社)宣布倒旗。

8月25日,毛泽东在姚文元的文章《工人阶级必须领导一切》上批示:"实现无产阶级教育革命,必须有工人阶级领导,必须有工人群众参加,配合解放军战士,同学校的学生、教师、工人中决心把无产阶级教育革命进行到底的积极分子实行革命的三结合。工人宣传队要在学校中长期留下去,参加学校中全部斗、批、改任务,并且永远领导学校。在农村,则应

1968年

由工人阶级的最可靠的同盟者——贫下中农管理学校。"

26日上午,为庆祝毛泽东"八·二五"最新指示的发表,倒旗后的师生员工上街游行,学校领导小组则召开会议研究如何在全校掀起大学习、大宣传、大落实毛泽东"八·二五"指示的具体部署,决定:"把毛泽东最新指示作为校学习班和工人学习班的最重的学习内容和检验学习效果、解决问题的最高标准,使大家认识到毛泽东最新指示的发表,标志着文化大革命进入了一个斗、批、改的新阶段;以毛泽东最新指示为锐利的武器,对反动的'多中心论'、山头主义、宗派主义、分裂主义、个人主义实行革命大批判。把我校置于工人阶级领导之下,搞好斗、批、改;用毛泽东最新指示,迅速解决一些重点问题。如建立正常工作制度和秩序,动员离校学生立即返校,做好毕业生分配工作等。"

驻校军宣队、工宣队举办了全校各类人员毛泽东思想学习班,并于23日正式开课,学习毛泽东主席关于消除派性及工人阶级领导教育革命的指示。全校师生员工按班级、按部门坚持"天天读"、"早请示、晚汇报"和早操的制度,截至29日下午,全校共有3500人参加学习。

● 1967届、1968届毕业生分配完毕

根据毛泽东"到边疆去,到农村去,到工厂去,到基层去"、"放下臭架子,甘当工农兵的小学生,和工农兵结合在一起"的指示精神,6月15日,中共中央、国务院、中央军委、中央文革发出《关于一九六七年大专院校毕业生分配工作问题的通知》,提出要坚持"面向农村,面向边疆,面向工矿,面向基层,与工农兵相结合"的方针。当日下午,校革委会成立毕业生分配领导班子,当夜展开了毕业生的分配工作。提出分配中要批判"多中心论",批判修正主义的路线,坚定不移地坚持知识分子和工农相结合的正确方向。随后立即依据《通知》精神,开展了对1967届毕业生的分配工作。7月份开始派遣,到9月2日为止,我校1967届毕业生分配工作基本完成,晚上举行了"欢送六七毕业生大会",到12月份才派遣完毕。1967届毕业生共有563人,其中36人属于"反动"学生或有严重问题,不予毕业。300人因政治条件不符合特殊条件,留校待分配给一般单位。

11月23日,接到中共中央《关于一九六八年大专院校毕业生分配问题的通知》后,我校即以系为单位举办了毕业生分配学习班,依据毛泽东最新指示、党的八届十二中全会和"四个面向"进行分配。1968年毕业生共有830名(1968年毕业生635名,1967年剩余待分配180名,1966年待分配13名,研究生分配2名)均派遣完毕。12月19日,1968届毕业生开始走上工作岗位。

12月21日,毛泽东主席关于"知识青年到农村去,接受贫下中农的再教育,很有必要。要说服城里干部和其他人,把自己初中、高中、大学毕业的子女,送到乡下去,来一个动员。各地农村的同志应当欢迎他们去"的指示发表后,全国掀起了知识青年上山下乡运动的热

潮。工宣队、军宣队举办革委会成员及家属毛泽东思想学习班,动员没有工作的家属、子女和闲散人员到农村去,做不吃闲饭的人,为建设社会主义新农村出一把力。截至12月28日,积极要求到农村去安家落户和送子女下乡的共有128人。

● 年度数据统计

截至年底,全校全部教职工总计1752人,固定职工1711人,其中教授、副教授、讲师、助教的人数为808人。

1969年

● 成立教育革命组，分赴工厂、农村和军队进行教育革命探索

毛泽东于1966年5月7日在给林彪的信（即著名的纲领性文件《五·七指示》）中，要求党、政、军、民、学等各行各业都要学工、学农、学军、学文和批判资产阶级，都要成为一个大学校，即所谓一业为主，兼学别样。《五·七指示》提出了一个全新的教育理念，要求教学要深入农村、厂矿，要与工农结合。

围绕《五·七指示》的教育革命理念，全国上上下下都运动起来，进行研究、学习和实践。1969年2月27日，学校成立教育革命组，成员共84人，其中15人来自校教育革命组，69人来自六个系的教育革命组。人员组成结构为宣传队9名，本校工人1名，教师44人，学生30人。教育革命组提出要狠抓接受再教育，改造世界观，站稳一个立场（即站稳无产阶级立场），把立足点移到工农一方来，急工人之所急，想工人之所想，与工农兵交朋友；摆好一个位置（即把自己摆到接受再教育的位置上），眼睛向下，放下架子，甘当小学生，老老实实、恭恭敬敬地向工农学习；狠抓一个学习（即学习毛泽东著作），并围绕狠抓突出政治和接受再教育问题，开展活学活用毛泽东主席著作讲用会。

学校陆续派出了11支教育革命探索小分队，共77人，分赴部队、农村、工厂进行教育革命探索，并到上海取经。其中去铁道兵8729部队11人，主要任务是：学习人民解放军"四个第一"、"四好运动"、"三八作风"等一整套政治建军的方针政策和经验。去农村的分队共8人，先到八宝山大队，后到顺义县，主要任务是接受贫下中农的再教育，征求贫下中农对教学改革的意见和要求。去了8个工厂，主要任务是调查工人对教学改革的意见，接受再教育，并做试点准备工作：焦化厂，近代化学系7人；605厂，物理系7人；第一机床厂，数学系8人；无线电电子学电子仪器厂，无线电电子学系10人；桥梁厂，近代力学系5人；橡胶总厂，近代化学系6人；重型电机厂，近代物理系5人；7312厂，近代力学系7人。去上海

1969年

"取经"5人,主要任务是学习上海教育革命经验。

● 组织师生员工参加京原铁路建设和农村"三夏"劳动

2月1日,根据中共中央、中央文革、国务院、中央军委《关于学校放寒假问题的通知》的指示精神,学校不放寒假,继续搞运动。

4月16—18日,学校分别组织人员陆续到达京原铁路施工现场劳动,其中1系、2系、3系共1118名师生员工,其中教工539人,学生524人,工军宣队55人;4系、5系、6系共940名师生员工,其中学生525人,教工314人,食堂炊管28人,卫生员5人,工军宣队58人。施工中,3系的同学每天利用休息时间,为一位贫农"五保户"担水、扫院子。4系师生与解放军配合进行现场测量,使施工方案更加完善。5系提出用盐酸法擦洗垫板,提高功效8倍。6系组织线路、技术、安全组改进工作,由每天挖0.5立方米增加到1.2立方米。参加京原铁路施工劳动,经过近三个月的紧张艰苦施工,师生员工于7月4—6日和15日陆续返校。

6月16日至7月1日,遵照毛泽东"广大干部下放劳动,这对干部是一种重新学习的好机会"和知识分子要接受工农兵"再教育"的指示,学校组织170余名师生员工去大兴县长子营公社牛房大队参加"三夏"劳动。在半个月的劳动中,广大干部、师生抢收小麦1700余亩,锄地、灭虫400多亩。在劳动中,许多同学不顾疲劳,用快板、诗歌、顺口溜等形式宣传。在贫下中农的鼓舞下,广大干部和师生利用闲时贴标语,在田间地头、场园、街头进行文艺演出,宣传毛泽东思想。在半个月的"三夏"劳动中,为长子营公社贫下中农放映电影14场,专程到一个30户人家、两年未看到电影的小村为贫下中农放电影。

● 整党工作

3月,遵照毛泽东"突破一点,取得经验,然后利用这种经验去指导其他单位"和"党组织应该是无产阶级先进分子所组成,应能领导无产阶级和革命群众对于阶级敌人进行战斗的朝气蓬勃的先锋队组织"的指示,经学校革委会研究,选定1系作为整党的试点单位。1系共有师生员工164人,其中党员25人。

1系试点召开了各种座谈会,普遍摸底,全面掌握下面的活思想。通过领导动员,明确这次整党的必要性和重要性;以革委会主要成员组成整党领导小组,下面把全系党内外群众混合编班,学习毛泽东主席有关整党、建党的教导,及党章草案,领会精神,广泛讨论,提高认识。

6月中旬,学校成立整党建党领导小组,由5人组成,其中宣传队3人(指挥1人,副指

1969年

挥2人),学校2人(校革委会副主任1人,常委1人)。校整党领导小组下设整党办公室,由7人组成,负责学校整党建党的具体工作。全校共有党员675人,正式党员532人,预备党员143人,其中学生党员85人,教师党员286人,干部党员248人,工人党员56人。

根据1系整党试点所取得的经验,全校整党工作逐步铺开。6月中旬,2系、3系和机械厂、印刷厂四个单位先后开始整党工作。4系、5系、6系也于7月14日进行了整党动员。3系整党由于有1系整党试点的经验指导,只用了一个月的时间已基本结束,并建立了党支部。原政治部、原教务处、原房产科、原总务科和一分部五个单位,8月转入整党工作。

8月中旬,学校整党建党工作全面铺开,9月初已转入思想整顿中的大学习、大批判阶段。

● 各系革委会印章启用

6月19日,校革委会在《关于刻公章的报告》中提到,我校各系在原革命领导小组的基础上,调整、充实,正式成立革命委员会,需刻新公章,报指挥部和校革委会,抄送石景山区公安局。

7月10日,校革委会办事组发布了《关于启用新印章的通知》,各系革命委员会新公章于7月11日正式启用,原革命领导小组印章同时作废。

● 创办"五·七"教育革命试验基地设想的产生

早在1958年,在毛泽东的建议下,借鉴苏联办劳动大学的经验,我国于1958年8月1日创办了江西共产主义劳动大学(简称"共大"),这是一所半工半读的新型学校。22年中,"共大"培养了大量相当于初中毕业至大专毕业程度不等的建设人才。"共大"一直得到中央和地方的极大关注,"文革"中成为教育革命的最佳样板。1965年1月,中共中央转发了毛泽东给"共大"的信,号召向"共大"学习。1968年,"共大"112个分校全部下放到各个县,由县革委会领导,与所在地中学合并,开风气之先。

1968年5月7日,黑龙江省在纪念毛泽东的《五·七指示》发表两周年时,把大批机关干部下放劳动,在庆安县柳河开办一所农场,定名为"五·七干校"。为了解决大批干部下岗、大学停办、中学停课造成的巨大的闲置人员压力,实践毛泽东《五·七指示》的战略设想,在中央的支持下,这种称为"五·七"基地的新型模式在短期内得到大范围普及。此外,由于中苏关系急剧恶化,为避免苏军突袭,全国不动声色地展开了全面的战备工作,大中城市开始大规模地战备疏散。这几方面的因素汇集起来,使中国在1969年出现一个空前的城市人口向农村流动的高潮。

1969年

在这一背景下,1969年3月,工宣队、军宣队取得我校领导权之后,积极开展以落实《五·七指示》为目标的教育革命准备工作,并确立以江西共产主义劳动大学为榜样,重建新科大的基本方针。到上海"取经"的教育革命探索小分队一行五人自4月14日赴沪两个月后,又转赴江西"共大"和清华大学、北京大学在江西创办的教育革命基地学习取经,很为"共大"办校11年的经验及清华大学、北京大学向"共大"学习创办教育革命基地的行动所触动,产生了"科大也要到江西创办教育革命基地"的设想。当调查小分队到达江西九江休整时,他们起草了创办"科大教育革命基地"的报告草稿。

● 《关于走共大道路,重建无产阶级新科大的初步意见》的出台

1969年7月9日,校教育革命调查组草拟出《关于走共大道路,重建无产阶级新科大的初步意见》一稿,其主要精神是:以"共大"为榜样,向清华大学、北京大学学习,到江西创办教育革命基地。并建议:在一两年内逐步地,有组织、有计划、有领导地把学校的主要部分移到农村,移到山区,至于城内要否留一部分,有两种不同意见;在两三年内逐步建设起自己的农业基地和工厂科研基地,争取做到粮菜与副食品自给,经费部分自给;在创建基地的过程中有计划地招收工农兵学员,改变学校的成分,彻底废除年龄、学历、文化程度的入学限制,以"政治就是条件,劳动就是资格"为标准,为千百万工农兵进大学开辟道路;把为工业国防服务和为农业服务作为学校的两大任务,彻底改变本校专业没有一个为农业服务的现象;"彻底批判'全院办校,所系结合'的资产阶级办校方向","彻底改革脱离政治,脱离生产,脱离实际的不合理的为资产阶级需要服务的系科、专业设置",要按三大革命运动和工农兵的实际需要来设置系科、专业,走政治建校道路等。文中要求立即向中央及有关部门打报告,立即筹建农业基地。

7月15—23日,学校派出多人分批去湖北、江西、东北等地选点办"五·七"干校,以便干部轮流下放劳动锻炼。此后,调查小分队于8月2日正式向驻校工宣队、军宣队、校革委会常委汇报。会议以《人民日报》1969年7月份关于清华大学创办教育革命基地经验的报道为根据,原则上同意了筹办"科大教育革命基地"的设想。

● 《创办"五·七教育革命试验基地"的请示报告》的初拟

创办"五·七教育革命试验基地"的设想经工宣队、军宣队和校革委会常委会通过后,未经校革委会讨论,亦未经全校师生员工讨论,便由教育革命组起草了《创办"五·七教育革命试验基地"的请示报告》,先后修改四次,于8月12日初步定稿。主要精神是离开大城市,到江西山区去劳动建校,创办工厂科研基地和农业基地,进行教育革命。"旧科大必须

脱胎换骨,彻底革命,从头建设,不搞改良。因而必须以'五·七'指示为纲,坚决走共大道路,创办中国式、抗大式的无产阶级新科大。"为此,首先创办一个"五·七教育革命试验基地",作为重建无产阶级新科大的过渡形式和基础。《报告》对基地的初步设想是:设立工厂科研基地和农业基地两部分,学生"以学为主,兼学别样",基地既是学校又是工厂,又是农场,同时也是科学研究单位,逐步实现学校的社会化;坚决离开大城市,把教育革命试验基地办到最艰苦、最偏僻的农村、山区和三线;坚持自力更生,艰苦创业,白手起家,劳动建校的道路,逐步做到粮食自给和经费部分自给,使工农及其子女进大学"不要国家一分钱",不要家庭一分钱;组织学校原有干部、教师、职员首先到基地劳动、锻炼,接受工农兵的再教育,实现思想革命化;基地师生要以有实践经验的工农兵为主体,在创建基地的过程中有计划地招收工农兵学员,逐步改变学校的基本成分,为千百万工农兵进大学开辟道路,使他们成为掌握科学文化的主人,成为我国科学技术队伍的主力军、先锋队;基地要为工业、国防服务,也要为农业服务;体制上逐步发展成为教学、科研、生产三位一体,并采用多种学制,分级办学的灵活制度,大、中、小学都有;保证工人阶级的坚强领导和贫下中农管理学校,走无产阶级政治建校的道路,把"五·七教育革命试验基地"办成一个"红彤彤的毛泽东思想大学校",为创建中国式、抗大式无产阶级新科大创造条件。

为实现以上设想,《报告》提出了几点具体要求:首先组织学校大部分教师、干部到最艰苦、最偏僻的农村、山区用自己的双手去创建"五·七教育革命试验基地",学校留下部分师生继续进行教育革命的各项探索。考虑到江西是老革命根据地,地广人稀,森林矿产资源丰富,建议基地设在江西。争取在1969年冬至1970年春把"五·七教育革命试验基地"(首先是农业基地)逐步筹建起来。

● 《创办"五·七教育革命试验基地"的请示报告》的修改与上报

1969年8月初,校革委会常委会在听取赴江西"共大"调查的几人汇报后,原则同意他们关于创办"五·七"基地的报告,地点定在江西。《报告》原拟分别报送周恩来总理、中央文革各首长、北京市革委会、中国科学院,并由教育革命组带领工、军宣队负责人和校革委会部分常委找到在北京开会的江西共大负责人黎超(党委副书记、副校长,曾应周总理特邀列席中央政治局会议,讨论教育问题),要求给转送材料,黎超表示欢迎。

8月下旬,学校有关负责人将《报告》上报国务院科教组组长、驻中国科学院联络员刘西尧。为此,刘西尧召开了中国科学院革委会常委会议,讨论我校的报告。校工、军宣队的指挥与政委靖树生等负责人以及黄英达、胡洪亮、李曙光、余翔林等人参加了会议。经刘西尧点名发言,科学院革委会副主任王锡鹏提出我校"体制未定"的问题。刘西尧表示:"下去本身就是体制改革,我看支持他们吧。"在讨论基地的具体问题时,刘西尧又表示:"可到河南去看看,科学院也准备在河南。"建议基地设在豫西,月底即派人去南阳看点。会议还决定以科学院和学校宣传队、革委会四家名义向中央报告。8月底,《报告》经修改后报送中国科学院再修改。

9月下旬,宣传队带队,校革委会派两组人员到湖北沙市和河南寻找疏散地址。沙市有中国科学院的干校,河南组则带有国务院科教组组长刘西尧给河南省的亲笔信。因为带有刘西尧同志的亲笔信,河南组受到了河南省生产指挥组组长的接待,在南阳山区和邓县看了不少地方,都没有接收一所大学的能力。沙市也同样没有合适的地方。两组选址人员回到北京,都表示这两个地方没有条件,不能去。

10月6日上午,刘西尧、王锡鹏、石煌等中国科学院负责人来学校召开校宣传队、校革委会常委会议,校教育革命组部分同志也参加会议,重新讨论《报告》。会上由刘西尧提出修改意见,石灿兴、李曙光等人记录。中午修改,下午再次开会讨论通过,并决定铅印,以四家名义正式上报。修改后的《报告》增加了如下几点内容:体制上逐步发展成为教学、科研、生产、使用"四位一体"的综合性理工科学校,并尽量与中国科学院的体制改革和布局相结合,成为科学院基地的一部分。河南南阳地区,地处三线,水电交通方便,具备发展工农业生产的有利条件,基地最好能设在河南南阳专区,其次也可考虑江西。计划1971年做到粮食自给,并完成教学、科研、校办厂的重要基建任务,在两三年中完成整个基地筹建工作,并把学校逐步迁到基地。学校保持3 000人左右的规模。拟先请审批70万元经费。

10月9日,最终定稿的《创办"五·七教育革命试验基地"的请示报告》以驻中国科学院工人、解放军毛泽东思想宣传队,中国科学院革命委员会,驻中国科学技术大学工人、解放军毛泽东思想宣传队、中国科学技术大学革命委员会名义联合上报国务院业务组。

10月16—17日,国务院副总理李先念、谢富治批示同意《创办"五·七教育革命试验基地"的报告》。

● 紧急战备疏散

10月17日,根据毛泽东关于国际形势有可能突然恶化的估计,林彪作出《关于加强战备,防止敌人突然袭击的紧急指示》,要求全军进入紧急战备状态。次日,黄永胜等以"林副主席第一个号令"正式下达这个"紧急指示",引起了各方面的极大震动。

10月21日,校革命委员会召开全委紧急会议,驻校宣传队副指挥赵湘濮传达上级关于战备疏散下放的指示,要求学校立即疏散搬迁到河南省去。会前,赵湘濮告诉校革委会副主任黄英达:"我们的报告谢富治副总理和李先念已经批了,不过不是两三年,而是立即搬走。"在会上,赵湘濮传达了当时高层对紧张形势的担心:"苏军几个小时能打到首都,导弹三分钟能落到北京。"在公布《报告》已批后,他要求学校"立即搬,全部搬,立即运行";"马上

开会,马上研究,今天确定到前面去的人,同时就动员";"没房子就插队,刻不容缓,立即行动";"夫妇双方一方在外单位已走的,可同意这一方跟着走,其余在京的一家不留,科大物资、器材都带走";"清华、北大已走光了,我们落后了"。会议决定派出以军宣队李玉林为首的先遣队带着刘西尧给河南省革委会主任刘建勋的亲笔信前往河南联系下迁地址。在次日召开的革委会常委扩大会议上,军宣队副指挥温凤莲等提出了"分四批走,自11月5日至20日走完,家属都要走,包装自行解决"等具体方案。

10月23日,召开全校大会,驻校宣传队赵湘濮副指挥作关于学校疏散搬迁的动员报告:"让你们搬迁是最大的爱护和照顾,走也得走,不走也得走,要防止敌人从中破坏。"

10月26日,中共中央发出《关于高等院校下放问题的通知》,决定国务院各部门所属的高等院校,凡设在外地或迁往外地的,交由当地省、市、自治区领导;与厂矿结合办校的,交由厂矿领导。教育部所属的高等院校,全部交给所在省、市、自治区领导。此后,中央所属的高等院校全部下放地方管理,部分高等院校被撤销或合并。当晚,中国科学院革委会负责人石煌、郝萝毕召集驻校军宣队王副指挥和政委刘军、校革委会副主任杨秀清等有关人员开会,传达国务院业务组关于学校下迁的《十条意见》,表示"主要精神是关于学校迅速战备疏散问题"(只供领导掌握,不下传)。石煌指出:"要做思想工作,做好组织工作,做好一批走一批,你们学校上告的人不少。"

次日,中国科学院革委会负责人派王副指挥和刘军于当晚去河南南阳,向到南阳选点的校革委会常委贾志斌、黄英达、蔡有智、张秀峰等传达。在得到传达后,几位常委很快返校,根据《十条意见》和河南情况,提出我校应如何进行疏散的意见。中国科学院同意这个意见,校革委会也通过了先在京疏散后选点的两步走方案。

11月1日,刘西尧亲自到校传达中央《关于高等院校下放问题的通知》及《十条意见》。针对很多人对于疏散与搬迁异同的疑虑,刘西尧表示:"搬迁就是疏散,疏散就是搬迁。"要求学校分两步走:先疏散,第二步再选点搬迁,家属、仪器、设备、工厂、有科研任务的人员暂时不动。据此,校宣传队指定李玉林等负责人就地疏散。李玉林等找到钱逸泰、张景田等相关人员研究"自找门路,就地疏散"的办法,决定每个系出一人联系疏散地点,每晚汇总一次。此后,张景田等联系好到门头沟煤矿疏散劳动1000人;李元立到北郊毛纺厂联系好疏散近1000人,谢虎臣等联系好在北京市第二轻工业局所属密云山区厂房安排500人。6系与广西电子技术工业局负责人联系好到广西各无线电厂疏散500人等。就地疏散工作很快安排妥当,并征得了中国科学院领导同意。但由于学校内部意见不统一,宣传队、革委会在疏散问题的认识上也不一致,由此也产生了分歧,致使就地疏散迟迟未能落实。

● 学校南迁,暂居安庆

在安排在京就地疏散的同时,学校经请示刘西尧同意,又派出两个小分队分赴江西、安

1969年

徽选点。江西省明确表示不能接收我校;而赴安徽的小分队在考察宣城等地后也未能找到合适的地方。学校后派李从珠等人到安徽安庆选点,安庆方面表示欢迎。李从珠通过电话通知了学校,说该地能住3000人。宣传队吕副指挥将此情况反映到中国科学院。

11月27日,校革委会办事组公布校革委会负责人名单,副主任为杨秀清、黄英达、贾志斌。

11月底,刘西尧找到钱逸泰、杨秀清、张景田、刘军等人,通知他们:"已同李德生同志商量好了,去安徽安庆,没征求你们意见,同李德生同志没有说死,没最后答复。"

12月1日,在校革委会副主任杨秀清向刘西尧、王锡鹏及其他中国科学院革委会负责人汇报情况之时,刘西尧下达了疏散到安徽省安庆市的指示,并说:"其他学校都下去了,科大没动,开头早,走得晚……";"安徽欢迎去,条件不错……领导上支持你们,国务院业务组的都表了态,同意去,纪登奎和李德生同志同意去,李先念同志也表了态同意去";"校址定不下来,先在安庆疏散";"校址不一定在一块,科学院将来也不会在中关村一个地方呆下来……";"地震专业可以不去,可到邢台去办分校……学生都去,就地分配";"干部可以办'五·七'干校或插队,学生主要是插队……教改是长期的,要打持久战"。

12月12日,中国科学院负责人尚柯、王锡鹏等到我校召开座谈会时再次表示:"疏散是革命的需要,是战备的需要,备战是当前最大的政治,是大方向……"根据上述精神,宣传队和校革委会作出学校搬迁到安徽省安庆市的安排,并组成疏散和搬迁指挥组,研究了疏散计划,并派出了90人的先遣队。

12月初,先遣人员90人赶赴安庆。12月17—30日,接连而来的两批900人也随后到达该市,被安置在安庆市委党校的一栋仅能容纳300人的三层小楼里。那里条件艰苦,根本无法支撑近千人的基本生活。该小楼位于郊外的一个小山上,没有公路与外面相连,交通很不便利,总共只有七八十个房间与一个小食堂,而且自来水不通,生活用水要越过一条沟到对面的山上去挑。房子门窗在"文革"的武斗中被全部拆除,有的用砖石堵死。一场大雪使天气骤冷,连睡地铺的垫草也难以购买。条件如此困难,致使局面非常混乱。

带队到安庆的,宣传队有两名副总指挥,各系也都有一名宣传队负责人,在安庆的总人数已达900多人。后又接北京通知,第三批人员即将由北京启程到皖。这时,已到安庆的四位校革委会常委认为,由于安庆的条件困难,应急速回北京汇报。而宣传队主张第三批人员可以下来,利用食堂住宿,还可再找安庆市借房。在意见没有统一的情况下,四位常委决定回北京汇报安庆的实际情况,稳妥做好人员下迁工作。他们当即动身回北京,制止第三批人员动身。后来,此事被安徽驻校宣传队定为反对下迁的"四常委回京反革命事件"。同一时期,曾有一二十名学生到合肥火车站等候中国科学院领导和学校领导,告诉他们安庆不适合办校,希望不要把学校迁下来,但他们因被警察阻拦而未能见到院、校领导,此事也被宣传队说成是反搬迁的反革命行动。在多方面因素的影响下,向安庆的搬迁很快

1969年

停止。

● 校工、军宣队和校革委会及办事机构组成人员

11月27日,校革委会办事组公布校工宣队、军宣队和校革委会及办事机构组成人员,具体名单如下:

工宣队
  总指挥:白月峰(工)
  副指挥:李玉林(军)、孙长岭(军)、赵湘濮(军)、胡从建(工)、杨秀和(工)

军宣队
  政　委:贺魁敏(军)
  副政委:王富荣(军)、贺德林(军)

校革委会
  副主任:杨秀清、黄英达、贾志斌
  常　委:杨秀清、黄英达、贾志斌、蔡有智、钱逸泰、刘军、张景田、李廷秀、张秀峰
  委　员:战纪科、于瑛、周建勋、王子期、何作涛、姚国华、陶足富、李从珠、蔡锡祐、吴春泉、许志盛、甄惠民、肖臣国、石灿兴、许子明、孙贞寿、冯志强、李曙光、李良柱、王榆

革委会办事机构
  办事组:胡从建(工)、马瑞锋(工)、于瑛
  政工组:贺德林(军)、刘道庆(工)、战纪科
  后勤组:孙长岭(军)、郝昇(工)、王子期、王清吉
  教改组:杨秀和(工)、要恒年(工)、史振元(军)、黄英达
  斗批改组:王之伦(工)、李修全(军)、赵湘濮(军)

● 重点科研项目

学校在战备疏散和搬迁的过程中,一些重点科研项目仍然坚持进行。由3系负责,兰州化工研究院协作"用新催化剂体系合成丁基橡胶"项目,其要求经过三年工作,寻找出比目前$AlCl_3$优异的催化剂,在较低温度、对设备较少腐蚀的条件下进行聚合反应。由我校负责,广西栗木锡矿协作的"广西栗木锡矿生产钽、铌氧化物中杂质元素分析"项目要求用化学法分析钽、铌氧化物中杂质元素(Si、Al、W、Mo、F、Cr、P、Fe、Ti、Mn、Zn、As、Cu、Ni、Ta、Bi),用光谱法分析Ta_2O_5中Al、Bi、Ni、Ti、Cr、Zn、Mo、Mn。为分离铀235及铀238,为研制

1969年

原子弹服务,由校机械厂负责的"超高速离心机"项目要求研制出4 000—6 000转/分钟超高速离心机、6 000—10 000转/分钟的空气马达。

◉ 年度数据统计

全校教职工人数合计1 704人,其中固定职工1 667人,教师798人,正、副教授23人;学生人数1 278人。

学校克服"文化大革命"的干扰,坚持科学研究;在合成丁基橡胶,激光对高速飞行体的破坏的模拟实验,钽、铌氧化物中杂质的分析和高速空气轴承等四项主要科研项目方面取得阶段性成果。

1970年

◉ 学校南迁定址合肥

1月6日，校军宣队政委贺魁民等接通知到中国科学院开会，刘西尧指示我校有关负责人到合肥向安徽省革委会主任李德生汇报情况，并办理下放移交手续。按此指示，1月8日，中国科学院负责人尚柯、王锡鹏与学校军宣队政委贺魁民、革委会副主任杨秀清等乘车赴肥。途中，尚柯表示，此行主要目的是解决领导关系问题，办理正式移交手续，由安徽省革委会专门机构领导学校；人员、设备搬迁直接由安徽省负责，做好安排；"斗、批、改"由安徽省全盘考虑；一个是运动，一个是体制，体制问题由安徽省负责提出计划，报国家计委批准；领导权问题，业务、党政、人事都由安徽省主管。

据相关人员回忆，1月9日晚，尚柯和王锡鹏在我校有关负责人不在场的情况下会见了李德生，协商学校搬迁合肥的若干事宜。次日，尚柯等人又向安徽省革委会副主任娄学政等人具体汇报学校情况。对于学校迁皖，李德生指示："安徽来了一二十个单位，但都是找个基地，领导关系还在原上级机关；我们原来以为科大也是如此，现在情况更具体了，关系下放了；经过研究，安徽有困难，可考虑在合师院……"学校就这样正式南迁合肥，在原合肥师范学院校址办学。全校人员分散到淮南、马鞍山、铜陵、合肥等地厂矿、农场进行"斗、批、改"，半天劳动，半天搞"运动"。原北京玉泉路学校校址很快被铁道兵与海军部队占用，教室、实验室等也被改成了招待所、宿舍。

学校自1969年12月开始迁入安徽，至1970年10月基本完成搬迁。总计组织货运装车70余次，运货量865吨，装运仪器、器材、图书、档案等35 000箱；迁出家属470多户，组织职工、学生、家属客运20多批，约6 000人次，用火车皮510多节，搬迁费达77万元。

学校迁入合肥时，仪器设备损失2/3，教师流失50%以上。教学、生活用房严重不足，校舍面积不到6万平方米。至1972年，全校讲师以上职称的教师不足百人。

1970年

● 筹建寿县"五·七"干校

3月25日,驻校首都军宣队、工宣队,安徽省军宣队、工宣队,学校革命委员会为筹建中国科学技术大学寿县"五·七"干校(地点在寿县堰口地区),报告安徽省革命委员会。4月20日,安徽省革委会生产指挥组财贸小组就该报告进行批复,遵照毛泽东主席"发展经济,保障供给"的教导,与安徽省革委会政治工作组教育小组研究,同意我校的"五·七"干校筹办经费使用预算的报告,并拨款24万元经费。

● 校革委会领导班子组成

6月10日,经中共安徽省革命委员会核心小组研究同意,姜智敏(军)任中国科学技术大学革命委员会主任;童惕安(军)、石占金(军)、李东林(工)、徐静洲(工)任中国科学技术大学革命委员会副主任;曲万增任中国科学技术大学革命委员会常委。

● 1969届、1970届毕业生分配

7月7日,学校召开1969届、1970届毕业生分配动员大会,动员毕业生到农村去,到边疆去,到工矿去,到基层去,到祖国最艰苦、最需要的地方去。8月1日,学校召开欢送1969届、1970届毕业生大会,两届本科毕业生走上工作岗位。1969届本科毕业生637人,1970届本科毕业生630人。

● 进行"硅材料生产线"会战

驻校军宣队、工宣队、校革委会举行第一次联合办公会议,决定在我校"一打三反"运动深入发展的大好形势下,应当根据社会主义革命、社会主义建设的需要,有组织、有计划、有重点地开展教育革命基地试点工作,狠抓革命,猛促生产,为全面开展教育革命摸索经验。

会议决定由机械厂、半导体厂等有关单位协作,进行"硅材料生产线"会战,并成立会战领导小组,由姜智敏任组长,加强会战的政治思想工作。

● 学校南段房屋被拨给海军七院论证部

12月4日,国务院机关事务管理局下发通知,遵照李先念副总理的批示精神,经研究,

1970年

将我校在京的南段房屋(建筑面积 30 658 平方米)拨给海军七院论证部使用。今后房屋管理工作,由海军七院论证部负责。

● 安徽省银行干校房地产和水电设施移交我校

5月15日,学校向安徽省革命委员会提出申请使用安徽省银行干校房屋的报告。学校自北京搬迁来合肥,在搬迁中,安徽省革命委员会的首长非常关心,并且得到省革委会有关部门的大力帮助和支援,使搬迁工作能够顺利进行。到4月底为止,已有三分之二的家具、三分之一的仪器和设备运来合肥。

作为理工科大学,我校仪器、设备较多,并有附属工厂。在北京时,教学、实验室和工厂用房为6万平方米(借中国科学院2万平方米的用房尚不计在内)。原合肥师范学院系文科学院,教学用房尚不到2万平方米,我校来合肥后的房屋缺数较大。

从搬迁的情况来看,目前已运来合肥的物资、器材已无地方堆放,更谈不上启封作必要的维护。随着搬迁物资源源而来,房屋问题的矛盾愈来愈突出。为了解决当前急需,又不花钱,申请将附近的银行干校房屋拨给我校使用。

8月12日,安徽省革命委员会办事组决定将原安徽省银行干校全部房地产和水电设备移交我校使用。

● 公布《校革委会办事机构的编制和职责暂定试行草案》

为了响应毛泽东主席"革命委员会要试行一元化的领导,打破重复的行政机构,精兵简政,组织起一个革命化的联系群众的领导班子"和《在这次精兵简政中必须达到精简、统一、效能、节约和反对官僚主义五项目的》的号召,切实搞好机关的思想革命化、组织革命化和作风革命化建设。校领导经过多次研究和征求意见,拟出《校革命委员会办事机构编制和职责暂定试行草案》,并于11月16日在驻校宣传队、校革委会常委联合办公会议上通过。11月24日,向全校公布《中国科学技术大学革命委员会办事机构的编制和职责暂定试行草案》。校革命委员会下设:办事组、政治工作组、教育革命组、后勤组、人民武装部。

● 启用新印章

经校革命委员会研究决定,自5月5日起启用四枚新印章:

安徽省工人、中国人民解放军驻中国科学技术大学毛泽东思想宣传队调查材料专用章;

1970年

安徽省工人、中国人民解放军驻中国科学技术大学"五·七"农场毛泽东思想宣传队；

中国科学技术大学革命委员会文攻武卫群众专政队；

中国科学技术大学附属小学革命委员会。

● 党员情况统计

学校下迁合肥后全校党员情况统计如下：

单 位	总计	工人	教师	干部
总 计	532	51	271	210
1系	19		12	7
2系	59	1	43	15
3系	79		68	11
4系	39		29	10
5系	48		41	7
6系	61		56	5
原政治部	42	3		39
原教务处	23			23
机械厂	11	10		1
印刷厂	10	8		2
图书馆	3			3
体育教研室	5		5	
马列主义教研室	14		9	5
外语教研室	11		8	3
总务、食堂	31	16		15
校办	40	9		31
一分部	37	4		33

● 成立基建领导小组

5月13日，校工、军宣队领导召开第二次办公会议。根据我校1970年基建任务，会议

1970年

原则上同意办事组提出的关于基建问题的初步意见。决定成立基建领导小组，下设基建办公室。徐静洲(工)任领导小组组长，杨槐清(军)、杨秀清任副组长；杨槐清兼基建办公室负责人。

● 成立坑道施工领导小组

为了落实毛泽东主席关于"房子底下要挖地道"的指示，决定尽快成立坑道施工领导小组(由政工组负责提出名单，报宣传队党委批准)。下设办公室(2—3人组成)，具体抓好组织计划、思想教育、现场施工三落实。7月5日，校领导召开第九次办公会议，进一步讨论了战备地道施工的组织领导问题。决定由李东林(工)、朱联勇(军)、张连珠(军)、潘昌和(工)、范永成、冯志强、史孟云、施启良、何桂珍等组成领导小组，李东林任组长，朱联勇任副组长兼办公室负责人。

坑道施工办公室暂由范永成、叶培灿组成，政工组负责选调一名干部接替叶培灿在校内小农场的工作。

● 成立业余剧组

遵照毛泽东主席关于"大演革命样板戏"的号召，我校成立业余剧组，并决定由姜智敏、曲万增亲自挂帅，以加强剧组的领导和思想政治工作。大演革命样板戏，大力宣传战无不胜的毛泽东思想，大力宣传毛泽东主席的无产阶级文艺路线，使大家更好地向样板戏中的英雄人物学习，接受工农兵再教育，以推动我校"一打三反"运动深入开展。

● 举办毛泽东思想学习班，开展"一打三反"运动

3月14日，驻校工宣队、军宣队举办毛泽东思想学习班，先后有126人参加学习，主要是校、系(厂)革委会的成员和原两派群众组织的头头，历时半年。开展以打击反革命破坏活动、反对贪污盗窃、反对投机倒把和反对铺张浪费的"一打三反"运动。

● 成立校整党建党领导小组

为了认真地完成整党建党任务，加强党的思想建设和组织建设，经研究决定由下列15人组成校整党建党领导小组：姜智敏(军)、李东林(工)、童惕安(军)、石占金(军)、曲万增、李怀仁(工)、张广全(军)、蒋巨奎(工)、陈柏顺(工)、徐家庭(军)、杨秀清、蔡有智、宣雅静、

刘军、朱联勇,由姜智敏任组长,李东林、童惕安、石占金任副组长。

● 校领导听取基建办关于1970年基建工作的筹备情况报告

6月1日下午,校领导在121楼二层东会议室召开第五次办公会议。会议听取了基建办公室关于学校1970年基建工作的筹备情况报告。同意按安徽省革委会所批准的13个项目着手进行工作,并正式上报安徽省教育局。关于钴源室的基建不仅要考虑储备,而且要能利用,可适当追加一定的预算上报。

会议原则同意关于13个基建项目的定点、布局的初步意见。但要考虑风洞实验室的废水再利用问题和今后污水处理问题。关于定点问题,基建办公室还应做更细的工作,广泛征求革命师生员工的意见,反复讨论,做到"精心设计,精心施工"。

会议考虑到学校的"一打三反"运动正在深入进行,下半年的搬迁、房屋维修和生产任务繁重,基建项目可商请安徽省基建部门承包。但是,凡是自己能动手的,一定要贯彻"勤俭办一切国营事业和合作事业"的方针,力争自己动手。

● 年度数据统计

全校共有职工1 637人,其中固定职工1 570人,临时工32人,教师746人,人事关系在校、工资关系已转走的25人,调入学校、工资关系尚未转来的有10人,实发工资人数为1 602人。

1971年

● 组织师生员工进行野营拉练训练

1月4日,学校组织441名师生参加野营拉练训练,由合肥出发,途经寿县、六安,14日返校,行程311公里。在野营过程中,以革命化、战斗化为内容,突出政治,狠抓阶级教育和路线教育,开展"四好"运动,大兴"三八"作风,加强战备观念,发扬"一不怕苦,二不怕死"的革命精神,加强思想革命化,认真改造世界观,树立全心全意为人民服务的思想,在野营训练中锤炼一颗无限忠于毛泽东主席的红心。

● 钱志道、武汝扬任校革委会副主任

4月15日,经安徽省委常委会议研究同意:钱志道任中国科学技术大学革命委员会副主任,武汝扬任中国科学技术大学革命委员会副主任。

● 学校举办半导体专业试点班

根据安徽省电子工业发展的需要和我校的实际情况,学校决定举办半导体专业试点班,并于5月中旬开始招生。

试点班由安徽省有关对口工厂选派政治思想好、有两年以上实践经验、有相当于初中文化程度、年龄在25岁左右(老工人不受文化程度和年龄限制)、身体健康的工人在学校学习半年,仍回原厂参加生产实践。学员的教学经费由学校负责,学员的工资由原单位照发,学员的医疗费用、入学路费均由原单位负责解决。试点班从5月中旬开始招生,学员6月12日来校报到,6月14日正式开学。试点班共招收学员30名,芜湖地区4名,安庆地区4

名,合肥市13名,蚌埠市5名,淮南市4名。

● 创办《新科大》校刊

为了加强学校师生的思想教育,经驻校工、军宣队党委和校革委会常委会5月12日研究,决定创办《新科大》校刊,每周一刊,政工组宣传小组主办。并抽调杨云、阎沛霖、马黎明、徐达明、周元培、冯焕卿等组成编辑小组,由杨云任组长,于5月18日到政工组报到。

● 召开校第五次党代会

南迁合肥一年后,全校已有90%的党员恢复了组织生活,各基层单位都建立了新的党支部,各级领导核心已基本形成。根据中共中央《关于召开各级党员代表大会的通知》提出的条件,我校召开党代会、建立新党委的条件已基本具备。在1970年底,当整党建党工作进入第四阶段(总结提高阶段)时,学校就着手准备成立筹备领导小组,具体负责党代会的筹备工作。1月份,各基层单位按照领导和群众相结合、充分协商讨论、在党内选举产生的原则,选出了出席校第五次党代会的代表,并且充分发动党内外群众讨论、协商,初步提出了新校党委委员候选人名单。原定在2月份召开校第五次党代会,后因为开展整风运动、召开校第二次积极分子代表大会,党代会未能如期召开。从4月底又着手进行召开党代会的准备工作,起草了工作报告;个别代表人选因故有所变动,进行了补选;新的校党委委员候选人重新进行了充分的民主协商,自下而上、自上而下地经过了三次反复讨论,已初步确定。决定在5月29日召开校第五次党代会。

根据中共中央通知"代表人数一般应比历次地方党代表大会多一些"的精神,第五次党代会代表名额原则上按全校党员总数25%的比例产生,共有代表201名,其中宣传队的代表55名,学校教职工的代表146名,学校代表中女同志代表30名,占20.5%。

根据中共中央通知"委员人数一般多于上一届党委"的精神,准备第五届校党委委员为31人,党委常委11人,设书记1人,副书记3人。在31名委员候选人中,女同志3名,老同志3名,中年同志23名,青年同志5名。

大会期间,中共安徽省委常委潘启琦到会讲话,石占金(军)代表驻校工、军宣传队党委作工作报告,安徽省委同意姜智敏为中共中国科学技术大学委员会书记,李东林、石占金、武汝扬为副书记;同意姜智敏、李东林、石占金、武汝扬、徐文英、张金凯、朱联勇、贺云洞、钱志道、杨秀清、宣雅静为党委常委,姜智敏、李东林、石占金、贺云洞、张金凯、朱联勇、程善德、李怀仁、张长耕、尹冰、王能平、张益成、毛明、陶维仁、王守惠、杨华林、武汝扬、钱志道、杨秀清、张秀峰、何作涛、宣雅静、王子期、冯志强、李良桂、兰西平、蔡有智、徐文英、颜基义、张志云、刘乃泉为委员。其中工、军宣传队16人,本校职工15人。会议于6月1日闭幕。

1971年

● 我校大气物理专业并入吉林大学

根据全国教育工作会议关于我校物理系大气物理专业调归吉林大学的决定,9月8日,吉林大学革委会副主任郭风高等三人来我校办理交接工作。

两校领导根据全国教育工作会议精神统一认识后,共同举办了大气物理专业全体人员参加的毛泽东思想学习班,并逐个做了思想工作,同时进行各种交接工作。至9月底全部交接完毕,全部人员于10月下旬去吉林大学报到。共计调去教师9名,实验员2名。原属大气物理专业的仪器设备204件(价值15.3万元),图书资料567册(不包括毕业论文3袋),于10月16日由合肥发车,运往吉林大学。至9月底全部交接工作完成。

● 学校领导体制改为安徽省与第三机械工业部双重领导

9月22日,国务院、中央军委发出通知([71]国发文69号文),为加强国防军工所需的技术人员的培养,决定将中国科学技术大学改为安徽省与第三机械工业部双重领导,以安徽省领导为主。

● 6408部队将大蜀山农场移交我校

中国人民解放军6408部队为了减少耕作人员,以便集中人力、物力搞好战备工作,决定停办直属队农场。10月1日,6408部队与我校签订协议,将其在合肥市郊区大蜀山的直属队农场移交我校。经双方联系协商,6408部队同意将直属队农场土地381.5亩、房屋55间和猪圈、牛棚等固定资产移交给我校,作为学农基地。其中借用土地的农业税、公粮的交纳办法,仍按合革生秘字[71]245号文件精神办理。

● 第三机械工业部颁发我校订货代号

遵照国务院、中央军委[71]国发文69号通知,我校改为安徽省与第三机械工业部双重领导,以安徽省领导为主。为衔接好我校教学、生产和科研所需物资的供应,我校所需国家统配物资,由第三机械工业部华东地区物资供应管理站管理、供应,以后直接和供应站联系。在订货业务中,第三机械工业部使用"〇一单位"代号,我校的订货代号为"〇一单位3909部"。

1971年

● 中国科学技术大学革委会成员名单

主　任：姜智敏（军）
副主任：李东林（工）、石占金（军）、武汝扬、钱志道、杨秀清

● 成立"五·七"农场革委会

经安徽省驻校工、军宣队党委研究决定，由尹冰（军）、徐家庭（工）、张秀峰、李焕本（工）、鞋洪礼（工）、王子期、余翔林、李淑亭、李崇林、张炳钧、朱成锁、郭随生12人组成中国科学技术大学"五·七"农场革命委员会。并经报请安徽省革委会批准，由尹冰任农场革委会主任，徐家庭、张秀峰、李焕本任革委会副主任。

● 成立爱国卫生运动委员会

遵照毛泽东主席关于"动员起来，讲究卫生，减少疾病，提高健康水平"的教导和安徽省、合肥市革委会关于卫生工作的通知精神，我校开展春季爱国卫生运动，搞好除害灭病工作，保证教职员工身体健康，这是"贯彻落实毛泽东主席'备战、备荒、为人民'的伟大方针、认真搞好我校斗、批、改的需要，是紧跟毛泽东主席伟大战略部署、发展革命大好形势的极为重要的一件大事"。各单位都"加强思想政治工作，深入开展革命大批判，大造革命舆论，充分发动群众，认真搞好这项工作"。

为加强对卫生工作的领导，3月24日，学校决定成立校爱国卫生运动委员会。杨秀清为主任，李怀仁（工）、张连珠（军）、杨代仲（军）为副主任。委员会由各系、厂、四大组、卫生所、小学、幼儿园、家属委员会各派一名负责人组成。革委会办事组为爱国卫生运动委员会的办事机构。各系、厂等单位革委会应指定专人负责本单位的卫生工作。

● 设立革委会联合总值班室

为便于工作，便利群众，加强值班制度，3月24日，学校决定在新平房设革委会联合总值班室，由革委会四大组工作人员在平日晚上、节假日全天轮流值班。值班室任务、规则的拟定及其他组织、行政事宜由办事组负责。

1971年

● 调整校调整工资、临时(合同)工转正领导小组

校调整工资、临时(合同)工转正领导小组因有人调离工作或出差,经研究并报校党委同意,决定补充徐文成(工)、卢广成(工)、武汝扬、李良桂参加,连同原有的杨秀清、黄英达、宣雅静、张金凯(军)、刘兆翔(军)、张连珠(军)共十人,由徐文成任组长,武汝扬、卢广成任副组长。下设办公室,由宣传小组、人事小组、财务小组、办事组各出一人组成,负责处理日常工作。

● 克服困难,坚持科研

教学、科研人员克服困难,坚持科研,他们开展了"月球激光测距仪研制"、"军用小型通讯机研制"、"200A可控硅试制"、"研究新型催化剂体系,提高丁基橡胶聚合温度"、"化学激光器件研制"等多项科研任务。

● 本年度员工、房产情况

全校职工总数1722人,其中教授、副教授23人,讲师103人,助教645人,实验员109人。学校占地总面积490 388平方米,房屋建筑面积72 340平方米,校办农场面积1 020亩。经安徽省革委会批准建设教研小楼,建筑面积1 980平方米。

● 本年度教授、副教授名单

教　授:李宝光、钱临照、刘叔仪、杨承宗、刘达夫、梅镇岳、曹继贤、李蕊、向仁生。
副教授:龚昇、杨纪珂、容保粹、徐家鸾、江振声、肖振喜、杨衍明、黄茂光、沈志荣、顾乃亨、李宣予、王群、邹明德、彭璆。

中国科学技术大学编年史稿

1972年

● 学校要求归口中国科学院领导

1971年底学校归口第三机械工业部（三机部）后，当时37个专业中有17个与三机部不对口，其中近代物理系的四个专业和近代化学系的放射化学专业尤为突出。三机部的有关领导明确表示，与三机部不对口的专业，部里不能承担其科研经费。在1971年底三机部分配给学校的招生计划中，只有与其对口的18个专业被批准招生。因此，学校归口三机部后，与三机部不对口的专业如何处理？相关的科研人员如何安排？学校如何坚持原来的办学方向？这些都是学校需要迫切解决的问题。这时，在合肥办学遇到的师资、房屋、实验设备等诸多困难动摇了多数学校教职工的信心。有人对学校下迁的原因提出了质疑，认为下迁是林彪的"一号通令"造成的，现在林彪已经倒台，学校可以搬回北京了。于是，一些教职工要求把学校搬回北京。面对这些情况，学校党委和革委会经过讨论后做出决定，一定要保持学校原来的办学方向，继续把学校办好。

1月11日，校革委会向安徽省革委会和三机部递交了《关于早日确定原子能专业业务归口的请示报告》，随后学校党委又向国务院科教组汇报了学校所遇到的种种困难。

4月14日，国务院科教组组织召开了关于中国科学技术大学办学问题的座谈会。会议在国务院科教组三楼会议室召开，由科教领导小组成员迟群主持，参加座谈会的有：学校党委书记姜智敏，党委副书记武汝扬，革委会副主任钱志道，科教组大学组负责人薛玉珊，中国科学院领导小组副组长秦力生，二机部牛树生，三机部政工组副组长、教育小组组长陈文海，安徽省教育局副局长邵遂东。在座谈会上，学校领导重点强调了学校保持理工综合特点和专业完整的必要性，汇报了原有专业与三机部不对口的情况以及学校在合肥办学面临的困难。三机部领导陈文海就专业对口问题作了解释。中国科学院的秦力生也就科学院当时面临的困难作了说明，指出学校再归口中国科学院是不太合适的。这次会议形成了三点意见：第一，学校要办下去；第二，要继续保持理工综合的特点，关于学校体制、归口和专

1972年

业设置等问题有待进一步研究；第三，学校搬回北京是不现实的。座谈会后，国务院科教组委托中国科学院提出解决学校问题的方案。随后，中国科学院党组召开了一次关于我校问题的讨论会，但未形成统一的意见。

6月10日，学校革委会又分别向国务院科教组、安徽省、三机部报送了《关于中国科技大学的体制、归口、专业方向的请示报告》，再次就专业和归口问题作了汇报，恳请上级部门尽快解决。

7月13日，国务院科教组副组长王建忠在科教组会议室就有关问题再次与学校领导姜智敏、武汝扬、钱志道举行座谈会，交换意见。王建忠介绍了科教组解决我校办学问题的协调情况和处理意见：科教组就我校的领导关系问题先与三机部和安徽省进行了沟通，三机部也认为我校不宜改变"理工结合，以理为主"的办学方向；后科教组又与中国科学院商谈了两次，但中国科学院不同意将我校重新归口中国科学院，原因是中国科学院新技术局没有了，不好对口管理；因此，我校以后归口国务院科教组，教学计划、招生、办校方向、任务、方针、基建等归科教组管；学校基建问题和基本建设改由安徽省负责，基建经费由科教组下拨给安徽省。王建忠强调，我校"在安徽办，这是中央定的，商量不了，其他的问题可以从长商量"。在座谈会上，校党委书记姜智敏代表学校发表了意见："我们认为科技大学归口科学院比较合适，在合肥办学，房子不是最困难的问题，教师、设备、实验室才是最重要的。"钱志道也提出了归口科教组可能出现的新问题："归口科教组，经费器材问题很难办，拨款到省里，要打折扣，给不了东西。"王建忠答应科教组会就我校的领导关系问题再向上级汇报。

7月22日，在国务院科教组会客室，科教组组长（教育部长）刘西尧、副组长王建忠、办公室胡沙再次与姜智敏、武汝扬、钱志道谈话。刘西尧首先提议我校与中国科学院安徽光学与机械研究所结合，并暂定1972年的基建归中国科学院管。接着他就学校的搬迁问题作了解释。他说，学校搬迁合肥的原因有三：(1) 战备的需要，与林彪的"一号命令"无关，"一号命令"是10月18日下发的，而学校的搬迁9月就已经酝酿；(2) 全国大学的布局不合理，学校搬迁到合肥，可以平衡一下大学分布，可以给安徽省增加技术力量；(3) 学校是中国科学院办的，中国科学院现在有了很大变化，不一定要办学校了。然后他表示，关于我校原子能等五个专业的对口问题，可以再和相关单位商量。在谈话中，我校的三位领导向科教组表达了他们对学校前景的担忧。钱志道首先说："搬迁过程中调走了100多名教师，三机部前后不到半年又两次调人，又走了50名教师，这样下去学校有散摊的危险。"接着武汝扬发言说："我有顾虑，科大久而久之会垮在我们手里，科大垮了很可惜，1958年成立时有人反对，中央支持，1962年广州会议又有人提出取消科大，后来中央支持办下去，现在看来科大更应该办下去。"然后姜智敏也谈了下迁对我校局面的影响："科大全体教职工对下迁的认识非常混乱，影响稳定……大局未定，人心不安，希望上级领导很快解决问题。"最后针对归口问题，刘西尧主张："科大以后就归安徽省领导，科教组规划，不要提以谁为主。"姜智敏则再次表示担忧："科大若归科教组管，省里基建将不能保证。"刘西尧表示："我们改变了三机部的领导关系就是为保证科大不改变性质,但下迁的大方向不变,困难要克服。"

7月27日凌晨,李德生在京西宾馆第三会议室接见了姜智敏,指出下迁不能说是林彪路线造成的。他认为我校与安徽光学机械研究所合并的意见很好,他表示支持。最后他指示:"要下定决心在安徽把科技大学办好。"

8月1日,国务院科教组召开了"关于中国科技大学专业归口问题"的会议。参加会议的有国务院科教组的王建忠、胡沙、郑晓思,中国科学院袁义谷,国防科委、二机部、三机部、四机部、七机部、燃化部、冶金部、地震局、安徽省等单位的领导。王建忠首先在会上讲话:"要按总理的指示精神把科大办好①,按理科为主的特点把学校办好,专业按杨振宁的意见,专业不能太窄,否则束缚思路。"其后胡沙主持会议,各单位就专业设置问题谈了意见,但会议没有取得实质性的结果。

8月9日,国务院科教组在中国科学院召开我校同安徽光学与精密机械研究所合并的会议,参加会议的有科教组的胡沙、李兆汉,中国科学院二局局长黄正厚、副局长宋政,三局局长曲守慈,安徽省教育局副局长邵遂东,我校领导武汝扬、钱志道。会议介绍了各自的情况,交换了意见。关于我校和安徽光机所合并后的一系列问题,如领导关系、经费、器材、科研任务等问题均未解决。后来安徽省委又专门开了两次会议,我校领导也三次到光机所联系,但光机所的领导和群众都不同意与我校合并。而且光机所本身也缺职工宿舍,即使合并也不能解决我校的困难。所以,合并计划最后无果而终。

12月,由于归口、专业、体制等问题迟迟没有解决,学校再次向国务院科教组递交报告,请求把学校搬回北京或尽快帮助解决在合肥办学的困难。

● 徐文成(工)任革委会副主任

1971年12月24日,经安徽省委常委研究决定,徐文成(工)被任命为中共中国科学技术大学革委会副主任。1972年3月22日,学校正式宣布了安徽省委的任命通知,徐文成正式担任学校的领导工作。

---

① 1972年7月1日,周恩来总理会见并宴请著名理论物理学家、诺贝尔奖获得者杨振宁博士。会见中,他谈了关于加强我国基础理论研究工作和研究人才培养的建议,受到周总理的赞赏。周总理7月14日会见来访的美籍科学家代表团时谈到这一问题,并对陪同会见的著名物理学家周培源作了有关指示。20日,周培源教授写信给周总理,提出了加强基础科学工作的一些看法。7月23日,周总理亲笔给国务院科教组、中国科学院和清华大学、北京大学等有关方面负责人作了批示:"把周培源同志来信和我的批件及你们批注的意见都退给你们好作根据,在科教组和科学院好好说一下,并要认真实施,不要如浮云一样,过了就忘了。"

1972年

● 全校进行基层党组织整顿和建设工作

4月10日,学校党委会召开会议,针对新党章规定"经常整顿党的组织"和安徽省革委会政工组1972年政治工作要点的要求,提出结合学校实际情况,在4月中旬进行一次党的基层组织的整顿,并提出了整顿的步骤和方法。4月10日,党委批发《关于整顿党的基层组织的意见》的文件。文件提出,要求党员集中学习5—7天。4月11—20日,在校党委的领导下,全校开展了一次党的基层组织整顿工作,改选和建立了新的总支、支部委员会。

● 完善学校的规章制度

为了恢复、完善学校的各项规章制度,4月26日,校革命委员会颁发了《机关和各系的体制、编制、职责试行草案》;6月27日,学校印发了《关于学员学籍管理的暂行规定(草案)》;7月8日,学校印发了《关于教职工管理的试行意见》。

● 学校将寿县埝口农场移交给地方管理

5月5日,学校将安徽省寿县埝口农场移交给地方管理。移交不动产总额为122 204.86元,其中包括学校投资新建资产55 545.66元,另外动产作价移交总额为14 804.52元。

● 第一届工农兵学员招生工作

1971年4月15日至7月31日,全国教育工作会议在北京召开,会后毛泽东主席亲自批发了《全国教育工作会议纪要》。全国教育工作会议决定,为了贯彻《五·七指示》和《七·二一指示》精神,全国高校从1972年开始招收工农兵大学生。当时我校隶属于第三机械工业部和安徽省双重领导,招生工作需在两个部门指导下进行。

1971年11月29日至12月4日,第三机械工业部组织所属的四所高校(北京航空学院、南京航空学院、西北工业大学、中国科学技术大学)召开了招生工作座谈会。考虑当时我校的住房紧张,三机部分配的招生任务是550人,比原计划少20人,学制三年。1971年12月上旬,学校参加三机部招生工作座谈会的人员分别向校党委常委、革委会四大组和各系的领导以及安徽省招生办公室的领导汇报了座谈会的精神。1972年1月5—7日,安徽省召开了各专区、市和各高等院校负责人会议,研究招生工作,学校派了3名人员参加会议。会后,校党委决定由校革委会副主任武汝扬和工宣队副队长、革委会常委李德中主管

1972年

招生工作,并组成招生办公室,抽调了80名人员(由工宣队、干部、教师组成)参加招生工作。我校当年的生源地分别是河南、湖北、上海、四川、陕西、江苏、辽宁、贵州、安徽、江西、湖南等。2月20日,学校将招生准备情况向三机部教育组做了汇报,并就与三机部不对口的地震专业的招生计划人数和高速空气动力学的招生问题向三机部做了请示。3月7日,学校招生人员又向三机部和安徽省革委会就男女生的比例、复查、专业调换等问题做了请示。

工农兵学员的招生是采取学生自愿报名、群众推荐、领导批准、学校审查的办法。招生过程中存在一些"走后门"现象。少数干部利用职权,对基层施加压力,把不符合条件的子女送上来;或私留名额,再将子女从外地调过来上大学;或弄虚作假,违章选送;或转移名额,轮番推荐。这些情况给招生工作带来了很大的困难。为了抵制这种不正之风,3月10日,学校颁发了《坚决贯彻全国教育工作会议精神,认真做好招生工作的几点意见》的文件,要求招生工作人员严格按章办事,坚决抵制各种不良现象,加强学员复审工作,如发现不符合条件者,坚决将其退回原单位。学校招生人员排除各种干扰,坚决抵制各种徇私舞弊现象,经全面审查,将一些不符合手续的学员退回了原单位。由于抵制不正之风,给招生工作带来了种种阻力和干扰,结果使该年的招生计划未能足额完成,实际招生人数比原计划少了9人。

5月2日,学校迎来了首届工农兵学员入学。该年,学校面向全国25个省、市共招收541名工农兵学员,实际到校人数539人。这些学生被分配到全校18个专业学习。

● 为工农兵学员补课

1972年,学校共招收工农兵学员539名。这批学生文化程度参差不齐,整体水平低,给教学工作带来很大困难。539名学员中,初中毕业和高中程度的约占55.5%,初中程度约占23%,初一和高小程度的约占21.5%。特别是1967级、1968级的初中学生,由于"文革"运动的影响,实际上没有读什么书,基础仅仅是小学水平。为了使工农兵学员适应大学课程的学习,学校决定为他们补习文化基础课。补课时间从5月份开始直到年底,历时7个月。为了保证补课的效果,学校采取了一系列措施,其中包括:

一、制订切实可行的补课计划。为使学生能尽快满足大学学习的要求,根据我校"理工结合、以理为主"的特点,学校确定"初等数学"是补课重点,其次是"初等物理"。"基础化学"是近代化学系的必补课程。为促进学员"德、智、体"全面发展,学校在补习课程中开设了政治课、文化课、体育课,其中英语课作为"长流水"课程开设。除文化课外,学校还安排了几周的入学教育、批改整风和学农活动。

为保证教学效果,学校把补课活动分为前、后两个阶段,体育、英语、政治、初等数学跨两个阶段,基础化学设在第一阶段,初等数学和初等物理设在第二阶段,每个阶段同时并进

的课程不超过五门。这样的教学安排，避免了多科同时并进，也照顾了课程之间的衔接。实践证明，教学效果较好。

二、根据学员文化程度实行分班教学。工农兵学员入学时的文化程度，一是多数偏低，二是参差不齐。补课的目的是要提高文化程度偏低学员的基础知识水平。为了收到好的教学效果，学校按学员的文化程度进行分班教学，这样可以比较好地解决"吃不饱"和"吃不消"的问题。学校分班是根据学员的数学程度进行的。各系根据具体情况，打破专业界限，有的分高、低两个班，有的分高、中、低三个班。全校分6个高等班（234人），2个中等班（94人），6个低等班（211人），分开进行教学。

文化课补习2—3周后，学校发现低等班中有40多名高小程度的学员，学习困难很大，连正负数、分数的基础知识都没有掌握。对这部分学生，学校一方面给他们做思想工作，增强信心；另一方面，根据他们的志愿减免1—2门主要课程和减免一些学农活动；学校还专门为他们开了物理课特慢班，并组织了数学课学习小班，基本解决了他们的学习困难。全校补课所用教材基本是统一的，但各系、各班的教学进度可以不同，教学内容的深度和广度也可以略有差异。通过补课，低等班的211人中有135人初等数学和初等物理的学习达到了基本要求，特别困难的43人中有27人有明显进步。

通过7个月的补课，学员的政治思想和学业成绩都有了很大程度的提高。学习较好的占27%，学习一般的占37%，学习较差的占27%，学习最差的占9%，但每个学员都在原来的基础上进步很快。总的看来，有三分之二的学员初步掌握了学习大学基础课程所必须具备的文化基础知识，大多数学员都满怀信心地进入大学阶段的学习。

由于1972年的补课实践取得了明显的成效，学校决定1973级新生入学后仍然进行补课活动，补课时间延长为一年。

我校的补课经验得到了安徽省教育局的肯定。1973年6月18日，安徽省教育局向全省高校转发了《中国科学技术大学1972级工农兵学员补习文化课的几点主要做法》的教革字[73]86号文件，我校的补课经验在全省高等学校中被普遍推广。

● 附属小学改为附属中学

9月25日，校党委会议决定，为解决教职工子女的求学问题，学校附属小学改制为附属中学，内设小学部，并批发通知文件。附属中学校名为"中国科学技术大学附属中学"，附属中学和系一样，由学校党委和学校革委会直接领导，具体行政业务由校机关各有关部门负责，教学业务接受安徽省、合肥市文教系统的领导。附属中学按系一级建制配备干部，组织办事机构。会议还就附属中学的师资队伍的充实问题提出了解决意见。

1972年

● 刘达任党委书记和革委会主任

1966年6月,"文化大革命"运动开始后不久,彭真、罗瑞卿、陆定一、杨尚昆四人被诬陷为反党集团。因为彭真是刘达在晋察冀根据地的老领导,所以刘达受到牵连而被隔离、审查、批斗,被迫走下领导岗位。1972年4月27日,校党委常委会议在对"文革"以来受到审查的人员重新审查时,认为刘达没有重大问题,同意恢复其党组织生活。7月8日,校党委会向中共安徽省委建议刘达重新担任学校党委书记。7月12日,学校正式向安徽省委递交报告。9月26日,安徽省革委会批复,刘达被任命为中共中国科学技术大学委员会书记、革命委员会主任,调整原党委书记姜智敏为中共中国科学技术大学委员会第一书记。

● 召开器材工作会议

学校下迁到合肥后,由于合肥的地理条件限制,科研所需的器材、药品的采购成为一个难题,许多实验药品在当地根本无法买到。为了适应在合肥办学的需要,必须设法解决这方面的问题。为此,校党委常委于1972年12月30日专门召开了器材工作会议,会后颁发了《党委常委会纪要》。会议由钱志道主持,刘达、徐文成等七位党委常委出席,另有卢广成等十位教师列席。会议主要讨论了器材工作的有关问题,形成了四条意见:

一、为适应教育革命深入发展的需要,必须加强思想政治工作,进一步整顿、充实器材工作队伍,调整、健全工作机构。经讨论决定:

1. 教育革命组器材小组设仪器设备、无线电元件、电工化工库,机械厂设金属材料、五金工具库,3系设化学试剂、玻璃仪器库,分别负责我校有关器材的计划、订购、管理、统计、发放等任务。全校的氧、氮、氢等气体的采购和供应工作,自1973年起归器材小组统一管理。

2. 在上海增设采购点,设采购员两人。为节约开支和加强管理,今后采购工作,除业务性强或有其他特殊原因需各单位自行派员采购外,二类、三类物资一律由器材小组统一采购。

3. 加强仪器设备的维护修理,是开展教育革命工作的重要保证,是节约闹革命的重要措施。决定由教育革命组会同6系重新筹建仪器维修组,各系、厂亦应建立仪器维修组,并指派专人负责组织、检查、督促仪器设备的维护修理工作。

4. 为积累资金,全校科研、生产经费和收入资金可另立账户,派员专门管理,凡动用这笔资金需经党委指定人员批准。

5. 器材工作人员目前有30人,尚缺15人,所缺人员由人事小组逐步调配充实。

二、遵照毛主席"扫仓库"的指示,由政工组人事小组为器材小组调配两名干部,专门负

1972年

责组织全校积压物资的处理工作,并建立相应的制度,使积存器材发挥应有作用。

三、教育革命组增设实验小组,负责全校实验室的规划、建设,实验教学的安排,仪器的管理、调配,实验室的分配等。

四、原教育革命组科研小组和生产小组合并为科研生产小组。

这次会议制定的器材管理工作方案和调整措施,对于学校的教学和科研工作的正常发展发挥了重要作用。

● 对"文革"以来受到审查的人员作出结论

本年度校党委召开多次会议,根据党的政策,经过认真调查,对180多名教职工的政治、历史问题进行了重新审查,澄清了事实,给他们作出了公正的结论。其中,原党委书记刘达经过党委审查,确认无重大政治、历史问题,重新走上学校的领导岗位。

● 第三机械工业部和安徽省共建我校

学校下迁到合肥后,安徽省积极支持我校的工作。1970年学校下迁时,安徽省把合肥师范学院的校舍让给我校,当年就把学校2 000多平方米的厂房建设列为全省重点工程。安徽省投入资金42万元,建设了学校工厂及实验室等13个项目:机械加工厂房、钣金焊接热处理厂房、合成橡胶厂房、硅冶炼厂房、玻璃加工厂房、低速风洞实验室、高速风洞实验室、压气机房、计算机冷冻房、低温液氮车间、变电站、危险品仓库、汽车库等。

学校归口第三机械工业部后,三机部很快即投资我校的基建工作。1972年,三机部批准建设了化学楼、锅炉房、煤气站、1—3号职工宿舍。除基建外,8月,三机部还拨给学校100万元的科研经费,用于开展WYJ—30晶体管稳压电源、台式计算机、SRM—14晶体管多用示波器、SX—8数码管、仿形仪、激光测距仪等项目的研制。

● 再次向国务院报告学校面临的办学困境

1972年末,为了解决学校的归口管理、体制和办学等方面的问题,学校再次向国务院科教组递交报告,反映学校在合肥的办学困难。报告内容包括以下四个方面:

一是师资力量不足。学校自1958年创办以来,全校各专业的主要课程一直由中国科学院的相关研究人员承担,全院先后约有250名研究人员来学校兼课。虽然建校十几年来学校的师资力量有较大发展,但并未建立起独立的教学队伍。学校下迁后,依靠中国科学院研究人员的有利条件没有了,所以各专业主要课程的主讲教师奇缺。随同学校下迁的教

1972年

师多是1963年以后毕业的年轻教师,缺乏教学实践经验,一下子要担负起全部授课任务有很大困难。而且在学校下迁过程中师资队伍流失严重,有一百多名教师由于种种原因而调离,大大削弱了学校的师资力量。学校迁至合肥后,全校有610多名教职工夫妇分居两地,其中一方在北京的就有320名。这些人多数是对方单位不容许其配偶调出。这些人的分居问题不解决,原本已经削弱的师资队伍有进一步瓦解的危险。

二是实验设备缺乏。"文革"以前,学校的主要实验设备几乎全部依靠中国科学院有关研究所,校内仅有基础课实验室,高年级学生均到中国科学院实习、做毕业论文。例如,电子计算机和计算数学专业利用中国科学院计算技术研究所最新型的计算机开展教学实践,高速空气动力学专业到力学研究所进行风洞实验,声学专业在设备完善的声学研究所开展教学工作,低温专业利用物理研究所液氮设备从事教学和科研活动,原子能系的师生则全部在原子能研究所实习。凡是需用大型实验设备和高精尖仪器的实验教学工作无不借助于中国科学院。下迁后,各专业失去了原先中国科学院提供的全部教学基地,这使得实验教学工作面临着严重的问题。如果在合肥重建实验教学基地,像低温、计算机、生物物理和高空大气物理等专业的实验设备,大约需要1000万元的经费投资。而像原子能反应堆和力学风洞这样的大型设施,在合肥是根本无法建起来的。因此,许多专业因为无法解决教学实验基地问题而面临办不下去的困境。

三是房屋短缺。学校下迁时,安徽省对学校的支持很大,把原合肥师范学院的校舍让给了我校,但是原有校舍面积明显不足。学校在北京的校舍有实用面积12.4万平方米,而合肥师范学院的校舍只有8万平方米。在北京的实验室有实用面积12万平方米,而合肥师范学院包括仪器仓库在内只有2万平方米,而且绝大部分用于堆放仪器,大概只有3000平方米的实验面积。合肥师范学院的8万平方米校舍,除去生活用房外,剩下的连堆放仪器都不够。从北京搬来的仪器有三分之二无法开箱安装使用,只能堆放在楼道里,甚至在露天广场上,风吹雨打,损坏相当严重。而基建工作进展非常缓慢,1970年学校开始建设2000平方米的厂房,直到1972年底都未完工。

四是学校的办学方向问题。学校建校之初确定的办学方向是"理工综合,以理为主",贯彻的是"全院办校,所系结合"的方针。"文革"前学校为国家培养了7000多名毕业生,80%以上分配到国防科学研究单位。能取得这样好的成绩,最重要的原因是学校和中国科学院的有机结合,学生到中国科学院实习,中国科学院的研究人员到学校任课,科研和教学能紧密地结合起来,使国内外最新的科研成果及时反映到教学上来,保证了高水平的教学质量。离开了中国科学院这些有利条件,学校要坚持原来的办学方向将面临着很大困难。再者,第三机械工业部是主管国家航空工业体系的领导单位,所属单位以工为主,学校归口第三机械工业部,必然造成学校的办学方向向工科方向转移,这样势必要偏离学校原来的办学方向。

报告还就一年来各方面为解决学校归口、体制、办学方向等问题所做的努力及其结果

作了说明,最后恳请"中央采取紧急措施,把科大迁回北京,或者协同学校解决各项实际困难,按原来的办学方针在合肥办下去"。

同时,刘达、武汝扬、钱志道还联名写信给周恩来总理反映这一问题,请求中央考虑我校的办学地点和体制问题。他们认为"学校迁回北京,仍由科学院领导,符合多快好省的原则",因为"北京校舍基本空闲,稍事修缮,所费不多,不过一年即可使学校正常工作"。如果确有困难,不能迁回北京,请求有关领导部门协助学校拟订克服当前困难的计划,使学校能按原方针办下去。

学校领导在1972年的努力虽然没有在当年见到成效,但为1973年学校重新归口中国科学院打下了基础。

1973年

● 学校重新归口中国科学院领导

1972年,学校经过种种努力,但归口、体制、办学方向等问题一直不能解决,所以1973年初学校仍然把工作重点放在这些问题上。

2月1日,刘达主持召开校党委常委扩大会议。鉴于1973年学校基建经费尚未落实的情况,会议决定请石占金去北京会同杨秀清找有关部门联系,以尽快解决该年度基建指标问题。

2月16日,石训、何作涛、钱逸泰、尹之桥等代替石占金到北京,专门向国务院科教组请示汇报当时的经费状况和1973年基建计划问题。科教组刘凯丰表示:"先解决领导关系,不再对口中央部门,不再提双重领导,由省里领导,科教组帮助解决具体困难。"

2月18日上午,武汝扬、姜智敏与安徽省教育局的杨枫讨论了刘凯丰的意见。然后,武汝扬打电话告诉在北京的钱逸泰说:"关于学校的领导关系,省里已给国务院有报告,提出要中央某个部门归口,由科教组或科学院归口。省里召开工作会议时,宋佩璋对刘达说,没有中央部委的归口,有些问题省里搞不了。"武汝杨的意思是不希望学校归属安徽省领导。

2月19日上午,钱逸泰再次向刘凯丰汇报了学校的意见。对于学校的领导关系等问题,刘凯丰提出的具体意见是:"一、科大依然面向全国,保持原来的办校宗旨,理工综合,以理为主,偏理,专业可作适当调整,条件不成熟的缓上。二、由双重领导改为归省里领导。三、专业设备、师资培养、学生分配、经费、行政管理,科教组都管,科学院的人员可以到学校上课,几个月、一年都可以。四、地方不能解决的问题,科教组解决,需要科教组帮助解决的,可以帮助解决。"刘凯丰提议石训再找刘西尧汇报一下学校当前的情况。钱逸泰打电话向学校汇报了有关情况。刘达向钱逸泰指出,体制问题要坚持对口中国科学院或国务院科教组,再对宿舍楼、书库、锅炉房三项工程的基建经费做些努力。

2月26日,学校收到石占金、杨秀清给姜智敏、刘达、武汝扬的信。信中汇报了在京的

1973年

努力结果。

2月27日上午,武汝扬到安徽省委汇报工作,省委要求石占金回来后再向省里作详细汇报,并建议石占金、杨秀清两人不要急着回校,要找刘西尧帮助解决问题。

2月28日上午,武汝扬与姜智敏就石占金、杨秀清的来信交换了意见。他们对体制、基建、经费等问题进行了深入讨论,提出了解决意见。当日下午,武汝扬找到安徽省教育局的杨枫,杨枫答应打长途电话向国务院科教组反映学校的几个重要问题,并要教育局派到北京向科教组汇报经费问题的金辉协助石占金、杨秀清找秦学敏,请秦学敏帮助找科教组解决问题。

3月2日下午,武汝扬将三次电话和一封信的情况向安徽省委常委宋佩璋、李化之、杨效椿、潘启琦作了详细汇报。

3月19日,国务院科教组向国务院、中央军委就我校的问题递交了《关于改变我校领导关系的请示》报告。3月30日,经国务院批准,同意改变我校的领导关系。国务院科教组向安徽省革命委员会、中国科学院、三机部、财政部下达《关于改变中国科技大学关系的通知》文件。文件的主要内容是:"一、中国科技大学仍在合肥建校。鉴于该校与科学院的历史关系,专业又比较对口,现改为安徽省和科学院双重领导,以安徽省为主。二、科技大学在建校期间,由中国科学院会同国务院科教组与安徽省共同搞好建校规划、专业的设置和调整,安排年度基建投资、经费、科研计划和部分仪器设备的供应。三、该校某些与科学院关系不密切的专业,由国务院科教组协助科学院分别安排和有关部委挂钩。由有关部委负责提出其对口专业的培养目标、专业方向和招生、分配计划的建议数,提供教师进修和学生实习基地,提供有关科技情报和帮助解决某些专用设备,安排参加有关专业会议。四、与科学院对口的专业,科学院除担负上述对口部委的工作外,还要尽可能抽调一些科研人员到校任教或组织有关科研人员到学校短期讲学和代培专业课师资。"

4月份,三机部和中国科学院就学校的基建投资、经费和中央主管的物资等问题进行协调,完成了最后的交接工作。

5月7日,中国科学院下达《关于中国科技大学供应关系改由中国科学院归口的通知》。主要内容如下:"经与有关部门商定,你校的基建投资、经费、中央主管分配的物资,从1973年1月1日起由中国科学院归口安排。一、1972年财务决算,由三机部审查汇总上报,并由三机部转中国科学院一份,作为交接的依据。二、1972年三机部已拨科研费的结余款,不再收回,作为学校未完成科研项目开支,原拨经费之不足款,三机部不再另付。三、1973年一季度三机部代拨经费54万元,由中国科学院拨给中国科技大学,归还三机部。"至此,我校在离开中国科学院的领导将近两年后,重新回到中国科学院系统。

1973年

◉ 举办师资培训班

3月,为解决学校下迁造成的师资短缺问题,学校的第一届教师进修班正式开课。

补充师资力量的决定是在1972年做出的。当时,学校1969届、1970届两届毕业生中有62人被分配在学校所属工厂当工人。1972年7月18日,学校党委常委会研究决定,将这62名留校毕业生由工厂调出,分配到各系,培养一段时间,充实师资队伍。为此,校革委会专门向安徽省教育局、安徽省革委会递交了报告,请求将这62名毕业生的职务由工人提为教师。

1972年11月3日,校党委常委会再次就师资队伍建设问题进行讨论,该次会议形成两条意见:一、"'教改的问题,主要是教师问题。'为搞好我校教育革命,必须抓好师资队伍的充实、培养工作。"会议决定,原来分配在校内各工厂的1964级、1965级(1969届、1970届)毕业生,除极少数因工作需要仍留厂工作或调其他工作外,其余一律从工厂抽出,集中培训一段时间(暂定一年),重点补习提高数、理、化等基础理论知识。培训后充实到各系基础课教研室,承担教学工作。二、根据政治条件合格、所学专业对口的原则,设法从校外调进一批教师。特别是具有一定理论基础和实践经验的教师、科研人员、工程技术人员及本校历届毕业生,不论是否与学校教职工有亲属关系,只要本人提出要求,所在单位同意,均可考虑审查调入。会议指定武汝扬、钱志道、杨秀清、何作涛、张秀峰组成五人小组负责这项工作,武汝扬任组长。11月28日,学校在安徽省革委会仍未批复的情况下,决定先将1964级、1965级留校毕业生从工厂调出,根据各系基础教研室的需要,分配到各系,由各系自己负责培养。同时,学校设计了三种办师资培训班的方案,以应对学校校舍的紧张状况。

2月1日,学校召开党委常委扩大会议。会议由刘达主持,徐文成、石占金、钱志道等6人出席,何作涛等11人列席。会议重点讨论了师资队伍的补充、培养问题。会议认为师资的加强、补充、培养提高是办好学校的重要问题。当时,学校的师资队伍比1966年初的人数减少478人。为加强师资队伍建设,会议决定从教工家属和其他适合作教师工作的校内人员中选择一批(50名左右)充实教师队伍,另外从学校1963级、1964级、1965级的毕业生中选拔100人调入学校,经过继续培养提高后,担任教学工作。会议决定将这一师资队伍建设计划上报安徽省委审批,待批准后即执行,学校先作好准备工作。

5月2日,刘达主持召开了党委常委会,姜智敏、徐文成、钱志道、杨秀清、吴作才、徐文英出席,列席者有张秀峰、何作涛等6人。会议决定成立选调教师工作办公室,具体负责选调100名1963级、1964级、1965级毕业生回校培训的工作。会议并任命何作涛为办公室主任,张秀峰为副主任。会议通过了学校教改组提出的选调教师的审查条件和基本原则。

6月5—7日,学校第156次、第157次党委常委会决定了选调毕业生的培训办法。学校党委常委会做出决定,选调回校的1963级毕业生直接分配到各系基础教研室,边学习进

修,边参加教学辅导工作,但必须以学习进修为主;选调回校的1964级、1965级毕业生一律集中培训,时间为一年半。

6月初和7月底,学校选调办公室两次派人分别到辽宁、吉林、河北、山西、山东、安徽、浙江、河南、四川、宁夏等省(区)联系商调工作。选调办公室共收到接近800名要求回校工作的报名申请。办公室将这些申请名单发到各系,由系总支选拔确定商调名单,然后由选调办公室对外发出商调函。经过各系选拔,选调办公室先后两次共批发了313份商调函。到11月学校共收到商调回函251份,对方单位同意调出的159人,经各系总支再次选拔和党委研究,最后决定调入87人。

11月1日,校党委召开第182次常委会。与会人员听取了孟广镔关于第一届教师进修班八个月的教学情况介绍和曾慕关于第二届教师进修班教育计划的汇报,讨论了教师进修班的政治思想教育和教学方法的改进等有关问题,为第二期教师进修班的开办做了充分的准备。

11月27日,第二期教师进修班开学。至12月5日止,实际到校的1964级、1965级毕业生共57人,另有代培生14人,共计71人参加学习。另有1963级毕业生14人按进修计划分到各系。

从1972年学校决定补充师资队伍到1973年底,学校通过从本校抽调和从外地选调教师,共补充师资149人,大大缓解了师资紧张的状况,为学校的发展奠定了重要的基础。

● 开展"批林整风"运动

1973年,学校遵照中央下发的一系列文件,结合学校实际,开展了整风运动。3月,学校政工组出台《抓紧批修整风,认真看书学习——关于73年度宣传工作的意见》文件。文件的第一条是"抓紧批修整风,深入对刘少奇一类骗子的革命大批判"。文件对整风活动做了具体安排:每月利用周末进行两次政治学习活动,上学期全校集中性教育三次,两次报告,一次专题学习。

3月30日,政工组批发文件《关于1973年第一学期干部、教职员工学习马、列和毛主席著作的几点意见》。文件对干部、一般教职工和工人分别应该学习的具体书目作了详细规定,并提出了时间安排和具体要求。

6月5—7日,第156次、第157次党委常委会决定,对选调的新教师进行2—3周的毛泽东思想学习,进行"批林整风"和思想整顿,对1973级新生也进行思想政治教育。

7月11日,学校颁发《关于贯彻省委三届四次扩大会议精神的意见》的文件。文件强调"要深刻理解'深入批林整风、促进大干快上'的必要性和可能性",指出"首先是批林,然后才是整风"。

9月22日,刘达在校党委扩大会议上作了《坚决贯彻执行党的"十大"精神,为进一步搞

好我校教育革命而努力奋斗》的报告。报告要求"继续搞好批林整风","要充分利用林彪反党集团这个反面教材,进行阶级斗争和路线斗争的教育,批判修正主义、批判资产阶级思想"。

10月25日,学校下发《关于〈认真学习贯彻"十大"精神的意见〉的补充计划》文件,贯彻中央对"批林整风"运动的安排。学校计划用10—12月的三个月时间,深入开展"批林批孔"运动,狠批孔子的"兴灭国,继绝世,举逸民"的"反动政治纲领"、"天命论"世界观和"学而优则仕"、"有教无类"的"反动教育思想"。在11月中旬到12月下旬一个多月的时间内,学校批林整风办公室开展了一系列的学习、整风活动。学校印发了5期《大字报选编》。在这些大字报中,一些学生代表对教师不满下迁、复旧、招生要坚持考试等现象进行了批判。同时,整风办公室还印发了8期《批林整风简报》。

● 家属"五·七"综合工厂成立

为了解决学校下迁后教师家属的工作问题,学校于1971年5月以后先后成立了家属粉末冶金厂和制砖厂两个家属工厂。经过两年的发展,工厂已经形成一定规模,其中粉末冶金厂已经有30多名工人,制砖厂有40多名家属工人,两厂基本上都能实现经济独立。为发挥工人的积极性,学校决定成立家属"五·七"综合工厂,并报请安徽省教育局审批备案。1973年5月7日,学校家属"五·七"综合工厂成立,工厂隶属校革委会后勤领导。"五·七"工厂属集体所有制,在银行立户,实行单独经济核算,工资、劳保、福利参照手工业集体单位的规定执行。

● 《关于中国科技大学工作汇报的讨论纪要》

学校重新归口中国科学院后,中国科学院责成学校对现有专业与相关单位进行讨论,进行调整和重新设置,形成《关于中国科技大学工作汇报的讨论纪要》上报中国科学院。学校经过认真考虑,认为仅仅对口中国科学院,将不利于以后学生的实习、教师进修、资料信息获取、设备供应等问题,所以,学校还是先和第三、第四机械工业部就专业对口问题进行了讨论。

5月11日,在四机部教育局,武汝扬与四机部教育局领导张群力座谈了有关对口四机部的专业设置问题。张群力表示,四机部支持学校的工作,对学校采取哪种对口形式都支持。对于对口四机部的五个专业和两个专门组,即无线电电子学的四个专业(无线电技术专业、微波技术专业、自动控制专业、电子计算机专业),物理系的半导体专业和固体物理专业的晶体专门组和固体发光专门组,四机部采取就近的原则安排学生下厂实习,帮助解决专用仪器设备,吸收我校教研人员参加有关学术会议。

1973年

5月15日，在三机部教育局，5系的王群又与三机部教育局的沈伯瑛、李广镁，中国科学院的袁义谷进行了座谈。三机部的领导表示，过去三机部对学校的问题解决不及时，学校归口中国科学院后，三机部仍将和对待三机部所属院校一样对待我校。学校对口三机部的少数几个专业，三机部会尽力帮助解决仪器设备、师资进修、学生实习等问题。对于1972年招收的学员，仍按原来的要求培养，三机部负责分配。

5月18日，学校党委会向中国科学院党的核心小组报告，明确表示："仅仅对口科学院，不利于以后学生的实习、教师进修、资料信息、设备供应等问题。"中国科学院不同意学校仍然对口三机部，准备把《讨论纪要》第五项中三机部、四机部的内容删去，只笼统提出有关部分，然后征求学校的意见。

5月19日，在北京的代表打电话请示学校的意见，同时就他们关于基建、经费、器材归口"〇四"（军队代号）和声学专业的意见向学校做了汇报。学校领导班子经讨论，给在京的代表作出指示："1. 同意归口"〇四"，80％的学生分到国防科委和国防部门，直接为尖端服务有足够理由。2. 关于对口三、四机部的意见，我校与机械工业部门一点钩都不挂，将来非常困难，容易造成三脱离，没有实习基地，须同三、四机部挂钩，请直接与武衡谈。《纪要》中三、四机部那部分不要改掉。如不然，7月理工座谈会上再谈。"

5月28日下午，武汝扬向中国科学院黄局长、张局长、郁文递交了报告，重申了我校的专业、基建和经费归口"〇四"单位的意见。报告列举了归口"〇四"单位的八个理由，强调其目的"在于保证和促进科大的建设……"。

7月11日，中国科学院党的核心小组在听取我校党组负责人工作汇报的基础上，经过讨论，并征得安徽省委的同意，形成了《关于中国科技大学工作汇报的讨论纪要》文件。7月12日，中国科学院把该报告上报国务院科教组。《讨论纪要》对我校以后的领导关系、办学方向、专业设置、师资培养、招生、学生实习、基建、经费等问题都做了明确规定，为学校的进一步发展奠定了基础。

◉ 学校专业设置和调整

3月30日，为了适应我国科学技术长远发展的需要，针对当时高校专业设置过窄过细的现象，国务院科教组颁发078号文件，要求全国各高校调整专业设置，填报《高等学校专业调整意见表》，供即将在7月份召开的全国理工科院校教育革命座谈会参考使用。学校归口中国科学院后，中国科学院党的核心小组向学校下达了《中国科技大学专业调整初步意见》的文件，指导学校的专业调整工作。

5月30日，根据实际情况，学校向中国科学院计划局报告了对全校37个专业的调整意见。意见主要有五条：

一、固体物理学的四个专业（磁学专业、低温物理专业、晶体学专业、固体发光专业）应保留为原四个专业。

二、某些专业名称变动,概率论统计运筹学专业改为统计运筹学专业,光学和激光专业改为激光和光学专业(激光专业较早开设,有基础,加光学拓宽范围),物理化学专业改为化学物理专业,原子核理论物理专业改为原子核及粒子理论物理专业(增加高能物理的内容,对口高能物理研究所),实验原子核物理专业改为原子核及高能实验物理专业,结构力学专业改为飞行器结构力学专业。

三、保留13个对口中央部委的专业,这些专业分别是计算数学、空间物理、半导体物理、地球化学、爆炸力学、高速空气动力学、飞行器结构力学、喷气发动机热物理、无线电遥测、微波技术、无线电技术、自动控制、电子计算机。

四、调整后全校共设32个专业,招生均面向全国。

五、恢复增设地球物理系。

大气物理专业的重新开设也是该报告所提的建议。原大气物理专业于1971年从我校调到吉林大学,报告建议把该专业调回我校,即使不能调回,学校也要积极创造条件重新开设。这个建议产生了积极影响。9月21日,学校向中国科学院和国务院科教组递交请示报告,请求把1971年调到吉林大学的大气物理专业调回我校。在10月份召开的全国理工科院校教育革命座谈会上,吉林省和吉林大学同意将大气物理专业调回我校,但中央气象台没有同意。为把大气物理专业调回,12月20日我校再次请求中国科学院出面协调,但1973年的努力没有成功。直到1980年,该专业正式调回我校,完成了科大人的心愿。

学校的专业调整工作,在1973年10月全国理工科院校教育革命座谈会上正式完成,调整后我校共29个专业。其中,统计运筹学、计算数学、应用数学、基础数学、半导体物理、激光和光学、激光专门组、固体发光专门组、晶体学专门组、低温物理、磁学、地球物理、空间物理、生物物理、无机化学、分析化学、高分子化学和高分子物理、化学物理、辐射化学、地球化学、原子核及粒子理论物理、原子核及高能实验物理、加速器专门组(含电物理、加速器专门组、等离子物理专门组)等20个专业对口中国科学院。高速空气动力学、飞行器结构力学、喷气发动机热物理、爆炸力学、无线电技术、微波技术、自动控制、电子计算机、无线电遥感等9个专业分别对口第三、第四、第七机械工业部。

◉ **中国科学院批准学校第一期扩建工程总投资299万元**

学校归口中国科学院后,1973年6月4日,中国科学院核复学校的高教经费420万元。不久,中国科学院批准了学校第一期扩建工程,包括职工宿舍、化学实验室、力学实验室、普通实验室、教研小楼、低温车间、书库、仓库等,总投资299万元。

1973年

● 《中国科学技术大学学报》复刊

1973年，国内在"文革"开始后不久停刊的各种报纸杂志陆续复刊。5月8日，姜智敏主持召开党委常委会，决定《中国科学技术大学学报》于7月1日正式复刊。学报复刊后，1973年出版2期，刊载论文和科研报告33篇。

● 举办科研成果展览会

7月1日，为庆祝党的生日，学校举办"中国科学技术大学科学研究成果展览会"，展出学校下迁以来做出的同位素扫描仪、X射线电视探伤仪、晶体管台式计算机等38项科研成果。其中有4项送到中国科学院工厂会议展出，11项参加安徽省电子技术展览会，受到有关单位的好评。

● 招生工作

1973年，学校根据中国科学院的要求，确定该年招生人数为200名，招生专业10个，招生地区为江苏、浙江、安徽三省。6月13日，招生人员分赴浙江、江苏、安徽三地开展招生工作。这次招生工作在坚持1972年招生原则的基础上，增加了文化课考核，招生质量有明显提高。9月中旬招生工作顺利完成，9月20日学生到校报到。

● 军代表姜智敏离任

11月28日，安徽省委批发文件通知，中共中国科学技术大学委员会第一书记姜智敏回部队工作，不再担任学校领导职务。

● 恢复科研工作

1973年，学校各项科研工作开始走上正轨。该年度学校独立或与其他单位合作承担了多项科研任务，其中主要有：

一、学校和中国人民解放军总字306部队的科研合作。根据工程兵防护工程科研任务，经双方协商，我校同意承担了两项科研合作任务：一是核武器地面接触爆炸冲击波参数计算；二是核武器空中爆炸和水面爆炸引起的水中冲击波传播规律研究。学校侧重理论研究,并参与室内实验测量系统的研制工作。朱兆祥、周光泉分别负责前后两个课题。

二、多丝正比室的研制。我校获悉中国科学院有该项科研任务后,5月12日,向中国科学院业务二局和高能加速器预制协作领导小组提出申请,要求承担多丝正比室的研制任务。中国科学院经研究决定,批准了我校的申请。12月,科研小组向中国科学院递交了《申请承担多丝正比室研制报告》,报告提出了研制多丝正比室的具体目标和我校的有利条件,并提出了具体的进度安排。

三、承担第七机械工业机部的科研任务。7月19日,学校接受了七机部四院四十二所布置的三项科研任务:(1)《氟氮粘合剂、亚硝基粘合剂和新型固化剂途径论证与任务协调会议纪要》提出的新型固化剂(代号651—12,651—13)两项研制任务;(2)参加该年第四季度召开的关于燃料课题的科研论证会,会上学校代表将做一个关于《国外复合推进剂稳态燃烧过程研究情况的综述和对于高能推进剂稳态燃烧性能研究方案设想》的报告;(3)继续进行粘合剂的辐射固化和辐射合成的研究。

四、承担安徽省科技局《用控制论研究针麻原理与经络实质》的课题研究。

随着国家局势的逐渐稳定,学校不再满足当时的科研现状,开始对学校的整体科研活动做出长期规划。11月22日,学校制订1974—1975年科研和生产计划。1974—1975年全校共有科研项目48项,1974年计划研究经费106.96万元,任务列入国家和中国科学院科研规划的项目10项,与有关部门、工厂、部队合作的项目19项,学校自选的项目21项。同时,学校安排12项仪器和材料的生产项目,其中已列入中国科学院1974—1975年重要仪器、材料、生产项目10项。1974年计划经费185万元,列入计划的课题多数是当时较前沿的课题,如多丝正比室、X射线激光器、激光破坏机理、天体物理、非线性光学、全息光学信息处理、N_2分子激光器的研制、CO_2激光器的研制、激光基础理论研究、固体单膜激光器、发光物理、化学激光机理研究,等等。

1973年完成的重要科研和试制项目有:同位素扫描仪、X射线电视探伤仪、晶体管台式计算机、SBM—14型1 000兆多用示波器、五位直流数字电压表、8F01集成运算放大器等。学校研制的仪器经有关部门鉴定,性能良好,得到使用单位的好评。

1974 年

● 酝酿开门办学

1974年，为了贯彻毛泽东《五·七指示》精神，贯彻"教育必须为无产阶级政治服务，必须同生产劳动相结合"的指示，学校为1975年开门办学做了大量工作。

1月5日，学校党委就开门办学问题召开常委会。会议就学校实行"厂校挂钩，开门办学，建立教学、生产劳动、科学研究三结合新体制"的一些具体问题进行了研究。会议号召大家解放思想，创造更多的形式来实现开门办学。会议指出，办短训班是开门办学的一个重要方面，要大力提倡。为做好开门办学工作，这次会议要求：一、对于开门办学，破除旧的教学体系，结合典型任务进行教学，以及开展自学等项改革，都要先进行试点，取得经验后，再进行推广。二、每个系、每个基础课教研室都要有教学改革的试点，认真抓紧抓好。学校也要抓一两个试点，以便总结经验，进行推广。三、各基础课教研室要大力支持进行教学体系改革和开门办学试点的专业。四、各系之间、各教研室之间要搞好协作。会议决定，本年度下学期进行开门办学试点。

3月7日，学校革命委员会下发文件《关于组织教师到工厂（矿山）政治上接受再教育、业务上进行再学习的几项规定》。文件指出，教师下厂（矿）的主要目的是：一、参加三大革命的实践，逐步改变自己的立场、感情，提高无产阶级觉悟，更好地改造世界观。二、通过接触实践，做到理论和实际的统一，提高分析问题和解决问题的能力。三、密切厂校关系，为开门办学，厂校挂钩，建立校外教学、生产劳动、科学研究三结合的新体制创造条件。文件规定，在保证完成教学任务的前提下，要做到每个教师每三年有一次到工厂（矿山）政治上接受再教育、业务上进行再学习的机会。教师下厂（矿山）的时间，每期应在三个月至半年，下厂期间要保证一半以上的时间在车间和工人一起参加定点劳动。各系、教研室应立即着手制订1974—1976年教师参加教学、科研生产和到工厂锻炼的规划。

学校各系、各专业很快对开门办学、厂校挂钩的决定作出响应。5月，学校向七机部技

1974年

术局申请高速空气动力学专业与上海新江机器厂挂钩。8月18日,安徽无线电厂与我校电子计算机专业和计算数学专业建立厂校挂钩关系。9月20日,经学校申请,中国科学院批准飞行器结构力学和喷气发动机热物理两个专业与三机部对口建立厂校挂钩关系。

9月29日,国务院科教组、财政部就开门办学问题联合发出通知。通知指出,开门办学是无产阶级教育革命中的新生事物,是上层建筑领域的一场深刻革命。"文化大革命"以来,特别是在"批林批孔"运动的推动下,各高等院校和中等专业学校开门办学有了新的发展。为巩固和发展这一新生事物,坚持教育同三大革命实践相结合,以厂校挂钩为主,多种形式,搞好开门办学。通知提出了几点指导性意见:一、开门办学要以党的基本路线为纲,深入、普及、持久地开展"批林批孔"运动,始终把转变学员的思想放在首位,要加强工人阶级的领导,走与工农兵相结合的道路,以工农兵为师,充分发挥工农兵在教育革命中的主力军作用。二、要坚决贯彻执行毛主席的"教育必须为无产阶级政治服务,必须同生产劳动相结合"的方针。坚持"教育要革命"的方向,紧紧联系三大革命斗争实际,彻底改革旧的教学体系,为社会主义革命和社会主义建设多做贡献。三、开门办学应在本地区就近安排,相对稳定,要反对贪大求洋、舍近求远的思想。四、要"节约闹革命",勤俭办学。10月26日,安徽省革命委员会转发了国务院科教组、财政部的这份通知。

10月22日,钱志道主持党委常委会议。会议针对国际国内电子计算机技术迅速发展的状况,决定在学校建立计算中心,发展电子计算机技术,为教学、科研、生产和国内工农业发展服务。会议同意学校同安徽无线电厂草拟的共同研制DJS—220型机的协议书。决定由6系计算机专业和1系计算数学专业派人与安徽无线电厂协作,并立即解决经费问题。

12月24日,学校就飞行器结构力学和喷气发动机热物理两个专业的方向、培养目标、招生、分配、校外三结合基地及其建设、三结合师资队伍等问题向三机部作了进一步请示。1975年2月,七机部就我校高速空气动力学、自动控制和无线电遥测三个专业的对口、挂钩厂及招生、培养目标向所属研究院、工厂、研究所发出了补充通知。

1974年学校为开门办学进行的酝酿工作,为1975年开门办学进入实际操作阶段提供了充足的准备。1975年,学校开展了一系列的开门办学活动,大部分学生在实践中得到了锻炼。

● "批林批孔"运动引起波动

1974年,随着"批林批孔"运动的深入,学校举办教师进修班、招生实行择优录取等举措被认为是修正主义路线回潮而受到批判,同时一些人重新对学校下迁问题提出质疑,由此引起了学校的又一次动荡。

1月18日,为把"批林批孔"运动推向深入,经毛泽东批准,中共中央将江青主持编写的《林彪与孔孟之道》作为1974年中央1号文件下发。1月24日和25日,江青等在北京连续

1974 年

召开在京部队单位和中直机关、国家机关的"批林批孔"动员大会。"批林批孔"运动迅速在全国各地进入高潮。

1月29日,在校师生收听了安徽省委负责人关于中共中央[1974]1、2、3号文件以及叶剑英副主席、迟群、谢静宜讲话的传达报告。安徽省委对我校掀起"批林批孔"运动的新高潮作了初步安排。

1月30日,宋佩璋和安徽省教育组的负责人到校讲话,实际上就是要在学校掀起"批林批孔"高潮;安徽省委负责人的传达和宋佩璋的亲自动员,鼓动起当时在校的年轻工农兵学员极大的"热忱"。

1月31日,学校正式开学,当天下午,安徽省委书记宋佩璋和省教育局负责人来到学校,向全体师生员工和家属作了讲话。宋佩璋首先分析了国内外形势,对学校有些人对"两个估计"还接受不了作了批评。他指出,随着"批林批孔"运动的深入开展,越来越清楚地看到,过去的教育路线就是"孔老二"、刘少奇、林彪搞的那一套,培养"学而优则仕",搞三脱离,为他们复辟资本主义服务。目前"孔老二"的影响还相当严重,学校有些人对李庆霖、张铁生、黄帅、钟志民的看法不一致,这说明斗争很尖锐。对张铁生的信的态度,有人支持,有人随大流,有人反对,各种不同态度反映出世界观不同,说明有些人的教育思想存在问题,有些人仍然在执行修正主义教育路线。他强调指出,学校要把传达中央文件,深入开展"批林批孔"运动当作头等大事来抓。

随后,学校很快有人贴出题为《"两个估计"对我校前八年不适用吗?》的大字报。大字报首先批判了学校的招生工作,说学校的招生从组织领导到具体的录取过程都贯穿一条"分数第一"的黑线,致使许多工农兵子弟被排除在校门之外,是彻底的修正主义招生路线。大字报继而批评学校领导,认为学校的各级领导班子中都充斥着资产阶级知识分子,他们在教育革命的各种活动中都始终是在贯彻"智育第一"的修正主义路线。

为使运动继续深入,2月4日学校举办了"批林批孔"运动骨干分子学习班。参加学习班的有党委委员、校革委会常委、党总支正副书记、直属党支部书记、各大组正副组长、工宣队全体队员,共45人,主要目的是使学校各级领导班子提高对"批林批孔"运动重要意义的认识,开展革命大批判。

2月14日,全校师生在大礼堂召开"批林批孔"大会,党委副书记武汝扬,党委常委、工宣队副队长吴作才,党委常委、革委会副主任钱志道带头在大会上发言。党委书记刘达在批判发言结束后,再次作了"批林批孔"运动的战斗动员。他最后明确指出,要贯彻毛主席关于"抓革命、促生产、促工作、促战备"的指示,坚持业余闹革命。虽然运动很紧,党委仍然决定,全校的课程教学不停,可以把课程的分量适当调剂一下,进度放慢一些。

3月1日,刘达主持第219次党委常委会。会议对修正主义教育路线的回潮问题进行了讨论,认为修正主义教育路线回潮现象在我校也是存在的,有的还相当严重。会议号召全校师生员工结合贯彻中共中央[74]5号文件精神,对照检查,在"批林批孔"运动中认真批

1974年

判学校的修正主义路线回潮现象。

随着运动的深入,一些人重新把学校的下迁问题提了出来,由此引起了学校新的动荡局面。

4月1日,物理系的几个人贴出了名为《李德生、刘西尧在科大搞的什么鬼?》的大字报。大字报对李德生、刘西尧在学校下迁问题上所起的作用提出了疑问,要求揭发、调查李、刘两人在下迁过程中的问题。针对学校举办教师进修班之事,有些人认定这就是修正主义教育路线回潮的表现,要求全校批判这种现象。4月24日,全校召开批判大会,重点批判了学校修正主义教育路线回潮的种种表现。

4月25日,刘达主持召开第228次党委常委会。会议就学校下迁和修正主义教育路线回潮等问题进行了讨论。会议认为,学校开展的"批林批孔"运动形势很好,工农兵学员起到了主力军作用。会议肯定了24日全校批判大会的作用,认为运动的大方向是正确的。会议号召各级领导班子要主动站在运动的前列,加强领导,进一步发动群众,紧紧抓住对林彪"克己复礼"反动纲领的批判,密切联系实际,对安徽省、中国科学院和学校存在的阶级斗争、两条路线斗争的大是大非问题,积极揭发,认真批判。会议确定,本学期应侧重批判修正主义教育路线回潮问题,巩固无产阶级"文化大革命"的胜利成果,推动学校的教育革命大步前进。为了搞清学校下迁的路线是非,党委决定成立由5—7人组成的调查组,由杨秀清负责,收集刘西尧、李德生在学校下迁过程中违反毛主席革命路线的事实,向中国科学院党的核心小组汇报。关于教师进修班问题,党委认为确有回潮现象,责任在党委,欢迎全校师生进一步揭发批判。会议决定,进修一班学员应迅速下厂,实行开门办学,接受工人阶级的再教育,进行业务上再学习。进修二班的学员按原分配方案回到各系,一边参加基础课辅导教学,一边学习。会议还决定,为了更好地发挥工农兵学员上、管、改的作用,抓好教育革命,学校成立有工农兵学员代表参加的校教育革命委员会。

4月27日,全校再次召开"批林批孔"动员大会,刘达在会上作了讲话。大会通报了前一阶段的运动进展情况。自"批林批孔"运动开展以来,全校共召开大小批判会、誓师会210次,成立大批判小分队11个,贴出"批林批孔"大字报431份(1 300多张),办大批判专栏57期,办黑板报87期,播发大批判广播稿73篇,创作"批林批孔"漫画205幅。同时,学校还印发了9种"批林批孔"学习材料,共2万多份。最后,刘达布置了运动下一阶段的任务,要求全校师生员工根据安徽省委关于"批林批孔"运动至少要搞一年的指示精神,在本学期重点批儒家提出的"克己复礼"和"中庸之道",并提出了具体的要求和采取的措施。

随着对学校下迁问题调查的深入,学校教职工中出现了许多过激的想法和言论。有人认为,学校下迁是林彪造成的错误路线,既然是错误的,学校就应该认识错误,迁回北京。有人说,"下迁没有中央批准,回北京也不必经中央批准"。也有些人鼓动,可以采取各种办法,逐步迁回北京,如采取在北京开办训练班、办分校等方式一步一步迁回北京,造成既成事实,使中央不得不承认。还有人认为,为了能回北京,必须"激化矛盾",用汽车把人送到

1974年

北京,把家属的粮油关系转到北京;或把合肥师范学院的人引进校内,占据房子,使中央不得不过问学校问题,那样学校就可以回北京了。

面对这种状况,校党委决定召开全校大会,缓和、平息当时的混乱局面。5月17日,武汝扬代表党委在大会上讲话。他说,学校"批林批孔"运动密切联系实际的重要内容之一,就是要解决正确对待无产阶级"文化大革命"的态度问题。要密切联系现实的阶级斗争和两条路线斗争的大是大非问题,揭开安徽省委阶级斗争、两条路线斗争的盖子,揭发批判李德生、刘西尧等在学校下迁问题上的干扰活动,要认真揭发批判学校修正主义教育路线的回潮,以巩固无产阶级"文化大革命"的胜利成果。针对学校当时在下迁问题上出现的一些情况,他说,下迁时虽然没有见到中央正式文件,但党委没有权力作出学校下迁路线正确或错误的结论,只能听候中央对学校下迁的路线问题作出结论。对于有人要求采取不正当手段回北京的想法,党委坚决反对,因为用那样的思想来指导行动,或鼓动别人行动,都会犯严重错误。

物理系的一部分学员也对坚持回北京的做法提出了反对意见。他们以《反对经济主义,深入批林批孔》为题发表了自己的意见。针对当时成为学校"批林批孔"运动中心话题的下迁问题,他们认为:"针对学校的下迁就是一切,不搞清下迁问题就无法进行教育革命,唯有回北京才是解决问题的这种思想,是不符合'批林批孔'运动精神的。如果不是从思想上、路线上弄清问题,而是提出一些不合实际的要求,甚至一些经济主义的要求,是错误的。"对于有人要求中国科学院归还校址问题,他们认为是有人企图借此达到回北京的目的,并以此作为压倒一切的问题处理,实际是向中央施压。针对"立足合肥的问题",他们反对有人提出的"运动不在合肥开展,到北京去开展"的论调,批判那种在合肥办不好这所大学的激进观点。他们并且给党委提出建议,要求党委认清下迁问题和回击修正主义教育路线回潮的关系,看清回击修正主义路线回潮的任务的艰巨性,充分发动群众,狠揭狠批,对于党委中某些人所犯的错误则要及早认识和迅速改正。

调查组成员贾志斌、黄英达、吕竞于5月中旬结束了在北京关于下迁问题的调查,回到学校。5月22日,刘达主持召开第235次党委常委会议,听取了贾志斌、黄英达、吕竞关于在京调查刘西尧在学校下迁中存在的问题的报告,讨论了学校的"批林批孔"运动和学校下迁问题。党委分析了当时"批林批孔"运动的形势,并对过去一段时间的学习作了检讨,认为前段时间学习情况比较差,尤其是党委负责人更差。会议要求,揭发批判李德生、刘西尧在学校下迁问题上的干扰活动,要侧重揭发批判学校修正主义回潮的现象,边整边改,搞好教育革命,巩固无产阶级"文化大革命"的胜利成果,巩固无产阶级专政。党委还决定,为搞清学校下迁的问题,北京要留一些人继续调查,合肥也组织调查,密切配合,把重要的调查材料上报中央和中国科学院,积极争取中央和中国科学院领导对学校下迁作出结论。学校党委形成了统一意见,学校在哪里办,中国科学院和学校党委无权决定,要由中央决定,学校只能等候中央对下迁的处理意见。

1974年

● 成立基建领导小组

2月25日,安徽省革委会常委会召开办公会议,会议决定成立中国科学技术大学基建领导小组,主持学校的基建工作,由安徽省委常委潘启琦任组长。基建领导小组成立后,潘启琦亲自抓学校化学楼的基建工作。在各方面的推动下,基建工作进展较快,年底前竣工交付使用的有4号、5号、6号三栋宿舍楼及普通实验室。

● 干部到农场轮训

为贯彻毛泽东《五·七指示》和"广大干部下放劳动"的要求,3月5日,刘达主持第221次党委常委扩大会议,研究了干部到农场轮训和参加体力劳动的问题。会议要求广大教职工遵照毛主席《五·七指示》和"广大干部下放劳动"的教导,坚持斗争哲学,与天斗、与地斗,与轻视体力劳动、不愿参加体力劳动、借故不参加体力劳动的种种剥削阶级意识形态斗,坚持干部参加集体劳动的制度。学校任命李滨为校务组副组长兼"五·七"农场场长,姜国华为农场指导员,李良柱的农场副场长职务不变。会议决定每期从全校各单位干部总人数中抽5%到农场轮训,每期3个月,坚持"一面学习,一面生产","又要做群众工作",规定在"五·七"农场劳动期间必须保证学习和劳动时间各占一半。3月10日,学校又专门下发《关于干部参加体力劳动的规定》文件,对干部到农场轮训的要求作了详细规定。

● 成立学校长远规划小组

9月9日,为响应国家计划委员会《关于拟订十年规划的通知》,钱志道主持党委常委扩大会议,会议决定成立学校长远规划小组,武汝扬任组长,启动学校1976—1985年的十年发展规划拟订工作。

● 1974级工农兵学员入学

1974年,面向全校13个专业和专门组,学校共招收新生344名。11月11日,学校举行了1974级工农兵学员开学典礼,安徽省委领导杨效椿参加了开学典礼大会并作了大会发言,大会还宣读了中国科学院的贺电、郭沫若的题词、华罗庚和严济慈的贺信。

1974年

● 张行言、蔡有智担任校领导职务

12月28日,安徽省革命委员会政治工作组任命原安徽大学党委副书记、革委会主任张行言为中国科学技术大学党委副书记、革命委员会副主任,免去其安徽大学的领导职务。蔡有智任中共中国科学技术大学党委常委兼校革委会政工组组长。

● 积极进行科学研究

1973年,学校归口中国科学院和安徽省双重领导后,开始承担中国科学院和安徽省的科研项目。1974年,学校承担科研项目55项,其中基础理论研究6项,应用研究26项,研究制造类项目23项。这些任务中,有中国科学院的项目11项,安徽省的项目8项,与省、院外有关单位协作项目17项,自选19项。

学校虽然已经归口中国科学院,但中国科学院1974年度拨给学校的科研经费只有多丝正比室研究项目的10万元,科研经费相当紧张。为此,11月11日,学校向科学院申请,要求科学院将我校作为院属科研单位对待,以期获得较多的科研经费支持。

本年度我校的科研人员排除"批林批孔"运动的干扰,克服了经费不足等困难,努力开展学校所承担的各项研究任务,共取得了35项科研成果。其中来自中国科学院的研究项目有9项:脉冲氮分子紫外激光器研制、光化学碘原子激光器研制、激光基本理论研究、相对论天体物理研究、高灵敏度数字电压表、100兆周双扫描宽带示波器、与中国科学院数学研究所等单位合作完成的由总参谋部提出的编码问题、与中国科学院遗传研究所合作完成的数量遗传学理论研究和优良品种培育、多丝正比室研制工作的重要进展;安徽省科研项目5项:与合肥市自来水厂合作试制以庐江矾矿渣为原料提取水净化剂——碱式氮化铝、探测肝脏等部位肿瘤的同位素扫描仪、与合肥市防疫站合作进行的环境污染分析、与合肥市工农兵医院合作改进的耳麻机、参加安徽省组织的"三电"会战项目研制的多种稀土元素荧光粉。另外,学校与军工单位合作的项目也有重要进展。作为"评法批儒"项目的《梦溪笔谈》译注活动在合肥展开,为学校的人文和科技史学科打下了一定的基础。

1975 年

● 制定《1976—1985 年十年规划草案》

2月4日,学校长远规划小组经过反复讨论,对学校的长远发展作了认真规划,完成了《1976—1985 年十年规划草案》的编写工作。

《规划草案》从以下五个方面阐述了学校的发展方向。

一、规模和编制

规划小组根据国家对各学科人才的需求,考虑现有的基础和发展方向,预计 1985 年学校发展到在校学生 3 500 人的规模,其中三个年级每年招生 1 000 名,短训班和进修班每年招收 500 人。据此规模,考虑到教学方式要改变过去大班(200—300 人)上课为小班上课(20—30 人)、学生下厂接受再教育等因素,总体需要教师(包括科研人员、与专业结合的系办工厂的技术员)2 000 人,当时已有教师 909 人,因此规划提出需要增加师资 1 091 人;总体需要教辅人员 200 人,学校已有教辅人员 74 人,尚需增加 126 人;总体需要党政干部 450 人,尚需增加 174 人;总体需要工勤人员 390 人,尚需增加 217 人。另外,校办工厂需要工人和技术人员 950 人,尚需增加工人 712 人,技术人员需增加 75 人。

二、建立健全教学、科研、生产三结合体制

根据毛主席的教育方针和"学生要自觉地实行半工半读,这是好事情,是学校大办工厂的必然趋势,对这种要求可以批准,并给他们以积极的支持和鼓励"的指示,学校提出了体制建设目标。要把学校办成不仅仅是具有一定水平的教学单位,还应是具有一定能力的科研机构和生产基地。规划提出,学校作为中国科学院的有机组成部分,应当承担中国科学院有关部门和安徽省下达的科研生产任务。

《规划草案》提出的具体目标是:(1) 充实、完善教学系统。继续保持原来的办校方向和多科性、理工结合的特点,对学校的 6 个系、33 个专业或专门组、9 个公共教研室的 42 个教学单位,逐步充实、完善教学系统,提高教学能力和水平,为国家尽可能多地培养人才。

1975年

(2)健全科研机构。除已有统计运筹学研究室外,拟新成立4—5个研究室(如正在研究讨论中的应用物理研究室)和地震综合站(包括地震、地磁、地电等)及计算中心站、综合分析站,构成科研体系。(3)大办工厂,建立技术系统。除加强机械厂、无线电厂、半导体厂建设之外,拟成立应用物理器件厂、化工厂、核电子仪器厂等生产单位。各系管理的校办工厂各车间与专业教研室、实验室、研究单位相结合,由专业统一安排教学、科研、生产计划,使之在组织机构上,教学、科研、生产协调一致,有机结合,真正形成教学、科研、生产相结合的教育革命基地。

三、结合教学确定科研、生产发展方向

《规划草案》提出,本着以国家建设急需的典型科研生产任务带动学科的发展,把教学、科研、生产融为一体,理论与实践相结合的原则,发挥学校多科性的优点,集中力量打歼灭战,突出重点,办出特色,突破难关,做出成果,在为国家输送人才的同时,为赶超世界先进科技水平,提供新产品和科研成果。

《规划草案》针对各学科和专业提出了具体发展方向。

(一)数学

面向农业,普及统计运筹方法,用于科学种田;面向工业和从事实际工作的研究部门,解决从实际中提出的问题。概率应用着重于可靠性、勘探数字化(石油、金属等的地震法、电法、重磁法勘探的数字化等);统计应用着重于试验设计、质量检查、假设检查等。

(二)电子计算机和计算技术中心

中心由三部分组成:计算机制造和使用;软件研制;计算方法。目标是在2—3年内配备两台数字计算机(220系列机及诺瓦机)及部分台式计算机,并逐步开展软件方面的研制工作,后五年积极研制新型的数字机和各种专用机,大力加强软件方面的研究。

(三)仪器、材料和元件

紧密结合工农业生产和国防建设的需要,积极开展新材料的制备和新元件、新仪器的研制工作。(1)仪器。着重研制应用电子技术、激光技术和低温技术的若干类型仪器,并逐步达到国内外先进水平——小型化、集成化、数字化,并使用电子计算机进行数据处理。在仪器研制和生产方面,着重运用电子仪器(包括核电子医疗仪器)、台式计算机、通用电子仪器(高频示波器、数字表、污染分析仪)、中小型激光器及激光应用仪器。(2)元件材料。配合仪器研制,积极开展半导体元件(包括集成电路、气敏和光敏元件等)、光学元件、磁性元件、晶体和激光元件等方面的研制工作及其所需的新型材料研制工作。应充分利用低温条件,把低温应用于元件和材料的制备、仪器的制造及物质机理的研究工作。在研制元件和材料的实践基础上,开展理论研究,以推进化学分析、化学合成、固体物理、低温物理等方面的发展,力争十年中在某些方面有所突破。为此,应建立若干个具有研制能力的实验室或车间,并逐步充实先进的分析仪器,以建立具有较强分析研究能力的实验基地。

(四)核物理

加快加速器的安装和使用,现有 200 keV 高压倍增加速器尽快安装运转,力争在 2—3 年内开展实验并生产短寿命放射性同位素。预计到 1978 年左右开始与外单位协作,建立一台 8—10 MeV 电子直线加速器。大力研制各种新型探测器,开展高能物理、宇宙线、天体物理等实验研究。在 3—5 年内完成多丝正比室的研制,并进一步开展新兴半导体探测器和气体探测器的研制。开展受控物理研究,逐步建立等离子诊断实验装置、托克马克装置及激光打靶装置等。

(五) 基础科学

《规划草案》提出要重视基础理论的研究。研究重点是:(1) 基本粒子。(2) 天体演化,主要进行恒星晚期、早期演化的研究。并结合基本粒子的研究,探讨电磁作用、强作用、弱作用和万有引力间的内在联系。(3) 基础数学,近年内进行滤波、编码方面的研究,适当注意代数、数论、几何及函数理论的研究。(4) 固体物理理论研究。(5) 基础化学理论研究。开展高分子聚合物的结构与性能关系、反应动力学、辐射化学、激光化学等方面的研究。

四、基本建设规划

《规划草案》提出,1976—1985 年十年的规划建筑面积共 11.5 万平方米。针对学校内建筑密度过大、建筑用地紧张的状况,《规划草案》提出要把合肥师范学院已购买、后被农民耕种的土地收回来,以解决建筑用地问题。

五、经费

《规划草案》最后对学校的总体经费作了估计,提出具体经费目标:基地建设(校办工厂及各实验室添置大型设备预计十年投资)经费 2 000 万元,科研经费基本以委托单位付科研试制费解决,行政费用 1985 年时每年总经费需 1 015 万元。基建经费:基建总面积 114 520 平方米,共需经费 1 145 万元。

《规划草案》的制定,为 1975 年 8 月学校汇报工作提供了依据,也对《关于中国科学技术大学几个问题的请示报告》(即代拟稿)产生过积极影响。但由于 1975 年底"反击右倾翻案风"运动的影响,学校未能及时对《规划草案》作认真修改,这份规划未能发挥应有的作用。

● 选留本校应届毕业生

《1976—1985 年十年规划草案》的制定,为学校描绘了广阔的前景,但《规划草案》描述的教师队伍的短缺现状将影响学校未来的发展,所以,1975 年学校在师资队伍建设方面做了许多工作。

1 月 30 日,学校向安徽省人事局递交报告,要求安徽省从 1975 年的高校毕业生中分配我校 173 人,补充师资队伍。3 月 31 日,学校向三机部、七机部、国家地震局请求留一部分本校 1972 级毕业生补充师资力量。7 月 20 日,学校向安徽省人事局报告了毕业生的选留

1975年

人数和名单,同时向三机部等单位提交了申请报告。10月20日,学校再次向四机部、国家地震局等单位报告留校人员的情况。经过努力,1975年学校选留本校毕业生57人,安徽省分配来外校毕业生10人,实际到校应届毕业生67人。

与此同时,学校还积极从外地调入教师和工人,以满足学校长远发展的需要。4月7日,学校向安徽省复原退伍军人安置办公室要了40名退伍军人,补充校办工厂的职工队伍。9月18日,学校向安徽省人事局申请调进教师105人,充实师资力量。学校也积极物色各地的科技人员,并及时向安徽省人事局、教育局申请批准调入学校,如4月1日,学校向安徽省教育局、人事局提出申请,调中国科学院吉林物理研究所楼立人等16人来学校担任教学科研工作,12月19日又提出从国内其他单位调入15人的请示等。

同年,学校延续了选留本校毕业生和从校外调入师资的政策。学校从197名应届毕业生中选留了21人补充师资力量;7月28日和12月22日,学校两次分别从校外调入24名和33名专业人才充实师资队伍。

经过学校的不断努力,教职工队伍逐步壮大,为以后的发展奠定了重要基础。

● 教学体制改革

1975年,为了贯彻毛主席《五·七指示》精神,实行开门办学,把教育同"三大革命"实践紧密结合,造就合格的无产阶级革命事业接班人,学校进行了教学体制改革。

4月4日,学校党委下发《关于积极进行教学体制改革的意见》,向全校师生作了关于教学体制改革工作的动员,并对教学体制改革的具体措施提出了建议。

4月9—12日,武汝扬主持第313次党委常委扩大会议。会议研究通过了学校《关于认真学习无产阶级专政的理论,搞好教学体制改革的决定》,同时研究了教学体制改革中对部分基础课教学人员的分配意见和专业委员会组织条例试行方案。会议认为,搞好教学体制改革,首先必须认真学习毛主席关于理论问题的重要指示,以及马克思、恩格斯、列宁论无产阶级专政的理论,认真学习毛主席的教育革命思想,同时联系"文化大革命"前教育战线资产阶级专无产阶级政这个历史教训,联系当初教育战线上两个阶级、两条路线斗争的实际,坚持党的群众路线,把无产阶级教育革命这场深刻的思想革命进行到底。会议决定:一、遵照毛主席"教育要从根本上来一个革命"的指示,全校师生员工要以无产阶级专政理论为指导,坚决贯彻毛主席的教育革命路线,改革旧的教育制度,改革旧的教学方针和方法。二、学校普遍成立以专业为单位,由学生、教师、工人相结合的基层教学组织——专业委员会。专业委员会按现有专业范围成立,其任务是:贯彻毛主席的教育革命路线,用政治统帅业务,把转变学生的思想放在首位,对学生的德、智、体全面负责。遵照毛主席关于"学生也是这样,以学为主,兼学别样,即不但要学文,也要学工、学农、学军,也要批判资产阶级"的指示,制定教学、生产劳动、科学研究三结合的新体制,采用多种形式进行开门办学。

1975年

三、积极地、有步骤地撤销现有教研室组织。撤销高等数学教研室、普通物理教研室、无线电基础教研室和各种基础化学教学组。这些教研室的教师按需要分配到全校各专业,部分基础课教师要调整。现有实验室、表演室、示教室要根据教育革命的需要积极进行改造,合并到有关专业或有关工厂去,为全校服务。政治教研室、体育教研室、外语教研室和机械教研室要积极讨论教学改革方案。

4月17日,学校正式出台《关于认真学习无产阶级专政理论,搞好教学体制改革的决定》的文件。文件指出,旧的教学体制把学生和教师分开,把专业和基础分开,以致教研室只管学生的智育,不管德育和体育,教师只管教书,不管教人,基础课和专业课各自为政,内容庞杂,它的要害就是"业务挂帅"、"智育第一"。这种教学体制严重阻碍了教育革命的深入发展。为保证毛主席教育革命路线的全面贯彻,迫切需要建立一种新的组织形式。这种形式把教师和学生紧密地结合在一起,把基础课和专业课结合在一起,有利于把转变学生的思想放在第一位,使学生德、智、体全面发展,有利于用辩证唯物论的认识论破除"老三段"、重新组织课程体系,实现毛主席"课程讲得太多,是烦琐哲学"、"课程要砍掉一半"的指示,有利于贯彻毛主席的《五·七指示》,实行开门办学……为了搞好教学改革,要求全校师生员工做到:一、认真学习毛主席的教育革命思想。二、各级领导要坚持无产阶级政治挂帅,相信群众、依靠群众、放手发动群众,深入基层,做深入细致的政治思想工作。三、教师要处理好政治和业务的关系,坚持无产阶级政治挂帅下的政治和业务的统一,要使自己的思想从旧教书匠的狭隘框框中解放出来,向自己的教育对象学习,学会做政治思想工作的本领,既要教书,又要教人。广大工农兵学员是教育革命的生力军,要以毛主席无产阶级革命接班人的五个条件严格要求自己,争取处理好红与专、政治与业务的关系,要抵制资产阶级思想的侵蚀。要以主人翁的态度发挥上大学、管大学、用马列主义毛泽东思想改造大学的作用,做好教育革命的促进派。文件还公布了《专业委员会组织试行条例》和部分基础课教师调整方案。

7月25日,校党委常委会议决定,政治理论教研室改为政治理论教育组,并对政治理论教育组的任务作了布置。

这次教学体制改革的一些决定,如撤销高等数学教研室、普通物理教研室、无线电基础教研室和各种基础化学教学组等,对学校重视理科基础教学的传统产生了一定影响。

● 《中国科技大学工作汇报提纲》

1975年初,周恩来总理病重,实际上由邓小平主持中央和国务院的日常工作。7月18日,胡耀邦、李昌和王光伟到中国科学院主持工作。10月7日,中央通知胡耀邦任中共中国科学院核心小组第一副组长,李昌、王光伟任副组长,王屏、刘华清、胡克实为核心小组成员。中国科学院核心小组组长仍为郭沫若,武衡继续任核心小组副组长。遵照邓小平"整

1975年

顿中国科学院,加强领导"的指示,中国科学院起草《科学院工作汇报提纲》,院属各单位积极要求向中国科学院汇报工作。

8月3日,4系党总支书记刘军从北京打来电话,请示是否向中国科学院新领导争取汇报。武汝扬答复:"可以联系。"4日,武汝扬召开学校有关部门会议,准备汇报材料。6日,刘达、武汝扬、钱志道赶往北京,同时学校积极准备向中国科学院的汇报提纲。由于要求参加汇报的单位很多,学校的汇报工作很难及时排上日程。武汝扬等人7日到达北京后,即开始积极联系有关方面,争取尽早汇报工作。8—11日,在北京留守处,他们连续接到中国科学院办公室通知,要求尽快报送学校的汇报提纲。但合肥的汇报提纲尚未送到,武汝扬与钱志道、杨秀清商定,为了争取时间,一方面等待合肥送来汇报提纲,一方面先拟出一份初稿送去。12日上午,北京的草拟汇报提纲送到中国科学院。

8月13日,合肥方面准备的《中国科技大学工作汇报提纲》完成。提纲首先对学校过去的工作和现在状况作了简单的回顾和总结,重点介绍了下迁以来的科研成就。接着对学校面临的主要问题作了阐述。所提出的问题主要有以下几个方面:

一、关于学校的办学方向和任务问题。提纲认为,学校应保持"理工结合,以理为主的综合性理工科大学"的特点,主要为中国科学院和国防部门培养有社会主义觉悟、有文化的劳动者,为在20世纪末实现我国"四个现代化"的宏伟目标贡献力量。学校将努力办好现有专业,同时根据中国科学院制订的科学技术十年发展规划对现有专业作适当的调整,为兼顾普及与提高、军用与民用的关系,拟增设现代农业技术专业,研究近代科学技术在农业中的应用。提纲同时提出了在校学生为4 000人的规模设想。

二、关于师资队伍问题。学校认为,为了克服下迁造成的师资不足问题,请求中国科学院领导通过国家计委,允许学校在近几年内多留一些本校毕业生,同时请求争取多调一些中国科学院内或各地超编精简或解散下马单位的科技人员给学校,恳请安徽省委优先给予调入学校的教学骨干力量或行将调入人员的家属在合肥市安排工作。争取到1985年教师队伍增加到1 500人,实现教师与学生1∶3的配备比例,以适应教学、生产劳动、科学研究三结合新体制的需要。当时学校有教师929人,尚需补充600人。同时,为转变学生的思想,使学生在校期间能够参加生产劳动,计划到1985年校办工厂工人增加到800人,尚需补充650人。

三、关于基建问题。提纲指出,房屋紧张始终是几年来建校的基本矛盾之一。虽然1973年开始的第一期扩建工程主体化学楼建设有望于1976年完成,可以缓和一些用房矛盾,但随着招生的逐年增加、师资和工人的补充,在近五年内全校师生将净增2 500—3 000人,现有宿舍远远不能适应这个发展。另外,34个学科专门组将建设37个实验室和台站、25个工厂和车间。所以学校恳请中国科学院领导尽快批准学校的第二期扩建工程(总投资490.75万元),并列为重点工程。二期工程计划在1980年以前开始兴建一座主体楼,将物理系、近代物理系、无线电电子学系共19个专业以及3个系的实验室、研究室、工厂、车间

1975年

和教室都包括在内,形成一个有机的三结合基地。并希望中国科学院在材料供应、基建经费等方面给予保证,建议中国科学院指定北京器材供应站、上海科管站协助解决学校基建器材的供应问题。由于合肥师范学院原来征购的土地已被农民耕种,校内地皮紧张,所以学校准备再征购一部分地皮,同时准备与合肥市较近的肥东县挂钩,在肥东县建一个教学点。

提纲最后对学校建设经费和北京留守处等问题提出了建议。

8月14日,汇报提纲请安徽省委负责人批阅后紧急送往北京。

8月15日,刘达、武汝扬和钱志道向中国科学院领导汇报工作,听取汇报的有李昌、王光伟、计划局副局长张兴福、二局局长纪沫、行政管理局长武炳升和人事局的刘勋。汇报提纲是在北京草拟的,报告分三个方面:其一是学校的基本情况、历史和现状。其二是学校的设想。报告提出学校以后的任务应侧重为国防和科研部门培养科技人员,对专业设置的合并和调整、十年规划的编制设想作了阐述。其三,当前存在的问题,如学校的发展方向、教师队伍的充实、基本建设、重大任务、仪器的补充等等。

汇报过程中,李昌和王光伟对学校提出了看法和建议。李昌认为,学校的任务是要为科学研究服务,为基础科学服务,有些专业在学校培养有困难,可以直接送到中国科学院有关研究所,有些专业要宽一些,适应性大一些。对于学生来源问题,他建议学校办实验性的中学——理科中学,从全国各地认真选拔一些高中生到学校,加强数、理、外文基础课和测试技术的训练,以后直接进行大学教育。他还建议学校成立测试技术和精密机械加工专业,建议学校和安徽光机所紧密地结合起来,形成大的力量。王光伟也表示,学校应同别的大学不同,主要培养科技人员、科技干部。学生应该以学为主,多学习一些知识。

8月18日下午,刘达、武汝扬、钱志道、杨秀清在北京留守处就汇报提纲和李昌、王光伟对学校的建议进行了讨论,并把讨论结果向李昌、王光伟写信作了书面报告。在信中,他们重点回答了李昌对学校的建议和要求。他们表示接受李昌的建议,努力去做:(1)试办理科中学,待中央同意后,学校尽快做出计划方案报中国科学院审批。(2)筹办测试技术专业。(3)设置精密机械专业,考虑到学校没有基础,需请中国科学院统筹安排,给学校支援补充必要的人员、设备和工厂。(4)同意一些在学校培养有困难的专业,在学校学好数、理、外文等基础课后直接送到中国科学院有关研究所继续培养,但具体问题需要同有关研究所进一步协商确定。(5)尽快成立如激光、高分子、微波、自动化等方面的研究室,并积极努力创造条件,筹办一些研究所。(6)同意同安徽光机所密切结合起来,共同努力完成党和国家交给的科研任务。

关于学校的领导体制问题,一直是学校领导十分重视的事情。武汝扬积极要求学校的领导关系要以中国科学院为主,《汇报提纲》中也提出"以院为主",中国科学院领导最后也同意改变学校的领导体制。

学校的《汇报提纲》给中国科学院和国务院传达了准确的信息,促使中国科学院下决心

1975年

解决学校的办学方向等问题。

● 邓小平指示办好我校

9月26日,邓小平在国务院听取胡耀邦、李昌、王光伟围绕《科学院工作汇报提纲》所作的汇报。在他们汇报有关我校的问题时,邓小平三次插话,指示中国科学院要办好我校。他说:"科学院要把科技大学办好,选数理化好的学生入学,不照顾干部子弟。这样做要是犯错误,我首先检讨。这不是复旧!一点外语知识、数理化知识也没有,还攀什么高峰。"(《邓小平文选》第二卷,32—34页)

● 中国科学院关于我校问题的座谈

中国科学院新的领导班子决心要把我校办好。为此,中国科学院先后三次组织召开有关方面的座谈会,讨论解决我校存在的问题。

9月11日,中国科学院武衡、郁文等7人,安徽省教育局郭城、柏守逊,我校武汝扬、吴庆华、王善忠等在中国科学院二楼五号会议室召开关于我校的几个问题的座谈会。会议形成意见:一、遵照1973年国务院科教计字079号文件批准的原则,学校必须在安徽办好。建议安徽省委委派主要领导干部(刘达要调走),加强该校的领导班子。二、建议学校党委尽快将党的正式组织关系由北京市委转到安徽省委。三、学校教职工的户口尽快迁往安徽。四、撤销学校驻京留守处。五、学校教职工子女随父母迁往安徽就学,请安徽省委安排转学。六、开门办学由学校提出实习计划,报安徽省教育局和中国科学院人事局审定,人事局与有关单位联系,取得同意后,予以安排。七、学校的专业设置、发展方向,请学校提出规划草案,报安徽省委和中国科学院审定。

9月15日,中国科学院行政办公会议通过《关于中国科技大学几个问题的座谈纪要》,要求中国科学院各局要加强对我校的支援,我校的专业设置、发展方向问题,责成计划局抓紧召开座谈会,提出意见后报中国科学院办公会议讨论。

9月26日,在中国科学院二楼41号会议室,郁文主持召开中国科学院关于我校发展方向和专业设置座谈会。参加会议的有物理化学研究所的吕有佩、陈嘉和,化学研究所的朱琴玥、郭磁,高能物理研究所的赵忠尧、张家铨,地质研究所的何永年、刘子华,物理研究所的罗正纪、管惟炎,计算技术研究所的阎沛霖、吴文扬,自动化研究所的颜惠民,数学研究所的罗世雄,电子研究所的顾德欢,大气研究所的董长欣、王遵绍,半导体研究所的林兰英、徐珍,力学研究所的刘剑峰,湖北力学研究所的张坚,湖北物理研究所的周玉道,北京市科技局的姜伟,中国科学院人事局的马先一,一局冯兵,二局朱光美,三局朱伯同,财务局吴振廷,计划局刘继英、袁义谷、张会友,我校的武汝扬、钱志道、吴鸿兴,以及中国科学院领导郁

中国科学技术大学编年史稿

1975年

文、邓述慧。

郁文首先发言，他说："《汇报提纲》的最后一稿中专门把科大的体制由双重领导、以地方为主改为双重领导、以院为主……科学院决心要把科大办好，自己培养适合搞科学研究的干部。需要很好研究科大的方向和专业设置问题，经费困难，科学院应除给正常费用外，另外再给一些经费，要让科大承担一些科研任务。三项费用也要给。1958年中央决定办科大，若没有各所的支持，是不可能那么快地办起来的。1958年是'大跃进'，现在也是大跃进，所以院里各职能机构、各研究所要大力支持科大。科大现在要重新建学校，要建出个新水平，设备等方面都要能符合科学发展的需要。所以院里请大家来，在一起谈一谈。希望能从科学发展需要的角度，规划一下，下决心把科大办好。"

接着，武汝扬介绍了学校的基本情况和面临的困难。

原我校毕业生邓述慧发言说："科大现在该怎么办？还是应该按照主席所讲的，培养有社会主义觉悟、有文化的劳动者，这和普通劳动者的提法是不一样的，把有文化的去掉不行。否则不是到工厂去培养更好吗？学校要把转变学生的思想放在首位，但不等于把大部分时间用在政治学习和其他活动上，要保证学习的时间。科学实验是三大革命实践之一，是经济基础，工有工厂，农有农村，理有科学实验场所。当然要创造条件，不要脱离广大工农兵。房子问题不大，但没有人不行。要想办法物色一些人。要坚持招生学校应有主动权，不能人家给你什么人都要。李昌对办好科大有不少想法，还提出要科大办理科中学。目前科大下迁后有不少困难，但科大在安徽办是大势所趋，当然不一定是人心所向。以后科大学生来所实习，各所要给予支持。"

当时在物理研究所工作的管惟炎讲了三点意见："一、科大应办出自己的特色，希望科大能培养物理图像清楚、自己能提出问题的人，这就要有一定水平和经验的人。目前我们什么都照人家的搞是不行的。二、科大办学不要被目前各研究所的情况所束缚。科学院以前也是学苏联的，分得很细。这次有人到美国去，他们搞固体物理方面的研究室，每个室都有低温、激光。特别是理工搞材料的，更要求很多方面综合在一起。所以科大若完全接近目前科学院各所各室这个框框，是不符合科学发展的需要的。所以科大要超前一些，要考虑到今后科学研究的需要……在专业方向上，考虑时要做些调查研究，不要被目前所里的情况框住。三、学术交流问题。最近从美国回来的人说，美国的大学和各研究所的交流是非常密切的，我们所和北大、清华那么近，都没有很好地交流。在美国，这个研究所的人往往可以到别的研究所去工作一年、半年的，互相交流。以后科大要和各研究所加强交流，研究所的人能否去科大工作一年、半年，教教书。科大的教师也可到所里选择一些较好的题目工作一年、半年，互相交流，这样很有好处。"

张家铨、顾德欢、罗世雄、阎沛霖、陈嘉和、罗正纪等根据各自研究所的需要出发，提出了对我校的建议。

针对数学研究所的情况，罗世雄希望我校培养像陈景润那样搞理论工作的人。钱志道

说:"现在学校基础数学提都不敢提",因为怕"学生造反"。他说:"教育领域目前是处于大变革的时期,以前的一套基本上是完全否定的,现在怎么搞,什么是老路,什么是新路,目前矛盾很多。目前教育要大普及,但普及与提高的关系怎么摆,没有很好地解决。招生办法也有待于进一步解决。总之,许多问题都在摸索。所以大家谈的意见,和目前学校的实际状况差距较大,有些对不上号。招生的机动性就很小。总之,目前好多问题不是我们一个学校所能解决的。另外,学校教学中要搞基础课、专业基础课、专业课三者完全分开也是行不通的,这叫"三层楼"。再者,从上到下,都讲专业面要宽一些,都是那么讲的,但在具体教学方法上要以典型产品带动教学,这样要求面非窄不可。这些问题要解决,非要中央统一明确不可。"

郁文在最后总结时说:"咱们能不能先开步走一走,闯出一条路来。若科学院向中央的汇报提纲批了以后,我们就要根据毛主席的教育革命和科技路线,很好地总结一下'文化大革命'以来的经验,看哪些做法应该肯定,哪些做法是需要否定的。学校和院一起拿出办好科大的具体方案,由院向上报一报。咱们要敢于往前走,不要怕挨批判,挨批判嘛,咱们都有过锻炼。在科大这个小范围内试一试,影响也不会大。目前都要人家那么搞当然是不行的。当然这样做,中间有空隙,会有压力,有风险。但只要中央批了,就可大胆试。院里几个领导决心很大,非把科大办好不成,这涉及方针问题。……科大是我们亲生的,这几年在外面转了一周回来后,有些人把科大当成后娘养的了。大家都要支持科大,把科大办好,真正把科大作为培养科技干部的基地。希望各所在10月10日前提出意见,报院汇总后与科大共同协商拿出具体方案,交院党组讨论同意后,由院报中央批准后试验。要敢冒风险,否则就前进不了。科大不能完全走老路,但有些对的东西还是应该肯定。你(指刘继英)好好搞,我是后台。"

刘继英打趣道:"错了会批你的。"郁文回道:"那不要紧,各个所有关科大的事找我好了。"

10月5日,中国科学院计划局刘继英主持召开讨论我校发展方案的座谈会。在会上,刘继英对我校的专业设置和办学方向提出了六个方面的具体意见:一、关于学校体制问题,他指出,国务院在9月26日的汇报会上原则上同意学校的体制由中国科学院领导为主,同时也原则上明确了学校的方向是为中国科学院培养科学研究的干部,招生对象为高中毕业生。关于办好学校的具体问题,还需由科学院给中央专门打报告。二、关于学校的发展方向、招生对象及招生办法、学校规模和学制等问题,他认为,学校发展方向可明确为为科学院培养科学研究人员,招生对象可明确为高中毕业生,规模能否定为4 000名学生,关于学制可以定为四年,因为学生在校期间还要安排不少劳动时间。三、关于学生在校四年的学习时间安排,他认为,应该用两年半的时间学习基础课,一年左右的时间学习专业基础课,半年左右的时间学习专业课及进行专业实习。基础课应该包括四门课,即数学及计算技术、物理、电子线路及其测试技术、外语。四、对现有专业的调整问题,可以暂缓。对需要新

1975年

增设的专业这次应考虑。中国科学院希望学校在精密光学机械方面能新增设一些专业或一个系。因为科学院有好几个规模较大的精密光学机械研究所及其附属工厂,还有科学仪器厂,如长春光机所……中国科学院这方面的人才十分需要,每年培养100人不多。所以希望学校很好考虑一下,若不能设立这方面的专业或系,中国科学院还要想办法把长春光机学院弄回来。中国科学院还希望学校无线电技术专业尽可能多培养一些人才,这方面的人太需要了。无线电测试专业也可以考虑设立。五、现在全国科技归口科学院,各省科技局,科研机构都由科学院统筹,所以学校培养人才不仅为科学院直接领导的几个研究所,还要着眼于各省的科技局和科研机构,好几个省的科技局到院里要人。六、这次的汇报方案算是由科学院委托学校搞的,然后以科学院的名义直接向中央报。整个方案希望在10月25日前交到科学院。这次座谈会要求学校代替科学院尽快拟定《关于中国科学技术大学几个问题的请示报告》初稿。

中国科学院三次座谈会的召开,明确了学校发展的方向和基本框架,打消了我校人的顾虑,学校开始积极准备《关于中国科学技术大学几个问题的请示报告》的起草工作。

● 代拟《请示报告》

《关于中国科学技术大学几个问题的请示报告》的起草工作是10月中旬开始的。

武汝扬于10月13日从北京回到学校,14日即组织成立了《关于中国科学技术大学几个问题的请示报告》起草小组。15日、16日学校连续召开党委常委会和常委扩大会议,17日召集起草小组布置任务,18日上午召开干部座谈会,下午召开教师座谈会,讨论有关专业设置、发展方向等问题。22日,武汝扬在审阅报告的草稿时,又增加了三条:(1)基础课要单列出来;(2)生产和科研并成一条;(3)理科中学要加上。在充分吸收大家建议的基础上,起草小组于10月23日完成了《关于中国科学技术大学几个问题的请示报告》(代拟稿),主要内容有七个方面:

一、关于培养目标。学校的主要任务是为中国科学院所属各个研究所及其他科研单位培养科学技术人才。这些人必须是具有社会主义觉悟,积极投身于三大革命实践,同时具有一定的自然科学理论基础并掌握现代科学实验技术和至少一门外国语能力的又红又专的科学技术工作者。

二、关于招生。根据中央文件批示,学校的招生对象是德智体全面发展的、年龄在18周岁左右、身体健康、未婚的优秀应届高中毕业生。学生的选拔既要保证政治质量,又要保证文化水平。为此,要严格实行自愿报名、群众评议、中学推荐、上级组织审核、经过文化考查、学校全面考查复核、择优录取的招生程序。对于在实践中表现出有一定的科学研究能力、有所发明、有所创造的工农兵和上山下乡知识青年,经学校审核后进行录取。

三、学制与规模。学校重点办好普通班,学制为四年。同时酌情举办为期一年左右的

短期培训班或进修班,积极创造条件、筹办研究班。学校要抓紧学校的重建工作,逐步办成在校普通班学生4 000人的规模,如果包括短训班、进修班的学生,应达到5 000名学生的规模。

四、开展教育革命。"学校一切工作都是为了转变学生的思想"。学校要认真组织师生员工努力学习马列主义、毛泽东思想,坚持以阶级斗争为主课,始终把坚定正确的政治方向放在第一位。实行教学、科研和生产劳动的结合,贯彻"五·七"指示,坚持"以学为主,兼学别样",加强生产劳动锻炼。要积极改革教材和教学方法,提倡以自学为主,发挥学生的主体积极性。

五、搞好科学研究。阶级斗争、生产斗争、科学实验是建设社会主义强大国家的三大革命运动。学校在现有基础上,创造条件,先增设一些研究室,逐步发展建成若干研究所,还要根据教学、科研的需要,扩建和新建校办工厂。学校除以中国科学院所属各研究所和有关科研生产单位作为广阔的教育革命基地外,还需创办一个配有新型实验设备、具有一定科研水平和生产能力的校内"三结合"的教育革命基地。这样学校既是一个教学单位,也是一个科研单位,又是一个中间试验性和小批量生产一些产品的单位,为发展我国科学事业做出更大贡献。

六、关于试办理科中学问题。为适应科学事业的发展需要,中国科学院拟责成学校试办一所理科中学,使学生从中学起即按照科学研究工作的要求,进行自然科学理论的学习和技能训练。理科中学的学生从全国范围内选拔招收,毕业后直接进入我校学习。

七、教师队伍。按学校发展的规模,学校要配备2 000人左右的教师队伍,除了聘请科学技术人员和有实践经验的工农兵兼职教师外,拟请国家计委能分配教师名额和招工指标,以使学校到1980年组成必要规模的教师队伍。

这份报告对于学校未来的发展做出了全面的规划,预示着学校将迎来一个大发展的时期。不幸的是,1975年底邓小平又一次被迫走下领导岗位,全国掀起了批判邓小平、"反击右倾翻案风"运动。在这场运动中,一些人对上述报告的内容进行了猛烈的批判。

◉ 学报公开发行

《中国科学技术大学学报》于1965年2月创刊,是综合性自然科学刊物,半年刊,华罗庚任主编,严济慈、钱志道任副主编。学报由中国科学技术大学学报编辑委员会负责编辑,科学出版社出版,中国科学院印刷厂印刷,国内公开发行。"文化大革命"前出版学报3期。1973年7月复刊后至1974年底,共出版4期,内部发行。1974年3月1日,校党委常委会议决定申请学报在全国公开发行。3月20日,学校向严济慈写信,请求他做学报顾问。3月23日,学校向安徽省革委会提出申请,要求批准学报在国内公开发行。3月25日,学校写信请求华罗庚指导学报工作。5月11日,安徽省革委会向省教育局批复文件,同意《中国科学技术大学学报》公开发行。11月5日,安徽省教育局研究决定同意我校学报在全国发行,并向国务院科教组打报告请求批准。1975年1月7日,学校再向中国科学院递交申请报告,要求我校学报在全国发行。9月12日,教育部向安徽省革委会下达文件,准予《中国科学技术大学学报》公开发行。9月24日,安徽省教育局下达文件,同意学报公开发行。此后,《中国科学技术大学学报》得以在全国公开发行。

● 理论核物理专业改为理论物理专业

10月8日,根据中国科学院有关研究所希望学校扩大专业面的意愿,近代物理系理论核物理专业,向中国科学院计划局、人事局和安徽省教育局递交请示报告,请求将理论核物理专业改为理论物理专业,培养从事高能物理、核物理、受控热核反应、固体物理、天体物理、理论化学等方面的理论研究工作者。

● 刘达调离学校,欧远方任校党委书记

11月17日,学校党委书记刘达调任国家计量总局局长。安徽省委常委会议研究决定,任命欧远方为中国科学技术大学党委书记、革委会主任。同年,吴庆华(工)、李容稳(军)任校党委副书记。

● 举行1972级工农兵学员毕业典礼

11月,1972年入学的第一届工农兵大学生毕业。为了展示第一届工农兵学员的成就,学校布置了毕业成果展览,并在11月26日隆重举行了1972级工农兵学员毕业典礼。安徽省委常委杨效椿、中国科学院党组成员刘华清等参加了毕业典礼,并代表相关部门作了讲话。刘华清还当众宣读了郭沫若和中国科学院党组的贺信。

1976年

● 开展"反击右倾翻案风"运动

1975年1月,国务院总理周恩来因病住院,毛泽东重新起用邓小平主持国务院的工作。邓小平重新主持中央工作之后,在周恩来等人的支持下,从3月份开始对党、政、军和工业、农业、交通、科技、文教等各条战线进行整顿,力图将全国各方面的工作重新拉回到正常发展的轨道上来。邓小平的整顿工作触及"文化大革命"的一系列政策问题,这引起了毛泽东的不满。1975年11月3日,清华大学党委召开常委扩大会议,吴德传达了毛泽东对经由邓小平转交的、该校党委副书记刘冰等四人反映该校党委书记迟群、副书记谢静宜在思想、工作和生活方面问题的信的批示。毛泽东说:"清华大学刘冰等人来信告迟群和小谢。……小平偏袒刘冰。清华大学所涉及的问题不是孤立的,是当前两条路线斗争的反映。"以传达这个批示为起点,全国掀起了"批判邓小平、反击右倾翻案风"运动。

由于学校代拟的《关于中国科学技术大学几个问题的请示报告》(当时大家称这个请示报告为《代拟稿》)偏离了"教育革命方向",并得到了邓小平的肯定和支持,学校成了"批邓反击右倾翻案风"运动的重点单位,安徽省委也专门召开了会议,布置"反击右倾翻案风"运动的有关事宜。

从1975年12月12日开始,学校先党内、后党外层层传达贯彻了安徽省委召开的大学党委书记、工宣队长会议精神。为了搞好"反击右倾翻案风"运动,校党委12月20—27日召开了常委会,12月29日召开常委扩大会议,校、系两级领导50多人参加了会议,31日会议扩大到教师、工人、工宣队代表90多人,1976年1月3日会议扩大到党支部书记150多人。经过酝酿,学校在1月5日召开全校教职员工大会,动员群众开展教育革命大辩论。在随后的半个月时间里,学校内贴出了3 000多张大字报,召开了130多次中小型的辩论会。特别是1月9日和1月19日学校召开了两次全校性辩论大会,大会以《关于中国科学技术大学几个问题的请示报告》初稿为中心,狠批武汝扬在招生、开门办学、教育质量、工人

1976年

阶级领导问题上的修正主义观点。

从2月下旬起,"反击右倾翻案风"运动深入到批判邓小平的具体论点。2月29日,学校党委向安徽省委汇报运动情况时,宋佩璋对学校的运动作了重要部署,要求由一般地批"奇谈怪论"到搞清楚几个问题,看清楚斗争的背景,批判邓小平的纲领、论点,但不要点名,统称为"党内不肯改悔的走资派"。他说,"党内不肯改悔的走资派"提出以"三项指示为纲",实际上就是阶级斗争熄灭论和唯生产力论,就是否定阶级斗争。他指出,学校的《代拟稿》也是有根子的,要追根求源,联系学校实际,要狠批《代拟稿》。他还要求学校学习清华大学经验,抓学习,办学习班,把大字报办好。

3月19—27日,学校召开了常委扩大会议和党委全委扩大会议,开始批判邓小平的修正主义路线,批判"三项指示为纲"的修正主义纲领。会议期间,安徽省委书记宋佩璋再次到学校,对学校深入开展"反击右倾翻案风"运动作了重要讲话。会议于3月26日通过了《中国科技大学党委关于深入开展反击右倾翻案风斗争的几点意见》,并对下一阶段学校开展"反击右倾翻案风"运动做出了具体安排。会议要求认真学习毛主席的重要指示,深入领会中央文件精神,提高斗争的自觉性;结合学校实际,把《代拟稿》和邓小平的"三项指示为纲"联系起来批判。

运动从2月下旬到4月7日,重点批判了邓小平的"三项指示为纲"的修正主义纲领,批判邓小平的"阶级斗争熄灭论"、"唯生产力论"和折中主义的诡辩论。对《代拟稿》的批判也深入了一步。

4月5日,北京的群众自发地去天安门悼念周恩来总理,"四人帮"对参加悼念活动的群众进行了镇压,并将这次活动定性为反革命事件。4月7日,根据毛泽东的提议,中共中央政治局通过了《中共中央关于华国锋同志担任中共中央第一副主席、国务院总理的决议》和《关于撤销邓小平党内外一切职务的决议》。4月下旬,全国掀起了批邓、"反击右倾翻案风"、追查反革命的高潮。

批邓、"反击右倾翻案风"运动在我校继续深入,4月27日至5月5日,学校召开了党委革委会扩大会议。会议研究讨论了在批邓斗争中,紧密联系学校两个阶级、两条路线斗争的实际,开展党的基本路线教育的具体措施,对下一步的运动作了具体部署。

5月初,校党委根据安徽省委指示做出决定,联系学校实际,揭发批判武汝扬的错误,把运动引向深入。当时,许多教职工反对学校的这种做法,认为这样做不符合中央精神,会干扰批判邓小平运动的大方向。为了说服群众,学校党委列举了我校一些阶级斗争、路线斗争的事实,说明武汝扬在学校推行的是邓小平的修正主义路线。接着,工农兵学员潘某、金某首先贴出了理论联系实际的大字报,尖锐地提出:"科大有没有走资派?"在党委的支持下,学校开始揭发党委副书记武汝扬所犯的"走资派错误",对武汝扬从1975年8月到1976年5月的具体行动做了全面剖析,认定他有重犯走资派错误的事实。5月7日,为了适应批判邓小平、"反击右倾翻案风"、追查反革命的新高潮的形势,校党委成立了"反击右倾翻案

1976年

风运动办公室"。

武汝扬从1976年1月27日起一直在北京养病。5月3日,校党委发加急电报要求他立即回校。5月6日校党委又给安徽省委打报告,请安徽省委出面迫使他回校参加运动。5月10日,武汝扬回到学校接受调查、批判。关于武汝扬的问题,安徽省委书记宋佩璋在5月21日、22日连续两次对学校作出指示,"武汝扬不仅仅是《代拟稿》问题,而是一个路线问题","现在重犯了走资派错误"。随后学校掀起了批判武汝扬的高潮。5月24日,学校召开全校师生员工动员大会,各系、各党总支召开扩大会议,对武汝扬的错误进行揭发批判。学校"反击右倾翻案风运动办公室"把每天批判会议的情况连夜编写成《简报》印发全校,各支部连夜召开群众批判会。

在运动中,虽然不少教职工对批判活动进行了抵制,但结果无济于事。6月29日,校党委下发了《联系实际,深入批邓,开展党的基本路线教育,把反击右倾翻案风的斗争进行到底》的文件。文件认定武汝扬重犯走资派错误,主要问题有四个方面:(1)武汝扬紧跟邓小平、胡耀邦、李昌,大搞翻案复辟活动;(2)武汝扬翻"文化大革命"的案,算"文化大革命"的账由来已久;(3)武汝扬破坏和阻挠扎根安徽办好学校;(4)武汝扬对抗批判邓小平、"反击右倾翻案风"的伟大斗争。

7月10日,"反击右倾翻案风"运动办公室继续批发材料,揭发和批判武汝扬在学校下迁等问题上犯有严重错误。8月7日,学校向安徽省委提交《关于在批邓、反击右倾翻案风的斗争中认真搞好党的基本路线教育的情况报告》,报告详细列举了武汝扬重犯走资派错误的事实。在8月份安徽省教育革命经验交流会上,学校以《一份修正主义教育路线的复辟稿——评〈关于中国科学技术大学几个问题的请示报告(代拟稿)〉》为题,做了大会批判报告。

8月10日,学校党委向安徽省委提交了《关于武汝扬同志重犯走资派错误的报告》,并提交了14页的《关于武汝扬同志重犯走资派错误的主要事实》材料。9月4日,宋佩璋对《报告》作出批示:"武汝扬的事实完全证明'走资派还在走'是客观存在。为什么有些人就是看不见呢?问题是自己是属于小资产阶级,思想容易右,站在资产阶级立场上。要在已有的基础上,结合实际,抓住要害,批判三棵大毒草,掀起批邓新高潮,坚决把反击右倾翻案风的斗争进行到底。"

在这场运动中,学校的广大党员干部对批判《代拟稿》和武汝扬的行为进行了抵制。4系党总支书记刘军多次在公开场合为《代拟稿》和武汝扬辩护。所以学校党委在9月7日向安徽省委提交的《关于总支(直属支部)在深入批邓中开展整风整党的情况报告》中,报告了学校教职工对批判《代拟稿》和武汝扬持有反对态度的事实。

在"反击右倾翻案风"、批判武汝扬的过程中,宋佩璋曾在学校召开了安徽全省公社领导及代表参加的批邓批武的千人大会,掀起"文化大革命"新高潮。这一年的批邓批武,极大地打击了许多教职工办好学校的信心,此后不少人坚决要求调离学校。

1976年

◉ 校卫生所改为校医院

1月,北京市卫生局通知学校,我校教职工的医疗关系自1976年1月起正式转来安徽。这时,学校原来的卫生所完全不能满足师生员工的医疗需要。为了解决这一问题,2月20日,李容稳主持校革委会办公会议。会议认为,学校有各科医务人员40多名,医疗设备较好,能够满足成立校医院的需要。会议决定将校卫生所改建成校医院,校医院仍归校务组领导。校医院同时承担卫生科的工作,作为学校爱国卫生运动委员会、计划生育委员会的办事机构,积极抓好全校疾病预防与保健、爱国卫生、计划生育等工作。

◉ 解决银行干校房产纠纷

安徽省银行干校校舍是1970年8月18日由安徽省常委会研究决定交付学校使用的。但在1975年8月29日安徽省革委会办公会议重新决定,要学校"逐步让出"原银行干校校舍,把银行干校房产交还给安徽省银行。当时学校教学、住宿用房十分紧张,许多实验仪器仍堆放在走廊里。银行干校院内住有工农兵学员400多人,还有78户教职工,根本无法让出校舍。为此,学校多次向安徽省银行负责人表示,此事请安徽省革委会复议。

2月23日,安徽省银行在事先没有同学校取得组织联系的情况下,派干部到原银行学校院内的篮球、排球场地划定地区打桩划线,决定正式开工兴建新校舍。24日,学校向安徽省革委会紧急报告,请安徽省出面解决银行干校房产问题。报告申明了学校面临的校舍不足等困难,表示确实不能"逐步让出"银行干校校舍。报告同时提出了两种解决方案:一是由省里拨款给银行,指定新址,另建银行学校校舍;二是由省里批准学校在路东征购土地,扩建2万平方米新房,学校逐步腾出原银行校舍。

6月29日,学校再次向安徽省革委会打报告,请求考虑复议1975年8月29日的决定,解决银行干校的房产纷争。其后一段时间,安徽省革委会有关负责人也几次与省银行协调,但问题一直没有解决。省银行的施工人员在干校校舍内坚持施工建设,造成了比较混乱的局面。

8月3日,为解决问题,欧远方、吴庆华又写信给安徽省革委会王光宇反映了这一情况。王光宇立即批示,责令银行学校在省革委会未最后决定以前停止兴建房屋。但是银行干校仍继续施工,学校多次劝阻无效。

9月16日,学校再次向王光宇报告情况,要求银行干校立即停止土建工程,否则将不利于学校正常教学工作的进行,也影响学校的基建规划。

10月5日,安徽省革委会常委召开办公会议。会议认为,省银行干校房产问题纷争的责任在省革委会。为解决矛盾,会议决定:原省银行的房产仍交我校使用,省银行干校另建

1976年

校舍,现在着手筹建,所需费用由我校解决,材料由省里安排。建房面积、投资数字,可比照原省银行干校住房,由省计委负责落实。

在安徽省革委会作出上述决议后,省银行仍然坚持施工。学校不得不于12月28日再次向省革委会报告,要求省革委会责成省银行停止土建。直到1977年11月31日,经国家计委和国家财政部同意,中国科学院和安徽省计委达成协议,由中国科学院高能物理研究所调出投资110万元,通过财政厅一次划拨给安徽省,作为偿还安徽省银行干校的房产费用,房产纠纷才告一段落。

● 1974级学员分批到农村参加党的基本路线教育

1976年,为响应中央关于加强党的基本路线教育的号召,学校党委做出两项关于全体师生参加生产劳动的决定。3月21日,校党委会议重申1975年12月24日的党委决定,安排1974级工农兵学员到五河县城郊公社参加党的基本路线教育,这些学员分别在4月中旬至5月中旬、6月中旬至7月中旬,分两批到达五河县接受生产劳动锻炼。6月29日,校党委作出《关于干部参加集体生产劳动的决定》,要求每个干部每周保持不少于半天的劳动,一年中,除参加大型集体劳动外,累计劳动时间不少于1个月。

● 承担编写《汉语大辞典》部分任务

中央组织有关部门编写《汉语大辞典》,任务由上海、山东、福建、安徽、江苏、浙江六省、市分别承担,要求8年完成。安徽省在分配具体编写任务时,要求我校编写《汉语大辞典》中有关科学技术的内容。8月29日,校党委会听取了理论组承担编写《汉语大辞典》部分任务的汇报,并在会议上决定成立我校《汉语大辞典》编写组,由党委书记欧远方、副书记钱志道亲自主持这项工作,会议还对编写人员的抽调工作做了安排。

● 撤销北京留守处

6月16日,学校党委召开第427次常委会,会议听取了北京留守处党支部的汇报,认真讨论了撤销留守处、下迁户口的问题。会议认为,高校下迁是贯彻毛主席"备战、备荒、为人民"的伟大战略方针,我校下迁安徽完全符合毛主席的革命路线,大方向是正确的。学校下迁以来,教育革命和各项工作都取得很大成绩。但由于党内走资派的阻挠,致使学校下迁多年,户口和组织关系至今没有迁下来,北京留守处至今没有取消,对于进一步长期扎根安徽,沿着毛主席的革命路线前进,把学校办成无产阶级专政的工具,带来了很坏的影响。会议根据中央有关指示精神,根据中国科学院和安徽省委的有关指示和文件,根据广大师生员工的强烈要求,决定尽快撤销北京留守处,下迁学校职工在京户口,把党组织关系转到安徽。会议决定成立5人搬迁小组,专门负责此项工作。

6月30日,中国科学院党组批准了学校《关于撤销留守处、下迁户口的决定》。科学院认为,撤销留守处是批邓、"反击右倾翻案风"的一个胜利成果,对扎根合肥、办好学校有重要意义。

7月13日,学校党委下发《关于撤销我校留守处、下迁户口的几项规定和具体执行要求》和《关于撤销驻京留守处、下迁户口的具体要求》两份文件,对撤销北京留守处和下迁户口作了具体规定。文件规定:凡是学校在册的职工,均属于搬迁户口范围,均应于1976年9月15日前迁到安徽省合肥市。学校教职工家属、子女的户口应积极动员迁来合肥,在其他机关企事业单位或集体所有制单位工作者,可不列入搬迁范围。若本人愿意搬迁来合肥,学校表示支持和欢迎。对于在京借故滞留的职工,经动员后仍不返校者,文件规定自1976年9月15日工资一律停发,超过三个月,则按自动离职处理。文件确定1976年9月30日正式结束北京留守处机构,留守机构的食堂停伙。留守处机构使用的房屋、化学楼将于9月30日上交科学院验收,居住化学楼的人员,不论何种原因,均应于9月1日前搬出,同时请科学院为学校解决去北京开门办学的住宿问题。对于暂缓下迁人员、病员、留守处物资、行李托运、路费报销等诸多问题,文件也作了具体安排。

为了顺利地进行这项工作,学校成立了搬迁领导小组。领导小组由吴庆华、杨秀清、王善中、王增材、贾志斌组成,吴庆华任组长,贾志斌任搬迁办公室主任。

7月25日,搬迁小组开始登记各单位搬迁户口,正式组织搬迁。11月23日,学校研究处理了留守处的剩余物资,下迁工作结束。

◉ 学校悼念毛泽东逝世

9月9日毛泽东主席逝世,全校师生员工怀着无比悲痛的心情举行各种悼念活动。10月7日,为纪念毛泽东主席逝世,共青团中国科学技术大学委员会批发文件《关于在全校团员青年中开展"学习毛泽东思想,继承毛主席遗志"群众运动的决定》,要求全体团员认真学习毛泽东著作。10月9日,校党委作出《关于继承毛主席遗志,掀起学习毛泽东思想新高潮的决定》,号召全体党员、团员、全校师生员工学习毛泽东思想,要求全体师生员工认真通读《毛泽东选集》一至四卷。11月1日,校党委常委、革委会副主任钱志道将其1944年出席陕甘宁边区政府劳模大会时毛主席为其亲笔题词"热心创造,为钱志道同志书"转送中央。

1976年

● 声讨"四人帮"的罪行

10月4日,"四人帮"发表了题为《按既定方针办》的所谓"毛泽东临终嘱咐",准备进行篡党夺权。以华国锋、叶剑英、李先念、汪东兴等为核心的中共中央政治局,采取果断措施,于10月6日逮捕了江青、张春桥、姚文元、王洪文,一举粉碎了"四人帮"篡党夺权的阴谋诡计。

粉碎"四人帮"的消息于10月14日传达到学校。当日晚上8时,根据安徽省委部署,学校召开总支书记以上干部的打招呼会,欧远方传达了中央决定对"四人帮"进行隔离审查的决定。10月15日,全校分成9个小组讨论。16日晚上7时半,全校3 000多师生员工举行了盛大的集会游行,热烈欢呼党中央的英明决定。

10月21日,《中共中央关于王洪文、张春桥、江青、姚文元反党集团事件的通知》(即中共中央16号文件)下达到学校。当日下午,学校召开党委扩大会议,并立即召开"热烈庆祝华国锋同志任中共中央主席、中央革委会主席,愤怒声讨王、张、江、姚反党集团罪行大会",及时向全体教职工传达中央文件。参加大会的有2 400人。会上,欧远方首先传达了中央文件,13名教职工代表作了发言。22日中午11时,全校2 000多名师生员工上街游行。23日下午,参加安徽省及合肥市的庆祝大会。24日上午,校党委常委和运动办公室认真学习了中央16号文件。24日下午,全校将电视机组织起来,分成6个收看点,全校师生收看了北京庆祝大会的实况。27日,党委举办学习班,进一步深刻理解与"四人帮"斗争胜利的伟大意义,揭发批判"四人帮"的反党罪行。

揭发批判"四人帮"罪行的运动一直开展到年底。11月1日,校党委批发了21道"揭发批判王、张、江、姚反党集团滔天罪行参考题",供教职员工学习参考。11月11日,党委扩大会通过"最紧密地团结在以华主席为首的党中央周围,同王、张、江、姚反党集团坚决斗争到底"的决议,对批判"四人帮"的罪行作了具体安排。11月21日,学校"热烈庆祝华国锋同志担任党中央主席和中央军委主席,愤怒声讨王洪文、张春桥、江青、姚文元反党集团罪行大会"给党中央写了决心书。

11月底,中央宣传工作座谈会和安徽省委宣传工作会议精神传达到学校。为贯彻执行中央宣传工作座谈会议的精神,学校于11月30日召集总支正副书记、工宣队长、各大组组长、直属支部书记、总支宣传委员举办学习班。12月4日起,以总支、大组为单位举办了党支部委员以上领导骨干学习班,校理论组、政治理论教研室和全校业余理论骨干学习班等等。全校掀起了坚决拥护华主席、深入揭批"四人帮"篡党夺权滔天罪行的高潮。

1977年

● 数学系320机房发生严重火灾事故

1月7日,位于校图书馆楼东侧的数学系320机房由于工作人员不慎,空调机只加热不鼓风,机箱内45 kW电炉在烧了近70分钟后于10时30分起火,机房被烧毁。大火还殃及图书馆,致使多年积累的社会科学书籍、报刊以及化学系高分子化学等几个专业教研室的部分仪器、设备和药品也遭严重损毁。所幸主机尚未安装,除了空调及中间配电盘两台设备之外,其他设备均得以保存。这次事故造成的损失总价值达43万余元,严重影响了320电子计算机的安装、调试和运转。事故发生后,中国科学院专门向院直属和双重领导单位、院机关各室、部、局、办作了通报,学校对相应责任人作了严肃处理。

● 李锐任学校顾问

3月21日,中共安徽省委组织部下文,任命李锐为中国科学技术大学顾问。

李锐1917年生于湖南平江,曾任湖南省委宣传部长、水电部副部长、国家能源委副主任、中央组织部常务副部长等职,并曾兼任毛泽东主席秘书。

● 中国科学院科学发展规划纲要中提出要办好我校

为迎接全国科学大会的召开,中国科学院于6月20日至7月7日召开了工作会议,副院长方毅作了题为《贯彻抓纲治国的战略决策,为实现科学技术的现代化而努力奋斗》的报告。报告指出:"我们要大力办好科技大学,招生要经过严格考查,坚持入学条件,不断提高教学质量,培养合格的人才。"副院长李昌在会议总结发言中进一步强调:"办好科技大学,

1977年

培养又红又专的人才。"会议形成的《一九七八年至一九八五年中国科学院科学发展规划纲要》中明确提出要办好我校:"科技大学要进一步提高教学质量,加强基础理论学习和实验技能的训练,提高外文阅读能力。学生拟从工农业生产岗位和应届高中毕业生中择优选拔,毕业后分配到各研究单位工作;科技大学拟设专科部,其任务:一是从应届初中毕业生中选拔政治思想好、学习优秀、对自然科学有钻研精神的学生进行培养,毕业后分配到各研究单位工作或继续深造;二是为院属单位轮训科学组织管理干部;三是举办各类专业进修班,为科技人员学习、提高创造条件。"

● 深入揭发批判"四人帮"

随着"文革"的结束,全国上下都掀起了揭发、批判"四人帮"运动的高潮,我校亦不例外。特别是通过纪念毛泽东主席诞辰83周年和纪念周恩来总理逝世1周年活动,广大师生员工揭发、控诉、批判"四人帮"的积极性不断高涨。运动中矛头还直接指向原安徽省委书记宋佩璋以及我校党委书记欧远方及副书记吴庆华、李容稳,针对性地揭发、批判他们在"批邓、反击右倾翻案风"中的错误及在关于学校代中国科学院起草的《关于中国科学技术大学几个问题的请示报告》(即《代拟稿》)的立场上所存在的问题。

● 钱志道当选中国共产党"十一大"代表

4月14日,学校经党委常委会研究,上报中共安徽省委组织部关于钱志道参加中国共产党第十一次代表大会的材料。8月1日,经钱志道所在的基层党支部全体党员、教育革命组总支委员会、党委常委讨论,一致认为钱志道几十年的表现"符合毛泽东主席提出的接班人五项条件",从而一致同意他出席中国共产党第十一次代表大会。复审结果上报中共安徽省委组织部。在其复审材料中特别提到了在周恩来总理逝世之后,钱志道不顾"四人帮"的阻挠,深夜到周总理灵堂悼念总理的事迹。

● 中国科学院在京召开中国科学技术大学工作会议

8月5—12日,中国科学院在北京召开了中国科学技术大学工作会议。李昌、甘重斗、郁文等院领导和严济慈、华罗庚等出席了会议。我校武汝扬、徐文英、黄英达、贾志斌、任知恕、包忠谋等61人参加了会议。会议传达学习了十一届三中全会精神及党和国家领导人的重要讲话,以及中央关于科技、教育工作的指导精神,讨论、研究了新形势下学校的发展方向及建设学校所面临的任务,提出要继续坚持"全院办校,所系结合"的方针,把学校建设成为中国科学院第二个学术中心、为无产阶级政治服务的一个高水平的教学中心和科学研究中心。会议还特别"声讨和控诉了'四人帮'及其代言人围剿《代拟稿》《汇报提纲》,破坏基础理论研究和基础课教学的罪行"。会议邀请了科学院部分研究所的领导、专家报告介绍了有关学科近年来的进展情况,分析了国内外的差距,对如何办好学校,特别是如何培养能适应现代科技发展需要的科技人才,提出了要重视基础研究、实验训练、外语训练、专业设置要"看得远,走在前"等许多意见和要求。会议期间,老校长郭沫若接见了参加会议的全体代表,对大力办好学校给予了极大的关怀,并最后一次为学校题词:"忠诚党的教育事业。"

这个本应于两年前召开的会议在新的政治形势下提出了建设学校的方向、任务、方法、措施,在学校的发展历史上具有极为重要的意义。会后,新华社以《一定要办好中国科技大学》为题作了报导,《人民日报》在刊登该消息的同时,在编后按语称:"在教育要大上的形势下,中国科学技术大学先迈开了一大步。"

● 中共中央、国务院批准《关于中国科学技术大学几个问题的报告》

就在8月13日中国科学技术大学工作会议结束的当日,学校党委就当前需要重新明确和解决的问题向中国科学院党的核心小组呈交了《关于中国科学技术大学几个问题的请示报告》。《请示报告》提出了以下意见:(1)关于办学宗旨和培养目标方面,要把学校建设成为一个科学与技术、理与工相结合的,以理为主的综合性理工科大学,任务是培养从事基础科学和应用科学中的新兴技术的研究工作的研究人员。(2)关于领导体制方面,建议实行中国科学院和安徽省双重领导,并以中国科学院为主,实行党委领导下的校长分工负责制,要求郭沫若与严济慈、华罗庚继续任校长、副校长,中国科学院党组主要领导兼任第一副校长和第一书记,有关研究所所长和著名科学家兼任有关的系主任。(3)关于招生和学制方面,计划开始招收研究生,学制三年,而本科生的学制一般为五年。(4)加强基础教学,提高教学质量,要撤销"专业委员会",重点基础课教研室承担全校基础课的教学和实验,同时成立专业教研室。(5)搞好科学研究,培养研究生,建议将学校也作为院属的一个科研单位看待,建立与科研和教学相适应的现代实验室和相应的技术系统。(6)教师队伍的建设、培养和提高,计划在1985年前,要培养或充实具有教授、副教授实际水平的教学、科研骨干300人。(7)专业和系的调整。(8)学校规模和基本建设方面,将学校规模拟定为:学生5 000人,研究生1 000人,教师3 000人,实验员500人,技工1 000人,党政干部与行政人员800人,要求在现在的12万平方米基建面积的基础上再兴建大约18万平方米。(9)全院办校,所系结合,继续发挥全院的力量和取得各研究所的支持。(10)在北京设立"中国科学技术大学二部"。

在学校《请示报告》的基础上,中国科学院于9月5日向国务院呈交《关于中国科学技

术大学几个问题的报告》。《报告》中进一步提出七条意见，要将我校扎根安徽，建成一个能够独立进行高水平教学和科研的重点大学；加强基础课教学，招收德、智、体全面发展的优秀人才；计划在北京设立研究生院。9月8日，方毅对此批示："拟同意，请邓小平副主席，登奎、秋里、王震、谷牧同志批。"此后，《报告》又由华国锋主席、邓小平副主席和纪登奎、余秋里、王震、谷牧副总理圈阅批准。喜讯传到我校校园后，全校师生欢欣鼓舞，奔走相告。9月30日，学校召开"隆重庆祝华主席、邓副主席亲自批准中国科学院《关于中国科学技术大学几个问题的报告》暨向科学技术现代化进军动员大会"，动员全校师生员工认真学习中央通知，贯彻"七条"精神，努力建设学校。安徽省委第一书记、革委会主任万里和顾卓新、赵守一等省领导出席大会并讲话。大会前夕，中国科学院党组及郭沫若、严济慈、华罗庚分别发来贺电，动员全校师生鼓足干劲，切实办好学校。大会还发出了《给敬爱的华主席、党中央、国务院的致敬电》。

● 武汝扬任校党委书记

9月16日，中共安徽省委常委会议决定：武汝扬任中国科学技术大学党委书记。同时，恢复杨秀清中国科学技术大学党委常委、革委会副主任职务，免去欧远方中国科学技术大学党委书记、革委会主任职务，免去张行言中国科学技术大学党委副书记、革委会副主任职务。

由于学校原党委常委欧远方、武汝扬、张行言、吴庆华、李容稳、钱志道、杨秀清、吴作材、蔡有智、徐文英、陈阿兴、陈必亭12人中，欧远方、张行言被免职、调动，李容稳回部队，吴庆华、陈阿兴回工厂，钱志道休病在京，一时间在任常委人数骤减，后经常委会研究决定，临时增补吕竞、黄英达、杨云为3人为常委。

自新一届校党委成立，结束了工、军宣传队对学校长达十年的领导。

● 重新印发校歌《永恒的东风》

在中国科学院召开中国科学技术大学工作会议期间，郭沫若再一次审定了校歌《永恒的东风》，以表达对学校的亲切关怀。特别地，在歌词"又红又专，理实交融"和"又红又专，亦工亦农"之间，郭沫若依然选择了前者。党中央、国务院批准了《关于中国科学技术大学几个问题的报告》后，学校举校欢庆之际，校党委、革委会决定重新印发郭沫若再次审定的校歌。

1977年

● 中共中央、国务院批准中国科学院《关于招收研究生的请示报告》

为解决科研人员数量少、水平不高,特别是青年科研人员缺少的"青黄不接"现象,中国科学院除采取举办进修班等措施外,又于9月10日向国务院呈交《关于招收研究生的请示报告》,拟委托我校在京区各研究所的协作下在北京筹办研究生院,并计划招收研究生300人左右,此外还制定了研究生的招收、培养、待遇、学制和分配等暂行办法。《报告》先后得到了华国锋等中央领导及国务院的批准。11月9日,"中国科学技术大学研究生院"印章开始启用。研究生院设立办公室、政治部、教务处、后勤处、基建办公室和马列主义教研室、自然辩证法教研室、综合教研室、数学教研室、外语教研室,教职工编制定为300人。研究生院的任务主要是为科学院各研究所培养高质量的研究人才,招生计划纳入国家教育计划,经费拟由科学事业经费中开支。我校本身招收、培养研究生所需经费由教育系统归口,从教育事业经费中开支。

● 开展整党整风运动

10月4日,由武汝扬主持召开会议,根据安徽省委的要求,开始讨论整党整风问题。党委、机关先行整党,然后推向全校。这次整党整风运动分三个阶段进行:(1) 认真学习文件,深入揭批"四人帮"(时间为一个月);(2) 开展批评和自我批评,进行"三大讲"①(时间为一个月);(3) 领导班子整风,整建支部、总支的领导班子(时间为半个月)。10月12日,学校专门成立了整党整风领导小组,由武汝扬、蔡有智、杨云、吕竞组成,武汝扬任组长。

● 杨承宗当选第五届全国人大代表,钱临照、杨纪珂当选第五届全国政协委员

10月14日,安徽省委统战部召开会议,传达了第五届全国人大代表及政协委员中爱国人士与知识分子所占比例等问题,同时明确了安徽省上报的人大代表及政协委员名单。次日,学校统战小组将名单呈报政工组并党委,当即获准。学校确定的第五届全国人大代表为杨承宗,第五届全国政协委员为钱临照、杨纪珂。其中,杨承宗原为第三届、第四届全国人大代表,钱临照原为第三届全国人大代表。

此外,12月5日,在学校党委常委、革委会召开的扩大会议上,武汝扬、杨承宗、杨衍明、

---

① 大讲在"四人帮"横行时,党受其害、国受其害、校受其害、身受其害的深仇大恨;大讲同"四人帮"针锋相对斗争的经历;大讲同"四人帮"斗争的经验和体会。

方容川、方树尧、吴梅金当选为安徽省第五届人大代表。

◉ 钱志道任安徽省科协主任

10月19日,中共安徽省委发文,钱志道任安徽省科学技术协会主任。

◉ 方毅批示我校破格招收少年大学生

10月20日,江西冶金学院教师倪霖致信时任中国科学院副院长的方毅,向他推荐该学院工程师宁思渐之子,赣州市八中的高二年级学生,13岁的智力超常儿童宁铂。宁铂两岁半时就能全部背诵毛泽东诗词三十余首;五岁上学,六七岁开始攻读医书,掌握了许多中药的性能及用途,并懂得脉象,能准确诊断病情;八九岁学习天文,能用肉眼识别几十个星座,并掌握其一年四季的变化规律;十一岁开始下围棋,半年之后两次获赣州市少年、成年组围棋亚军;他对古典文学也很爱好,能清楚地讲评《水浒》中的情节、人物、诗词及论点,并且善赋诗词。

方毅在接到推荐信之后,于11月3日批示:"请科技大学去了解一下,如属实,应破格收入大学学习。"为此,我校派了两名教师赴赣,对宁铂进行了多方面的了解、考核。通过两份数学试题的笔试与内容涉及古典文学、历史、中医药及化学等方面知识的口试,以及现场围棋、诊脉、命题赋诗等测试,证实宁铂确有非凡的理解力与记忆力,知识面比同龄的孩子丰富得多,且好学肯钻,很有培养前途。最后,学校决定破格录取宁铂入学就读。

1978年1月6日,国家科委、中国科学院联合主办的《信访简报》第9期载文《中国科技大学破格录取一名十三岁少年》,报道了宁铂的有关情况。1月10日,国务院副总理王震看到这篇文章后作了如下批示:"我坚信有'智力非凡'的出众人才。建议给他钻研新的学科,如电子学科或稀有金属及有色金属冶炼等等,定向培养成自然科学家。愚意呈方毅同志参考。"

◉ 郭沫若兼任校长,李昌、严济慈、华罗庚、武汝扬任副校长

《关于中国科学技术大学几个问题的报告》获得党中央、国务院的批准后,在研究如何贯彻落实其中的各项措施时,学校的广大师生员工希望仍能够由郭沫若、严济慈、华罗庚、武汝扬担任校长、副校长,并建议另由中国科学院党组一位负责人兼任副校长。6月份,学校无线电电子学系党总支、革委会负责人王学保、陈议、胡建恺、王文涛、田锦文、姜丹、顾俊廉、李象霖、聂登万、方树尧、余翔林11人致信老校长郭沫若,提出了全校师生对于如何办

好学校的意见:坚持建校初期的办学宗旨,理工结合,以理为主,专业设置反映现代科技的发展,培养从事基础科学理论和应用科学技术的研究人才;正确解决学校的领导体制,希望郭沫若继续兼任校长,严济慈、华罗庚继续兼任副校长,中国科学院核心组主要领导兼任学校党委第一书记,并派领导干部主持学校工作,各研究所主要领导兼任学校有关系的主要领导职务;坚持"全院办校,所系结合"的方针,在北京筹建一个距研究所比较近且具有一定规模的教学点。6月29日,郭沫若将此信转交方毅阅示。次日,方毅对此批示,要求中国科学院党的核心组研究并提出意见。经研究,中国科学院对以上意见表示同意,并建议由院党组副书记李昌兼任学校第一副校长。10月19日,中国科学院将以上意见呈报国务院。在获得中央领导批准后,中国科学院又于11月4日转送中共安徽省委,并进一步传达至学校。至此,学校在"十年浩劫"之后的第一届领导班子宣告成立。11月14日,全校师生员工致电郭沫若,祝贺他继续兼任校长。11月18日,郭沫若回电表示感谢,并祝全校师生发扬优良传统,争取更大光荣。

● 1974级工农兵学员毕业典礼

11月28日,学校在校礼堂隆重举行1974级工农兵学员毕业典礼大会。本届毕业生共343人,其中属中国科学院培养的176人,三机部12人,七机部15人,石油化工部4人,国家地震局2人,安徽省82人,其他省市52人。343人中,除从安徽省名额中调剂4名给国防科委以外,其余均由上述单位统一分配。

在毕业典礼上,武汝扬代表校党委以及郭沫若、李昌、严济慈、华罗庚等校领导讲话。他分析了当前的政治形势与几年来学校的教育、教学工作所受的负面影响,高度赞扬了广大师生员工排除万难,坚持教与学,取得了一些可喜的成绩。他还特别提名表扬了数学系基础数学专业编码组的师生完成的"反复寄存器"的编码理论研究工作、物理系半导体专业完成的"肖特基集成注入逻辑电路的设计与试制"科研项目、近代物理系研制成功的"闪烁γ强度仪"等研究成果。

参加这次毕业典礼的有安徽省委常委任质斌、省委大学科学部部长魏心一、教育局副局长丁丁。中国科学院发来贺电:"热烈祝贺七四级学员毕业!愿全校师生员工团结一致,忠诚党的教育事业,加速培养又红又专的科技人才,为早日实现四个现代化积极做出贡献。"李昌、严济慈、华罗庚发来贺电:"热烈祝贺七四级学员毕业!希望全校师生员工再接再厉,团结战斗,继往开来,永攀高峰!"

● 电子同步加速器筹备组成立

20世纪70年代后期,高能物理的副产品——同步辐射光源的应用已越来越受到世各国科学界的重视。为准备全国科学大会的召开,9月底,全国自然科学学科规划会议在北京召开。我校派出了33人的代表团,由党委书记武汝扬和副教务长包忠谋带队。在这次会议上,我校对同步辐射光源建造任务的申请得到了中国科学院有关领导的肯定与鼓励,与会专家和代表们也给予了大力支持。中国科学院二局的邓述慧、张厚英、韩大兴等人也积极地组织论证会供我校代表论证自己的方案,加速器专家谢家麟热心帮助我校代表分析方案、预算工程投资。

10月,中国科学院二局上报科学院领导李昌、郁文《关于建造电子同步辐射加速器的报告》,并报院党组。《报告》中提出拟建造一台能量为20—40亿电子伏的同步辐射加速器,并特别指出:考虑到科学院将来的发展以及全国各种类型的加速器的合理布局,"电子同步辐射加速器以放在我院的第二个中心合肥为宜"。为了尽快落实该项工程,二局建议以我校为主,成立由高能物理研究所、物理研究所、生物物理研究所等单位参加的筹备小组,就该工程的方案、进度、人员、投资以及组织协作等问题进行详细讨论,并提出意见报科学院审批。郁文对此批示:"可早做调研和准备工作。何时上,需要统一研究一下,因目前上的大项目太多,集中一起怕经费上物资上安排不下。"李昌也批示同意。

12月12日,我校根据中国科学院二局的《报告》及李昌、郁文的批示精神,上报二局《关于电子同步辐射加速器筹备工作问题的报告》,并抄报李昌、郁文与中国科学院计划局,建议成立电子同步辐射加速器筹备组。筹备组构成单位包括中国科学院二局、高能物理研究所、物理研究所、生物物理研究所、电工研究所、吉林物理研究所、南京大学、合肥工业大学及我校。由校党委书记武汝扬任筹备组组长,中国科学院二局一位负责人及校教育革命组负责人包忠谋任副组长,高能物理研究所谢家麟、何祚庥任顾问。此外,我校还建议筹备组的成立及第一次会议于1978年1月中旬在合肥召开。

在我校的争取下,同步辐射加速器的建造计划被列入了《1978—1985年全国基础科学发展规划(草案)》中。在物理学部分,《规划》提到:"八年内要建成电子同步辐射加速器。""第一步建成能量为400兆电子伏的电子直线加速器和储存环。第二步建成能量为20—40亿电子伏的同步辐射加速器,地点在合肥,由中国科学技术大学负责筹建,高能物理研究所参加设计。"

● 卢岗峰任校革委会副主任

12月13日,中共安徽省委组织部下发《关于卢岗峰等同志工作职务的通知》,任命卢岗峰为中国科学技术大学革委会副主任,同时免去其巢湖地区财贸办公室副主任职务。

1977年

● 重建数学、物理、化学基础课教研室

在中共中央、国务院所批准的《关于中国科学技术大学几个问题的报告》中指出："现在要重建基础课教研室,大力加强基础课教学。基础课老师要适当多配备一些,以保证在进行基础课教学的同时,又能参加一部分科研工作。"据此,学校于10月、11月主要抓了数学、物理和化学教研室的重建工作。至12月上旬,这三个基础课教研室已先后成立了领导班子,教师也基本上配齐。

数学教研室设立在数学系内,由分在外系的数学教师和数学系基础数学、应用数学两个专业的全体教师以及统计运筹专业、计算数学专业的部分教师组成,共集中教师74名,人数占到全系教师数的70%,被称为"大西格玛(Σ)"。水平高、能力强的教师集中在这个教研室,编制暂定为120人。

物理教研室由于规模大,教学年限长,又有实验室和表演室的建设,筹建任务繁重,几个物理方面的系都难以承担,因而暂由学校直接领导。其编制暂定为190人。

化学系把开设外系普通化学课的教师37人集中起来,组建为化学教研室,其编制暂定为100人。

此外,学校还拟在即将建立的精密机械系设立机械基础教研室;电工电子学教研室则仍分散于各系;外语、体育和马列主义教研室的体制暂不变。

根据校革委会12月13日的文件《关于重建数学、物理、化学基础课教研室和干部任职的通知》,将三个教研室的干部配备情况列表如下:

教研室	主任	副主任	书记	副书记
数学	冯玉瑜	史济怀、徐澄波、钟立敏		季孝达、陈华孝
物理	钱临照	廖伯石、严学明、程福臻、麦汝奇	廖伯石	刘文汉、麦汝奇
化学	竺汉康	李龙泉、孙鹏年	王荣杰	蒋淮渭

为不断提高教学质量,各基础教研室还要进行科研工作。为此,学校决定在数学教研室内设立纯粹数学研究室和应用数学研究室;物理教研室内设理论天体物理研究室、超高真空研究室和结构分析研究室,还和物理系合办固体理论研究组;化学教研室内设量子化学研究室。同时,学校还鼓励基础课教师到他们曾工作过的专业或自己愿意去的专业做科研,以利于科研工作的发展。

为使基础课教研室能够不断补充新生力量,同时也为了培养青年教师,学校规定最近两届(1973级、1974级)毕业留校工作的工农兵学员共50余人,除少数担任学生班主任外,都到基础课教研室工作和学习一至两年,而后视其表现再分配到有关专业或留在基础教研

室,这对于近几年毕业的工农兵学员补充基础尤为重要。

● 一批科研项目被列入中国科学院重点科研项目

本年度,我校共有39项科学研究被列入中国科学院重点科研项目,分别是:红外窗片及KRS—5红外晶体研制;哨声及其低频(VLF)发射;恒星物理与演化;引力波理论与引力波探测实验;氮分子激光器的研制;可调谐染料激光器的研制;X射线激光器;氦-氖激光器的改进与提高;金属蒸汽激光器;50万高斯脉冲磁场的建立;15万高斯超导材料测用磁体;4—300K低温金属材料热导率测试仪;地震数字遥测与数据处理流动台网;地磁预报地震;以震报震方法;氮化镓发光材料和固体雷达屏的研制;富铁会战;激光分离同位素;化学反应动力学;稀土催化剂的研究;离子选择性电极测定土壤及水中的铅、锌、铜;土壤和水中重金属离子快速测定方法和各种污染物质微量和超微量测试方法研究;气敏半导体元件研制及其应用;遥感磁带用粘合剂的研制;中性粒子能谱仪;多丝正比室;动态全息测量;大型毫米波射电望远镜4mm接收机;"长城203"高级台式计算机;数字显示示波器;长基线射电干涉仪;高频大功率铁氧体磁性测试仪;高频大功率铁氧体试制;冲击磁铁用铁氧体的研制;矽钢片磁性测量设备研制;磁场精密测量自动线;天文干版的研制和生产;遥感磁带用磁粉的研制;磁场精密测量自动线项目中所用计算机。

● 年度数据统计

本年度全校教职工合计2 339人,其中专任教师1 157人(包括教授8人,副教授10人,讲师126人)。在校学生总数1 819人,学校占地676亩。校舍建筑面积总计118 692.3平方米。

1978年

● 正式试办预科班(少年班)

早在1974年5月美籍华裔物理学家、诺贝尔奖获得者李政道第二次回国访问期间,曾写过一份关于培养基础科学人才的建议书,通过周恩来总理上报毛泽东主席。其建议主要针对培养基础科研人才,提出要在中国培养一支少而精的基础科学工作队伍,"又不得不从少年人才入手";可参考招收和培训芭蕾舞演员的办法,从全国选拔少数十三四岁的有培养条件的少年到大学培训。该建议得到了毛泽东、周恩来等领导人的赞同。

在江西冶金学院教师倪霖致信方毅推荐宁铂的同一时期,中共中央、中国科学院及我校收到了许多热情洋溢的推荐少年人才的信件。在方毅"可以破格录取"的精神指示下,学校提出了创办预科班(后改称少年班)的设想。1978年1月15日,学校正式将这一设想上报中国科学院。预科班计划招收20名左右智力非凡的青少年,用半年左右的时间着重补习中学基础课,然后经过考核进入本科班,重点学习高等数学、普通物理、普通化学和外语等基础课,两三年后根据各人的实际情况和特长分配到有关专业学习,并参加科研活动,对于成绩特别优秀者可提前报考研究生。很快地,中国科学院于1月27日批准了我校的报告,同意我校"为加速又红又专的科学技术人材的培养,不拘一格发现、选拔人材,破格录取优秀青少年,试办预科班的做法"。在入学年龄方面,科学院强调"不必限制在不超过十五周岁,稍大一点亦可"。

在报告获准后,学校立即选派优秀教师奔赴各地寻找、考核优秀少年。在各地教育局和招生办公室的支持和协助下,通过多次文化考核(包括笔试和口试)、政审、体检,经过严格的挑选,最终录取了21名学生(其中女生4人)。由于派出的教师所掌握的录取标准不一,学生的年龄和成绩差距较大。在学历层次上,从小学、初中到高一、高二几个阶段都有,年龄从11岁到16岁不等。3月8日,少年班举行开学典礼。从此,中国开始了有计划、有目的地集中培养智力超常少年的历史。直至1985年,教育部决定在除我校以外的12所高等院校也开办大学少年班,才扩大了少年班的试点。

少年班属大学预科性质,第一期原计划半年,班主任由汪惠迪担任。此后将学制定为一年,单独制定教学大纲和学习计划,因材施教,经考试合格者,升入本科学习。刚入学的少年班学生,经过三个月的学习,就已大部分具备普通大学生的水平。其中14岁的沈宇已进入理论物理专业学习。

少年班的创办,在国内外引起了极大的反响。开班之后,中国科学院和我校又陆续收到各地寄来的大批推荐信。学校决定继续招生,又于本年度开办了第二期少年班,并于9月份开学,共招收了67名学生(其中女生9人)。为克服首期招生考核标准不一、地区分配不均的缺陷,第二期少年班面向全国招生,由学校组织全国性统考。但由于工作量太大,从第三期开始,招生办法改为借用理工科全国高考试题,由学校根据教育部评分标准阅卷评分,择优初选,再经复试决定录取,但只限在7个城市招生,此后才逐步扩大范围。

由于少年班在国内外的声誉日益提高,电视台、制片厂、通讯社、杂志社等各种媒体接踵而至,采访、座谈、拍电影。为避免占用学生过多的时间,影响其学习与休息,学校对此有所控制,但却在所难免。2月7日,《人民日报》发表了新华社报道《中国科学院不拘一格选择人才》,首次公开报道了我校将成立"预科班"。3月16日,《人民日报》再次报道了少年班的情况。3月20日,新华社记者张碨、宣奉华又在《人民日报》上发表文章《中国科技大学少年班的豪迈誓言:我们要跑步奔向祖国的未来》。4月1日,《中国科学院简报》在题名为《科技大学不拘一格选育人才受到各方支持和赞扬》的文章中称:"科技大学这样做,受到了各方面的支持和赞扬。……我院各级领导,政工、人事部门和广大科技人员、工人、干部,都要解放思想,打破常规,广开言路,千方百计地从各个方面去发现、选拔和培养优秀人才。"5月中旬,中央新闻电影制片厂专程到我校拍摄了《少年大学生》中型记录片,并在全国公开放映。

除各种媒体之外,少年班也受到了国内外著名学者的关注。本年度到少年班参观、访问的有中国科学院副院长兼我校副校长严济慈、美国马里兰大学教授吴京生、英国爱尔兰都柏林舟希克天文台副台长江涛、美国华盛顿天主教大学机械系主任董云潮、美国纽约州立大学石溪分校物理系教授杨振宁、中国科学院副院长兼我校第一副校长李昌、美国工程教育代表团佩莱特等一行11人、美国约翰·霍普金斯大学应用物理研究中心副主任任之恭、中国科学院副院长钱三强等人。其中,严济慈为少年班题词:"你们是初升的太阳,希望寄托在你们身上。"杨振宁与少年班学生座谈时讲道:"成立特别班(少年班)是很重要的,这在世界上无先例,搞几年总结一下,这不仅对中国,可能对世界教育事业也会有所贡献。"

● 恢复列为全国重点高等学校

由于"文化大革命"对教育的严重影响,高等学校的培养能力和教育质量大幅度下降。

1978年

"十年动乱"过后,这种状况引起了国家足够的重视。2月17日,国务院转发了教育部《关于恢复和办好全国重点高等学校的报告》,提出:"恢复和办好全国重点高等学校是一项战略性措施,对于推动教育战线的整顿工作,迅速提高高等教育的水平,尽快改变教育事业与社会主义革命和建设严重不相适应的状况,是完全必要的。"《报告》中将我校恢复列为全国重点高等学校。

10月4日,教育部下发了《关于讨论和试行〈全国重点高等学校暂行工作条例〉(试行草案)的通知》。此前,按照五届人大的规定,今后高等学校实行党委领导下的校长分工负责制,过去作为学校行政工作集体领导组织的校务委员会不复存在,而在各高校中设立学术委员会。《通知》强调,成立这种组织,不仅有利于学校科学研究工作的开展和学术水平的提高,而且便于高等学校,特别是少数著名的重点大学,开展国际学术交流活动。

● "电子同步辐射加速器第一次筹备会议"在合肥召开

3月1—6日,中国科学院二局在合肥市召开了电子同步辐射加速器第一次筹备会议。安徽省委书记顾卓新、中国科学院二局局长邓述慧、安徽省科委第一副主任韦滨、中国科学院教育局副局长李森、我校党委书记武汝扬等出席了会议。顾卓新表示,安徽省委将大力支持加速器建设工作。邓述慧宣布电子同步辐射加速器筹备组正式成立,并对设计建设问题谈了几点意见。中国科学院二局,安徽省科委,中国科学院教育局、计划局、基建局、物资局、高能物理研究所、物理研究所、电子研究所、生物物理研究所、吉林物理研究所、安徽光机所、《科学实验》编辑部,安徽省科技情报研究所,南京大学,合肥工业大学,二机部401所,上海医疗仪器厂,四机部4404厂以及我校等21个单位共56名代表参加了会议。

会议期间,筹备组顾问谢家麟、严太玄作了有关高能加速器的应用的报告。科学院物理研究所、生物物理研究所及我校等单位的代表作了有关电子同步辐射的特点及在各方面的应用的报告。我校提出了《电子同步辐射加速器主体设备初步方案》与《筹备阶段工作初步计划》。会议同意筹备组的设计指导思想,即从国内现有条件出发,在建造速度上突出一个"快"字,在物理实验思想上突出一个"新"字。会议讨论并同意了筹备组提出的第一期工程的初步方案,并讨论同意了筹备阶段工作进度的初步安排。

● 中国科学技术大学研究生院在北京成立并招生

经国务院批准,中国科学技术大学研究生院正式在北京成立,并开始对外办公。该院为司、局级单位,自1978年1月1日起,财务、物资等单立户头。我校为此于1977年12月26日曾专门发文通知。1977年10月20日,严济慈在《人民日报》发表文章《为办好研究生院而竭尽全力》,对研究生院提出了希望:"造就政治觉悟高、知识面广、专业训练好、进取心

1978年

强、敢于攻难关、攀高峰、开拓新方向的一代闯将,成为赶超世界先进水平的生力军。"新华社发布专稿,题为《培养科研人才,适应四个现代化的需要——中国科技大学研究生院在京成立》。

在筹办研究生院期间,招生工作也开始同步进行。1978年1月16日,中国科学院决定将1977年、1978年招收研究生工作合并进行,统称1978级研究生。同一时期,我校制订出本年度研究生招生计划(包括1977年招生计划),在41个专业的65个研究方向上,共计划招收101名研究生。

3月18—31日,全国科学大会召开,迎来了"科学的春天"。方毅在讲话中提出要扩大招收研究生。经国家计委、教育部批准,3月底,中国科学院决定1977年、1978年招收研究生900名,其中我校招收100名。至9月5日,经中国科学院研究生招生领导小组审核,批准我校录取1978年研究生107名,其中校内研究生82名,选派出国留学研究生25名。在招收研究生的过程中,全国各省、市、自治区报考中国科学院的考生多达14 000余人,最后共录取约1 400人,为兄弟科研单位代招代培研究生88人。其中200—300人送国外培养,在研究生院学习的有820人,加上出国研究生外语训练班共1 080人。

3月21日,钱志道调到研究生院(北京)工作。3月31日,国务院[78]国政字第5号文件批复同意严济慈任中国科学技术大学研究生院(北京)院长,马西林、秦穆柏、钱志道、彭平为副院长。本月,中国科学院党组颁发《关于成立中国科技大学研究生院党的领导小组的决定》,党的领导小组由马西林、秦穆柏、钱志道、彭平、李侠五人组成,马西林任组长。

10月14日,中国科学技术大学研究生院(北京)隆重举行首届研究生开学典礼。中国科学院党组副书记、副院长李昌出席了会议并讲话。

10月19日,《中国科学院简报》以《中国科技大学研究生院开学》为题进行了报道。

● 1977级新生开学

1977年,教育部连续组织召开两次(6月29日至7月15日、8月13日至9月25日)高等学校招生工作座谈会,讨论了参加高考的学生资格,确定了高考招生办法。10月12日,国务院批转教育部《关于1977年高等学校招生工作的意见》,从此恢复了高等学校招生统一考试制度。

1977年10月5日,国家主席华国锋在中央政治局讨论全国高等学校招生文件时指示:"科技大学的学生,要在中学打好数理化的基础,年纪不要大,学习不要中断。这样,出成果可以快些。"华国锋、邓小平及其他中央领导所批准的《关于中国科学技术大学几个问题的报告》中也明确规定:"科大主要招收德、智、体全面发展的优秀应届高中毕业生。此外,也招收具有高中毕业文化程度,有志于自然科学研究,有培养前途的其他优秀人才。"此后,我校在社会上的声誉日益提高,全国各地的考生踊跃报考我校。为保证招生质量,1977年11

1978年

月28日,学校还曾上报方毅、李昌等中国科学院领导并转呈华国锋、邓小平,要求能从其他重点高校的考生中同样择优录取。

在新的招生制度下,学校派出67名招生人员,奔赴全国29个省、市、自治区,最后录取了715名普通班大学生。1978年3月13日,1977级新生开学典礼在学校礼堂举行。"十年浩劫"之后,在新的招生制度下录取的第一届大学生受到了社会各界与各级领导的关注,方毅、郭沫若、严济慈、华罗庚、李昌等纷纷发来贺电。

● 调整行政、教学、科研机构

根据中共中央批准的中国科学院《关于仍由郭沫若同志担任中国科技大学校长的请示报告》精神,学校实行党委领导下的校长分工负责制。为适应新形势的需要,学校拟对组织机构和教学、科研机构进行调整,于1月20日将《关于我校组织机构设置的请示报告》呈报中国科学院。该报告于3月15日得到了中国科学院的批复同意。此后,学校的的行政、教学、科研机构作了如下调整:设立教学部、政治部、科研部、校务部和办公室,撤销校部现行的四大组办事机构;设立数学系、物理系、化学系、近代物理系、近代力学系、无线电电子学系、地学系和生物系,撤销专业委员会,重建数学教研室、物理教研室、化学教研室,增设精密机械与精密仪器专业;学校科研工作由科研部统一管理。在近期内先后成立数学研究所、天体物理研究室、量子化学研究室和电子同步辐射加速器筹建组。

10月19—30日,校党委召开常委扩大会议,"调整机构,整顿、健全领导班子"是其中的一项重要内容。会议决定:取消原设的政治部、教学部、科研部、后勤部、基建部,设立党委办公室、组织部、宣传部、人武部、保卫处、校办公室、人事处、学生工作处等党政机构;在党委领导下,设立纪律检查委员会。设立教务长、副教务长负责教学科研工作,下设:教务处、科研处、生产管理处、器材处、师资培训和研究生管理处、图书馆。设立总务长、副总务长,负责后勤工作,下设:生活管理处、行政管理处、房产管理处、财务处、医院。基建工作设:基建综合处、工程技术处、材料设备处。设立北京教学管理处,以加强北京后期教学管理工作。设立校学术委员会。

11月9日,根据党委常委会议决定,学校又成立了精密机械系和科学组织与计划管理系筹备组。

● 武汝扬等7人参加全国科学大会

3月18—31日,中共中央、国务院在北京隆重召开全国科学大会。参会代表达5 586名,华国锋、叶剑英、邓小平、郭沫若等党和国家以及科学界的领导人出席了会议。在开幕式上,邓小平特别提出了"科学技术是生产力"、"四个现代化,关键是科学技术的现代化"以

及"知识分子是工人阶级的一部分"三个论点。大会通过了我国的第三个科学技术发展长远规划《1978—1985年全国科学技术发展规划纲要(草案)》。在闭幕式上,大会宣读了郭沫若的书面讲话《科学的春天——在全国科学大会闭幕式上的讲话》。这次大会是在国家百废待兴的形势下召开的一次重要会议,也是中国科技发展史上一次具有里程碑意义的盛会。大会打开了"文化大革命"以来长期禁锢知识分子的桎梏,迎来了科学的春天。会上,先进集体和先进科技工作者受到了表彰。

在全国科学大会筹备期间,方毅在一次听取大会筹备办公室汇报典型材料工作情况时就曾指示,要请我校代表在科学大会上作个发言。中国科学院随即要求我校组织力量起草发言稿,教育部也希望我校在发言中介绍教学改革与培养干部的经验。为此,我校拟定了《中国科学技术大学在同"四人帮"的斗争中前进》。

我校党委书记、副校长武汝扬,副校长钱志道和方励之、伍小平、钱临照、杨承宗、杨纪珂共7名代表参加了全国科学大会。学校共有15个科研项目(其中5项与外单位协作)获奖。尤其值得一提的是,我校天体物理研究室获得先进集体奖。1979年12月27日,《中国科学院简报》以《一个生气勃勃成绩显著的研究室》为题做了专门报道。

● "四牌楼"学生宿舍楼动工兴建

为贯彻落实中共中央、国务院所批准的《关于中国科学技术大学几个问题的报告》精神,学校招生任务大大增加。1977年共招生736名,因无宿舍而临时将图书馆阅览室改作学生宿舍。1978年9月又计划招生660名,另加研究生100名,而1975级工农兵学员至11月份方能毕业离校。因此,能否解决学生宿舍是本年秋季招生的关键问题。同时,也为了解决职工宿舍和教学实验室的紧急需要,学校向中国科学院申请并经批准,1978年在现校址新建单身宿舍楼三幢、教学实验楼一幢、家属宿舍楼一幢,另建水塔一座。自4月5日起,"四幢楼"(后又称"四牌楼"),即三幢学生宿舍楼和一幢教学实验楼工程正式动工。四幢楼均系四层混合结构,其建筑面积、立体式样、施工工艺与结构内容基本相同,总面积达12 600平方米。经过140天的建设,至8月25日全部竣工,在新生开学前交付使用。

● 李昌、严济慈等一行来校检查指导工作

为了深入传达贯彻全国科学大会、全国教育工作会议的精神,进一步落实中共中央批准的《关于中国科学技术大学几个问题的报告》(简称"七条"),切实办好我校,自4月17日至29日,中国科学院副院长、我校第一副校长李昌,中国科学院副院长、我校副校长严济慈,研究生院(北京)党委书记马西林,以及中国科学院数学研究所副所长吴文俊,计算中心负责人冯康,物理研究所副所长马大猷、王守武、管惟炎,化学研究所研究员钱人元,有机化

学研究所副所长黄耀曾,高能物理研究所所长张文裕、研究员朱洪元、副研究员王祝翔,力学研究所研究员谈镐生,中国科学院学术委员会秘书长顾德欢,电子学研究所研究员吕保维、陈宗陟,地球物理研究所副所长傅承义,细胞生物研究所副所长庄孝惠,生物物理研究所副研究员沈淑敏等兼职系领导以及中国科学院教育局副局长李森,基建局、计划局负责人,南京无线电厂总工程师吴金轮等一行二十多人到我校检查指导工作。十余天内,校、系两级兼职领导多次召开大小会议,与师生员工座谈,广泛征求各方意见,研究如何加快速度,把学校建成高水平的教学中心、科研中心。这段时间内,院、校双方所开展的一系列学术交流等活动,是贯彻"所系结合"方针的具体体现。除向全校师生员工传达全国科学大会精神之外,李昌、严济慈及各系兼职领导围绕提高教育质量和基建等问题召开了三十多次座谈会,并就学校几个有关问题与安徽省委万里、赵守一等领导人交换了意见。这次应邀赴肥的我校兼职正、副系主任热情很高,对于如何提高教育质量发表了许多意见,还应安徽省的邀请作了14场学术报告。

在这次检查指导工作中,李昌为学校题词:"希望中国科技大学培养出基础科学知识坚实、实验技术水平高、外文好、身体健康、具有高度社会主义觉悟和革命纪律性的科技战士,为在本世纪内把祖国建成四个现代化的社会主义强国作出贡献。"严济慈亦为学校题词:"谨祝中国科学技术大学在教育科研事业中百花盛开,捷报频传,人才辈出,群星璀璨。"并为少年班题词:"你们是初升的太阳,希望寄托在你们身上。"

在这次赴合肥检查指导工作的基础上,6月13日,李昌、严济慈将关于我校的基本情况向方毅副总理并邓小平副主席作了书面汇报,提出了要把我校列入院、所工作的议事日程,加强和健全校、系领导班子,充实、加强教师队伍,加强学校实验室和现代化教学手段的装备等建议。

● 美国马里兰州大学吴京生教授来校讲学

5月,经国务院批准,应中国科学院邀请,美国马里兰大学教授吴京生到中国科学院物理研究所短期工作,并赴合肥访问我校。20日上午,吴京生在校图书馆三楼作了题为《等离子体物理学的进展》的学术报告,参加报告会的有等离子体、天体物理、空间物理等专业的教师以及等离子体专业的1967届学生,计160余人。吴京生介绍了等离子体物理学这门学科的形成和发展过程以及目前美国在这方面的研究动态。他对我校等离子体专业教师所编的讲义与大纲表示赞叹。学术报告结束时,他诚恳地希望中国的科技人员能在今后一二十年的时间内在等离子体物理学这门新兴学科的发展中作出自己的贡献。

1978年

● 万里邀请有关专家来合肥讨论学校新校址规划方案

学校南迁至合肥后,所使用的校舍一直由原合肥师范学院和安徽省银行干校两部分组成,至1978年已有校舍面积125 366平方米,占地720亩。在《关于中国科学技术大学几个问题的报告》中,关于基建方面曾提出"为解决教学科研、职工宿舍和职工子弟中学用房严重的不足,至少需要再兴建十八万平方米左右,基建速度需要每年建成三万至四万平方米"等要求。为此,学校在年初制订了第一期(1978年至1985年)扩建计划任务书。在扩建的校址选择上,首先拟定了两个方案:一是在现校址附近扩建,向南扩展至(南)七里站,征地近400亩,向西扩展至大寨路(现金寨路)西侧、安徽大学南侧,征地约600亩;二是在合肥市西郊通用机械研究所南侧扩建,征地约2 500亩。基于长远考虑,扩建计划拟采用第二方案,并获得了安徽省、合肥市领导的同意。

自3月中旬扩建计划任务书上报后,至5月中旬,安徽省委第一书记万里亲自邀请了南京工学院教授杨廷宝、清华大学教授吴良镛、同济大学教授冯纪忠、上海工业建筑设计院副总工程师魏志达等11人到合肥,会同安徽省、合肥市城市规划部门有关人士共同研究我校扩建问题。5月23日,万里、赵守一等安徽省、合肥市领导听取了汇报,到校审批18万平方米扩建计划的国家计委严谷良及中国科学院有关局的负责人也参加了汇报会。会后,学校与国家计委、科学院、合肥市城建局等相关人员对一些具体问题进行了研究,在校址选择上提出了三个方案:一是中岛方案,选址在董铺水库、安徽光机所东侧的另一个半岛上;二是现校址扩建方案,将现校址加以改造,并在安徽大学南侧另行扩建;三是大蜀山方案。根据安徽省委、国家计委和专家等各方面的意见,结合学校实际情况,大家一致认为以中岛方案为最佳。6月3日,中国科学院第九次院务会议决定,同意安徽省委对我校新校址改在中岛的意见,并将学校原定学生6 000人扩大到规模为1万人。基本建设分两期进行,第一期工程18万平方米。

中岛方案确定后,由于该地区有一断裂带,需要进一步查明断裂带的具体坐标、走向、力学性质和活动性等资料,以供建筑设计之用。为此,我校曾呈报安徽省革委会,请求组织安徽省地质局、煤炭局、石油化工二局与地震局等单位对断裂带进行电法勘探、重力勘探、钻井勘探、地震勘探与断层活动性勘探。

● 郭沫若在北京逝世

6月12日,我校首任校长郭沫若在北京逝世,终年86岁。自1958年我校创立,郭沫若就兼任校长,长达20年之久,在学校的创建与发展过程中起到了至关重要的作用。

据郭沫若生前秘书王庭芳回忆,6月6日,李昌、严济慈、钱三强到医院看望郭沫若,当

1978年

李昌谈及4月间与严济慈等到我校的情况时,郭沫若"脸上露出了高兴的笑容"。听说学校师生都很想念他,祝他早日康复,他连声说:"谢谢,谢谢!"他向李昌、严济慈说:"请你们代我问科技大学的同志们好。"这是郭沫若校长对我校讲的最后一句话。

6月19日,学校隆重举行了郭沫若校长追悼大会。

● 中国科学院批转我校《进一步贯彻中央批准的〈关于中国科学技术大学几个问题的报告〉的几点意见》

自4月中下旬李昌、严济慈等到我校检查指导工作之后,全校师生大受鼓舞。根据中国科学院与安徽省领导的指示精神,我校研究了扎根安徽办好学校的具体措施,于6月2日拟出《进一步贯彻中央批准的〈关于中国科学技术大学几个问题的报告〉的几点意见》上报中国科学院。其内容包括如下几点:(1)抓纲治校,扎根安徽;(2)坚定不移地贯彻"全院办校,所系结合"的方针;(3)加强基础课,提高教学质量;(4)大力开展科学研究工作;(5)大力充实、加强师资队伍;(6)学校规模和基本建设;(7)总结经验,继续试办少年班;(8)中国科学技术大学研究生院。6月15日,中国科学院向院属各单位、各双重领导单位及院机关各部门批转了我校的报告,原则同意报告中所提的几点意见。

● 召开落实政策大会

在"文化大革命"的"清队"、"整党"、"一打三反"、"清查'516'"等运动中,学校的广大干部与师生员工受到批斗、立案审查的有432人,其中处级以上干部31人,正、副教授22人,讲师57人,助教60人,科级以下干部89人,一般职工82人,学生91人。"文革"结束后,遵照中共中央与安徽省委的指示精神,在"揭批'四人帮'的第三战役"中,以揭批"四人帮"为纲,重点抓落实党的政策工作。学校于1月份布置了落实党的干部政策工作,并做了明确分工。经过半年多的复查,7月3日,校党委召开了由全校教职工参加的落实政策大会,对运动中去世的15名教师、干部、学生平反昭雪;对一些老干部、正副教授,如因谈论过江青去山东探亲上坟而被定为现行反革命的原校务部主任李侠、因历史上参加过国民党业余无线电协会而被宣布为特务从而受到专政的原无线电电子学系教授李芯、受"特务集团"株连的化学系教授刘达夫等的冤、错、假案,宣布平反,恢复名誉。

● 杨振宁来校访问

8月10—13日,著名美籍物理学家、诺贝尔物理学奖获得者杨振宁到合肥探亲。在此

期间,杨振宁参观了我校的实验室与计划新建的中岛新校址,并同学校有关领导、教授、教师进行了内容广泛的交谈。对于学校的教学、科研以及远景规划,杨振宁表示十分关心,并提出了许多建议。他还向学校赠送了一台HP—25型袖珍计算机,学校向他回赠了四幅铁画。在与学校领导、教师交谈中,杨振宁主要谈到了以下几个方面的问题:学校在合肥建校和建立合肥科学中心;派人出国学习和进修;邀请国外学者讲学或回国定居;少年班;教学、科研方面。他对这些问题都提出了自己的建议与见解。12月29日,中国科学院、外交部联合发文上报国务院,聘请杨振宁为我校兼任研究教授(后称为"名誉研究教授"),并于1979年1月15日获得批准。

● 北京教学管理处成立

为解决学校搬迁合肥后远离中国科学院院属各研究所的困难,继续利用科学院在人力、物力方面的条件,加速培养急需的科研人才,经中共中央批准,学校高年级学生大部分(每年约1500人)要到科学院京区各研究所参加科研工作,进行毕业实习。但住房问题迟迟未得到解决。此外,中国科学院将派出700名研究生、进修生出国学习,这批人在出国前集中学习外语也急需用房。为此,中国科学院党组李昌、胡克实于8月10日致信邓小平副主席,恳请指示六机部尽快将其占用的原我校南院的校舍腾出,以应科学院之急需。8月15日,邓小平批示:"由六机部商同科学院从速处理,谷牧同志阅。"次日,谷牧批示:"请六机部遵照邓副主席批示办。"

8月23日,学校呈报《关于抓紧筹建我校在京后期教学用教学点的报告》,希望科学院将我校原北京校址的南院交还我校,以作教学点用房。

9月11日,中国科学院秘书长办公会议讨论了我校关于成立北京管理处的请求报告,原则上同意成立学校北京管理处,但要求高年级学生来京人数不宜过多,可多安排到外地有关研究所。自9月份北京管理处成立后,原我校在京留守处撤销。

北京教学管理处的任务是:组织高年级学生去京进行后期教学,即开办讨论班,安排专业课和毕业班学生到各研究所完成毕业论文,举办出国人员外训班,开办教师进修班,安排与后期教学有关的科研工作,加强同各研究所的联系,收集和整理科技情报等。按前、后两期教学思想,后期教学为一年半至两年。到京区各研究所进行后期教学的学生约1500人,外训班、进修班学生约500人,北京管理处的规模为学生2000人。教职工按教育部有关规定配置。

按北京管理处的任务和规模,玉泉路原学校南院、后院共4万平方米校舍尚不敷使用,需新建教学用房3万平方米,宿舍1万平方米,共4万平方米。鉴于高能物理研究所占用原校舍的中院6万多平方米房屋,按国务院[78]166号文件关于占用高校校舍不能退让必须还建的精神,学校希望能利用高能物理研究所重点工程的优越条件,以高能物理研究所还

1978年

建名义解决所需4万平方米校舍。

在领导体制方面,由副校长华罗庚分管北京教学管理处的工作。管理处设主任、副主任。10月21日,"中国科学技术大学北京教学管理处"印章启用。

● 中国科学院院属四所大学工作座谈会在北京召开

9月1—3日,中国科学院院属四所大学(中国科学技术大学、浙江大学、哈尔滨科技大学、成都工学院)工作座谈会在北京召开。会议传达学习了国务院务虚会精神和中央领导的有关讲话,并就当前急待解决的问题交换了意见。

● 隆重举行建校二十周年庆祝大会

1978年正值学校建校二十周年,学校将9月20—23日定为校庆活动日。在此期间,除召开校庆大会外,还进行了表彰先进,评定重大科研成果,提拔部分教授、讲师、工程师等,举办校史展览,组织学术报告会,总结交流教学、科研经验,出版校庆科技论文学报专刊,开放实验室,编印向科学进军征文集,安排文艺活动,放映内部科技影片等活动。

9月20日上午,校庆大会在礼堂召开,参加大会的有中共安徽省委第一书记万里、省委书记赵守一,中国科学院副院长、我校第一副校长李昌,郭沫若校长生前秘书王庭芳;近代化学系兼职系主任卢嘉锡,地球和空间科学系兼职系主任傅承义等,以及中国科学院和安徽省各有关部、局领导,安徽省各大专院校和浙江大学、哈尔滨科技大学、成都工学院等兄弟院校的代表,我校研究生院的代表,安徽省兄弟单位的代表,在学校工作过的老同志和特地赶回母校参加校庆的校友等来宾110多人。参加大会的还有学校党委第二书记武汝扬和副书记李云扬、许世尧等校领导。大会由校党委第一书记杨海波主持。

杨海波在大会上回顾了学校的历史,他说,我校"是由郭沫若同志提议,聂荣臻同志亲自向中央报告,经敬爱的周总理同意,中央书记处讨论通过,邓小平同志亲自批准创办的"。在讲到20年中我校所取得的成绩之后,杨海波着重总结了我校20年的基本经验,这就是"三纲五化"、"十六字校风"、"全院办校,所系结合"的方针。此外,他还总结了学校在教学上的基本经验,并明确了学校当前的基本任务。接着,教职员工代表方励之与学生代表钱京在会上讲话。李昌在讲话中转达了聂荣臻与方毅的祝贺与问候,并宣读了中国科学院的贺信。在会上讲话的还有安徽省委常委、革委会副主任胡开明和郭沫若校长生前秘书王庭芳等人。

会上宣读了聂荣臻等为校庆发来的题字、题诗、贺信与贺电,并接受了成都工学院、长春光机学院对大会的赠旗。聂荣臻为学校校庆题词,希望我校"乘东风喜雨,抓纲治校,总结经验,再接再厉,为祖国四个现代化的建设,出更多更辉煌的科技成果,出更多更优秀的

1978年

科技人才"。方毅在贺电中希望学校全体师生踏实工作,刻苦钻研,努力把学校办成一个世界第一流的教育中心和科学研究中心,为社会主义祖国造就大批无产阶级专家,为实现四个现代化作出贡献。郭沫若校长夫人于立群托人带来了郭沫若最后一次给学校的题词:"忠诚党的教育事业。"同时,她又亲自用隶书笔录了郭沫若于1959年9月在学校新学年开学典礼上的讲话:"我们的校风是好的,就是勤俭办学,艰苦朴素,红专并进,团结互助。"学校第一任党委书记郁文也给学校来信,号召大家继承和发扬延安抗大的革命精神,用以总结学校20年来的办校经验,为把学校办成一座现代化的科技教育中心和科学研究中心而共同奋斗。严济慈在贺信中称我校"不愧为一所'迎接着永恒的东风把红旗高举起来'的新型革命大学,她培育的近万名毕业生,现在多已成为我国科技战线的骨干力量,她在教学和科研中取得的丰硕成果,已成为我国科技百花园中一簇绚丽的鲜花"。华罗庚为学校校庆题诗《科大廿周年志庆》。

校党委副书记李云扬宣读了提升7名教授、47名副教授的名单。党委副书记许世尧宣读了授予彭定坤等16人以"忠诚党的教育事业先进工作者"光荣称号的决定,并颁奖。此外,龚昇等99人受到了奖励,陈希孺等156人受到表扬。

校庆期间,全校师生广泛开展了学术活动,全校共举办学术报告会120场左右,其中全校性的报告会40余场。校内钱临照、方励之、阮图南、项志遴、杨纪珂等教授、副教授,中国科学院福州物质结构研究所所长卢嘉锡、北京天文台副台长王授琯、贵阳地球化学研究所副所长涂光炽、安徽光机所研究员霍裕平、成都工学院教授谢炳仁、浙江大学教授郭竹瑞等所作的报告尤其受到广大师生的欢迎。

● 龚昇等7人晋升为教授,石钟慈等47人晋升为副教授

至1978年,我校共有教师和科研人员1312人,其中教授8人,副教授12人,讲师121人,助教1171人。为进一步贯彻全国教育工作会议精神,落实知识分子政策,学校对教师提职问题曾多次进行研究。4月份李昌、严济慈等到校检查工作之时,曾就教师提职问题作过专题研究,并征求了科学家们的意见。经过反复讨论,学校先后于6月、8月提了两批名单,经初步向安徽省教育局和中国科学院领导请示汇报后,再次听取了群众的意见,校党委常委会扩大会议于9月6日研究,拟提升龚昇等7人为教授,提升石钟慈等62人为副教授。其中,由讲师越级提升为教授的4名,由助教越级提升为副教授的5名。会议研究结果上报中国科学院干部部、教育局与安徽省革委会教育局。9月23日,安徽省革委会决定,提升龚昇、方励之、黄茂光、吴杭生、曾肯成、杨衍明与项志遴7人为教授。同时,安徽省革委会教育局发文决定,提升石钟慈等47人为副教授。

1978年

● 破格录取肖刚、李维度、史丰收等三名学生

1977—1978年度，学校破格录取了肖刚、李维度、史丰收三名学生。

肖刚原是江苏师范学院一年级工农兵学员，1977年7月24日，他致信中国科学院，自述在数学方面通过自学，已掌握了多方面的知识，并具备了一定解决问题的能力，"如果祖国的科技事业需要我的话，能否给我一个条件，使我能为此作出自己的贡献"。随信他还附上了一篇上一年度完成的"习作"《有理数的K进制数表示》。此信引起了李昌等科学院领导的重视。经李昌、甘重斗两次批转，该信送达数学研究所潘友谭处。经数学研究所对肖刚的"习作"审核并上报后，甘重斗批示，建议将肖刚调到我校学习。我校数学系经过考核，认为肖刚已达到了1966年以前大学数学系三年级学生的水平，决定破格录取他为研究生。根据其在代数方面的兴趣，经研究确定曾肯成为其指导教师。

史丰收原是陕西省一名民办小学教师。他从11岁开始，经多年努力，所创造的"快速计算法"在加、减、乘、除、乘方、开方等方面不仅计算准确，而且其速度有时甚至超过电子计算器。早在1972年，15岁的史丰收就曾赴京，并受到周培源、吴有训、华罗庚等老科学家的热情接待和鼓励。1977年底，21岁的史丰收报考北京大学数学系落选。于是他进京毛遂自荐，到中国科学院要求领导接见，当场作速算表演，要求给他以深造的机会。科学院信访办公室为此两次向李昌报告，李昌批示："建议和科大联系，作为试读生学习，一方面他考试成绩在水平线下，收为正式生似不妥，再则不拘一格选人才，也可给予深造的机会。如何？"根据这一批示，我校数学系教师颜基义在北京对史丰收进行了考核，中国科学院数学研究所、应用数学推广办公室等单位也对其进行了考核，结果一致认为：史丰收的速算技巧确实很高，但数学基础薄弱，需要学习深造。鉴于这一情况，我校数学系建议让史丰收参加1978年高考后据成绩录取，但未被采纳。于是，学校按照中国科学院领导的批示精神破格录取了史丰收。

李维度初中毕业后在农村插队期间，通过自学研究地球起源学说。1978年3月他赴京上访，向中国科学院汇报科研成果。老科学家尹赞勋、张文佑、顾功叙、李继亮等人审阅了他的论文，地球物理研究所又于4月19日组织了有30多名业务骨干参加的答辩会，听取了他的学术报告，结果一致认为李维度对于"地球起源"的观点有独创见解。顾功叙建议《地球物理学报》发表他的论文。但科学家们又认为李维度尚缺乏严格的数理训练，对现代科学已取得的成就缺乏了解，如果能先在大学里打下基础，特别是数理基础，是可以培养成才的。之后，方毅等科学院领导指示我校对李维度的情况进行调查考核。我校派出邢泽仁、孙贞寿两位教师专程赴福建考察落实，后经福建省招生委员会批准，学校决定破格录取李维度进入学校地球和空间科学系学习。

1978年

● 1978级新生开学

1978年是学校南迁合肥以来招生数量最多的一年。学校于6月份派出了35名教师分别到福建、山西、河南、北京、辽宁等17个省、市、自治区进行招生宣传工作，7月下旬又派出60多名干部、教师分别到28个省、市、自治区为少年班招生。根据中共中央关于德智体全面考核、择优录取和打破常规选人才的原则，在各省、市、自治区和招生部门的支持下，学校从全国29个省、市、自治区共招收学生1315名，其中普通班学生932名，教师进修生160名，研究生107名，少年班学生67名，电子计算机软件进修（专修）生49名。加上第一期少年班19名学生转入1978级普通班和年初从陕西破格录取的史丰收随1978级普通班学习，普通班共计学生952名，其中出国预备生140名，有51名是全国或省、市、自治区数学竞赛优胜者免试保送进校的。与兄弟院校相比，本年度学校在许多省、市、自治区招收的学生成绩较好，全校录取的学生高考平均总分为410.5分，数理化平均为89.5分。而学生年龄小则是本年度新生的第二个特点，平均年龄为17.1岁。10月9日，学校隆重举行了1978级新生开学典礼。

● 成立电工电子学教研室

为加强基础课教学，经校党委常委会研究，决定重建电工电子学教研室。经过一个月的筹备，该教研室于10月18日正式成立。是日下午，学校召开了"电工电子学教研室"成立大会。党委副书记李云扬、教学部长张耕野、教学部和政治部的有关领导、各系与各基础教研室的负责人、电工电子学教研室和其他基础教研室的教师都参加了成立大会。新成立的电工电子学教研室干部配备如下：教研室主任由方树尧担任，陈昌薇、薛定安任副主任；支部书记由方树尧担任，蒋云章任副书记。无线电电子学系党总支书记王学保负责帮助重建电工电子学教研室。教研室研究人员由万炳奎等61人组成。

● 美籍华裔科学家任之恭来校访问

10月23日，美籍华裔著名物理学家任之恭教授到我校进行短期的参观与讲学。访问期间，他参观了无线电电子学系的无线电、微波、自动控制、计算机等实验室和物理系的激光实验室，对所参观的实验室和科研项目表现出浓厚的兴趣，并建议在这些属于应用科学的项目之外注意加强基础科学方面的研究。校领导杨海波、李云扬以及钱临照、张耕野、任知恕等会见了任之恭，进行了亲切的交谈。在赴黄山风景区游览几日后，任之恭再次回到合肥,于11月1日与学校部分对口专业教师以及合肥工业大学、安徽大学、中国科学院合肥分院等单位的代表就有关微波、超导物理、量子物理、自由电子激光器等学科的发展进行了座谈,还为各高等院校和安徽省直机关的代表作了题为《在四个现代化时期,基础科学和应用科学的关系》的报告。12月29日,中国科学院、外交部联合发文上报国务院,聘请任之恭为我校兼任研究教授(后称为"名誉研究教授"),1979年1月15日获得批准。

● 颁布《中国科学技术大学学生学籍管理暂行规定》

10月,学校颁布了《中国科学技术大学学生学籍管理暂行规定》,在1977年《关于学生学籍管理的暂行规定(修订讨论稿)》关于学生入学注册、休学和保留入学资格、复学、升级和重读、转专业与转系、奖励与处分、毕业和结业等规定的基础上,又增加了有关请假、考核方面的规定。

● 我国第一台"高频大功率铁氧体磁性测试仪"通过鉴定

"高频大功率铁氧体磁性测试仪"是专为中国科学院高能物理研究所承担的高能质子加速器建设工程而设计的,我校物理系磁学专业陈慧余、谢行恕等四名教师早在1976年就开始承担此项任务,并首先在同年完成了一台小样测试仪器。1977年底,他们又完成了利用脉冲调制高频讯号源,外加20周交流偏场的小样测试装置。1978年初,他们开始研制一台检测射频加速器腔用铁氧体磁性的专用设备,至10月研制成功,并通过高能物理研究所和716厂、798厂等有关单位共同组织的鉴定。该仪器为测量环形铁氧体样品在高频大功率下磁性的测试装置,可测量外径68—70 mm,内径28—30 mm,厚度20—25 mm铁氧体磁芯的磁性,为我国第一台能在高频大功率下测试铁氧体材料上述性能的仪器,于1979年获中国科学院科研成果三等奖。

● 中国科学院党组开会专门研究我校问题

11月初,新华社记者朱维民、徐民和向国家科委、中国科学院转送了我校近代物理系1977级1班全体学生写给方毅副总理的一封信,同时附上我校近代力学系27名学生致学校领导的公开信,反映学校存在的以下问题:师资力量薄弱,教学管理混乱;图书馆、阅览室拥挤不堪;外语学习条件差;后勤工作跟不上;教师不安心,人心思京。李昌于11月13日批示:"请教育局派人将此信送给科大党委和中层干部看,并请他们讨论如何改进。看来,有些情况已有变化,但还要大力彻底改进。总之,科大是全国有名的学校,要办成世界第一

1978年

流的大学,群众就有权要求名实相符。要求各项工作都要达到先进的第一流的水平。需要院办些什么也请提出来。"次日,方毅批示:"科大办成这样,实在看不过去,此事请科学院党组好好讨论一下,切实改进。"

在方毅的指示下,11月16日,中国科学院党组召开会议,专门研究了我校的问题。科学院副院长严济慈、我校党委书记杨海波、副教务长张耕野以及科学院教育局、政研室、计划局、政治部、干部部、物资局、基建局、办公厅的有关负责人列席了会议。杨海波在会上汇报了学校的近况,他说,学生信中反映的问题有的已经解决,有的正在解决。会议针对学校目前存在的问题,议定了如下改进意见:坚决贯彻中央批准的《关于中国科学技术大学几个问题的报告》精神,扎根安徽,逐步把学校办成世界第一流的大学;加强校、系两级领导;大力加强教师队伍的培养提高工作;搞好前期、后期教学等。

● 龚昇教授从事比勃巴赫猜想研究取得重要成果

比勃巴赫(Bieberbach)猜想是函数论中的著名猜想,1916年由德国著名数学家比勃巴赫提出,之后六十多年来,许多函数论工作者埋头钻研,也创造了不少新方法,但只证明当 $n \leqslant 6$ 时猜想是对的。龚昇教授在前人工作的基础上,证明了几个有意义的结果,得到了国际同行的好评。该成果获得了中国科学院重大科技成果二等奖。

11月17日,《中国科学院简报》第91期报道了龚昇教授在从事比勃巴赫猜想研究中取得的重要成果。

● 举行1978届毕业生毕业典礼

11月18日,学校隆重召开1978届毕业典礼,校领导与师生代表分别在会上讲话、发言。本届毕业生共502人。

● 日本大阪大学工学部教授竹本喜一来校访问

应中国科学院化学研究所邀请,日本大阪大学工学部教授竹本喜一于11月19—26日到合肥进行了短期学术活动。竹本喜一长期从事功能高分子研究,并著有《高分子催化剂》和《医药高分子》等书。这次来肥,他共作了6次学术报告,并进行了3次学术座谈。

1978年

● 学校组成新的领导班子

11月20日，经中共中央批准，杨海波任中国科学技术大学党委书记、副校长；李云扬任党委副书记、副校长；马西林、王铮、孔真、许世尧任党委副书记；钱临照、杨承宗任副校长。在此前后，中国科学院发文任命了学校教务长、副教务长、总务长、副总务长、纪律检查委员会书记、党委组织部部长、宣传部部长等职。此外，还任命了一批新的各系、处的负责人。

此前，3月21日，中共安徽省委组织部发文，调钱志道到中国科学技术大学研究生院工作。1979年3月，武汝扬调任科学出版社社长。

● 中国科学院副院长钱三强来校检查指导工作

11月30日至12月1日，中国科学院副院长钱三强受科学院党组和副院长李昌的委托，到我校检查指导工作。杨海波、李云扬、卢岗峰等校领导向钱三强汇报了学校的近期工作。钱三强给全校干部、教师、学生、工人代表500余人作了关于艰苦奋斗办好学校的报告。此外，他还参观了学校320机房、激光分离同位素及低温实验室，会见了两届少年班的全体同学。钱三强对学校所取得的成绩表示祝贺，并希望学校克服困难继续努力，为加速实现四个现代化作出新的贡献。

● 同步辐射加速器考察团赴美国考察

本年度，学校在进行同步辐射加速器预研制工作的同时，也开始了与国外同行的学术、技术与人员交流。

在3月初召开的电子同步辐射加速器第一次筹备会议上，鉴于电子同步辐射加速器在国内尚属空白，既缺乏设计建设的实际经验，又没有较详细的可供借鉴的技术资料，与会代表一致认为应尽早组织代表团出国考察，把国外的经验学回来，把有关技术资料带回来，在现有的国际水平上实行赶超。会后不久，3月14日，电子同步辐射加速器筹备组即上报中国科学院二局，要求组团考察美国、西欧与日本的同步辐射加速器的设计建设经验。

值得一提的是，6月份，我校近代物理系通过中国科学院高能物理研究所所长张文裕与美国斯坦福大学同步辐射实验室副主任威尼克（Herman Winick）教授建立了通信联系。威尼克表示愿意对我校的同步辐射工程提供帮助，并邀请我校参加该实验室近期召开的用户会议。10—11月，我校应邀派出包忠谋等四人组成的考察团赴美，参加了斯坦福大学同步辐射用户年会。

包忠谋一行四人在参会期间,受到了著名美籍物理学家袁家骝的热情接待。袁家骝对我校筹建中的电子同步辐射加速器工程设计提出了一些建议。威斯康辛大学也热情接待了包忠谋等人。

考察团参观了美国的几个同步辐射实验室,与美国学者讨论了关于建造同步辐射加速器的学术和技术问题以及人员交流的问题。本次考察访问的成功,多有赖于斯坦福大学同步辐射研究所所长布伦海姆教授与副所长威尼克教授的组织与安排。为与斯坦福大学同步辐射研究所建立经常的学术交流与合作,在考察团回国后,学校专门上报中国科学院外事局,邀请布伦海姆与威尼克两人于1979年秋来华访问一个月,进行讲学和学术交流,并进一步讨论我校正在研制的同步辐射加速器问题。

● 筹办"全国高能物理会议"与"第二次全国质谱技术会议"

9月,受中国科学院委托,由我校负责筹备的"全国高能物理会议"在芜湖召开。这是高能物理学科第一次全国性的高能核理论专题会议,它带有学科战略布局、进行学术开拓、交流研究成果、动员组织协作的性质,是落实全国科学规划任务中八大重点之一的一个措施。

同样受中国科学院委托,我校筹备召开第二次全国质谱技术会议。由于距离第一次全国质谱技术会议召开(1961年,由二机部八局在北京主持)已有17年之久,我国的质谱科学技术无论在质谱理论、仪器制造以及应用等方面都有了根本性的发展,因而各方面的技术专家都对第二次会议非常重视。7月5—9日,由我校主持在合肥召开了筹备会议。11月下旬,第二次全国质谱技术会议在合肥正式召开。

● 国家计委正式批准我校扩建计划任务书

12月18日,国家计委正式批复同意了我校扩建计划任务书,要求学校本身的教学、科研、生产及宿舍的建筑面积按14万平方米进行设计,投资控制在6 000万元以内,而图书馆、外籍人员招待所、医院、中小学、幼儿园、仓库、商业服务以及其他市政建设等项,可分列合肥分院和合肥科研教育基地的市政建设,由中国科学院统一规划,同时进行设计和建设,其规模另行核定。

由于"文革"刚刚结束,国家面临的建设任务十分繁重,经济压力很大。1979年进入国民经济三年调整时期,中央提出了"调整、改革、整顿、提高"的新八字方针。根据国民经济调整方针,削减基建投资,在三年内学校董铺中岛新校址工程无力上马。为此,学校重新研究了基建方案,向中国科学院呈报《关于中国科学技术大学一九八〇至一九八一年基本建设规划的报告》,计划集中力量进行现校址建设,同时在北京相应地进行后期教学所必需的工程建设。中共中央原于1976年批准确定我校规模为大学生5 000人、研究生1 000人,但

1978年

受合肥现校址的限制,在国民经济调整期间进行扩建、调整,达到容纳学生4 000人,其中大学生3 500人,研究生500人。相应地,在北京教学管理处进行配套扩建工程,达到能够容纳高年级学生1 500人,外训班500人。按此规模,在合肥现校址共需20万平方米的校舍。而现有建筑面积仅15万平方米,其中一半系合肥师范学院旧房,质量差,利用率低。经预算,合理调整后尚需建设各种用房56 700平方米,投资1 731.1万元,尚需征地200亩(学校南侧至太湖路)。北京教学管理处在三年调整期间建筑1 900平方米,投资299万元,拟在北京学校校舍石景山路南侧征地100亩作为扩建用地。三个月之后的9月12日,中国科学院批复了学校的基建报告,同意学校在国家计委批准的扩建任务内,在两三年内,尽快在大寨路现校址扩建校舍53 000平方米,要求投资控制在1 420万元以内。1981年8月7日,中国科学院又批复同意将扩建总面积改为55 600平方米,投资增加到1 800万元。

1981年1月17日,中国科学院致函安徽省政府,商请将我校现校址西边的800亩土地予以保留,作为学校将来扩建的规划用地。

合肥市政府几经研究,于1982年7月22日正式同意我校在黄山路以南,合作化路以东,望江路生活区以北,肥西路以西扩建新校区。同时,合肥市政府对国家科委决定在合肥兴建同步辐射实验室表示非常欢迎。但由于对同步辐射对环境的污染以及其近期和远期发展将会对周围单位和居民的工作、生活带来哪些影响等缺乏知识,因而对学校提出的将同步辐射实验室建在新校区范围之内"难以表示意见"。此外,合肥市政府对郊区提出的要求"一次征收,一次付款,分期用地"表示同意。

● 获全国科学大会科技成果奖15项,中国科学院重大科技成果奖43项

本年度,学校获得了全国科学大会科技成果奖15项(其中5项与外单位协作)、中国科学院科技大会重大科技成果奖43项,此外还获得了安徽省科学大会科技成果奖31项以及表扬成果奖2项。

● 年度数据统计

本年度,全校教职工总数为2 813人,其中正教授15人,副教授55人。

1979年

● 成立实验工厂

1978年12月5日，校党委常委会讨论了加强校办工厂的领导和管理工作问题。会议决定以原机械厂为基础，吸收近代化学系化工厂的感板车间，成立实验工厂，作为学校的直属企业单位，实行"事业单位企业管理"，进行独立核算。1979年1月6日，学校下发文件，通知成立实验工厂事宜。

实验工厂实行党总支领导下的厂长负责制。下设金工车间、精密机械车间、机修车间、冷作车间、感板车间及铸模工段、表面处理工段等。实验工厂成立后，全校各系、部、处、室所有单台、小批量生产任务都按季度提出计划，经有关业务对口处审核后提交生产技术处汇总统一下达生产任务，再由实验工厂组织生产。而单件、零件维修配件任务仍由各系、处、室直接与实验工厂生产计划科直接联系，安排生产。5月8日，学校将成立综合实验工厂（将现在的机械厂及各系办工厂合并）的意见上报中国科学院计划局核批。

● 为刘达、钱志道等彻底平反，恢复名誉

在"文化大革命"中，学校的很多领导干部、师生员工遭遇了打击、批斗。如原党委书记刘达曾被诬为"黑帮"、"走资派"、"修正主义分子"等，遭到批判斗争和抄家、送"专政队"、毒打；钱志道因妻子冯斐的"历史问题"被怀疑为"特嫌"，也遭到抄家、专政、批斗；武汝扬在1976年"反击右倾翻案风"运动中被诬为"正在走的走资派"、"重犯走资派错误"，在安徽省大专院校会议上遭到批判斗争，等等。"拨乱反正"之后，各级组织即开始为在"十年浩劫"中被"打倒"的干部、群众平反昭雪，恢复名誉。刘达、钱志道、武汝扬，以及学校众多的领导干部、师生员工逐一得到了平反，恢复名誉。

中国科学技术大学编年史稿

1979年

● 日本《读卖新闻》访华团来校访问

3月15日,日本《读卖新闻》访华团釜井卓三等一行十人到我校采访。《读卖新闻》是日本当时发行量最大的一家报纸。1978年,应读卖新闻社的邀请,中国科学院曾派出代表团访日,我校的张耕野亦随团前往。

李云扬、钱临照、许世尧、张耕野、包忠谋、任知恕、周震等校领导会见了访华团,并向他们简要介绍了学校的情况。

钱临照和天体物理研究室的人员与《读卖新闻》解说部副部长田川五郎、外报部记者本池滋夫进行了座谈。田川表示,他愿作中日友谊的桥梁,在《读卖新闻》上介绍我校天体物理方面的成果,可以在与日本科技工作者交流上帮忙,也可以帮忙让我校天体物理研究室人员参加即将在日本东京召开的日中科学讨论会。会谈结束后,他们参观了物理教研室的几个实验室。

李云扬、张耕野及教学科研部门的部分人员与访华团秘书长釜井卓三、外报部记者荒井利明座谈了学术交流问题。釜井与荒井表示,中日两国文化科技交流,我校跟日本某大学建立关系等,原则上不成问题。日本的学者们大都是老实人。过去,日本侵略过中国,是有罪的,现在有一种赎罪的感情。所以,热心于中日文化交流的大有人在。

此外,任知恕和少年班学生代表与《读卖新闻》社会部记者景山真次座谈;周震和学生代表与《读卖新闻》外报部副部长山本和郎、经济部记者清水喜健座谈;包忠谋陪《读卖新闻》写真部副部长三石英昭、电波报导部记者酒井一夫、伊滕义一参观了学校的校园,并拍摄了有关场景。

● 法国大学校长代表团一行17人来校访问

3月16日,以法国外交部文化司总司长助理德博斯为团长的法国大学校长代表团一行16人来华访问(由1名法国驻华使馆人员陪同)。代表团中有法国巴黎第六大学、第七大学、爱克思-马赛大学、巴黎南部大学等7所大学的校长和大学部的1名官员。该团访华的目的是就两国大学间的全面交流交换意见,希望能就交流领域、方法及政策达成一致意见,重点是和教育部有关大学同事充分交换意见。代表团到达北京后,受到了我国有关部门及领导人的热情接待。离京后,代表团第二站就到达合肥,于3月19日、20日两天参观了我校并进行座谈。杨海波、李云扬、钱临照、杨承宗等校领导会见了法国代表,向他们介绍了学校的情况,双方相互赠送了礼品。代表们参观了学校半导体厂、低温实验室、空气动力学实验室、燃烧实验室和太阳能小组、物理实验室、等离子体实验室和学生实验课等。通过座谈交流,彼此建立了良好的联系。

1979年

● 自然辩证法教研室成立

1978年12月,校党委常委会决定成立自然辩证法教研室。教研室成立的消息在校内外传开后,引起了一定的反响,《自然辩证法通讯》杂志也对此加以报道。研究室人员在为研究生、进修班分别开设自然辩证法课程,参加全国自然辩证法教材编写工作,与兄弟院校进行学术交流等诸多方面开展起工作。但由于校党委没有对研究室成立的具体事宜明确指示,也没有下发文件,因而教研室既没有建立党支部,也参加不了学校会议,甚至连一间办公室也没有。针对这些困难,教研室于2月15日上报校党委《关于我室领导体制等问题的请求报告》,要求校党委下发建立教研室的文件。3月31日,校党委正式下发《关于成立自然辩证法教研室的通知》,教研室正式成立,归属教务处领导,并设立党支部,隶属教务党总支。

● 李政道到我校研究生院讲学并访问合肥校本部

3月21日,应中国科学院邀请,著名物理学家、诺贝尔奖获得者李政道偕夫人秦惠䇹来华为我校研究生院(北京)讲授"统计力学"与"粒子物理"两门课程。此前几个月,李政道就寄来了讲课的提纲手稿,其中补充了许多1977—1978年的最新内容。同时,他还收集了一百多篇文献资料和书刊,其中许多都是国内没有的贵重书籍,以供听课人员阅读参考。经中国科学院理论物理研究所副所长何祚庥、高能物理研究所副研究员冼鼎昌、我校研究生院副教授汤拒非组成的讲学接待小组向李政道详细介绍了此次讲课的准备和组织情况之后,共同商定了7周课时的具体安排。其中,"统计力学"每周讲课2次,每次3小时,计42学时;"粒子物理"每周讲课3次,每次3小时,计63学时。听课人员除我校研究生院有关专业的研究生外,还有来自全国各地23个科研单位和63所高等院校的科研和教学人员约480人。每次讲课都进行录像、录音,由我校研究生院组织5名研究生按李政道提出的要求及时整理出笔记,经李政道本人审阅修改后交科学出版社出版。我国著名物理学家赵忠尧、张文裕、彭桓武、朱洪元、胡宁等也参加了这次讲学活动。中国科学院副院长、我校副校长严济慈高度赞扬了李政道热爱祖国、关心祖国四化建设的精神。

在来华之前,李政道就提出要到我校访问少年班。为了不影响在研究生院的教学进程,他放弃休息,利用星期六和星期日提前讲课,腾出时间和夫人一道赴合肥访问我校。4月20日上午,李政道夫妇在学校受到了校领导和少年班师生的热烈欢迎。校领导简要介绍了学校和少年班的情况,并谈到李政道早在1974年回国时就向毛泽东主席、周恩来总理提出过:"理科人才也可以像文艺、体育那样从小选拔培养。"我校的少年班就是参照这一建议试办的。李政道对如何办好少年班又提出了若干意见,包括重视观念教育、扩大知识面、

打好基础并亲自动手、心理压力、英语学习、招生规模等诸多方面。此外,李政道还对如何办好我校提出意见,建议学校要在国际上进行广泛的学术交流,并选派好的研究生出国。李政道还为少年班题词:"青出于蓝,后继有人。"

● 学校召开第六次团代会、第八次学代会

4月中旬,共青团中国科学技术大学第六次代表大会、中国科学技术大学第八次学生代表大会召开。会议选举出共青团中国科学技术大学第六届委员会委员19名,其中常务委员9名,书记1名,副书记2名。此外,会议还选举产生了新的学生会。

● 美国斯坦福大学直线加速器中心李祚荣博士来校讲学

4月22—29日,应杨海波副校长的邀请,美籍学者、斯坦福大学直线加速器中心(SLAC)理论组负责人之一李祚荣博士到我校讲学。李祚荣长期从事电子储存环、对撞机的Lattice(磁元件布置)设计、轨道校正和运行控制系统的设计工作,在加速器理论和计算上有一定的造诣,对储存环设计有丰富的经验,且在SLAC有一定的地位与权威。在1978年包忠谋等一行四人访美期间,李祚荣曾帮助安排有关活动。同年底,他接收我校姚志元去SLAC学习,并担任其导师。我校的电子同步辐射加速器筹备组与SLAC建立联系后,获得了许多资料,李祚荣在其中做了很多工作。此次来华,李祚荣共在我校讲课7次,座谈3次。他所讲的专业课目有"SLAC概况介绍"、"SPEAR和PEP概况介绍"、"储存环设计概论"、"Lattice设计"、"轨道校正"、"六极矩磁铁的作用"等。听课人员除我校加速器组及有关系、室、厂的工作人员外,还有高能物理研究所、401所、兰州近代物理研究所、上海原子核研究所、清华大学、南京大学、浙江大学、四川大学等单位的部分人员。在座谈中,李祚荣回答了关于我校加速器设计和制造方面的一些问题,并表示有些问题他可以带回去请教其他专家,今后在做的过程中出现问题也可以随时联系。

● 学校召开第二次工会代表大会

4月30日,学校隆重召开中国教育工会中国科学技术大学第二届工会会员代表大会。安徽省总工会副主席张西春以及中国科学院合肥分院、合肥工业大学、安徽大学等兄弟单位到会表示祝贺。大会通过民主选举,产生了校第二届工会委员会。

我校工会组织成立于1965年初,在"文化大革命"中被"砸烂"。"文革"结束后,恢复校工会重新被提上了议事日程,学校多次召开常委会进行研究和布置,并确定一名校党委副

书记负责工会工作,由中国工会"九大"代表沈志荣副教授等两人为工会筹备组负责人。各系、各部门也都成立了工会筹备小组。5月5日,校工会第二届委员会举行了第一次会议,选举并经党委批准,由孔真兼任工会主席,李德中、沈志荣、方堃任副主席。

● 大河原六郎来校讲学,指导建立有机金属化学研究室

5月23日至6月17日,日本著名有机金属化学家、冈山理科大学教授、大阪大学名誉教授大河原六郎来校讲学。应中国科学院化学研究所副研究员江英彦推荐,科学院外事局邀请,大河原六郎在我校系统讲授金属有机化合物化学,同时指导建立有机金属化学研究室。

在讲课方面,大河原六郎将自己初期从事有机硅化学研究中成功的经验与失败的教训系统总结成文,分章讲述,不但使听课者对有机硅化学有一个全面的认识,而且了解了在研究工作中会遇到的困难及其应对的办法。

在对我校近代化学系的工作环境与状况有了细致的了解之后,大河原六郎细致询问了待建的有机金属研究室每位成员的学习和工作经历、经验以及对有机金属化学的知识,然后根据各人不同的情况提出了研究方向和近期研究课题。在研究制订该室的五年科研规划中,大河原六郎根据各成员的经历与我国原材料供货情况,确定从有机硅化学和有机锡化学入手,在一定时间内熟悉有机金属化合物的操作方法,掌握其一般性质,为进一步的研究打下基础。大河原六郎还根据国际有机金属化合物研究的新动向,在制订的五年规划中,为在数年内把有机金属化学研究室建设成为国内该领域研究的中心之一,提出了奋斗目标。此外,大河原六郎了解到我国稀土金属有丰富的来源,提出希望研究室能在稀土金属有机化合物方面做出具有中国特色的工作成绩。

● 《低温物理》编委会成立

经国家科委批准,中国科学院委托我校(低温物理专业)主办《低温物理》杂志,从第一季度起由科学出版社出版,在国内公开发行。杂志编辑委员会中,经中国科学院任命,由物理研究所副所长管惟炎任主编,周世勋等8人任副主编,姚希贤等20人任编委。5月份,在中国科学院物理研究所召集的主编、副主编、编委以及其他有关人员参加的座谈会上,大家一致建议:为加强国际间的学术交流,繁荣我国的低温科学技术事业,促进四个现代化,自1980年第一季度起,《低温物理》向国外公开发行。

1979年

● 美国阿拉巴马大学教授吴式灿两次来校讲学

本年度,应我校邀请,经中国科学院批准,美国阿拉巴马大学工程学兼物理学教授吴式灿两次到我校讲学。吴式灿专长于太阳物理、空间物理、数值计算、太阳能等,在应用数值方法研究非定常非线性问题方面很有特色,并得到了一些有意义的成果。

6月21—28日,吴式灿偕夫人、子女首次到我校讲学。他先后进行了7次讲演和5次座谈。讲演中,他着重介绍了自己在"太阳活动的动力学模式"等方面的工作以及有关"行移行星际扰动理论研究"、"太阳能研究"方面的研究动态和进展情况。在与我校空间物理教研室、工程热物理教研室、近代力学系的教师及外地来合肥听讲人员的座谈中,吴式灿不仅介绍了美国相关学科的教学情况,而且对我国今后的科研方向提出了许多具体的建议。

10月27日至11月7日,吴式灿再次到我校讲学。他在连续的10个下午(每次3小时),系统讲授了"太阳磁流体力学",其中大部分内容都是其本人十多年来的研究成果。参加听讲的除我校地球和空间科学系、近代力学系的有关教师外,还有其他有关单位的人员。除每天下午讲学外,吴式灿还利用上午时间分别与我校空间物理专业、工程热物理专业及南京大学天文系等单位有关人员进行座谈,就一些具体课题开展了交流和讨论。11月6日晚,我校副校长钱临照、副教务长包忠谋还与吴式灿商谈了我校与美国阿拉巴马大学有关系科人员交流与合作研究问题。

吴式灿两次到我校访问、讲学,打开了我校与阿拉巴马大学之间学术交流的大门。不久,我校的地球与空间科学系、近代力学系已与阿拉巴马大学的空间物理、太阳物理方面(与美国宇航局马歇尔空间中心有合作关系)建立了合作关系。阿拉巴马大学校长赖特(John C. Wright)主动来信,要求进一步发展两校间的合作关系。1980年,我校正式邀请阿拉巴马大学代表团来华到学校访问。

● 袁家骝来校参观访问

6月25日,著名美籍物理学家袁家骝到我校参观访问,副校长李云扬、副书记许世尧、副教务长包忠谋等会见了他,并向他介绍了我校的简况。袁家骝此次回国是作为顾问来参加在北京举行的中美高能物理委员会成立大会的。会议结束后,他就专程到合肥,参观访问了我校。

在许世尧的陪同下,袁家骝参观了我校加速器筹备组。对于我校正在筹建的电子同步辐射加速器工程,袁家骝说:"我们在国外的人,非常支持你们搞这个加速器,虽然我们决定搞高能加速器,但是一个国家总不能只搞一样,电子加速器也是前锋,也是必须的,它花的钱比高能的少,但可以得到同建高能加速器一样的经验,一样可以做很多结果。它综合性

强,可以使各方面学科得到发展,对国家、对科学本身都有好处。所以高能以外,这个加速器是是很重要的,应该大力支持。"他还对国民经济调整期间是否会影响电子同步辐射加速器的建设表示担心。

对于少年班,袁家骝表示:少年班的办法是可行的,但是现在科学发展很快,如果他们确定是搞科学的话,就应当注意国外的发展,最好能直接阅读国外的书籍杂志。

● 平反冤、错、假案工作基本结束

自1978年底中国共产党十一届三中全会之后,校党委加强了政策落实工作,专门成立了落实政策领导小组和落实政策办公室,对"文化大革命"中的冤、错、假案件予以彻底平反昭雪,对"文革"以前的案件,也进行了复查和改正。"文化大革命"中,全校教职工曾被立案审查并形成文字结论的共338件,至6月下旬基本复查完毕。复查结果,属冤、错、假案应予平反的72件(其中恢复公职的3人);定性偏高需要改正的6件;修改结论的179件;定性处理正确,维持原结论的52件;学生中已发现立案审查的184件,已复查结案183件,待北京市公安局复查结论后结案的1件。而"文革"前的案件共51件,已复查结案48件,其中属"右派"改正的21件(其中恢复党籍1人);属"反党反社会主义"案平反的3件(其中恢复党籍2人);属受各种处分改正的10件;属"反动学生"案平反及其他需要改正的13件;维持原结论的1件;待复查的3件。至此,学校的冤、错、假案件的平反昭雪和复查工作及"右派"改正工作基本完成,下一步主要是清理档案和处理一些具体问题,做好善后工作。

● 美国路易斯维尔大学物理系教授吴式玉来校讲学

6月份,经国务院批准,中国科学院和教育部共同邀请美籍物理学家吴式玉偕妻女来华讲学。吴式玉曾为康奈尔大学和凯斯-西方储备大学研究员,后于路易斯维尔大学任教。他专长于固体物理研究,特别对非晶态、无序系统的理论研究工作比较深入。7月27日至8月18日,吴式玉到我校讲学,包忠谋等人接待了他。吴式玉的讲学内容为"固体物理基本理论"(10讲)、"固体物理专题报告"(7讲)。"无序固体振动理论"是吴式玉本人研究的成果,也是这次讲学的中心内容。他还应邀在安徽省科协作了题名为《现代固体物理的发展》的科普报告。根据我校的具体情况,吴式玉作了非晶态半导体的电子结构、扩展的X射线吸收边精细结构和表面物理等4次专题学术报告。此外,他还先后组织了几次学术座谈,其中与物理系吴杭生等人就超导理论进行了4次座谈;与物理系各教研室主任就教学和科研工作进行了座谈;与物理研究所徐侨安、四川师范学院赵敏光、我校李健发等进行了关于金属氢方面的座谈;与我校物理系、近代化学系的部分人员进行了非晶态方面的座谈。

1979年

⦿ 卢岗峰任副校长

为充实、健全学校领导班子,加强对行政和后勤工作的领导,5月10日,学校呈报中国科学院党组,提议由总务长卢岗峰担任副校长。8月3日,经中央组织部批复同意,中国科学院正式发文通知卢岗峰担任中国科学技术大学副校长职务,分管后勤和财务工作。

⦿ 史丰收出版《快速计算法》

自被我校数学系破格录取后,史丰收热心于速算研究而无意学习大学基础课程。他向系里提出,既然是"破格录取",就应该"破格培养",要求派教师给他单独辅导。但经单独辅导后,其成绩仍不得提高。入学一年多内,他没有参加过一次正式考试。

1979年3月,史丰收撰写出版了他的第一部专著《快速计算法》,先后发行2 000多万册。同年9月,中央电视台特邀他举办《快速计算法》电视讲座,在全国引起轰动。史丰收立即闻名遐迩,"成了全国青少年崇拜的偶像"。

由于史丰收数学基础太过薄弱,继续在数学系读下去确有困难,学校于3月份上报中国科学院办公厅,建议有关部门安排他工作,专门从事速算研究;或根据其本人意愿,由数学研究所接收他师从孙克定攻读研究生。对此,中国科学院于1980年3月批示,史丰收由我校学生直接转为正式工作人员。

⦿ 美国斯坦福大学教授肖荫堂来校访问

8月12日,著名数学家、美国斯坦福大学教授肖荫堂偕夫人到我校进行学术访问。他在我校作了题为《从幂级数谈起》的学术报告,还与我校及安徽省其他大学的部分数学教师进行了座谈。肖荫堂表示,国内部分数学工作者的知识面太窄,学分析的不懂代数拓扑,一跨出分析领域就无法活动,束手无策,这在很大程度上妨碍学术水平进一步提高。在近代数学的一些重要研究工作中,要能相当熟练地运用各方面的知识才能取得成功,所以学生的知识面一定要宽一些,基础要扎实。肖荫堂还在安徽省科委礼堂作了《国外数学教学、研究和应用》的科普报告。

⦿ 任之恭来校访问和讲学

美国约翰·霍普金斯大学应用物理研究中心顾问、前副主任,著名微波物理学家任之

恭偕夫人陶葆柽来华。作为清华大学名誉教授和我校名誉研究教授,任之恭此次来华的主要目的是在两校讲学,题目分别为《射频量子物理》与《微波量子物理学》。

9月6日,我校举行了隆重的"任之恭名誉研究教授授聘大会"。至11月18日,任之恭共讲学10周,每周3次,每次2.5小时,此外每周还有2小时的答疑、讨论。为了讲授好"微波量子物理学"这门课程,任之恭重新备课,把最新的科技成果都加进课程中去。为了节约课堂时间,需要板书的内容,他事先写在投影仪用的透明纸上。因为国内难以买到这种透明纸,他还特意让女婿从美国买好了带来。

在我校讲学结束后,任之恭又向全校师生员工作了题为《中美大学教育的比较》的讲演,着重叙述了美国高等教育和科研工作如何从建国时的二流地位发展到超过西欧各国达到世界第一流水平所走过的道路,对我国实现四个现代化发表了看法。其讲演实况还在校内作了电视转播。

● 举行1979级新生开学典礼

9月15日,学校隆重举行1979级新生开学典礼。本年度,我校共从25个省、市、自治区招收497名本科新生,其平均年龄只有16.9岁。此外,第三期少年班共招收了29名新生。校党委书记杨海波在开学典礼上讲话,表达了全校师生员工争取在5年左右时间内把学校办成真正能独立进行高水平的教学、科研的中心的决心。国务院副总理、中国科学院院长方毅,我校副校长严济慈和中国科学院教育局来电祝贺。

● 美国斯坦福直线加速器中心和斯坦福同步辐射实验室联合代表团来校访问

9月16—23日,美国斯坦福直线加速器中心(SLAC)和斯坦福同步辐射实验室(SSRL)联合代表团一行九人应邀到我校访问,进行了为期一周的学术活动。代表团中的五名学者是从事加速器或同步辐射应用的理论及实验工作多年、经验丰富的专家,在国际上有一定的知名度。他们在学校进行了18次共34个专题的学术报告,内容涉及设计、建造、调试、使用同步辐射加速器的所有关键性问题。

代表团参观了我校同步辐射实验室、精密机械与精密仪器系的精密加工车间、电化教学中心和近代物理系的多丝正比室等。五位学者分别与有关人员讨论了我校加速器预制研究的各个设计方案,他们对已经取得的进展尤其是直线加速腔的精密加工、超高真空系统表示赞赏,也对储存环设计方案的主要环节表示赞同。此外,他们还对我校的同仁们的工作提出了一些中肯的意见。临行前,他们与加速器总体组的全体成员共同举行了一次有关意见的讨论会。

1979年

● 400 MeV 电子同步辐射储存环超高真空模拟装置安装成功

由物理教研室真空实验室负责研制的 400 MeV 电子同步辐射储存环超高真空模拟装置是根据 400 MeV 能量储存环尺寸的 1/4 设计的。管道截面积为 40 mm×100 mm，全长 5.6 m，加上机组和管道，从而联结成总容积约 50 升的金属全无油超高真空系统。真空实验室的研制人员于 1978 年 5 月开始调研，至 10 月完成设计，1979 年 7 月开始安装调试，至 9 月调试成功。调试结果为：管道内平均压强为 6.2×10^{-10} 毫，泵口最高真空度为 3.8×10^{-10} 毫。后经上海真空泵厂和我校真空实验室协作，进行了检验工作，从而降低了漏率，并试用氩气处理。至 1980 年 6 月，模拟装置的静态平均压强为 2.0×10^{-10} 毫。就其真空度而言，已达到国外同类型的电子同步辐射储存环的真空度水平。这一模拟装置的调试成功，为电子同步辐射加速器的工程设计提供了有用的数据，积累了必要的经验，同时也为国内金属全无油超高真空装置的调试研制提供了实际的经验。美国斯坦福大学同步辐射研究室代表团以及 1980 年到校参观的西德电子同步辐射加速器中心副所长沃斯（Voss）教授都曾参观这一模拟装置，并对已达到的真空度水平表示满意。

● 包忠谋等四人赴西德考察

10 月 4—25 日，中国科学院"核技术在固体物理中的应用"考察团赴西德考察，我校包忠谋等四人参加了该团。他们重点考察了西德的电子同步辐射实验工作，先后参观了斯图加特、汉堡、西柏林、慕尼黑、波恩、于利希、卡尔斯鲁厄七个城市和德国电子同步加速器中心（DESY）、柏林电子储存环（BESSY）、波恩大学物理系、于利希核中心、卡尔斯鲁厄核中心、斯图加特固体研究所、伽兴等离子体研究所、量子光学研究所、夫朗和费协会固体技术研究所、慕尼黑工业大学物理系十个研究单位，受到了热情友好的接待。参观中，德方为他们提供了很多资料、图纸和工作经验。

通过这次考察，我校与西德的上述各单位，特别是在同步辐射的有关工作上建立了直接的联系，对此后的交流不无裨益。汉堡 DESY 同步辐射实验室、欧洲分子生物学中心 DESY 分所、柏林 BESSY、波恩大学、慕尼黑工业大学都表示欢迎我国派人前去工作。

● 由我校筹备的"中国科学院粒子物理理论组扩大会议"召开

10 月 15—20 日，由我校负责筹备的"中国科学院粒子物理理论组扩大会议"在安徽省合肥市召开。

1979年

● 原银行干校校址归属出现波折

"文革"期间,安徽省银行干校解散。在我校迁入合肥后的1970年8月12日,安徽省革委会决定将省银行干校人事部房地产和水电设备移交给我校使用。1975年春,银行干校复校。是年秋,安徽省革委会又要求我校退还银行干校校舍。1977年11月,经中国科学院与安徽省委协商,由中国科学院从基建费中拨出110万元并通过国家计委、财政部拨给银行干校作为房产转让费。1977年11月30日,中国科学院呈报国家计委、财政部《关于划拨安徽省另建银行干校基建投资事》,决定由高能物理研究所调出投资110万元,一次性划拨给安徽省。至1979年3月底,经我校与银行干校协商,又达成了以下协议:银行干校将基建款(房产转让费)110万元拨归我校建1万平方米教学楼,原银行干校房产由我校于1980年,最迟至1981年底全部归还银行干校。此协议于3月29日由我校与安徽省人民银行联名向安徽省革委会及省委书记顾卓新作了书面报告,安徽省革委会办公厅于5月3日批复同意。此后我校将《关于银行学校基建款110万元转拨给科技大学使用,原银行干校房产仍归银校的报告》呈报科学院。经科学院教育局、基建局研究,10月20日,中国科学院发文至我校,表示"为了稳定人心,办好科大,尽快为国家培养大批科技人才,不宜再折腾房子问题了"。要求学校领导亲自出面向安徽省委领导请求汇报,取得支持,使问题妥善解决。此后,安徽省银行干校又曾于9月1日分别上书国务院副总理方毅、教育部部长蒋南翔,要求我校归还其原校址,但终未遂愿,此事也就不了了之。

● 派遣一批出国访问和进修人员及留学生

对外交流的大门打开后,学校与世界上许多国家的高校、研究院所及各种学术组织建立了联系。这不仅体现在聘请名誉研究教授、接受外国媒体采访、邀请著名学者来校讲学方面,还体现在不断派出考察团、访问学者和进修人员到国外考察、访学等方面。

10月4日,学校制定了《关于选拔出国访问学者和进修人员的办法》。校学术委员会筹备组在各系、教研室提出近期需要派出人员的学科和名额的基础上,制定了选拔出国人员和名额分配的方案,公布并接受报名申请。后经各单位根据选拔条件及考核情况推荐出候选人,由学校组织外语考试,校学术委员会筹备组进行了审核,确定了名单,报校党委。

10月20日,校党委常委会进行了讨论、研究,决定拟派遣出国访问和进修的第一批人员,在26个学科方向上,共确定37人,名单予以公布,待政审和体检合格后上报中国科学院。另有5人须待外语水平有进一步提高后再行上报;有3人因出差外地未及参加外语考试,是否入选须待考试后决定。

本年度,我校赴国外留学的学生达到96人次。其中4人赴荷兰,2人赴丹麦,17人赴

1979年

法国,31人赴日本,4人赴墨西哥,21人赴西德,2人赴意大利,3人赴瑞典,1人赴比利时,11人赴罗马尼亚。

● 美国普渡大学教授范绪筠来校访问

著名半导体物理学家、美国普渡大学教授范绪筠应中国科学院邀请来华讲学,于11月7—16日到合肥参加全国半导体物理会议。会议期间,他参观访问了我校,并与从事半导体物理教学和科研的专业人员进行了学术座谈。

● 校党委纪律检查委员会(临时)成立

自1978年10月校党委常委扩大会议决定调整机构、设立纪律检查委员会之后,同年11月14日,中共安徽省委组织部发文,由我校党委副书记王铮兼任校党委纪律检查委员会书记。不久,经校党委常委会议研究,1978年12月4日,学校决定王铮调任北京教学管理处主任,冀亭任纪检委副书记职务。此后,由于王铮工作调离,纪检委书记一职空缺,纪律检查委员会尚未建立起来,具体工作人员也只有两人,因而在工作上受到限制。

根据中共中央纪律检查委员会、中央组织部《关于迅速建立健全各级纪律检查机构的意见》和安徽省委关于设立各级纪律检查机构的文件要求,经校党委常委会1979年11月13日研究,决定成立中共中国科学技术大学纪律检查委员会(临时)。纪检委由9人组成,由孔真兼任书记,冀亭任副书记,王世俊等7人为委员。

● 中国科学院院属四所大学基础课座谈会在我校召开

11月26日至12月1日,中国科学院教育局在合肥召开院属大学基础课教学座谈会。参加会议的有我校、浙江大学、成都科技大学与哈尔滨科技大学四所院属高校的代表24名。暨南大学、上海交通大学、四川大学、安徽大学、合肥工业大学、安徽师范大学、安徽工学院等院校20多人参加了会议,中国科学院教育局委托我校筹备了这次会议。我校数学系、物理教研室、天体物理研究室、高等数学试点班,浙江大学数学系和物理系的相关人员作了大会发言,会上分发了各校教学上的总结材料和基础课教材。代表们参观了我校物理实验室、表演室、电工电子学实验室、电化教学研究室,观摩了几节数学、物理课堂讲授。

近几年,院属四所大学经过努力,都重建了基础课教研室或成立了基础部,充实了师资队伍,加强了实验室建设,编写了部分水平较高的基础课教材,并挑选了教学经验丰富的教师主讲基础课。但各个学校都程度不同地存在着"重专业轻基础,重科研轻教学,重理论轻实验"的倾向,影响基础课教学质量的提高。这次座谈会的主要目的是交流数学、物理基础课的教学经验,讨论如何提高基础课教学质量的问题。

◉ 多项科研成果获奖

1978—1979年度,学校获中国科学院重大科技成果奖40项,其中近代力学系伍小平副教授主持的"空间散斑场的运动规律"获一等奖。此外,学校还获得了国防科工委科研成果四等奖5项。

◉ 年度数据统计

截至9月底,全校教职工总数2 817人,其中教授14人,副教授55人。在校学生总数2 892人,其中本科生2 721人,专科生47人,研究生124人。学校占地面积753亩,校舍建筑面积158 017平方米。

1980 年

● 机关党总支、后勤分党委成立

为加强校机关工作人员政治思想工作,保证校部及各职能机构工作任务的完成,1月22日,校党委决定成立校机关党总支委员会。原政工一支部、政工二支部、教务处、科研处、师资培训和研究生管理处支部、党委办公室、校办公室支部都隶属校机关总支领导。机关总支委员会由7人组成,李德中任书记,蔡新元、王永学任副书记。

学校以往后勤工作管理比较分散,10个业务部门,设2个党总支和1个党支部分别领导,工作效率不高,难以适应教学、科研工作的要求。鉴于这种情况,为加强对后勤工作的领导,使其更好地为教学、科研服务,在吸取兄弟学校的经验的基础上,学校于6月3日将生活后勤和物资后勤实行统一领导,组成"大后勤",建立分党委。由总务长齐先义兼任分党委书记,副总务长徐青、李滨兼任副书记。

● 恢复大气物理专业

在1971年全国教育工作会议期间,由于当时我校归属安徽省和第三机械工业部双重领导,而大气物理专业和三机部不对口,根据中央气象局在东北地区设置一个气象专业的要求,将我校大气物理专业(包括教师、仪器设备、图书资料等)调往吉林大学。之后,该专业原有的专业方向改变为气象预报。

1973年,我校的领导关系改变为由安徽省和中国科学院双重领导。我校拟恢复地球物理系,下设地球物理、大气物理和空间物理三个专业。但由于学校当时缺少大气物理专业,从而于1973年9月21日呈报中国科学院并转国务院科教组,希望将原调整到吉林大学的大气物理专业调回我校。在此后的全国理工科院校教育革命座谈会上,吉林省和吉林大学都对此表示同意,但中央气象局尚未同意。为此,学校于1973年12月20日上报安徽省教

1980年

育局及中国科学院政治部、计划局,请求与国务院科教组、中央气象局联系,以便尽快确定将大气物理专业调回我校。

至1977年中国科学院召开我校工作会议前后,科学院领导又多次指示要我校加强地学方面的教学和科研,大气物理研究所也曾向科学院报告要求我校重建大气物理专业,以培养该学科急需的科研人员,而调到吉林大学的大气物理专业教师也写信要求调回我校。为此,我校于1977年9月22日上报中国科学院党组,要求将大气物理专业从吉林大学调回我校。后经中国科学院征得中央气象局同意。全国自然科学学科规划会议后,我校确定建立地学系,又将调回大气物理专业的要求于1977年12月9日、1978年4月24日两次上报教育部、中国科学院,希望能得到尽快解决。

1979年,按照教育部关于撤销吉林大学气象专业和中国科学院关于在我校恢复大气物理专业的意见,经两校协调,就该专业的人员安排、仪器设备和图书资料的处理提出以下意见:(1)原从我校调入吉林大学的现有教师6名、实验员2名全部调回我校,其家属一并随调,原吉林大学气象专业个别愿意到我校工作的,可由我校根据需要和本人条件考虑接收;(2)原我校大气物理专业全部仪器设备204件原则上调回我校,吉林大学添置的仪器可根据购置时间和质量情况按70%折价有偿调拨给我校,也可无偿调拨给我校;(3)原我校带往吉林大学的图书资料全部调回我校,而吉林大学新购置的气象专业期刊、专用图书及与该专业有关的有副本的图书无偿调拨给我校。两校于1979年10月10日将上述意见上报教育部、中国科学院。1980年2月8日,教育部发文,原则同意两校意见。在科研项目移交的同时,吉林大学气象专业结余的科研经费也直接划拨给我校。秋季,大气物理专业在我校地球和空间科学系恢复。

◉ 严济慈等组成新一任校领导班子

郭沫若逝世后,全国人大常委会于1979年7月任命1977年初就到中国科学院主持工作的党组第一副书记、副院长方毅为中国科学院院长。同月,我校党委致电中国科学院党组并方毅院长,要求由方毅兼任我校校长,但方毅表示:"我可以当科学院的院长,但是科大校长我不行,我不是管教育的。"

2月22日,经中央组织部批复,中国科学院下文,严济慈兼任中国科学技术大学校长。

7月21日,经中央组织部批复,中国科学院下文,马西林任中国科学技术大学副校长;卢岗峰任中国科学技术大学党委副书记。

鉴于教学、科研工作的需要,经校党委讨论研究,9月11日,学校上报中国科学院干部局,拟提任方励之、龚昇、包忠谋为副校长,任知恕为研究生院副院长。

经安徽省委组织部10月9日批准,任知恕、包忠谋、李滨、辛厚文四人担任中国科学技术大学党委常委。

1980年

● 设立郭沫若奖学金

郭沫若生前兼任我校校长近20年，对学校的创建、发展有很大的贡献。在其去世后，学校的广大师生员工深为怀念。为纪念郭沫若校长，继承和发扬他所倡导的优良校风，把学校办成世界第一流的教学中心和科学研究中心，也为了表彰学校德、智、体全面发展，学习成绩特别优异的学生（包括研究生），1979年11月16日，学校呈交中国科学院党组《关于设立"郭沫若奖学金"的请示报告》，请求科学院定期拨给学校每年度"郭沫若奖学金"所需款项。中国科学院副院长钱三强对此批示："赞成设奖学金，是否用郭老的名义，请李昌同志、严老考虑。"科学院副院长兼我校校长严济慈对此批示："同意设奖学金，似可不分等级。倾向于可用郭老名义，鼓励作用更大。"

由于郭沫若生前曾将其15万元稿费交由中国科学院党组处理，科学院决定用这笔稿费在我校设立"郭沫若奖学金"。1980年1月12日，中国科学院上报国务院《关于设立"郭沫若奖学金"的请示》。副总理方毅对此批示："拟同意，请总理、副总理批示。"此报告后经华国锋、邓小平、李先念、徐向前、余秋里、王任重、王震、陈锡联、耿飚、纪登奎、谷牧、康世恩、陈慕华、薄一波、姚依林等国家领导人圈阅批示同意。

在决定设立"郭沫若奖学金"之后，中国科学院将郭沫若校长的稿费交由我校存入银行，每年仅使用从中提取的利息。此外，中国科学院要求，对于授予奖学金的学生，必须具备下列三个条件之一：(1) 学习成绩特别优异；(2) 在校学习期间，在某些学术问题上有创见和显著成绩；(3) 毕业论文经学校考核，具有较大的学术价值和实用意义。奖学金每年拟设15个名额，获奖者除授予一枚"郭沫若奖学金获得者"银质奖章外，每人颁发奖金200元。2月25日，中国科学院将批件转发我校，要求在1980年起贯彻执行。5月11日，学校在《关于做好"郭沫若奖学金"评定工作的几点意见》中进一步明确了对获奖学生的要求。凡属(1)而获奖的，原则上在基础课学完后予以评定，不仅要考核学习成绩，更要着重衡量学生实际的业务素质和潜在能力；凡属(2)而获奖者，不受年级限制；凡属(3)的本科毕业生和研究生，均可获奖。学校设立奖金评审委员会，由杨海波任主任。

1987年，"郭沫若奖学金"额度提升至500元。之后郭沫若子女、中国科学院数次向奖学金注资，奖金在1995年提升为2 000元。至1998年4月，"郭沫若奖学金"本金增至50万元。2007年起，新创基金注资"郭沫若奖学金"。奖金额度先被调整为8 000元，后（由于教育部新设的国家奖学金额度为8 000元）又提升至10 000元。

● 北京玉泉路南院和北院校舍由学校收回使用

3月4日，中国科学院下发《关于原科大南院和北院校舍使用问题的决定》。决定明确，

1980年

为解决我校在北京进行后期教学的用房问题,玉泉路原我校南院和北院校舍由我校北京教学管理处收回使用。当前六机部七院论证部占用的南院部分校舍和北京重型电机厂占用的北院5栋宿舍楼统由我校北京教学管理处负责催收;高能物理研究所使用的图书馆维持现状,教二楼全部交高能物理研究所使用。此后,高能物理研究所除在南院东北角利用原有的旧水泵房部分建加压水泵房和修一座蓄水池以及为安装一台进口计算机,连接三个深水井和进行必要的水、电、暖施工外,不要再在南院进行基建(包括临时性建筑)。我校教学管理处也不要在北院进行新建。南大门由我校北京教学管理处管理,高能物理研究所的职工和车辆可以出入通行。5月11日,北京教学管理处对于即将收回的原论证部所占用的教一楼、教三楼、办公楼、东二楼部分及部分平房按1981年500名学员赴京进行后期教学和为办外语训练班或其他短训班200名学员共700人的计划作了具体安排。但仍有十几户住房无法解决,因而要求增拨修缮经费,再修建部分简易平房。

● 诺贝尔奖获得者波特和桑格教授来我校研究生院(北京)讲学

3月24—28日,诺贝尔奖获得者、英国剑桥大学分子生物学实验室波特(George Porter)和桑格(Frederick Sanger)教授应邀到我校研究生院(北京)讲学,讲授"抗体与扑体"、"胰岛素氨基酸序列测定"等成果。桑格于1958年因从事胰岛素结构的研究而获得诺贝尔化学奖,1980年他又因确定了核酸的碱基排列顺序而再度获得诺贝尔化学奖。波特于1967年因发明测定快速化学反应的技术而获得诺贝尔化学奖。

● 李昌等领导来校检查、指导工作

4月9日,中国科学院副院长、我校第一副校长李昌,中国科学院副秘书长钟炳昌、张文松和科学院教育局、计划局、二局、三局等领导来我校检查、指导工作。4月13日,安徽省委书记顾卓新与李昌等领导一起讨论了合肥科研教育基地的建设问题。中国科学院已将我校列为全院近两年重点建设的单位之一,安徽省政府也将我校的建设作为全省的一个重要项目。

4月18日,李昌、钟炳昌、张文松将此次合肥之行的情况向上级作了汇报,提出了以下几点建议:尽快配齐学校领导班子,包括一位富有办学经验的党委副书记与一位年富力强的行政业务方面的副校长;召开第二次学校工作会议,着重研究如何办好我校;改善学校物质条件;在人员编制和经费上给予照顾,帮助我校建立几个较高水平的研究所(室),以带动科研教学工作;创造条件加强国际学术合作交流;把我校合肥校本部与北京研究生院、教学管理处从领导体制上融为一体;积极创造条件,招收部分大学走读生,为安徽省培养科技人才。

1980年

● 美国韦恩州立大学代表团来我校参观访问

4月26日,由美国韦恩州立大学校长波纳教授率领的韦恩州立大学代表团一行九人到我校参观访问。代表团参观了化学楼、加速器、精密机械与精密仪器系精密加工车间、物理实验室等处。波纳校长作了题为《韦恩州立大学建校史》的报告。双方就我校与韦恩州立大学进行学术交流事宜进行了会谈。会谈结果用中、英文写成备忘录,在合肥骆岗机场签字。两校同意设立一项从事数学和自然科学技术方面的研究和教育的交流计划,根据这项计划,允许双方每年推荐几名研究人员和研究生到对方进行1—2年训练。这里的研究人员必须有相当于博士的水平,且与主方研究兴趣一致,是主方专门允许的人员。此外,由本校同意,受对方邀请,双方的高级人员到对方进行为期1周至6个月的访问,访问包括讲学、讲座、授课及参加双方均感兴趣的问题的讨论和其他科学计划与项目的合作。

● 研究生院(北京)成立CUSPEA招生机构

中美联合招考物理研究生项目(China—United States Physics Examination and Applicaion,简称CUSPEA)是由李政道发起,在中国政府和各大学的大力支持,以及美国几十所最优秀大学物理系的积极响应下实施的。

早在1979年春,在李政道应中国科学院的邀请在我校研究生院讲学期间,他就发现了一些优秀的研究生。之后,李政道联系他所任教的哥伦比亚大学物理系的一些教授,请他们出一份能达到进入该系研究院标准的试题,寄到北京。在研究生院院长严济慈、副院长吴塘的协助下,李政道对研究生院的少数研究生进行了笔试和面试,从中选拔了5名学生,将他们的试卷和履历寄至哥伦比亚大学,请该校物理系开会决定是否录取他们为研究生,能否承担他们所需的全部经费,直至这5名学生获得博士学位。同时,李政道又请该系为这5名学生向哥伦比亚大学招生办公室补办了进入该校的全部手续。由于他们成绩优良,很快获得了哥伦比亚大学物理系的同意,顺利入学。

1979年11月9日,李政道致信我校副校长兼研究生院院长严济慈(同信亦寄中国科学院副院长兼北京大学校长周培源),建议选送更多的学生去哥伦比亚大学物理系攻读博士学位。该年底,第二次选拔考试在北京进行,考生不仅来自我校研究生院,还来自北京大学等高校及中国科学院理论物理研究所等研究所。考试结果,除选送了3人进入哥伦比亚大学外,李政道还努力与纽约城市大学、卡内基梅隆大学、俄勒冈大学、匹兹堡大学和弗吉尼亚大学五校的物理系协商,另外推荐了10名学生,分别进入这5所大学学习,并全部获得资助。这两批学生的选派实为CUSPEA项目的雏型。由于中美大学间已失去联系多年,当时中国也没有进入美国大学所必需的TOEFL和GRE考试机构,李政道所创议的

1980年

CUSPEA为中国大学毕业生赴美深造开辟了一条新的途径。

1980年1月10日,李政道致信方毅副总理,建议推广哥伦比亚大学的做法,与美国一些有好的物理系研究院的大学联系起来,接收中国赴美留学生,并告知首批赴美的5名研究生成绩极佳,上学期考试各科成绩的第一名和第二名都在他们之中。在3月16日的回信中,方毅对李政道的建议深表赞同。2月1日,李政道开始大规模地展开工作。他向53所美国高水平的大学物理系主任和教授们发了200多封内容相同的信,邀请他们普遍采纳哥伦比亚大学物理系临时性的从中国挑选物理研究生的招生程序。从那时起,CUSPEA正式全面开始。后来,参加CUSPEA的美国和加拿大的大学增加到了97所。诚如朱光亚、周光召所言,从发起CUSPEA到建议在中国建立博士后科研流动站,李政道以其战略性的眼光和超前的意识,不仅给年轻人创造了机会,也为中国人才培养和科学事业的发展创造了一种有效可行的方式。

5月13日,我校研究生院根据教育部和中国科学院《关于推荐学生参加赴美物理研究生考试的联合通知》,接受委托,成立由严济慈、周培源、王竹溪、马大猷等25位科学家、教授组成的CUSPEA招生考试委员会,由严济慈担任委员会主任。另设CUSPEA办公室,我校研究生院副院长吴塘任办公室主任。由李政道倡议和中央领导支持的由美国几十所大学统一出题、统一招考的赴美物理研究生,自1980年至1988年共计招收了915名赴美深造的物理研究生(其中我校237名,占25.9%)。这一招生办法后来推广到数学、化学和生物学科。

● 成立少年班研究小组

为加强对少年大学生的培养教育,尽快摸索出一套培养少年大学生的具体而有效的办法,经校党委研究决定,于5月16日成立"少年班研究小组",组长由钱临照担任,姜珊、朱源任副组长,成员有吴永楣、司有和、孙显元、张依斌、张景中、于利生和周心健。6月5日,为迎接方毅、严济慈到校检查、指导,"少年班研究小组"将三期少年班的情况作了简要汇报,并总结了两年来少年班在招生、教学、管理方面的经验和教训,结合学校现有条件,就如何进一步办好少年班书面提出了几点意见。在此后的几年中,"少年班研究小组"陆续出版了三期专刊:《少年班研究》(1982,1983,1988)。通过一系列的研究工作,"少年班研究小组"在理论与实践上都打下了一定的基础。

● 赵紫阳、方毅同意我校拟请日本学者帮助办好部分工科专业

5月9日,原日本东京大学校长、日中协会代表召集人(后任会长)、物理学家茅诚司访华时,在北京与中国科学院副院长、我校第一副校长李昌的谈话中着重谈到了关于请日本

教师帮助哈尔滨科技大学办几个工科专业的问题。但后来由于日本外务省认为哈尔滨科技大学不是中国重点学校,以及哈尔滨的地理位置、气候条件等不利因素,此事进展迟缓。日方表示,如换一关内重点大学,只要中国政府提出,日本外务省仍可考虑,并可实行30亿日元的无偿援助,装备几个专业的实验设备。考虑到日本科学技术有其特长之处,培养懂得日语的科技人才,加强中日两国的学术交流,对实现我国四个现代化有利;而我校的工科专业很少,在合肥办校也缺乏学术带头人,经与我校领导商谈,5月20日,李昌致信方毅副总理,拟改请日本教师帮助我校办信息工学、技术物理、材料科学、精密机械工学、经营工学等几个专业,并争取其无偿援助。如中央同意,可经茅诚司与日本外务省商谈,取得一致意见后再请中央考虑用适当方式提出。次日,方毅批示同意,后又转呈赵紫阳总理圈阅批示同意。

根据1979年12月6日缔结的中日文化交流协定,9月初,中日政府进行了文化交流的具体协商,确定了"日本文部省从1981年9月起每年派4—5名有关信息工学、技术物理、材料工学、精密机械工学、经营工学方面的学者到中国科技大学讲学,其工资由日本政府支付。中国科技大学准备有计划地派少量的有关学科教授到日本进修,以培养师资。另外,对新设学科所需设备,由中国科技大学设法配备"。由此,正式作为中日两国政府间的文化交流第15项,明确了我校在中国科学院领导下承担这一交流事宜。

11月19日至12月6日,以中国科学院副院长胡克实和我校党委书记杨海波为团长的中国科学院教育代表团一行八人,赴日本访问和考察。详细考察日本高等学校工科专业的教学、科研情况,商谈、落实聘请日本工科大学教授来校讲学和帮助筹办几个新兴工科专业的问题。日本文部省明确:"以东京大学作为据点大学,承担帮助中国科技大学建立和加强工科的任务。""日本文部省和学术振兴会再三表示,要建立东大和科大长期合作的体制。"

● 伍小平在国际会议上宣读论文受到重视

5月25—30日,第四届国际实验力学会议在美国波士顿召开。我国派出9人代表团第一次参加了该会议,并在大会上宣读了7篇论文,受到与会者普遍好评。我校的《散斑运动规律》引起同行们的重视。

6月1—4日,波士顿附近海滨地区又召开了干涉和散斑计量国际会议。我国有6人参加,并在会上宣读了2篇论文。我校伍小平所作的《关于中国的全息干涉和散斑测量的概况》报告受到了大家的热烈欢迎和高度评价。有的学者感慨:"在国际会议上很少听到过这样好的综合介绍报告!"

1980年

● 方毅来校检查、指导工作

6月9—13日,国务院副总理、中国科学院院长方毅在中国科学院副院长、我校校长严济慈的陪同下到学校传达中央书记处关于教育工作的指示,并对学校的工作进行全面检查和指导。其间,他们参观了学校并听取校领导的汇报;分别召开了教师座谈会和学生座谈会;看望少年班,并听取了少年班的工作汇报;召开大会,向学校师生作报告。严济慈参加了学校的学术活动,对中青年教师、系主任谈了如何做学问;他还与各系、各年级"尖子"学生座谈了有关学习的问题。

方毅指示,学校应当坚持在合肥办好;要在新的条件下继续实行"全院办校",采取新的方式同有关研究所结合,要自力更生地培养一支师资队伍;要理工结合,重视文科课程;改进教学工作,开展科学研究,推进国内外学术交流,把学校办成能够独立地进行高水平的教学和科研并逐步扩大培养研究生工作的重点大学。在参观同步辐射实验室时,方毅表示:"电子同步辐射加速器上得快,用处宽,我们科学院给你钱,你们放心,科学院哪怕卖裤子也给你们这点钱。"方毅副总理还为学校师生和少年班题词:"长风破浪会有时,直挂云帆济沧海";"宣父犹能畏后生,丈夫未可轻年少"。

● 建立四个综合性实验室

6月10日,学校决定建立四个综合性实验室:结构成分分析实验室,极端条件物理实验室,信息与控制系统实验室和微型计算机应用实验室。

● 与美国马里兰大学签订研究与教学交流计划

6月11日下午,我校与美国马里兰大学在合肥签署谅解备忘录,共同制订《数学、自然科学技术研究与教学交流计划》。这项计划规定,从备忘录生效之日起,签署双方每年推荐几名研究人员和研究生到对方进行1—2年学习。这里所说的研究人员至少具有相当于获得博士学位的水平,有与主方一致的研究兴趣,且是获得主方特殊核准的人员。计划同时规定,双方的高级研究人员如获得本校同意,并受对方邀请,亦可到对方进行为期1周至12个月的访问。访问可包括进行学术报告、讲学、授课、参加双方感兴趣问题的讨论和其他科学计划与项目的合作。关于数学、自然科学技术方面的研究和教学范围内的其他合作,在双方取得一致意见时,可以进行双方认为合宜的研究与从合作中可以获得益处的工作。

XJ—1型多路遥测心脏监护仪通过鉴定

我校生物系生物电子组与合肥无线电厂、安徽省立医院共同承担的安徽省科研任务——"XJ—1型多路遥测心脏监护仪"由生物系生物电子组负责设计和研制,在较短时间内完成了样机研制任务。6月11—13日,安徽省科委在合肥召开鉴定会,对该项成果进行了鉴定。

"XJ—1型多路遥测心脏监护仪"是具有中心监测台基本功能的心电监护装置,是心血管疾病科研与临床有效的辅助诊断工具,能承担加强监护病房四个床位病人的自动监护任务。主要用于急性心肌梗死或其他严重心脏病人的监护;抗心律紊乱药物疗效的评价;运动心电图实时监护和结果的判断;心脏手术中、手术后的监护;判断某些人胸闷、心慌、气短等临床症状。

钱致榕来校访问

7月1—4日,美国霍普金斯大学物理系教授钱致榕来校讲学。钱致榕专长于高能物理实验,在美国和国际高能物理学界享有一定声誉,曾担任约翰·霍普金斯大学校长顾问和研究院审查委员会职务,在对外科技交流上有一定的地位和影响,并曾参与组织"中国留美学者服务社",参加编辑《科技导报》,在促进我国科技发展,协助我国驻美使馆安排联系赴美学者和研究生学习等方面做了许多工作。早在1975年,钱致榕就曾到我校讲学和进行学术交流,在密切我校与美国及其科技界的关系上作出了一定的贡献。在此次来访的四天内,钱致榕共作报告4次,座谈5次,并2次参观实验室。他着重介绍了高能实验物理的现状和发展趋势,还向合肥地区高校的一些校、系领导作了关于如何加强高等学校教学和科学管理的报告,一再强调了培养人才的重要性。为调动外籍学者为我国科学技术现代化贡献力量的积极性,同时也加强本校与美国学术界的交往,7月7日,我校上报中国科学院外事局,拟聘请钱致榕为我校名誉研究教授。

杨承宗等人建议创办合肥联合大学

方毅于6月13日在向我校师生作报告时曾指出:"高等教育的体制结构,同样也要考虑改革,不能只有一种模式办学,要提倡多样化。走读制,分校,学分制,电视大学,函授大学,广播大学,夜校,补习班,各种不同年限、不同学制的专科学校,都可以试验嘛。"这句话让在场的我校副校长杨承宗备受鼓舞,他一向关心那些甚至仅以0.2分之差而高考落榜的

1980年

学子,从而萌发了在不增加国家负担的前提下,综合利用合肥地区高等学校的师资、设备优势,创办一所自费走读大学的设想。此后,在安徽省高等教育局的一次会议上,杨承宗提出了创办自费走读大学的设想。6月21日,《光明日报》发表了该报安徽记者站记者胡羊的报道——《中国科技大学副校长杨承宗主张招收一些自费大学生》。

7月16日,学校呈报安徽省政府《关于转报〈创办安徽自立大学的计划〉的报告》,希望批准并大力支持副校长杨承宗、讲师赵立人等提出创办一所学生自费走读大学的建议。同时表明,我校将在聘请教师和租用教室、实验室等方面为其提供某些方便。附件《关于创办安徽自立大学的计划》对拟办"安徽自立大学"的性质、招生名额、对象、办学方针、经费、管理机构等事项进行了具体说明。该校招收自费、走读学生,对象限制为应届高中毕业生经高考后其总分与安徽省最低录取分数线相差不超过50分或100分者,以及往届高中毕业生或具有同等学历者,经高考后其总分与当年安徽省最低录取分数线相差不超过50—100分者,且必须在合肥具备走读条件。此自立大学学制四年,根据安徽省的工业、农业、文教、医疗等各方面的实际需要或发展计划来灵活设置专业,并根据所开设专业在合肥市内聘请经验丰富的大学教师、科学家、工程师讲课。

经安徽省委、省政府研究指示,安徽省高等教育局组织我校以及安徽大学、合肥工业大学等在合肥地区的高校,开始筹建中国第一所自费走读大学,并将之命名为"合肥联合大学"。我校同意在"联大"创办的第一年可以以我校为主聘请教师和租用教室,逐渐建立起其自己的领导班子,属安徽省高等教育局领导。我校派几名干部参加"联大"工作,但编制仍属我校。"联大"创办之后,我校答应大力支持,促其尽快办好。"联大"设立董事会,由时任合肥市委书记的郑锐任董事长,并吸收安徽省、合肥市有关部门、合肥地区七所高校的领导及社会知名人士、教育专家24人任董事。10月13日,中共安徽省委组织部下文,杨承宗兼任合肥联合大学校长。

● 美国普林斯顿大学教授项武忠应邀来校进行学术交流

7月18—21日,美国普林斯顿大学数学系教授、拓扑学权威之一项武忠偕妻、子到我校访问。中国科学院聘请项武忠为我校名誉教授。项武忠向数学系师生作了题为《美国大学的数学教育》的讲演。此外,他还分别同数学系教师和学生代表进行了三次座谈。在这些会上,他详细地询问了教学情况,耐心解释了各种问题,并坦率地发表了个人意见。他认为我校的数学授课内容与书本太过接近,不利于学生思考;虽然古典分析很强,但还需加强代数训练;习题不宜太多太难。他还强调了知识的应用,反对数学与物理的"分家"。在学生培养方面,项武忠认为,我校学生的入学年龄已从17.1岁降到16.9岁,不能再降了,小孩子还需要全面发展。他表示今后要来校物色一些真正优秀的学生到美国培养,同时帮助一些中年教师到美国短期进修。在参观了数学系的办公室、资料室和学生宿舍之后,项武忠

深感工作条件与图书状况之差,表示要为我校募捐一批数学书刊,同时代为购买一批重要的书籍和资料。

● 中国科学院在北京召开第二次中国科学技术大学工作会议

6月份,国务院副总理、中国科学院院长方毅在我校校长严济慈的陪同下来学校调查研究、检查工作,传达了中央书记处关于教育工作的指示。此前,4月间,李昌、钟炳昌、张文松等中国科学院领导也曾到校检查工作。方毅等科学院领导对于如何办好我校作了详细的调查研究,多次同师生、干部座谈,对于学校第一次工作会议以来的工作成绩作了充分肯定,指出了缺点,并明确提出了今后努力的方向以及应采取的主要措施。为贯彻执行中央指示精神,中国科学院决定在北京召开第二次中国科学技术大学工作会议。

为开好第二次工作会议,自6月底以来,校党委进行了紧张的会议筹备工作,先后召开了党委常委扩大会、教职员工座谈会,布置会议的准备工作。在确定了参会代表之后,全体代表分四组进行有校领导参加的讨论,内容最后集中在如何自力更生在合肥办好学校上。具体可以归纳为以下几点:(1) 扩大学校的自主权;(2) 健全民主生活,实行以法治校;(3) 反对平均主义,保护竞争发展;(4) 革新教育思想,提高教学质量;(5) 加强科研工作,建设研究基地;(6) 提高教师队伍的业务水平,把教学、科研搞上去;(7) 加强学生的学籍管理,做好学生的政治思想工作;(8) 采取具体措施,解决好扎根安徽问题;(9) 设立郭沫若奖;(10) 恢复科大校刊;(11) 密切校本部和北京研究生院的关系。

7月23—30日,在中国科学院党组的领导下,中国科学技术大学第二次工作会议在北京召开。会议着重研究了如何发挥中国科学院和我校在科学技术研究、人才培养方面的优势,并为进一步办好在合肥的校本部和在北京的研究生院作出决定,使我校的发展进入一个新的时期。中国科学院领导李昌、胡克实、严济慈、钱三强、张稼夫、秦力生、钟炳昌、张文松等,以及院部各局、室的负责人,各研究所的科学家参加了会议。杨海波在会上作了学校工作报告,并听取了中国科学院领导的指示。经过与会人员充分讨论,回顾了学校22年的历史,对今后如何办好我校作出了一系列决定,报请中国科学院批准。大家一致认为,我校目前的优势在于有一支经受锻炼、已经成长起来的中年教师队伍,学生成绩优秀,有优良的校风,有科学院各级领导和各研究所科学家的支持,教学和科研结合得比较好,有安徽省委的有力领导和支持。同时,也存在着高水平的教授数量不足,教学思想不够活,学校管理秩序不健全,校舍不足等问题。根据这些情况,需要有计划、有步骤地采取如下措施:(1) 改进教学工作,保证优秀的学生在校学习期间发挥其潜力,健康成长;(2) 对现有的系和专业设置进行必要的调整;(3) 自力更生培养师资队伍;(4) 科学研究应当把少数重点学科首先搞上去,同时建设好教学实验室;(5) 在新的条件下,继续实行"全院办校",学校与各研究所的结合,应采取新的多样的形式;(6) 发展国际间的学术交流;(7) 基建和经费需要落实与照

顾;(8)继续办好北京研究生院和少年班;(9)加强学校的管理工作;(10)加强和改善党的领导。

第二次工作会议遵照中共中央关于教育工作的一系列指示精神,确定了学校培养高水平的学士、硕士、博士的培养目标,继续贯彻和发展"全院办校,所系结合"的方针,推动学校与科研单位的联合;增设一些目前国家急需的新兴技术方面的系科、专业;正确处理教学与科研的关系,进一步搞好教学和科学研究;由学校校务委员会对合肥校本部和北京研究生院的工作作为一个实体的两部分进行统一规划和安排;在办学条件上中国科学院将给学校以更多的支持,并要求学校加强政治思想工作,建设高度的社会主义文明。

◉ 320机组成功设计一套处理高考数据的处理系统

安徽省1980年参加高考的考生有21万余名,统分的工作量很大。过去的高考统分都是用人工抄、手工算的办法,不仅时间长,费用大,而且差错较多。为此,安徽省招生办公室委托我校试用电子计算机进行高考统分,数学系320机组承担了这一任务。

利用电子计算机进行高考的数据处理,很多国家已有实践经验,上海也于1979年试验成功。由于安徽省承担此项任务的仅有320机组,没有同类型机作备用,而且320机属于第二代分立元件产品,性能不够稳定,尤其是连续运行的稳定性、可靠性较差,因而统分工作的困难很大。

320机组的十多名工作人员自4月份开始进行反复研究,查看有关图纸和资料,进一步熟悉计算机的特点,摸清其故障之所在,从而采取切实的措施,保证了上机的元件质量,调整了机械的有关波形和时间关系,检查电源纹波电压并作电源拉编,确定了原机的工作范围,并对原机进行连续运行稳定可靠性的考机运算,终于选定了最佳工作状态,完善了设计的程序系统,保证了原机的稳定可靠性,从而为正式进行高考统分的数据处理提供了稳定可靠的机器设备。

统分工作的整个数据处理系统包括四个方面内容:数据的检验、建立磁带文件、录取排队与检索系统。320机组的工作人员顺利完成了本年度的高考统分工作,也从中得到了锻炼和提高。这项工作得到了安徽省高等教育局的表扬。

◉ 美国知名高能加速器专家邓昌黎教授来校参观访问

9月1—2日,著名加速器专家、美国国立费米实验室加速器部主任邓昌黎到我校进行了参观访问和学术活动。邓昌黎一直热情支持、大力协助我国加速器事业的发展。自1977年以来,他多次来华参加北京质子高能加速器方案的研究,受到邓小平、方毅等领导人的接见。

邓昌黎到我校加速器筹备组具体了解电子同步辐射加速器800MeV电子储存环和400MeV电子直线加速器的设计情况,并观看了几个预研制部件。之后,他用一天时间分别作了题为《高能加速器的历史、现状及未来》和《自由电子激光器》的报告,并与加速器组、近代物理系、物理系激光专业的有关人员进行了较长时间的座谈。邓昌黎指出,加速器首先是一种科研设备,因而有自己的特殊性,不可能,也不应该在制造之前就对将会遇到的一切问题都有成熟、定型的解决办法,都有无需更改的成套图纸以备施工。加速器并不是科研本身,其各个部件应能完成某种特定的功能,然后才使加速器为科研服务。加速器有三方面的意义:第一,学会如何建造加速器,这本身就是一种成果;第二,用加速器做研究,有可能获得世界第一流水平的发现;第三,加速器还可以做一定的应用研究,如同步辐射就是用来研究新材料的重要工具。我们建造加速器必须把重点放在第一、第三两个方面。

● 1980级新生开学典礼,16个省、市理科高考状元被我校录取

9月4日,学校隆重举行1980级新生开学典礼。本年度共从全国27个省、市、自治区招收529名普通本科新生、25名第四期少年班新生,此外还有研究生。529名普通本科新生的高考平均总分为445.4分,数理化平均分数为90.2分,平均年龄仅16.8岁。有16个省、市的理科第一名被我校录取。由于校长严济慈、第一副校长李昌、副校长华罗庚都在北京工作,而党委书记、副校长杨海波与副校长钱临照、杨承宗正在出席五届政协三次会议而不能参加典礼,马西林副校长代表校领导讲话。他回顾了学校的历史,分析了当前的形势,并介绍了学校的基本情况,对广大新同学寄予了厚望。

● 研究生院(北京)与美国加州大学洛杉矶分校签订协议

9月14日,我校研究生院(北京)与美国加州大学洛杉矶分校签订了两校联合开办中国科学院英语培训中心的协议书,并举行了隆重的开学仪式,首批学员120人。

● 英国著名神经生理学家布莱克沫尔来校访问、讲学

英国牛津大学生物系教授、英国皇家学会洛克研究会成员、著名神经生理学家布莱克沫尔(Colin Blakemore)在应邀参加10月份在上海召开的"国际神经生理学交流会"之前,将由北京生物物理研究所邀请,于8月20日到该所工作一段时间。他希望在此期间能访问几所大学,并进行学术活动。鉴于布莱克沫尔是从事视觉研究的国际著名科学家,在视觉研究的许多领域都卓有成就,他的工作与我校生物系(设有"神经生理学"课程,又有神经

生物学方面"视觉"研究的科研项目)的有关专业非常对口,因此,学校认为布莱克沫尔的来访将有益于本校教学和科研工作的开展,从而安排他于9月25日至10月4日到校访问与讲学。

1981年9月4—7日,布莱克沫尔再次到我访问讲学,其主要活动是开展学术讲座,内容分别为"视觉系统研究的概况及新进展"、"视觉心理物理、视觉系统的结构与功能的电生理研究等"。钱临照副校长会见了布莱克沫尔,有关专业的教师也与布莱克沫尔讨论了学术问题。

● 日本久留米市友好访问团一行40人来校参观访问

10月13日,以荒木良人为团长的日本久留米市友好访问团一行40人前来我校参观访问。我校副校长杨承宗接见了代表团一行,并向他们介绍了学校的学制改革及教学、科研方面的情况。访问团分别参观了学校图书馆、化学系有关实验室,并观看了电工电子学教研室和物理教研室的实验表演。在参观了电工电子学教研室第三实验室后,几位日本工程师说:"来科大前,我们听到你们的宣传都说自己落后,但刚才参观的第三实验室,证明你们的水平并不比日本差,可以说是旗鼓相当。我们是搞工程的,从你们这里我们看到了科大的希望。你们的成绩使我们感到惊讶!"此外,我校学生在图书馆专心致志地学习给访问团成员留下了深刻的印象,他们赞扬:"你们科大招收的都是成绩优秀的学生,他们将来必定很有出息。我们日本虽然现在比你们在工业生产和科学技术上先进,但二十年后你们依靠像科大这样的年轻人,肯定会超过我们。"

● 我校非晶态快离子导体的研究工作取得成果

非晶态快离子导体是一种新型的固体材料。我国对于晶态快离子导体的研究工作从20世纪70年代初开始已经进行了十年,但对于非晶态快离子导体的研究却是近两年才开展起来的。两年来,我校物理系晶体教研室非晶态快离子导体组的科教人员在广泛调研的基础上,在探索新材料、采用新制备方法、测定材料的电学性质以及提出导电机理的尝试等方面,开始了许多研究工作,并取得了初步成果。

在10月6—13日于安徽黄山举行的"全国第一届快离子导体学术讨论会"上,我校非晶态快离子导体组的俞文海副教授作了题为《非晶态快离子导体研究综述》的专题报告,并宣读了杨原、韩念慈的《非晶态快离子导体 $AgI-Ag_4P_2O_7$ 的研制》和蔡维理、杨碚芳的《具有非晶态结构的锂离子导体》两篇研究工作报告。他们的工作和报告受到了与会代表的重视和好评。

1980 年

● 中国科学院下达《关于进一步办好中国科技大学的几点意见》

10月21日,中国科学院下达《关于印发〈中国科学院关于进一步办好中国科技大学的几点意见〉的通知》,根据第二次中国科学技术大学工作会议所着重研究的如何发挥中国科学院和我校优势,进一步办好在合肥的校本部和在北京的研究生院的问题,提出几点意见:确定了学校培养高水平的学士、硕士、博士的培养目标,继续办好少年班;继续贯彻和发展"全院办校,所系结合"的方针,推动学校与科研单位的联合;加强或填补一些薄弱或空白学科,拓宽专业面,增设一些目前国家急需的新兴技术方面的系科、专业;正确处理教学与科研的关系,进一步搞好教学和科学研究;由学校校务委员会对合肥校本部和北京研究生院的工作作为一个实体的两部分进行统一规划和安排;在办学条件上,中国科学院将给学校以更多的支持;要求学校加强政治思想工作,建设高度的社会主义文明。

● 任之恭来校讲学

10月24日至12月1日,我校名誉研究教授任之恭偕夫人陶葆柽再次到合肥讲学。在学校期间,任之恭先后作了《辐射源及红外波、毫米波的应用》、《纤维光学、集成光学及信息的长距离传输》、《质子的结构》、《双光子及多光子引论》、《原子及分子中的宇称不守恒》、《公元一四〇八年的超新星》、《磁波》、《固体中的光声谱》等十余次学术报告,其中大部分内容是当前科研的新课题。听讲的师生共800多人次,除我校外,中国科学院合肥分院及安徽省部分院校也派专人前来听讲。此外,任之恭还多次在我校召开座谈会。他与报考美国58所大学联合招生并被初步推荐录取的15名物理研究生座谈时,针对他们学习理论的愿望,要他们注意到实验的重要性,强调了要实验与理论并重。在与第三、第四期少年班学生座谈时,他鼓励大家要拓宽知识面,认为专一化太早对学术和事业发展非常不利。"只有当知识掌握到一定程度时,再在某个专业上拚命往深里钻,这样才可能有成就,对国家、对人类作出贡献。到那时应该很窄,否则就不会深。"

回到美国后,12月份,任之恭致函我校校长严济慈,表达了他这次讲学期间对我校物理教学与科研、少年班及15人赴美留学等方面的感想与见解,并具体地提出了我校几个方面的优、缺点。

● 在全校范围内试行学分制

为适应现代科学技术的迅速发展,加强和改善学校的教学管理工作,更有利于全面发

1980年

展的高水平人才培养,学校经过反复酝酿和较长时间的准备,于12月中决定从1980—1981学年度第二学期开始在全校范围内试行学分制。由于近几年学校招收的学生年龄小、考分高、素质好,在完成规定的课程外,尚有学习潜力。此外,基础深厚且知识面广的"通才"学生更能适应科技发展的需要。这是学校试行学分制的主要原因。

根据培养目标的总要求,试行学分制后,课程设置分为四类:公共必修课、系定必修课、限定选修课与任选课,两类必修课约占65%,限定选修课约占20%,任选课约占15%。学分计算方法,是以每学期开设的课程为单位,把学习该课程所需的讲课、实验、自习的周学时数加起来便是该课程的学分。学生五年毕业要达到的最低学分为500分。从学年制到学分制,这是我校教学管理制度的一项重大改革。

● 法国工程师学院院长代表团一行15人来校访问

10月28—30日,应教育部和中国科学院邀请,法国工程师学院院长代表团一行15人由法国"大学校联席会议"主席、巴黎高等矿业学院院长拉菲特率领到我校进行友好访问。法国工程师学院是欧美独具一格的工科大学,在其国内享有很高的地位。他们这次来访主要是介绍法国在培养工程师方面的做法与特别之处,察知中国高等教育的制度和经验,从而探讨两国相应大学建立长期交流合作关系的途径。我校校长严济慈对此十分关心,特地从北京发来欢迎电。杨承宗副校长向他们详细介绍了学校历史、专业设置、学生培养及教学改革等情况,马西林、钱临照副校长回答了他们提出的问题。

代表团先后参观了我校图书馆、化学系实验室、无线电电子学系实验室、电工电子演播室、精密机械系九〇三车间、同步辐射实验室以及计算机房和半导体厂等。代表团还与学校领导及有关专业人员进行了分组座谈。马西林、钱临照、杨承宗副校长和包忠谋副教务长分别参加了教学管理、化学工程及电工电子三个组的讨论。访问结束临行之前,法国"大学校联席会议"同我校初拟了科学技术交流《协议草案》,准备双方正式签字后生效。

● 全国第一次电子线路计算机辅助设计学术讨论会在我校召开

电子线路的计算机辅助设计(CAD)是近年来发展起来的一门新技术。为了开展电子线路CAD学术交流,由我校电工电子学教研室负责筹备的全国电子线路CAD学术讨论会于10月31日至11月4日在合肥市举行。参加会议的有来自全国55个单位的102名代表。钱临照副校长出席了会议的开幕式,并在会上作了发言。会议由中国科学院空间中心副主任、我校电工电子学教研室兼职主任陆志刚副总工程师主持。这次会议是国内电子线路CAD方面的第一次学术讨论会。

我校是国内开展电子线路CAD研究工作较早的单位之一。1978年,学校就成立了电

1980年

子线路CAD教学组,近两年还编写了《电子线路计算机辅助设计》专著,该书被一些兄弟院校选为研究生教材。与此同时,CAD组还结合教学和科研,编制了一整套通用电路分析程序。这些工作受到了与会代表的好评。此外,我校电工电子学教研室和无线电电子学系的有关人员还在这次会议上宣读了8篇学术论文和1篇电子线路CAD综述文章。

● KD—401型多功能测定仪通过鉴定

1974年底,我校近代物理系核电子仪器厂接受了安徽省卫生局下达的研制多功能测定仪的任务。经过调研和试制,于1976年完成了2台样机,并命名为"KD—401型多功能测定仪"。该仪器采用闪烁探测器探测病人某些部位对同位素的吸收、排泄功能,并用自动记录仪描绘出曲线,可迅速判定病人的健康状况。2台样机分别送至安徽省立医院和安徽医学院附属医院供临床使用,经四年多数千病例的临床检验,证明其性能良好。为此,安徽省科委于1979年底决定将该仪器以技术转让的形式,转交给安徽省滁县无线电厂进行批量生产。为实现这一技术转让,我校在安徽省立医院的协助下,将该仪器原墨笔记录改为电热记录,并在仪器的外观结构上作了进一步改进。5月份又完成了2台KD—410B型样机,经几个月的临床试验和对该仪器的例行试验,证明性能可靠,从而实现了定型设计。

10月底,我校与南京大学、苏州医学院、上海第一医学院、安徽省科委、安徽省工业厅、卫生厅,以及湖南、辽宁、河南、山东、安徽等十几所院校、医院和有关部门,应邀到安徽省滁县参加该仪器的技术鉴定会议。经测试,KD—410型多功能测定仪通过技术鉴定。

● 杨纪珂等7人晋升教授

11月11日,安徽省人民政府下文至省高等教育局并我校,同意提升杨纪珂、黎彤、郦明、殷涌泉、阮图南、石钟慈、陈希儒7人为教授,并报中国科学院、教育部备案。此前,10月20日,安徽省高等教育局曾发文,提升陶懋颀等15人为副教授。至此,我校共有教授23名、副教授64名。此外,尚有2名教授、11名副教授待批。

● 世界银行评价代表团一行来校访问

7月间,世界银行派出以主管东亚及太平洋地区的副行长夏希德·侯赛因为首的7人代表团访问中国,初步承诺向我国26所重点高等院校贷款2亿余美元。9月21日至10月11日,该行派出教育考察团对贷款项目进行可行性考察。11月16日至12月13日,该行派出以弗朗克·法纳为团长,以霍尔汀为顾问的7—8人评价代表团来华访问,对26所院校

使用贷款的计划进行评价。

11月22日,世界银行评价代表团团长法纳(Farner)、团员费尔普(Phelps)一行在教育部外事局王福森的陪同下到我校访问。副校长钱临照、马西林,副教务长包忠谋以及方励之、龚昇、黄茂光、张懋森等十多位教授、副教授与代表团进行了座谈。随后,由钱临照、包忠谋陪同,代表团参观了化学、物理、生物、计算机、同步辐射等实验室,分别在少年班和普通班听了物理、数学课,还参观了即将施工的实验楼群的建筑工地。之后,代表团与校领导和有关实验室的教学、科研人员又进行了座谈。在参观、座谈过程中,代表团在关于学校招生、教学、科研、设备安装与使用及结构成分分析实验室的人员结构方面提出了若干问题,并对学校领导及有关人员的答复表示满意。

11月27—28日,在教育部供应局副局长庄前炤的率领下,教育部世界银行项目审查团一行17人到达我校,分结构成分分析实验室、计算机和加强实验室3个组对物理、化学、生物、电工电子学、同步辐射加速器等实验室和计算机等进行参观审查。之后,审查团领导与学校领导及教学科研、设备器材、财务基建等方面的负责人讨论贷款项目条件落实的问题。最后,各审查小组的代表与庄前炤在学校有关负责人参加的会议上,谈了这次来校审查的意见。

● 朝鲜科学院代表团来校访问

为商签中朝两国科学院1981—1982年科学合作计划,以朝鲜科学院副院长崔华春为团长的朝鲜科学院代表团一行5人于11月28日访问了我校和中国科学院合肥分院。代表团参观了我校电子同步辐射光源、物理实验室、力学实验室、电子显微镜、X光衍射仪、激光全息装置、精密机械车间、320计算机组以及激光、晶体、发光、磁学等教学和科研设施。代表团成员、朝鲜科学院理科大学校长卢尚均与我校有关教学人员进行了学术交流。

● 《科大校刊》复刊

创刊于1958年9月27日的《中大校刊》,是由郭沫若校长提名创办的,并亲自题写了刊名。1959年10月1日第36期起,校刊更名为《科大校刊》,于1960年7月20日第74期后停刊。

为推动教学和科研工作,交流经验,加强团结,活跃学校生活,办好学校,1980年11月12日,学校决定《科大校刊》于该月复刊。校刊编辑室属校办公室领导,由张扬、谈宜曙、司有和、谢新民、张方等负责编辑。校刊只在校内发行,暂出半月刊。此前,10月3日,严济慈校长发来贺信:"校刊复刊,很好,望努力办好。我以后如有短文,当寄上。但我不会题词、题诗,甚歉。"

自《科大校刊》复刊后,至1983年3月15日第115期,校刊再次更名为《中国科大》。

● 华罗庚代表我校数学系与美国马里兰大学签订交流备忘录

9月中旬,中国科学院组织以副院长华罗庚为团长的"中国纯粹及应用数学代表团"访问美国。在访美期间,华罗庚得知复旦大学生物系谈家桢教授在马里兰大学访问时,就复旦大学与马里兰大学两校生物系之间的交流合作具体签订了一项协议。马里兰大学数学系建议与我校数学系也签订一项类似的交流合作协议,并提出了一个草案,希望华罗庚作为我校副校长在访美期间可以完成签字手续。9月26日,华罗庚就此事请示中国驻美使馆,使馆又将华罗庚的意见转告中国科学院。对此,中国科学院副院长严济慈批示同意,认为这"是有好处的"。科学院副院长胡克实、钱三强亦表示同意。10月18日,中国科学院致密电于中国驻美使馆,通过他们将科学院领导意见转告华罗庚。之后,华罗庚代表我校数学系与马里兰大学数学系正式签订了交流备忘录。

● 美国加州大学伯克利分校肖恩教授来校进行学术交流

12月8—13日,美国加州大学伯克利分校数学系教授肖恩(R. M. Schoen)夫妇应复旦大学和我校共同邀请来我校讲学。肖恩是一位青年数学家,近年来在微分几何方面十分活跃,美籍华裔数学家丘成桐的许多重要工作都是与他合作完成的。此前,肖恩曾表示愿意来华访问3—4周。为了提高我校数学系微分几何的科研和教学水平,同时商谈学术交流和代培研究生等事项,我校邀请肖恩到校访问讲学。到校后,肖恩教授主要进行了微分几何方面(最小曲面)的学术报告。学校向肖恩赠送了铁画和竹笔筒。

● 美国堪萨斯州密苏里大学代表团来校访问

10月7日,美国堪萨斯州密苏里大学校长James C. Olson致信我校副校长钱临照,表达了由该校派克校区副校长Melvin George率领代表团访问我校的意向,钱临照回信表示欢迎。

12月12日,由Melvin George率领的12人代表团到我校参观、访问。马西林副校长、包忠谋、任知恕、廖伯石及师资处、学生处、教务处、器材处、办公室等有关人员接见了代表团。代表团参观了图书馆、320计算机、化学楼、加速器、精密机械车间、生物物理实验室等。之后,代表团向我校赠送了一个学校的钢印,马西林副校长代表学校回赠了我校的校徽。

1980年

● 杨承宗当选为安徽省科协主席

12月22—26日,安徽省科学技术协会第三次代表大会召开,我校副校长杨承宗当选为安徽省科学技术协会主席。

● 学校外事活动大面积展开

学校的外事工作主要包括接待外宾、学者来校参观、讲学和选派师生出国考察、学习与参加学术会议两个方面。

截至1980年7月15日,接待国外学者、代表团来校讲学、访问、参观,共有76起217人次,他们来自美、日、法、英、西德、意大利、瑞典、匈牙利、加拿大、澳大利亚以及中国香港等十多个国家和地区;选派教师出国进修、工作、参加国际学术会议、考察参观等,共派出76名教师分别在13个国家(美、英、法、西德、瑞典、加拿大等)进修44个专业方向;加速器考察团赴美国、西德等国参观、考察;有11人次参加国际学术会议。

● 多项科研成果获奖

在1978年和1979年两年内,我校一共获得科研成果71项,其中向中国科学院、国防科委和安徽省科委报奖的有61项,已分别获得批准的成果奖有44项。

1980年,我校共获得了中国科学院重大科技成果奖27项。此外,在1979—1980年度,我校还获得安徽省科技成果奖3项。

● 年度数据统计

截至9月底,全校教职工总数2 773人,其中教授15人,副教授55人;在校学生总数2 805人,其中本科生2 687人,研究生118人。学校占地总面积825亩,校舍建筑总面积16 409平方米。

1981年

● 学校颁布《学生成绩考核、免修和选课的若干规定》

自1980—1981学年度第二学期开始,我校在全校范围内试行学分制。与此相适应,1月9日,教务处颁布了《中国科学技术大学关于学生成绩考核、免修和选课的若干规定》,对于学分制下学生成绩的考试、考查、成绩评定,课程免修、选修的申请与批准等诸事项规定了详实的管理办法。

后来,学校在《规定》执行的过程中,发现其中个别条文规定得不够完善,从而于1982年3月19日再次下发《关于学生成绩考核、免修和选课的补充规定》。

● 中国科学院决定将我校和研究生院统一,将教学管理处并入研究生院,设立"大学工作部"

经中国科学技术大学第二次工作会议讨论,中国科学院党组决定,为了集中力量承担起培养学士、硕士、博士的繁重任务,将我校和研究生院统一起来,成为一个实体、两个部分,并将北京教学管理处与研究生院合并。2月24日,我校将两单位合并意见上报中国科学院。经中国科学院院长办公会议讨论,2月27日,中国科学院下发《关于中国科技大学研究生院与科大北京教学管理处实行组织合并问题的批复》。学校党委于4月18日、21日两次召开常委会议,研究了北京教学管理处与研究生院实行组织合并的具体问题,并作出决定:合并后,北京教学管理处现有工作人员的工资关系按双方共同商定的名单(120人)统一转到研究生院;研究生院设立"科大北京工作部",负责承办校本部在京的有关工作,其人员编制、党政关系、行政管理均由研究生院党委统一领导;玉泉路我校现有校舍在研究生院新校舍未建成前,由研究生院统一规划、整修和安排使用;原北京教学管理处现有物资、设备由北京工作部管理使用;北京工作部人员的工资、医疗费、福利费、副食品及粮差补贴等按

1981年

人头拨给的经费,均随编制列入研究生院的经费预算,由研究生院统一解决。4月24日,学校党委组织部、人事处发文,将杨云等119人的行政关系转到研究生院。

10月20日,学校呈报中国科学院教育局《关于研究生院设立大学工作部的报告》,后获准。"科大北京工作部"的业务工作有一定的独立性,其主要任务是:管理学校在京教学、办公用房及学生宿舍、招待所(共3 000平方米);管理校本部赴京进行毕业实习、做毕业论文的师生和安排赴京短期出差职工的住宿;负责校本部在京的物资采购;管理学校在京人员的工作及退休、离休人员的生活;办理校本部在京的学术交流事务和收集科技情报资料;办理校本部在京的外事工作;管理校本部人员在京户口和知青工作。大学部下设办公室、政工办公室、教务科、行政科、物资科。校本部委托北京工作部办理的事项,凡涉及研究生院全局性的重大问题,由校本部与研究生院联系商定后再由北京工作部承办。一般业务性的工作由校本部相应的职能部门直接与北京工作部联系办理。北京工作部的人员,除研究生院提出拟安排的干部外,校本部再增派少量干部去北京工作部工作,以充实其干部力量。

◉ 举行首届"郭沫若奖学金"授奖大会

在1980年12月18日学校"郭沫若奖学金"评审委员会第一次会议上,根据关于按学科分配奖学金授奖名额的原则,同时考虑到各系学生数量的分布情况,确定了名额分配方案:数学系、物理系、近代力学系、生物系各1名,近代化学系、近代物理系、地球和空间科学系各2名,无线电电子学系3名,机动名额2名。考虑到1977级学生基础课已经基本学完,因此确定本年度授奖的对象是1977级学生。同时,考虑本年度奖学金的评定工作本应在暑假前完成,当时1976级学生尚未毕业,后因工作上的原因拖延至今才评,因此确定已毕业的1976级学生也在评选之列。

1981年1月17日,"郭沫若奖学金"评审委员会召开第二次会议。各系上报获奖人选共20名,会议通过讨论,一致通过了首届"郭沫若奖学金"获得者15名学生名单,其中包括1976级毕业生2名、1977级学生13名。学校将有关材料呈报校长严济慈与第一副校长李昌,获批准。

3月12日下午,学校举行"郭沫若奖学金"暨三好学生、优秀学生干部授奖大会。时任安徽省委第一书记的张劲夫、安徽省副省长魏心一出席了大会。参加会议的还有安徽省委文教部、省高等教育局、省教育厅、省体委、省团委的领导人及安徽大学、合肥工业大学等一些高校的领导,以及合肥联合大学的师生员工。会议由校党委书记、副校长杨海波主持,在宣读完授奖名单后,张劲夫分别给"郭沫若奖学金"获得者、"三好学生标兵"和"优秀学生干部"、"三好学生"的代表颁了奖。之后,张劲夫还向全校师生员工作了题为《勤奋学习,热爱祖国,立志当社会主义中兴大业的积极分子》的讲话。

1981年

● 方励之当选为中国科学院学部委员

1月23日,我校物理教研室天体物理中心方励之教授当选为中国科学院学部委员。

● 成立校务委员会,严济慈任主任委员

3月14日,学校呈报中国科学院《中国科技大学当前急需解决的几个问题的请示报告》,首先提出了成立校务委员会的要求。早在1980年中国科学院第二次我校工作会议之时,即已决定成立学校校务委员会,将合肥校本部和设在北京的研究生院统一起来,成为一个实体、两个部分,充分利用"全院办校,所系结合"的优越条件,逐步建立培养高水平科研人才的完整体系。《请示报告》中提出,学校现急需将校务委员会成立起来,在中国科学院领导的直接领导下,对学校的方针、政策以及基本性的建设工作实行统一规划和安排。校务委员会可先由科学院有关领导、合肥校本部和研究生院的负责人组成,开始时人员可精干一些,13—15人,以便于工作,以后再行扩充,吸收有关研究人员、教授参加。学校建议的校务委员会组成人选如下:严济慈担任主任委员,郁文、华罗庚、张文松担任副主任委员,委员包括谷羽,我校专职副校长3—5人,研究生院副院长2—3人,国家科委1人,科学院办公厅1人(校友)。

3月16日,学校又专门呈报中国科学院《关于成立中国科学技术大学校务委员会的请示报告》,再次提出了以上要求。

3月24日,中国科学院党组同意成立中国科学技术大学校务委员会。严济慈任校务委员会主任委员,卢嘉锡、华罗庚、郁文、杨海波任副主任委员。

● 选拔一批1977级学生出国攻读博士学位

"文革"之后,学校为了加强师资队伍建设,在中国科学院的支持下,逐年派遣中年教师到国外进修深造。但直至1980年底,学校35岁以下的青年教师不仅数量少(约170名),而且普遍基础较差。为此,学校亟待充实一批二十几岁青年博士水平的师资力量,拟在1981年从1977级学生中严格挑选30—40名优秀学生,由学校自行联系并取得对方的奖学金,送到国外做博士研究生,学成后回校任教。1980年12月17日,学校呈报中国科学院,请予批准并在出国旅费和制装费上给予大力支持,预先垫付,由各个研究生在收入中自行偿还。1981年3月31日,学校又呈报教育部外事局,希望教育部在分配1981—1982学年选派出国研究生的名额时给予照顾。经中国科学院批准,4月3日,学校决定从1977级学生中选

1981年

拔30名优秀学生出国攻读博士学位,学成后回校任教。6月15日,中国科学院发文同意学校择优选送37名1977级优秀学生出国攻读博士研究生,学成后回校任教。

● 华罗庚等一批著名数学家来校讲学,华罗庚为校刊题词

4月6日,中国科学院副院长、我校副校长兼数学系主任华罗庚教授到达合肥,于4月8日起在校讲学4周。随同来校的还有学部委员、数学研究所研究员王元,研究员张广厚,应用数学研究所副研究员吴方。此外,这次到我校讲学的还有学部委员、数学研究所研究员杨乐,学部委员、复旦大学数学系主任谷超豪,学部委员、复旦大学数学研究所副所长夏道行以及复旦大学教授胡和生,南京大学数学系主任叶彦谦。我校数学系曾在国外讲学或工作过的龚昇教授、石钟慈教授以及李翊神、彭家贵副教授也作了学术报告。参加听讲的有安徽省外三十多所高校的数学教师以及安徽省各高校的数学教师150人左右。学校分别向复旦大学、南京大学发出公函,请对两校数学家到我校作学术报告并指导工作予以支持。

自4月8日下午,至4月27日华罗庚离肥返京,先后有13位著名数学家共讲学21人次。华罗庚先后作了题为《矩阵几何和狭义相对论》、《微分方程的几何理论》的学术报告,并在我校作了《推广数学方法的若干个人体会》、在安徽省直机关作了《国民经济中所用到的数学方法》的科普报告。其他数学家所作的报告分别为:王元:《随华老访美见闻》、《数论在近似分析中的应用》;杨乐:《函数值分布论的某些新研究》;张广厚:《整函数和亚纯函数值分布理论》、《整函数和亚纯函数的渐近值理论》;叶彦谦:《关于常微分方程研究的若干问题》;龚昇:《酉群上的调和分析》,等等。

在讲学结束后,华罗庚专门给广大同学讲话,他勉励大家要做到"宽、专、漫"。宽,就是大学基础一定要打得宽;专,就是宽了之后要选择专业方向;漫,是在专的附近来寻找课题,即以原来的为中心向外漫。

钱临照副校长高兴地说:"华老这次来校讲学,是中国数学界在合肥的一次大集合,汇集了数学界不可多得的精华。我希望华老以后再来,还有第二次、第三次,还有第n次。这种方法还可以推广到其他学科。合肥作为中国的科学中心之一,希望各种学科都能这样到合肥来讲学。"杨承宗副校长也激动地发言,他说:"华老总结的三个字我非常赞成,尤其是一个'宽'字。所以同学们要学好数学、物理,也要学好化学。"

华罗庚还应求为《科大校刊》题词:"聪明在于学习,天才由于积累。与同学们共勉之。"

● 钱临照、龚昇被聘为国务院学位委员会学科评议组成员,成立学位评定委员会筹备小组

5月9日,国务院学位委员会办公室下发《关于征求对拟聘为国务院学位委员会学科评

议组成员名单意见的通知》,由中国科学院所提出的推荐名单,经研究磋商后,初步商定拟聘为国务院学位委员会有关学科评议组成员的共38人。5月13日,中国科学院转发此通知至我校,钱临照被聘为国务院学位委员会物理学科评议组成员,龚昪被聘为国务院学位委员会数学学科评议组成员。此前,2月24日,为加强对学位授予工作的领导和管理,中国科学院设立学位委员会,由每个学部、院属高校、科学院有关领导共26人组成,其中包括我校的钱志道与钱临照,以及在我校兼职的马大猷、吴文俊、吴仲华等人。

为加强对学校学位工作的领导,4月22日,学校呈报中国科学院,决定成立学位评定委员会,委员会由25人组成,其中教授14人,副教授9人,分管研究生工作的副校长和副教务长各1人。副校长钱临照任学位评定委员会主席,校党委副书记、副校长马西林与副校长杨承宗任学位委员会副主席。4月29日,中国科学院教育局批文:"为了从现在起能够进行授予学位的各项准备工作,各单位按照学位条例的规定组成的学位评定委员会,可先作为评定委员会筹备小组开展工作,待国务院批准授权授予学位的单位以后,院学位委员会再审查批准各单位评定委员会名单。"根据此批文精神,学校于5月11日发文决定,校学位评定委员会即日起作为筹备小组开展工作。筹备小组由钱临照任组长,马西林、杨承宗任副组长,任知恕等22人任委员。

● 严济慈、李昌当选为中国科学院主席团执行主席,卢嘉锡当选为中国科学院副院长

5月19日,中国科学院主席团第一次会议在北京举行。会议期间,我校校长严济慈、第一副校长李昌当选为中国科学院主席团执行主席,近代化学系主任卢嘉锡当选为中国科学院副院长。

● 1981年暑期粒子物理讲习班在合肥举办

1980年1月,在广州从化召开了我国第一届全国粒子物理理论会议,这是我国理论粒子物理研究蓬勃发展的开端。会议上,李政道、杨振宁、彭桓武、胡宁和朱洪元五人提出了利用假期在中国举办粒子物理讲习班的建议。1981年1月,讲习班筹备会议在北京召开,参加会议的有高能物理研究所、理论物理研究所、北京大学以及我校等单位。会议决定,在"中国科学院粒子物理学术小组"的基础上成立"粒子物理讲习班筹备组",由朱洪元、张厚英、胡宁、彭桓武、任知恕等负责,下设学术小组负责日常工作,以高能物理研究所为主,理论物理研究所为辅,我校和北京大学参加。学术小组由朱洪元、杜东生、郭汉英、刘耀阳、赵光达等人组成,会务等工作由我校负责。

经过筹备组精心组织,全国第一届粒子物理讲习班于1981年暑期在合肥成功举办。

参加讲习班的有来自42个高等院校和近40个研究机构的中外粒子物理学家和研究人员160多人,有老一辈的物理学家、也有后起之秀。其中有来自美国与加拿大的华裔粒子物理学家董无极、颜东茂、戴自海、胡班比、李灵峰、蓝志成、徐一鸿与姚若鹏。国际著名物理学家、美国物理学会会长马夏克(R. E. Marshak)亦专程前来作了学术报告。这一期讲习班对当前基本粒子研究的主要领域从基础方面进行系统的授课,对前沿的课题也作了介绍。中外学者进行了学术交流,展开了热烈的讨论。讲习班系统讲授了量子色动力学、弱电统一理论和大统一理论等。通过教学,使包括50名研究生在内的听课人员从物理图像到具体计算,从基础到最新动态,都有了比较全面的了解,为国内粒子物理学科的教学和研究生的学习创造了一个良好的条件。

● 项武忠来校讲学

5月16日至6月4日,美国普林斯顿大学教授、我校名誉教授项武忠应华罗庚副校长邀请来校讲学2周。项武忠在变换群论、低维拓扑学等领域中有重要贡献,在美国数学界享有盛名。他1980年曾访问我校,这次来访,他共作了8次讲演,每次2小时,听课对象是我校数学系1978级的学生和部分研究生,省内外兄弟院校的一些教师也应邀前来听讲。他讲授了黎曼面和拓扑学的基础,并介绍了他的教学和科研经验。

● 钱伟长来校作报告

5月21日,著名力学家钱伟长教授来校作《力学的现状和展望》报告。他在报告中着重介绍了当前力学科学所面临的新课题是:如何处理非线性问题、多相复合体问题和非均匀介质的问题。他说,我国力学工作者不仅要去占领国外正在开拓的新领域,而且还要去占领人家没有占领的领域,注意解决国民经济中提出的有实用价值的问题。他还介绍了两门很有前途的新学科:生物力学和材料科学。

钱伟长还说:中国是我的祖国,我知道中国的科研条件比国外差,但是,我要回来,把学到的知识献给祖国。

● 杨振宁来校讲学

7月8—9日,著名物理学家、我校名誉研究教授杨振宁到校访问、讲学。安徽省委第一书记张劲夫、省长周子健和副省长李清泉,我校党委书记杨海波、副校长钱临照以及四系部分教师会见了杨振宁。

1981 年

杨振宁参观了同步辐射实验室和物理系的实验室,与同步辐射实验室的工作人员、近代物理系理论物理专业学生及少年班学生进行了座谈,给近代物理系教师、研究生及部分本科生作了题为《时间反演不守恒和熵增加》的报告,听取了近代物理系徐克尊所作的《反常切伦科夫辐射实验》的汇报,还向全校师生作了《当今世界对科学技术的看法》的报告。

杨振宁对我校教学和科研工作表示出很大的兴趣,他对学校派往纽约州立大学石溪分校的五位访问学者和研究生表示满意,并邀请我校即将访美的代表团访问石溪分校。他也对四系徐克尊等的实验以及物理教研室尤俊汉等的理论工作给予很高的评价,并立即写推荐信把该项实验工作介绍到欧洲《物理通讯》(Phys. Lett.)杂志上发表,将尤俊汉等的理论文章推荐到《Chinese Physics》上发表,还说我校每年出一项这样的工作就能站住脚。

在与少年班学生座谈时,杨振宁向同学们赠送了礼物——一种玩具"魔方"。他介绍了自己取得科研成功的过程和经验,并谈了他对如何搞好科学研究工作的看法。在与校领导座谈时,他说培养出像丘成桐那样的大数学家是有可能的,但培养出像费曼那样的大物理学家就困难,要是能培养出一个世界上最大的数学家那也就够了。杨振宁对同步辐射实验室已取得的成绩表示非常满意,并对我校加速器在竞争中的有利与不利条件表示关心。在7月12日方毅副总理接见时,杨振宁再次表达了他对我校同步辐射装置建设的赞成。

● 李政道、丁肇中任我校名誉研究教授

1980年10月26日,我校就已在丁肇中同意的情况下,呈报中国科学院外事局《请发给我校名誉研究教授丁肇中聘书的函》。1981年7月31日,我校再次呈报中国科学院外事局《请批准我校聘请李政道博士为名誉教授的报告》。对此,中国科学院外事局于8月31日答复,同意聘请李政道、丁肇中为我校名誉教授,且聘书已由严济慈校长签字。

● 我校和复旦大学联合主办第二次"双微会议"

9月8—13日,由著名数学家苏步青、陈省身提议,由复旦大学和我校联合举办的第二次国际"双微"(微分几何、微分方程)学术讨论会第二阶段会议在合肥举行。第一次"双微会议"于1980年在北京举行,并被列入该年度的中美科技合作协定。第二次"双微会议"第一阶段于1981年8月20—31日在上海举行,有13名外国学者参加了会议,共作了14次系统演讲。苏步青、吴文俊分别作了特邀报告,会议组织委员会主席谷超豪在会上作了专题学术报告。

这次学术讨论会除了进行一般的学术交流以外,还带有讲习班的性质。出席第二阶段会议的有美、法、日等国的一些著名数学家,国内各单位和各高等院校的数学工作者共60多人。布格尼翁、洛桑、帕莱、乌伦贝克等国外著名学者作了系统的演讲,介绍了国际最新

的研究方向和成果。我国有10位数学工作者,其中包括我校数学系副教授彭家贵、田畴和讲师陈登远,作了学术报告或宣读了论文。中外数学家还就共同关心的学术问题进行了讨论。

外国学者在合肥期间访问了我校,关切地询问了我校少年班的情况,专门向数学系师生作了演讲,热情称赞我校学生基础知识扎实、思维敏捷,很有希望。9月8日晚,会议顾问、我校副校长钱临照设宴招待了参加会议的外国学者。9月11日晚,安徽省委第一书记张劲夫会见了来肥参加第二阶段会议的中外数学家。

● 李尚志等6人参加首批博士学位授予试点

6月19日,我校呈报中国科学院教育局《申请参加博士学位论文答辩试点的报告》,推荐7名研究生参加博士学位答辩试点。9月,中国科学院批准我校1978级研究生李尚志等6人参加博士学位试点,要求对他们进行博士学位的课程考试。考试科目按国家规定为研究生基础课4—6门,外语2门。12月,李尚志等6人均以全部优良的成绩通过了考试。

根据国家规定,这次试点的6人,答辩委员会全部由7名专家组成,全是教授职称,答辩委员会主席基本上均由学部委员,其中包括段学复、胡世华、王湘浩、何祚庥、戴元本、方励之等担任,校外专家超过一半以上。

● 22名学生录取为1981年度中美联合招考赴美物理研究生

CUSPEA正式启动后的首次招收研究生工作于1980年底结束,我校参加考试的27人中,刘刚等15人被录取。这次考试的内容为:英语、经典物理、近代物理、普通物理,全部英语出题,英语答卷。1981年初,学校为这15名留美物理研究生专门举办了英语口语训练班。下半年,他们陆续分赴美国加州理工学院、哥伦比亚大学、康奈尔大学等15所高校深造。

1981年度的CUSPEA招生考试于9月份举行,我校参加考试的54名学生中,有22人通过初试,并赴京参加口试。其中文小刚、干政、李源民、吴彦4人分别获得这次考试的第一、二、三、五名(第四名来自北京大学)。

● 诺贝尔物理学奖获得者里克特教授来校访问

应高能物理研究所和我校的邀请,10月15—18日,美国斯坦福大学斯坦福直线加速器中心著名高能实验物理和加速器物理学家、诺贝尔奖获得者里克特(Burton Richter)对我校进行了为期4天的访问。早在1978年底,我校以包忠谋为团长的代表团访问斯坦福大学时,里克特教授就与我校建立了联系,他十分关心我校同步辐射装置的研制工作,提出了一些有益的建议,并帮助作了一个初步设计计算。

在这次来访中,里克特仔细观看了同步辐射装置的预研制设备(30MeV电子直线加速器、超高真空系统、弯转磁铁和四极矩磁铁的模型)。参观时,里克特称赞了筹备组近三年来所取得的成绩。他还用了两整天的时间与同步辐射筹备组人员一起逐项讨论了加速器的物理设计方案。在讨论储存环的各种运行方式时,他建议尽量减少系统的复杂性,首先考虑一种容易实现的运行方式;关于低能注入的流强极限问题,他肯定采用800MeV注入能量是明智的,也是无失败可能的,同时也指出了为了要达到高的流强,必须在环建成之后做大量的研究工作;关于铸造磁铁的问题,他认为因地制宜地采用铸造以加快进度是合适的。讨论中,里克特特别提醒,要研究储存环中离子俘获现象对束流寿命的影响,并介绍了SLAC和其他实验室在这方面的经验。

10月16日下午,里克特为我校师生作了题为《十年来国际上正负电子对撞机物理工作》的报告。

● 杨海波率团赴美国考察高等教育

自1980年6月美国马里兰州代表团访问安徽期间,我校与马里兰大学就数学、自然科学技术研究与训练等方面的交流合作签订了协议备忘录之后,11月,马里兰大学教授刘全生致信我校,提出该校公园校区校长格拉克斯顿教授希望于1981年4月或5月率该校理工科教授访问团(10人)到我校访问,并商谈邀请我校领导和若干教授回访事宜。为此,安徽省外事办公室于1980年12月30日呈报中国人民对外友好协会,要求审批这一互访计划。我校外事办公室于1981年4月14日上报中国科学院外事局,再次请求审批这一互访计划。

5月18—31日,马里兰大学科学代表团一行13人来华进行了两周的访问。国务院副总理方毅、安徽省委第一书记张劲夫、副省长魏心一分别会见了代表团全体团员。在代表团的主要成员与我校领导的会谈中,双方讨论了我校代表团回访的具体问题。

9月30日至10月24日,以副校长杨海波为团长,由钱志道等各学科的代表所组成的我校代表团一行11人应马里兰大学的邀请,赴美考察高等教育,共到了美国马里兰州、纽约、底特律、威斯康辛、圣地亚哥、洛杉矶和旧金山7个城市和地区,访问了12所大学和5个科研单位,还参观了1所中学、1家汽车厂和1个科学馆。马里兰大学对这次访问作了充分的准备和周密的安排。代表团在各地受到了热情友好的接待,美国科学院还为代表团举行了招待会。代表团还受到了美籍华裔学者李政道、杨振宁、任之恭、吴京生、袁家骝、吴健雄、冯元桢、吴耀祖等教授的热情接待。在所到之处,代表团会见了我校派出的访问学者和研究生,并向有关导师致谢。通过这次访问,进一步密切了我校和马里兰大学的联系,也发

展了和其他院校的友好往来,扩大了我校的影响。

● 严济慈、郁文来校检查工作

10月20—29日,中国科学院主席团执行主席、我校校长严济慈与中国科学院党组书记、秘书长、我校首任党委书记郁文一行来校检查工作。

严济慈、郁文首先听取了校领导关于学校工作的汇报,一起研究了学校的有关工作。10月20日下午,严济慈校长参观了同步辐射实验室筹建组,听取了工作人员的汇报,并观看了预研制成功的各种器件。10月21日、22日下午,严济慈、郁文先后召开干部座谈会和教师座谈会,各系总支书记、主任、副书记、副主任,部、处、室的负责人以及教师代表分别参加了座谈会,反映了目前各单位的情况和存在的问题。郁文说:"看来问题的关键还是管理问题。应当系统地搞个规划,让大家都明白什么时候该干什么事情。"严济慈表示,大家可以将自己的发言写成书面材料,由他们带到北京去好好研究,逐步解决。10月22日上午,严济慈、郁文分别参观了物理系、无线电电子学系、近代力学系、物理教研室、生物系、近代物理系的部分实验室,他们十分赞赏我校教师因陋就简、自力更生地搞科研、建实验室的精神。10月23日下午,学校召开全校大会,严济慈、郁文分别给全校师生讲话。郁文肯定了我校的办学成绩,同时也指出了新形势下存在的一些问题,诸如办学方针、学校体制、规模的确定、专业设置、教材、设备、学校如何建设、教师队伍怎样提高、政治思想工作怎样做,等等。会后,他们还与第四、第五期少年班学生合影。10月26日上午,严济慈与我校出国学习回校的教师座谈,鼓励他们要尽量地把在国外的收获贡献出来。当天下午,他又与各系学生代表、研究生代表和学生干部代表举行了座谈。严济慈说:"科技大学的同学是很可爱的!是优秀的青少年,你们一定要把科大的好传统、好学风保持下去,发扬光大。"10月27日上午,严济慈又与第四、第五期少年班学生座谈,他要求总结少年班经验,"闯出一条路子来"。10月29日,严济慈应校刊要求为师生们题词:"教书要深入浅出,学习要浅入深出,愿与我的同事、同学们共勉之。"

● 同步辐射装置预研制及物理设计审定会在合肥举行

1978年春,中国科学院决定成立以我校为主的同步辐射加速器筹备组,并召开了第一次筹备会议,确定了四项预研任务,即一段直线加速器、一块弯转磁铁、一个四极矩磁铁和一个超高真空系统。1979年和1980年,筹备组又把预研项目扩展到高频系统、注入系统。经过三年左右时间的物理设计和预制研究,至1981年夏秋之际,已初步完成了储存环超高真空系统模拟装置、模型弯转磁铁、四极矩磁铁、注入系统的冲击磁铁和切割磁铁、储存环高频系统及30 MeV电子加速器(包括电子枪、速调管调制器、微波激励和传输系统、恒温冷

1981年

水系统、控制系统、3 m加速管与束流测量装置)的预研制与物理设计。8月31日,我校呈报中国科学院,根据电子同步辐射加速器预研究工作的进展情况,提出把建立电子同步辐射实验室列入中国科学院从1982年开始的重点计划项目。9月19日,我校再次呈报中国科学院数理学部,拟请学部在合肥召开同步辐射加速器预研制鉴定和初步设计审定会。

10月24—28日,中国科学院在合肥主持召开"合肥同步辐射装置预研制及物理设计审定会"。应邀参加会议的有一机部、二机部、四机部、七机部、教育部、安徽省、科学院等有关领导机关和所属研究所、高等院校共28个单位的62名代表,其中副教授、副研究员、高级工程师以上22名。我校、中国科学院等离子体物理研究所、固体物理研究所、浙江大学等参加设计工作的78名科技人员也参加了会议。中国科学院主席团执行主席严济慈,中国科学院主席团委员、二机部副部长王淦昌,中国科学院党组书记、秘书长郁文,安徽省委书记苏羽,安徽省人大常委会副主任胡开明以及学部委员、高能物理研究所所长张文裕,学部委员、中国科学院合肥分院副院长葛庭燧,学部委员、我校副校长钱临照,我校副校长马西林、杨承宗等出席了会议。

在会议召开之前,由王淦昌邀请的原子能研究所顾闻观任组长、一机部毛振珑任副组长的9人预研制项目测试小组对预研制项目进行了认真的复核测试,并在会上向全体代表报告了测试结果及意见。预研制项目的复核测试结果与我校自测结果基本相符。代表们还听取了我校等设计单位所作的合肥同步辐射装置的总体设计、理论设计和各个系统及各主要部件的设计报告以及预研制汇报,参观了我校加速器预研制装置和有关实验室,并进行了讨论,提出了许多意见和建议。会议认为,我校同步辐射实验室筹备组提出的合肥同步辐射装置的物理设计,考虑了我国的国情,是基本合理的。

会议认为,由于我校等单位的共同努力,经过三年预研制和物理设计,合肥同步辐射装置已基本具备进入工程的条件。与会代表一致希望国家有关领导部门尽早批准这一项目。11月19日,《中国科学院简报》以《我国第一台同步辐射装置的预研制和物理设计已审定通过》为题,对此进行了报道。

● 学校被国务院批准为首批博士和硕士学位授予单位

在20世纪60年代初期,我校即已有15个专业招收了34名研究生。自1978年恢复研究生制度以来,至1981年,学校又招收了3届计141名研究生,分布在36个专业,60多个研究方向。当前在校担任研究生指导教师的共130名,其中本校教授21名、副教授57名;兼职教授35名、副教授17名。全校已开出和计划开出研究生课程252门。

根据中国科学院[81]科发教字0010号《关于转发〈中华人民共和国学位条例〉及有关文件和申请表格的通知》,学校对各学科学位授予权的申报工作逐级进行了反复研究,校学术委员会通过23个学科申请硕士和博士学位授予权。4月30日,学校呈报中国科学院《关

于申请学位授予学科的报告》。

6月4日,学校再次呈报中国科学院教育局《关于申请学位授予学科的补充报告》,指出,此前所列举的133名研究生指导教师中,有校外兼职教授36名,副教授18名,占全部指导教师的40%。由于多数兼职系主任、副主任自身工作繁重,或因年事较高,没有被列为这次申请学位授予学科导师名单之中,仅列入了4名。也有应列入而未列入的,如主动表示愿做兼职研究生导师的钱人元。为此,学校申请将钱人元增补入名单之中,同时将学校全体兼职正、副系主任名单送上,申请全部列入学位授予学科的导师名单中。

8月31日,学校呈报中国科学院教育局、教育部高教二司《关于申请增补博士授予单位专业点的报告》,针对国务院学位委员会学科评议组第一次会议所通过的我校首批博士授予单位的专业点和指导博士的导师未能使学校某些学科的科技力量得到应有的反映,从而要求增补近代化学系材料化学专业、无线电电子学系无线电微波专业为博士授予单位的专业点,将杨承宗、赵贵文、李芯、黄茂光几位教授增补为可以指导博士的导师。

11月25日,学校正式被国务院批准为首批博士和硕士学位授予单位。学校首批同时具有博士、硕士学位授予权的有基础数学、概率论与数理统计、理论物理、固体物理、光学、原子核物理及核技术、等离子体物理、低温物理、物理学史、天体物理、流体力学11个学科、专业;具有硕士学位授予权的还有计算数学、加速器物理及技术、分析化学、物理化学、高分子化学、放射化学、地球化学、固体力学、爆炸力学、机械制造、工程热物理、电磁场与微波技术、自动控制13个学科、专业。

● 学校暨研究生院(北京)分别隆重举行1981届研究生毕业典礼

12月19日,学校隆重举行1981届研究生毕业典礼。本届研究生是我国恢复研究生制度以来,经过入学考试后择优录取的,他们中大多数是1970年以后参加工作的大学毕业生,平均工龄在8年以上。其中包括1978年10月入学的三年制研究生110人和1979年9月入学的二年制研究生27人,分布在8个系、36个专业。三年来,有21名研究生出国留学,分布在美国、法国、西德、瑞典、奥地利等国。本届研究生共完成研究工作近200项,论文250多篇。担任研究生毕业指导的导师,有教授27名、副教授32名、讲师15名,其中兼职导师14名。

大会由杨承宗副校长主持,他首先宣读了严济慈校长的贺辞:"承先启后不甘后,青出于蓝胜于蓝。"之后,校党委书记、副校长杨海波,研究生导师代表阮图南教授,以及大学本科生代表、毕业研究生代表分别在会上讲话。大会给研究生们颁发了毕业证书。中共安徽省委第二书记顾卓新到会祝贺并讲话。著名科学家、我校兼职系主任、副主任张文裕、吴文俊、谈镐生等致电毕业生表示祝贺。研究生处同时举办了"1981年度研究生毕业论文展览"。

1981年

此前,于11月27日,我校研究生院在北京隆重举行了首届研究生毕业典礼,由钱志道副院长主持。严济慈院长为546名研究生颁发了毕业证书。中国科学院院长卢嘉锡、副院长钱三强、副秘书长刘春、李苏,国家科委副主任于光远,全国科协副主席刘述周,中国社会科学院副院长宦乡,国务院科技干部局副局长艾大炎,北京大学副校长沈克琦等和京区43个研究所的700多位研究生导师应邀出席了毕业典礼。

● 张新铭任研究生院(北京)党委书记

12月29日,中国科学院党组批复同意张新铭、张学彦、李侠等人组成中共中国科学技术大学研究生院(北京)委员会。张新铭任书记,张学彦、李侠任副书记。

● 学校中心实验室正式成立

12月,学校中心实验室正式成立。这是学校拟利用世界银行贷款的一个重点建设项目,包括结构成分分析实验室和计算站。在成立大会上,校领导卢岗峰、包忠谋分别讲话,鼓励大家团结一致,下决心把中心实验室这个大事办好,并回答了有关建室的一些认识问题,该室筹建工作小组组长严学明布置了专职实验人员的培训计划。

● 获中国科学院重大科技成果奖15项

1981年度,我校"合肥同步辐射装置预研制及物理设计"、"大型多丝正比室及其计算机实时数据处理系统"等15项科研成就获得中国科学院重大科技成果奖。

● 年度数据统计

截至9月底,全校教职工总数2 590人,其中教授26人,副教授94人。在校学生总数3 484人,其中本科生3 224人,研究生141人,进修生99人,代培生20人。学校占地面积1 195亩,校舍建筑总面积191 534平方米。

1982 年

● 我校被国务院批准为首批授予学士学位的学校

经国务院1月12日批准,1月15日,国务院学位委员会、教育部联合下发《关于下达首批授予学士学位的高等学校名单的通知》,我校被批准为首批授予学士学位的高等学校。在全国517所全日制本科高等学校中,经中央有关部、委和各省、市、自治区高等教育(教育)厅(局)初审同意授予学士学位的高等学校共471所,经教育部汇总复核同意列为我国首批授予学士学位的高等学校共458所。

● 丁肇中来校讲学、挑选研究生

2月10—11日,著名物理学家、诺贝尔奖获得者丁肇中教授到我校讲学、访问。应中国科学院邀请,丁肇中此次特地到我校挑选人才。近代物理系推荐了1977级的肖东、吴宏工、周冰(女)和任大宁四名学生。丁肇中与他们先后谈话四次近十个小时,表示满意,认为这四名学生很有前途,与美国麻省理工学院的最好学生相比也不相上下。

11日上午,学校领导会见了丁肇中,并向他颁发了由严济慈校长签署的中国科学院聘书,聘请他为我校名誉教授,丁肇中欣然接受,并表示很高兴成为我校成员之一。当日下午,丁肇中为学校师生们作了《什么是高能物理》的学术报告,并解答了与会者提出的各种问题。此外,丁肇中还参观了近代物理系和电子同步辐射实验室。他对我校自力更生的精神很赞赏,说:"来到科大,我感到有一种精神是很可贵的,真是名不虚传,科大是一个很好的学校,是很有希望的。"之后,在接受国家主席胡耀邦的会见时,丁肇中又说:"我这次去中国科技大学一天,是我六次来华最高兴的一天。"他还表示,我校的仪器不好,没有现代化仪器和计算机,为此他已打电报回去,要将很多闲置在美国、西德不用的仪器运到我校。丁肇中对有关接待人员说:"杨振宁、李政道教授均先后去过中国科技大学。回美国后都对我

说:中国科技大学办得不错,有创新精神,很有希望。我这次仅呆了一天,得到的印象与他们相同。我已选定把中国科大作为自己今后合作的对象,每年回来都要去那里一趟。所以我认为,办好一个大学不一定都在首都、大城市,世界上很多国家的好大学都不在首都和大城市。也许由于科大远离北京,各方面干扰少,教师和学生都能专心学习和工作。"

丁肇中决定借赠给我校的两台 PDP11/45 型电子计算机价值 17 万美元。9 月 8 日,严济慈代表中国科学院和我校为此向丁肇中表示感谢。

● 方毅对我校少年班作出批示

3 月 2 日,少年班研究组朱源、司有和致信方毅副总理,汇报了关于少年班学生报考研究生所取得的成绩,并强调:少年大学生完全有能力在进大学后提前进入研究生阶段。这从一定意义上讲,它进一步说明了少年班是早出人才的有效途径。他们还随信寄了一份中国科学院关于我校少年班情况的简报,其中详细介绍了少年班学生在求知欲、自学能力、事业心、毅力、学习成绩及德智体的全面发展等各方面的情况。3 月 12 日,方毅对此批示:"科大在办少年班这件事上是有成绩的。现在又进一步发展了这个经验。望继续努力。"

● 中国科学院批准关于建造合肥电子同步辐射实验装置的报告

在 1981 年"合肥同步辐射装置预研制及物理设计审定会"对我校的同步辐射实验室作出"已基本具备进入工程的条件"的结论后不久,同年 11 月 2 日,学校呈报中国科学院《关于申请批准电子同步辐射实验室计划任务书的请示报告》。在随函上报的《合肥同步辐射实验室计划任务书》中,对于实验室建设的目的和意义、主要物理和技术指标、建设规模和投资等做了详细说明。

1982 年 3 月 19 日,经中国科学院院务会议讨论,原则批准我校《关于申请批准电子同步辐射实验室计划任务书的请示报告》,同意由我校负责,从科学院院属有关单位抽调有经验的人员,组成精干的强有力的技术领导班子,同时加强工程设计力量,在合肥建设电子同步辐射实验室,作为科学院和全国公用的大型科学装置,为开展若干方面的科研工作提供条件。会议要求,年内要抓紧做好电子同步辐射实验室建设的各项前期准备工作。

5 月 4—7 日,中国科学院主持召开的"合肥电子同步辐射实验室计划任务书审定会"在合肥举行。应邀参加会议的有:中国科学院和核工业部有关研究所、设计院,安徽省暨合肥市领导机关,清华大学,浙江大学等 25 个单位的 60 名代表,我校代表及有关人员 50 名。中国科学院主席团执行主席严济慈、中共安徽省委书记严佑民、苏羽,合肥市副市长张国辉,中国科学院数理学部副主任甘柏,安徽省科委主任白杨,学部委员葛庭燧、谢家麟、唐孝威,我校负责人杨海波、钱临照、马西林、杨承宗、卢岗峰等出席了会议。

1982年

这次会议是在1981年召开的"合肥同步辐射装置预研制及物理设计审定会"的基础上，进一步对该项目的工程可行性、装置的加工与安装工艺、建设规模及土建要求、投资概算、工程进度安排进行工程论证，并审定计划任务书。会议成立了以谢家麟为组长，有18名专家参加的技术审查小组，认为我校编制的合肥电子同步辐射实验室的计划任务书是全面的，对该项目各方面的考虑也基本合理。会议建议有关领导部门尽快批准《任务书》，以便迅速开展扩初设计；我校应加强工程的组织领导，充实工程力量，加强总体协调，努力把工程做好。

经学校四年多的努力，预研制、加速器装置的物理设计方案论证及工程的可行性研究等工作到此告一段落，已具备了进入工程阶段基本建设的条件。拟建址在我校新校区，已经征得安徽省政府批准，总建筑面积10 800平方米，总投资为4 500万元。10月27日，中国科学院向国家计委报送了我校新建电子同步辐射加速器实验室的设计任务书。

● 教育部向全国批转我校《关于第六期少年班招生的报告》

自1978年试办少年班，至1981年，我校已招收了5期共168名少年大学生。在1981年度研究生招生中，第一、第二期少年班88名学生中有9名提前报考，录取7名，其中5名为赴美研究生。1982年1月14日，学校呈报中国科学院、教育部《关于第六期少年班招生的报告》，计划于当年再招收25名15岁以下少年班学生，招生范围从第三期的7个城市，第四、第五期的9个省、市，扩大到13个省、市。3月4日，中国科学院呈报教育部《报科大少年班一九八二年招生报告》，原则同意我校少年班于当年继续招生，招生条件、办法基本同于去年，而招生地区适当扩大，请教育部批转。3月27日，教育部将我校的报告转发给各省、市、自治区高等学校招生委员会，要求予以研究执行。

● 首批硕士学位审查和授予工作

4月5日，学校学位评定委员会发出《关于做好首批硕士学位的审查和授予工作的几点意见》。学位审查的基本要求是：审查政治思想表现、课程学习情况、论文工作进行情况与论文水平。具体作法是：召开校学位评定委员会，组织学习国务院关于学位工作的文件，明确意义，统一认识，明确标准，以系为单位（包括物理教研室和科学史教研室）成立学位评定委员会分会开展工作。校学位评定委员会对分委员会的建议经认真讨论后，分批审批。对于无权授予学位的学科、专业毕业研究生向校外单位申请学位，以及校外无权授予学位的研究生向我校申请学位的，按照国务院学位委员会相关规定由有关专业自行办理。在学位审查之后，各分委员会将本单位通过的全部硕士学位论文摘要按论文题目对口印发给国务院学位委员会有关学科评议组成员，听取同行评议意见。以系为单位建立学位档案，档案材料包括申请学位报告、研究生毕业鉴定、课程考试、论文和评阅意见、论文答辩、学位评定委员会批准授予学位、颁发学位证书等方面的材料。

4月24日，学校呈报中国科学院学位委员会《关于首批硕士学位审查和授予工作的报告》，将本校批准的1981年度授予硕士学位名单报上。

中国科学院批准我校研究生院（北京）对外使用两块牌子

在学校研究生院成立之初，中国科学院党组就曾经有个决定，同时使用"中国科学技术大学研究生院（北京）"和"中国科学院研究生院"两块牌子，但后者没有报国家教委批准备案。

5月15日，中国科学院党组批准学校研究生院（北京）可以同时使用"中国科学院研究生院"与"中国科学技术大学研究生院"两个名称，对外挂两块牌子。这件事当时在学校合肥校本部引起了强烈的反响，一时间议论纷纷。很多人认为，应当坚持贯彻执行中国科学院第二次我校工作会议精神，促使研究生院与合肥校本部真正成为一个实体。学校在北京必须有个基地，以利于所系结合与合肥校本部师生赴京学习进修。

吴健雄、袁家骝来校参观并应聘为我校名誉教授

基于著名物理学家吴健雄、袁家骝夫妇对学校同步辐射加速器的建设和物理方面的科研、教学的关心与帮助，为了充分发挥他们对学校的支持，扩大国际交流，5月25日，学校呈报中国科学院外事局《关于聘请吴健雄教授和袁家骝博士为我校名誉教授的报告》，不久便得到了批准。

6月12—13日，吴健雄、袁家骝应邀到我校访问。12日上午，校领导杨海波、钱临照、马西林、杨承宗等会见了他们两位。下午，学校隆重召开大会，授予吴健雄、袁家骝我校名誉教授的称号，吴、袁两位教授高兴地接受了由严济慈签发的《中国科学技术大学名誉教授聘书》。他们还在会上分别作了题为《八十年代之中微子》和《高能物理研究和高能加速器的进展》的报告。

吴健雄、袁家骝在校期间，参观了物理系、近代物理系的实验室、图书馆和同步辐射实验室。在参观同步辐射实验室时，吴健雄说："我看了你们的加速器之后，满意极了。上次家骝来看了，回去同我讲了。过了三年后，我才有空来，你们取得了很大的成绩。"袁家骝表示："1979年来看过一次，就感到你们一定能搞好，因为你们人人都很兴奋。我的意见是北京搞高能物理中心，合肥搞同步辐射应用中心，两个不要集中在北京。"他们还与少年班师生代表进行了座谈，并题词祝同学们"前程无限"。

1982年

● 计算机科学技术系成立

自1978年以来,学校多次研究,准备设立计算机系,中国科学院有关研究所的专家也曾提出过成立计算机系的建议。校党委于1979年就曾将成立计算机科学系的计划报告中国科学院党组批示,并于1980年2月8日成立了由陈德耀、钟津立、孙淑玲与韩非平4人组成的计算机科学技术系筹备组。当时,学校的计算机专业设在无线电电子学系内,共有教师37人,实验员和工人各5人,四个年级的在校学生共182人。另外,在数学系计算数学专业中还有一部分教师一直从事计算机软件方面的工作,且有一台320计算机。为集中力量,学校计划将计算机专业从无线电电子学系分出,与数学系中的320机组及软件部分合并成立计算机系。中国科学院计算技术研究所副所长王正、许孔时、吴几康及其他有关专家对我校如何办好计算机系提出了很多意义与建议,并专门召开了座谈会。筹备组还走访了北京大学、清华大学等院校的计算机系,并结合学校具体情况,提出了关于该系的学科方向和学生培养目标等问题的意见。1980年3月22日,学校上报中国科学院《关于成立计算机科学系的报告》。

经校党委常委会议讨论决定,1981年5月22日,学校下发《关于成立信息及计算机科学系的通知》,并抄送严济慈校长与中国科学院干部局、教育局。此后,严济慈校长认为未经校学术委员会或校长办公会议或校务委员会讨论研究不宜成立新系。经校党委再次研究,校长办公会议通过,拟将原来筹备成立的"计算机科学系"更名为"信息与计算机科学系",并于1981年9月12日呈报中国科学院教育局《关于成立信息与计算机科学系的报告》。此后,学校又于1981年11月17日下发《关于信息与计算机科学系筹备组开展工作的通知》。该系筹备组工作由无线电电子学系计算机专业和其他有关专业部分人员进行,由杨衍明兼任筹备领导小组组长,陈德耀任副组长并主持日常工作。

1982年3月30日,中国科学院发文批示同意学校成立计算机科学技术系。其学科内容和专业方向,根据当前计算机科学、技术的发展和中国科学院的实际需要,同意按理论计算机科学、实验计算机科学、计算机体系结构、软件以及计算机应用等方面,根据学校情况逐步设置。4月23日,学校下发《关于成立计算机科学技术系及领导成员配备的通知》,由杨衍明负责该系业务领导工作,陈德耀任系副书记兼副主任,钟津立、罗普分别任系业务与行政副主任。5月17日,"中国科学技术大学计算机科学技术系"公章启用。6月14日,计算机科学技术系(11系)召开大会,正式宣布成立,杨海波、钱临照、马西林等师生300多人参加了大会。

1982 年

● 自然科学史研究室成立

早在1981年春,学校一些热心于科学史教学与研究的教师在校领导的支持下,就组成了一个自然科学史与科学哲学研究组,由钱临照副校长亲自领导,全部成员均为兼职,工作亦属业余性质。研究组的主要研究方向是中国古代科学史、近代和现代科学思想以及科学方法论。成立后,研究组便开始招收以科学史(7个方向)为重点的专业研究生,并围绕共同关心的有关科学史、科学哲学问题进行了一些研究活动。同年10—11月间,由科学史研究组内朱兆祥、李志超、陈光讨论、起草了一份《关于成立自然科学史与科学哲学研究室的请示报告》,经钱临照副校长送任知恕转呈校党委,但因故一直未能得到批复。

1982年2月7日,陈光再次将《报告》呈报校党委杨海波、马西林两位领导,同时附上亟待成立研究室的有关说明。科学史研究组作为一个跨行政单位的"非正式"组织,在经费申请、对内对外联系、研究生培养方面都面临着诸多困难,因而陈光等希望校党委批准成立正式的研究室。在当年招收的6名科学史研究生入学后,2月10日,自然科学史研究组又以陈光的名义再次呈交《有关建立科学史研究室的补充请示》,在有关待建研究室的人员编制、经费指标方面提出了一些具体要求。

经校党委常委3月11日会议讨论,4月6日,学校下发《关于成立自然科学史研究室的通知》,同意成立自然科学史研究室,由钱临照兼任室主任。研究室的专职人员(研究人员和秘书)的编制暂定不超过3人,其余为兼职人员。同时,学校呈报中国科学院教育局《关于成立自然科学史研究室的报告》,并于7月2日得到批复同意。

● 安徽省、合肥市政府同意学校新校区选址,中国科学院批复学校关于新校区建设问题的报告

根据国民经济调整方针,中国科学院曾以[79]发计字1260号文同意学校在国家计委批准的扩建任务内,先尽快在现校址扩建校舍5.3万平方米。经近几年努力,这批项目预计1983年内可基本完成。为不失时机建设好学校,3月18日,中国科学院下发[82]科发计字0212号文《关于抓紧做好规划设计的通知》,希望学校按9.2万平方米规模(国家计委批准规模,扣除近年在现校址扩建的面积)抓紧做好新校区规划设计,报科学院审批。5月份,中国科学院建筑设计院着手学校新校区的总体设计,至12月初基本完成。

尚在中国科学院主持召开"合肥电子同步辐射实验室计划任务书审定会"期间,5月7日,中共合肥市委经讨论决定我校新校区选址在黄山路以南、望江路以北、合作化路以东、肥西路以西地区(即安徽大学南面)。至7月22日,合肥市人民政府正式同意学校新校区选址在黄山路以南、合作化路以东、望江路生活区以北、肥西路以西地区,并同意合肥市郊

1982年

区提出的要求:"一次征收,一次付款,分期用地。"9月22日,安徽省政府正式同意学校新校区选址在黄山路以南、合作化路以东、望江路生活区以北、肥西路以西地区,电子同步辐射实验室亦在该地区建设。共拟征地800亩(含市政用地50亩)。

为了做好新校区总体安排,学校拟邀请有关部门对总体设计进行审定。为此,12月4日,学校呈报中国科学院计划局《关于新校区总体设计审定会议的报告》,请中国科学院来人主持或委托学校主持审定工作。12月21日,中国科学院以[82]科发计字1176号文批复学校关于新校区建设问题的报告,认为总体设计审定条件尚不具备,要求学校先明确总体设计的指导思想后再组织审定。方案比较中需考虑中国科学院合肥地区教育与科研单位的建设应如何更好地联系并统一规划的问题。根据中国科学院基建五年计划控制数字,以及单位安排的实际可能,下达学校本年度追加投资265万元,作为扩展校区征地160亩之用。

学校新校区的规划设计思想,是把学校建设成环境幽静,学校建筑与园林相结合的新型学校,利用原来的水塘、洼地,改造成优美的湖面,以供师生课余时间散步、游览。

● 试制成功具有世界先进水平的毫微秒级栅控电子枪

8月21日,同步辐射实验室具有世界先进水平的毫微秒级电子枪在国内首次试制成功。美国斯坦福直线加速器中心(SLAC)的孔兹博士对此给予了重要的帮助。孔兹从事电子枪毫微秒级技术工作二十余年,具有较高的理论水平和丰富的实践经验。他所领导的12人的电子学组几乎每两年就试制一把新型的电子枪。

学校同步辐射实验室电子枪组根据总体要求,需要试制一把类似于孔兹1979年制成的电子枪。为此,从1981年起就与他建立了书信联系,获得了制造该枪的大量资料和图纸。而零部件的加工,则在国内陆续落实。8月16日,孔兹携带了4套毫微秒级放大器到达合肥,对所参观的实验准备工作及其加工部件比较满意,当日即参加了实验室工作。5日后的午时,示波器上终于获得了预期的令人满意的电子束流波形。

孔兹的访华引起了我国电子枪、快电子学专家们的关注。8月24—26日,学校在合肥举行了电子枪、快电子学专业的座谈会。中国科学院高能物理研究所、上海光机所、二机部401所、585所、九院、四机部1412所、南京大学、南通电子仪器厂等12个单位近30人参加了会议。

● 我校和中国科学院高能物理研究所参加丁肇中领导的国际合作组(LEP-3组)

2月份来华时,丁肇中介绍了西欧核子研究中心(CERN)决定建造一台世界上能量最

1982年

高(100 GeV)的正负电子对撞机 LEP("大的电子-正电子储存环"的英文简称)的情况,并希望我国能参加该项实验。该实验共分四个组,其中一个组由丁肇中领导。他希望由中国科学院负责,从我校和教育部的几所大学中用推荐和考核相结合的办法,选拔最优秀而且学习努力、工作踏实、热爱实验物理、基础好的未婚青年先到国外学习、工作四年,待取得博士学位后,再继续在西欧核子研究中心工作几年。

3月22—28日,应丁肇中邀请,我校近代物理系教师许咨宗出席了在日内瓦召开的"莱泼"(LEP)实验方案讨论会,4月4—30日到美国麻省理工学院核科学实验室参观访问,并参加4月27—30日在该实验室召开的LEP实验合作小组联系人会议。

7月份,应丁肇中邀请,经中央领导人胡耀邦、万里、姚依林和方毅批准,我校和中国科学院高能物理所正式参加LEP-3组,与另外三个合作组首批投入欧洲核子研究中心的实验研究。

● 杨海波当选为中央候补委员,伍小平当选为十二大代表

中国共产党第十二次全国代表大会于1982年9月1—11日在北京召开。此前,经安徽省党代表会议选举,并报中共中央批准,8月30日,中共安徽省委下文通知,全省出席中共十二次代表大会的正式代表41名,候补代表2名。其中,我校近代力学系副教授伍小平当选为正式代表。此外,在全省列席旁听会议的2人中,我校党委书记杨海波名列其中,并在会议上当选为十二届中央委员会候补委员。

9月25日,学校召开党支部以上党员干部和讲师以上党员知识分子会议,由杨海波和伍小平分别传达了十二大和十二届一中全会的精神。

● 学校举行 1982 级新生开学典礼

9月6日,学校隆重举行1982级新生开学典礼,马西林、杨承宗等校领导出席了大会,师生代表分别在典礼上讲话。

1982级566名本科普通班新生(其中男生474人,女生92人)平均年龄16.9岁,最小的只有14岁。他们入学成绩优异,平均总分为516.5分,数学平均98.1分,物理平均81.3分,化学平均85.5分。其中,湖北省招收的25名新生平均总分为548.8分(前10名报考了我校);江西省招收的24人平均总分为540.3分(前14名报考了我校)。江苏、浙江、安徽、福建、江西、山东、河北、山西、辽宁、吉林、云南、河南、湖北、广西、青海15个省、市的高考状元均被我校录取。

此外,本年度还招收了少年班学生22名,专科生51名,硕士研究生135名。

1982年

● 万里对温元凯提出实行体制改革试点的建议作出批示

9月7日,我校化学系温元凯副教授致信中共中央政治局委员、国务院副总理万里,认为目前我国大学和科研单位的管理体制存在很多问题,应及早改革,建议把我校化学教研室作为改革的试点。

9月20日,万里对此批示:"海波同志,此信转你。请研究。我认为提出的意见可以试行。请科大加以支持和领导。并将此意转告本人。我赞成他为四化建设的热情和首创精神。"学校党委当即进行了讨论研究,认为这是一个改革创新的大胆设想,能调动广大知识分子为经济建设服务的积极性,应给予支持。9月30日,为支持温元凯在化学教研室进行体制改革的试点,学校下发《关于在化学教研室进行体制改革试点的通知》,任命温元凯为近代化学系化学教研室党支部书记、教研室主任。

● 我校与日本东京大学工学院签署五年合作协议

自1980年《中日文化交流协定》明确了我校承担具体的交流事宜,日方又明确了以东京大学为据点,承担帮助我校建立和加强工科的任务之后,两年来,双方的交流取得了长足进展。

1981年3月25—27日和11月25—30日,日方两次派文部省、外务省官员和东京大学项目负责人到我校调查,了解了我校对发展工科的打算和要求,以及我校的科研和教学条件、生活设施等等。来华调查的官员和教授们回国后,向日本文部省、外务省作了汇报,就双方交流的规模、范围和进度提出了计划。作为预备阶段,当年10月,东京大学派工学部精密机械系主任植村恒义教授到我校讲学1个月;富士通公司为此项合作减价提供M140计算机一台。

1982年6月24日,双方在北京签订了我校与东京大学工学部五年合作研究的协议。规定日方每年派教授到我校50人月,我校派人去日本30人月,双方人员的国际旅费均由日方负担。日方为此项合作每年提供5 000万日元经费,其中一半用于购置仪器设备。中国科学院也决定每年为此项合作提供专款人民币不少于81万元。两校合作从4月份正式开始,至11月初,日方按中日文化交流协定中规定的5个学科(精密机械工学、信息工学、材料工学、物理工学、管理科学)的前4项派教授11人次到我校讲学和研究;中方派出了9人。

1982年

● 结构成分分析中心实验室成立

10月30日,经校党委常委会议研究,决定成立"结构成分分析中心实验室",实验室属于系级建制,由严学明兼任组长,谭伯廉任党支部书记兼副组长,张国赏任副组长,组员有尹方、何犖、胡宏亮、梁任又、尹立存等人。

11月24日,"中国科学技术大学结构成分分析中心实验室"印章启用。

● 大批科研成果在中国科学院科研成果展览交流会上展出

5月7日,根据中国科学院党组决定,下发《关于筹备"中国科学院科研成果及其推广应用情况展览会"的通知》,决定于下半年在北京举办"中国科学院科研成果及其推广应用情况展览会"。5月24日,中国科学院又下发《关于院科研成果展览、交流会筹备情况及有关事项的通知》,将展览地点确定在民族文化宫。此次展览初步设置为三个展馆:综合展览馆,展出内容包括为国民经济服务部分和基础研究部分;为国防服务展览馆,展出重大军工服务成果;交流推广馆,包括各单位应用研究情况介绍、展出可推广应用的成果、洽谈成果转让、承担技术攻关和技术服务项目与组织重点交流推广成果的报告与座谈会。要求各单位在6月15日前将拟参加展出的项目报科学院。6月10日,中国科学院再次下文,要求结合人才培养、职工教育方面的实际情况,补充修改材料,于7月1日报科学院。其中特别提到:"中国科学技术大学研究生院在北京建立,从无到有,不断壮大,已成为我院北京各科研机构培养研究生的基地。""全院办校,所系结合,努力办好中国科学技术大学,科大已为我院和国家培养了大批合格的专门人才。""拟将中国科学技术大学的成果展览能相对地作为一个独立的项目,科大是一个整体,既培养人才,又出科研成果。"在各单位申请参加展出的成果项目基础上,经过筛选,由学部和有关委、局、展览办公室共同商议,最后确定展出项目共2187项,其中综合馆1169项、国防馆152项、交流馆866项。7月19日,中国科学院展览办公室发文,初步选定我校114项成果参加展出。11月27日,中国科学院举办的科研成果展览交流会在北京民族文化宫揭幕,我校"KD—5双8086微型计算机"等109项科研成果在会上展出。

● 包忠谋、辛厚文任副校长

11月28日,中国科学院党组转发中央组织部文件通知,同意包忠谋、辛厚文任中国科学技术大学副校长(任期五年)。两日后,学校下发《关于包忠谋、辛厚文两同志任职的通

1982年

知》。1983年1月25日,中国科学院再次转发国务院文件,包忠谋、辛厚文两人任中国科学技术大学副校长。

● 计算中心成立

12月6日,经校党委常委会议研究,决定成立"计算中心"(属于系级建制),由石钟慈兼任组长,岳文元任副组长并负责党支部的组建工作,组员有黄富才、李明瑞、周基桑等人。

● 《中国科学院简报》连续报道有关我校教学、科研成就

由于我校的教学、科研成就日渐突出,在国内外的影响力不断上升。本年度,《中国科学院简报》几次报道了有关我校的教学、科研成就。

3月28日,第13期《简报》上以《科大少年班的情况》为题,全面报道了我校少年班自开创以来,在不拘一格培养少年大学生方面的成就,强调:"从这些才智出众的少年大学生身上进一步看到了我们事业的希望。"

5月19日,第22期《简报》以《我派往美国的三名学生考试成绩优异在美引起反响》为题报道了2月份被派往美国马里兰大学攻读博士学位的我校近代化学系1977级学生王明旭、戴际宏和周建新在美国取得的优异成绩。尤其是国外教授对他们的评价更是引人注目:"马里兰大学十几年来从未有过这样好的成绩。""当听到你们的惊人成绩时,我们不禁面面相觑。"甚至很多教授都争着要当他们的指导教师。在该校留学的台湾地区学生在赞叹不已的同时,又深感望尘莫及:"这下完了,以后别同他们竞争了。"同期《简报》还报道了第二届中美联合招考赴美物理研究生美方录取结果,其中特别提到李政道曾分别嘱托普林斯顿大学和加州大学柏克利分校的有关教授,请他们从生活到学习等各方面照顾好被两校录取的我校少年班两名少年大学生干政和吴彦。

7月10日,《简报》第3期增刊以《女数学家肖玲的研究成果受到国际数学界的重视》为题报道了我校1963届毕业生肖玲在美国布朗大学取得了"近年来在冲击波的数学理论方面少数几个最佳成果之一"。

8月25日,《简报》第40期又报道了我校1978级研究生曹希仁在美国电子与电气工程师协会(IEEE)控制系统学会举办的1982年学生论文竞赛中荣获第一名的喜讯。

● 一批科研成果获奖

本年度,我校共获国家自然科学奖2项,中国科学院重大科技成果奖10项,其中陈希

孺教授的"数理统计中的若干极限理论问题"获一等奖。另外,我校还获得了国家科委发明二等奖1项,安徽省科学技术成果奖3项。

◉ 年度数据统计

截至9月底,全校教职工总数2672人,其中教授26人,副教授91人。在校学生总数3183人,其中本科生2878人,专科生51人,研究生254人。学校占地总面积1195亩,校舍建筑总面积196091平方米。

1983年

● 化学教研室教育科研体制改革试点工作取得初步成效

1982年,在国务院副总理万里的鼓励和校党委的支持下,温元凯所倡导的体制改革试点工作在化学教研室初见成效。1983年1月,校党委向安徽省委提交了《化学教研室进行教育科研体制改革试点情况的报告》,安徽省委肯定了几个月来的改革成绩,并向各地、市、县委,各大学党委,省直各部、委等单位批转了我校党委关于化学教研室进行教育科研体制改革试点情况的报告。同年2月22—27日,教育部干部司师资管理处处长钟慎元等受教育部部长何东昌的委派,来校了解此次改革的情况,他们对改革给予了高度评价。

在1982—1983年的试点改革工作中,化学教研室"扩大了自主权,提高了教学质量和行政工作效率,合理地调整了人员组成结构,取得了初步的成效"。

● 成立数学研究所

1978年1月23日,校党委向中国科学院提交了《关于我校组织机构设置的请示报告》,要求在我校设立数学研究所,下设纯粹数学、应用数学、概率统计、运筹数学和计算数学研究室。1978年3月15日,中国科学院批复同意在近期内成立我校数学研究所。1979年10月18日,学校又向中国科学院提交了《关于我校数学研究所几个问题的报告》。1983年2月24日,经中国科学院批准,数学研究所正式成立,龚昇任所长,李翊神、陈希孺任副所长。

● 丁肇中一行来我校选招研究生

应中国科学院邀请,3月4日,著名物理学家、诺贝尔奖获得者、我校名誉教授丁肇中,

1983年

西德亚琛技术大学核物理研究所所长吕伯斯麦尔教授和瑞士苏黎世高等工科学院核物理系主任霍费尔教授一行三人来我校参观访问。此次访问旨在从我校选拔有志于从事实验物理的研究生去CERN(瑞士欧洲核子实验室)深造和工作,参与LEP实验组合作计划。

3月5—7日,丁肇中一行对应选的15名同学进行口试和面试,考试和交谈均用英语进行。丁肇中说,笔试只是辅助的评价,我希望能从面谈中得到这些候选人具有创造力和潜力的印象。丁肇中对我校学生的质量非常满意。此次他在全国共选招了6名研究生,其中4名为我校学生:物理系的吕鑫、李琳、裴仪进和近代物理系的王小梅。

丁肇中教授在我校访问期间,校领导与他就扩大我校参加LEP-3的合作范围交换了意见。丁肇中一行还参观了我校加速器实验室和BGO测量组。

● 我校举行少年班创建五周年庆祝会

3月8日下午,学校隆重举行集会,庆祝少年班创建五周年。钱临照、辛厚文副校长,安徽省教育厅负责人等参加了庆祝大会。会上,少年班研究组副组长朱源报告了五年来的工作。他说:"少年班是一种新型的办学方式,五年来取得了可喜的成绩,在加速理科人才培养方面作了有益的探索。"少年班任课教师代表、学生代表、学生家长代表、校团委代表相继在会上发言。少年班研究组组长钱临照在会上总结说:"五年来少年班取得了很大成绩,有人说这是拔苗助长,有人说他们是神童,这有片面性。应当承认每个人的智力是不同的,不同的智力应得到适当的培养。"

著名物理学家、诺贝尔奖获得者、我校名誉教授李政道在美国哥伦比亚大学为少年班热情题词:"人才代出,创作当少年;桃李天下,教育数科大。"辛厚文副校长宣读了李政道教授的贺词。庆祝活动前夕,正在我校访问的世界著名物理学家丁肇中和少年班学生代表座谈,鼓励同学们要不怕困难,奋发努力。

● 李政道教授到我校研究生院(北京)访问

3月8日,应中国科学院邀请,著名物理学家、诺贝尔奖获得者李政道教授到我校研究生院(北京)访问并作学术报告,同广大研究生交流了治学问题。

● 著名演员郑绪岚、朱明瑛、马季等来我校演出

3月13日,东方歌舞团著名演员郑绪岚、朱明瑛,北京电影制片厂乐团的王立平、宋祖芬,著名相声演员马季、赵炎和电影演员相虹等应邀来我校举行了一场精彩演出,受到广大

1983年

师生的热烈欢迎。演出结束后,校领导接见了来校演出的艺术家们。

● 我校参加丁肇中领导的合作组承担研究工作

3月17日,中国科学院副院长严东生和美籍华裔物理学家丁肇中分别代表中国科学院和CERN LEP-3组签署了《关于CERN LEP-3组合作问题备忘录》,商定在我校和中国科学院高能物理研究所分别设立一个实验组,在国内承担LEP-3组的部分实验工作,其中我校的工作以双光子探测器中多丝正比室的研制为主。备忘录还就合作的仪器、人员、经费等问题达成了协议,我校许咨宗被确定为中国科学院和LEP-3组的协调人。此后,我校组建"科大合作组"正式参加了丁肇中教授领导的合作组,合作组由13名在校研究人员组成,主要承担径迹室的制造和BGO的测试等工作。

为进一步协调物理设计中的问题,向LEP组介绍我校的实验工作开展状况,3月20日,应丁肇中教授邀请,我校近代物理系陈宏芳、许咨宗赴日内瓦参加LEP合作组会议,随后访问了美国麻省理工学院。7月19日,学校给中国科学院副院长严东生提交了《关于科技大学参加LEP-3实验组的工作汇报及请示》,就实验协作组的工作进展及经费、仪器设备等亟待解决的问题进行了汇报。

● 中国科学院批准我校建立应用化学系,恢复工程热物理系

1982年10月23日,学校向中国科学院提交了《关于建立应用化学系的报告》和《关于恢复工程热物理系的报告》。1983年3月23日,中国科学院正式批准我校从近代化学系中分出一部分,建立"应用化学系"(12系);恢复物理热工程系,将其更名为"工程热物理系"(13系)。

● 方毅为我校1983届毕业生题词

3月25日,国务委员方毅应邀为我校1983届毕业生题词作画,题词为:"宝剑锋由磨砺出,梅花香自苦寒来。"方毅还画了一幅画,寓意为"希望毕业生像画中的山石一样坚强,像竹子一样正直"。

方毅办公室还给1983届毕业生来信,祝贺他们即将毕业,并鼓励他们在各个岗位上继续保持我校的优良校风,不断学习,不断进步,成为建设祖国的优秀人才。

1983 年

● 杨海波任安徽省委副书记

3月份,中共中央决定,我校党委书记杨海波担任中共安徽省委副书记。中国科学院党组也经研究决定,杨海波兼任我校党委书记。

● 成立系统科学与管理科学系

3月23日,学校党委经过讨论决定,将6系的自动控制专业划归10系,10系名称确定为"系统与管理科学系"。4月9日,学校正式发布通知,决定在无线电电子学系自动化专业基础上成立系统科学与管理科学系。

● 学校进行食堂管理体制改革

3月份,校党委在总结1980—1982年实行半企业化管理经验的基础上,经研究决定,在食堂实行三级承包的管理体制改革。三级承包的主要内容是:第一级,学校对生活处实行经费包干;第二级,生活处对各食堂实行定额合同承包制;第三级,作业组承包。职工分配实行浮动奖金的管理办法。

1984年,学校向安徽省教育厅汇报了食堂改革情况,汇报中指出:"用三级承包责任制的办法办食堂,打破了吃大锅饭、平均主义的陈规,把责、权、利结合起来,使得食堂工作在一年多时间内取得了显著进展。职工的积极性被调动了,食堂服务质量提高了。卫生状况也有了较大改进。"

● 日本东京大学学者来校访问、讲学

1983年3月23—26日,日本东京大学工学部相马胤和教授一行五人来校访问。相马教授是执行我校与东京大学工学部五年合作协议的日方负责人。双方总结了1982年度的合作情况,并就执行1983年度人员交流计划中未定事宜及1984年度合作问题进行磋商,取得了一致意见。双方一致认为,1982年度的合作是成功的,已在高速摄影、图像检测、分析化学、半导体器件方面取得了研究成果。

此外,东京大学著名半导体器件物理专家菅野卓雄教授和山田尚勇、安达谆、山本良一等教授也先后来我校讲学、指导研究工作。

中国科学技术大学编年史稿

1983年

◉ 国家计委批准我校建设国家同步辐射实验室

4月8日,国家计委下发中国科学院《关于建设国家同步辐射实验室的复函》。复函指出:由中国科学院负责,在我校建设国家同步辐射实验室,建造一台能量为8亿电子伏、平均束流强度为100—300毫安的电子同步辐射加速器及相应的实验设施;合肥电子同步辐射加速器实验室是国家级的共用实验室,在建设过程中,中国科学院要会同有关部门的专家,加强有关应用方面的实验技术开发和作用机理的研究;要抓紧做好设计和设备试制等工作,并委托力量较强的施工队伍承担土建施工、设备安装等任务。

4月12—18日,中国科学院主持召开的同步辐射应用学习讨论会在我校举行。我国著名物理学家张文裕、何泽慧、龚祖同、唐孝威、周光召、钱临照等来自20多个大学、40多个研究所和许多工厂的200多名专家学者参加了讨论会。学部委员、中国科学院数理学部副主任周光召代表中国科学院宣布国家计委批准在我校建设国家同步辐射实验室的决定,并传达了中国科学院领导指示的精神:在立足于国内的基础上引进先进技术,节约经费,搞好同步辐射的应用工作。会议希望各有关部委、高等学校、研究所能及早制订同步辐射应用的计划,以便统筹规划同步辐射装置的实验区;希望中国科学院加强对合肥同步辐射装置和北京正负电子对撞机的工程建设的领导,有关部门和单位要大力协同,为早日建成我国的同步辐射光源贡献力量。

◉ 何多慧等四位教师赴美考察"电子同步辐射加速器整机调整和运行"

1983年9月中旬至1984年1月中旬,经中国科学院外事局批准,学校派何多慧、谈庆明、李裕熊、史文龙四位教师赴美国考察"电子同步辐射加速器整机调整和运行"。他们先后访问了斯坦福同步辐射实验室和斯坦福直线加速器中心,参加了威斯康辛大学专用同步辐射储存环的总调试,应邓昌黎邀请访问了费米实验室,应美国阿贡实验室主要物理学家的邀请访问了阿贡实验室,最后还访问了布鲁克海汶国家实验室。在为期四个月的考察工作中,他们参加了三台同步辐射光源的总调试工作,学习了同步辐射电子储存环调试的全过程和这几个光源设计和建造的经验,了解了他们所遇到的问题和教训,同时还就合肥机器的设计与美国同行进行了讨论。

◉ 我国首批授予博士学位18人,其中7人为我校研究生

5月27日,国务院学位委员会、北京市人民政府在人民大会堂联合召开博士学位、硕士

学位授予大会。首批授予博士学位的18人中有7人为我校研究生,他们是:白志东、苏淳、李尚志、范洪义、单墫、赵林城、冯玉琳。当天,党和国家领导人在人民大会堂湖南厅会见了我国第一批博士和硕士及导师代表,其中有我校李尚志、白志东、赵林城、范洪义、单墫、苏淳6位博士,陈希孺、曾肯成、阮图南3位博士生导师。

6月7日,安徽省委副书记、校党委书记杨海波及副校长马西林、钱临照、辛厚文与从北京载誉归来的白志东、赵林城、李尚志、范洪义、单墫、苏淳6位博士和他们的导师座谈,并给予热情鼓励。

● 美国《数学评论》聘请数学系陆洪文、冯克勤、常庚哲为评论员

3月,数学系陆洪文被美国《数学评论》聘为该刊的数论评论员。陆洪文于1962年成为华罗庚教授的研究生,多年来专门从事数论的研究。截至1983年,他在国内外的著名刊物上共发表论文15篇,曾获得中国科学院重大科技成果三等奖。

5月,数学系冯克勤被美国《数学评论》聘请为该刊评论员。冯克勤1964年毕业于我校数学系,1964—1968年在华罗庚的指导下从事代数数论的研究,研究领域为代数数论和代数编码理论。1975—1983年,他在国内外著名杂志上发表研究论文23篇。

8月,数学系常庚哲被美国《数学评论》聘为该刊评论员。常庚哲在计算几何方面造诣较深,着重于应用和研究这一领域中的两大方法:孔斯曲面和贝齐尔曲面。截至1983年,常庚哲在国内外刊物上发表论文16篇,专著1本。

《数学评论》是国际上极具权威的评论刊物,是从事数学研究的必备工具。它对全世界数学的研究性文献做出评价,这一领域内的文献数量在逐年增长。为了跟上这一增长,加速评论过程以及改善评论质量,该刊在世界各国聘请优秀数学家担任评论员。

● 严济慈当选全国人大常委会副委员长

6月18日,严济慈校长在第六届全国人民代表大会第一次会议上当选为全国六届人大常委会副委员长。6月20日,全校师生员工致电热烈祝贺严济慈校长当选。电报中说:"决心在您领导下,同心协力,办好学校,为中华腾飞于世界而努力攀登科技高峰。"严济慈校长接电后十分高兴,6月22日,他给全校教职工和同学亲切回电感谢,并提出了殷切希望,鼓励教职工以学校为安身立命之本,竭尽全力办好学校;鼓励学生们发扬学校的优良传统和校风,刻苦学习,勇敢进取。

1983 年

● 我国第一台微机控制检测的凝聚态光声光谱仪在我校研制成功

6月,在东京大学工学部的协助下,我国第一台微型计算机控制自动检测的凝聚态光声光谱仪在我校分析化学实验室研究、组装、调试成功。光声光谱是国际上自20世纪70年代中期以后发展起来的新领域,特点显著,应用面广。"科大光声光谱仪的研制成功,对我国开展光声光谱研究起到了推动作用,有利于促进微型计算机在科大分析仪器中的应用和研究,也为科大教学、科研特别是材料研究等工作提供了有效的新工具。"

该项目历经近一年的紧张工作,学校项目组先对东京大学光声光谱研究现状进行考察研究,顺利地确定了合作研究课题、内容以及光谱仪的起点,并制订了周密的研究计划,邀请东京大学既有深厚理论基础又有第一线工作经验的专家帮助解决技术问题,从而保证了该项目研制的成功。

● 学校隆重举行1983届毕业典礼

7月9日,学校隆重举行1983届毕业典礼。安徽省委副书记、我校党委书记杨海波,校领导马西林、包忠谋、辛厚文等出席了毕业典礼,会议由尹鸿钧教务长主持。1983届学生共计1020人,500余人被录取为国内外研究生,绝大多数同学合格毕业。

● 开设"大学语文"、"科技写作"课程

7月,我校与上海科技大学中文教研室合编,适合理工农医类大学开设"中国语文"课需要的《大学语文》一书,由安徽教育出版社出版。该书所选诗词、歌赋、散文、小说,大都是中国文学史上经久传诵的名家名作。全书分先秦、两汉、魏晋南北朝、唐、宋和元、明、清几个部分。每一部分之前均有文学史简述,使读者能较为系统地了解我国的悠久文化和该时期文学发展的概貌。该教材受到了开课的兄弟院校的欢迎,许多大学将其作为正式教材。严济慈校长为该书题写了书名,钱临照副校长作序。

1982年9月,司有和根据他在我校开设"科技写作"课的教学实践,编写成《科技写作简明教程》一书。1984年6月,学校开设了科技写作教师短训班。严济慈校长发来贺电:"在理工科大学开设科技写作课对于提高学生的科技写作能力,培养高质量的科技人才是十分重要的。值此全国科技写作教师短训班开学之际,谨致热烈祝贺。""科技写作"课程及短训班的开设,为学校此后的"科技传播"学科打下了一定的基础。

1983年

● 学校1983级招生工作结束

经招生部门和招生人员的共同努力,9月份,学校招生工作圆满结束,学生质量相比往年有所提高。全校共招收本科生621人,少年班(本科)40人,电子计算机软件专科生62人,总计723人。

本科生来自全国27个省、市、自治区(宁夏、西藏、台湾未招),平均年龄17.4岁,录取平均分为565.7分,11个省的高考第一名被我校录取。

少年班学生来自全国23个省、市、自治区,平均年龄不足15岁,入学平均成绩为566分。

● 学校隆重集会庆祝建校25周年

9月20日,学校在合肥校本部隆重集会,热烈庆祝建校25周年。安徽省省长王郁昭,中国科学院副院长叶笃正,安徽省委副书记、校党委书记杨海波,合肥市委书记郑锐,学部委员梁栋材、赵忠尧、王元、唐孝威,原校领导武汝扬、钱志道、张新铭、王卓、李侠等到会祝贺。聂荣臻、严济慈、张劲夫、李昌、周培源、华罗庚、顾以健等来信、来电或题词祝贺。

当日下午,学校在北京研究生院隆重举行25周年校庆座谈会。严济慈、童大林、严东生、顾以健、田夫等出席座谈会并讲话。

● 叶笃正一行来校视察工作

9月20日,中国科学院副院长叶笃正一行来校视察工作。他们参观了若干实验室,召开了一系列座谈会,并听取了校领导的汇报。叶笃正传达了中国科学院对我校工作的意见,并根据来校所了解的情况,谈了他个人的看法。他充分肯定了学校取得的成绩,也中肯地指出了学校工作中尚存在的缺点和不足。他说:"科学院办科大的目的就是培养一流的本科生和研究生。"

● 中国科学院批复同意我校西校区建设总体规划方案

11月7日,学校给中国科学院教育局、计划局提交了《关于申请批准西区总体规划方案的报告》,对院科发字0858号文关于西区总体规划方案中提出的指导思想、设计原则等提出了修改意见,包括适当收缩教学实验区,扩大特殊实验区,实验楼群建设要适合各学科发

展的交叉和渗透,对各系公用实验室进行集中建设和分级管理,妥善处理建筑格调,改善新旧校区间的交通、通讯物资条件等。报告还对西区建筑规模等问题进行了请示汇报。

中国科学院于11月21日批复同意我校西校区建设总体规划方案:同意调整总建筑面积,学校应严格控制总投资;为使设计方案更符合城市总体规划要求,应与地方政府多沟通;加快同步辐射实验室的建设工作,实验室设计要按学科、专业门类。中国科学院还希望学校西区总体规划要体现"全院办校,所系结合"方针,讲究实效,避免重复建设,有自己的风格和特色。

为进一步征得安徽省和合肥市有关部门的同意,12月5—7日,在我校召开了学校新校区工程总体规划方案审定会,中国科学院领导,安徽省、合肥市有关部门领导,省内外专家、学者和设计人员参加了会议。与会代表对我校新校区规划方案进行了认真讨论和深入研究,取得了较一致的意见,认为新校区的选址比较合适;中国科学院建筑设计院提出的两个方案,在设计上力求体现学校的特色和校风的指导思想是明确的,应吸取各方案中的合理化建议,以第一方案为主,进行相应的修改调整。杨海波等安徽省委领导还强调指出,学校新校区已被列为中国科学院和安徽省的重点项目,因此,一定要全力支持工程迅速上马,组织好建筑施工队伍,确保物资供应,尽快做好征地拆迁、劳力安置等项工作,争取以最快的速度保质保量地建好新校区。

作为"七五"期间的国家重点工程,新校区扩建一期工程建设由安徽省副省长邵明担任领导小组组长,安徽省计委副主任戴华芳任副组长,领导小组成员还包括安徽省建三公司林乐平和我校蔡有智等人,通过加强对建设的领导,对提高建设的进度产生了积极的影响。

● 严济慈建议将我校列为国家重点支持大学,邓小平批示赞成

1983年,国家在遴选"七五"期间重点建设高校时未能将我校列入其中。12月8日,严济慈上书邓小平,介绍我校取得的成绩和在国内外的重大影响,并转呈校党委给中央的报告,希望将学校增列为"七五"期间国家重点建设的十所大学之一。12月14日,邓小平在严济慈校长转呈校党委《关于请求给予中国科学技术大学以重点支持》报告的信笺上批示:"力群同志,此事请中央宣传部过问一下。据我了解,科技大学办得较好,年轻人才较多,应予扶持。"国务院副总理万里也对此批示:"请东昌同志再研究一下,科大应给以应有的支持。请与科学院研究。"(邓力群时任中央宣传部部长,何东昌时任教育部部长。)

12月19日,中国科学院再次书面请示国务院,希望将学校列为国家重点支持的大学。1984年1月20日,教育部、国家计划委员会书面请示国务院,建议将北京大学、清华大学与我校等十所高等学校列入国家重点建设项目。1月25日,国务院副总理方毅致函万里、姚依林副总理:"小平同志在八三年十二月十二日、二十八日两次当面对我说,要把科技大学列入重点,我已当面告何东昌同志。万里同志也有类似批文。严老也上报中央提出要求。

此事恐要考虑。妥否，请指示。"4月2日，国务院批复教育部、国家计委，同意将我校等十所高等院校列为"七五"期间国家重点建设的大学。

● 一批科研成果获奖

本年度，我校获国家发明三等奖1项，获中国科学院重大科技成果奖7项，其中物理系赵天鹏、谢家纯等的"KD系列低功耗现代通讯集成电路"，近代化学系钱生球、高梅芳的"多维营养食用油"，生物系陈霖的"视觉知觉的拓扑结构"等3项科研成果获中国科学院重大科技成果一等奖；李尚志、查建国的"关于有限李型单群体系的研究"，郭申、刘蔚等的"燃烧铅滴直径分布和显微密度"，韩肇元、王震球等的"弱运动微波与尖锥头微波斜相互作用的实验研究"，陈金元、翟建雄等的"八毫米锁相接收机"获中国科学院重大科技成果二等奖。

● 年度数据统计

截至9月底，全校教职工2 753人，其中教授26人，副教授92人。在校学生总数3 347人，其中本科生2 853人，专科生112人，硕士生377人，博士生5人。学校占地总面积1 195亩，校舍建筑面积199 176平方米。

1984 年

● 研究生院(北京)院址定于学校旧址

2月13日,我校研究生院(北京)党委经过充分讨论,把院址定在玉泉路19号原学校旧址。2月14日,他们给中国科学院领导提交报告,明确要求将院址定在玉泉路,得到了中国科学院的批准。研究生院(北京)院址正式定于学校旧址。

● 研究生院(北京)成立学术委员会,马大猷任主任

3月9日,中国科学院批准我校研究生院(北京)成立学术委员会,马大猷任学术委员会主任,吴塘、汤拒非任副主任。1984年4月21日,我校研究生院(北京)学术委员会举行第一次会议,马大猷主任主持会议,严济慈校长出席会议并讲话。会议听取了数学、物理、化学等三个教研室的教学汇报,讨论了研究生课程设计的基本原则。

● 辛厚文率团访问英国

3月17日至4月1日,应英国文化委员会邀请,以辛厚文副校长为团长的中国科学技术大学代表团一行四人(辛厚文、龚立三、孙适、范维澄)对英国进行了访问。此次访问的主要目的是通过考察英国的高等学校的教学和科研情况,选择发展交流和合作研究的领域、课题和对象。

在短短的两周内,代表团访问了伦敦大学的帝国理工学院、大学学院、皇后(伊丽莎白)学院和教育学院,还访问了剑桥大学、爱丁堡大学、郝瑞-瓦特大学和曼彻斯特理工学院等院校。

1984年

在此次访问中，代表团与英国各高校选择了四个领域（生物工程、信息科学、能源科学、数学）中的七个课题，作为今后三年内双方科技交流和合作研究的主要内容，并商讨了有关经费来源和1984年、1985年两年的执行计划。这样，既增进了我校和英国高等学校间的相互了解和友谊，又促进了双方的学术交流和合作。

● 学生生物医学工程协会成立

2月份，电子信息工程系与电工电子学教研室受学校的委托，召集了生物医学工程座谈会。出席会议的有各系从事有关生物医学工程研究的课题负责人和教务处有关人员。与会者一致认为我校是多学科的重点理工科大学，具备十分有利的条件进行生物医学工程研究，应当充分发挥我校的特点和优势，积极协作，将我校生物医学工程研究和教学提高到新的高度。大家认为，为了促进我校生物医学工程学科的学术交流和科学研究，促进我校生物医学工程学科的教学和人才培养，有必要建立我校跨系的学术组织——生物医学工程学科协会，从事学术交流、情报交流、科学研究、课程设置和改革、研究人才培养等多方面的协作和协调。会上通过了校生物医学工程协会章程，并一致推选了筹备组成员，负责协会的筹备和日常工作。

3月18日，学校第一个较大规模的学生学术团体——中国科学技术大学（学生）生物医学工程协会成立。这是以本科生、研究生为主体的学术团体，旨在活跃学生的学术风气，开展学生的生物医学工程的科研活动。该协会得到了校领导及广大师生的赞赏、支持，他们觉得该活动对于扩大学生的知识面、了解科研近况、活跃学术气氛来说，是一个可贵的尝试。该协会邀请项志遴为名誉会长，还邀请了19名指导教师。

● 学校决定扩大普通化学教研室改革试点

3月，校党委常委会先后三次召开会议专门研究我校的改革问题。会议回顾总结了我校1983年的改革工作，认为不改革没有出路，必须将我校管理体制的改革进一步推向前进。校党委听取了温元凯的汇报，充分肯定了改革的必要性，要全力支持，并总结推广他的经验，帮助解决问题。

校党委会议认为，学校的改革工作取得了一定的成绩，决定继续在物理系半导体厂、无线电电子学系微波教研室李敦复小组、近代化学系、工程热物理系扩大普通化学教研室做法的试点。为加强对全校改革工作的领导，校党委常委会还决定实行分口包干，分别负责各口的改革工作。

1984年

● 国际杂志《计算机辅助几何设计》聘请数学系常庚哲为编委

3月份,数学系常庚哲被国际杂志《计算机辅助几何设计》聘为编委,成为该杂志编委中唯一的中国学者。著名数学家苏步青对他表示祝贺:"这不仅是你个人的光荣,也为我国争了光。"

计算机辅助几何设计是将计算机应用于船舶、飞机、汽车等外形设计制造的新兴边缘学科,许多工业部门都对该学科给予了高度重视。

● 美国《数学评论》聘请数学系李乔为评论员

继1983年陆洪文、冯克勤、常庚哲三人相继被《数学评论》杂志聘为评论员之后,1984年3月,我校数学系李乔亦被该刊聘为评论员。

● 傅承义向我校赠书

3月份,著名地球物理学家、中国科学院学部委员、地球物理研究所名誉所长、我校地球和空间科学系主任傅承义先生将他珍藏多年的一百多册外文文献资料赠送给我校地球和空间科学系资料室。这些文献资料是傅先生多年精心积累保存下来的,对地球物理学研究有重要的参考价值。

傅承义早年曾赴加拿大和美国留学,并获硕士、博士学位。回国后,他一直在中国科学院地球物理研究所任所长。1964年,我校始建地球物理教研室,傅承义亲自兼任首任教研室主任。1977年,学校成立地球和空间科学系,他再次兼任系主任。

● 西校区工程指挥部成立

4月25日,学校西校区工程指挥部成立。王玉民任项目经理,叶廷锐、李春祥任副经理;殷寿根任总工艺师,郑丽菊任副总工艺师;吕之育任总会计师,栾开洛任副总会计师;张庚福任副总工程师;郑文秀任顾问。

1984年

● 安徽省成立我校重点建设领导小组

5月初,安徽省省长王郁昭、副省长侯永等专门听取了学校领导关于扩建工程情况的汇报,并印发皖政[1983]40号文件,决定成立"中国科学技术大学重点建设领导小组",由副省长苏桦任组长,我校副校长包忠谋、合肥市市长张大为、安徽省计委副主任宋明任副组长。

● 李政道来校讲学

5月2—3日,诺贝尔奖获得者、美国哥伦比亚大学教授、我校名誉教授李政道博士来校访问、讲学。

李政道十分关心学校的教学工作,他给学校师生作了题为《时间作为动力学的变量》的学术报告,回答了同学们提出的问题,受到了在场听讲的近两千名师生的欢迎。

李政道参观了学校的加速器实验室,他认为同步辐射项目应用范围广,很有发展前途,并鼓励该实验室和高能物理研究所加强有关项目的合作。在参观物质结构成分分析中心实验室时,李政道对该中心为安徽省所作的贡献给予了高度评价。他同时认为,分析中心不应当主要是对外服务,大学的实验室都应当既是服务中心,又是研究中心。利用仪器做好研究工作是非常必要的。

在与少年班学生座谈时,李政道赞扬我校年轻人才多,鼓励同学们努力争取做第一流的工作,要立志在某一领域夺魁,并叮嘱少年班学生多动手。他说,目前物理学各领域都急需一批创造型人才,和国外相比,不是第一就是落后,你们一定要设法赶上去,这个观念很重要。他对校领导评价,少年班大学生很不错,许多同学才16—19岁都已读硕士或博士学位了,这不仅在中国教育史上是少见的,在国际上也是少见的。李政道还以"画地图"为例,引导少年班学生多训练动手能力。

李政道还参观了物理系和近代物理系实验室,并指出,搞研究就要做第一流的工作。跟在人家后面是最糟糕的,要跳到人家前头去。他还提到可以仿照国外的"酒会"、"午餐会"的形式,加强学术交流。当校领导向李政道赠送印有"中国科学技术大学"篆书字样的瓷杯时,他高兴地说:"好,好,饮水思源嘛。"并欣然为学校题词:"新人出科大,每门有成就。"

● 红外分光光度机机组在中国科学院获奖

4月23日,在中国科学院大型仪器管理工作表彰大会上,我校应用化学系的红外分光

1984 年

光度实验室被评为先进机组。该机组的陈昆松、韩哲文两人被评为先进个人,获得奖状、证书及奖金。

● 安徽省政府、中国科学院批准我校总体计划任务书

6月20日,学校向国家计委提交了《中国科学技术大学总体计划任务书》,对学校未来几年的教学、科研、行政、基础设施建设等方面提出了总体计划,并报请安徽省政府和中国科学院批准。6月22日,安徽省人民政府批复同意我校拟定的《中国科学技术大学总体计划任务书》,批复中说:"中国科学技术大学扩建工程已列为我省重点建设项目,省直有关部门和合肥市在扩建用地、施工力量、地方材料等方面将全力支持。望以改革的精神,精心组织力量,抓紧做好前期准备工作,以保证工程建设顺利进行。"7月4日,中国科学院经过初步审核同意了《中国科学技术大学总体计划任务书》,并将该任务书报送给国家计委、教育部审定。

● 我校与美国密苏里大学签订校际合作协议

6月25—27日,美国密苏里大学(堪萨斯城)副校长亨利·米切尔教授一行两人应邀访问我校。访问期间,他们与我校领导就两校建立交流与合作事宜进行了会谈,并于本年11—12月间,通过通信,由该校校长 George A. Russell 与我校管惟炎校长正式签订了《中国科学技术大学与美国密苏里大学(堪萨斯城)校际合作协议》。

● 学校举行1984届本科生毕业典礼

6月25日,学校举行1984届本科生毕业典礼。本届毕业生共526人,其中少年班29人。

● 少年班开设计算机软件专业

1983年12月28日,邓小平接见诺贝尔奖获得者、著名物理学家杨振宁教授时,杨振宁说:"国外认为,搞软件15—18岁较有利。"邓小平说:"科大少年班可以搞。"

为贯彻落实中央指示,学校经过多次讨论调研,决定在少年班开设计算机软件专业。1984年5月28日,学校作出《关于办好少年班计算机软件专业的几项规定》。少年班软件专业主要培养从事计算机大型软件和计算机科学理论的研究人才和部分从事"人工智能"、

"信息保密及安全"、"应用软件包"方面的研究人才。学校还扩大少年班招生人数,以便把其中有志于从事计算机研究的少年吸引进软件专业。

邓小平会见丁肇中时肯定少年班办学成绩

8月16日,邓小平在北戴河会见著名物理学家丁肇中教授时说:"(科大)少年班很见效,也是破格提拔,其他几个大学都应办少年班。"在邓小平的指示精神下,1985年,教育部决定在除我校以外的12所高等院校开办大学少年班。

赵紫阳来我校视察

9月3日,国务院总理赵紫阳在中共安徽省委书记黄璜、副书记袁振,国家计委副主任赵东宛等陪同下来我校视察。

赵紫阳会见了学校的领导干部、教师、科研人员和学生代表,并向校领导询问了学校的系科设置、学制年限和建立合肥科研教育中心的进展情况。他指出,因为知识老化问题严重,所以要培养年轻人去搞新的学科。

赵紫阳首先来到国家同步辐射实验室,在听完汇报后说:"这台加速器是搞应用的,很好。"接着问:"什么时候能够建成?"当他听陪同人员说1988年可以建成,建成后可供全国应用后,赵紫阳表示赞许,并提出要提前培训使用人才,关键的、必需的设备可以进口。

赵紫阳来到学校新建的教学大楼,接见了少年班学生。他询问了几个同学家在哪里,生活会不会料理等问题,在听取校领导和少年班主任汇报少年班情况后,他鼓励少年班要既搞基础研究,又搞应用研究。他和部分校领导和少年班同学合影,并题词勉励少年班学生:"希望少年大学生们将来为迎接新的科技革命作出自己的贡献。"

学校举行1984级新生开学典礼

9月10日,学校隆重举行1984级本科生开学典礼。校党委副书记、副校长马西林,副校长包忠谋、辛厚文等出席大会。会议由教务长尹鸿钧主持。会上,尹鸿钧宣读了校长严济慈、副校长华罗庚给1984级新同学的贺电。

1984年学校共招收新生758名,其中本科生666人,少年班48人,地球物理系专业专修科44人,全校新生总平均分为563.4分,居全国高校第一位。全国有9个省的理工科第一名被学校录取,其中包括全国高考理工科第一名、武汉三中的何立强同学。

1984年

● 方励之受聘国际理论物理中心国际学术委员会委员

9月13日,联合国教科文组织及国际原子能委员会聘请方励之教授担任国际理论物理中心(意大利)的国际学术委员会委员,为期两年(1984—1985年)。这是该委员会首次聘任中国学者为委员。

● 严济慈任名誉校长,管惟炎任代理校长,杨海波兼任党委书记

9月17日,中国科学院决定:严济慈任中国科学技术大学名誉校长;管惟炎任中国科学技术大学代理校长;方励之、龚昇、包忠谋、辛厚文任中国科学技术大学副校长(任期均为五年)。

中国科学院党组决定:杨海波兼任中共中国科学技术大学党委书记;管惟炎、王玉民、王学保任中国科学技术大学党委副书记。9月24日,中国科学院秘书长顾以健在学校宣读了新的领导班子名单。

● 同步辐射实验室列入国家重点建设项目

10月9日,国家计委批复中国科学院同意将合肥同步辐射实验室列入国家重点建设项目,建设规模调整为建筑面积11 900平方米,人员编制190人,总预算5 990万元。该实验室有20多条光束线,40多个实验站,可以容纳100多人做多种不同课题的实验研究工作。合肥同步辐射装置建成后,将成为我国第一台专用的同步辐射光源。

● 任之恭教授来我校访问

10月14—21日,我校名誉教授、原美国霍普金斯大学应用物理研究中心副主任任之恭来我校访问。

78岁高龄的任之恭是著名的微波物理专家,这是他第五次来我校访问。在校期间,他作了《物质中的分数电荷》的学术报告,并同部分学生座谈。10月21日,他到凤阳农村进行了访问。

1984 年

● 爆炸力学专业在我国第一次成功采用水压爆破拆除大楼

10月23日，近代力学系爆炸力学专业采用水压爆破新技术，成功地为安徽省建一公司拆除一幢三层九米高的钢筋混凝土砖墙板大楼。水压爆破用于楼房的拆除，是工程爆破的新尝试，在我国还是第一次。

水压爆破工程是在被炸楼房底层注入一定深度的水，然后把密封炸药包按预定位置放置，起爆后水产生冲击波，把大楼摧毁。水压爆破技术简单，实施难度小，易于推广，比较经济，整个工程只需少量爆破器材，比人工拆除节省大量时间和经费。同时还比较安全，离爆破现场八米左右的家属宿舍安然无事。爆炸引起的震动、爆声都非常小，无飞石。

这是我校第一次承担大规模的工程爆破。此前，爆炸力学专业只在课堂教学时做过一些简单实验。他们接受邀请后，经反复讨论、准备，又请来我校老校友、著名爆破专家一同会诊，最后确定了爆破方案。

● 学校决定设立校长接待日

11月3日，学校决定设立"校长接待日"，当天下午为第一个校长接待日。

● 成立学衔委员会

为健全学术管理体制，充分发挥教授、学者在治理学校中的作用，11月7日，学校决定成立学衔委员会，并调整学术委员会及学位委员会。管惟炎任学衔委员会主任，方励之、龚昇任副主任；方励之任学术委员会主任，石钟慈、项志遴、张曼维任副主任；龚昇任学位委员会主任，辛厚文、王文涛任副主任。各委员会委员任期均为三年。

● 胡启立、严济慈来校视察

11月20日，中共中央书记处书记胡启立，全国人大常委会副委员长、我校名誉校长严济慈来我校视察工作。陪同视察的还有教育部副部长张文松，国务院副秘书长艾知生，中国科学院党组书记严东生，中共安徽省委书记黄璜、副书记杨海波，安徽省省长王郁昭等。

在国家同步辐射实验室（筹），胡启立一行参观了预研制成功的几个主要部件，询问了预研制部件与国外同类产品相比性能如何。在结构成分分析实验中心，胡启立、严济慈一行参观了电子扫描显微镜、核磁共振波谱仪等实验室，询问了工作人员的知识结构，尤其关

心他们是如何补上计算机方面的知识和技能的,询问大学里开设计算机课、上机练习以多少机时为好。从实验中心出来,胡启立、严济慈步行前往学生宿舍152楼,询问同学们冷暖伙食,接着参观了半导体厂,胡启立对在场的老师说:"希望你们努力,走出科研和生产相结合的路子。"

胡启立、严济慈会见了少年班学生,并赴食堂看望了就餐的同学。他对同行的杨海波说:"这个食堂还不错,有米饭、面条、包子,菜的种类不少,我们在家里吃饭没有这么多花样。"

● 合肥国家同步辐射实验室奠基典礼

11月20日下午,合肥国家同步辐射实验室奠基典礼在学校西区隆重举行。聂荣臻发来贺电,遥祝工程进展顺利。

中共中央书记处书记胡启立,全国人大常委会副委员长、我校名誉校长严济慈出席了奠基典礼。参加奠基仪式的还有教育部副部长张文松,国务院副秘书长艾知生,中国科学院党组书记严东生,中共安徽省委书记黄璜、副书记杨海波,安徽省省长王郁昭,中国科学院顾问、合肥国家同步辐射实验室工程领导小组组长谷羽,清华大学名誉校长刘达等。举行奠基仪式前,胡启立等兴致勃勃地参观了筹建中的同步辐射实验室,并同参加典礼的全体代表合影留念。

我校代理校长管惟炎主持了奠基仪式,胡启立、严济慈为奠基石培上了最初两锹土。中国科学院党组书记严东生、中共安徽省委书记黄璜在奠基典礼上讲话。

● 我校与朝鲜理科大学签订合作协定

6月3—10日,以朝鲜理科大学副校长郑基德为团长的朝鲜基础科学教育考察团访问我校。6月4日,郑基德给我校师生作报告,介绍了朝鲜理科大学的情况。朝鲜理科大学是朝鲜科学院于1968年成立于平壤的一所大学,主要是为朝鲜科学院所属研究机构培养科技干部和人才。目前,该校设有化学、物理、数学等六个系,该校每年招生提前录取,学生水平较高。

12月20日,以朝鲜科学院院长赵长石为团长的朝鲜科学院代表团一行七人来我校访问。我校副校长方励之教授等会见了代表团一行,并就朝鲜理科大学同我校科学教育合作问题进行了商谈,双方初步达成了科学教育协定,并于25日在北京最终签订了科学教育合作协定。国务委员方毅,中国科学院副院长周光召、秘书长胡永畅等出席了签字仪式。

我校副校长龚昇和朝鲜理科大学副校长郑基德分别代表两校在协议上签字。

中英燃烧学合作研究项目有了好开端

11月16—26日,英国皇家学会会员、中英燃烧学合作项目英方负责人斯波尔丁教授,英籍学者马世琦博士夫妇,计算机软件专家霍尔先生一行四人来校讲学,并移植大型通用程序PHOENICS获得成功。

11月19日,学校聘请长期担任斯波尔丁教授副手的马世琦博士为客座教授,副校长龚昇给他颁发了聘书。斯波尔丁教授还在我校举办了计算燃烧学讲习班,在班上详细介绍了PHOENICS程序的特点和应用。

陈为民、温健勇获青年论文一等奖

11月,我校电工电子学教研室在读研究生陈为民、毕业生温健勇在全国生物医学电子学会第五届学术年会青年优秀论文评选中获得一等奖。全国生物医学电子学会于1984年首创评选优秀青年论文,以资鼓励青年的创新精神。经过严格评比,从30多篇论文中选出四篇获一等奖。

评选委员会认为,陈为民、温健勇的论文具有创新精神,理工医融汇结合,做了开拓性的工作,代表了当前我国生物医学电子学领域的先进水平。

1979级学生考取国内外研究生取得好成绩

我校1979级学生在研究生入学考试中取得好成绩。1979级学生共526人,其中少年班29人,有287人考取国内外研究生,占招生总数的54.5%。少年班29名学生中有23名考取国内外研究生,占总数的79.3%。

本年度,我校在参加中美联合赴美物理研究生考试(CUSPEA)中,再一次取得优异成绩。我校58名考生,录取25名,在这次考试成绩的前20名中,我校占7名。工程热物理系冯平和近代物理系段吉民分别居第一名和第三名。

此次,我校5名1984级研究生也考取了中美联合招收的生物化学研究生。近代化学系1984级3名研究生考取了中美联合招考的赴美化学研究生。近代物理系钱剑鸣被著名物理学家丁肇中教授录取为博士研究生。

1984年

● 年度数据统计

截至9月底,全校教职工总数2797人,其中专任教师976人;教授25人,副教授90人。在校学生总数3764人,其中本科生3085人,专科生103人,博士生11人,硕士生565人。校舍建筑总面积206 007.1平方米。

1985年

- 石钟慈、管惟炎、龚昇、方励之被聘为国务院学位委员会学科评议组成员

3月14日,石钟慈、管惟炎、龚昇、方励之被聘为国务院学位委员会学科评议组第三届成员。

石钟慈,著名数学家。中国科学院学部委员。1933年生,1955年毕业于复旦大学数学系,1956年被选派到苏联科学院斯捷克洛卡数学研究所学习计算数学。1960年回国后到中国科学院计算技术研究所工作,1984年任学校数学系及计算中心主任。

管惟炎,著名物理学家。时为中国科学院学部委员。1928年生,1951—1953年先后进入清华大学、北京大学学习。1960年从苏联科学院物理问题研究所毕业。同年回国,历任中国科学院物理研究所研究员、副所长、所长等职。1984年9月任我校校长。

龚昇,著名数学家。1930年生,1950年毕业于上海交通大学数学系,并进入中国科学院数学研究所工作。1958年进入我校数学系工作,参与筹建我校数学教研室和数学系。历任我校数学研究所所长、数学系副主任,中国科学院应用数学研究所研究员等职。1984年9月任我校副校长。

- 设立审计处

1月10日,安徽省审计局给各省直部门和大学发布《关于尽快建立部门、单位内部审计机构的意见》,要求:为贯彻安徽省政府办公厅关于建立部门、单位内部审计机构的要求,各省直单位原则上都要建立审计处(室)或配备专职审计人员,在1985年上半年,至迟在年底以前完成组建任务,实行内部审计监督。审计室配5—7人,所需编制在单位总编制内调剂解决;部门、单位内部审计机构和专职审计人员,由本单位主要负责人领导。在审计业务

1985年

上,受同级国家审计机关和上级主管部门内部审计机构的指导。

3月22日,学校根据国务院和安徽省人民政府的要求,为开展全面审计监督,提高经济效益,严肃财经法纪,经学校校务会议研究,决定建立审计处,首任副处长由原科研处副处长阮晓帆担任。

● 在部分系试行本科生、硕士研究生一贯制

鉴于我校学生在本科学习阶段的理论基础扎实、实验技能熟练,1982—1985年度研究生的平均录取率都在60%左右;且学校与中国科学院各研究所一直保持着密切联系,1985年3月,经教育部、中国科学院批准,我校在部分系试行本科生、硕士研究生一贯制。本科生学制为五年,四年级时,根据学生平时德、智、体发展情况,并经业务考核,合格者可直接升入硕士研究生阶段学习,硕士研究生学制为三年。部分具备条件的系科还将试行硕士研究生和博士研究生一贯制,以探讨学士、硕士和博士的人才培养体系。

该体制的优点在于:可以把本科生与研究生阶段的学习有机联系起来,避免研究生考试对本科生学习的冲击;可以统筹安排本科生与研究生的课程,避免重复设置;本科生论文与研究生论文可以合并起来做,以提高论文的学术水平和价值;可以缩短人才培养周期,节约办学经费。

● 英国剑桥大学霍金教授来校访问

4月27日至5月2日,英国皇家学会会员、剑桥大学理论物理教授霍金(Stephen Hawking)一行五人来校访问、讲学。霍金作了题为《为什么时间总是向前的》的报告。我校是霍金教授来华访问的第一所大学。

霍金是当代著名的广义相对论和宇宙论家。20世纪70年代,他与彭罗斯(Roger Penrose)一道证明了著名的奇性定理,为此他们共同获得了1988年的沃尔夫物理奖。他因此被誉为继爱因斯坦之后世界上最著名的科学思想家和最杰出的理论物理学家。此外,霍金还证明了黑洞的面积定理。他担任的职务是剑桥大学有史以来最为崇高的教授职务——牛顿(Isaac Newton)和狄拉克(P. A. M. Dirac)曾担任过的卢卡逊数学教授。

● 本科生实行班主任和导师制

4月份,为充分发挥教师在教育管理上的积极作用,把对学生的业务教学、管理教育和思想政治工作有机结合起来,培养学生的自我管理能力,学校决定从本年度开始在本科低

年级和高年级分别实行班主任负责制和导师负责制。班主任和导师皆由系主任任命,精心挑选德才兼备、组织管理能力强、有责任心并热心学生工作的讲师以上职称的教师担任。本科生一、二年级原则上每30名学生设一名班主任,三年级以上每10—15名学生设一名导师。

学校制定了班主任及导师的工作职责和考核标准,要求班主任和导师全面贯彻党的教育方针,把学生的业务指导和思想教育结合起来,教育学生树立正确的世界观、人生观和学习目的,养成高尚的道德情操,对学生因材施教,传授好的学习方法,并着力培养学生严谨的治学作风和自我管理能力、社会工作能力。

● 我校夜大学首届招生450名

1984年12月29日,中国科学院批复了我校《关于举办夜大学的报告》,同意我校举办夜大学,并规定"夜大学为处级建制,所需管理人员和教学人员,可按照规定本着精干的原则进行配备,由科大内部调剂解决,不增加新的编制。所需经费如开办费和常年维持费等,列入科大总预算,必要时由院给予适当补助。"1985年,学校夜大学首次招生450名。夜大学学制为本科四年,专科三年。学生以在职业余学习为主,修完教学大纲所规定的全部课程,成绩合格者准予毕业并发给本科或者大专学历证书。夜大学初期开设应用数学、应用物理、应用化学、无线电技术、管理科学、计算机技术等七个专业。其中,解放军第十三航校学生于1985年5月开始上课;其他专业考生在7月参加安徽省成人高校统考,于同年9月初入学。

● 著名数学家陈省身应聘为我校名誉教授

6月14日,学校隆重举行仪式,聘请世界著名数学家、美国科学院院士、美国加州大学伯克利分校陈省身教授为我校名誉教授,6月15日,陈省身给学校师生作了学术报告。

陈省身,浙江嘉兴人,1926年进入南开大学数学系学习。1934年进入清华大学,毕业后赴西德汉堡大学研究微分几何,两年后获博士学位,随后去法国跟随几何大师埃里·嘉当(élie Joseph Cartan)进一步深造。1937年回国,在西南联合大学任教。陈省身曾先后获得肖瓦奈奖、美国国家科学奖、斯蒂尔奖和数学界的最高奖——沃尔夫奖。

● 第一届教职工代表大会召开

6月20—22日,第一届教职工代表大会召开,全校共有23个代表团参加大会,正式代

1985年

表和特邀代表共411人。

开幕式上,校党委副书记、副校长王玉民致开幕词。安徽省总工会副主席刘淦、中国科学院工会副主席范晓峰向大会致贺词,不少兄弟院校的代表也兴高采烈地专程来校祝贺。随后,管惟炎校长作了题为《关于贯彻落实〈中共中央关于教育体制改革的决定〉的若干措施》的报告。

本届教代会征集到400多份提案,充分说明了教职工代表对办好学校的迫切心情和积极态度。校领导和有关部门对提案进行了认真的研究和处理。学校领导高度赞扬了群策群力办好学校的这种主人翁精神,并颁发了优秀提案奖,以资鼓励。

为切实履行教代会的职责,保障教职工行使民主权利,大会决定成立"教代会提案工作组",设立"教职工住房分配委员会",设立"职工福利委员会",设立"教代会条例实施细则起草小组"。根据《高等学校教代会暂行条例》的精神,校工会将作为教代会的工作机构,督促检查提案的落实,处理教代会交办的有关事项。

● 1985届本科毕业生攻读研究生比例占总数的84.2%

于7月份毕业的1985届本科毕业生共533名,其中考取国内外研究生432名,毕业分配101名,其中留校的18人中又有17人被派往国外攻读博士学位。攻读博士、硕士学位共449人,占毕业生总人数的84.2%。

● 第四期少年班学生全部考上国内外研究生

7月,第四期少年班学生28人,全部考上国内外研究生。

● 杨海波、黄璜等来校座谈

7月15日上午,国家教委副主任、我校党委书记杨海波看望了合肥国家同步辐射实验室全体工作人员。

杨海波是我校合肥国家同步辐射实验室的创建者、组织者之一。他在视察中表示,合肥国家同步辐射实验室之所以能取得今天的成绩,一是科研方向正确,人员团结一致;二是实事求是的精神和踏实苦干的作风;三是实行开放式,同国内外有关研究所建立学术交流和联系,虚心学习,注重积累,勇于实践,大胆创新。他说,今后国家同步辐射实验室的发展仍旧要靠这三条。同时,杨海波还针对当时工程中存在的具体困难一一提出了具体解决的办法。

1985年

中共安徽省委书记黄璜、副书记徐乐义于7月15日下午视察了"国家同步辐射实验室"工程工地。在工程办公室,他们听取了包忠谋副校长等领导的有关汇报。之后,黄璜表示,今后工程如果有什么困难或问题及时汇报,省委、省政府及有关部门要及时给予支持和帮助。

● 管惟炎兼任研究生院(北京)院长

7月19日,中国科学院给学校研究生院下发通知,同意管惟炎兼任研究生院(北京)院长(任期三年);汤拒非任常务副院长(任期三年);王玉民任研究生院副院长;颜基义任研究生院副院长(任期三年);吴塘任研究生院调研员,免去其研究生院副院长职务。

● 出版社成立

1月3日,学校向中国科学院和文化部出版局提交了《关于建立中国科学技术大学出版社的请示报告》,报告中列举了建社的理由:学校各专业有很多高水平的教材和专著,但中央一级出版社出版能力有限,地方出版社考虑到利润,对于发行量较小的业务又不愿意接受,迟迟不能出版;其他著名大学都建有自己的出版社等。报告中提出了建社的方针、出版范围、学校具备的出版发行条件、拟成立的校出版委员会、出版社管理体制等。

6月22日,学校又向安徽省委宣传部、安徽省出版总社等单位提交了请示报告。

此后,中国科学院、安徽省出版总社将关于成立中国科学技术大学出版社的报告呈报文化部。8月15日,文化部出版局发文批准成立中国科学技术大学出版社。

8月28日,学校发出《关于成立中国科学技术大学出版社的通知》,并任命辛厚文为出版社社长,孔宪惠为常务副社长,江建名为副社长兼副总编辑,孙昌政为副社长兼印刷厂厂长。出版社正式成立。在创办初期,该社主要出版自然科学领域和文理交叉领域的各类书籍。除建设一支精干的专职编辑队伍外,出版社还鼓励本校学术水平高的教师兼职。

● 朱兆祥调任宁波大学校长

9月9日,浙江省人民政府发布《关于朱兆祥等任职的通知》。经浙江省政府研究决定,任命我校近代力学系朱兆祥教授为宁波大学校长。

1985年

● 结构分析研究中心被中国科学院批准为首批开放实验室

4月13日,学校起草了《中国科学院开放实验室申请书》,申请将学校结构分析研究中心列为首批开放实验室。申请书中阐明了该实验室的研究方向和研究内容、发展本学科研究的科学意义及应用前景,并指出了该实验室建成后所具有的特色和能力、开放后近五年来优先支持的课题、开放后的实验室规模、校内支持办好实验室的有利条件,包括技术支撑系统方面和后勤行政服务工作方面等。学校还在申请报告中提出了开放实验室主任和学术委员会的推荐名单。

4月26日,学校向中国科学院教育局提交了《关于申请我校结构分析研究中心为院开放实验室的报告》,报告指出:"为了吸引国内外的优秀工作者,利用已具有的有关材料的微观性质的多种测试手段,开展高水平的各种材料组份、结构、缺陷、形貌等综合性研究,特别是材料的物理、化学及生物的边缘性质的研究,促进人才与学术思想的交流,培养科学研究人才,以推动我国科学事业的发展,经学校研究决定,利用该实验室的条件,申请我校'结构分析研究中心'为院开放实验室,并希于5月下旬,请院教育局主持,聘请院内外同行专家进行开放实验室的可行性评议和论证。"同年5月,学校根据申请书拟订了"开放实验室结构分析研究中心"可行性报告,中国科学院也于当月发布了《邀请参加评议中国科技大学结构分析研究中心开放实验室的函》,决定在合肥召开评议会,听取同行专家的意见。6月8—9日,中国科学院教育局在学校主持召开了"结构分析研究中心"开放实验室的论证会。

6月10日,学校向中国科学院计划局提交了《关于报批我校结构分析研究中心为开放实验室》的报告,并附上了申请书(包括实验室主任和学术委员会推荐名单)。9月13日,中国科学院给院属各单位、院机关各部门发布了《关于批准首批开放研究所和实验室的通知》,结构分析研究中心被中国科学院批准为首批开放实验室。

● 1985级新生开学典礼

9月16日下午,学校举行1985级新生开学典礼。本年共招收本科生778名,其中少年班41名,有6个省、市理科第一名被我校录取,一对孪生姐妹雪山和笑梅同进我校。另招收电子计算机软件专业干部专修班43名,应用化学普通专科班15名。录取硕士生285人,研究生班研究生69人;接受青岛大学等单位委托培养硕士生73人,接受国家地震局等单位委托培养研究生班研究生30人。录取博士生22名。

校长管惟炎,副校长方励之、包忠谋、辛厚文,党委副书记王学保等出席了大会。负责1985级新生军训工作的解放军代表也出席了大会。大会首先宣读了全国人大常委会副委员长、我校名誉校长严济慈发来的贺电:"欣悉新生成绩全国第一。望同学们在新的环境中

奋发努力。要勇于'好高骛远',善于实事求是。李政道在纽约说:'中国科学的将来,就是世界科学的将来。'这个'将来'主要担在你们肩上。开学典礼,恕不能到。谨此电贺。"

⬤ 开办教改试点班和少年班预备班

9月26日,学校召开1985级教改试点班成立大会,决定从1985级开始开办教改试点班。该班旨在将少年班因材施教、不分学科的办学经验在本科阶段展开,不断探索人才培育途径,努力建设起具有中国特色的高质量专门人才教育体系。学校为试点班配备了较强的导师和班主任,制订了教学计划,努力创造条件让人才脱颖而出,发挥更大的优势。

年初,经教育部和北京市、江苏省批准,我校在北京景山学校和江苏省苏州中学创办了少年班预备班。其招生对象是具有初中毕业文化程度,年龄在13周岁以下的智力超常少年。北京景山学校预备班在华北、东北地区各省招生,以北京地区为主;苏州中学预备班在华东地区各省招生,以江苏省为主。其他地区的智力超常少年也可推荐报名。

⬤ 宋健来校视察

10月24日,国家科委主任宋健在安徽省副省长王厚宏的陪同下来校视察。

宋健首先在结构分析研究中心听取了管惟炎、方励之等校领导关于学校基本情况的介绍,并听取了有关系科研成果的汇报。对面向经济建设的科研开发项目(如稀土催化剂、油脂开发等项目),宋健表示了浓厚的兴趣。他对我校既注重基础研究,又重视科研开发十分赞赏。

在管惟炎等校领导的陪同下,宋健先后参观了结构分析研究中心和半导体厂,下午又参观了国家重点工程同步辐射实验室施工现场。在参观过程中,他充分肯定了学校的人才培养工作,并鼓励大家把学校办得更好。

⬤ 我校代表团访问朝鲜理科大学

10月,副校长辛厚文率代表团访问了朝鲜理科大学,同时参加了中国人民解放军援朝25周年纪念活动。辛厚文与其他几名科学教育界代表团的团长受到了金日成主席的接见。其间,两校签署了《中国科学技术大学和朝鲜民主主义共和国理科大学1986—1987年科学教育合作计划》。

1985年

● 研究生部改为研究生院(合肥)

11月15日,学校向中国科学院提交报告,报告中提出:"国务院于1977年正式批准我校成立研究生院。科技大学本部(合肥)自从1978年以来,特别是正式招收研究生以来,承担了研究生的招生、培养和学位授予的全过程,形成了培养学士、硕士和博士的完整学位体系。至今,研究生的数量已具相当规模,经研究决定:科技大学校本部原研究生部正名为中国科学技术大学研究生院(合肥)。"自此,我校研究生部正名为研究生院(合肥)。

● 方励之获国际引力研究基金会论文奖一等奖

12月,方励之教授与日本京都大学基础物理研究学院佐滕文隆教授一起合写的论文《类星体红移分布中的周期性是多重连通宇宙的一个证据》荣获1985年度国际引力研究基金会论文奖一等奖(第一名)。同时,原方励之教授的研究生、后在英国剑桥大学师从霍金教授获得博士学位的吴忠超,以《时空是四维的》一文获该论文奖第三名。

该奖设于1949年,当时是国际引力学界唯一的重要奖项,每年评选一次,分设五个等级。

● 试行博士后制度和设立博士后流动工作站

7月1日,学校给中国科学院提交了《申请在我校试行博士后制度和设立博士后流动工作站的报告》,报告指出:"几年来我校已有210名优秀本科生、硕士研究生和青年教师在美国等十多个国家攻读博士学位,其中一部分人已学成回国。为加强科学研究工作,促进人才和学术的交流,我校申请从今年秋天开始,在现有的14个有博士学位授予权的学科试行博士后制度,并申请专项拨款。"首先在物理学科设立"博士后流动工作站",以便给他们提供比较优惠的待遇和良好的工作条件,有效地吸引近年来在国内外获得博士学位的优秀学者来我校做博士后工作。报告后还附上了《中国科学技术大学博士后条例》的草案本,内容包括:总则、资格和手续、研究方向、期限、待遇和经费等。

11月10日,国家科委科技干部局给学校下发了《关于核实〈博士后科研流动站首批建站单位简介〉(草稿)的通知》,通知指出:经各学科专家组评审和博士后科研流动站管理协调委员会批准,首批建站单位及其招收博士后人员已经确定,待个别问题征求有关专家组和李政道顾问的意见后,即可正式公布。

11月23日,国家科委给有关省、自治区、直辖市科技干部局(处),国务院各有关部委、直属机构颁布了《关于建立博士后科研流动站若干问题的通知》，并附上了《博士后科研流动站首批建站情况一览表》，我校的物理学（固体物理、低温物理）、数学（基础数学、计算数学、概率论与数理统计）、天文学（天体物理）三个建站学科名列其中。通知规定，各建站单位接到该通知后，即可开始招收博士后研究人员。

12月，我校试行博士后制度，并设立博士后流动工作站，在首批14个拥有博士学位授予权的学科试行博士后制度，并首先在物理学、数学、天文学设立"博士后流动工作站"。1986年，首批博士后科研流动站公开招生，凡在国内外获得博士学位、品学兼优、身体健康、40周岁以下、尚未正式分配工作的优秀青年，在完成博士论文后，即可向本学科领域的建站单位提交申请书，申请作博士后研究人员。

● 一批科研成果获奖

在1985年完成的课题中，我校有11项获中国科学院科技进步奖，其中二等奖1项，三等奖10项。

● 年度数据统计

1985年，学校共有教职工3 276人，其中教授29人，副教授149人。在校学生总数4 233人，其中本科生3 319人，专科生102人，博士生53人，硕士生662人，研究生班97人；函授部、夜大学学生总数494人。学校建筑面积211 807平方米，学校占地面积1 781.7亩。

1986 年

- "博乐钨锡成矿带地物化综合研究与找矿靶区圈定"列入国家"七五"攻关项目

1月5—25日,在国家"七五"攻关项目公开招标中,我校地球和空间科学系的"博乐钨锡成矿带地物化综合研究与找矿靶区圈定"中标。任务限定于1986—1988年完成。

- 王奎仁在陨石研究中发现"张衡矿"

1月,地球和空间科学系王奎仁副教授在亳县陨石的全面研究工作中通过大量的X射线衍射分析、扫描电镜形貌分析和电子探针成分分析,首先发现了一种新矿物,在国际新矿物命名委员会(IMA)上通过。为了纪念我国古代杰出的天文学家张衡,该新矿物被命名为"张衡矿"。亳县陨石的研究在我国天体化学和空间地质学界引起高度重视。"张衡矿"的发现和系统研究不仅填补了矿物学的一项空白,而且对讨论亳县陨石的物质成分、平衡状态和演化历史具有重要的意义,对于进一步探讨天体起源和演化也具有一定作用。王奎仁副教授以其在矿物学领域中的重大成就,被国际传记中心作为世界名人和著名矿物学家列入1986年出版的第12版《有成就的人们》一书。

- 中央新闻纪录电影制片厂来校拍摄《科技人才的摇篮》

4月17日,受中央宣传部委托,中央新闻记录电影制片厂一行五人来我校拍摄《科技人才的摇篮——访中国科技大学》。拍摄工作进行了一个多月。

该片摄制期间,摄制组在剧本、导演、镜头上都追求新意,学校各单位为拍摄工作提供

了方便。影片完成后,正式对国内外发行,赢得了社会广泛关注。

● 我校与中国科学院上海分院在上海共同创办研究生院

1月31日至2月3日,为进一步协商确定研究生院具体事宜,中国科学院上海分院代表团与我校领导在合肥进行了会谈。中国科学院上海分院院长曹天钦、党组书记兼副院长庆志纯、副院长姚介兴等8人,我校副校长方励之、副校长兼党委副书记王玉民、党委副书记王学保等11人参加了会谈。双方回顾了"所系结合"联合培养研究生的情况,介绍了近几年来各自在研究生培养工作方面的情况以及今后发展的设想,一致同意在上海联合创办研究生院,建议把研究生院名称定为"中国科学技术大学、中国科学院上海地区各研究所联合研究生院"。为尽快落实研究生院的建设任务,双方一致同意成立"筹备小组",立即开展建院筹备工作。曹天钦和方励之分别代表双方签字。

● 蔡有智任副校长

3月9日,校党委向中国科学院干部局、院党组提交了《关于蔡有智同志任科大副校长的请示报告》。报告中称:经校务会议、党委会议集体讨论,一致同意蔡有智任学校副校长,分管行政、后勤和基建工作,报请科学院党组审批。

5月12日,中国科学院下发了《关于蔡有智同志任职的通知》,同意任命蔡有智为中国科学技术大学副校长。

● 近代化学系筹办第一届全国化学反应动力学会议

5月16—18日,中国化学会委托我校近代化学系筹办的"第一届全国化学反应动力学会议"在安徽省屯溪市召开。来自全国各研究单位和高等院校的204名代表出席了会议,香港地区也有两名学者与会。世界著名化学动力学专家,中国科学院化学研究所、我校和复旦大学名誉教授,美国加州大学伯克利分校化学系教授李远哲也应邀参加了会议。

会上报告了202篇学术论文,论文的内容涉及化学动力学的理论和实验的各个领域。可喜的是,占代表总人数1/3的年轻学者和研究生中的许多人走上了大会讲坛。

李远哲作的题为《化学动力学的现状和将来》的报告引起了与会代表的极大兴趣,受到热烈欢迎。他在报告中展望了化学的发展前景,认为和计算机的发展相适应,量子化学计算将扮演更重要的角色;对多原子自由基的研究将会深入;激光在促进化学反应方面所起的作用将得到更有效的利用;表面化学和液相化学反应的动态学也将会成为努力解决的一

1986年

个领域。

本次会议共有邀请报告17篇,代表们还就共同感兴趣的问题进行了交流,大家普遍反映收获很大,这对我国化学反应动力学的发展起到了很大的作用。

◉ 中国科学院授权我校自主评聘教授、副教授

5月3日,国家教委向中国科学院下发了《关于中国科技大学教授、副教授任职资格审定权的批复》,同意我校教师职务评审委员会有权审定教授、副教授任职资格。5月21日,中国科学院向学校下发《关于授权中国科学技术大学评审聘任教授的通知》,通知规定学校的教授、副教授,经教师职务评审委员会进行任职资格评审通过后,由校长聘任;教授、副教授(及相当专业技术职务人员)的任职文件及评审材料按规定报中国科学院备案。自此,我校拥有了自主评聘教授、副教授的权限。

从1983年9月1日起,尹方、尹鸿钧、葛新石、孙良方、蔡树棠、涂其枥(已调出),具有教授任职资格。

◉ 我校近代物理系正电子湮没实验室建成并投入使用

近代物理系正电子湮没实验室经过三年的筹备,已经建成国内唯一的三种基本实验手段俱全的、有特色的、对外开放的实验室。这三种实验手段相应的设备有:(1)正电子湮没辐射——唯角关联装置(自行研制,国内仅此一台),实验操作全自动,微机数据采集;(2)正电子湮没寿命谱仪;(3)正电子湮没多普勒展览等谱仪。这三项设备的性能,已达国际同类设备中较先进水平。

为充分发挥这些设备的作用,同时也为迎接1987年将在合肥由我校主持召开的国内第三届正电子湮没专业会议,该实验室欢迎校内有关专业的教师、研究生(尤其是固体物理领域,包括金属、合金、半导体、非晶态、陶瓷,正电子化学、分子材料以及生物物理等专业)前往使用,积极开展科学研究工作。

◉ 邓力群、王郁昭来校考察

6月7日,中央书记处书记邓力群在安徽省省长王郁昭、省委副书记徐乐义等人的陪同下来校参观。

邓力群此行受到学校领导和师生的热烈欢迎。副校长辛厚文向大家介绍了学校的简况。副书记王学保汇报了我校近年来党的组织建设、党员教育等情况。之后,邓力群看望

了少年班学生和教师代表。

接着,邓力群等参观了结构中心和计算中心,听取了两个中心主任的汇报和介绍;并参观了正在建设中的国家同步辐射加速器的建设工地,听取了国家同步辐射加速器项目总经理、副校长包忠谋的介绍。邓力群说:"邓小平同志很关心你们,有什么事情你们可以写信给他,我为你们当个邮差。"他还为学校挥毫题词:"迎着困难上。"

学校领导对中共中央,中国科学院,安徽省委、省政府对学校发展的支持和帮助表示感谢。

● 国家计委批准我校第一期工程计划任务书

为使我校在合肥办成有特色的综合性理工科大学,促进中国科学院合肥科研教育基地的形成,11月6日,国家计委正式批准了《关于中国科学技术大学扩建工程总体规划及初步设计审查意见的报告》。批复中说,同意学校提出的建设规模不变,在校学生规模为6 300人,其中本科生4 500人,研究生1 500人,代培生300人。教职工编制为3 800人,其中设流动编制100人。

学校第一期工程扩建校舍总建筑面积162 000平米,其中教学、科研及行政用房74 500平方米,生活、福利及辅助用房92 500平方米(不包括同步辐射实验室配套设施8 000平方米)。第一期工程总投资9 300万元(不含新校区征地费及同步辐射实验室配套设施的投资)。其资金来源为:国家专项补助4 500万元,中国科学院投资指标内安排4 800万元。"七五"期间完成第一期扩建工程。投资包干使用。

国家计委还要求中国科学院加强我校的科研实验和图书情报设施的建设,搞好在建的国家同步辐射实验室办公设施的配套。要根据"全院办校,所系结合"的办校方针,促进教育和科研的衔接,培养更多的高质量人才。

● 学校举行1986届毕业典礼

6月26日,学校举行1986届毕业典礼。本届本科毕业生574人,其中474人考取国内外研究生,占毕业生总数的82.5%。实际参加毕业分配的有100人。

副校长龚昇、包忠谋、辛厚文,党委副书记王学保出席大会。教务长尹鸿钧主持大会并宣读了严济慈、张劲夫、郁文、刘达等的贺电。

龚昇副校长代表学校在会上讲话。他在肯定了我校从1977级至今的五届毕业生的成绩后指出,衡量一个学校的好坏,主要是衡量它的毕业生的好坏,而衡量毕业生的好坏不光是多少人考取了研究生、多少人出国深造,这仅仅是一个度量,而最主要的度量应该是看这些毕业生对国家"四化"建设作出的贡献。

毕业生代表、在校生代表和教师代表分别在会上讲话。

● 安徽省委书记李贵鲜到校调研

7月6—8日,安徽省委书记李贵鲜到校调研,帮助学校解决实际困难。

李贵鲜在听取学校领导关于学校基本情况的汇报后说:"科大在科学技术与优秀人才方面是青年人所向往的,现在落脚合肥,对安徽、合肥会产生无形的不可估量的影响。科大与国内外的广泛交流,对于改变这个地区的素质将会起到推动作用。作为地方官,我认为科大来了是幸事,是宝贝。那种认为大企业、大单位给城市仅仅增加负担的看法是片面的,不正确的。我知道,科大在这里办学一定有很多困难,如两地分居,子女上学、就业等。我们要科大出高级人才,就要尽力为科大当好后勤,尽可能减少师生的后顾之忧,让大家安心工作和学习。"

李贵鲜在座谈中指出,振兴经济靠政策,靠科技和教育,关键是人才,资源要开发,人才更要保护,人才内流不应外流。他主张花高价,创造良好的环境与优惠条件,采取特殊的政策,把人才留住。李贵鲜表示,安徽要采取特别办法,学校可以把"小气候"搞好一些。

座谈后,李贵鲜又参观了国家同步辐射加速器重点工程等实验室。

● 《人民日报》刊登"民主办学在科大"专访

在6月份召开的我校第一届教代会上,进一步总结了学校民主办学经验,确立了"民主办学"思想。9月中旬,《人民日报》记者鹿舫来校采访,上至在职的或退休的校领导、教授,下至一般青年学生、后勤工人,或扫地临时工,近百人如数家珍,向记者讲述了学校成长壮大的发展史,展现了学校师生的奋斗精神和一组组面貌全新的、而且是新中国最成功的一所学校的方方面面。10月上旬,《人民日报》连续刊登了5篇以鹿舫为作者、探究教育新思路的"民主办学在科大"专访:《分权制衡》、《校政公开》、《言无禁忌》、《兼容共进》、《关键是信任知识分子》,并配有编者的点评,分别为《为民主建设添砖加瓦》、《对主人不保密》、《培养民主意识》、《要不要兼容杂草》、《民主建设的依靠力量》,全面报道和评论了我校的民主管理方式及具体措施。一时间学校的"民主办学"理念和举措在全国引起了强烈反响。

● 刘永龄捐赠设立学校亿利达实验科学奖学金

9月11日,经中国科学院批准,由香港亿利达工业发展集团有限公司董事长刘永龄捐赠,学校设立了亿利达实验科学奖学金。严东生任奖学金管理委员会主任,何龙、方励之、

1986年

龚昇、任知恕任副主任，辛厚文任评审委员会主任，项志遴、尹鸿钧任副主任，丁肇中任顾问。中国科学院还批准了学校所报的亿利达实验科学奖学金条例。

9月22日，学校为获首届亿利达实验科学奖学金的40名学生举行颁奖仪式，向获奖同学颁发了证书。

● 学校举行新校区工程奠基石揭幕典礼

9月20日，学校举行新校区工程奠基石揭幕典礼。严济慈、杨海波和安徽省、合肥市领导及中国科学院、中国科学院合肥分院、研究生院（北京）、青岛大学领导出席了典礼仪式。副校长蔡有智主持了典礼仪式。

严济慈为新校区奠基题词"中国科技大学新校区奠基"。安徽省人常委会大主任王光宇揭开了披在镌刻着题词的奠基石上的红绸。

学校于1984年4月被国务院批准列入国家重点建设的院校。为使我校在合肥办成有特色的综合性理工科大学，促进合肥科研教育基地的形成，6月份，安徽省政府批准了我校第一期工程计划任务书。第一期工程扩建总建筑面积167 000平方米，第一期总投资9 300万元，中国科学院投资4 800万元。"七五"期间完成第一期扩建工程，并即将建立一座微型科学城，作为高年级学生和研究生的教学区和应用技术系科的实验区。

● 学校举行新生开学典礼

9月22日，学校隆重集会，举行"庆祝中国科学技术大学建校28周年暨86级开学典礼"。严济慈、杨海波、孟富林、兰干亭、郑锐等领导，中国科学院学部委员钱临照、葛庭燧，第三世界科学院院士萨拉姆教授和朝鲜理科大学副校长、电子学考察团团长朴浩锡等来宾参加了大会。

会议由龚昇副校长主持。管惟炎校长首先讲话。辛厚文副校长宣读了《关于颁发亿利达实验科学奖学金的决定》及第一届获奖者名单和第三届全校电子学竞赛的结果，并向获奖者颁发了奖状。会上，朴浩锡团长发表了热情洋溢的讲话，并向大会赠送了礼品。

杨海波在讲话时提出三点希望。他希望学校坚持社会主义的办学方向；充分利用和发展自己的优势，促进教学质量的进一步提高，使科研成果迅速转化为社会经济效益；进一步加强领导班子的建设，加强团结，通力协作，取长补短。

严济慈在会上说："28年来，我们同甘共苦，心心相印，使科大发展取得今天的成绩。我深深地感谢你们，是你们以自己的心血和汗水为科大赢得这些声誉的。"他说："同学们，你们要十分珍惜自己的年华。一寸光阴一寸金，你们要奋发努力，去攀登科学高峰。"

本年度，学校共招收本科生752名，其中包括少年班36名；研究生364名，其中博士生

1986年

26名,硕士生328名,研究生班10名;有11个省、市、自治区的理科高考状元被我校录取;数学家杨乐的孪生女儿杨冰、杨炎也以优异的成绩考入我校学习。

● 亚洲地区微机学院在我校开学

9月22日,根据中国科学院与国际理论物理中心达成的协议,由我校承办的1986年亚洲地区微机学院开学。微机学院是由联合国教科文组织所属意大利国际理论物理中心(ICTP)主办的,先后已在四个国家举办了四期。其目的是培养能在实验室中设计、制作和组成微处理机系统的人才,促进与加强国家间的科技交流。学院主任由瑞士西欧核子研究中心(CERN)维卡克和我校副校长方励之共同担任。学院的教材、各种教学设备主要由西欧核子研究中心提供。学院以8位微机6809为基础进行教学和实验,主要内容包括:微机一般知识,微机硬件、结构、接口,汇编语言,微机项目的开发技术及应用。亚洲微机学院共招收学员80人,中外学员各半。学院教师由24名亚、欧、美微机专家担任,学院以英语为工作语言。

开学典礼由微机学院国外主任维卡克主持,参加开学典礼的中外教师、学员和工作人员以及我校师生代表共500多人。微机学院中方主任方励之首先讲话,向来自世界各国的教师和学员表示欢迎。

主办单位国际理论物理中心主任、第三世界科学院院长、诺贝尔奖获得者萨拉姆在会上介绍了前四期微机学院的情况,并指出:微机已经渗透到各个学科领域,越来越多的人在学习它。设立在日本东京的联合国大学副校长唐纳斯考维克女士也在会上致词。

学习班于10月17日结束。

● 授予萨拉姆名誉博士学位

9月22日上午,我校隆重举行仪式,授予国际理论物理中心主任、第三世界科学院院长、诺贝尔奖获得者萨拉姆教授名誉博士学位。全国人大常委会副委员长、我校名誉校长严济慈,国家教委副主任杨海波,安徽省常务副省长孟富林、省顾问委员会副主任兰干亭、省人大常委会副主任郑锐及我校领导管惟炎、龚昇等参加了学位授予仪式。

会议由副校长龚昇主持。校长管惟炎宣读了经国务院批准的我校授予萨拉姆名誉博士学位的决定;严济慈亲自将学位证书授予萨拉姆教授。

萨拉姆说:"我感谢中国科技大学,此刻我不知道用什么样的语言来表达自己的心情。"接着,他按照国际惯例,用十分钟时间介绍了自己近年来的主要工作。

仪式之前,管惟炎校长等会见了萨拉姆教授,并向他赠送了60岁生日礼品:写着篆书"寿"字的堂幅。仪式结束后,萨拉姆教授在方励之、包忠谋副校长的陪同下参观了实验室。

1986年

● 徽州大专班开学

10月24日,经安徽省人民政府批准同意,我校与徽州地区行署联合举办"中国科学技术大学徽州大专班",校址设在歙县岩寺镇。

● 法国巴黎大学游秋鹏教授来校访问

应国务院机关事务管理局之邀,10月23日,法国巴黎大学游秋鹏教授携夫人苏姬·拉莫女士来校访问讲学,并代表法国科学院向杭州大学、我校和华中师范大学的杭州—合肥—武汉粒子物理实验测量与分析协作组赠送了三台扫描台和一台精密测量设备HPP,价值150万美元。这四台仪器设备是根据学校第一副校长方励之与法国科学院高能物理研究所所长Lehmann教授的协议,为开展双方科技合作,由法方无偿提供的。

游教授在校访问期间与校领导进行了会晤,并在近代物理系作了关于NA27实验结果的报告;与粒子物理实验测量和分析协作组成员讨论了下一阶段的工作,参观了我校同步辐射加速器实验室、结构中心和计算中心,对学校的办学给予了高度评价。

● 中国力学会主办的《实验力学》由我校编辑和出版

11月6日,经国家科委批准,由中国力学会主办的全国性学术刊物《实验力学》(季刊)从1987年起,永久性地由我校承担编辑和出版事宜。

● 万里赴合肥召开我校民主办学座谈会

11月30日,国务院副总理万里带领国务院有关人员专程来到合肥,在稻香楼宾馆召开我校民主办学座谈会。校领导管惟炎、方励之、龚昇、包忠谋、蔡有智等22名教师、干部代表参加,安徽省委书记李贵鲜主持会议。万里肯定了我校民主办学的一些成绩,同时指出:"大学的学生虽然有知识,但组织纪律性比工人差。中国科技大学实行校长负责制,校长的责任非常重要,希望你们当好领导。现在有些城市发生了一些不该发生的事,有些地区上街游行,对社会是不利的。这有两个原因:虽然现在形势好,但学校、地方政府还有些腐败现象;民主是好事,但办学校不要党纪是错误的。"校长管惟炎说:"我来科大两年,科大人说万里同志对科大关心。万里在安徽当省委书记时就对科大很关心,安徽的领导有这个传统。"万里还仔细询问了学生食堂、学术研究民主化等情况,并就如何将我校办成平等、团结

的大学,如何发挥校长、系主任的管理作用与参会人员进行了沟通。

当日下午,万里又与合肥工业大学、安徽大学、安徽医科大学、安徽农业大学等高校的领导和老师进行了座谈。

● 一批科研成果获奖

本年度,我校获得中国科学院科学技术进步奖15项,其中戴益民、顾俊廉的"KD—3型密码体制的设计及安全性论证"研究项目获一等奖,李翊神等的"孤粒子与非线性演化方法"、朱兆祥等的"弹塑性波的理论和应用研究"、王义方等的"直流式太阳能热水系统"、张泰永的"中子三轴谱仪及中子四圆衍射仪"研究项目获二等奖,蒋惠林等的"正电子湮没辐射——维角关联实验装置"、刘人怀的"波纹圆板和双金属扁壳的非线性弯曲理论"、张其瑞等的"气相沉积 Nb_2Sn 超导复带稳定性的实验与理论"、嵇震宇等的"等离子体手术仪的研制和临床应用"、赵林城的"关于统计量的收敛和收敛速度"、林培琰等的"非贵金属汽车排气净化催化剂"、李敦复等的"毫米波基础技术及其应用"、王仁华等的"LPC汉语合成技术和语言合成报时系统"、葛新石等的KD85—1型便携式热流计、黄茂光等的"关于厚薄板有限元分析的一组新模式"、谢虎臣等的"井下超声成像测井及信息处理系统"研究项目获得三等奖。

此外,本年度我校还获得安徽省科技进步奖4项,其中"JSB—1型激光散斑电脑验光器"获一等奖。

● 年度数据统计

截至9月底,学校实有教职工2762人,教师986人,其中教授54人,副教授178人;在校学生4548人,其中本科生3486人,博士生79人,硕士生749人,研究生班107人,委托培养研究生班112人,专科生15人;函授部(专科生)108人,夜大学在校生666人。

1987 年

中共中央决定改组学校领导班子

1月9日,中共中央、国务院决定改组学校领导班子,任命彭珮云为中国科学技术大学党委书记、滕藤为中国科学技术大学校长;免去管惟炎中国科学技术大学校长职务,撤销方励之副校长职务;同日,中共中国科学院党组任命刘吉为中国科学技术大学党委副书记。

1月12日,在安徽省委礼堂召开我校干部、教师代表大会,中共安徽省委书记李贵鲜、副书记卢荣景,中国科学院副院长周光召等参加会议。受中共中央、国务院委托,周光召宣布了中共中央、国务院改组学校领导班子的决定。改组后的校党委书记由国家教委副主任彭珮云兼任,校长、研究生院院长由中共中央宣传部副部长滕藤兼任,刘吉任党委副书记。周光召同时宣布:管惟炎调北京物理研究所任研究员,方励之调北京天文台任研究员。

1月16日,中共安徽省纪委决定开除方励之党籍。

1月17—24日,我校举行党委扩大会议和学生工作干部会议,学习中共中央[87]01号文件和《中共中央政治局扩大会议公报》,批判以方励之为代表的资产阶级自由化思潮。

1月24日,经中共安徽省委批准,中共中国科学技术大学委员会由彭珮云、滕藤、刘吉、辛厚文、蔡有智、王学保、俞昌旋、李滨、宋天顺、华伟范、张元明11人组成。

1月25日,彭珮云主持召开校党委会议,明确了党委负责人的分工。

我校六位教师获青年奖励基金

2月下旬,在北京举行的中国科学院"青年奖励研究基金"答辩考试中,我校吴自玉、周先意、顾一鸣、潘国强、施红霄、崔涛六位青年科技工作者以优异的成绩获得该项奖励基金。这六位获奖者都是我校近年来培养的毕业生或教师。

1987年

● 我校首位博士后研究人员进站工作

3月8日,仅用两年时间就获得英国博士学位的程艺回到母校博士后科研站工作。他是我校博士后流动站的第一名成员。

程艺是我校数学系1977级学生,1982年被录取为本校研究生,1984年度获郭沫若奖学金。他的硕士研究工作"与离散特征值相关的可积方程"得到了国际著名孤立子权威、英国曼彻斯特大学的R. K. Bullough教授的重视,邀其赴英国继续攻读博士学位。短短两年时间里,他在可积系的研究方面先后发表4篇论文,并注意将理论应用到统计力学问题的研究之中,分别在英国、意大利、法国等国际学术会议上获得国外同行的称赞。

● 学校高温超导材料研究获重大进展

3月9日,我校物理系和应用化学系有关师生在高临界温度超导材料的研究上获得重大进展。在900摄氏度的温度下烧结的钡-钇-铜-氧陶瓷材料,超导起始转变温度高于绝对温度110 K,但实际明显"偏离线性绝对温度"已达130 K,超导转变中间温度为90 K,转变宽度4 K,转变区电阻的变化大于4个数量级,并且经过多次热循环后测试结果是重复的。这一研究成果经多位专家论证,认为测试方法和测试结果是正确可靠的,已进入国际先进行列。

11月初,我校超导材料联合研究组研制成钡-钇-铜-氧超导化合物单晶,其中一个单晶的尺寸长达3毫米、宽2.5毫米、高1毫米,成为当时世界上最大级的超导氧化物单晶。这种大体积单晶是该研究组用助熔剂法生长出来的,具有强烈的抗磁性,超导转变起始温度为绝对温度95 K,零电阻温度为89.5 K,转变宽度小于1.2 K。这些指标均达到国际先进水平。11月26日,《人民日报》(海外版)予以报道。

● 部分学校领导任职

3月9日,中共中国科学院党组任命王玉民为中国科学技术研究生院(北京)党委书记。5月13日,中国科学院任命王义端为中国科学技术大学副校长。

● 学校调整教师职务评审委员会

根据国家教委《高等学校教师职务评审组织章程》规定,经校长工作会议讨论,3月27

1987年

日,学校决定调整教师职务评审委员会。委员会由19位老师组成,主任:滕藤;副主任:辛厚文、龚昇;委员:于振中、尹鸿钧、石钟慈、包忠谋、孙显元、伍小平、汤拒非、辛厚文、项志遴、赵贵文、钟津立、徐洵、张其瑞、钱景仁、龚昇、郦明、童秉纲、葛新石、滕藤。

● 滕藤赴美出席国际会议并看望我校留美同学

3月30日至4月3日,我校校长滕藤应邀赴美国华盛顿参加美国工程科学院主办的"技术进步与全球经济"国际会议。会后,他看望了在马里兰大学、诺特丹大学、斯坦福大学等地学习的我校校友和访问学者,向他们介绍了学校的情况,听取了他们的意见和要求,密切了国外校友和学校的联系。

● 我校在歙县岩寺镇征购土地

1987年3月31日,徽州地区行署同意徽州大专班代学校征地20亩。这片土地东至芜屯公路,南至岩寺镇广惠村的水库坝,西至山岗路,北至徽州大专班。由学校全权处理使用,全部征地费用由学校支付,共计10万元。

此后,学校在歙县建成了3 000多平方米的招待所和少量辅助用房。

● 全国第一次《墨经》研讨会在我校召开

4月18—20日,中国科技史学会、中国逻辑史研究会和我校科学史研究室联合举办的《墨经》研讨会在我校举行,与会代表30余人。中国科技史学会第一任理事长钱临照参加了会议,中国逻辑史研究会副秘书长周云之等作了专题报告和讲演。这是全国第一次专门对《墨经》进行综合性讨论的学术会议,将会推动《墨经》的研究工作。

● 中国科学院领导和有关局负责人视察研究生院(北京)

4月25日,中国科学院领导孙鸿烈、余志华,有关局负责人李风楼、王文涛、何光熙到研究生院(北京)检查指导工作,孙鸿烈等对研究生院工作给予热情指导,强调教学与科研要紧密结合。

1987年

● 杨纪珂等获安徽省首届社会科学优秀成果奖

5月9号,我校杨纪珂、孙显元、司有和、秦裕芳、许广明、孙志芳、陆文培和朱超南八人获安徽省首届社会科学优秀成果奖。

● 《新概念英语阅读手册》等书获奖

5月份,在由中央电视台、《光明日报》等十家单位联合举办的全国优秀畅销书评选活动中,我校《新概念英语阅读手册》(作者:郑孝通)获全国优秀畅销书奖。

本年度,还有《刘吉答学生七百问》(作者:刘吉)获华东地区优秀读物一等奖,《线性模型的理论及其应用》(作者:王松桂)获安徽省优秀图书一等奖。

● 张其瑞获"五一"劳动奖章

5月份,张其瑞被授予"全国先进教育工作者"称号,并获得"五一"劳动奖章,以表彰他在教育和科研工作中作出的突出贡献。

张其瑞是我校物理系低温专业的教授,他在凝聚态方面的研究较突出。5月15日,著名物理学家李政道致函张其瑞,通知他已被邀请为中国高等科学技术中心凝聚态和辐射物理分中心的特别成员。中国高等科学技术中心是一个民间组织。它参加由意大利政府捐助建立的世界实验室,并获得该室的资助,由李政道任主任。中心的建立旨在鼓励中国的科学家做出世界水平的成果。其中的凝聚态和辐射物理分中心共聘三名特别成员,张其瑞是其中一员。

● 学校举办首届科学节

5月17日,我国著名超导专家、我校校友赵忠贤、陈立泉来校作关于国内外高温超导研究的专题报告,拉开了学校首届科学节的帷幕。

校学生会举办科学节,旨在提倡"科学的精神,求实的作风,严谨的态度,活泼的思想"。这次科学节历时20天,活动内容丰富多彩,有科学节之声、科学节屏幕、科学节系列报告会等项目。

1987年

● 调整《中国科学技术大学学报》编辑委员会成员

6月13日,学校研究决定调整《中国科学技术大学学报》编辑委员会成员,任期三年。主编:辛厚文;副主编:冯克勤、刘耀阳、张懋森、伍小平、郭自强、陈国权、钱景仁。

● 中国科学院批准我校建立郭沫若塑像,邓小平为塑像题词

6月25日,中共中国科学院党组同意我校在校园内建立郭沫若塑像。

郭沫若是我国杰出的作家、诗人和戏剧家,又是历史学家和古文字学家。他在社会科学和自然科学的许多领域内都有重要建树,对我国科学文化教育事业作出了不可磨灭的贡献。

郭沫若提议创办我校并长期担任校长。在他的领导下,中国科学院实行"全院办校,所系结合"的办校方针,逐步形成"勤奋学习,理实交融,艰苦奋斗,红专并进"的优良校风。郭沫若在我校的教育思想与办学实践影响深远。

学校在校园内建立郭沫若塑像,目的是缅怀郭沫若的功绩,特别是创办我校的贡献,激励广大教职工和青年学生继承学校的光荣传统,努力攀登科学技术高峰。

11月28日,邓小平为郭沫若塑像题词"郭沫若像"。1988年5月4日,严济慈为铜像题写了说明:"在建校30周年之际,敬立郭沫若像,缅怀以郭沫若校长为首创建的中国科学技术大学之业绩。'郭沫若像'四个字系邓小平同志于一九八七年十一月二十八日亲笔题写。"

郭沫若铜像定于1988年9月20日30周年校庆日揭幕。

● 学校举行1987届学生毕业典礼

6月27日,学校举行1987届学生毕业典礼。辛厚文副校长主持大会,并宣读了名誉校长严济慈的贺电,校长滕藤、书记彭珮云先后在会上讲话。本届共有本科毕业生574人,400人考取国内外研究生,174人参加分配。

● 滕藤率团访问日本东京大学

8月10—24日,校长滕藤率团访问日本东京大学工学部,参观了东京工业大学、筑波大学等。与日本东京大学工学院就第二个五年计划工程学科领域的学术合作交流签订协议,

1987 年

有效期为五年。双方在图像处理与信息处理等五个专业领域进行学术合作,互派研究人员进行科学活动。

我校和东京大学工学部的学术合作,是中日两国政府文化交流协议的一部分,得到了两国政府的支持,双方都以积极认真的态度来对待两校的交流。1987 年,东京大学派出了多田邦雄、长谷川正木等 30 名学者来我校讲学、指导研究生和参加实验室建设,他们讲学的内容,大多反映了当时科技的最新发展,对学校的科研工作有很大的帮助。与此同时,我校也派人赴东京大学考察和做研究工作,通过在日本的学术交流活动,更多地了解国际学术活动,在共同研究中得到提高。

● 举办黄山国际物理和天体物理研讨会

8 月 17—28 日,由联合国教科文组织、中国教科文组织全委会和中国天文学会发起,我校、北京天文台和南京大学承办的"第一届黄山国际物理及天体物理暑期班"在安徽省屯溪市举行,共有 100 多人参加,他们分别来自中国、美国、加拿大等国。本次会议的课题是"星系的起源、结构和演化"。会议期间,应邀前来的中外专家讲演认真,热情帮助中国学生。代表们一致认为,通过这次会议对星系的基本知识有了进一步了解,特别是对最新的前沿工作状况获得了不少信息。

● 蒋宗洲获"全国自学成才先进个人"称号

8 月 25 日,全国自学成才劳模大会在首都人民大会堂隆重召开,我校电工电子学教研室工程师蒋宗洲荣获"全国自学成才先进个人"称号。

蒋宗洲没有读过大学,从小就喜欢无线电修理,尤其对整机线路感兴趣。即使在下放农村的日子里,他也没有放弃对无线电的研究。他曾经收集了上百家收音机的线路原理图进行比较研究,然后仿造、调试、安装。

1978 年,蒋宗洲被招工到我校,除完成本职工作外,他还积极从事科研工作。1980 年以来,他先后完成了近十项科研项目,其中"录像自动编辑控制器"获中国科学院科研成果三等奖,"彩色图像特技效果发生器"获中国科学院重大科研成果三等奖,"CHK—1 广播可编程序控制器"和"TXQ—1 彩色图像特技效果发生器"分别获得校级科研成果一等奖。

由于蒋宗洲工作成绩出色,1982 年他由工人破格晋升为技师(工程师)。

● 新校区(西区)开始启用

8 月,学校西区 1 号、2 号和 3 号学生宿舍楼及食堂建成投入使用,新校区(西区)开始启用。自此,学校形成东、北、西三个校区的格局。

● 香港知名人士邵逸夫向内地赠款支持部分高校建设

9月1日,香港邵氏影业公司董事长、香港电视广播有限公司董事长邵逸夫向内地15所高等院校的项目提供11 600万港元的资助,我校是其中之一,获赠500万港元。

我校准备使用邵逸夫赠款,加上国家配套投入100万元人民币,建设"信息和数据处理中心"。实验室拟建在新校区的电子楼内,电子楼内的4个系是无线电电子学系、计算机系、科学管理系和近代物理系,共17个专业,均偏重于电子工程和信息科学,目前已有VAX—11/750、Micro-VAX—II等小型机和几十台微机,与中心的主机联机使用,既可以得到很强的功能支持,又可以充分开发和利用主机资源进行科学研究。

邵逸夫赠款建设的"信息和数据处理中心"是在新校区建设的第一个开放公用的中心实验室,主要为科学计算和高年级本科生、研究生的教学需要和研究服务,也为附近高校和研究单位提供优质服务。同时,还可以利用合作项目建立与西欧和意大利国际理论物理中心的计算机联网系统,加强与国外同行的信息和研究成果交流。

● 首届马克思主义原理研究生班举行开学典礼

9月9日,学校首届马克思主义原理研究生班举行开学典礼。滕藤、王义端和合肥地区部分有关高校的负责人出席了开学典礼。

9月26日,马克思主义原理研究生班管理委员会成立,王义端任主任。

● 学校举行1987级新生开学典礼

9月11日,学校为1987级新生举行开学典礼,刘吉、辛厚文、王义端、蔡有智、王学保等校领导和学生军训团的解放军代表出席了大会。大会宣读了全国人大常委会副委员长、我校名誉校长严济慈的贺电:"热烈祝贺1987级新生开学,希望全校师生员工继承和发扬科大光荣传统,奋勇攀登科技高峰,为把科大办成世界一流大学而努力!"

1987年共招收全日制本科新生810名,其中第11期少年班择优录取49名,有6个省、市、自治区的理科状元被我校录取。录取硕士生317名,博士生59名。

1987年

● 国际功能高分子小型研讨会在我校召开

9月18日,"国际功能高分子小型研讨会"在我校召开。来自日本、美国、苏联、加拿大、联邦德国的34名代表和国内各有关高校和研究所的代表近百人参加了会议。国家自然科学基金委员会、国家专利局、中国科学院、科学出版社等单位也应邀派代表参加了会议。代表中有一批国内外知名学者,也有年龄在30岁以下的青年学者、研究生和博士生。

功能高分子是目前高分子科学中一个新兴的领域,涉及生物、医药、能源、环境保护、航天技术等各个方面。这次讨论会的内容包括功能高分子的制备、表征、性质及其在催化、分离、电导、离子导体、光导、发光材料、生物、医药等方面的应用。会议共录取国内外学者的论文83篇,出版了会议的论文预印集。

这次国际性学术讨论会扩大了我校在国内外的影响,促进了我国在功能高分子方面的研究,密切了我校同国际学术界的联系,提高了我校高分子的研究水平。不久,日本大阪大学教授竹本喜一在《日本经济新闻》发表文章,称赞这次会议反响很大,收到了预期效果。

● 学校隆重庆祝建校29周年

9月19日,学校师生员工隆重集会庆祝建校29周年。新老校领导滕藤、刘吉、辛厚文、龚昇、王义遒、蔡有智、包忠谋、王学保、杨承宗、卢岗峰及30余名校友参加了会议。大会向19名"郭沫若奖学金"获得者授奖,表彰了204名教书育人、管理育人、服务育人的先进分子。

● 三院一校第六次协作交流会议在合肥召开,我校研究生制度改革获得支持

10月20—22日,中国科学院上海分院、南京分院、合肥分院和我校在合肥召开第六次协作交流会议。"三院一校"的协作交流会议是从1982年开始的,每年召开一次。这次会议共有66名代表参加,他们是中国科学院副院长滕藤、院教育局代局长王文涛以及各分院的党组书记、我校领导、有关研究生导师和管理人员。

会议就研究生的培养工作进行了认真的讨论和探索。讨论的问题主要有:加强研究生政治思想工作;改进招生制度;研究生培养及论文选题;研究生导师建设等。其中,我校关于研究生资格考试、中间分流等研究生制度的改革在会上得到代表们的支持。与会代表强调,一定要充分发挥"全院办校,所系结合"的优势,加强各研究所与学校的合作,同心协力,

1987年

为国家培养出更多的高级科技人才。

● 国家同步辐射实验室 2 亿电子伏特直线加速器建成出束

11月9日,国家同步辐射实验室 2 亿电子伏特直线加速器建成出束,流强已达到 58mA,超过设计指标,具有国际 20 世纪 80 年代的先进水平。它综合了精密机械、微波、电子学、计算机以及超高真空等高技术。它的设计及其核心部件——加速管的加工,都是由该室工作人员自己完成的。这台加速器建成后,除做注入器外,还将向全国开放,用作核物理、辐射化学、自由电子激光等方面的研究。直线加速器的建成,标志着我国建造大型电子加速器的技术已经成熟。

● 我校和法国巴黎南(奥赛)大学、意大利政府签订科学交流协议

11月23日至12月7日,以副校长辛厚文为团长的我校代表团一行五人访问了法国、意大利两国。与法国巴黎南(奥赛)大学就固体物理、材料科学、分子物理化学、放射化学、同步辐射装置的应用等几个纯科学领域的科学交流签订了协议,有效期五年。

在意大利访问期间,代表团初步落实了意大利政府捐款 200 万美元,在我校建立"国际基础物理学术交流和培训中心"事项。该中心的各项筹备工作已开始进行,建成之后,将使我校有关学科的科研进入世界一流水平,并进一步加强同世界各国的联系。

● 彭珮云当选为中央纪律检查委员会委员

11月份,我校党委书记彭珮云在十三大上当选为中央纪律检查委员会委员。

● 包玉刚、方毅、李政道等为少年班题词

10月2日,世界船王包玉刚与少年班学生座谈,并题词:"对少年班教育印象深刻。"

12月6日,著名物理学家李政道为少年班题词:"代代出新人,英雄在少年。祝科大少年班十周年纪念。"

12月7日,国务委员方毅给我校少年班题词:"世上无难事,只要肯登攀。书赠少年班创办十周年。"

1987年

● 安徽省、合肥市主要领导来校视察国家同步辐射实验室

12月8日,安徽省委书记李贵鲜、代省长卢荣景、合肥市委书记杨永良等省、市领导来我校视察国家同步辐射实验室。他们是在得知该实验室200MeV直线加速器胜利出束的消息后来校视察的。李贵鲜询问了工程进展情况和外来用户的联系情况,卢荣景希望学校为安徽的科技、经济开发工作作出贡献。陪同视察的有刘吉、王学保、包忠谋等校领导。

● 我校和朝鲜理科大学签订合作协议

11月底,朝鲜理科大学校长卢相钧一行四人来我校访问,并于12月11日在北京签订了1988—1989年合作交流协议。此后两年中,两校将在数学、力学、合成化学、信号检测和计算技术等学科进行合作与交流。

我校和朝鲜理科大学的合作交流,是中国科学院和朝鲜科学院交流协议的一部分。根据两校之间1986—1987年科学教育合作协议,当年我校接待了朝鲜理科大学生物化学专业考察团和语声信号及图像处理专业考察团。朝鲜方面接待了我校生物化学专业考察团和自动控制专业考察团。通过互访,对两校的有关专业情况有了大致了解,对以后的合作也有了进一步意向。

● 学校召开第一次研究生工作会议

12月18—19日,我校召开第一次研究生工作会议。副校长、校研究生院院长龚昇主持大会。校领导、校研究生院领导、各系分管研究生教学工作的负责人、研究生导师和研究生代表等100余人出席了会议。

校长滕藤致开幕词。他回顾了我校研究生教学工作在近十年来不断发展的历程,充分肯定了我校研究生教育工作取得的成就。他指出,由于我校研究生占全校学生总数的比例不断上升,已位居全国前列,所以研究生工作在我校应当占有重要的地位。他强调,以后应当多为企业培养研究生,面向国民经济主战场,培养为国民经济建设服务的研究生。在研究生教学中,要进一步加强研究生独立工作能力的锻炼,多给他们创造独立工作的机会,以便使研究生在实践中得到锻炼。

会上,研究生院副院长史济怀作工作报告,他回顾了我校研究生院自1978年成立以来的工作情况。王其武等几位研究生导师结合所在系科、专业的具体情况,介绍了自己培养研究生的经验,并分析了工作中存在的问题,提出了具体的改进措施。会议还讨论了《指导

教师工作条例》和《研究生优秀论文奖实施条例》。

校党委副书记刘吉作了关于研究生思想政治工作的报告。他指出，我们的研究生培养方向应当是德才兼备，有为实现具有中国特色的社会主义现代化而奋斗的献身精神。

常务副校长辛厚文总结说：我校近年来研究生工作无论在质量上还是数量上都有很大发展，成绩很大。但是，由于我们的办学目标是把学校办成世界一流的大学，目前距离这个目标差距很大，面临的困难也不少，我们应当居安思危，大胆开拓创新，充分体现学校的办学特色。

● 邓诗涛等教师担任高级专业技术职务

12月19日，经校教师职务评审委员会讨论，决定聘任邓诗涛等112位教师担任高级专业技术职务。其中，邓诗涛、李乔、田畴、殷慰萍、熊金城、余文海、伏义路、孔繁敖、徐克尊、张永德、何竹修、孔祥言、燕公韬、王奎仁、胡友秋、孙鹏年、李振刚、邹自强、钟津立、白方周、宗惠娟、庄镇泉、李贵和具有教授任职资格。

● 本年度学校部分机构的成立与调整

4月9日，经学校研究决定，科研处实验室科纳入器材处，改为实验设备处。印刷厂纳入出版社。

4月11日，学校通讯中心成立。下设学生记者团和团委通讯站。

4月15日，中共中国科学技术大学出版社直属支部委员会成立，原印刷厂直属党支部同时撤销。

4月20日，中国科学院批准同意我校成立成人教育部，以适应成人教育工作发展的需要。该部为处级职能机构。

6月24日，学校调整辐射安全管理委员会。

7月13日，经校长工作会议讨论决定，设立思想政治教育研究室，刘吉兼任思想政治教育教研室主任。

10月9日，材料科学与工程系成立。

11月5号，学术交流服务中心成立。

11月25日，我校研究生院（北京）成立"认知科学实验室"，陈霖任主任。

12月30日，西区办公室成立，为正处级建制，职责是组织协调西区的后勤、教学和学生管理等工作。

1987年

● 授予、聘请一批名誉教授和客座教授

为增进国际学术交流,本年度授予、聘请一批世界著名科学家为学校名誉教授和客座教授。8月份,中国科学院院长周光召赴意大利,代学校授予意大利外交部长安德雷奥蒂为我校名誉教授。我校还分别聘请瑞典皇家理工学院的朗贝教授,美国纽约州立大学的林多梁教授,英国帝国理工学院的马世琦教授为客座教授。另外,学校已获准将授予英国帝国理工学院的斯堡丁教授为名誉教授,聘请美国诺特丹大学的约翰道教授为客座教授。

● 邀请一批世界著名科学家来校访问和讲学

我校以往同国际上的学术交流主要集中在美国、日本等少数国家,1987年在保证重点项目的前提下,积极开辟新的渠道,增加了邀请的国家,来访外宾的数量和业务水平都比以往有所提高。1月底,美国霍普金斯大学教授、校长顾问钱致榕来校访问;3月上旬,国际新闻界著名人士,美国《源流》杂志和《时代报》主编,美国华侨、华裔"和平统一祖国促进会"的发起人翁绍裘应邀来校作报告;4月18—22日,美国科学院院士、哈佛大学教授达岗诺来校访问、讲学;5月至12月,我校还分别邀请了世界著名化学专家、美国科学院院士、美国加州大学伯克利分校化学系李远哲教授,波兰科学院高压物理研究所所长波罗斯基教授,荷兰国家核物理及高能物理研究所所长兰格勒博士,法国巴黎第五大学里奥教授等一批著名科学家来校访问、讲学。

● 多项科研成果获奖

在1987年度,我校有2项科研成果分别获国家自然科学三、四等奖,1项科研成果获国家科技进步三等奖,6项科研成果获中国科学院科技进步二等奖,3项科研成果获中国科学院科技进步三等奖,1项科研成果获中国船舶总公司科研成果二等奖,3项科研成果获安徽省科学技术成果二等奖。

● 本年度发表的科技论文名列全国高校第四名

根据中国科技情报研究所发表的《1987年美国四大检索系统收录的我国科技论文状况的统计与分析》报告,我国科技论文总篇数排在世界第17位,其中我国高等院校的论文篇数高出科研机构。高校3 608篇,占总数的54%;科研机构2 710篇,占总数的40%;其他部门391篇,占总数6%。

在全国论文篇数最多的10个机构中,高校占7个,其余3个为科研机构,而且高等院校包揽了前5名。在按论文篇数多少排列的名次中,我校名列全国第四。

● 年度数据统计

本年度全校教职工总数3 019人,教授59人,副教授295人;在校学生总数5 205人,其中本科生3 703人,专科生387人,研究生1 115人。研究生中,博士生107人,硕士生989人,研究生班19人。

1988年

◉ 首届教职工代表大会第三次会议召开

1月3—6日,我校首届教职工代表大会第三次会议召开。近百名教职工代表及列席代表参加了会议。

1月3日下午,会议举行开幕式。参加开幕式的有校党委书记彭珮云,副书记刘吉、王学保,校长滕藤,副校长辛厚文、王义端、蔡有智、包忠谋、前副校长卢岗峰。安徽省教育工会主席马萍、教委副主任朱仇美也参加了开幕式。王学保副书记致开幕词。朱仇美副主任在会上致祝辞。辛厚文、蔡有智、王义端、包忠谋等副校长先后在会上汇报了一年来教学与科研、后勤与基建、人事与保卫、外事和加速器建设等方面的工作。校长滕藤作了工作报告。

各代表团分别讨论了校长滕藤的工作报告和教代会提案委员会、分房委员会、福利委员会工作的书面报告,许多代表提出了很有见解的意见。这次教代会共收到提案194条。

◉ 学校领导班子调整,谷超豪任校长,刘乃泉任校党委书记

2月9日,中共中国科学院党组转发中共中央组织部组任字[1988]7号文通知,调谷超豪任中国科学技术大学校长(任期五年);调刘乃泉任中国科学技术大学党委书记;免去滕藤中国科学技术大学校长职务。

同日,中共中国科学院党组同意王义端兼任中国科学技术大学党委副书记;宋天顺任中国科学技术大学党委副书记;免去刘吉中国科学技术大学党委副书记职务。

2月12日,中国科学院同意刘乃泉任中国科学技术大学第一副校长(任期五年);尹鸿钧任中国科学技术大学副校长(任期五年)。

2月29日,根据中央及中国科学院党组对学校领导班子的调整,中共中国科学技术大

1988年

学委员会由刘乃泉、谷超豪、辛厚文、王义端、蔡有智、王学保、宋天顺、俞昌旋、李滨、华伟范、张元明11人组成。

● 校友盛正直在美国获超导研究新成果

在美国攻读博士学位的我校1959级放射化学专业学生盛正直,和美国阿肯色州立大学物理系A. M. Hermann教授合作,于2月23日研制出"铊-钡-钙-铜-氧"新型氧化物超导材料,超导起始转变温度为123K,零电阻温度稳定在106K。这是全世界最早研制出"铊-钡-钙-铜-氧"超导体系。

● 我校高温超导材料研究获新突破

2月25日,我校新型氧化物超导材料联合研究组研制出的"钙-锶-铋-铜-氧"新型氧化物高温超导体系,样品超导零电阻温度为77K。此后,研究组又成功地合成了"铊-钡-钙-铜-氧"新型氧化物高温超导体系。3月9日的测量结果表明,样品的超导转变中点温度为112K,零电阻温度为108K,在相应的温度下,样品呈现出强烈的抗磁性。它的研制成功,标志着我校的高温超导研究仍处于国际先进行列。

● 宋健、严济慈为少年班题词

2月10日,国家科委主任宋健给少年班题词:"少年强国则强。与中国科技大学少年班同学共勉。"

3月,名誉校长严济慈为少年班创办十周年题词:"十载少年喜成长,百科高峰待攀登。"

● 赵紫阳写信祝贺我校少年班创办十周年

在少年班创办十周年及第七期少年班同学即将毕业之际,少年班全体同学写信给中共中央总书记赵紫阳,汇报他们的学业情况。3月6日,赵紫阳写信祝贺我校少年班创办十周年,希望少年班越办越好,希望少年大学生"不骄不躁,锲而不舍,笃志博学,大器早成"。

● 阿拉巴马大学代表团访问我校

3月23—25日,以美国阿拉巴马大学副校长斯皮茨为首的代表团应邀访问我校。这是该大学第二次派代表团访问我校。

3月24日上午，代表团在副校长包忠谋的陪同下，参观了光学实验室和国家同步辐射实验室，代表们详细询问了加速器的建设情况、现行设备及以后的运用前景。

阿拉巴马大学与我校自1978年开始就有人员交往，1982年9月，阿拉巴马大学第一次派代表团访问我校，和我校签订了科学技术合作协议，互派学者进行交流。双方探讨如何发展进一步的合作，并同意以后要加强联系、互通信息，巩固和发展已建立起来的合作关系。

● 严济慈当选全国人大常委会副委员长，杨纪珂当选安徽省人大常委会副主任

3月份，我校教师韩肇元、邹自强和吴增庆作为安徽省七届人大代表，参加了安徽省第七届人民代表大会。会上，邹自强和吴增庆当选为安徽省人大常委，杨纪珂当选为安徽省人大常委会副主任。

4月9日，在第七届全国人大大会上，我校名誉校长严济慈荣当选全国人大常委会副委员长。

● 国家教委王冀生等人来校征求对整理《专业目录》的意见

4月11—14日，国家教委高教二司司长王冀生等一行来到我校，就我校上报的调整专业目录一事征求意见。我校各系的老师从专业社会需求、内容、学科的发展、师资阵容、历史沿革以及分配行情等方面进行了充分的论证，并提出了中肯的意见。

王冀生着重强调了修订、整理专业目录的指导思想在于改变高等学校在专业设置上面过窄、划分过细、名称不统一、不合理和重复设置等状况。在整理专业目录时必须解决好两个矛盾，一个是社会需要与办学规律的矛盾，专业设置必须以社会需要作为前提和依据，拓宽专业口径是适应社会需要、解决二者矛盾的主要途径。二是统一管理和办学特色之间的矛盾，教委要求把专业名称适当统一，是为了在人才预测、培养规律和招生计划上进行有效控制。然而，这种统一管理可能会在一定程度上淹没各校的特色，我校的显著特征是科学与技术结合、理工结合、所系结合、五年学制，这些办学特色决定了专业设置的特殊性。因此，以我校为代表的全国同类型的技术学科的专业目录怎么设置尚值得认真探讨。

● 召开首次科技开发工作会议

为加强我校科技开发工作，4月11—12日，我校召开了由各系、部、处负责人参加的科

1988年

技开发工作会议。会议传达了全国科技工作会议精神,总结了我校几年来科技开发工作的成绩和经验,并对以后如何加强科技开发工作进行了研讨。

校党委书记、第一副校长刘乃泉就高等院校要不要搞科技开发以及会不会降低学校地位等问题发表了讲话。他指出,现在全国一千多所高校中,有九百多所已从事科技开发工作,学校应尽快适应这一新形势,并利用自己高水平的科技优势,选择高层次的开发项目。同时,他又强调说,作为一所高校,仍应以教学为主,特别要重视本科阶段的教学工作,并把基础理论的科研放到重要位置。

副校长辛厚文主持了这次会议,并就如何处理好教学、科研、开发工作的关系发表了讲话。

● 部分学校领导任职

4月15日,中国科学院决定谷超豪兼任中国科学技术大学研究生院院长;汤拒非任中国科学技术大学研究生院副院长(正局级);张培华兼任研究生院副院长。

7月7日,国务院任命严济慈为中国科学技术大学名誉校长,谷超豪为中国科学技术大学校长。

9月23日,中国科学院任命顾以健为北京管理干部学院、中国科学技术大学管理学院名誉院长;孟广镔为北京管理干部学院、中国科学技术大学管理学院常务副院长(任期四年);张志方、尹茂祯、姜丹和丁正良为北京管理干部学院、中国科学技术大学管理学院副院长(任期四年)。

● 校友王永民获全国劳动模范称号

4月30日,全国总工会在人民大会堂举行了全国劳动模范、五一劳动奖章、五一劳动奖状授奖大会,我校1967届毕业生王永民获全国劳动模范称号。

王永民是我校1962级无线电电子学系的毕业生,他研究的"五笔字型"计算机汉字输入技术,具有简便、易学、效率高的特点,荣获第三届全国发明博览会金牌奖。国家科委已经决定把"五笔字型"汉字输入技术向全国推广。这一成果继获得美国发明专利后,最近又经英国专利局批准,在英国获得了发明专利权。这是截至当年我国在中文电脑应用领域内唯一获得两个外国专利的重大发明。

此前,固化"五笔字型"的多种电脑产品已出口美国、新加坡、马来西亚、泰国、日本、中国香港等国家和地区,为国家换回大量外汇。

1988年

◉ "当代大学生思考与选择"研讨会在我校举行

由我校和安徽省教委牵头,在全国47所高等院校近万名大学生中进行的"当代大学生思考与选择"研讨会问卷调查工作,于5月份告一段落。5月13—17日,来自全国近40所高等院校的60多位思想教育工作者会聚我校,举行了这次问卷调查的研讨会。

研讨会上,代表们普遍认为,这次全国规模的万人抽样大调查,题目涉及面广、层次多样、数据处理科学,是思想教育工作者全面了解学生真实心态的丰富可贵的资料。这种抽样调查在国内尚属首次。调查所得的各类统计数据,将以正式出版物的形式分别公布,供思想教育工作者研究、参考。

◉ 首届全国高校青年数学工作者论文报告会在我校举行

5月19日,由国家教委科技司发起并支持的首届全国高校青年数学工作者论文报告会在我校举行。中国科学院学部委员、我校校长谷超豪致开幕词,包忠谋副校长致欢迎词。来自全国各地的著名数学家和各地高校青年数学工作者代表50多人出席了会议。这次会议旨在鼓励我国青年数学人才的成长,提高我国数学研究水平。参加会议报告的论文是由专家推荐、会议专家评审委员会审定而产生的。参加会议的有在国外学成回国的博士、我国自己培养的博士和高校青年教师及研究生。这表明,在我国建立了研究生制度和积极开展对外交流活动的情况下,我国青年在数学领域已取得可喜的进展。

◉ 中国首届超常教育学术研讨会在我校召开

在我校少年班成立十周年之际,5月24—28日,中国首届超常教育研讨会在我校召开。全国13所高校和15所中小学从事超常教育的教学和研究人员60多人参加了研讨会。中国科学院教育局副局长王岳群、安徽省教委副主任鹿世金出席了开幕式。南京大学原副校长冯志光在会上致开幕词,我校副校长辛厚文作了题为《超常教育的性质、特点和作用》的报告。

辛厚文副校长在报告中指出,我国的超常教育形成了自己的体系,初步建立了适合我国国情的选拔人才的体制。超常教育在实践中已显示出了其旺盛的生命力,为国家培养了一批优秀人才。近年来,从教育思想、教育体制到教育内容和方法等方面都进行了若干改革的尝试,取得了一定经验。他还指出,超常教育作为我国教育事业的组成部分,会起到重要作用,不但为我国现代化事业作出贡献,也会为世界教育的发展作出贡献。

这次研讨会是由我校和南京大学倡议召开的。研讨会共收到论文35篇。会议期间，代表们就超常教育的有关问题进行了经验交流和理论探索。

● 卢荣景等安徽省领导来校检查指导工作

5月30日，安徽省委、省政府、省教委及有关部门的负责人卢荣景、傅锡寿、杜宜瑾等一行十多人来我校检查指导工作，与校领导举行了座谈。

座谈会上，校领导汇报了学校思想政治工作、学生勤工俭学、教学、科研、后勤基建、科研开发等方面的情况，并就学校目前存在的一些急待解决的困难，包括中年知识分子工资提升、修建金寨路地下通道和黄山路等问题与安徽省委、省政府领导交换意见，请求帮助解决。安徽省委、省政府领导对有关问题作了说明，表示在力所能及的范围内帮助解决。

● 七届全国人大代表、知名企业家郎宝祥来校作报告

6月7日，应谷超豪校长邀请，七届全国人大代表、知名企业家、环宇公司董事长兼总经理郎宝祥来我校与师生见面，并作了精彩报告。

自1984年以来，郎宝祥领导创建了以河北省石家庄电视机厂为龙头的中国环宇电子联合公司(简称环宇集团)，仅三年时间，就由一个产品单一、功能单一的企业，发展成为横跨15个省市，包括118家企业，能生产彩电、空调、覆铜板等十大类产品，具有科研开发、生产经营、金融、外贸、文化、教育、建筑等多种功能的大型企业集团。

● 研究生院(北京)成立中国国际劳务合作培训中心

为开发我国丰富的劳务资源，培训国际劳务市场所需要的高中级劳务人员，4月26日，我校研究生院(北京)同内蒙古自治区劳务项目合作公司、中国经济学团体联合学会学术部联合签署了《关于成立中国国际劳务合作培训中心的合作协议》。

6月10日，中国科学院同意《关于成立中国国际劳务合作培训中心的合作协议》。协议要求，根据国际劳务市场的需求，定向培训并输出各类合格专业人员，引进国外人才、资金和技术；该中心为企业单位，实行自负盈亏、独立核算、财务自理等。

● 周常羲被授予"优秀研究生特别奖"、"见义勇为好学生"称号

6月17日晚，在学校西校区东大门内，两名歹徒采取暴力手段企图侮辱我校一名女大

学生,经过这里的7系1986级研究生周常羲同学发现情况后,立即冲上前去制止歹徒的流氓行为。在遭到歹徒的拳击,眼镜破碎,眼睑受伤的情况下,他不畏强暴,与歹徒搏斗。随后赶到的许多同学也投入了斗争,两名歹徒落荒而逃。

6月20日,学校和合肥市政府分别授予周常羲同学"优秀研究生特别奖"、"见义勇为好学生"光荣称号,表扬他挺身斗邪恶、仗义救同学的行为。

● 校友陈金元独获美国生物电磁学会两项科学论文奖

6月19—23日,在美国斯坦福市举行的第十届生物电磁学年会上,我校赴美博士生陈金元的两篇论文分别荣获该学会的最佳学生科学论文奖——约翰逊纪念奖。

生物电磁学会是一个国际性学术组织,该学会每年颁发两个约翰逊奖,一个奖给大会报告论文;另一个奖给大会展出论文。一年内这两项奖均为陈金元一人所得,为学会历史上所罕见。陈金元的这两篇论文题目是《以解剖学为基础的人体模型在受到20—100兆赫兹(远场)平面波照射时SAR值及RF值感应电流分布的理论研究》和《以解剖学为基础的人体模型在受到空间可变性的近场辐射时模型内SAR值分布的理论计算》。出席会议的有200多位科学家,他们对陈金元的论文给予极高的评价。

陈金元是我校1970届本科毕业生,后来他在我校攻读硕士学位时即以优异的成绩完成国防科委重大科研任务两项,获得全国科学大会二等奖及中国科学院重大科研成果奖等。1983年,学校派他赴美国犹他大学电机工程系攻读博士学位。读博期间,他在一篇论文中指出了美国国家标准局制定的微波辐射人体计量标准计算中存在的数量级上的错误。后来加拿大国家计量标准局也按陈金元的计算方法修正了该国的国家标准。

● 学校设立张宗植青年教师奖

6月23日,学校上报中国科学院,决定设立"中国科学技术大学张宗植青年教师奖"。

张宗植是旅日爱国华侨,年轻时曾参加北平反帝抗日运动,后又为祖国的解放事业和社会主义建设做过许多有益的工作。他希望青年人为了民族的富强而努力学习和工作,为此他变卖了部分家产,赠给我校20万美元作为奖励基金。学校决定,利用部分利息设立"中国科学技术大学张宗植青年教师奖"。

张宗植青年教师奖的奖金和名额,每年视利息情况确定,1988年确定奖金为500元,名额为8名。张宗植青年教师奖获得者,可获得由学校颁发的"张宗植青年教师奖"证书和奖金。

张宗植青年教师奖获奖者必须具备以下条件:具有强烈的爱国热情和为了建设强大祖国而努力拼搏的精神,拥护国家的改革开放政策,立志振兴中华,开拓未来,努力为教学事

业服务;热爱教学工作,积极承担教学任务,教学效果好,具有突出成绩,年龄在42岁以下的青年教师;努力钻研本职业务,在完成教学任务的同时,具有发明创造的科研成果;在教学工作中能做到"教书育人,为人师表",具有明显效果或先进事迹。

张宗植青年教师奖每年6月份申请一次,7月份评定,9月份发奖。1988年适逢30周年校庆,学校为第一届"中国科学技术大学张宗植青年教师奖"获得者查建国、黄敏民、井思聪、唐之景、薛晋堂、俞巧云、陈意云、张淑贞、陈洪亮和钱大卫发奖,张宗植亲自参加了授奖仪式。

● 学校举行1988届学生毕业典礼

6月25日,学校举行1988届本科生毕业典礼,副校长尹鸿钧、辛厚文等参加了毕业典礼。名誉校长严济慈和中国科学院来电视贺。本届毕业生共698人,其中本科生640人,委托培养专科生58人,381人录取为国内外研究生,317人参加分配。

● 学校在本科教学中实施"主辅修专业制"试点工作

为了提高教育质量,充分发挥我校五年制的优势,更好地适应我国国民经济建设发展的需要,培养复合型人才,学校决定在本科教学中实施主辅修专业制试点工作。6月28日,学校下文决定从1985级本科生开始,自1988—1989年度第一学期开始开展"主辅修专业制"的试点工作。具体规定如下:

1. 主辅修专业学位规定:学生完成主辅修专业的修业规定可授主辅修双学士学位,在毕业证书上署明主修专业和辅修专业。主辅修双学位与第二学士学位不同,学生毕业后仍享受本科生待遇。

2. 辅修专业的学分要求:主修要求:修满原修专业规定的必修课、限选课并完成毕业论文的学分,要求220分左右。辅修要求:在具备前修课程基础上加修辅修专业规定的20—30学分。

3. 关于辅修专业的设置:采取成熟一个设置一个专业的办法。1988—1989年度第一学期拟设电子技术与计算机应用、无线电技术、计算机应用软件和材料工程四个辅修专业。

4. 申请选修、辅修专业的规定:由学生自愿提出申请,经所在系领导同意,经承担辅修专业系(教研室)的审查认可,并经注册后方可选修。凡经选定,不得中途无故退出。未满辅修专业规定选课学分者不授予辅修专业学位,只在成绩单上登录成绩。

辅修专业的排课与主修专业的课程安排同步进行,为避免冲突,可安排在下午或晚上进行(个别专业除外)。

1988年

● 管理学院成立,院址设在北京管理干部学院内

为适应我国经济体制和科技体制的深入改革,培养一大批既有广博的科技知识,又掌握现代管理科学的新型科技经营管理人才,7月7日,我校管理学院成立,院址设在北京管理干部学院内。学院由我校已建立的经济管理与系统科学系、科学管理与情报科学系以及在北京即将新建的管理工程系组成,前两个系仍留在合肥。

学院的系和专业设置及发展规划,在学校与北京管理干部学院共同协商的基础上,由学校统一规划,报中国科学院审批后实施;学院的日常教学工作、党政组织管理及后勤工作,由学校和北京管理干部学院分别负责;人、财、物实行独立管理;学生由学校统一招收。

1989年2月1日,"中国科学技术大学管理学院"印章正式启用。

● 校友刘祥官、李吉鸾夫妇一项科研成果获国家科技进步一等奖

7月份,我校1966届校友刘祥官、李吉鸾夫妇的一项科研成果"攀钢提钒工艺参数的系统优化——完善提钒工艺技术"荣获1988年国家科技进步一等奖。数学应用于生产实践,取得这样大的成果,并且获得国家级最高奖,这在我国应用数学历史上尚属首次。

刘祥官、李吉鸾夫妇是我校数学系1961级学生,当时在攀枝花钢铁公司工作。他们致力于数学方法在钢铁企业生产中的应用,取得了很大成绩。除此次获奖的成果外,他们的高炉提前大修、雾化提钒新工艺等成果,曾多次在四川省和攀枝花市、冶金部获奖,累计为攀枝花钢铁公司创造经济效益8 000万元。

● 国家教委批准我校基础数学、计算数学、固体力学、固体物理为重点学科点

7月22日,国家教委批准我校基础数学、计算数学、固体力学、固体物理(联合低温物理)为重点学科点。

根据《关于评选高等学校重点学科点的暂行规定》,重点学科点应承担教学、科研双重任务。要逐步做到能够自主地、持续地培养和国际水平大体相当的博士、硕士、学士;能够接受国内外学术骨干人员进修深造,进行较高水平的科学研究;能够解决"四化"建设中重要的科学技术问题、理论问题和实际问题;能为国家重大决策提供科学根据,为开拓新的学术领域、促进学科发展作出较大贡献。

1988年

● 在CUSPEA考试中我校获好成绩

在1988年的CUSPEA考试中,全国共录取73名,其中我校学生35名,占总录取人数的48%。我校1985级杜汉、胡越两名同学分别获得个人总分第一、第二名。自1985年以来,我校已连续四年在CUSPEA考试中获得优异成绩,录取人数均为第一。连续十年的CUSPEA录取工作结束,我校共有239名学生被录取赴美国学习,占25.8%,北京大学207名,复旦大学127名,南京大学56名。

● 召开第四届工代会

8月28—30日,我校召开第四届工会代表大会,选举产生了新一届工会委员会常务委员会和主席、副主席。安徽省教育工会副主席周虎臣专程前来参加会议并讲话。刘乃泉、龚昇、尹鸿钧、王学保、宋天顺等校领导出席了会议。

● 教师职务评审委员会重新命名

9月2日,学校原教师职务评审委员会改为教师职务聘任工作委员会,谷超豪任主任,刘乃泉、龚昇、尹鸿钧和汤拒非任副主任。

● 程艺、张景园获霍英东教育基金会奖励

9月3日,根据《光明日报》报道,霍英东教育基金会首届高校青年教师基金及青年教师奖获得者已经公布,我校青年教师程艺获高校青年教师基金,张景园获青年教师奖。

程艺是我校1982届毕业生,1987年3月在英国获博士学位后即回校进博士后流动站工作。张景园是我校研究生院(北京)的青年教师。

● 学校举行1988级新生开学典礼

9月9日,学校举行1988级新生开学典礼。校长谷超豪,副校长龚昇、尹鸿钧,党委副书记王学保等领导出席了大会。今年共招收本科生774名,其中少年班71名,有6个省、市的理科状元被我校录取。招收研究生379名,其中硕士生293名,博士生56名,研究生班30名。

1988年

● 学校举行新闻发布会

9月13日,龚昇副校长、姜丹秘书长举行新闻发布会,向安徽省及中央驻安徽省的各新闻单位介绍了即将举行的、由中国科学院召开的学校第三次工作会议和校庆30周年活动筹备情况。

● 校友王震西、王永民获创业金奖

9月14日,在人民大会堂举行的授奖仪式上,41名科技实业家创业奖获得者接受了奖杯和获奖证书。

41名获奖者,有10名获金奖,31名获银奖。他们都是从改革大潮中涌现出来的创业者,其中有丢掉高等学府、科研院所铁饭碗,在极端困难的条件下创业的民营科技实业家,也有依靠科研院所雄厚的科技力量把成果迅速转化成商品的"公"办企业领导者。他们富于改革和开创精神,懂技术,善经营,会管理,所领导的企业取得了令人瞩目的经济和社会效益。

我校1959级校友王震西、1962级校友王永民为金奖获得者。科技实业家创业奖是由科技日报社和中国新技术创业投资公司设立的。

● 聂荣臻、方毅、张劲夫、严济慈为我校题词

为庆祝我校建校30周年,聂荣臻、方毅、张劲夫、严济慈等题词。

聂荣臻题词:"三十年来,桃李天下,科技路上,贡献殊大,继续革新,团结奋发,再接再厉,强吾中华。——庆祝中国科技大学建校三十周年校庆暨北京校友会成立。"

方毅题词:"风华正茂——科技大学建校三十周年纪念。"

张劲夫题词:"百年大计,教育为本;发展科技,振兴中华。——为中国科技大学三十周年校庆题。"

严济慈为我校题词:"创环宇学府,育天下英才。——中国科学技术大学建校三十周年志庆。"

● 朝鲜理科大学校长鲁相均率团来校访问

9月18日,朝鲜理科大学校长鲁相均率团来校访问并参加我校30周年校庆,谷超豪等

校领导会见鲁相均一行,并对朝鲜朋友们来我校参加校庆活动表示热烈欢迎。会后,副校长龚昇和有关方面负责人与代表团就如何进一步将交流协作引向深入进行了会谈。

校友总会成立

我校自创办以来,已有17 000多名本科生、研究生毕业,校友遍布海内外。他们在科研、生产、教学、管理等工作岗位上取得了优异成绩。部分海外校友已自动组织起"科大赴美联谊会",国内不少省市也相继成立或即将成立中国科学技术大学校友分会。海内外校友都要求学校成立校友会,以便与母校取得联系。

为了充分发挥校友会的作用,1986年10月10日,中国科学院党组研究决定,同意成立"中国科学技术大学校友会"。

1987年9月19日,中国科学技术大学校友会第一次筹备工作会议召开。

1988年9月19日,中国科学技术大学校友总会宣告成立。400多名校友参加大会,会议通过了《中国科学技术大学校友总会章程》,选举产生了校友总会第一届理事会,严济慈任校友总会第一会长,郁文任会长,姜丹任秘书长。

日本东京大学副校长、九州大学校长率团来校访问

9月19日,日本东京大学副校长有马朗人、九州大学校长高桥良平率团来校访问,我校谷超豪等校领导会见了东京大学代表团。东京大学是世界著名大学,同我校的合作已有七年历史,合作的项目有信息、材料、力学、电子等。副校长龚昇等与东京大学代表团还就进一步发展两校关系进行了会谈。

9月20日上午,谷超豪等校领导会见了九州大学代表团。会见时,谷超豪说:"郭沫若校长早年曾在九州大学就学,这表明我们两校有着特殊的友谊,这是很光荣的历史,我们有今天、还有未来。我们对两校的相互合作抱有很大的希望。"

高桥校长回顾了郭沫若当年在九州大学学习的情况,并向我校赠送了郭沫若在九州大学时的文集。会见后,龚昇等和九州大学代表团就促进两校学术交流举行了会谈。

学校隆重庆祝建校30周年

9月20日,学校隆重举行建校30周年庆祝大会。全国人大常委会副委员长、我校名誉校长严济慈,全国人大民族事务委员会副主任、我校首任党委书记郁文,清华大学名誉校长、我校第二任党委书记刘达,国家教委副主任、我校原校长滕藤,我校原党书记、副校长

武汝扬,安徽省委副书记杨永良,中国科学院副秘书长张云岗、竺玄,日本东京大学代表团团长有马朗人,日本九州大学校长高桥良平,朝鲜理科大学代表团团长鲁相均及复旦大学、东南大学、华南师范大学、上海工业大学、青岛大学等兄弟院校的代表,我校校友代表赵忠贤、王震西、蒋承炜、陈昊苏、赵启正、明庭华等出席大会。聂荣臻、方毅、张劲夫、严济慈题词祝贺校庆。大会还向郭沫若奖学金获得者、张宗植青年科技奖学金获得者授奖,张宗植亲自参加授奖。

● 郭沫若铜像揭幕

9月20日,在校庆30周年之际,郭沫若铜像揭幕,"郭沫若像"四字由邓小平于1987年11月28日亲笔题写。

5月4日,严济慈为铜像题写了说明:"在建校30周年之际,敬立郭沫若像,缅怀以郭沫若校长为首创建的中国科学技术大学之业绩。'郭沫若像'四个字系邓小平同志于一九八七年十一月二十八日亲笔题写。"

郭沫若铜像建在学校东区教学一楼南10米处,面朝南。铜像高3.3米,呈古铜色,基座正面镌刻着邓小平题字,背面镌刻严济慈题写的说明。

● 校友纪念碑落成

9月20日,我校校友为庆祝30周年校庆捐赠的纪念碑落成,郁文、刘达为纪念碑揭幕。

自1986年以来,各地校友先后成立校友分会并与母校取得联系。许多校友表示,一定要在母校的而立之年献上一份礼物。在1987年9月19日召开的校友会第一次筹备会上,上海校友分会倡议,全体校友为母校成立30周年捐赠一座纪念石碑。碑体用黑色花岗石磨制,正面刻上郭沫若1959年9月8日的亲笔题词"勤奋学习,红专并进",背面刻上1958年由郭沫若作词、吕骥作曲的《中国科学技术大学校歌》,以表达广大校友希望母校能把郭沫若倡导的优良校风代代发扬下去的愿望。碑的左下方是校友总会秘书长姜丹受全体校友委托题写的"中国科学技术大学全体校友敬立",表达了全体校友对老校长的怀念之情。全体校友代表和郭沫若的女儿郭庶英决定将石碑树立在母校图书馆前的花园中。

校友代表的倡议,得到了各地校友们的积极响应,大家纷纷捐款。自1987年以来,校友总会办公室共收到29 712.60元的捐款。校友总会办公室受全体校友的委托,负责承办筹建纪念碑的具体工作。

校友纪念碑于1988年9月5日落成,碑体是用一块完整的黑色花岗岩石雕刻而成,石碑字体为金黄色,纪念石碑高1.5米,长3米,厚0.32米,重7.5吨,基坐用红色花岗岩贵妃红板材贴面。

1988年

● 中国科学院召开第三次中国科学技术大学工作会议

1988年9月至1989年3月，中国科学院召开了第三次中国科学技术大学工作会议。会议认真总结学校创办30年来的经验，根据世界科学技术发展的新趋势和新特点以及我国社会、经济发展的需要，提出中长期发展的目标以及深化改革的措施，讨论了学校今后的发展规划。会议分三个阶段进行。

第一阶段的任务是在总结经验的基础上，认清形势，统一思想，找出差距，列出调研专题。1988年9月21—24日，第一阶段会议在学校召开。会议由中国科学院院长周光召主持，张云岗、竺玄副秘书长和科学院有关职能局的负责同志到会，谷超豪、刘乃泉等校领导、教授，各系、部、处负责人共150余人参加了会议。

开幕会上，周光召院长发表了讲话。他在充分阐述了中国科学院的办院方针，全面介绍了当前国内的形势后，提出了学校今后的发展要求。他说，在新形势下，学校要面向科学院，要面向全国，成为中国科学技术和社会、经济发展的重要人才培养基地。希望学校走上改革的前列，适应新形势，增强竞争力，以后30年的发展中所取得的成绩要远远超过过去的30年。张云岗副秘书长为第一阶段的会议作了小结，并就办校方针、培养目标、年轻教师队伍建设、科研工作布局、加强开发工作和领导体制六个方面列出了专题。校领导将分工负责，组织队伍进行调研并提出报告。各系将在调研的基础上提出各自的奋斗目标和改革方案。会议将在深入调研的基础上制订中长期发展规划，提出深入改革的措施。

第二阶段即调研阶段（1988年10月至11月），集中对一些主要问题，如人才培养、科研与学科建设、管理体制、师资队伍、基本建设、在新时期如何继续贯彻"全院办校，所系结合"的方针进行深入的调查研究。各院系结合本单位的实际情况，组织力量，开展有关调研，写出调研报告。

第三阶段在调研基础上提出中长期发展目标及改革方案（1988年12月至1989年3月）。

中国科学院召开第三次中国科学技术大学工作会议前后，周光召院长，孙鸿烈、王佛松副院长，张云岗、竺玄副秘书长等院领导及各有关局、学部负责人，亲临我校对学校今后的发展规划发表了意见。中国科学院还邀请了200多名学者、专家就学校办学各方面的主要问题进行了讨论。学校又派出调研组赴北京、上海、广州、西安等地就人才需要和培养问题作专题调研，同时广泛征求了校内广大师生员工的意见，在此基础上，学校拟定了《坚持改革开放政策，继续办好中国科学技术大学》的报告，提出了继续贯彻"全院办校，所系结合"的方针，面向全国、面向世界、面向未来，努力办成一所坚持社会主义方向，具有中国特色的、开放的、研究性的世界第一流高等学府，为我国经济建设和科技振兴培养更多高质量的科技人才，提供更多高水平的科研成果。

1988年

◉ 邵逸夫捐款建设的信息处理中心成立

10月11日,由香港电视广播有限公司董事长、邵氏影业公司总裁邵逸夫捐款建设的学校信息处理中心落成。校长谷超豪主持了揭幕仪式,邵逸夫的代表马临受邵逸夫的委托前来揭幕,国家教委、安徽省教委有关领导也出席了揭幕仪式。

邵逸夫长期献身影视事业,取得很大成功,他热心教育事业,多次以巨资捐助内地高等院校的建设。学校利用邵逸夫捐赠的500万元港币建设了"信息处理中心"。这个中心是学校西区新校区第一个建成和投入使用的实验中心。主机选用高效能、通用性好、软件资源丰富的VAX—8700系列机。该中心主要为科学计算和高年级本科生、研究生的教学需要和研究服务,也为其他高校和科研单位提供优质服务。同时,以它为基础,利用国际合作项目,加强与国外同行的信息和研究成果交流。

邵逸夫为中心题词:"中国科学技术大学信息处理中心。"

◉ 我校和英国帝国理工学院签订学术交流合作协议

10月19日,学校和英国帝国理工学院就科学、工程和技术领域的学术交流与合作签订协议。约定双方互派学者进行学术交流活动,联合举办暑期讲习班和学术讨论会。本协议有效期三年。

◉ 中国科学院批准我校研究生院(北京)具有评审教授职务任职资格

10月22日,中国科学院批准我校研究生院(北京)为具有评审教授职务任职资格的单位。汤拒非、赵保恒、童秉纲、曾肯成、陈希孺、彭家贵、邱联雄、陈霖、于振忠、杨学良、杨衍明11位教师组成教授职务任职资格评审委员会,汤拒非任主任。

◉ 我国第一个物理学史博士生在我校通过答辩

10月份,我国第一个物理学史博士研究生黄世瑞在我校通过答辩,我校钱临照教授和华南农业大学的梁家勉教授是他的导师。

黄世瑞在两位导师的精心指导下,对中国学术文化史和科学技术史上具有重大意义的墨家进行了全面系统、深入细致的研究,经过三年多的刻苦钻研,写成题为《墨学渊源、流变及墨家科学思想》的博士论文。文中论证了墨家思想近承殷商、远绍母权制,探讨了《墨经》

作为中国理性思维及科学实验发端的历史因果联系及其衰微原因,对《墨经》中时、空、运动和力、光学等内容及其理论水平作出了科学思想史的新分析和历史评价。

● 中国专利局高卢麟来校检查指导工作

12月12日,中国专利局第一副局长高卢麟来我校作工作访问。尹鸿钧副校长和我校专利事务所所长童建安详细汇报了我校专利工作的进展情况。高卢麟副局长对我校的专利工作提出了指导性意见。全国高校知识产权研究会、中国科学院北京专利事务所、清华大学、上海交通大学和北京航空航天大学等兄弟单位的专利事务所负责人参加了座谈会。会后,高卢麟副局长等参观了我校同步辐射实验室。

● 李炯生等教师担任高级专业技术职务

12月27日,经校教师职务聘任工作委员会审定通过,李炯生等134位教师担任高级专业技术职务。其中教授有李炯生、冯玉瑜、陈登远、赵林城、郭光灿、林培琰、孙汉芳、徐燕侯、杨报昌、庄礼贤、王美英、樊德森、徐果明、孙玉温、施蕴渝、郑世荣、冯玉琳、张临阳、程久生、沈瑜生、郑兆勃、程耕、李志超。

● 召开班主任工作会议

12月29日,学校召开班主任工作会议。会议目的是总结工作,交流经验,表彰先进。这样规模的班主任工作会议是学校下迁以来的第一次,也是学校加强班主任工作的良好开端。校领导刘乃泉、王学保、尹鸿钧出席了会议并讲话,还为被授予1988年度"优秀班主任"光荣称号的16位同志颁发了荣誉证书。

● 本年度学校部分机构的成立与调整

1月6日,人文学部更名为哲学社会科学部,中文教研室并入科技管理与科技情报系,王义端兼任哲学社会科学部主任。

1月12日,中国科学院批准学校成立专利事务所(含工业产权研究室),从事专利代理及其法律事务工作。事务所为副处级机构,设在科研处内,由科研处领导。事务所内设立知识产权研究室、综合管理、专利代理、许可证贸易四个业务部门,主要从事校内的有关工业产权、知识产权的法律事务,在力所能及的情况下,也面向社会,接受社会委托,承办专利

1988年

代理等有关专利事务服务。

1月25日,科技开发总公司成立,统一管理我校科技开发和科技咨询工作,校科技咨询服务公司、校新技术应用开发中心及各系各类开发组织都归口总公司管理。

3月16日,学校决定将系统科学与管理科学系分为自动化系、经济管理和系统科学系。

4月27日,外语培训中心成立,体制上仍隶属于外语教研室和师资处双重领导。

5月20日,北京认知科学开放研究实验室正式成立,陈霖任主任。

10月6日,原外语教研室更名为外语教学部。

10月18日,为了进一步加强学校电子技术基础课的教学,经校长工作会议研究决定,"电工电子学教研室"更名为"电子技术基础部"。

12月17日,为加强本科生的招生和分配工作的统一领导,学校成立招生分配办公室(正处级),原校招生办公室撤销。

● 邀请世界著名科学家来校访问和讲学

1988年,我校国际合作交流有了较大发展,来访外宾人数多、规格高。日本东京大学副校长有马朗人、日本九州大学校长高桥良平、朝鲜理科大学校长鲁相均、英国帝国理工学院副院长菲里普斯、美国阿拉巴马大学副校长斯皮茨、邵逸夫的代表——前香港中文大学校长马临、苏联科学院通讯院士巴罗夫柯夫等都率代表团访问我校,进一步密切了我校与上述大学和科研中心的友好合作关系。

● 一批科研成果获奖

1988年,我校有60项科研成果获奖。其中,1项科研成果获国家自然科学技术进步奖国防专用二等奖,3项科研成果获中国科学院科技进步二等奖,6项科研成果获中国科学院科技进步三等奖,1项科研成果获国家教委科技进步二等奖,10项科研成果获安徽省科技进步奖。

● 我校1988年发表的科技论文数位居全国高校前列

中国科技情报研究所排出的"1988年全国学术榜"表明,我校1988年在国际上发表论文数名列全国高校第二位,在国内发表论文数名列全国高校第十位。

1988年

● 伍小平获省级科技专家称号

我校近代力学系教授伍小平获1988年省级有突出贡献的中青年科技专家称号,至此安徽省共有国家级中青年科技专家28名,省级中青年科技专家73名。

● 年度数据统计

本年度,全校教职工总数3 230人,其中教授82人,副教授352人;在校学生人数5 359人,其中本科生3 790人,专科生455人,研究生1 114人。

1989 年

● 中国科学院领导来校检查指导工作

1月11—14日，中国科学院副院长王佛松、教育局局长王文涛等一行来我校检查指导工作，并与师生代表进行了座谈。王佛松副院长等认真听取了大家就中国科学院继续办好我校的意义、学校教学工作、重点学科建设和学生思想工作等发表的意见，并讲话。

14日上午，王佛松副院长等又听取了我校领导《关于在改革、开放形势下继续办好中国科技大学的几点意见》讨论稿的汇报。王佛松副院长根据大家的汇报情况作了具体指示，他指出，如果想真正把第三次中国科学技术大学工作会议开好，首先要有明确的战略思想，也就是办好学校的指导思想；其次，要有一个战略重点，同一些名牌大学相比，我们学校无论师资力量，还是实验室设备等方面都有差距，我们要根据自己的财力和物力，确定重点发展学科，要摆正教学与科研的关系，学校应以教学为主，但科研与教学是相辅相成的；第三，要有战略措施和政策，采取适当宽松的政策，创造比较好的工作条件和生活环境，吸引和培养人才，要加强以教学、科研为主的几支队伍建设，但不能忽视后勤的建设，因为教学科研队伍的发展与后勤的支持密不可分。

● 第四届全国中学生数学冬令营在我校举行

1月15—20日，第四届全国中学生冬令营在我校举行，来自全国30个省、市、自治区的80名中学生参加了这次冬令营活动。这批数学新苗，是经过1988年全国数学联赛选拔出来的。全国中学生数学冬令营始于1986年，前三届先后在南开大学、北京大学和复旦大学举行。

第四届全国中学生数学冬令营，由中国数学会、《中学生数理化》编辑部和我校联合举办。我校谷超豪校长、龚昇副校长任名誉主任，王寿仁、石钟慈为冬令营顾问，冯克勤为冬

1989年

令营主任。参加第四届全国中学生数学冬令营的同学,于17日和18日进行两个半天共9个小时的数学竞赛。通过这次竞赛,将产生我国参加当年在联邦德国举行的第30届国际数学奥林匹克(IMO)竞赛的集训队员。

● 部分学校领导任职

2月21日,中国科学院党组任命王玉民为中国科学技术大学研究生院(北京)党委书记,金副庆为中国科学技术大学研究生院(北京)党委副书记。

9月25日,中国科学院任命史济怀为中国科学技术大学副校长(任期到校长任期届满)。

● 第三届学位评定委员会组成

2月27日,我校第三届学位评定委员会组成。龚昇任主任,尹鸿钧、史济怀、温元凯任副主任。

● 我校研制的超导材料创造世界记录

1988年10月,我校高温超导研究中心的研究人员发现了两个零电阻温度为130K和一个零电阻温度为164K的"铋-铅-锑-锶-钙-铜-氧"超导体。这一结果如能重复,就是超导临界温度的重大进展和突破,远远超过原有的超导零电阻临界温度世界记录125K。

1989年1月下旬,在联邦德国召开的高温超导学术会议上,西欧尤里卡固体物理研究所宣布,他们根据我校科学家公布的论文中所提供的配方和工艺制作方法,也获得了这种超导体,并重复实现了130K的零电阻温度。

2月22日,我校超导研究中心再次重复制造出这种超导体,在温度140K时出现明显的迈斯纳效应;用10微安的测量电流,重现了略高于130K的零电阻温度,把目前人类能够重复的超导零电阻温度由125K提高到130K以上。

2月27日,新华社专电报道了我校高温超导体研究中心物理学博士李宏宝和几位研究生研制成功零电阻温度高于130K的超导材料——"铋-铅-锑-锶-钙-铜-氧"超导体,他们创造了目前世界上超导零电阻温度的最高记录。翌日,《人民日报》、《人民日报》(海外版)、《光明日报》、《文汇报》、《科技日报》、《中国青年报》等全国各大报纸纷纷在显著位置刊登了这一消息。

1989年

● 辛厚文率代表团赴福建省访问

3月8—15日,副校长辛厚文率我校代表团一行六人赴福建省访问。双方为了更好地贯彻"经济建设必须依靠科学技术,科学技术必须面向经济建设"的方针,签订了《福建省与中国科技大学科技开发合作协议书》,目的是发挥各自优势,本着"扬长避短,互惠互利,互相支援,共同发展"的原则,振兴福建,发展我校。

代表团参观了福建省马尾经济特区,并就科研开发问题与福建省部分厅、局(委)领导和科技人员进行了广泛交谈,出席了我校开发总公司与福建省联合开办的"凯特新技术联合开发中心"的开业典礼,听取了我校驻马尾经济特区工作人员的汇报,参加了福建省校友座谈会。

● 日本东京大学工学部代表团访问我校

3月20—22日,日本东京大学工学部代表团一行五人访问我校,副校长包忠谋等有关方面负责人与日本客人就双边合作问题进行了会谈。

双方回顾了第二个五年合作计划以来的执行情况,一致认为合作总的情况是好的。合作两年以来,学校取得了很好的成绩,合作项目扩大到16个,已有116篇论文发表,有数项科研成果得到国家级、省级鉴定。

双方讨论并确认了1989年度双方来往人员名单,商讨了第三个五年计划的前景。

● 谷超豪呼吁要重视和关心国内培养的博士

在七届人大第二次会议上,我校校长谷超豪呼吁,要重视和关心"国产"博士,提高他们的待遇。

作为知名数学家,谷超豪评价这批根扎在祖国的博士是"共和国的科学精英之才"。他说,他们的学术水平完全可与许多国外一流大学的博士相媲美。许多"国产"博士的实力在国内外都享有"无可争议"的地位。但是,他们在读和毕业后的生活待遇低,非但不能与"洋"博士"等价",甚至与各行业同龄人相比也有相当距离。谷超豪警告说,如果让这种不尊重人才的现象继续存在,将会导致严重的人才断层。

面对这种状况,谷超豪在人代会上大声疾呼:破除对"国产"博士的偏见,提高他们的地位。他建议,国内培养的博士的工资、生活待遇要适当提高,居住、工作条件应予以必要保证;在职称评定、科研基金分配、出国交流等方面应与"洋"博士一视同仁。

3月29日,新华社对谷超豪校长的呼吁进行了报道。次日,《人民日报》(海外版)、《文汇报》等均予以报道。

● 国家同步辐射实验室储存环成功储存电子束流,生成同步辐射光

国家同步辐射实验室工程1977年列入全国科技发展规划。中国科学院于1984年10月批准了工程计划,补充列入国家重点建设项目当中。党和国家领导人邓小平、赵紫阳和国内外许多著名科学家如杨振宁、李政道、吴健雄、严济慈等都非常重视这项工程。1987年11月,光源注入器——直线加速器建成出束。

1989年3月,国家同步辐射实验室储存环主磁铁制造成功并测试完毕,各项性能指标均达到国内外同类设备的先进水平。全部磁铁已被顺利地安装在储存环上。

4月26日,同步辐射实验室的同步辐射光源又成功地储存了电子束流,生成了同步辐射光,电子束流达到4毫安。这是我国高科技领域的又一重大成就,标志着我国已正式跨入同步辐射研究的时代。

同步辐射装置建成出光的消息传出以后,中央电视台、中央人民广播电台以及《人民日报》、《光明日报》、《文汇报》、《科技日报》、《中国科学报》、《中国青年报》等全国各大报纸均作了报道。李鹏、聂荣臻、方毅、胡启立、严济慈等国家领导、中国科学院等许多单位和科研机构发来贺电、贺信。

● 聂荣臻致函校党委谈学校创办过程

4月7日,聂荣臻元帅致函我校党委谈学校创办过程,并将1958年中国科学院党组给他的报告及中央书记处批准创办我校的两份珍贵资料寄给学校。从材料中可以看出当初成立我校的原因、办学任务、培养目标、方法以及办学的有利条件和存在的困难。

6月30日,聂荣臻元帅委托其办公室再次致信我校,勉励全校师生员工重振学校革命精神,发扬学校优良传统,为办好学校而努力奋斗。

● 我校高压光谱学实验接近国际最高水平

4月初,基础物理中心的超高压研究实验室在高压光谱学实验中两次突破"准静水压"百万大气压大关,达到126.5万大气压,接近国际上这类压力的最高水平。

静态超高压实验的压力环境大体上分为两种。一种是"非静水压"状况,受压物质处于非各向同性的压力作用之下,由于巨大的压力梯度和内部剪应力的存在,实验结果的分析

大为复杂,压力测量很不准确。另一种是"静水压"或"准静水压"状况,受压物质处于各向同性或准各向同性的压力作用之下,这种压力状况对物质在高压下的特性研究是非常有利的。造成静水压或准静水压的压力环境,要求在受压物质的周围充填流体介质。到当时为止人们发现气体是较理想的流体介质,特别是在百万大气压范围内的实验,只有用气体作为压力介质才能保证压力的准各向同性。虽然在极高的压力下气体会结晶成固态,但由于其内部剪应力很小,因此仍可保持"准静水压"状况。

我校的这次实验是以氮气作为样品的压力介质的。实验发现氮在极高压力下颜色由无色透明而逐渐变成深红色,并首次测出了它的光学吸收边随压力移动的数据。实验否定了氮在百万大气压下可能发生金属化相变的理论预言,并为双原子分子固态气体在高压下的相变理论提供了可贵的实验资料。

● "两弹元勋"程开甲来我校讲学

4月11—13日,应谷超豪校长邀请,我国著名物理学家、"两弹元勋"、中国科学院学部委员、国防科工委顾问程开甲来校讲学。他用通俗的语言向同学们讲解了核武器爆炸过程中的各种物理效应。

程开甲早年留学英国。回国后,在"两弹"研制中,他主持了我国现场核爆炸试验工作。

● 第二届教代会第一次会议举行

4月12—18日,我校第二届教代会第一次会议举行,400多名代表参加了会议。会上,代表们听取了首届教代会主席团的工作报告、教职工分房委员会的工作报告、校长工作报告及各行政职能部门的书面工作报告。安徽省教育工会副主席马萍在会上致祝词。中国科学院副秘书长张云岗和校党委书记刘乃泉在会上讲话。

会上,代表们通过了大会纪要、《中国科学技术大学教职工代表大会暂行条例》及第二届教代会提案委员会、教职工住房分配委员会、福利委员会组成人员名单。这次教代会共收到提案284件。

● 学校部分师生参加学潮

4月15日,中共中央政治局委员、前中共中央总书记胡耀邦在北京病逝。在胡耀邦逝世后的悼念活动中,北京出现了较大规模的学潮,并逐渐波及合肥地区。在5月16日前,我校一直保持正常的教学秩序,后来由于一些其他原因,我校开始出现部分停课。5月17

日,我校学生、青年教师约1 500人上街游行。5月20日,约600名学生到合肥市政府门前静坐。少数学生到北京天安门广场参加静坐。在学校领导和广大教师、干部做了大量工作后,6月12日,在校学生开始全面复课。

● 同步辐射应用国际会议在我校举行

5月9—12日,同步辐射应用国际会议在我校举行。来自11个国家的37名同步辐射方面的专家及国内100余名同仁,就同步辐射在国际上的应用以及如何推进其发展进行了广泛的学术交流。

会议期间,国家同步辐射实验室有关科研人员向与会专家、学者详细介绍了国家同步辐射装置的设计、硬件加工、安装、调试、实验线站的准备以及将来如何为用户提供服务等情况。与会专家们对科研人员在极短时间内将同步辐射装置调试成功,并得到储存束流给予了高度评价。

参加会议的专家、学者,在会上宣读了近70篇论文,介绍了各自在同步辐射领域所取得的成功经验。会议期间,大会组委会主席、我校副校长包忠谋还主持召开了圆桌会议,旨在倡导北—南合作及南—南合作,促进同步辐射在亚太地区乃至全世界的广泛应用,同时也提供一个宝贵的机会促进世界各国的同行与中国同步辐射科学家相互认识与了解。圆桌会议取得了实质性的结果,为国际交流和同步辐射应用研究的国际协作打开了新局面。

这次国际会议得到了国际理论物理中心(ICTP)、联合国教科文组织(WNESCO)和中国科学院的大力支持,他们分别派人出席了会议。

● 第三次中日有机固体双边讨论会在我校召开

有机固体中的电导、光导及其有关现象是当时国际上一个十分活跃的领域,受到世界各国化学及物理学界的极大关注,我国也相继开展了工作,并取得了一些成绩。根据中国科学院化学研究所与日本分子科学研究所关于"有机固体中电导及光导"的合作研究协议,每三年分别在中国和日本轮流召开双边讨论会,前两次会议分别于1983年4月11—16日、1986年11月16—18日在中国北京和日本冈崎召开,促进了中日双方在这一领域的学术交流。

为进一步加强这一领域的国际学术交流,5月16—19日,由日本分子科学研究所、中国科学院北京化学研究所和我校负责组织召开的第三次"中日有机固体中的电导、光导及其有关现象双边讨论会"在我校召开。会议由中国科学院学部委员钱人元主持,中日双方共有63名学者参加。

1989年

● 学校为1989届学生举行毕业典礼

6月27日,学校为1989届本科毕业生举行毕业典礼。典礼由副校长尹鸿钧主持,中国科学院教育局局长王文涛讲话,校领导龚昇、辛厚文、蔡有智、王学保出席会议。当年共有本科毕业生687人,考取国内外研究生315名,分配工作的有372名。

● 卢荣景等安徽省领导来校看望师生

9月7日,安徽省委书记卢荣景、副省长杜宜瑾、省教委主任朱仇美一行来校,和我校部分师生就当前大家所关心的问题进行座谈。座谈会由校党委副书记王学保主持,副校长蔡有智出席了座谈会。参加座谈会的师生员工就高校政治思想工作的重要性、现行教育体制存在的一些问题、现在高等院校内的教育者和受教育者认真思考的一些问题,与省领导交换了看法和意见。

● 成立庚等受到国家教委的表彰

教师节期间,我校有三名教育工作者,由于成绩突出,受到国家教委的表彰。数学系成立庚、近代化学系林培琰、近代物理系徐克尊获国家教委颁发的"全国优秀教师"奖章。

● 中国科学院批准我校火灾实验室特殊实验楼建设

随着国民经济的发展,火灾带来的严重后果引起各方面的关注,因此开展这方面的研究工作势在必行。这首先要建设一个研究基地——火灾科学研究实验室,特殊实验楼就是该实验室的重要组成部分。

我校火灾科学实验室属于世界银行贷款项目,为了保证世界银行贷款的使用效果和仪器设备的正常运行,9月19日,中国科学院同意我校火灾科学研究实验室中特殊实验楼的建设,建筑面积800平方米,投资50万元,不足部分由我校自行解决。

● 学校隆重庆祝建校31周年

9月20日,我校师生员工隆重庆祝建校31周年。聂荣臻、严济慈、周光召、郁文、杨海波等领导分别来信、来电祝贺。大会向在学校工作了30周年的71名教职工和工作了25周

年的146名教职工颁发了荣誉证书,此外还表彰了130名优秀教师和教育工作者。

● 我校和苏联国立莫斯科罗蒙诺索夫大学签订合作协议

9月23日,我校和苏联国立莫斯科罗蒙诺索夫大学校际协议签字仪式在中国科学院举行。根据协议,双方将交流教学、科研和教学法的工作经验,交换关于高等教育和培养高级专家方面的信息资料;双方在需要时,交换互相感兴趣的学术方面、组织教学方面的建议,乃至共同进行科学合作研究的课题;双方将从1990年秋天开始每年互派学者从事科研合作,并互派研究生。协议有效期五年。

中国科学院副院长王佛松出席了签字仪式。谷超豪校长和A·A·洛果谱夫校长分别代表各自的学校在协议书上签字。

● 学校为1989级新生举行开学典礼

9月25日,学校为1989级新生举行开学典礼。大会由副校长尹鸿钧主持,校党委书记、第一副校长刘乃泉致词。当年共录取本科生632名,其中少年班39名,有8个省、市、自治区的高考理科第一名被我校录取。招收研究生298名,其中博士生48名,硕士生240名,研究生班10名。

● 包忠谋获"全国劳动模范"称号

9月28日,我校副校长、国家同步辐射实验室工程经理包忠谋获"全国劳动模范"称号,并光荣地出席了在北京召开的全国劳动模范和先进工作者表彰大会。

包忠谋长期从事科研管理工作,为学校的建设和成长作出了重要的贡献。学校下迁合肥后,他主张恢复和重建了物理、化学、电工电子学等基础教研室及实验室。他在主持全校的科研工作后,还致力于重大实验室的建设,重点支持了一批新兴技术学科,取得了重大成果。

在1977年的全国自然科学学科规划会议上,在包忠谋等人的争取下,我校负责研制建造的电子同步辐射加速器被列入中国科学院的规划之中。1978—1981年,在他的主持下,圆满地完成了同步辐射装置的物理设计和关键部件的预制研究任务。1984年,同步辐射实验室建造计划被国家计委批准后,又列入国家重点建设项目。1985年后,包忠谋提出了整个安装工作分为直线加速器、束流输运线、储存环总装三个战役来进行,然后总调出光的指导思想。同步辐射装置按计划一次调试成功出光。

1989年

● 钱志道在北京逝世

9月28日，特等劳动英雄，中国科学院顾问、学部委员，前我校副校长、研究生院副院长钱志道在北京逝世，终年79岁。

钱志道早年参加革命，在延安，他把自己所学的科学知识用到边区急待发展的基本化学上来，被誉为陕甘宁边区基本化学工业的奠基人，先后被授予"特等劳动英雄"和边区"劳动英雄"称号，受到毛泽东主席的接见并为他亲笔题词"热心创造"。

钱志道在我校及研究生院工作期间，尊重知识，尊重人才，关心师资队伍建设，特别是青年教师的成长，为他们创造成才环境。他注重从实际出发，主张建立为国民经济建设服务所需的专业和学科，提倡勤俭办学，使学校形成良好的风尚。

"文革"期间，学校被迫下迁安徽省合肥市后，受到严重破坏。为了振兴学校，保持和发扬首任校长郭沫若倡导的"勤奋学习，理实交融，红专并进"的校风，在校党委领导和刘达的大力支持下，他力排干扰，克服重重困难，坚持不懈地整顿教学，重整实验室建设，提出并实施重视理论、加强应用技术与实验技能的训练等一系列措施，为我校的发展奠定了良好的基础。退居二线后，他还经常关心学校的教育工作，并在极其困难的条件下为创建我国第一所研究生院——中国科学技术大学研究生院竭尽了自己的全部心血，受到师生员工的尊敬和爱戴。

● 谷超豪率代表团赴日本进行访问

10月2—12日，以校长谷超豪为团长的我校代表团一行七人赴日本进行访问，同日本东京大学工学部交流了第二个五年合作计划前三年的合作成果，同时对第二个五年合作计划完成后的两校合作进行了初步探讨。

我校与日本东京大学的合作，是根据1979年12月中日两国政府在北京签订的《中华人民共和国政府和日本国政府为促进文化交流的协定》进行的。这一合作计划不仅是一项学术合作计划，而且也是受中日两国政府委托而从事的中日两国人民友好事业的一项内容。因此，一直得到中日两国政府以及日本文部省、中国科学院和两校领导的共同关心和支持，两校有关学者为执行合作计划和发展友好关系辛勤耕耘，不断进取，从而保证了第一个五年合作计划(1982—1986年)的圆满完成和第二个五年合作计划(1987—1991年)的顺利执行，并为发展两校长远合作关系奠定了坚实的基础。

我校访日代表团在日本期间，访问了日本文部省学术国际局、日本学术振兴会，同时还访问了日本化成工业株式会社，日本理化研究所，东京工业大学，早稻田大学，东海大学，京都大学，大阪大学以及九州大学等。代表团在访问中开辟了一些新的合作渠道，我校同京

1989年

都大学确定了签署合作协议的意向和工作程序,九州大学和东海大学等校也表达了同我校合作的意愿。代表团还会见了向我校捐赠20万美元作为奖学金基金的张宗植先生。

● 学校与日本日立化成工业株式会社建立友好合作关系

为了推进我校与日本日立化成工业株式会社之间的友好交往和学术交流与合作,10月5日,我校与日本日立化成工业株式会社建立学术交流与友好合作关系,双方就共同进行科学研究项目合作,互派教学人员和研究人员进行访问、讲学等方面签订协议书,有效期五年。

● 牛立文受到中共中央总书记江泽民的接见

我校生物系青年教师牛立文在蛋白质晶体学研究中取得重要成果,荣获中国科学院青年科学家二等奖。10月6日,他和其他20名获奖者受到中共中央总书记江泽民的接见。

牛立文在研究工作中,追踪国际先进水平,努力克服科研中的各种困难,在蛋白质晶体学研究中取得了重要成果。他测定了0.19纳米分辨率(D-Ala)-B猪胰岛素的晶体结构,并深入研究了其三维结构与功能的关系,得到了一些有科学价值的结论。他负责"863"任务"葡萄糖异构酶的蛋白质工程"中的有关晶体结构和分子设计方面的研究,在短短一年半的时间内,带领研究组成功地培养了适合于X射线结构分析用的葡萄糖异构酶单晶体,并进行了X射线晶体学的初步测定。他还测定了一些有价值的天然与人工有机化合物的晶体结构,他测定的中国南海柳酸瑚酸的晶体结构是首次用X射线衍射法测定的天然倍半萜类化合物。

● 我校《科技"神童"的摇篮》等书获奖

10月7日,在全国十家报社、新华书店联合举办的"第三届全国优秀图书"评选活动中,我校出版社出版的《高级英语教程》(于振中、李佩编)和《著编译审校指南》(江建名编著)获奖。我校出版社是大学出版社中唯一获得两个奖杯的出版社。

12月,在中国妇女报社等单位举办的全国第二届新星杯向妇女、儿童推荐最佳、优秀图书评选活动中,朱源、秦裕芳合著的《科技"神童"的摇篮》一书荣获"最佳图书"称号。

1989年

◉ 地球物理综合学术讨论会在我校举行

为了促进地球物理各分支学科之间的相互渗透和提高，10月10—13日，1989年地球物理综合学术讨论会在我校举行。全国共有330多名专家、学者出席了会议，其中有学部委员4人。

大会共收到高水平学术论文约400篇，分15个专题。大会还就我国20世纪90年代地球物理学的发展进行了专题讨论。

◉ 蔡有智率团访问朝鲜理科大学

根据1984年12月25日签订的《中国科学技术大学和朝鲜民主主义人民共和国理科大学科学教育合作协定》，10月13—27日，以副校长蔡有智为团长的我校代表团一行六人，访问了朝鲜理科大学，双方就1990—1991年科学教育合作问题进行讨论，并签订了合作协议。根据协议，双方可以互派学者和学生，进行合作交流；双方应根据对方的要求，无偿交换本大学出版的教育参考书、学术报告资料、杂志、科学研究论文、教材等；如有可能，两大学邀请对方科学教育工作者参加在本大学进行或主持的学术讨论会或其他科学活动。

◉ 国家同步辐射实验室建筑安装工程通过验收

10月14日，国家同步辐射实验室建筑、安装工程通过验收。我校、中国科学院建筑设计院、安徽省及合肥市有关部门和单位的领导、专家参加了验收会议。

专家们一致认为，该工程在50米直径大厅结构施工、环行吊车的安装、工程沉降和相对移位的控制等十几个方面均已达到国内同行业的先进水平，同意将光源区评为安徽省优质工程。

国家同步辐射实验室是我国"七五"期间的重点项目，建筑面积1.7万平方米，由光源区、研究楼、锅炉房、实验及运行人员宿舍四个子项组成。建筑、安装工程决算投资为2 455万元。该工程由安徽省第一建筑工程公司总承包，安装工程由安徽省工业设备安装公司和中国机械安装总公司第五工程公司承担。1984年10月破土动工，1988年3月全部完成建筑、安装工程，经一年安装调试，1989年4月26日顺利出光。

1989 年

● 全国研究生信息与系统学术会议在我校召开

为庆祝中国科学院建院42周年,11月9—11日,以研究生为主体的全国研究生信息与系统学术会议在我校召开。来自全国近20所高等院校和研究所的40余名研究生参加了这次学术会议。我校校长谷超豪,中国科学院教育局局长王文涛,我校副校长史济怀、教务长余翔林和部分学术顾问出席了11月9日上午举行的开幕式。

会议期间,研究生们进行了研究论文报告,同时进行了广泛的学术交流。会议共收到学术论文55篇。

● 第二届全国化学类研究生学术报告会在我校召开

11月15—17日,第二届全国化学类研究生学术报告会在我校召开。副校长尹鸿钧出席了会议。来自全国40多所高校、科研机构的50多名年轻科技工作者参加了报告会。与会学者就无机化学、有机化学、结构量子化学、计算机化学等方面进行了讨论。

会议共收到论文222篇,被录用174篇,著名化学家唐敖庆为大会发来贺电。

● 万兆瓦可调谐钕玻璃新颖激光系统在我校首次研制成功

为开展极端激光条件下物质可能产生的新效应、新机理的探索研究,我校物理系强激光物理实验室从1979年起,进行了万兆瓦可调谐钕玻璃激光装置的研制,终于获得成功。

11月24日,该课题通过了中国科学院组织的鉴定,获得了同行专家们的高度评价。鉴定会由学部委员、我国著名光学专家王大珩主持。谷超豪校长、蔡有智和尹鸿钧副校长等专家参加了会议。鉴定意见认为,万兆瓦可调谐钕玻璃新颖激光系统的主要特色是:在万兆瓦级的高功率钕玻璃激光装置上,实现了输出激光波长在其增益带宽范围内的连续可调,属于国内首创,国际上未见报道,系统的综合总体性能达到国内同类装置的先进水平。

● 非线性科学联合研究组成立

11月28日,我校非线性联合研究组成立,谷超豪任组长,汪克林、李翊神、郭光灿任副组长。联合研究组正式成员有数学系、物理系、近代物理系、近代力学系、生物系和基础物理中心有关课题组的代表。此外,还将邀请无线电电子学系、地球和空间科学系、自动化系、工程热物理系、经济管理与系统科学系和材料科学与工程系的一批课题组代表作为它

的联合成员。非线性联合研究组的成立,目的是加强联合,共同攻关。

非线性科学是国内外日益受到重视的重大综合性的基础研究前沿之一。国家科委已将这一研究领域列为"八五"期间13个国家级重大研究项目当中的一个。谷超豪认为,联合的重要目的是交流。非线性科学中有共性问题,也有各学科自己的个性问题,我们的目的是在个性研究的基础上,开展对共性问题的深入研究,从而又得到推动个性问题解决的思路与方法,达到相互促进。他希望,通过联合研究和活跃的学术活动,使一些交叉学科的新方向有生长起来的可能性,并在这些新的前沿领域培养年轻人,还可以在研究生和本科生层次开设选修课和讨论班,使他们早日接触这一领域的研究工作,得到科学的启蒙。

● 学校13项应用科技成果获专利权

自1985年我国颁布实施《专利法》到1989年10月底止,我校有30多项应用科技成果向国家专利局提出了专利申请,有4项申请获得发明专利权,9项获得实用新型专利权。我校应用科技成果专利权的获得为参加激烈的市场竞争提供了可靠的法律保证。

我校专利技术的实施率为50%左右,有些专利技术已经开始实施或转让,从中获得了可观的经济效益和社会效益。据近两年的不完全统计,转让专利技术和开发专利产品共为学校创造100多万元收入。同时,这些专利技术的开发使用为国家的某些重点工程、科技攻关项目以及星火计划作出了积极的贡献。

近年来,我校多项专利项目在国际、国内的各种类型发明展览会上获奖。在1986年全国第一届发明展览会上获得1枚银牌;在1988年安徽省第一届发明展览会上有1项获一等奖,2项获二等奖;在1988年北京国际发明展览会上获3枚铜牌;在1989年国际发明博览会上获1项荣誉奖。

● 21名研究生获中国科学院首届院长奖学金优秀奖

11月,中国科学院颁发了首届院长奖学金,我校黄道德、翁林、邵启满、唐梓洲、周银贵、唐涛、高琛、李力、姚新、金革、吕小虎、陈春华、邬松、梁维发、杨干宁、丁建华、万跃鹏、郑惠南、杨海涛、朱明华和王文楼21名研究生以优异的成绩荣获优秀奖学金。

院长奖学金是由中国科学院设置的专对研究生教育的最高奖励,有特别奖和优秀奖两种。每年设特别奖不超过10名,每名奖学金1 000元;优秀奖150名左右,每名奖学金500元。

首届颁发的是1989年度的奖学金。

1989年

● 超常教育研究室成立

我国的超常教育以1978年我校少年班的创办为标志而肇始。至1989年，除我校外，全国还有南京大学、北京大学、清华大学、上海交通大学、复旦大学等12所大学开办了少年班，我校和南京大学还试办了少年预备班，不少地方的中、小学办起了超常教育实验班，初步形成了小学、中学、大学的一体性的超常教育体系。它已成为我国教育结构中充满活力的组成部分。

十年来，我国的超常教育研究，已从办学模式发展到以教育学、心理学、人才学、创造学为指导，研究超常儿童、少年的心理、生理、智力等特点和管理的关系，并已进入到对鉴别超常儿童的科学依据、方法和教育培养规律的研究。

为了进一步推动我国超常教育事业的发展，把全国分散的力量集中起来进行有目的、有计划的超常教育研究，12月7日，我校超常教育研究室成立，与少年班管理委员会合署办公。副校长辛厚文任超常教育研究室主任。

"超常教育研究室"是社会科学和自然科学的综合体，它充分发挥我校各学科专家的力量和先进设备的优势，深入研究超常少年的心理，探索规律，发展理论，旨在把我国的超常教育事业推向新的高度。

● 包忠谋等23人被聘任为教授、研究员

12月26日，经校教师职务聘任工作委员会审定通过，包忠谋、李尚志、刘儒勋、李福利、方容川、刘凡镇、苏洪钎、虞孝麒、王砚方、周光泉、李永池、王友善、寿天德、李川奇、陈国良、蔡庆生、周栘、潘才元和吴咏华被聘为教授；何多慧、裴元吉、张武和金玉明被聘为研究员。

● 本年度学校部分机构的成立与调整

3月30日，原基础物理中心直属党支部委员会改建为基础物理中心党总支委员会。

8月2日，中华人民共和国广播电影电视部批准成立中国科学技术大学音像出版社，以适应当前教育事业的发展。出版社主要出版发行本校自录的科技、教育方面的音像出版物，它和校出版社联合办公，统一领导，只设专门部门从事音像出版工作。

10月6日，合肥市公安局中国科学技术大学派出所正式成立。它与学校保卫处"一套机构，两块牌子"，实行学校和公安机关的双重领导。

为加强高校的治安管理工作，维护校园秩序，保障教学、科研工作的顺利进行，根据公

安部、国家教委、劳动人事部、财政部《关于在部分高校设立公安派出所的通知》，经安徽省人民政府批准，我校和合肥工业大学、安徽大学、安徽师范大学允许设立公安派出所。

● 聘请一批世界著名科学家为我校名誉教授

为了进一步发展国际合作和交流，本年度我校继续聘请一批世界著名科学家为名誉教授。2月17日，聘请美国休士顿大学朱经武博士为名誉教授。朱经武在超导研究方面有很高的造诣，为此他获得了美国总统颁发的国家科学奖。他是美国贝尔实验室、美国国家宇航局顾问。3月3日，聘请美国洛克菲勒大学神经生物学实验室主任托斯顿·韦塞尔(Torsten N. Wiesel)教授和哈佛大学医学院神经生物系戴维·休柏(David H. Hubel)教授为名誉教授，两位教授因在视觉大脑皮层方面的合作研究有突出贡献，于1981年获诺贝尔奖。韦塞尔教授是1977—1979年国际神经科学学会主席，休伯教授是1988年当选的国际神经科学学会主席。这几位名誉教授将和我校合作培养博士生，合作建设实验室，合作进行科学研究。

● 43个项目获国家自然科学基金资助

本年度，我校有136个项目申请国家自然科学基金资助，经评审有43个项目获得资助（含3项国家青年基金项目），资助总金额为133.15万元，名列全国第七位；资助率为31.6%，高于全国平均资助率（22%）。

自1982年以来，我校共有264个项目获得国家自然科学基金资助，有力地促进了我校的基础和应用基础研究及人才培养。

● 我校两项科研成果入选1989年全国十大科技新闻

在《科技日报》编辑部评选出的1989年我国十大科技新闻中，我校的"我国第一个专用同步辐射装置建成并调试出光"排名十大科技新闻的第一项；"我国超导研究居世界前列"排名十大科技新闻的第四项。

● 一批科研成果获奖

1989年，我校一批科研成果获奖。其中，1项科研成果获中国科学院科技进步一等奖，2项科研成果获中国科学院科技进步二等奖，1项科研成果获中国科学院科技进步三等奖，

4项科研成果获中国科学院自然科学二等奖,4项科研成果获中国科学院自然科学三等奖,1项科研成果获中国船舶总公司科研成果一等奖,1项科研成果获安徽省科学技术成果二等奖。

● 我校"大学少年班教育"获国家优秀教学成果奖

在1989年全国高等学校优秀教学成果奖评选中,我校"大学少年班教育"研究(肖臣国、陈宏芳、汪惠迪等)获国家优秀教学成果奖。另外,有10项成果获安徽省优秀教学成果奖,其中一等奖2项,二等奖8项。

● 年度数据统计

本年度全校教职工总数3 393人,其中学部委员2人,教授105人,副教授379人;在校学生总数5 244人,其中本科生3 759人,专科生432人,研究生总数1 053人,研究生中博士生163人,硕士生850人,研究生班40人。

中国科学技术大学编年史稿

1990 年

1990 年

● 国家同步辐射装置被评为中国科学院 1989 年十大成果之一

1 月 2 日,《中国科学报》头版头条报道了该报评出的中国科学院 1989 年十大成果,我校同步辐射装置位居十大成果之首。报道称,我国自行设计、建造的第一台同步辐射装置在中国科学技术大学建成出光,它能同时容纳 50 个不同学科的实验项目及数百名科技专家做实验。这台装置的部件全部国产化,为国家节约了大量外汇,在建造速度、工程质量等方面可与世界上任何同类装置相媲美。它的建成标志着我国建造同步辐射加速器的技术已跨入国际先进行列。

● 财务委员会成立并举行第一次会议

1 月 6 日,学校财务委员会正式成立,副校长史济怀兼任财务委员会主任,余翔林、李滨任副主任。37 名委员由有关系、室、部、处选举产生。史济怀主持召开了财务委员会第一次会议。

财务委员会的基本工作任务是制定学校财务管理制度,规划和审议年度财务预算,评议财务的执行情况,使学校有限的资金发挥较好的效益。

● 我校承办的 1990 年全国化学冬令营圆满结束

由中国化学会委托我校承办的 1990 年全国化学冬令营,经过七天的紧张活动,于 1 月 12 日圆满结束。中国化学会和安徽省有关部门及我校领导参加了冬令营的开营式和闭营式,十多位著名科学家还与冬令营营员们进行了亲切的座谈。牛立文副教授给营员们作了专题报告。少年班学生向营员们介绍了自己的学习方法和体会。冬令营营员共61名,来自全国28个省、市、自治区,经理论和实验两个方面的考试,有10名同学获一等奖,15名同学获二等奖,20名同学获三等奖,16名同学获四等奖。优胜者经培训选拔后将参加1990年国际化学奥林匹克竞赛。

● 高技术学院成立

为了适应我国高科技发展的需要,发扬我校"理工结合"、科学与技术并重的特点,加强高技术学科建设和高科技人才的培养,在1988年中国科学院召开第三次中国科学技术大学工作会议期间,一些专家、教授及教师倡议成立中国科学技术大学高技术学院。该学院旨在以联合无线电、计算机、自动化、精密机械、信息处理、电子技术等学科为起点,逐渐向高技术完整概念中的其他领域扩展。经过一年多的筹备,1月31日,中国科学院批复同意成立"中国科学技术大学高技术学院"。高技术学院是学校领导下的一级组织。

4月29日,经中国科学院聘请和国家教委同意,由国家科委高技术司司长马俊如担任高技术学院院长。经校务工作会议研究决定,余翔林兼任高技术学院常务副院长,沈兰荪、李川奇兼任高技术学院副院长。

5月3日下午,"中国科学技术大学高技术学院成立大会"在水上报告厅举行,宣告高技术学院正式成立。首任院长马俊如在讲话中指出:高技术学院的成立将有利于打破学科界限,统筹组织力量,形成重点方向,从而在国内外竞争中更好地发挥我校的优势,为国家建设和新技术发展作出更大贡献。

谷超豪校长在讲话中希望高技术学院尽快制订出我校1990—2000年技术学科发展的十年中期规划和1990—1995年五年近期发展计划;对我校技术学科有关的公共课程设置、教学计划、实验室建设及系、专业的设置、调整进行调查研究;不断创造出自己特有的技术并把它开发成产品,服务于经济,造福于人民。

中国科学院党组副书记余志华专程到会致词祝贺。钱临照院士、研究生院(北京)副院长颜基义和我校师生代表也在会上发言。

● 香港亿利达公司代表访问我校

2月3日,香港亿利达工业发展集团有限公司董事、副总经理刘恒龄等四人访问我校,刘乃泉、尹鸿钧副校长会见了全体来宾。他们这次来访主要是考核我校向亿利达公司推荐的应届毕业生,并参观有关实验室,以进一步考虑加强合作事宜。该集团从1986年起在我校设立了亿利达奖学金。

1990年

● 内耗与固体缺陷联合开放研究实验室成立

为加强合肥地区的所校联系,促进所校在科研工作和人才培养方面的联合与合作,2月10日,中国科学院经研究,同意葛庭燧院士关于内耗与固体缺陷开放研究实验室由固体物理研究所和我校联合管理的建议,并将其名称更改为"中国科学院固体物理研究所、中国科学技术大学内耗与固体缺陷联合开放研究实验室"。

● 王佛松等来校检查指导工作

2月23—28日,中国科学院副院长王佛松、教育局局长王文涛、数理化局局长钱文藻、计划局常务副局长张厚英、基建局局长汪友山、教育局副局长石庭俊等一行12人来我校检查指导工作。在校期间,科学院领导分别就合肥国家同步辐射实验室建设、重点实验室建设和基建等问题召开了有关会议,听取了学校领导的工作汇报。王佛松等领导在合肥国家同步辐射实验室全体工作人员、1989级学生军训团及学校中层领导干部和副教授以上人员的会议上分别作了重要讲话。王佛松在肥期间还拜会了安徽省省长傅锡寿、副省长邵明,共同商讨了我校建设中的有关问题。

● 日本日立化成工业株式会社代表团访问我校

应我校邀请,以常务理事、开发部部长中川武寿为团长的日本日立化成工业株式会社代表团一行五人于2月26日抵达我校,进行了为期五天的访问。代表团此行的目的是就1989年10月谷超豪校长访问日立化成公司时双方签订的科技合作协议作进一步磋商。

代表团在校期间,双方就"环氧树脂"、"陶瓷研究"两方面合作研究的具体事宜达成了一致意见,并签订了具体合作协议。根据协议规定,日方将给每个课题提供100万日元的科研经费。

● 莫斯科大学物理系代表团访问我校

3月14—18日,苏联莫斯科大学物理系主任A·P·苏克哈诺科夫教授和副主任A·S·洛科基诺夫教授应邀来我校进行访问。这是1989年底双方签订校际科技合作协议后莫斯科大学的第一次来访。尹鸿钧副校长、外事办公室和物理口有关负责人与他们进行了会谈,并签署了系际交流协议。根据协议规定,双方将在固体物理、理论物理、原子分子和等

1990年

离子体物理等领域中开展合作研究。

● 精密机械及高速图像检测研究所成立

3月26日,我校精密机械及高速图像检测研究所成立。

● 老干部处成立

4月6日,经校务工作会议研究决定,成立老干部处。

● 第四届全国爆炸力学学术会议在我校召开

4月21—23日,第四届全国爆炸力学学术会议在我校召开。来自全国各地的150余人参加了会议,会议共收到180多篇论文。大会采用口头、书面等多种方式进行了学术交流和讨论。会议还专门设立展厅,介绍各单位的机构设施、研究课题、转让产品和设备,对增进了解、共同协作起到了推动作用。

校长谷超豪参加了开幕式并致词,党委副书记宋天顺、副校长蔡有智等到驻地看望与会代表。

● 汤洪高任校党委书记、常务副校长

4月24日,中国科学院党组、中国科学院任命汤洪高为中国科学技术大学党委书记、常务副校长。5月4日下午,中国科学院党组副书记余志华在我校召开的副处级以上干部会议上宣布了这一任命。

● 刘乃泉任中国科学院副秘书长

4月25日,中国科学院任命我校副校长刘乃泉为中国科学院副秘书长。

● 高技术学院召开第一次院务工作会议

5月8日,余翔林主持召开高技术学院第一次院务工作会议,讨论了学院"八五"科研规

划的方向、任务、目标等问题。

根据国家科技与经济中、近期发展目标和学院实际情况,高技术学院争取在"八五"期间建立1个国家工程研究中心,2个院级以上开放实验室,6个校级重点学科实验室以及获得10个以上国家重点项目,争取在三五年内做出一批有重大意义的技术成果,在国内有较大影响,在国际上能与同行对话,使若干个学科在整体上进入国内高校前几名的地位。会议一致同意吸收生物系加入高技术学院。

● 国家同步辐射实验室举行第一届用户委员会第一次会议

5月22—24日,国家同步辐射实验室第一届用户委员会举行第一次会议。来自全国14所大学和16个研究所的用户委员会委员及国家科委、国家自然科学基金委、中国科学院有关部门负责人,校领导、实验室负责人及其他有关人员共55人参加了会议。著名物理学家、用户委员会主任谢希德教授主持了会议。

会议制定了用户委员会章程,并代行学术委员会评审了第一批57项课题申请,对实验站管理暂行条例和"八五"期间同步辐射应用基本建设规划提出了意见和建议。

为了促进实验室建设,争取同步辐射光源早日投入使用,早出成果,由谢希德教授提议,会议通过了《关于加强我国同步辐射基本建设和应用研究的几点建议》,并决定用适当方式呈递给国家有关领导部门,以期引起领导重视。

● 英国帝国理工学院马世琦博士被续聘为我校客座教授

由国务院机关事务管理局安排,英国帝国理工学院马世琦博士于5月30—31日访问了我校。谷超豪校长、史济怀副校长分别会见了他,并为他举办了客座教授的续聘仪式。

马世琦1948年毕业于上海交通大学,赴英国先后获硕士、博士学位之后,一直在英国帝国理工学院任教。他在燃烧实验技术及理论研究方面造诣较深,自1974年以来多次回国讲学,为促进国内燃烧学科的发展,为促进我校与英国大学间的交流作了许多卓有成效的工作。

我校曾于1984年第一次聘他为客座教授,并于1987年续聘了一次,这次是我校对他第二次续聘。马世琦教授作了学术报告,并决定把他多年来的藏书赠送给我校。

● 国内首例大型储油罐水压爆破拆除成功

6月3日,我校爆破技术公司帮助安庆石化总厂起爆炼油厂中转站,对该站容积达

5 000立方米的储油罐,采用水压爆破先进技术一次起爆成功,并有效地控制了飞石、振动等危害,周围油罐安然无恙。采用水压爆破拆除这种大容积油罐在国内尚属首例,有很大的推广价值。

● 滕藤来校检查指导工作

6月17日,国家教委副主任滕藤利用在安徽检查工作的间隙来到我校检查指导工作。上午,滕藤首先与校党政领导进行了座谈,听取了学校有关情况的汇报,然后由校党委副书记王学保陪同参观了学校西区和国家同步辐射实验室。滕藤对校西区和国家同步辐射实验室建设及其进展情况表示满意。他建议在加速器建成后做些应用方面的工作,尤其希望充分发挥光刻技术的优势,集中部分人力和财力以尽早形成大规模集成电路的生产能力,为国家作出更大贡献。当天下午,在校党委书记汤洪高主持下,滕藤对校党政领导及有关部门负责人、总支(直属支部)书记发表讲话。他希望我校进一步加强思想政治工作,大力在学生中开展学习马克思主义的活动,为国家培养出大批社会主义事业接班人和建设者作出贡献。

● 1987级、1988级本科生参加全国大学英语四、六级考试再传捷报

1月9日,我校1987级同学除少年班部分同学已通过全国大学英语四级统考外,均报名参加了全国大学英语四级考试。3月份,接上海外语考试中心通知,我校有722名同学通过,占报考人数的96.4%;其中有175名同学成绩优秀,占通过人数的24.2%。全体同学的平均分数为78.26分。全国重点大学平均水平为:通过率54%,优秀率5.3%,平均分60.9分,相比之下,我校成绩遥遥领先。

6月19日,我校1988级同学参加了全国大学英语四级统一考试,本科生765人参加考试,有727人通过,通过率为95.03%;有208人取得优秀成绩,优秀率为27.2%。其中,应用化学系的同学100%通过;零零班和少年班的优秀率最高。同时,我校1987级同学有332人自愿报名参加了全国大学英语六级统一考试,其中有243人通过,通过率为73.2%。这是继我校历年参加全国大学英语四、六级考试取得优异成绩后的又一次好成绩。

● 学校举行1990届学生毕业典礼

6月26日下午,1990届本、专科生毕业典礼在水上报告厅举行。毕业典礼由副校长尹鸿钧主持。校党委书记、常务副校长汤洪高代表校领导发表讲话。他希望毕业生树立献身

1990年

科学事业的远大理想,谦虚谨慎,戒骄戒躁,培养团结协作的精神,尽快适应新的环境,在各条战线上不断取得优异成绩,为母校增光添彩。

1990年我校有本科毕业生732人,正式列入国家分配计划486人,占66.5%;未列入分配计划的推荐研究生、自费出国生等246人,占33.5%。另外,还有95名专科毕业生,全部列入分配计划。

● 卢荣景等来校指导工作

7月4日下午,安徽省委书记卢荣景、省委副秘书长朱德华、省教委副主任鹿世金等一行来到我校,与我校党政领导及有关方面负责人进行了座谈。

校党委书记、常务副校长汤洪高向卢荣景书记汇报了学校的全面情况、近期工作以及存在的问题。卢荣景对我校各级干部和广大党员、教师在维护稳定、制止动乱方面所做的工作给予了充分肯定,并希望学校把工作做得更好。要求我校要注意通过各种形式让学生参加社会实践和劳动,使学生真正了解国情,了解民心。在谈到做好服务工作时,卢荣景表示,对于学校反映的问题,能解决的就要尽力帮助解决,现在正在做的要坚持下去。卢荣景希望我校进一步动员各方面力量为改变安徽面貌、振兴安徽经济作出贡献。

● 谷超豪访问西德、中国香港等地

暑假期间,谷超豪校长先后访问了西德和中国香港等地,进行学术交流活动,为我校的国际合作开辟了新的联系渠道。在西德,谷校长访问了海德堡大学应用数学研究所,就非线性波动方程有关问题进行了合作研究,作了题为《主手征场显式解》的报告;参加了在奥博沃尔法赫(Oberwolfach)召开的变分学会议,作了题为《极值曲面有关的物理问题》的报告。在中国香港,谷校长访问了亿利达工业发展集团公司,与公司董事长刘永龄讨论了我校和该公司进一步合作的问题;会见了我校名誉教授杨振宁,向他报告了学校的近况;参观了正在建设中的香港科技大学,拜访了王宽诚教育基金会,对他们为我校教师提供育才奖表示感谢,并就今后取得进一步支持交换了情况。谷超豪还访问了香港大学,与数学界人士聚谈,并和香港实业界人士杨钊等建立了联系。

● 成立科技开发院

为了加强我校科技开发工作,尽快形成具有较高科技水平和较强竞争能力的开发队伍和成果,同时为人才培养这一长远目标服务,9月12日,经校务工作会议研究决定,成立中国科学技术大学科技开发院,同时撤销科技开发部。科技开发院与科技开发总公司合署办公。

校党委副书记王学保任科技开发院院长,科技开发总公司经理顾俊廉、科研处处长卞祖和任副院长。

● 举办非线性科学高年级试点班

9月3日,我校"非线性科学高年级试点班"举行了隆重的开学典礼,校长谷超豪出席典礼并作了重要讲话。举办试点班的目的是为了培养一批数理基础扎实、能在20世纪末和21世纪初从事非线性科学研究的新生力量。本届试点班的20名学员是从数学系、物理系、近代物理系、近代力学系、地球与空间科学系及少年班的87级学生中经过严格考试选拔出来的。

● 举行1990级新生开学典礼

9月10日上午,1990级新生开学典礼在大礼堂隆重进行。校领导谷超豪、汤洪高、王学保、蔡有智、宋天顺等出席大会。尹鸿钧副校长主持大会,他宣读了全国人大常委会副委员长、我校名誉校长严济慈和中国科学院教育局发来的贺电。严济慈在贺电中勉励广大师生"继承和发扬科大光荣传统和优良校风,尊师爱生,团结奋进,为把科大办成闻名国内外的高等学府做出贡献"。

谷超豪在讲话中简要回顾了学校的办学历程,并对1990级新生今后的学习、生活提出了具体要求,希望同学们珍惜时间,不虚度年华,在"勤奋学习,红专并进,理实交融"的校风熏陶下,取得优异的成绩。

1990年学校共录取本、专科生719名,硕士生241名,博士生29名。本科生录取平均分数为573.76分,有9个省、自治区的高考理科第一名进入我校。录取的49名保送生中有8名是国家奥林匹克学科竞赛集训队成员,其中2人参加了国际比赛并分别获得金、银牌。

● 举行庆祝建校32周年暨优秀教师、学生表彰大会

9月20日下午,建校32周年暨优秀教师、学生表彰大会在大礼堂隆重举行。全国人大常委会副委员会长、我校名誉校长严济慈发来贺电,对获奖的同学和老师们致以热烈的祝贺,并"希望全校师生员工齐心协力,再接再厉,为办好科大做出新贡献"。中国科学院院长周光召、副院长王佛松也发来贺电,希望我校"要在现有成绩的基础上,继续坚持正确的政

1990年

治方向,继续走改革、开放的道路,尤其要注意把国外先进的经验同我们的国情结合起来,培养德智体全面发展并立志在中国的土地上去克服困难,创造未来,富强祖国的合格人才"。会议由副校长蔡有智主持,校长谷超豪、党委书记汤洪高代表学校领导回顾了学校32年的办学经验、取得的成绩,提出了今后学校工作的努力方向。中共合肥市委副书记施维国代表来宾在会上发表了热情洋溢的讲话,师生代表也在会上发言。

大会向21名第十届"郭沫若奖学金"获得者,38名第五届亿利达实验科学奖获得者分别颁发了奖金、奖章和证书,向30名中国科学院优秀研究生导师、先进教师和先进教育管理干部,3名安徽省德育工作优秀教师(优秀德育工作者)颁发了奖品和证书,向从事教育工作25周年和在校工作30周年的同志颁发了荣誉证书。

● 日本东京大学工学部代表团两次访问我校

3月18日起,以平野敏佑为团长的日本东京大学工学部代表团一行六人应邀来校进行为期两天的访问。史济怀副校长、东京大学交流委员会成员和有关部门负责人会见了代表团全体成员,并就1990年度双方来往人员合作交流以及第三个五年合作计划有关事宜进行了会谈。双方就今后合作的方式问题进行了探讨,一致认为应该寻求一种新的合作模式,合作领域应当更为宽广。外事办公室主任戚伯云代表我校提出了以我校和日本东京大学工学部为主体的中日两国大学群之间的科技合作的新设想。这一新的合作设想得到日方的赞同,双方约定在当年秋天第二轮会谈时进行最后商定。

9月21—22日,根据我校与日本东京大学的合作交流协议,东京大学工学部部长吉川弘之一行五人应邀来我校访问。当日,校长谷超豪、副校长史济怀会见了代表团全体成员。晚上,安徽省副省长吴昌期、省政府副秘书长凌霖在省政府接见并宴请了代表团。

22日,两校举行了本年度第二轮会谈,着重就下一年度在两校大学群之间开展合作的方式做了进一步磋商,我校向日本东京大学提交了新合作草案,东京大学方面表示带回日本同有关方面商讨。同时提交的还有1991年度互派访问学者的名单。会谈中,双方总结了八年合作交流的成果与经验,一致认为成绩是显著的,充分体现了两校乃至两国人民之间的友好关系,是中日两国人民共同创造的宝贵财富,在此基础上,今后的合作将会开展得更加圆满与成功。

● 我校人口普查工作圆满完成

9月,我校人口普查工作圆满完成,并顺利通过了稻香村街道和合肥市西市区的验收。这次人口普查的基本数据是:现住人口总计12 873人(包括北京户口413人),大中专以上文化程度共8 727人。现有家庭户1 876户,合计人口6 215人;集体户人口6 658人;共有

17个民族,其中汉族12 609人。

澳大利亚南澳理工学院代表团来校访问

7月30日,中国、澳大利亚两国政府代表签署了中、澳大学机构合作项目谅解备忘录。根据备忘录精神,澳大利亚南澳理工学院代表团山德汉姆教授、皮枷切夫博士一行于10月4—19日来我校访问,副校长史济怀、外事办公室主任戚伯云及精密机械和精密仪器系郦明、邹自强与山德汉姆一行就两校间当年的合作计划进行了会谈。会谈形成了双方合作备忘录,对近期"种子"经费使用作了规划,并制订了下一阶段的合作计划,双方将在联合科研、合作开发新产品、开拓国内国际市场等方面进行互利合作。

访问期间,山德汉姆一行参观了加速器、精密机械和精密仪器系的超精加工、振动和等离子体处理研究室以及物理系的激光、微电子研究室,加深了对我校科研实力的印象。山德汉姆一行还为我校师生作了学术报告,介绍了南澳理工学院概况和科学研究状况。

新增3个博士点、15名博士生导师

10月5日,国务院学位委员会第九次会议批准了第四批博士学位授权学科、专业及其指导教师。我校有3个博士学位授予学科、专业和15位博士生指导教师获得批准。

获得批准的博士学位授予学科、专业是:分子生物学、信号与信息处理、计算机软件。

获得批准的博士生指导教师是:常庚哲(计算数学)、赵林城(概率论与数理统计)、阎沛霖(理论物理)、侯伯元(理论物理)、徐克尊(原子核物理)、方容川(凝聚态物理)、郭光灿(光学)、张懋森(分析化学)、邓祖淦(天体物理)、徐果明(固体地球物理学)、徐洵(分子生物学)、范维澄(工程热物理)、沈兰荪(信号与信息处理)、徐善驾(电磁场与微波技术)、冯玉琳(计算机软件)。

华南师范大学校长刘颂豪来我校访问

10月10—15日,华南师范大学校长、我校兼职博士生导师刘颂豪教授专程来我校访问。尹鸿钧副校长召集有关部、处负责人就科研、师资、开发以及研究生培养等方面合作问题与刘颂豪校长进行了认真的会谈。访问期间,史济怀副校长会见了刘颂豪,感谢他对我校光学博士点的大力支持。刘颂豪在访问期间,还给我校师生作了题为《孤子激光器及孤子光通信系统中的若干物理问题》的学术报告。

1990年

● 香港科技大学副校长钱致榕来校访问

应谷超豪校长邀请，香港科技大学副校长、我校客座教授钱致榕于10月16—19日来我校访问。校领导谷超豪、汤洪高、史济怀和著名物理学家钱临照等会见了他，并进行了座谈，钱致榕介绍了香港科技大学的组建情况，双方就当前世界高等教育中的普遍问题进行了探讨。

访问期间，钱致榕参观了加速器、信息中心，并与近代物理系和少年班师生进行了座谈。18日晚，他还为师生作了题为《从香港科技大学的创建谈九十年代高等教育》的专题报告，受到广大师生的欢迎。

钱致榕原是美国约翰·霍普金斯大学物理系主任、校长助理，是一位高能物理学家，也是一位热衷于教育事业的教育家。

● 中日火灾科学研讨会在我校召开

10月21—23日，由我校火灾科学实验室和安徽省消防协会联合主办的1990年中日火灾科学研讨会在我校召开，近百名中日火灾科学专家参加了会议。

会议收到学术报告近20篇。中日双方报告了各自火灾科学研究的现状和设想，会议审议了我校火灾科学实验室设计方案。

研讨会上，国际火灾安全协会秘书长、日本燃烧学会主席平野敏佑被我校聘为客座教授，史济怀副校长为他颁发聘书。

● 国家重点实验室——火灾科学研究实验室奠基

10月22日上午，国家重点实验室——火灾科学研究实验室在我校西区举行奠基仪式。李鹏总理亲自为实验室题名，安徽省副省长张润霞，合肥市市长钟咏三，日本燃烧学会主席、国际火灾安全科学协会秘书长、我校客座教授平野敏佑以及我国公安部、建设部、林业部、中国石油总公司、中国科学院、有关院校的专家学者应邀出席了奠基仪式。奠基仪式由校党委书记汤洪高主持。安徽省副省长张润霞、校长谷超豪在奠基仪式上讲话。

火灾科学研究实验室是国务院批准在我校建设的国家级重点实验室，由世界银行贷款和中国科学院配套支持建设。筹建过程中，党和国家领导人及有关部委、中国科学院都给予了热情的支持，国内外专家学者都予以极大的关注和支持。该实验室是当时我国唯一以火灾科学为主要研究方向，培养火灾方面的高水平科技人才，同时进行国内外学术交流与合作的国家重点实验室。

《数学年刊》第七次全体编委会议在我校举行

10月22—25日,《数学年刊》第七次全体编委会议在我校召开。全国政协副主席、中国科学院学部委员、《数学年刊》主编、复旦大学名誉校长、著名数学家苏步青,中国科学院学部委员、数学研究所研究员王元等22名著名数学专家、学者出席了会议。会议由我校校长谷超豪主持,苏步青致开幕词,李大潜代表常务副主编及编辑部向全体编委会作了工作报告。

《数学年刊》是1980年由国家教委委托苏步青创办的全国性数学期刊,编委由全国各高等院校和中国科学院有关数学专家组成。自创刊以后,不仅在国内数学界具有较大的影响和吸引力,而且在国际数学界也具有一定的影响和声誉。此次会议的目的是及时总结办刊经验,讨论办刊中遇到的问题和困难。与会人员充分肯定了办刊十年的成绩,同时也对年刊面临的稿件积压较多,经费紧张和如何进一步保证质量以及年刊编委队伍的年轻化等诸多问题作了深入的探讨。

10月24日下午,苏步青为学校师生作了一场生动的报告。他结合自己切身经历和体会,向同学们表达了一位老一辈科学家的希望:热爱科学,振兴中华,勤奋学习,献身科学。苏步青的报告深入浅出,生动幽默,深受同学们的欢迎。

会议期间,代表们还兴致勃勃地参观了国家同步辐射实验室、信息中心和校园,并同数学系师生进行了座谈。专家们对我校取得的成就给予高度评价,并对今后如何办好中国科学技术大学,发挥学校优势提出了建设性意见。

张宗植亲临我校颁奖

10月30日下午,我校第三届张宗植青年教师奖和张宗植科技奖学金颁奖仪式在水上报告厅隆重举行。张宗植及夫人森春江专程来合肥出席颁奖仪式。

颁奖仪式由校党委书记汤洪高主持,校长谷超豪和张宗植分别讲话。谷超豪对张宗植亲临我校颁奖表示感谢,对他多年来关注祖国科技建设的爱国热忱表示钦佩,并欢迎他对学校的工作提出批评和建议。张宗植在讲话中首先对本次获奖的青年教师和优秀学生表示祝贺,接着以亲身体验阐述了科技兴国、科技富国的道理,勉励青年教师和学生以祖国建设为己任,兢兢业业,不断创新,为祖国的未来勇攀科技高峰。

31日下午,张宗植同部分获奖师生进行了座谈。在校期间,他还参观了校园和加速器等主要科研设施。

1990年

● 首届王宽诚育才奖、首届亿利达奖颁奖

11月8日下午，我校举行首届王宽诚育才奖、首届亿利达青年教师奖及亿利达科学基金奖颁奖仪式。校领导谷超豪、汤洪高、宋天顺、史济怀、尹鸿钧、余翔林等出席会议，并为获奖教师颁发了荣誉证书。颁奖仪式由汤洪高书记主持，谷超豪校长讲话。

颁奖仪式结束后，校领导和师资、人事、后勤及有关部门负责人与青年教师代表就学校在20世纪90年代如何发展、迎接挑战的问题进行了座谈，大家对稳定发展青年教师队伍，提高青年教师的教学水平，重视基础课教学和实验室建设，严格学籍管理，加强学风建设等问题提出了许多有益的建议。

王宽诚育才奖是香港王宽诚教育基金会在我校设立的，资助人民币10万元为育才奖基金，旨在奖励坚持四项基本原则，热爱祖国，热爱教育事业，为人师表，教育有方，在教学工作和科学研究中取得显著成就的优秀教师。学校设立了王宽诚育才奖评审委员会，评委会由学校9名专家组成，主任由谷超豪校长兼任，并制定了《中国科学技术大学王宽诚育才奖管理条例》。学校决定每年9月20日校庆纪念日举行育才奖颁奖仪式，由校领导向获奖者颁发经校长签署的中国科学技术大学王宽诚育才奖荣誉证书、纪念奖章和奖金1 000元。

● 美国普渡大学代表团访问我校

11月9—12日，应谷超豪校长邀请，以美国普渡大学理学院院长克利佛为团长的普渡大学代表团访问我校。校领导谷超豪、汤洪高、史济怀与代表团全体成员进行了会晤。

在普渡大学代表团访问期间，由我校副校长史济怀、有关学科代表参加的我校代表团与普渡大学代表团就加强两校间的合作交流问题进行了会谈，并签订了谅解备忘录和附录。根据备忘录和附录的规定，双方将在数学、物理、化学、生物、计算机等方面于1991年开始进行合作交流。

● 中国科学院领导来校检查指导基建工作

11月12—15日，中国科学院基建局局长汪友三，计划局常务副局长、大中型工程协调组组长张厚英，教育局副局长石庭俊，技术安全局副局长张春吉以及国家计委重点建设协调监督司沈成均处长等一行12人，专程来我校检查国家同步辐射实验室竣工验收准备工作的进展情况，并检查我校"七五"基本建设计划执行情况，听取我校"八五"基建计划的汇报。

通过检查,中国科学院领导对国家同步辐射实验室的调机工作进展表示满意。他们希望全体实验室人员努力拼搏,学校有关单位通力协作,在规定的验收时间内使各项工作达到国家验收标准,顺利通过国家验收。

在校期间,中国科学院检查组认真听取和检查了我校"七五"基建计划的执行情况,同意学校"七五"基建计划的调整方案,并与学校领导和有关部门讨论了"八五"规划的有关问题。

认知科学开放实验室由研究生院(北京)代管

11月24日,中国科学院同意认知科学开放实验室的行政、后勤和日常工作由研究生院(北京)代管,并要求我校对该实验室的学科发展给予积极领导、支持和协作,特别是生物系要在学术交流方面密切合作,在科研人员和科研设施等方面相互支持和配合。

南京大学代表团来访并达成协议

11月30日至12月1日,应谷超豪校长邀请,由南京大学校长曲钦岳、常务副校长陈懿率领的南京大学代表团一行14人对我校进行友好访问。30日下午,南京大学代表团和我校领导及有关部处负责人听取了双方关于学校情况的介绍。12月1日上午,南京大学代表团参观了合肥国家同步辐射实验室和信息处理中心,双方相关系科和部门进行了对口座谈。双方本着相互学习、取长补短和对等原则,通过商谈,决定在多方面、多层次进行合作与交流,并达成《关于加强交流与合作的协议书》。根据协议书规定,双方将在学生培养、教育与科研的合作、交流,科技开发,国际交流以及信息资料的交流等领域互相支持、互相学习和交流。

卢嘉锡来校检查指导工作

12月4日上午,全国政协副主席、中国农工民主党主席、原中国科学院院长卢嘉锡在参加中国科学院安徽光机所建所20周年庆祝活动之后,由安徽省政协副主席徐乐义陪同来我校检查指导工作。谷超豪、汤洪高、宋天顺、史济怀、尹鸿钧与钱临照、杨承宗、辛厚文等校领导、教授及相关系科负责人与卢嘉锡教授进行了座谈。卢嘉锡还参观了国家同步辐射实验室,听取了加速器负责人的汇报。12月5日下午,卢嘉锡在江淮大戏院作了题为《谈谈我从事教学、科研工作的体会》的报告,我校200名教工参加了报告会。

1990年

◉ 朝鲜科学院代表团来校访问

12月7—9日,以朝鲜科学院院长、朝鲜劳动党中央委员会委员金景峰为团长的朝鲜科学院代表团一行五人来我校访问。谷超豪校长、史济怀副校长会见了代表团全体成员,宾主双方进行了亲切友好的谈话。谷超豪在会谈中介绍了学校的情况,回答了金景峰提出的关于学校的招生、学生培养、毕业分配等方面的问题。12月8日上午,代表团参观了生物系、无线电电子学系、电子技术基础部、信息处理中心及国家同步辐射实验室等有关单位、实验室。参观中,金景峰仔细询问了有关科研情况。他对我校的科研工作,特别是对我校能自力更生建设像同步辐射实验室这样具有世界先进水平的实验室给予了很高的评价。

◉ 开展"校领导接待日"活动

根据校务会议研究决定,从1990年12月23日开始,每周安排半天的"校领导接待日"活动。当天,校领导王学保、宋天顺、史济怀、尹鸿钧等共先后接待了来访群众21人次。来访群众既有反映学校教学、科研和管理工作的情况并提出意见和建议的,也有谈及个人工作和生活诸方面问题的。能及时解决的,校领导当场予以答复;不能解决的也作出解释。校领导非常重视"校领导接待日"活动,把它作为联系群众、了解情况、集思广益、改进工作的有效途径。

◉ 居民委员会成立

12月27日,合肥市西市区人民政府同意中国科学技术大学家属委员会更名为中国科学技术大学居民委员会。

◉ 试行博士生副导师制度

根据《中国科学院关于试行博士生副导师制度的若干规定》,我校于1990年末决定试行博士生副导师制度。经过个人申请,各系学位分委员会推荐或博士生导师推荐,校学位评定委员会讨论通过,谷超豪校长批准,我校首批遴选出田畴等58名博士生副导师(其中研究生院(北京)8名,校外其他单位3名)。

1990年

● 科研成果获奖情况

1990年,学校共有23项科研成果获得国家级、中国科学院和其他部委奖励。其中包括:国家自然科学奖3项、科技进步奖3项,中国科学院自然科学奖7项、科技进步奖6项,部委奖7项。

● 在国际上发表科技论文数居全国高校第三位

据国际四大检索系统统计,1990年我校在国际上共发表科技论文233篇,在全国高校中居第三位。

● 年度数据统计

1990年度,全校共有教职工3 441人,其中教师1 852人,中国科学院学部委员2人,教授114人(包括博士生导师60人),副教授541人。在校学生4 854人,其中博士生153人,硕士生753人,本科生3 646人,专科生302人。此外,各类成人高等学历教育在学学生1 460人。校舍建筑面积31.4万平方米。

1991年

● 开展党员重新登记工作

1月5日,党员重新登记工作全部结束,校党委召开全校党员大会,党委书记汤洪高作总结报告。本次党员重新登记工作从1990年9月15日开始,经过学习教育、个人总结、民主评议、党委审批和整改五个阶段,1990年12月21日,通过了中共安徽省委宣传部、省高校党员重新登记办公室、中共安徽省委高校工委的联合检查验收。

1989年9月,中共中央[89]10号文件《关于转发〈中央组织部关于在部分单位进行党员重新登记工作的意见〉》下达后,校党委立即组织学习并开始进行党员重新登记的准备工作。在抓紧清查清理工作的同时,10—11月,对全校副处级以上干部进行了全面认真的考察。1990年初,党委组织全校党员集中学习3天,并培训了骨干;6月份,成立了校党员重新登记领导小组及办公室,为党员重新登记做好了思想和组织准备。9月15日,校党委召开了全校党员大会,由党委书记汤洪高作党员重新登记动员报告,宣布党员重新登记工作正式展开。

9月15日至10月13日为学习教育阶段,10月15日至11月3日为个人总结阶段,11月5日至12月1日为民主评议阶段,12月3日党员重新登记进入党委审批阶段。根据中共安徽省委宣传部和高校党员重新登记办公室的要求,在党委审批的同时,专门安排两周时间为整改阶段。

我校共有党员1670人,参加这次登记的有1254人。在清理清查和党员重新登记中作出组织处理的10人,其中开除党籍3人,除名3人,取消预备党员资格1人,撤销党内职务1人,党内严重警告处分1人,不予登记的1人。

1991年

● 召开"贯彻理科教育工作座谈会精神，深化教育改革研讨会"

1月11—13日，学校召开"贯彻理科教育座谈会精神，深化教育改革研讨会"。中国科学院副院长王佛松，国家教委高等教育司司长王冀生，中国科学院副秘书长张云岗、刘乃泉，院教育局局长王文涛，院计划局常务副局长张厚英，院基建局副局长何尧熙，院教育局副局长石庭俊等一行12人专程从北京来合肥参加会议。大会由党委书记、常务副校长汤洪高主持，校长谷超豪致开幕词。

副校长尹鸿钧代表学校作了《贯彻全国高等理科教育工作座谈会精神，深化科大教育改革的设想》的报告。张云岗在讲话中指出，要认清形势，增强搞好改革的信心。希望学校不断深化改革，为我国现代化建设培养和输送优秀的科技人才。

会议期间进行了分组讨论和大会交流，15位同志在大会上发言。代表们畅所欲言、思路开阔、气氛活跃，为深化教育改革献计献策。

在13日的闭幕式上，首先由谷超豪作总结报告。接着，王冀生代表国家教委领导和高等教育司讲话。他希望并建议我校就高等教育办学中的一些重大的宏观问题作进一步研究。最后，王佛松作了重要讲话，并就我校改革工作提出了宝贵意见。

大会还向我校荣获"全国高校科技工作先进集体"称号的数学系和荣获"全国高校先进科技工作者"称号的谷超豪、潘才元、吴健康、余翔林颁发了奖状和证书，并向我校从事高校科技工作40年的12位教职工颁发了荣誉证书。

● 全国人大代表来校视察多层次办学

1月14日上午，全国人大代表杨承宗、葛钟麟、刘盛武、马兴孝一行四人来我校视察多层次办学情况。党委副书记王学保、副校长尹鸿钧会见了几位代表。副秘书长王溪松、副教务长朱滨参加了座谈。教务处、成人教育部及部分系的领导向人大代表汇报了我校成人教育的发展和多层次办学、人才培养情况。四位人大代表认真听取了汇报，并就如何发挥我校办学优势，努力为安徽多培养人才的问题发表了意见。

● 科技管理与科技情报系、经济管理与系统科学系更名

1月14日，"科技管理与科技情报系"更名为"科技情报系"；"经济管理与系统科学系"更名为"管理科学系"。

1991年

● 冯克勤获中国数学会第三届陈省身数学奖

1月15日,中国数学会陈省身数学奖评奖委员会宣布,我校数学系冯克勤教授因在代数数论研究方面成绩卓著而获得第三届(1989—1990)陈省身数学奖。

陈省身数学奖是为了奖励作出突出成就的我国中青年数学家,促进我国数学的发展,由香港亿利达工业发展集团有限公司提供捐助而设立的,它被认为是我国数学研究的最高奖项。

● 我校研制的"KDASV—Ⅰ型语声身份确认系统"填补国内空白

1月15日,由我校无线电电子学系语言通信实验室研制成功的"KDASV—Ⅰ型语声身份确认系统"在合肥通过省级技术成果鉴定。

这个系统的主要特点是:预先登录过的使用者只要报自己的姓名及说几个数字,该系统就能够对说话人的语言信号进行分析,自动地确认说话人和他所声称的身份是否一致。

由国内知名专家组成的鉴定委员会一致认为,该系统填补了国内空白,其正识率等主要技术指标已接近20世纪80年代末国际先进水平,在军用或民用领域都有着广阔的应用前景。

● 对正式注册的9个公司进行清理整顿

1月16日,学校经研究并报中国科学院、安徽省同意,对正式注册的9个公司进行清理整顿,保留2个,即科技开发总公司和劳动服务公司,合并4个,撤销3个。

● 赵林城等11人受到国家教委等单位表彰

1月25日,国家教委、国务院学位委员会、中央宣传部、人事部在北京人民大会堂举行表彰大会,表彰了一批全国有突出贡献的中国博士、硕士学位获得者,留学回国人员和优秀大学毕业生,江泽民、李鹏等国家领导人出席大会并颁奖。我校赵林城、李尚志、范洪义、苏淳、张贤科、吴长春、冯玉琳、吴以成、刘家全(研究生院(北京))博士和周逸峰硕士受到表彰,并被授予"做出突出贡献的中国博士、硕士学位获得者"荣誉称号,冯克勤教授被授予"做出突出贡献的留学回国人员"荣誉称号。

1991年

● 首次组队参加美国大学生数学模型赛，荣获一等奖

3月1—3日，在1991年美国大学生数学模型比赛中，我校参赛的两个队分别获得一等奖和三等奖。

美国大学生数学模型竞赛（Mathematical Contestin Modeling，简称MCM）从1985年开始，每年举行一届。数学模型竞赛与传统数学竞赛不同，它属于应用数学范围。参赛者可以来自不同的专业，每三人组成一组，在竞赛题目中选题作答。竞赛题目要求参赛者分析情况，作出假定，建立数学模型来解决问题，主要考察学生利用数学知识解决实际问题的能力。

这是我校第一次组队参赛，由数学系李尚志教授任指导教师，青年教师陈发来协助，组织和训练参赛队。经过紧张训练，择优选拔六名同学正式组成两个参赛队，于3月1—3日参加竞赛，并取得可喜成绩。

● 日本东京大学工学部代表团来校访问

3月7—8日，以东京大学工学部教授、东京大学与中国科学技术大学合作小委员会日方委员长大圆成夫为团长的东京大学工学部代表团一行五人应邀来我校访问。访问期间，双方就本年度两校来往人员及其他合作交流事宜进行了进一步磋商。谷超豪、汤洪高、史济怀等校领导会见了代表团全体成员。

● "高温超导材料的基础与应用研究"通过验收

3月12日，由我校和中国科学院物理研究所等七个单位承担的中国科学院"七五"重中之重项目"高温超导材料的基础与应用研究"通过验收。该项目共取得国际领先成果8项，申请专利10余项。

● 任之恭赠书我校

4月，著名美籍物理学家、我校名誉教授任之恭将凝聚一生心血和经历的440本书刊和21本物理实验记录手稿（1946—1972年）捐赠我校。

书稿展览开幕的当天上午，原副校长钱临照专程从医院赶来观看展览，他向全体到场的读者详细介绍了任之恭一生的经历，高度赞扬了他严谨、刻苦的科研精神，指出21本手

1991年

稿笔记就是一个最好的例证,鼓励青年学生学习任之恭的爱国主义精神。

鉴于这批书刊的质量和赠书的意义,图书馆研究决定开辟专门的赠书陈列室,以示对前辈和爱国科学家的敬意。

● 赵忠贤为我校学生作有关超导研究的报告

4月15日下午,第三世界科学院院士、中国科学院学部委员、著名超导专家赵忠贤来我校参加中国科学院高温超导学术研讨会之际,为我校学生作了题为《超导技术研究和我们的使命》的报告。赵忠贤在报告中讲述了超导研究历史上的两次重大突破和存在的两大课题。他没有讲述高深的理论问题,而是在娓娓道来中穿插了许多超导研究历史上的轶闻趣事。这些趣事不仅使学生得到轻松的享受,而且给学生以很好的启迪。

● 李贵鲜视察国家同步辐射实验室

5月22日上午,国务委员、中国人民银行行长李贵鲜一行在安徽省副省长吴昌期、省人民银行行长宋明、合肥市市长钟咏三和我校副校长蔡有智等陪同下,视察了合肥国家同步辐射实验室。

视察期间,他认真听取了工程总经理包忠谋、副总经理兼总工程师何多慧对工程最新进展的报告,详细询问了储存环超高真空获取、实验站应用前景等技术细节,对工程调试情况和在许多高技术领域取得的成果表示非常满意。他一再强调这一工作很重要,应当很好地组织全国的科技力量利用该装置开展研究。

● 国家同步辐射实验室工程调机试验取得重大进展

国家同步辐射实验室工程是我国"七五"期间20个重中之重的国家重点建设工程之一,建成了我国第一台专用的同步辐射光源。经过实验室全体建设者,特别是第一线昼夜不停连续调机的科技工作者的努力,同步辐射实验装置调机试验于5月24日上午取得突破性进展:200MeV注入储存束流已达245mA以上,慢加速到800MeV,储存束流达205.34mA,之后又多次超过200mA,5月25日凌晨又达到211mA。这一成果不仅达到了中国科学院要求200mA、800MeV的国家验收指标,而且创造了世界低能注入储存环束流流强积累的又一好成绩。它标志着我国专用同步辐射装置研制技术达到了世界先进水平。

第六次党代会隆重召开

5月29—31日,中共中国科学技术大学第六次代表大会隆重举行,184名代表、37名列席代表及来宾出席了会议。安徽省委副书记杨永良,中国科学院领导刘乃泉、王文涛、张志林,安徽省高校工委领导朱仇美、刘伦光,安徽省委组织部、宣传部、合肥市委、中国科学院合肥分院、合肥地区高校领导及校领导汤洪高、谷超豪,原校领导卢岗峰、钱临照、杨承宗等出席了开幕式。我校7个民主党派的主要负责人也应邀出席了开幕式。

开幕式由宋天顺主持,王学保致开幕词,杨永良、朱仇美、刘乃泉、茅培基分别代表安徽省委、安徽省高校工委、中国科学院、中国科学院合肥分院向大会表示热烈祝贺,预祝大会取得圆满成功。会上,代表们认真听取了汤洪高所作的党委工作报告和华伟范所作的纪委工作报告。各代表团组织全体代表和列席代表对"两委"工作报告进行了认真的讨论、审议。

会议期间,代表们就"两委"选举办法、"两委"候选人建议名单、"两委"工作报告的决议(草案)等进行了认真细致的讨论。

在闭幕式上,代表们一致通过了关于"两委"工作报告的决议和"两委"选举办法,大会选举出第六届中共中国科学技术大学委员会和中共中国科学技术大学第二届纪律检查委员会。汤洪高致闭幕词。

世界著名超导专家朱经武被聘为我校名誉教授

6月1日下午,学校隆重举行授聘仪式,授予世界著名超导专家、美国休斯顿大学物理系教授、德克萨斯超导研究中心主任朱经武为我校名誉教授。

朱经武多年从事高压和低温物理方面的研究工作,在学术上有很深的造诣,是世界上研究超导体首屈一指的专家。

授聘仪式在水上报告厅举行,由常务副校长汤洪高主持,校长谷超豪在讲话中盛赞朱经武以他令人瞩目的研究成果和杰出贡献在国际上享有崇高的学术地位,希望他能为我校的发展提出宝贵意见,经常来学校指导工作,进行合作研究。

朱经武在讲话中感谢我校给予他的荣誉,表示将尽力促进德克萨斯超导研究中心和我校超导中心的学术交流和研究。

授聘仪式结束后,朱经武作了题为《超导研究的现状和发展前景》的学术报告,受到师生们的热烈欢迎。

1991年

● 召开教学评估研讨会

6月1—2日,学校召开"中国科学技术大学教学评估研讨会"。会议由常务副校长汤洪高、副校长尹鸿钧主持。校领导谷超豪、刘乃泉、王学保、蔡有智、宋天顺、史济怀等出席了会议,并特邀国家教委高等教育司司长王冀生、北京师范大学自然科学处处长胡祖莹参加了会议。

这次研讨会是为了贯彻国家教委颁布的《普通高等学校教育评估的暂行规定》精神、进一步落实我校"深化教育改革研讨会"提出的改革措施、做好全校重点课程评估而召开的。

会上,谷超豪校长讲话,尹鸿钧副校长作了题为《加强课程建设,开展教学评估,进一步提高我校的教学质量》的报告。会议期间,物理系、无线电电子学系、生物系、师资处、科研处、教务处等单位的代表分别作了大会发言,王冀生等作了专题理论报告。

● 设立校内青年科学基金

6月11日,"首届青年科学基金"评审结果揭晓。经学校批准,24个优秀项目获得资助,经费总额35万元。

为鼓励青年教师和青年科技人员的学术活动,培养青年科技人员独立进行开创性的研究工作,提高学校科研水平和增加各学科发展的"后劲",促进年轻学术骨干和学术带头人成长,并为他们向外争取项目打下基础,根据学校科研工作"抓重、扶轻、治散"(即抓重大项目,扶持年轻人成长,治理力量分散现象)的方针,学校决定从1991年起设立校内青年科学基金,并制定了《中国科学技术大学青年科学基金试行办法》。

校内青年科学基金每年评定一次。学校准备每年从科研事业费中拨款30万元,面向全校,择优支持学术思想新颖,年龄在40周岁以下(特别优秀项目可放宽至45周岁),能独立开展研究工作的我校在职人员。

● 廖汉生来校视察工作

6月20日下午,来安徽视察工作的全国人大常委会副委员长廖汉生在安徽省人大常委会主任王光宇、副主任郑锐,校领导谷超豪、王学保、宋天顺等陪同下,视察了我校国家同步辐射实验室。

视察期间,谷超豪向廖汉生一行汇报了学校近况。接着,合肥国家同步辐射实验室工程总经理包忠谋汇报了实验室的建设情况和加速器的应用前景。

1991年

最后,廖汉生一行来到同步辐射装置总控制室和储存环大厅看望了正在工作的实验人员,询问并观看了实验装置的运行情况,对同步辐射装置的调机试验工作最近取得的进展表示满意。

● 中国科学院青年学者学术讨论会在我校举行

6月25—29日,中国科学院委托我校高技术学院主办的中国科学院青年学者学术讨论会在我校举行。来自国内外、校内外信息、自动化、计算机领域的100多名代表参加了会议。

6月25日上午,出席开幕式的有中国科学院副秘书长刘乃泉、教育局局长王文涛,校领导谷超豪、蔡有智、宋天顺、史济怀、尹鸿钧。钱临照教授、杨承宗教授也应邀出席了开幕式。

这次会议的主题是信息、计算机、自动化。会议期间,代表们进行了广泛的学术交流,讨论了信息、自动化及计算机领域许多学科的国内外最新发展。电子学专家陈增圭等8名教授就电子学、遥感技术、模式识别、计算机、机器人等方面的研究作了综合报告,32名青年学者报告了自己的研究工作及成果,会议共收到交流报告55篇。

邀请在国外的青年学者回国参加学术会议在中国科学院尚属首次。这次回国的9名人员中年龄最小的28岁,年龄最大的35岁,其中大部分是原中国科学技术大学学生。他们重返祖国,重返母校,与导师和国内青年学者相聚,同叙友情,共话科技,备感亲切。与会代表反映,这次讨论会不仅交流了学术,也交流了感情,增进了了解。

● 隆重举行1991届毕业典礼

6月27日下午,1991届毕业典礼在水上报告厅隆重举行。中国科学院副秘书长、我校副校长刘乃泉,中国科学院教育局局长王文涛,校领导谷超豪、宋天顺、史济怀等出席大会。毕业典礼由尹鸿钧副校长主持。

1991年共有703名本科生和136名专科生毕业,其中247名同学考取研究生,371名同学即将走上工作岗位。谷超豪在毕业典礼上讲话。王文涛代表中国科学院教育局向毕业生、受表彰同学和考取研究生的同学表示祝贺。

● 新建两个博士后流动站

6月29日,人事部、全国博士后管理委员会批准我校力学、动力工程及工程热物理两个

1991年

学科新建博士后流动站。

● 1988级、1989级本科生大学英语四、六级考试成绩继续居全国领先地位

在1991年全国大学英语四、六级考试中,我校考生平均成绩在全国重点院校中继续保持领先地位。

根据大学英语考试中心公布的数字,我校有602名1989级本科生(含自费本科生)参加了6月份的全国大学英语四级考试,其中通过570人,占94.7%;取得优秀(85分以上)者140人,占23.3%;通过率和优秀率均显著高于全国重点院校平均水平。

另外,我校1988级本科生(含自费本科生)分别有348人和241人参加了1月和6月的全国大学英语六级考试。1月份通过210人,占60.3%,13人取得优秀成绩,占3.7%;6月份通过101人,占41.9%,4人取得优秀成绩,占1.7%;通过率和优秀率亦明显高于全国重点院校平均水平。

● 汤洪高等校领导任职

7月17日,中国科学院党组批准汤洪高任中国科学技术大学党委书记;王学保、宋天顺任党委副书记;华伟范任中国科学技术大学纪律检查委员会书记;中国科学院批准余翔林任中国科学技术大学副校长(任期到校长届满)。

● 中国大学生首届足球赛在我校举行

中国大学生首届足球赛(美菱杯)7月20—28日在我校举行,这是由国家教委、国家体委和全国大学生足球协会委托我校承办的建国以来规模最大的一次大学生足球盛会,得到了上级领导部门和合肥企业界的关心和支持。聂荣臻元帅、廖汉生副委员长及国家体委主任伍绍祖、副主任刘吉先后为大赛题词,香港霍英东先生也于大赛期间发来贺电。来自全国各高校的18支代表队参加了比赛。

大赛历时9天,共进行了44场比赛,在紧张激烈的争夺中,东北财经大学代表队以较强的实力和较高的球技勇克对手,荣膺冠军。青岛化工学院代表队、四川大学代表队分获二、三名。我校代表队排名第八,并荣获体育道德风尚奖。

1991年

● 数学、物理学科进行"本科生—硕士生—博士生分流制"改革试点

8月3日,国家教委批准我校关于进行"本科生—硕士生—博士生分流制"教育改革试点的报告,同意我校从1992年起在数学和物理学两个专业进行试点。

"本科生—硕士生—博士生分流制"又称"4—2—3分流制",是我校教育改革的一项重要内容,旨在对理科人才进行分流培养。本学制为:在保持本科教育为独立教育阶段和不改变现行学制的情况下,可以在本科四年级经严格考核选拔部分品学兼优的学生直接进入硕士阶段学习,在硕士研究生教育两年后,选拔品学兼优者提前攻读博士学位。凡未被选拔上的学生仍按原学制完成原阶段所规定的教学计划。

● 国家教委批准我校数学专业为理科基础科学研究和教学人才培养基地第一批本科重点改革、建设试点专业

8月6日,国家教委批准我校数学专业为理科基础科学研究和教学人才培养基地第一批本科重点改革、建设试点专业,并要求中国科学院协助落实改革和建设方案、该试点专业的补助费和今后三至五年的建设投资。中国科学院非常支持我校数学基地建设,2月18日,经研究决定,从1991年至1995年每年支持该基地20万元,五年共支持100万元。

● 学校进行管理制度改革

8月13日,谷超豪校长主持校务工作会议,认真讨论了学校管理制度改革方案。方案涉及人事、分配、住房、医疗制度等。会议要求有关职能部门认真修订方案,经群众广泛讨论后由校务工作会议批准实施。

● 李铁映来校视察工作

8月17日上午,中共中央政治局委员、国务委员、国家教委主任李铁映在考察安徽灾情期间,在安徽省委书记卢荣景、省委副书记杨永良、副省长杜宜瑾的陪同下,来到我校视察指导工作,并在全校系处级干部和部分教授会上发表了重要讲话。

1991年

● 包忠谋等64名科技人员获得合肥市政府表彰

8月17—25日,"合肥市首届科学技术节"期间,合肥市人民政府对合肥地区"七五"期间为科技进步作出贡献的408名科技人员予以表彰,我校有64名科技人员获得表彰。其中,包忠谋等5人荣获合肥市"七五"期间有突出贡献的科技人员称号,张曼维等58人荣获合肥市"七五"期间优秀科技人员称号。

● 主办第十一届国际生产研究大会

8月19—23日,国际生产研究协会委托我校主办的第十一届国际生产研究大会在合肥隆重召开。我校名誉校长严济慈担任本届大会的名誉主席,并题词祝贺大会的召开。

开幕式由大会组委会主席、新当选的国际生产研究协会下届副主席、我校郦明教授主持。本届大会主席、我校校长谷超豪首先致词。安徽省副省长吴昌期和合肥市市长钟咏三分别代表省、市政府热烈欢迎海内外的来宾。国际生产研究协会现任主席德国的柏林格、前任主席荷兰的狄荣和新当选的下届主席美国的莫尔也分别讲话。

这次大会受到世界各国科技界和企业界的重视。来自中国、美国、德国、日本、英国等22个国家和地区的600多名专家、教授和企业家参加了这次盛会,其中海外来宾160多名。国际生产研究大会是在国际上享有盛誉、规模大、范围广的综合性学术会议,每两年举行一次,这是首次在我国举行。会议期间举办了有300多人参加的"现代企业管理特别讲座",邀请海内外20多名著名企业家作专题报告,还主办了展览,展示国内外最新科技成果。

● 谷超豪被聘为"非线性科学"项目首席科学家

国家科委于8月31日宣布,第一批国家基础性研究重大关键项目(亦称"攀登计划")正式启动。为加强国家对基础研究和应用基础研究(简称基础性研究)工作的领导,促使基础性研究持续稳定发展,国家科委在广泛听取意见的基础上,选出第一批10个项目列入国家《国民经济和社会发展十年规划和第八个五年计划纲要》;同时,确定了项目实施中的首席专家负责制。8月31日,在国家基础性研究重大关键项目首席科学家联席会上,国家科委主任宋健向12位承担项目的首席科学家颁发聘书,我校校长谷超豪被聘为"非线性科学"项目首席科学家。

1991年

● 举行1991级新生开学典礼

9月11日上午,1991级新生开学典礼在大礼堂举行。1991级新生和有关系、部、处负责人参加了开学典礼,校领导汤洪高、蔡有智、宋天顺、史济怀、尹鸿钧等出席大会。大会由尹鸿钧副校长主持,党委书记汤洪高代表校领导在会上讲话。

1991年学校共招收新生1335人,其中本科生775名,专科生215名,研究生345名。有6个省、自治区的7个总分第一名(理科)的考生进入我校学习,平均总分为588.4分。

● 格拉斯顿教授访问我校

9月14日,美国马里兰大学前任校长、加速器物理专家格拉斯顿教授及夫人伊丽莎白·纳兹博士(美国学生管理协会常务主任)应邀来我校访问。在校期间进行了讲学,并与我校教育管理人员研讨了高校管理问题。

格拉斯顿担任马里兰大学校长期间,积极倡导并支持与我校的合作,曾于1981年率团访问过我校,向我校介绍管理经验,我校先后有十多人前往该校进修、访问。

● 隆重举行校庆暨表彰先进大会

9月20日下午,庆祝建校33周年暨表彰先进教师、学生大会在大礼堂隆重举行。校领导汤洪高、刘乃泉、王学保、蔡有智、宋天顺、尹鸿钧、余翔林、华伟范及正副"三长"出席了会议。

大会由党委副书记王学保主持。党委书记、常务副校长汤洪高在会上作报告。他希望全校师生员工同心协力,共同办好学校。优秀教师代表张玉民、郭沫若奖学金获得者李世鹏也在会上发言。副校长余翔林在会上宣读了学校1991年关于表彰优秀教师和优秀学生及学生班级的决定。校领导及有关负责人为获奖教师、学生代表颁了奖。

● 学校与日本帝京大学签署学术交流协议

9月21日,《中国科学技术大学和帝京大学进行学术交流的基本协议》在上海签订。校长谷超豪和日本帝京大学总长冲永庄一分别代表两校在协议书上签字。副校长史济怀、外事办公室主任戚伯云出席了签字仪式。

1991年

● 日本东京大学工学部部长菅野卓雄率团访问我校

9月27—28日，以日本东京大学工学部部长菅野卓雄为团长的东京大学工学部代表团一行六人访问我校。史济怀副校长，中国科学技术大学与东京大学合作小委员会中方委员长韩肇元、副委员长戚伯云与卞祖和及委员们参加会谈。

在会谈中，双方都认为目前的这种合作从规模、持续时间、取得的成果等方面都是空前的，并且都表示了继续这种合作的愿望。双方商定要对以前的合作进行很好的总结，以获得中国科学院、日本文部省的继续支持。

● 学校电贺钱学森荣获"国家杰出贡献科学家"称号和一级英雄模范奖章

10月16日，国务院、中央军委授予钱学森"国家杰出贡献科学家"荣誉称号和一级英雄模范奖章的喜讯传来，全校师生员工深受鼓舞，学校致电钱学森教授，向他表示热烈祝贺和崇高的敬意，电文如下：

欣悉您荣获"国家杰出贡献科学家"荣誉称号和一级英雄模范奖章，特向您表示热烈祝贺。您在科学技术许多领域卓越的贡献为世人所瞩目，并激励了全国人民的勇气和信心。中国科学技术大学自创建起就得到您的亲切关怀和指导，在我校的建设和发展中凝聚了您的心血。您崇高的民族气节和优秀的品格是我们学习的楷模。我们决心像您那样，锐意进取、奋力拼搏，努力开创中国科大的新局面。

21日下午，近代力学系的部分师生团聚在一起，畅谈钱学森对力学系的创建和发展所作的卓越贡献，一些曾受教于钱学森的1958级在校工作的老师，亲切回忆了钱学森那严谨的治学态度、崇高的民族气节和求实的科学精神，给与会者留下难忘的印象。

● 隆重举行二届二次教代会

10月18—22日，学校举行第二届教职工代表大会第二次会议。300多名代表参加了会议。

10月18日下午，在二届二次教代会开幕式上，代表们听取了谷超豪所作的《校长工作报告》、汤洪高常务副校长的《中国科技大学管理制度综合改革动员报告》以及提案、福利、分房三个委员会的工作报告。安徽省教育工会主席马萍和安徽省高校工委政工处负责人出席了开幕式，马萍在会上致祝词。晚上，各代表团对这些报告进行了认真审议和讨论。

19日下午，有九位代表先后在大会上发言，他们分别就综合改革方案、师资队伍建设、

分配制度、开发、子女就业、教师住房、医疗保健、安全保卫、校风校纪等方面工作发表了自己的要求和建议。20日下午的全体代表大会上,各位校长和各职能部门接受了代表们的质询,代表们充分行使自己的民主权利,就校内各项工作提出质询,相关部门负责人对代表们的提问作了认真的回答。

在22日下午的闭幕式上,代表们通过了大会纪要及大会给聂荣臻元帅和严济慈名誉校长的致敬信。谷超豪作了即席发言,他从思想政治工作、队伍建设、学科建设、开发工作、校内管理制度的改革五个方面谈了如何办好学校的意见。

● 中国科学院党组副书记余志华来校视察工作

11月6日,中国科学院党组副书记余志华来我校视察工作,听取了汤洪高、蔡有智、宋天顺、史济怀、尹鸿钧、余翔林等校领导关于学校工作情况的汇报。随后,余志华在充分肯定我校前一阶段工作的基础上,通报了中国科学院在年前年后主要抓的几项工作。

● 我校与江苏丹阳市政府签订长期科技合作协议

江苏省丹阳市为了加强与国内外的经济合作,在11月6—9日举办了"'91中国丹阳首届黄酒节"。应邀参加这次黄酒节的科技单位有中国科学技术大学、清华大学、北京大学、南京大学等近20个院校和研究所。我校党委副书记、科技开发院院长王学保在科技信息发布会上介绍了我校科研成果,引起了企业界的极大兴趣,有近30家企业前来进行科技恳谈,要求给予科技咨询、合作开发,反映了他们对依靠科技兴厂的急切心情。9日下午,王学保代表我校科技开发院与丹阳市政府正式签订了长期科技合作的协议。

● 获全国第二届"挑战杯"竞赛团体总分第二名

由共青团中央、中国科协、全国学联主办,浙江大学承办的全国第二届"挑战杯"大学生课外学术科技作品竞赛11月10日在浙江大学降下帷幕。本次竞赛历时6个月,有168所大学、553件有效作品参加竞赛。经本次竞赛评委会的严格评审,我校获团体总分第二名。获本届竞赛团体总分前六名的其他五所高校为:上海交通大学、华中理工大学、浙江大学、北京航空航天大学、清华大学。

1991年

◉ 诺贝尔物理学奖获得者卡埃·西格伯被聘为我校名誉教授

11月21日下午,学校在图书馆学术报告厅隆重举行授聘仪式,聘请瑞典著名物理学家卡埃·西格伯(Kai M. Siegbahn)教授为我校名誉教授。校长谷超豪、副校长包忠谋和百余名师生出席了授聘仪式,谷超豪发表了热情洋溢的讲话。

卡埃·西格伯教授是电子能谱创始人,1981年诺贝尔物理学奖获得者,世界实验室创办人之一。历任斯德哥尔摩皇家理工学院教授,乌布萨拉大学物理系主任、教授,瑞典皇家科学院院士,国际纯粹和应用物理联合会主席等职。

卡埃·西格伯教授在授聘仪式上发表了即兴演说,他感谢我校给予他的荣誉,表示今后要为学校的建设和发展贡献力量。授聘仪式结束后,西格伯作了题为《电子能谱新进展》的学术报告,受到与会师生的热烈欢迎。

◉ 江泽民视察国家同步辐射实验室

11月22日上午,来安徽省考察灾后恢复工作的中共中央总书记江泽民冒雨来到合肥国家同步辐射实验室视察,陪同前来的有中共安徽省委书记卢荣景、省长傅锡寿等省、市领导。

上午8点30分,江泽民一行来到实验室,受到迎候在那里的校领导谷超豪、汤洪高等以及同步辐射实验室负责人的热烈欢迎。江泽民一行首先来到实验室中央控制室,仔细观看并询问了同步辐射装置的工作原理,听取了实验室总经理包忠谋、副总经理何多慧对电子加速过程的介绍。随后,江泽民一行步入储存环大厅,饶有兴趣地观看了储存环大厅和已建成的实验线站,同时仔细询问了有关技术性问题。参观分子光谱站、光电子能谱站、软X射线显微术站和光刻站时,江泽民与在站工作人员亲切握手并交谈。在主要进行生物样品设计研究的软X射线显微术实验站前,他仔细观看了工作人员拍摄的实验结果照片。

参观结束后,江泽民为实验室题写了"国家同步辐射实验室"的室名,并与校领导合影留念。

◉ 香港科技大学代表团访问我校

11月29—30日,吴嘉玮校长和钱致榕副校长率领的香港科技大学代表团一行七人访问我校。在校期间,他们与校领导进行了会谈,与理工科系的主任们进行了座谈,并作了介绍香港科技大学的报告。

通过这次访问,增进了两校间的相互了解。双方表示今后将进一步接触,共同探讨合作交流的可能性。

● 朱清时等三位校友当选为中国科学院学部委员

11月份,我校有三名校友当选为中国科学院学部委员。他们是:赵忠贤、白以龙、朱清时。

三位校友在收到谷超豪校长的贺信后都致电母校,感谢母校的精心培养和亲切关怀,称道母校独特的治学风格和优良校风使他们获得了精神财富。

● 召开首次博士后工作座谈会

12月20日上午,学校召开首次博士后工作座谈会,校党委书记汤洪高、副校长余翔林、在校的全体博士后、流动站负责同志和部分博士生导师参加了会议。人事处、总务处、保卫处等有关部门也应邀派代表参加了会议。

会上,汤洪高对来我校从事博士后研究工作的全体博士后们表示了热烈的欢迎,并祝愿他们在博士后期间做出优异的成绩。师资处处长孙适就我校"博士后管理办法"作了说明。博士生导师们表示要起表率作用,并尽力支持和帮助博士后们的工作。博士后们对来校以后,各有关部门提供的方便表示衷心的感谢,并对工作中的某些方面提出了建设性意见。

● 合肥国家同步辐射加速器及光束线、实验站通过国家鉴定和验收

12月底,我校负责设计和研制的合肥国家同步辐射加速器及光束线、实验站先后通过了由国家科委组织和主持的科技成果鉴定和由国家计委组织的工程验收。12月23日,由国家科委组织的以著名科学家王淦昌为主任委员,谢家麟、谢希德、张存浩、陈能宽等18位著名科学家组成的鉴定委员会认为,合肥同步辐射加速器的主要性能指标已达到国际上同类加速器的先进水平,已建成的5条同步辐射光束线和5个实验站的主要性能指标已基本达到国际水平。12月26日,同步辐射实验室正式通过国家验收并从即日起正式对外开放。它标志着我国建设同步辐射装置的技术已跃入世界先进行列。全国人大常委会副委员长、我校名誉校长严济慈,安徽省委书记卢荣景、省长傅锡寿,国家教委副主任滕藤,中国科学院副院长王佛松,著名物理学家王淦昌,我校校长谷超豪、党委书记汤洪高等参加了26日下午的国家验收仪式。李鹏、聂荣臻、张劲夫、宋健、周光召、郁文、谷羽、严东生等发来

贺电。

同步辐射装置的设计、制造、安装和调试全部由我校独立完成,工程设备国产率为95%。其建设速度之快,质量之好,投资之省,都是世所罕见的。

● 严济慈来合肥参加同步辐射实验室验收并与校领导及部分师生座谈

12月25日上午,专程来合肥参加同步辐射实验室验收的全国人大常委会副委员长、我校名誉校长严济慈教授冒雪来到校东区办公楼,与校领导及部分师生代表座谈。

校长谷超豪向严济慈简要汇报了学校近几年的发展情况,严济慈对学校搬迁合肥后的迅速发展表示非常高兴和满意,并愉快地回顾了学校的办学历程。

座谈会气氛热烈,师生代表纷纷发言,严济慈不时插话,对师生们提出的许多问题表示了极大的关心。

12月26日,年逾九旬的严济慈又一次冒雪亲临合肥国家同步辐射实验室工程竣工验收现场,为工程竣工剪彩,并发表了热情洋溢的讲话。他说:"今天我特别高兴,因为我又来到了安徽,回到了中国科大,并且亲自看到了我七年前参与奠基的合肥国家同步辐射实验室通过了专家鉴定和国家验收。"话音未落,全场响起一阵热烈掌声。七年来,严济慈一直关注着工程的建设和进展,每逢学校教职员工去看望他,他总要问起工程的建设情况,并用他的影响争取各方面的支持和帮助。严济慈还经常来信鼓励工程的建设者们,他在给何多慧总工程师的一封信中写道:"你们勤奋工作,成绩卓著,为校为国争光,欣慰无似!望继续前进,争取更大更多的成绩。"

他在讲话中高度评价了工程建设者们多年来的辛勤工作:"经过八年的艰苦奋斗,现已正式建成……这实在是很不简单的,它充分显示了我们中国人的聪明才智,我特别高兴的是看到承担这项高科技科研工程的主力是我们党自己培养的一批中青年科技人员,他们自力更生,艰苦奋斗,不畏艰险,勇攀高峰,把加速器工程当作自己终身的事业,这是一种最可贵的精神。"

严济慈对学校一直怀着深深的感情,他说:"我今年已过了九十岁,很少出远门,但是我特别喜欢来安徽,回科大。到科大,我就觉得年轻多了,因为中国科大是安徽省和全国人民以及中国科学院的骄傲,也是我的掌上明珠,我每次来都看到她放出新的光彩。"一番话说得人们心头发热,掌声四起,经久不息。

● 聘任俞书勤、余翔林正高级专业技术职务

4月15日,经校教师职务聘任工作委员会讨论通过,聘任俞书勤教授任职资格。

5月5日,经校科技管理高级工程师(教授级)评审组评审通过,学校研究同意聘任余翔

1991年

林为高级工程师（教授级）职务，报中国科学院批准后，12月26日予以公布。这是我校第一次进行科技管理高级工程师（教授级）评审工作。

● 学校被授予"安徽省高等学校民主管理先进单位"称号

12月29日，在中共安徽省委高校工委、省教委、省教育工会召开的全省高校民主管理经验交流暨表彰会上，包括我校在内的7所高校被授予"安徽省高等学校民主管理先进单位"称号。副校长蔡有智、工会副主席马宪萍参加了会议。会上，蔡有智代表校党委作了题为《坚持民主管理，群策群力，为办好中国科技大学而奋斗》的讲话。

● 成立"中国科学技术大学教学委员会"

为了加强对教学工作的领导和指导，进一步深化教育改革，提高教学质量，12月30日，经校务工作会议研究，决定成立"中国科学技术大学教学委员会"。

● 我校7个课题组、6名科技人员分别荣获中国科学院完成"七五"重大科研任务先进集体和先进工作者称号

12月份，中国科学院对"七五"期间319个按计划全面完成任务并取得重大科技成果或组织管理工作成绩显著的科研管理集体和396位作出重要贡献的科技与管理人员进行了表彰和奖励，分别授予"中国科学院'七五'重大科研任务先进工作集体"和"中国科学院'七五'重大科研任务先进工作者"光荣称号，并颁发荣誉证书和奖金。我校荣获"七五"重大科研任务先进工作集体的是：高温超导基础研究课题组、稠油油藏热物性参数测定及研究课题组、数学若干重大课题的研究——代数数论课题组、蛋白质分子设计课题组、博乐钨锡成矿带地物化综合研究与找矿靶区圈定课题组、国家"七五"保密通信研究基金课题组、毫米波精确制导关键技术课题组。荣获"七五"重大科研任务先进工作者的是：周又元、寿天德、瞿保钧、赵振西、张裕恒、孙德敏。

● 钱景仁获英国IEE 1991年测量奖

我校教授钱景仁在英国工作期间，与英国同事合作研究"牢固的光纤电流传感器"项目，获英国IEE 1991年测量奖。

英国IEE测量奖是英国电气工程师学会的年度奖，每年评选一次，每次仅一个奖，奖给

1991年

对科学、艺术及实用有贡献的电气测量项目,发奖仪式在学会总部进行。钱景仁教授是荣获该奖的第一个中国大陆学者。

● 20名研究生获1991年度中国科学院院长奖学金

经过评选,我校有20名研究生获得1991年度中国科学院院长奖学金。他们是:蔡春平、孙红茂、袁旭东、韩世辉、武新章、陈向东、袁椿华、李京、杨前进、程经毅、成振强、陆伟剑、毛志强、王楠林、陈向军、陈旸、柴金华、黄雍、郭世平、任福民。

● 我校被国家科委评选为中国四所科研业绩最强的大学之一

根据国家科委公布的1991年中国科技论文统计结果,根据国际上四大检索系统收录的中国学者在国际、国内核心刊物上发表的学术论文统计,在国际上发表论文最多的十所国内高校中,我校名列第三,获第一、第二的分别是北京大学、清华大学;在国际上发表论文被引用最多的前十名国内高校中,我校名列第二,北京大学、南京大学分列第一、三名;在国内发表论文最多的十所大学中,我校名列第十,清华大学、南京大学分列前两名。

1992年,国家科委根据1991年在国内外发表论文数及被引用篇数等通用标准,评选出中国四所最强的大学,分别为北京大学、清华大学、南京大学和我校。

● 获国家自然科学基金资助总额首次突破200万元

1991年我校国家自然科学基金项目申请工作取得突出成绩,批准项目60项,居全国第四位;资助总额达208.85万元,首次突破200万元大关,居全国第六位,比1990年的32项、115.11万元资助有较大幅度的提高。

● 科学研究硕果累累

本年度,我校共取得科研成果40项,其中由中国科学院主持鉴定的5项,安徽省科委主持鉴定的17项,其他部委主持鉴定的4项,学校主持鉴定的12项,中国科学院合肥分院主持鉴定的2项。本年度我校申请专利17项,批准专利12项。共获国家自然科学奖1项,获中国科学院自然科学奖3项、科技进步奖6项,获安徽省科技进步奖4项。

1991年

● 年度数据统计

1991年度,全校共有教职工3 285人,其中教师1 829人,有中国科学院学部委员2人,教授133人(包括博士生导师60人),副教授581人;在校学生4 748人,其中博士生109人,硕士生627人,本科生3 652人,专科生360人。

1992 年

1989 级本科生在全国大学英语六级考试中取得历年最好成绩

在 1 月 5 日举行的全国大学英语六级考试中,我校 1989 级共有 326 名同学参加,其中通过 280 人,占 86%;有 81 名同学取得优秀成绩,有 26 名同学取得 90 分以上优异成绩。这是我校自参加全国大学英语六级考试以来成绩最好的一次。

体育教研室更名

1 月 16 日,经校务工作会议讨论决定,"体育教研室"更名为"体育教学部"。

邹家华视察合肥国家同步辐射实验室

1 月 28 日上午,来安徽考察工作的以国务院副总理邹家华为团长的中央慰问团在安徽省省长傅锡寿等陪同下来到我校,参观考察了合肥国家同步辐射实验室。邹家华兴致勃勃地参观了实验室中央控制室和储存环大厅,饶有兴趣地询问了加速器的性能、用途等一系列问题,同步辐射实验室总工程师何多慧以及实验室相关人员逐一作了汇报。参观结束后,邹家华挥毫给实验室题词:"普育天下英才,广结科技硕果。"

校报(刊)更名

为适应我国高校校报事业的发展,经学校有关领导同意,校报《中国科大》于 1992 年 1 月第 284 期改名为《中国科大报》。

校报(过去称校刊)创办于1958年学校成立之日。早期报名为《中大校刊》,1959年10月1日第36期改名为《科大校刊》,一直沿用到1983年1月。1983年3月第115期改名为《中国科大》,用此名共出版169期。

● 成立党委学生工作部

3月初,学校成立党委学生工作部。学生工作部是一个以加强学生思想政治工作为工作重点的部门,在校党委领导下的学生工作部将全面负责学生的思想政治工作,了解和掌握学生的思想动态,有的放矢地解决好学生中深层次的思想问题,保证学生德、智、体全面发展。

● 东京大学工学部代表团来校访问

以东京大学工学部教授、东京大学和中国科学技术大学两校合作小委员会日方委员长大圆成夫、副委员长平野敏佑为首的东京大学工学部代表团一行七人于3月17—23日来我校访问。

3月18日上午,副校长余翔林和两校合作委员会的我校全体成员与东京大学工学部代表团进行了会谈,双方一致同意:为了庆祝两校十年来卓有成效的合作所取得的成就,确定9月15日至10月15日为两校合作十年纪念月。纪念月期间,在我校举办两校十年合作成果展览,出版两校十年合作论文集,拍摄回顾十年合作的录像片,举办学术讨论会、报告会等活动。我校邀请日方对两校合作作出贡献的官员、教授来我校参加庆祝活动。另外,从1992年4月底到1993年3月底,两校的合作以原有的形式、规格和方式延长一年,在这一年中双方努力探讨和规划新的合作方案,并在1992年6月以前将新的合作方案提交日本文部省和中国科学院批准。

● 深圳科技工业园和北京联想计算机集团在我校设立奖学金

为了促进高等教育事业的发展,鼓励青年学生勤奋学习,献身于祖国的科技事业,深圳科技工业园和北京联想计算机集团在我校设立了奖学金,并经双方协商于3月份签订了协议。协议暂定三年,从1992年开始实施。

根据协议,深圳科技工业园和北京联想计算机集团每年分别向我校提供人民币2万元,作为优秀学生的奖学金,每年各评定40名,每名500元;我校负责具体评审工作,并按照对方事业发展的需要向他们推荐优秀毕业生。

1992年

● 成立超导研究所等科研机构

为深化科技体制改革，推动科技为经济服务，加强校内联合，促进学科建设，有利于对外竞争，并适应我校科研工作发展的需要，经校务工作会议讨论决定，学校于4月7日正式批准成立超导研究所、工业自动化研究所和非线性科学联合研究中心；并同意原"精密机械与高速图像检测研究所"更名为"超精密技术研究所"；同意在火灾科学国家重点实验室下设6个研究室。

● 孙鸿烈等来校检查指导工作

4月7—13日，中国科学院副院长孙鸿烈、中纪委驻中国科学院纪检组组长王德顺、中国科学院教育局局长李云玲等一行六人来校检查党建和思想政治工作，并听取校领导谷超豪、汤洪高等关于办学中几个问题的汇报。其间，孙鸿烈等分别于9日、10日召开总支、直属支部书记、系主任、教师代表座谈会，听取广大干部、群众对学校各方面工作的意见和建议。11日下午，孙鸿烈在水上报告厅为全校副处、副教授以上党政干部、教师作了报告。

● 成人教育部成立

4月9日，根据工作需要，经报请中国科学院同意，成立成人教育部。负责成人（包括夜大、函授等）教育工作。

● 谷超豪率团访问朝鲜理科大学

4月10—20日，以校长谷超豪为团长的我校赴朝代表团访问了朝鲜理科大学，并赠送给朝方一台大功率钕玻璃激光装置。为加强激光科学技术方面的合作与交流，签订了两校激光室之间建立友好关系协议书。金日成主席授予谷超豪校长、我校强激光物理实验室主任吴鸿兴、中国科学院国际合作局负责朝鲜事务的冯宝胜副处长二级友谊勋章和证书。

代表团在朝期间正值金日成主席八十寿辰，代表团应邀参加了庆祝活动，并参观了金日成大学、中朝友谊塔等。

1992 年

● 校领导与学部委员共商办校大计

4月23日晚，谷超豪校长在北京京西宾馆邀请参加中国科学院学部委员大会的我校兼职教授和校友中的部分学部委员就我校的建设和发展进行座谈。33位学部委员参加了座谈会。

谷超豪、钱临照向学部委员们全面介绍了学校的各项工作。与会学部委员踊跃发言，他们对我校建校以来所取得的成就给予了充分肯定。一些学部委员就如何发挥国家同步辐射实验室的作用，总结少年班的办学经验，加强思想政治工作，培养社会主义建设所需要的合格人才，在教学、科研工作中进一步恢复和发扬艰苦奋斗、严谨实干精神，团结协作，争取一些大的国家项目等方面发表了很好的意见。学部委员们也表示建议国家对我校给予重点支持。

● 合肥国家同步辐射实验室领导班子组成

4月25日，中国科学院批准合肥国家同步辐射实验室领导班子及学术委员会组成，刘乃泉兼任实验室主任，张新夷、何多慧、裴元吉、张武任副主任，包忠谋任顾问；谢希德任学术委员会主任，谢家麟、郑树、楼南泉、唐孝威、汤洪高、金玉明任副主任。

● 全国第四届矿物岩石地球化学学术交流年会在我校举行

5月6—9日，全国第四届矿物岩石地球化学学术交流年会在我校举行，这是一次综合性、高水平的学术交流会议，来自全国各地学系统的180多人参加了会议，其中学部委员4人，正教授和研究员占会议代表一半以上，有300多篇论文参加了会议交流。在这次年会上，中国矿物岩石地球化学学会还评选和颁发了第四届侯德封奖，以鼓励青年地学科技工作者在矿物学、岩石学、地球化学研究中所作的创造性贡献。

● 学校遴选出首批9个校级重点学科

我校基础数学、计算数学、凝聚态物理和固体力学4个学科是国家教委1988年确定的国家级重点学科。为了进一步加强学科建设，推进学科发展，增强科研和人才培养实力，学校重点学科领导小组从现有博士点学科中组织遴选，并经校长谷超豪批准，6月15日公布了9个学科入选首批校级重点学科，它们是：概率论与数理统计、理论物理、原子核物理、天

体物理、分子生物学、流体力学、工程热物理、信号与信息处理、电磁场和微波技术。

◉ 正高级专业技术职务评审工作结束

教师正高级专业技术职务评审工作于6月15日结束。经校教师职务聘任工作委员会讨论通过，聘任苏淳等48人为教授、研究员，其中最年轻的是数学系32岁的程艺。具体名单如下：

苏淳、谢盛刚、陈祖墀、程艺、曹烈兆、陈金松、李健民、王明谦、韩荣典、许咨宗、俞昌旋、马文淦、尹协远、赵建华、王仁华、周康源、陈江峰、彭子成、陈月娟、孙德敏、庞国仲、唐策善、钱逸泰、陆明刚、吴以成、陈义良、程曙霞、彭定坤、史天义、侯定丕、张是勉、王仁川、谢行恕、卢炬甫、刘文汉、周贵恩、张国栋、孙适、朱滨、张泰永、王金鹏、赵淑平、施朝淑、伍越环、陈宏芳、金泰义、张玉民、严镇军。

◉ 认知科学开放研究实验室在北京通过中国科学院验收

我校北京认知科学开放研究实验室经过三年的努力，已经完成了建设任务书中所规定的任务，于6月15—16日在北京通过验收。

6月15日，以中国科学院计划局实验处处长龚望生为组长的验收小组对实验室进行了全面认真的检查验收，一致认为，认知实验室的仪器设备均已购置安装到位，并调试到良好的运行状态，配置齐全，达到了实验室的设计要求，基本满足了科研需求；实验室建设的账目清楚，验收文件齐全；实验室的人员结构合理，固定人员精干，有较好的年龄和知识结构，工作效率高。

6月16日，中国科学院技术局副局长黄铁珊主持召开"中国科学技术大学北京认知科学开放研究实验室"建设验收会。由12位来自心理学、计算机科学、神经科学等不同学科的专家学者组成的验收专家委员会一致认为，实验室已完成建设任务，达到建设任务书中规定的各项要求，同意验收小组意见，通过验收。

◉ 杨振宁来校访问并作学术报告

应谷超豪校长的邀请，世界著名的美籍华裔物理学家、诺贝尔奖获得者、我校名誉教授杨振宁于6月16—20日在合肥进行了为期五天的访问和讲学。

恰逢杨振宁教授七十寿辰，6月17日下午，学校在水上报告厅隆重举行"庆祝当代杰出物理学家杨振宁教授七十华诞"典礼。近千名师生闻讯赶来参加，安徽省、合肥市有关领导,科技、教育界知名人士和杨振宁在肥亲属也应邀出席了庆典。谷超豪校长、吴昌期副省长、钟咏三市长、钱临照教授分别致贺词。他们高度赞扬了杨振宁所取得的巨大科学成就、高尚的道德品格以及他身上所表现出的中华民族的传统美德,并祝愿他健康长寿,在科学上取得更多的成就。

祝寿典礼上,杨振宁借助幻灯片,以简洁、精彩的语言介绍了他七十年的人生道路。他曲折的求学经历、对科学追求的精神和赤诚的爱国行动,使与会者受益匪浅。

18日,杨振宁作题为《碳60的结构》的学术报告,介绍了他的最新研究成果,并与大家交流、座谈,受到与会者的热烈欢迎。

6月20日下午,杨振宁与校领导及专家学者进行了座谈。座谈中,杨振宁着重对当今世界物理科学的发展现状和方向、人才利用、大学教育及我校的办学等方面提出了许多独到的见解和有益的建议。在座谈开始前,他欣然命笔,为学校题词:"六月中旬,再次来到科技大学,各方面进步很大。谨祝成为世界一流学府!"

在校访问期间,杨振宁教授还参观了合肥国家同步辐射实验室和低温物理实验室。

1990级本科生全国大学英语四级考试取得优异成绩

在6月21日举行的全国大学英语四级考试中,我校1990级本科生676人参加考试,有640人通过,通过率94.67%,平均分82.3分,其中有321位同学取得优秀成绩。

任之恭来校访问

6月23—28日,任之恭及夫人陶葆柽应邀来校访问。谷超豪、钱临照、史济怀等会见并宴请了任之恭夫妇。访问期间,任之恭夫妇参观了国家同步辐射实验室和图书馆,还与钱临照及自然科学史研究室的部分师生研讨了我国留学生的问题。

任之恭夫妇对我国改革开放的巨大成就赞叹不已,对我校近年来的建设和发展予以高度评价。临行时,任之恭挥毫题词:"我和中国科技大学有浓厚的感情,科大是中国科学院培养理科人才唯一的大学,她的成绩是特殊的超卓。这次我们看到科大完成国家同步辐射实验设备,在储存环里可有800MeV能量,其光源可供五个重要实验的探索,这对国家科技发展有极大的贡献。我衷心祝贺科大的进步,蒸蒸日上,为国家及人类造福。"

隆重举行1992届毕业典礼

6月27日,1992届毕业典礼在大礼堂隆重举行。校领导谷超豪、王学保、蔡有智、史济

1992年

怀等出席大会。

1992届共有毕业生1252名,其中博士生48人,硕士生255人,本科生740人,自费本科生73人,委培大专生136人。32名研究生转入博士或博士后研究,227名本科毕业生考取校内外研究生,180名研究生和451名本科生参加国家分配。

● 隆重举行"授予丁肇中教授名誉博士、刘永龄先生名誉顾问仪式"

应谷超豪校长的邀请,著名物理学家、诺贝尔奖获得者、美国麻省理工学院教授、我校名誉教授丁肇中和香港亿利达工业发展集团有限公司董事长刘永龄7月4日来校参观访问。

7月4日下午,"授予丁肇中教授名誉博士、刘永龄先生名誉顾问仪式"在水上报告厅隆重举行,600多名师生参加了大会,丁肇中,刘永龄,安徽省副省长张润霞,高能物理研究所教授、学部委员、我校兼职教授唐孝威,东南大学副校长何立权,上海第二工业大学副教授刘耋龄和我校谷超豪、钱临照、杨承宗、蔡有智、史济怀出席了大会。

史济怀主持仪式,谷超豪在会上致词,并代表学校向丁肇中、刘永龄颁发了名誉博士、名誉顾问证书。

丁肇中为美国科学院院士,1974年,他和他的实验组发现了前人没有预料到的新粒子J粒子,为粒子物理的理论和实验开辟了一个崭新的领域,并因此获得了1976年诺贝尔物理学奖。1982年以来,他在欧洲核子研究中心(CERN)主持LEP-3国际合作组的工作,负责建成了当今世界上最大的对撞机磁谱仪,并取得了许多重要成果。

刘永龄是香港亿利达工业发展集团有限公司董事长,他十分关心祖国的教育事业,自1986年以来先后在我校设立了亿利达实验科学奖、亿利达青年教师奖和亿利达科学基金奖。

● 成立监察处和审计处

根据中国科学院和安徽省有关文件规定,以及监察和审计工作性质不同、监察和纪委工作性质相近的具体情况,7月8日,经校务工作会议研究决定,撤销监察审计处,成立监察处和审计处。监察处与纪委合署办公。

● 苏淳、严镇军任主教练和领队的第33届国际数学奥林匹克竞赛中国队总分名列世界第一

国际数学奥林匹克竞赛(简称IMO)始创于1959年,迄今已发展成为有50多个国家和

地区参加的全球性竞赛活动,我国曾于1990年主办过第31届IMO。自1986年正式组队参赛以来,我国历年来都取得了较好成绩,1989年、1990年连获两届团体总分第一。我校数学系是我国数学奥林匹克活动的支柱单位之一,自我国第一次正式组队参赛开始,就派出专家参加集训队培训工作,该系的常庚哲教授曾出任第29届IMO中国代表队领队。

3月28日至4月20日,受中国数学会委托,我校承担了由23名队员组成的1992年IMO中国国家集训队的培训工作。经过专家教授的讲课、一系列综合训练,并组织多次测验和选拔考试,最后由主试委员会投票确定了6名参赛队员。4月21日,第33届IMO中国代表队在我校组成。中国代表队的主教练和正、副领队分别由我校数学系苏淳和严镇军两位老师担任。

7月10—21日,第33届IMO在俄罗斯莫斯科举行。在这次竞赛中,中国队取得了团体总分第一,并创下参赛的6名队员全获金牌和总分比第二名美国队高出59分的两项IMO竞赛史上从未有过的纪录,为中国及学校赢得了荣誉。

鉴于苏淳和严镇军两位老师在这次竞赛中有着特殊贡献,经校务工作会议讨论并得到张宗植先生的支持、谷超豪校长的批准,学校授予苏淳和严镇军"张宗植特别奖",颁发荣誉证书和每人奖金3000元人民币。9月4日,谷超豪还特批严镇军晋升教授职务。

● 周光召来校指导工作并作报告

7月11日,中国科学院院长周光召等一行七人来校指导工作。下午,校领导谷超豪、汤洪高等向周光召详细汇报了我校关于加快教育改革步伐的初步设想。汇报中,我校领导着重就调整培养人才的方向,以适应社会发展需要,加强学校和企业、社会的联合,以及进一步搞好科技开发,促使科技成果尽快转化为生产力,深化校内管理制度改革,进一步调动广大教职员工的积极性等几方面问题提出了今后的设想。周光召对学校的科研、教学、开发、后勤服务等方面发表了建设性意见。

7月12日上午,周光召在水上报告厅为全校副处、副教授以上干部、教师作了报告。

● 我校继续列入国家"八五"期间重点支持的高校

"七五"期间,国家给予我校重点支持,为学校进一步发展奠定了坚实的基础,使学校成为国内著名、国际上享有较高声誉的高等学府。4月份第六次学部委员大会期间,出于对我校建设和发展的关心,33位了解我校的学部委员联名向中国科学院和国家计委提交了一份建议书,恳望继续把我校列入国家"八五"期间重点支持的高校,并给予一定的财力和物力支持。全国人大常委会副委员长、我校名誉校长严济慈也致信江泽民总书记、李鹏总理,转呈了此建议书,并恳切希望继续扶持我校。江泽民、李鹏、李铁映等国家领导都对此事表示

1992年

了关注。

7月21日,国家教委在给严济慈的报告中确认了我校继续被列入国家"八五"期间重点支持的高校。

● 结构分析开放实验室通过国家科委和中国科学院评审

开放实验室是我国进行重大基础研究的主要模式,每三年进行一次评审过关,实行严格的竞争淘汰制。7月,国家科委对全国150所开放实验室1989—1991年度的工作进行了评审,我校结构分析开放实验室的成果定量分名列全国第五。在1991年12月在武汉举行的物理类开放实验室的定性水平答辩中已获优良,受到国家科委、中国科学院的好评。该实验室通过了国家科委和中国科学院三年一度的评审,并获得1992—1994年度的开放经费165万元和国家科委1991—1993年度的运行补助费36万元。

● 火灾科学国家重点实验室通过论证

8月29日,火灾科学国家重点实验室通过了由中国科学院主持的论证,并于当年对国内外开放。

火灾科学实验室是我国唯一的以"火灾科学"为研究方向的实验室,于1989年6月正式批准建立。实验室由800平方米的特殊实验楼、3 000平方米的研究楼和室外实验场三部分组成,建设资金由学校、中国科学院分别投资和世界银行贷款三部分组成。实验室下设建筑火灾、森林火灾、油品火灾、计算机模拟、火灾化学、光电子技术等六个研究室。

由中国科学院研究员、著名工程物理专家黄兆祥等10人组成的专家委员会听取了实验室主任范维澄所作的申请开放报告,实地考察了实验室,并观看了一批有代表性的实验。认为火灾实验室已具备边建设边开放的条件,可以对外开放。

● 计算中心和电子技术基础部合并

经校务工作会议研究决定,自9月3日起,原计算中心和电子技术基础部合并为一个单位。合并后的新单位仍保留两个名称,即计算中心、电子技术基础部,一个单位两种功能。

1992年

● 举行1992级新生开学典礼

9月7日上午,学校隆重举行1992级新生开学典礼。1992级全体新生、有关部门负责人、各系领导、新生班主任参加了大会,校领导谷超豪、王学保、宋天顺、蔡有智、尹鸿钧等出席开学典礼。大会由副校长尹鸿钧主持,校长谷超豪在大会上讲话。

1992年共招收新生1269名,其中博士生41人,硕士生258人,代培研究生107人,本科生863人。本科生录取平均成绩为591分,有6个省的理科总分第一名考入我校,其中安徽省第一名沈轩总分为654分,居全国之冠。在招收的本科生中,还有两名同学曾分别在国际数学、化学奥林匹克竞赛中获金奖。

● 汤洪高率团访问美国有关大学、实验室

9月9日至10月1日,党委书记、常务副校长汤洪高率我校代表团访问了美国有关大学和实验室。并看望了我校在美国学习和工作的留学生和访问学者,拜访了我校在美国的名誉教授。

代表团在访问期间,与美国马里兰大学、普渡大学、阿肯色大学等院校负责人及有关的系主任、教授等进行了广泛的接触和会谈,并参观了有关实验室。双方共同回顾了以往的合作与交流,并给予充分的肯定,增进了相互了解,表示将继续拓展合作研究领域,积极推进合作与交流的发展。

在美期间,代表团在纽约、巴尔的摩、芝加哥、拉斐特、香槟、斯坦福等地召开了七次会议,邀请我校留学生和访问学者参加会议,以录像和幻灯片的方式,向他们系统介绍了学校近几年来的发展情况,宣传留学生政策。留学生和访问学者对母校取得的成绩和巨大变化感到无比高兴和欣慰,纷纷表示努力学习,勤奋工作,早出成就,为母校争光,并希望利用现有条件为母校做些力所能及的事。

代表团还拜会了我校名誉教授吴健雄、袁家骝和李远哲,对他们为学校发展作出的贡献表示衷心的感谢。

在美期间,代表团还应邀访问了超导超级对撞机(SSC)实验室,顺访了哥伦比亚学院、麻省理工学院、西北大学、芝加哥大学、加州大学伯克利分校等院校,双方表示了建立与加强校际合作交流的意向。

● 2 000门程控电话开通

9月10日,适逢教师节,学校举行了"2 000门程控电话开通剪彩仪式"。出席剪彩仪式

1992年

的校领导有刘乃泉、蔡有智、宋天顺、尹鸿钧、余翔林及正副"三长"。副校长蔡有智、安徽省邮电管理局副局长朱高山、合肥市政府副秘书长包建广等先后在仪式上讲话。

● 设立华为奖学金、奖教金

深圳华为技术有限公司自1992年起在我校少年班设立奖学金和奖教金。9月18日下午,学校隆重举行首届"华为奖"颁奖仪式,有20名学生和5名教师分别获得首届华为奖学金、奖教金。

● 隆重举行校庆暨表彰大会

9月19日下午,"中国科大九二校庆暨表彰大会"在大礼堂隆重举行。部分师生员工和1992级全体新生参加了大会。校领导谷超豪、刘乃泉、王学保、蔡有智、宋天顺、尹鸿钧,原副校长杨承宗、卢岗峰和部分来宾出席了庆祝仪式。大会由王学保主持。

中国科学院副秘书长、副校长刘乃泉首先在会上宣读了聂荣臻元帅于1989年给学校的来信和国家教委关于将我校继续列入"八五"期间重点高校事宜给严济慈的报告。

校长谷超豪在校庆讲话中简要回顾了学校的办学历史和成就,阐述了学校改革的指导思想,号召大家团结一致,解放思想,深化教育改革,向着一流大学的目标前进。北京联想集团常务副总裁李勤、深圳科技工业园人事部副经理温玉玲、教师代表李敦复、获奖学生代表李晨阳分别在会上发言。校领导和来宾为获奖者颁发了奖状和证书。

● 外语系成立

为了适应事业发展的需要,培养外语人才,促进外语师资队伍建设,加强公共外语课教学,经9月26日校务工作会议研究,学校决定在原外语教学部的基础上成立外语系。

● 首届亚洲火灾科学与技术学术会议在我校召开

由中国科学院、国家自然科学基金委、国家外国专家局联合主办,我校承办的首届亚洲火灾科学与技术学术会议于10月9—12日在我校隆重召开。来自中国、澳大利亚、日本、蒙古、俄罗斯、英国、美国、中国香港、中国台湾九个国家和地区的一百多位专家、学者出席了会议,其中包括国际火灾科学界的许多知名人士。火灾科学国家重点实验室主任范维澄教授主持了会议。安徽省副省长张润霞、我校校长谷超豪到会祝贺。

会议共收到论文120多篇,其中80篇内容涉及森林火灾、建筑火灾、特殊火灾、火灾机理以及火灾过程的计算机模拟的文章收入论文集。经过专家评审,有3篇文章为最佳论文。会上,7位中外专家作了特邀报告,代表们进行了广泛的学术交流。这次会议扩大了我国在国际火灾科学界的影响,提高了我国在国际火灾科学界的地位,为进一步加强与国外有关研究机构及生产厂家的交流与合作开辟了广阔道路。

汤洪高出席"十四大"并当选十四届中共中央候补委员

10月12—18日,校党委书记汤洪高作为安徽省唯一的高校代表出席了中国共产党第十四次代表大会,并在大会上当选为中共中央候补委员。喜讯传到学校,广大师生员工欢欣鼓舞。

合肥高科技广场举行奠基典礼

10月28日上午,合肥高科技广场奠基仪式在学校新校门前隆重举行。

安徽省领导、合肥市领导、社会各界人士百余人前来祝贺并参加了奠基典礼。安徽省省长傅锡寿、我校校长谷超豪、安徽高科技市场拓展有限公司董事长李晓卫先后发表了讲话。接着,省、市领导为公司开业和广场兴建剪彩、奠基。

合肥高科技广场是我校根据自身优势和合肥地区高校集中、国家科研机构聚集的有利条件,与香港TTM公司多次洽谈,合资合作成立安徽高科技市场拓展有限公司投资兴建的。它是以高科技产品生产及经营机构为对象的服务机构,以会员制形式在海内外招商,为会员单位提供管理、分销、促销、咨询等服务,通过最先进的信息传播手段和有效的市场拓展工作,推进高新技术的产业化、商品化和国际化。

日本东京大学代表团访问我校

11月2—4日,以有马朗人为团长的日本东京大学代表团一行12人来我校访问。

日本东京大学代表团是在中、日恢复邦交正常化20周年、东京大学与我校合作10周年之际来校访问的。校长谷超豪会见了有马朗人一行,并于11月4日上午与他们进行了正式会谈。会谈中,双方对在过去十年的合作中所取得的成果表示满意,认为最近由两校共同编辑出版的第二本论文集,集中反映了两校第二期五年合作中所取得的成果。双方决定从1993年起在两校现有合作的基础上引进新的运行机制,在中方以我校为核心,吸收清华大学、上海交通大学、浙江大学及中国科学院有关研究所的教授参加;日方以东京大学为核心,吸收大阪大学、东京工业大学的有关教授参加,即以我校和东京大学为核心大学之间的合作。双方决定在安全与环境、能源与交通、材料与物性等学科领域进行合作交流,争取将电子与信息列入合作计划中去。会谈中,双方商定把原来两校之间的合作扩大到我校与日本东京大学工学部和理学部的合作。

● 隆重庆祝我校与日本东京大学学术合作10周年

11月4日下午,我校、日本东京大学学术合作10周年庆祝大会暨有马朗人名誉教授授聘仪式在水上报告厅隆重举行。

汤洪高主持大会,谷超豪和有马朗人分别代表两校致词,他们简要回顾了两校合作的历史,高度赞扬了合作所取得的成绩。

10年来,两校交流人数达400多人次,这样宏大的交流当时在世界上是少见的。学术委员会日方首任委员长相马胤和、日本学术振兴会官员、日本文部省官员、日方现任委员长平野敏佑、中方委员长韩肇元等先后在会上发表了热情洋溢的讲话。

仪式之后,部分师生还表演了自己编排的文艺节目。

● 研究生院(北京)组成新一届领导班子

11月5日,中国科学院党组副书记余志华宣布了研究生院(北京)新一届领导班子。张培华任常务副院长,颜基义(兼)、金富庆(兼)、彭家贵任副院长,孙勤任党委副书记。

● 档案馆成立

1988年5月25日,学校成立档案馆筹备组。1992年11月10日,经校务工作会议研究决定,正式成立中国科学技术大学档案馆。

● 设立光华奖学金

由南怀瑾发起并任会长的光华教育基金会与我校达成协议,从1992年开始,光华教育基金会每年提供人民币15万元,在我校设立光华奖学金,以鼓励我校在读研究生和本科生奋发学习,努力工作。光华奖学金每年评定一次,每次博士生30人,硕士生190人,本科生55人。

11月11日,学校隆重举行首届光华奖学金颁奖仪式,光华教育基金会总干事尹衍樑亲

临颁奖。谷超豪在讲话中感谢基金会创办者南怀瑾及光华基金会对我校的关怀和支持,尹衍樑发表了热情洋溢的讲话。

● 学校隆重纪念郭沫若诞辰 100 周年

11月16日,是首任校长郭沫若诞辰100周年纪念日。学校集会举行纪念活动,缅怀老校长的伟大业绩和高风亮节,决心继承和发扬郭沫若倡导的"勤奋学习,理实交融,红专并进"的优良校风,把学校办成具有中国特色的国内一流、国际知名的大学。

11月12日下午,"纪念郭沫若诞辰一百周年大会"在水上报告厅隆重举行。纪念大会由汤洪高主持,谷超豪作了题为《郭沫若的教育思想与中国科技大学的前进道路》的报告。首届毕业生、研究生院副院长周光泉和1992年度郭沫若奖学金获得者丁宇也在会上发言。最后,校领导和与会师生员工向郭沫若铜像敬献了花篮。

11月14日,研究生院(北京)隆重举行郭沫若塑像落成揭幕仪式。中国科学院院长周光召,中国社会科学院党组书记、常务副院长郁文,校长谷超豪及郭沫若的亲属参加了揭幕仪式。

● 中国电子显微镜学会设立钱临照奖

11月22日,为纪念钱临照在开创中国电子显微学事业和创建中国电子显微镜学会所作出的贡献,中国电子显微镜学会设立钱临照奖,奖励为发展中国电子显微学事业作出突出贡献的学者,每两年颁发一次。

● 国家教委常务副主任朱开轩来校视察工作并作报告

11月23—24日,国家教委常务副主任朱开轩专程来我校视察、指导工作。在校期间,朱开轩听取了校领导关于学校工作情况以及今后的建设规划的汇报,并在谷超豪等陪同下参观了国家同步辐射实验室、火灾科学国家重点实验室、信息处理中心等实验室。

24日下午,朱开轩在水上报告厅为全校副处、副教授以上干部、教师作了报告,对我校的改革和发展提出了许多意见,并回答了教师们提出的有关问题。

● 学校与乌克兰克拉玛托斯克工学院签订联合办学协议书

11月24日,学校与乌克兰克拉玛托斯克工学院签订联合办学协议书。根据协议,从

1992 年

1992年开始,每年招收"乌克兰班"学生120名左右,学制为四年,其中前两年在我校学习,后两年在乌克兰克拉玛托斯克工学院学习。

● 近代力学系和工程热物理系更名

12月22日,经校务工作会议讨论决定,近代力学系更名为"力学和机械工程系";工程热物理系更名为"热科学和能源工程系"。

● 召开二届三次教代会

12月29日下午,学校第二届教代会第三次会议在水上报告厅举行,300多名代表和特邀代表参加了会议。王学保致开幕词。谷超豪代表学校作了工作报告。他在报告中总结了一年来学校各项工作的进展情况,对我校深化改革的主要内容、目标模式、主要措施、预计效益等方面提出了意见和设想,把《关于深化我校教育改革的几点意见》提交会议讨论。汤洪高作了题为《认真贯彻"十四大"精神,加快改革和发展步伐》的报告,传达了全国第四次高教工作会议和中国科学院工作会议精神,并就解放思想,转变观念,主动适应社会主义市场经济体制,深化我校教育改革提出了要求。工会常务副主席马宪萍代表教代会提案、福利、分房三个委员会作了工作报告,汇报了三个委员会一年来的工作。为鼓励教职工积极献计献策,本次教代会设立了优秀提案奖,共有9项提案10人获奖。

29日晚,大会进行分组讨论,各代表团对学校深化教育改革的几点意见进行了深入讨论。

30日上午,教代会举行了主席团成员、代表团团长、校、系、部、处领导联席会议,听取了各代表团讨论情况的汇报。代表们就我校综合改革方案提出了许多建设性意见,并希望"方案"能尽快落实。

大会于30日下午闭幕。

● 吴长春被授予首枚国际"卞氏科学勋章"

12月,在香港召开的第四届国际计算工程科学大会上,近代力学系吴长春被授予首枚国际"卞氏科学勋章"。

1992年

◉ 陈国良、郭光灿的专著获首届全国高校出版社优秀学术著作奖

国家教委组织的首届全国高校出版社优秀学术著作评奖工作于12月结束,经过反复筛选,评出优秀学术著作特等奖18个,优秀奖149个。我校陈国良的《并行算法排序和选择》(中国科学技术大学出版社)和郭光灿的《量子光学》(高等教育出版社)获优秀奖。

◉ 我校列国内科研业绩最好的高校第四名

根据国家科委中国科技信息研究所信息分析研究中心按照国际标准对1992年国内高校在国内外发表的学术论文及被引用情况的分析评估结果,我校继续名列国内科研业绩最好的高校第四名,前三名是北京大学、清华大学、南京大学,北京医科大学列第五名。这五所大学是国家科委根据各高校发表的国内、国际论文篇数和被引用篇数综合评判得出的。国际上最有影响的检索工具《科学论文索引》收录论文最多的前十名大学是:南京大学、北京大学、清华大学、兰州大学、复旦大学、中国科学技术大学、清华大学、吉林大学、浙江大学、山东大学、北京医科大学和南开大学。中国被引用论文篇数最多的前十所大学是:北京大学、中国科学技术大学、南京大学、复旦大学、清华大学、兰州大学、南开大学、武汉大学、山东大学和北京医科大学。

我校范洪义教授被《科学论文索引》收录论文8篇,列收录论文最多的个人第三名。

◉ 19项科研成果获国家、中国科学院和安徽省奖励

1992年,共有19项科研成果获奖,其中国家级奖励3项,中国科学院奖励13项,原国家教委奖励2项,安徽省奖励1项。包括国家科技进步奖2项、发明奖1项,中国科学院自然科学奖8项、科技进步奖5项,原国家教委科技进步奖2项,安徽省科技进步奖1项。

◉ 年度数据统计

1992年度,全校共有教职工3 232人,其中教师1 801人,有中国科学院学部委员2人,教授179人(包括博士生导师60人),副教授603人。在校学生5 083人,其中博士生140人,硕士生683人,本科生3 640人,专科生620人。此外,各类成人高等学历教育在学学生1 304人。

1993年

何多慧等5人被批准为1992年度有突出贡献的中青年专家

1月5日,国家同步辐射实验室何多慧教授,研究生院(北京)陈霖教授、彭家贵教授被国家人事部批准为1992年度国家级有突出贡献的中青年专家。此前于1992年9月9日,基础物理中心周又元教授、数学系冯克勤教授被中国科学院批准为1992年度院级有突出贡献的中青年专家。

我校又有144人荣获政府特殊津贴

1月5日,经中国科学院审查、国家人事部批准,我校1992年有144名教师享受政府特殊津贴。其中王奎仁等66人享受每月100元政府特殊津贴,俞昌旋等78人享受每月50元政府特殊津贴。

陈霖被聘为国家攀登计划项目首席科学家

1月9日,国务委员、国家科委主任宋健为国家科委聘任的第二批攀登计划26名首席科学家颁发聘书,我校研究生院(北京)教授陈霖被聘为"认知科学中前沿领域若干重大问题的研究"项目首席科学家。

施蕴渝获国家科委863计划先进工作者称号

在2月19日召开的国家科委863计划表彰奖励大会上,我校生物学系施蕴渝教授荣获

"1991—1992年度国家科委863计划先进工作者"称号。

● 我校参加美国大学生数学模型赛获奖

2月19—21日,我校组织的两支数学模型代表队应邀参加在美国举行的1993年美国"大学生数学模型赛",均获得二等奖。同时,应美国运筹学会邀请,这两支代表队的6名队员蔡强、韩冰、王斌、程继新、霍晓明和徐晨阳将免费成为美国运筹学会成员。两支代表队的教练分别是数学系李尚志教授和陈发来讲师。

● 卢炬甫获首届"中国青年科学家奖"

2月25日,基础物理中心卢炬甫教授荣获首届"中国青年科学家奖"。由团中央、全国青联、中国青少年发展基金会联合举办的这次评选活动经过严格评审,全国共有6人获奖。卢炬甫1970年毕业于我校化学系,1985年毕业于意大利国际高等研究院,获博士学位。他在无角动量的史瓦西里黑洞得到了吸积流跨声速运动方程的解,是国际上仅有的两个解之一;他的有角动量的kerr黑洞的流体运动方程在绝热条件下的解,是目前仅有的一个kerr黑洞的吸积流解。他的有关黑洞吸积盘的研究成果,受到国际同行的重视,并被多次引用。

3月12日,学校隆重举行"首届中国青年科学家奖获得者卢炬甫教授报告会",并宣布为表彰和奖励他为我国科学事业作出的突出贡献,学校拨专款5万元作为他的科研特别支持费。

● 谷超豪校长应邀访问台湾地区

应著名物理学家吴大猷教授邀请,第二批内地科学家和他们的夫人一行11人,于3月8日离京赴台湾进行学术交流、参观和访问,其中包括我校谷超豪校长及夫人胡和生教授,谷超豪任访问团团长。此次应邀访台的著名科学家还有中国科学院副院长王佛松研究员、吴文俊研究员等。访问旨在进一步推动两岸科技交流,扩大交流层面,增进两岸科技界的了解与合作。3月22日,代表团自香港返回北京。谷超豪在机场对记者表示,在台的九天半时间里,他们与台湾科技界进行了广泛的接触,双方加深了了解,为促进两岸科技界的交流和合作奠定了基础。

1993年

● 数学、物理、力学学科被批准自行审批增列博士生导师试点

经国务院学位委员会批准,我校数学、物理、力学3个一级学科被批准开展自行审批增列博士生导师试点工作。全国首批被授权开展此项工作的共有14所高校和3个研究单位。国务院学位委员会规定,各试点单位的试点学科和专业,其所在的一级学科范围内,一般应具有国家教委批准为重点学科的博士点,同时有3个以上博士点或同时有6名以上博士生导师,并已有一届以上博士毕业生。根据以上条件,我校数学、物理、力学3个一级学科已具备自行审批博士生导师资格。

● 与东京大学签署新的合作协议

我校与日本东京大学工学部进行了为期11年的合作,双方都希望今后把两校间的合作进一步扩大到包括理学和工学在内的全面合作。3月1—5日,谷超豪校长和物理系主任、教授应邀访问了东京大学。

3月10—17日,由东京大学与中国科学技术大学合作小委员会日方委员长平野敏佑率领的日本东京大学代表团来校访问,就新一轮合作的有关问题进行商讨。3月13日,校党委书记、常务副校长汤洪高会见了东京大学代表团全体成员,史济怀副校长、我校与东京大学合作委员会中方全体成员和东京大学代表团进行了工作会谈,并就从4月1日开始的新一轮合作的有关问题进行了商讨。

3月20日,谷超豪校长在日本东京大学与有马朗人校长签署新一轮学术交流协议,协议由中国科学院和日本学术振兴会共同领导,中方以我校为核心大学,吸收清华大学、上海交通大学和浙江大学参加,日方以东京大学为核心大学,并吸收东京工业大学、大阪大学和九州大学参加。我校与东京大学商定五个学科领域的合作关系,并分别确定了各学科领域的负责教授。

● 谷超豪、钱景仁当选全国政协常委

全国政协八届一次会议于3月14日在北京隆重开幕。我校校长谷超豪和无线电电子学系教授钱景仁作为主席团成员参加了这一盛会,并于3月26日当选为政协第八届全国委员会常务委员。会议期间,他们还列席了八届全国人大第一次会议。

1993年

● 李翊神、吴杭生当选为全国人大代表

经民主选举，数学系教授李翊神、物理系教授吴杭生当选为全国人大代表，赴京参加于3月15日开幕的八届全国人大第一次会议。

● 马扬当选为共青团"十三大"代表

团委书记、党委学生工作部副部长马扬在3月17日召开的共青团安徽省代表大会上当选为共青团第十三次全国代表大会代表，并出席于5月3—10日在北京召开的共青团第十三次全国代表大会。马扬是全省47名代表中唯一的高校代表。

● 与韩国浦项大学签署学术交流协议

4月10日，谷超豪校长与韩国浦项大学校长Kim Hogil邮签两校学术交流协议。双方商定下半年派代表团互访，以确定今后的合作交流项目。

● 设立"职工子女医疗保险基金"

根据国家医疗改革的有关精神，结合学校实际，3月19日，学校决定从1993年起废止职工子女统筹医疗办法，同时设立"职工子女医疗保险基金"，并制定试行《职工子女医疗保险基金管理暂行办法》。

● "精密超声声速和衰减自动跟踪测试仪"达国际领先水平

由我校超声无损检测实验室研制的"精密超声声速和衰减自动跟踪测试仪"于4月1日通过安徽省科委主持的鉴定。鉴定委员会一致认为，这项科研成果已达到国际领先水平。

● 与亿利达公司签署延长合作的备忘录

我校与香港亿利达工业发展集团有限公司本着互惠互利的原则，在科技开发与人才交

1993年

流等方面进行了为期三年的合作,取得了较好的成效。双方一致同意将1990年1月15日签订的合作协议期限延长三年,至1996年1月。常务副校长汤洪高又代表学校与亿利达公司签署了关于进一步加强合作的备忘录。另外,亿利达公司同意将亿利达实验科学奖的期限延长三年,亿利达青年教师奖和科学基金奖的期限延长一年。

● 学校成立博士生导师资格评审委员会

经校务工作会议研究决定,学校于4月3日成立博士生导师资格评审委员会。该委员会受校学位评定委员会委托开展自行审批增列博士生导师的工作。

● 首届全国青年代数会议由我校主持召开

由数学系主办的首届全国青年代数会议于4月16—20日在黄山召开,来自全国38个高校、科研机构的70名代表参加会议,平均年龄32岁。15个专题报告和40篇交流论文涉及代数的各个分支,不少问题是当时活跃的前沿课题。冯克勤教授主持会议,并就代表们关心的问题作了总结。

● 国家同步辐射实验室召开第一届学术委员会第一次会议

4月20—22日,国家同步辐射实验室首届学术委员会第一次会议在合肥举行。中国科学院基础研究局局长钱文藻致开幕词,学术委员会主任、学部委员谢希德主持会议。会议听取了实验室主任刘乃泉教授等所作的工作汇报和8个特邀学术报告;审议了实验室的工作、近期发展计划和对国内外开放的优惠政策;制定了实验室学术委员会工作条例;评审了用户的课题申请;讨论通过了有关重大项目的建议书;并对实验室的学科发展方向提出了建设性意见。

● 吴以成、竺长安被安徽省政府授予"有突出贡献的中青年专家"称号

4月28日,安徽省召开"有突出贡献的中青年专家"表彰大会,我校应用化学系吴以成教授、精密机械与精密仪器系竺长安副教授被安徽省人民政府授予"1992年度有突出贡献的中青年科学、技术、管理专家"称号。

吴以成教授在无机非线性光学材料的研究方面有突出贡献,他与人合作发现的新型非线性光学晶体LBO是我国晶体材料研究中的一个重大成就,具有国际领先水平,获得1990

1993年

年度中国科学院科技进步一等奖、1991年度国家发明一等奖，被美国权威杂志评选为1989年度世界十大激光高技术最佳产品之一，在国际市场上产生重大经济效益。

竺长安副教授研制成功的两足步行机器人属国内首创，达到国际领先水平，是中国在高科技领域研究中的一大突破，得到国内外同行专家的高度评价，并获1990年度国防科工委科技进步一等奖。

● 彭珮云来校视察

5月2日，国务委员兼国家计生委主任、原我校党委书记彭珮云来校视察，在校党委书记、常务副校长汤洪高等陪同下参观了西校区和国家同步辐射实验室，并同在校的全体校领导进行了座谈。会上，彭珮云详细询问了学校建设和发展情况，对学校工作所取得的进展表示满意，勉励学校不断取得新的成绩。

● 第四届全国青年超导学术研讨会在我校召开

5月4—6日，第四届全国青年超导学术研讨会在我校召开，来自全国32所高校和科研院所的120多名代表参加了会议，国家自然科学基金委和中国科学院有关领导出席了开幕式。学部委员、国家超导专家委员会首席专家甘子钊，学部委员赵忠贤，我校张裕恒教授和台湾清华大学古焕球教授等就高温超导研究的进展作了专题报告。

● 姚依林来校视察

5月8日，原中共中央政治局常委、国务院副总理姚依林在安徽省、合肥市领导杨永良、王太华、钟咏三等陪同下到国家同步辐射实验室参观考察。在实验室中央控制室，姚依林听取了校党委书记汤洪高对学校情况的简要汇报，并听取了实验室运行情况的汇报。在实验室储存环大厅，姚依林兴致勃勃地参观了实验装置，并为我校题词："发展科技，实现现代化。"

● 与香港大学签订学术交流合作协议

5月21日，香港大学校长王赓武、副校长张佑启等一行四人来校访问。汤洪高、余翔林等会见了代表团成员，双方就两校在科学研究、人才培养及交流等方面的合作进行了广泛的会谈，并签订了香港大学与我校学术交流合作协议。

1993年

● 陈省身到研究生院(北京)演讲并座谈

6月4日,美国科学院院士、中国科学院外籍学部委员、研究生院(北京)名誉教授陈省身先生到研究生院(北京)作学术演讲,并座谈数学进展与治学方法等。

● 李瑞环视察国家同步辐射实验室

6月9日,中共中央政治局常委、全国政协主席李瑞环在安徽省党政领导卢荣景、傅锡寿等陪同下来到我校国家同步辐射实验室视察,校领导汤洪高、王学保、蔡有智、宋天顺、史济怀陪同视察。

在实验室储存环大厅,李瑞环一行听取了实验室常务副主任张新夷关于实验室的立项、建设过程和工作机理的汇报,参观了已建成的五个光束线、站,并仔细询问了同步辐射光的应用范围、使用和用户管理情况。参观结束后,汤洪高向李瑞环汇报了学校创办、建设和发展的历史,以及建校以来各方面工作取得的成绩。李瑞环在讲话中充分肯定了我校工作所取得的成绩,并就知识分子政策和待遇问题发表了看法,他希望我校能提交一个改善知识分子待遇的切实可行的建议方案。随后,李瑞环为学校签名,并与陪同的有关领导合影留念。

● 学校成立生物物理研究所及儿童弱视、斜视研究和治疗中心

6月17日,学校成立生物物理研究所,挂靠生物系;成立儿童弱视、斜视研究和治疗中心,挂靠校医院。

● 我校在全国大学英语四级考试中再传捷报

6月20日,我校1991级729名学生参加了全国大学英语四级考试,平均成绩为81.81分,通过695人,通过率为95.34%,比上一届提高0.67个百分点。其中,367名学生取得优秀成绩,优秀率占半数以上,继续名列全国高校首位。

● 学校成立少年班超常教育基金

6月24日,校务工作会议决定成立"中国科学技术大学少年班超常教育基金会",旨在

改善少年班办学条件,奖励优秀教师和学生,推动超常教育研究工作的开展。基金会实行理事会下设董事会和管理委员会的管理办法。严济慈名誉校长应邀担任了基金理事会的名誉主席,并为基金会题写了会名。理事长由尹鸿钧副校长担任。

● 地球与空间科学系当选为第三世界科学院高级研究中心

6月29日,第三世界科学院执行主席 Mohamed H. A. Hassan 先生致信我校地球与空间科学系,通知该系当选为第三世界科学院的16个高级研究中心之一。这是国内高校中唯一当选的第三世界科学院高级研究中心。

● 《科大人》杂志创刊

由校团委主办的《科大人》于年中创刊,这是我校建校以来第一份综合性青年刊物。名誉校长严济慈题写了刊名。该杂志共设"水上厅长短波"、"青春风铃"等9个栏目,以"反映科大人的生活,展示科大人的风采"为宗旨;以"加强我校与全国各兄弟院校之间的交流,进一步扩大我校在全国的影响,给广大青年学生提供一块探索、求知、欣赏、沟通的园地"为目的;以"求实、创新、严谨、奉献"为精神。

● 4名博士后的论文入选"中国博士后首届学术会"

6月下旬,4名博士后的论文入选"中国博士后首届学术会"大会报告,其中季杰和缪炎刚的论文被评为优秀论文。

● 冯克勤教授受聘为国际科学委员会成员

7月1日,副校长冯克勤教授被联合国科教文组织所属机构国际理论物理中心聘为"数学及其应用"国际合作计划的国际科学委员会成员。该委员会负责安排和组织国际数学会议及其他交流合作项目的学术计划。

● "斜井稳定性分析"软件第一版通过美方验收

8月,力学和机械工程系为美国茂乐工程公司研制的"斜井稳定性分析"(BSTAB)软件第一版通过美方验收。该软件可为钻井工程师提供安全井压范围、井筒四周应力分布等主

1993年

要结果,可大大减少由于井筒失稳破坏造成的经济损失。中美双方很快就把这一软件分别投入国内和国际市场。同时,该系编制完成新版"现代试井软件"。该软件可计算地层压力分布,设计最优试井方案并作出解释,主要用于油气田开发和地层评估。

● 中国科学院审议通过我校"211工程"暨第三次创业规划

8月17日,中国科学院院长周光召主持召开院长办公会议,听取了我校领导关于学校进行第三次创业和争取进入国家"211工程"规划方案的汇报,并进行了认真讨论,专题审议并原则通过我校"211工程"暨第三次创业规划方案。会议认为,我校结合"211工程"提出第三次创业意义重大,值得赞赏,中国科学院将积极支持我校争取首批进入"211工程"。学校第三次创业,关键是教育质量要上一个新台阶,形成若干个在国内外有影响的人才培养基地、科学研究中心和高新技术产业,真正成为名副其实的国家重点大学。

科学院领导原则同意学校提出的与管理干部学院、研究生院实现有机联合的意见,以实现教育资源的优化组合和有效利用。

● 学校组成新的领导班子

8月28日,中国科学院院长、院党组书记周光召来校宣布学校新领导班子组成人员名单。国务院1993年7月21日任命汤洪高教授为中国科学技术大学校长(任期五年);中共中央组织部1993年8月28日任命余翔林教授为中国科学技术大学党委书记。

中国科学院党组决定,王学保、金大胜任党委副书记,余翔林(兼)、尹鸿钧、冯克勤、张新夷、卞祖和、韩荣典任副校长。

为支持和帮助我校办学,中国科学院还邀请部分社会知名人士组成中国科学技术大学校长顾问委员会,周光召任主任,中国科学院副院长王佛松、中共安徽省委副书记杨永良、原校长谷超豪任副主任,马俊如、石钟慈、宁玉田、朱丽兰、刘乃泉、杜宜瑾、林泉、张存浩、张润霞、阎三忠任委员。

周光召在讲话中指出,以谷超豪校长为首的上届校领导班子任期已满,为做好学校领导班子换届,上级有关部门对学校新领导班子人选进行了反复酝酿,在深入考察的基础上组成了学校新的领导班子。周光召表示中国科学院将一如既往地支持学校的建设和发展,同时对新的领导班子提出了要求和希望。安徽省委副书记杨永良在讲话中向学校新的领导班子表示祝贺,并表示尽最大努力支持学校在合肥办学。谷超豪老校长也畅谈了五年任期的感受。新任校长汤洪高在会上代表新领导班子讲话,表示在五年任期里带领全校师生员工把学校工作做实做好。

8月30日,学校任命史济怀任研究生院院长;王溪松任秘书长,孙适、戚伯云任副秘书

1993年

长;王广训任总务长。

◉ 1993年招生工作结束

学校1993年的本科生招生工作于8月底顺利结束,在除台湾和西藏之外的全国28个省、市、自治区计划招收本科生950名,实际录取新生946名(含录取到少年班的学生55名),其中高考录取853名,接收保送生93名。在录取的新生中,地市级三好学生、优秀学生干部173人,占新生总数的18.3%;广东、河北等7个省和自治区的理科高考总分第一名进入我校;除实行高考制度改革的8个省、市外,我校新生高考平均总分为556.1分。新生质量继续保持全国高校领先地位。另外,1993年学校招收博士生38人,硕士生300人,委培硕士生66人,代培研究生86人;委培、自费本科生82人;专科生841人,各类成人高等学历教育学生2 100多人。

研究生院(北京)共招收研究生753人,大专生119人。

◉ 力学、物理学专业成为全国理科人才培养基地

国家教委于8月4日批准了全国第二批共35个理科基础科学研究和教学人才培养基地,我校力学专业和物理学专业被列为正式专业点。至此,我校共有数学、力学和物理学3个专业成为全国理科人才培养基地。

◉ 李岚清到研究生院(北京)视察

9月7日,中共中央政治局委员、国务院副总理李岚清到研究生院(北京)视察,并参加庆祝建院15周年暨教师节座谈会。李岚清听取了教师们的发言,并发表重要讲话,强调人才培养是国家兴旺发达的关键,没有人才一切皆等于零。李岚清对研究生院的办学方式予以肯定,并提出进一步发展的设想。国家教委副主任张孝文,中国科学院胡启恒、张玉台、石庭俊等领导参加了座谈。

◉ 谷超豪等一批教师获先进模范称号

9月16日,谷超豪获"全国教育系统劳动模范"称号,张武、吴长春获"全国优秀教师"称号,张家铝获"安徽省优秀教师称号",马健康获"安徽省优秀教育工作者"称号。

1993年

● 学校举行集会庆祝建校35周年

9月20日下午,学校召开庆祝中国科学技术大学建校35周年大会。名誉校长严济慈、首任党委书记郁文出席大会并讲话。严济慈在讲话中表示,他对学校取得的进步与成就感到十分高兴与欣慰,学校新的领导班子有朝气、有活力,既踏实能干,又有创新精神,学校下一步的发展规划是个很好的方案;相信经过第三次创业,"创寰宇学府,育天下英才"的愿望一定能很快变成现实。郁文在讲话中对学校前两次创业的成功经验进行了总结,认为最根本的一条,是要形成强大的内部凝聚力,依靠全校"上下一心,团结奋斗"。

中国科学院副院长严义埙、安徽省委副书记杨永良、前任校长谷超豪也在会上讲话。

● 学校举行系列活动,庆祝建校35周年

9月20日,我校"科研与科技开发成果展览"揭幕,名誉校长严济慈、首任党委书记郁文和校长汤洪高为展览剪彩。自1978年以来,学校取得重大科研成果570多项,其中达到国际水平的有140多项,获得国家级奖励的有41项,获院省部级奖励的有285项。

9月21日下午,名誉校长严济慈、首任党委书记郁文在合肥稻香楼宾馆与20多名优秀学生代表座谈,校长汤洪高参加了座谈。

档案馆举办了"馆藏珍贵档案资料展览"。名誉校长严济慈为档案馆题写了馆名。首任党委书记郁文、原党委书记武汝扬、原党委副书记许世尧等为展览题词。

9月22日,郁文给全校副处级及以上干部、正副教授和在校工作30年以上教职工作报告。

● 王水、胡友秋获国家自然科学二等奖

9月,由我校王水、胡友秋和美国阿拉巴马大学吴式灿共同申报的"太阳大气动力学的数值研究"获国家自然科学二等奖。

● 《中国科大研究生院(北京)关于机构和机关改革的意见》出台

9月,研究生院(北京)院务会、党委会通过《中国科大研究生院(北京)关于机构和机关改革的意见》。此次改革以强化功能、理顺关系、提高效率为目的,采取分类管理、职能分离、合署办公的方式,机关机构精简率为28%,人员分流率为33%。研究生院(北京)党办、

组织部、宣传部和纪检组合并,成立联合办公室。

● 全国第三届青年生物医学工程学术大会在我校举行

全国第三届青年生物医学工程学术大会于10月6—8日在我校举行。来自全国高校、科研机构的80余名青年学者和特邀专家参加了会议。国务委员宋健为大会题词:"青年科学家是发展我国生物医学工程的主力军。"中国科学院院长周光召为大会题词:"求实创新,后来居上。"本次大会共有110篇论文参加交流和收入大会论文集,并评出优秀论文、优秀新产品创作奖。

● 分子光谱与激光化学国际研讨会在我校召开

10月6—10日,由中国科学院和国家自然科学基金委委托我校举办的分子光谱与激光化学国际研讨会和'93青年学者分子光谱与激光化学学术讨论会在我校召开。来自中国、英国、法国、日本等国的58位学者参加了会议。会上,国家自然科学基金委主任张存浩教授、学部委员朱清时教授、李家明教授等国内外知名学者作了学术报告。

● 全国首届大气电学和雷电监测、防护技术讨论会在我校召开

10月10—13日,全国首届大气电学和雷电监测、防护技术讨论会在我校召开,来自中国科学院、国家气象局、电业和邮电等部门的近70名代表参加了会议,有近40篇论文参加了大会交流,展示了我国在大气电学和雷电监测、防护技术领域的研究现状和进展。

● 21世纪中国物理学研讨会第二次会议在我校举行

10月13—15日,21世纪中国物理学研讨会第二次会议在我校国家同步辐射实验室举行。这次会议是由国家科委、国家自然科学基金委和中国科学院联合主办的,国家科委基础研究与高技术司司长林泉、国家自然科学基金委数理学部主任王鼎盛、中国科学院基础研究局副局长祖钦信等30余位物理学家参加了会议,林泉教授、汤洪高校长、钱临照教授等在开幕式上讲话。会议共组织18个专题报告,报告阐述了物理学科发展前景,并就中国物理学的发展规划进行了热烈讨论。

1993年

● 获全国大学生数学模型竞赛特等奖

10月15—17日，我校组队参加第二届全国大学生数学模型竞赛，由程继新、黄建生、万战勇三名同学组成的代表队获特等奖，另外两个队分获三等奖和成功参赛奖。

● 李晓光、周逸峰分获中国科学院青年科学家奖

10月18日，结构成分分析中心李晓光、生物学系周逸峰分获1993年度中国科学院青年科学家奖一、二等奖。这是我校首次获得该奖的一等奖，也是首次有两人获奖。

● 天体物理研究生教学改革实践获全国高校优秀教学成果二等奖

1992年10月18日，天体物理研究生教学改革优秀教学成果通过安徽省教委组织的鉴定。1993年9月4日，"天体物理研究生教学改革实践"获全国普通高校优秀教学成果二等奖。

● 教师高级职务评聘工作结束

10月21日，1993年度教师高级专业技术职务评聘工作结束，50名教师晋升正高职务，其中物理系30岁的陈永聪和结构成分分析中心33岁的李晓光破格晋升为教授；129名教师晋升副高职务，其中35岁以下的有39名，毛志强、陈仙辉、陆夕云、姜冯辉、朱家宝属破格晋升。至此，学校具有正高级职务的教师共有224名，其中35岁以下的4名，最年轻的是30岁的陈永聪教授和郭其鹏研究员；具有副教授或相应职务的教师共有575名，其中36—40岁的有31名，35岁以下的有52名，最年轻的是28岁的杨金龙副教授和毛志强副研究员。

● 程继新获"全国三好学生标兵"称号

10月21日，由国家教委和团中央共同组织的全国三好学生、优秀学生干部、先进班集体评选揭晓，我校程继新同学被评为"全国三好学生标兵"。这次共评出"全国三好学生标兵"5名。

1993年

● 第三届全国分形理论及应用学术研讨会在我校召开

10月21—23日，第三届全国分形理论及应用学术研讨会在我校召开。来自国内高校、科研机构和实业界的代表近百人参加了会议。会议收到论文146篇，内容涉及分形数学，分形的计算机产生、模拟和图像处理，分形物理，分形在化学、生物学、材料科学、地震科学和地质、水文、气象科学以及地理、人文、社会科学中的应用等。

● 第七届全国凝聚态理论和统计物理会议在我校召开

由中国物理学会主办、中国科学院结构分析研究开放实验室承办的第七届全国凝聚态理论和统计物理会议于10月25—29日在我校举行，中国科学院院长周光召、中国物理学会会长冯端、我校校长汤洪高及学部委员钱临照、彭桓武、闵乃本教授等题词或来函致贺。汤洪高教授任大会主席。来自全国54所高等院校、科研机构的143人出席会议。会议共收到论文142篇，内容涉及高温超导机制、低维系统、材料物性、统计物理四个方面，基本反映了近两年来我国在凝聚态理论和统计物理研究领域中所取得的最新成果。

● 学校向学部委员发放津贴

10月27日，学校决定设立学部委员特殊津贴，从1993年11月起，向在校工作的学部委员每人每月发放津贴500元。

● 合肥高科技广场隆重举行奠基一周年暨北座落成庆典

10月28日，由我校和香港TTM系统有限公司合资兴建的合肥高科技广场举行奠基一周年暨北座落成典礼，安徽省省长傅锡寿、合肥市市长钟咏三及我校领导汤洪高、余翔林和前任校长谷超豪等参加了庆典活动。合肥高科技广场率先在国内以会员制方式招商，汇集近百家企业，其中多数属于科技型产业，以期成为集约化、全方位的成果交易场所。

● 8位教师获光华科技基金会和霍英东教育基金会奖励

1993年度光华科技基金奖于11月6日评选揭晓。我校张裕恒、吴以成两位教授获一等奖，汤洪高教授获二等奖，钱景仁、吴长春两位教授获三等奖。11月8日，霍英东教育基

1993年

金会第四届高等院校青年教师基金及青年教师奖评选揭晓,我校丁卫星获青年教师基金,张寅平、王东生分获研究类和教学类青年教师奖。

● 我校代表团访问朝鲜理科大学

11月1日至8日,以党委书记、副校长余翔林为团长,研究生院院长史济怀为副团长的我校代表团,应邀访问朝鲜理科大学。访问期间,代表团与朝鲜理科大学在平壤签订了两校科学教育合作协议,参观了部分高校、科研机构和有关展览,并与朝鲜同行进行了广泛交流。

根据中国科学院和朝鲜科学院的科学合作协议,1994年5月19—25日,朝鲜理科大学力学、数学考察团一行四人到我校访问、考察。同年7月4—12日,我校数学、力学考察团一行四人回访了朝鲜理科大学。

1994年11月5—15日,为庆祝我校与朝鲜理科大学合作交流十周年,以党委副书记金大胜为团长的我校代表团一行八人应邀再次访问了朝鲜理科大学。

● 在第三届"挑战杯"竞赛中取得佳绩

第三届"挑战杯"全国大学生课外学术科技作品竞赛于11月8日在上海落下帷幕,我校参赛的6件作品获得一等奖1件,二、三等奖各2件,鼓励奖1件,以团体总分第三名夺得"首钢杯"。荣获一等奖的是数学系硕士研究生沈建的《本原矩阵指数的一个猜想的证明》。

● 成人教育学院成立

12月9日,经校务工作会议研究决定,为适当扩大办学规模,提高教学质量,在原成人教育部基础上成立成人教育学院。我校自1985年开办成人教育以来,已招生6 000多名,向社会输送3 500名毕业生。

● 近代化学系、无线电电子学系更名

12月10日,经校务会议讨论决定,近代化学系更名为"化学物理系",无线电电子学系更名为"电子工程与信息科学系"。

1993年

● 热安全工程技术研究中心成立

12月10日,经校务会议讨论决定,热安全工程技术研究中心成立。

● 吴杭生、王水当选为中国科学院学部委员

12月11日,经中国科学院学部主席团审议通过,1993年新增选学部委员59名,我校物理系教授吴杭生、地球与空间科学系教授王水分别当选为数理学部和地学部委员。

吴杭生,低温物理学家,安徽桐城人,1953年毕业于复旦大学物理系,1956年北京大学物理系研究生毕业,留校任教,长期从事超导电性理论研究,并做出了开创性工作,对推动我国超导电性研究起了重要作用。他自1976年起在我校任教长达近30年,为学校教学、科研工作作出了突出贡献。发表论文50余篇,合著有《超导临界温度理论》。

王水,1942年4月出生,1961年毕业于南京大学,分配到我校任教。1985年晋升教授,1986年被批准为博士生导师。主要从事空间物理领域研究,发表论文160余篇,曾获得1993年国家自然科学二等奖、多项中国科学院自然科学奖及2000年何梁何利科学技术进步奖。

● 召开第三届教代会第一次会议

12月27—29日,学校召开第三届教职工代表大会第一次会议,汤洪高校长作工作报告。会议期间,代表们对学校"211工程"规划暨第三次创业建设方案进行了认真讨论。

● 我校在国际核心期刊发表的学术论文数和被引用数在全国高校列第三

据国家科委中国科技信息研究所对1993年的科技论文统计分析结果,我校在国际核心期刊上发表的学术论文《科学引文索引》SCI收录数和被引用数在全国高校中排序第三,被《工程索引》EI收录数名列全国高校第十;范洪义教授被SCI收录的论文数由1992年的全国个人第三名跃为全国个人第一名。

● 一批科研成就获奖

本年度,我校共获得国家自然科学奖1项,中国科学院自然科学奖6项、科技进步奖4

项,国家教委科技进步奖1项,安徽省科技进步奖6项,另获石化总公司奖3项。

● 年度数据统计

本年度,全校共有教职工3 248人,其中教师1 827人,有中国科学院学部委员5人,教授181人(包括博士生导师101人),副教授596人;在校学生5 944人,其中博士生133人,硕士生777人,本科生3 855人,专科生1 179人。此外,各类成人高等学历教育在学学生2 742人。校舍建筑面积37.6万平方米。

1994 年

● 理学院成立,杨振宁任名誉院长,学校举行杨振宁铜像揭幕仪式

1月11—14日,著名物理学家、诺贝尔奖获得者、美国纽约州立大学石溪分校理论物理研究所教授杨振宁偕夫人杜致礼女士专程访问我校。

1月11日,理学院成立典礼在水上报告厅举行。杨振宁,全国人大常委杨振怀,中国科学院院士谷超豪、唐孝威、钱临照等出席典礼。

成立典礼由校党委书记、副校长余翔林主持。校长汤洪高宣布了理学院领导成员名单,杨振宁任名誉院长,冯克勤兼任院长,王水、郭光灿、寿天德任副院长。成立典礼上,汤洪高代表学校向杨振宁颁发了理学院名誉院长聘书,杨振宁、冯克勤分别发表了讲话。

1月11日下午,杨振宁铜像揭幕仪式在教学二楼前举行。安徽省、合肥市有关领导,杨振宁、杜致礼夫妇,校长汤洪高、党委书记余翔林等校领导,中国科学院院士谷超豪、唐孝威出席了揭幕仪式。

杨振宁为我国科技事业的发展和改善中美关系作出过重要贡献。他是我校名誉教授,曾四次来校访问讲学。鉴于他的学术威望和爱国精神,经合肥市人大批准,在杨振宁故乡、我校校园树立杨振宁铜像。铜像由著名雕塑家、广州美术学院教授潘鹤制作,"杨振宁像"四字由校长顾问委员会副主任谷超豪题写。

11日上午,杨振宁与校领导进行了座谈,表示愿对学校的建设和发展给予大力支持。12日下午,杨振宁在学校大礼堂为我校2 000余名师生作了《近代科学进入中国之回顾与前瞻》的学术报告。

杨振宁访问期间,受到安徽省省委书记卢荣景、省长傅锡寿等省、市党政领导的会见和宴请。国务委员、国家科委主任宋健发来贺电,对杨振宁铜像落成和杨振宁出任我校理学院名誉院长表示祝贺。

1994年

● 刘有成由兰州大学调入我校

在中国科学院、国家教委等单位的支持和帮助下,中国科学院院士、化学家刘有成由兰州大学调入我校。1月21日,刘有成携带有关手续正式到我校报到。

刘有成,1920年11月出生,安徽省舒城县人。我国有机化学界著名科学家。1942年毕业于中央大学。1945年赴英国留学,1948年利兹大学有机化学系研究生毕业,获博士学位。随后赴美国西北大学和芝加哥大学任博士后研究员,1954年回国。1955年到兰州大学工作,历任化学系教授、系主任、校学术委员会主任等职。曾任中国化学会常务理事,国际性刊物《化学中间体研究》、《中国科学》、《科学通报》等多种刊物编委。1980年当选为中国科学院学部委员。发表论文220余篇。1982年获国家自然科学奖三等奖。1987年和1995年两次获国家教委科技进步一等奖。

● 杨海波来校与教师代表座谈

1月28日,以全国人大常委、全国人大教科文卫委员会副主任杨海波为组长的全国人大赴安徽省检查《教师法》贯彻落实情况小组来校与教师代表座谈,安徽省人大常委会副主任江泽慧、副省长杜宜瑾等有关领导参加座谈。座谈会由副校长冯克勤主持。在听取教师代表们的发言后,杨海波在讲话中对我校工作取得的进展表示充分的肯定,希望通过"211工程"建设,再接再厉,办好学校。座谈会前,杨海波一行还参观了我校国家同步辐射实验室和火灾科学国家重点实验室。

● 我校第五批学位点和博士生导师申报工作取得好成绩

经国务院学科委员会第十二次会议批准,我校新增物理化学、生物物理、加速器物理及应用3个专业博士授予点,科学技术哲学、细胞生物学、计算机科学理论和原子分子物理4个专业硕士授予点。同时,我校有41名教授为新增博士生导师,其中18名为本校首批在数学、力学两个学科自行审批,并经国务院学科委员会复查备案的。

至此,我校共有博士点24个,硕士点46个,博士生导师106名。

● 我校在国家自然科学基金资助总额中排名第八

1993年我校共申请国家自然科学基金210项,其中面上项目206项,重点项目4项。

实际批准面上项目50项,获得经费258.5万元;批准重点项目1项,获得经费60万元。我校本年度获得国家自然科学基金资助总额在全国高校及科研机构中排名第八。

● 路甬祥等到研究生院(北京)考察指导工作

2月3日,中国科学院副院长路甬祥到研究生院(北京)召开座谈会,听取大家对研究生院发展情况的介绍,对该院各方面的工作提出了指导性建议,并表示将积极沟通和理顺办学关系,促进中国科学院研究生教育的发展。

● 安徽省委书记卢荣景等来校看望中国科学院院士

2月6日,中共安徽省委书记卢荣景、省委秘书长季家宏等来校看望中国科学院院士钱临照、王水。卢荣景称赞钱老为国家科技事业的发展作出了卓越的贡献,值得大家学习。他还祝贺王水、吴杭生当选中国科学院院士,他说这不仅是学校的骄傲,也是安徽省的骄傲。

● 我校参加美国大学生数学模型赛,两队双获一等奖

2月18—20日,我校组织两个队参加了美国大学生数学模型赛(MCM),我校两个队均获得一等奖。同时,两队成员免费成为美国运筹学会的会员。担任这两个队教练的是数学系李尚志教授和陈发来博士,队员有陆波、王均源、唐小平、程继新、黄建生、万战勇等人。

● 东京大学工学部代表团访问我校

2月19日,以平野敏佑教授为团长的东京大学工学部代表团一行五人对我校进行了为期四天的访问。校长汤洪高会见了代表团全体成员,副校长冯克勤及我校与东京大学合作委员会全体成员与代表团就双方的合作交流进行了会谈。双方交换了1994年度交流计划,并就双边学术讨论会等问题广泛交换了意见。

2月21日,火灾科学国家重点实验室举行仪式,续聘平野敏佑为我校客座教授。

11月13—15日,以吉本坚一教授为团长的日本东京大学工学部代表团再次访问我校。访问期间,吉本坚一教授一行与我校部分工科专业进行了对口学术交流。

1994年

● 校学术委员会换届

2月25日,校学术委员会召开换届后的第一次会议,改选后的校学术委员会全体委员共37人参加了会议。通过选举,校长汤洪高任新一届学术委员会主任,副校长卞祖和、中国科学院院士王水、李健民教授、徐善驾教授当选为副主任。委员们还评审了申报中国科学院1994年度自然科学奖、科技进步一等奖及校内科研成果奖项目。

● 我校在全国学位与研究生教育评估中取得好成绩

3月,国务院学位委员会公布了物理、动力工程及工程热物理学科学位与研究生教育评估排序结果。我校理论物理、等离子体物理、原子核物理、凝聚态物理、光学、工程热物理在博士、硕士学位授予点及粒子物理硕士学位授予点中,学科建设和教育质量均进入全国高校相同学位点参加评估的前四名。这一排序结果是在各单位自评基础上经同行专家评议后产生的。学科评估专家组认为,这一排序基本反映了各学科点获得学位授予权以来学科建设及教育质量的相对水平。

● 高等教育研究所及各研究室成立

3月17日,学校召开高等教育研究所各研究室成立大会。会议由副教务长程福臻主持。各研究室成员近百人参加了成立大会。

尹鸿钧副校长在讲话中要求全体教师在做好教学、科研工作的同时,加强教学研究,把我校的教育质量、教学水平提高到新的高度。朱滨教务长指出,我校高等教育研究所应有自己的特色,除了对高等教育进行总体研究外,还要加强对学科教学工作的研究。

高等教育研究所是在原教育与现代化研究室的基础上成立的,由尹鸿钧副校长兼任所长,丁世有、张玉明任副所长,下设物理教育研究室、数学教育研究室、力学教育研究室、普通物理教学研究室、超常教育研究室、教学评估研究室及《教育与现代化》编辑室。

10月12日,学校举行高等教育研究所成立大会,校领导汤洪高、尹鸿钧,正副"三长",高等教育研究所各研究室全体研究人员,各系(室)教学工作负责人,机关有关部门负责人一百余人参加了会议。会议由高等教育研究所副所长丁世有主持。汤洪高在发言中指出,应该认真借鉴国内外高校的成功经验,深入研究高等教育的目标、方向及教材改革、德育、教育心理学等方面问题,深化教育改革,使学校自身的发展符合客观教育规律。尹鸿钧表示,高等教育研究所要组织好力量,比较研究国内外其他高校的发展战略和经验,研究自己

1994年

的办学传统和取得成绩的原因,从理论高度加以认真总结,为学校的第三次创业献计献策。会议宣读了被聘任的各高等教育研究室成员名单,各研究室研究人员代表先后发言。

● 黄培华教授等测定和县猿人生存年代

我校地球与空间科学系教授黄培华等采用电子自旋共振测年新技术,对安徽和县猿人遗址化石进行了年代研究,测定和县猿人早在距今30万年时已经存在,不仅印证了考古界的推断,而且第一次明确了和县猿人年代比以往测年估计均要早些,这对研究我国古人类进化史、古人类与东南亚古人类演化史极具重要意义。和县猿人是1980年在和县陶店龙潭洞发现的,是我国继北京猿人和蓝田猿人之后,直立人头骨化石的又一重要发现。

● 成立科技产业管理处,撤销科技开发院

3月21日,学校召开科技产业工作会议,提出了加速发展我校科技产业的十条措施以及"一年打基础,三年见成效,五年大发展"的发展步骤,争取提前两年实现"211工程"规划所规定的年产值2亿元、利润2 000万元的目标。次日,科技产业管理处正式成立,同时撤销科技开发院。

● 朱清时获海外华人物理学会亚洲成就奖

2月24日,海外华人物理学会主席杨炳麟教授发来通知,由杨振宁、李政道、丁肇中等世界知名物理学家组成的评选委员会评选出1994年度海外华人物理学会亚洲成就奖,我校兼职教授、中国科学院院士朱清时以其"在局域模光谱学和估计局域激发的动力学行为,特别是与分子内部振动能量转移有关的创造性研究",以及他"在中国作出的别有价值的工作"而获得此项殊荣。

● 34位院士联合建议集中力量建设、充分利用国家同步辐射光源

国家同步辐射光源由于建设期间投资强度不够,当前仅有5条光束线和5个实验站,不到可建线、站的10%;在设计时虽考虑了插入元件,但因投资不足而没能建成。此外,由于光源用户的需求量日渐增大,同步辐射实验室不断接到新的课题申请而应接不暇,还有大量很好的实验计划尚无相应的实验站可供利用。为此,2月份,由钱临照、唐孝威两位院士倡议,王淦昌、谢希德、谢家麟、冯端、卢嘉锡等34位院士联合向国家有关部门提出了《关

1994年

于集中力量全面建设、充分利用合肥国家同步辐射光源的建议》,"强烈呼吁国家应集中财力、物力,全面建设、充分利用已运行并投入使用的同步辐射光源,以满足当前我国科学界对同步辐射应用之急需"。

此后,学校也正式向国家有关部门提出建造国家同步辐射实验室二期工程的申请。中国科学院组织我校和国内很多科研单位、高等院校的专家,对二期工程规划做了多项补充、修改和完善。至1996年,国家科技领导小组批准我校同步辐射实验室二期工程作为"九五"期间的首批国家重大科学工程项目之一启动。

● 路甬祥来校考察工作并作报告

4月15—16日,中国科学院副院长路甬祥、教育局局长李云玲等来校考察、指导工作。在校期间,路甬祥听取了校领导关于学校各方面工作的汇报,参观考察了部分实验室,召开了教师、学生代表座谈会。

4月16日,路甬祥为全校中层干部作报告。报告中,路甬祥充分肯定了学校的工作,并对学校下一步工作提出了要求。路甬祥在合肥期间,还会见了安徽省委书记卢荣景等,代表周光召院长对安徽省多年来对学校的关心和支持表示感谢,并就推动我校为安徽省地方经济服务与省领导交换了意见。

● 我校第二任党委书记刘达逝世

我校第二任党委书记(1963年5月至1975年11月)、清华大学名誉校长刘达因病于4月8日在北京逝世,终年83岁。刘达,黑龙江肇源人,著名教育家。1935年考入北京辅仁大学中文系学习,读书期间从事抗日救亡工作,参加了"一二·九"运动。1946年任哈尔滨市委常委,并成为哈尔滨市第一任市长。1948年受命创办东北农学院,任院长、党委书记。1958年任东北林学院院长、党委书记,同年兼任黑龙江大学校长、党委书记。1963年5月调任中国科学技术大学党委书记。1977年4月调任清华大学党委书记。在任我校党委书记期间,领导实施一系列改革举措,使学校的教学、科研和各项工作不断前进,为新时期学校的发展奠定了良好基础,深受广大师生员工的尊敬与爱戴。

● "大天区面积多目标光纤光谱望远镜"方案讨论会及中国科学院天文学科规划会在我校举行

4月26—29日,"大天区面积多目标光纤光谱望远镜(LAMOST)"方案讨论会在我校举行,来自全国高校和科研院所的近40名专家学者参加了研讨会,会议对该项目的科学目标的技术可行性进行了深入讨论。会议认为,LAMOST计划是一个具有我国特色、很具竞争力的方案,它将在21世纪初建成我国天文界在国际上一个有较大影响的望远镜,推动我国天文事业的发展。

同时,中国科学院天文科学规划讨论会在我校召开。会议选定了天文学的优先发展领域和重点研究课题,初步拟定了今后5—10年天文学科发展规划的咨询纲要。

● 国家建设部部长侯捷等来校考察

4月26日,国家建设部部长侯捷、副部长李振东等200余名参加"全国绿化工作会议"的代表到学校参观、考察,副校长韩荣典、总务长王广训会见并接待了侯捷一行。

● 胡绳等来校参观指导工作

4月28日,全国政协副主席、中国社会科学院院长胡绳等一行17人在安徽省委副书记方兆祥、省政协主席史钧杰等陪同下参观了我校国家同步辐射实验室,听取了校党委书记余翔林关于我校办学情况的汇报,并为我校题词:"依靠高科技,发展新中国。"

● 调整校区扩建工程计划

1986年国家计委批准的我校第一期校区扩建工程计划书中,工程总建筑面积为167 000平方米(包括同步辐射实验室配套设施8 000平方米),总投资9 300万元。同年,国家计委批准的扩建工程初步设计中,总建筑面积调整为162 000平方米(不含同步辐射实验室配套设施8 000平方米),总投资不变。1989年底,由于国家政策性价格上涨,原批投资已不能满足工程全面竣工的需要,国家计委又于1991年批准调整的计划任务书中,总建筑面积为162 000平方米,总投资上调为11 691万元。

由于该工程建设周期长,而几年来材料、设备价格及工程综合费率大幅度上涨,投资增加;同时,又由于部分项目设计发生变更,增加了面积,也引起投资增长,因此建设费用又突破了1991年调整的投资规模。为此,中国科学院根据工程实际进展情况,经过多次审核,确认按当前定额核算,全部工程完成需投资14 649万元,其中由于调价因素引起超投资1 818万元,由于增加面积引起超投资1 140万元。受国家计委委托,中国科学院经研究,于1994年4月29日批复同意再次调整我校校区扩建工程建设规模,总建筑面积调为168 898平方米,总投资调整为14 649万元。

1994年

● 科技开发总公司成立董事会并召开第一次会议

学校科技开发总公司董事会于5月10日正式成立。汤洪高任董事长,余翔林、王学保、卞祖和任副董事长。董事会成立后,科技开发总公司实行董事会领导下的总经理负责制,董事会向校务工作会议负责。学校通过董事会维护学校的权益。

5月10日,科技开发总公司董事会召开第一次会议。会议原则同意总公司的发展规划,根据学校现有企业发展状况,优先发展化工、电子产业群体。

会议同意总公司更名为"中国科学技术大学科技实业总公司",要求总公司完成例行审计后尽快办理重新注册手续,法定代表人为卞祖和。

● 中国科学院院长奖学金颁奖大会在研究生院(北京)举行

5月11日,中国科学院院长奖学金颁奖大会在研究生院(北京)举行。中国科学院院长周光召、副院长路甬祥、党组副书记余志华,国家教委王忠烈、王炽昌等有关领导及师昌绪、章琮、杨乐院士等出席大会。我校21名研究生获优秀奖,其中硕士生12名,博士生9名。

● 瑞士霍费尔教授访问我校

5月12—14日,瑞士联邦理工学院高能物理研究所所长、西欧核子研究中心(CERN)负责人之一、我校名誉教授霍费尔博士一行访问我校。访问期间,霍费尔等参观了近代物理系高能物理研究组,并与学校签署《中国科学技术大学和瑞士联邦理工学院高能物理研究所在高能物理领域的合作研究协议》,合作内容包括L3数据分析和CMS探测器的建造及发展研究,对方将提供必要的设备和支持开发L3的分析需要数据,双方还将开展师生互访等人员交流。

霍费尔教授是世界知名的物理学家,他关于电磁相互作用以及弱相互作用的理论和实验研究处于世界前沿。他是世界上最大和最成功的国际高能物理合作组L3的发起人之一,并为我校参加国际高能物理合作作出过重要贡献。

● 理论物理研究所成立

经校务工作会议研究决定,4月20日,学校成立理论物理研究所,挂靠在理学院。朱栋培任研究所所长,陈永聪任副所长,阎沐霖任学术委员会主任,汪秉宏任副主任。

1994年

● 吕正操来校访问

5月17日,原全国政协副主席、原铁道兵司令员吕正操来校访问,参观了国家同步辐射实验室和校园。

● 汤洪高校长率团访问欧洲6个国家的11所大学

应法国巴黎南大学校长 A. Gaudemer、德国大学会议主席 H. U. Erichsen、瑞典皇家工学院院长 J. Carlsson 等人的邀请,5月17日至6月18日,汤洪高校长率团访问了瑞典、丹麦、德国、法国、英国、意大利等6个欧洲国家的11所大学,同时访问了第三世界科学院、国际理论物理中心(ICTP)、德国大学校长会议等单位。

访问期间,代表团与各大学、科研院所商讨科技学术交流和合作的可能性,与法国巴黎南大学签订了新的合作协议,扩大了交流领域,并与瑞典皇家工学院、意大利罗马大学等4所大学达成了合作意向。代表团参观了各种实验室近40个,考察了欧洲重点大学的办学模式和科学研究的重点,并看望了部分在各大学学习或工作的我校教师和校友。

通过这次访问,扩大了我校在欧洲各大学、科研院所的影响,巩固和发展了学校与欧洲各国的校际合作交流。

● 李政道到研究生院(北京)作学术报告

5月26日,诺贝尔奖获得者、著名华裔物理学家李政道先生到我校研究生院(北京)作了题为《真空作为物理媒质》的学术报告,受到研究生院师生的热烈欢迎。

● 学校举行1994届学生毕业典礼

6月27日,学校举行1994届学生毕业典礼,本届毕业生共有1138人,其中博士生40人,硕士生177人,本科生573人,专科生348人。

● 第七届全国原子分子物理学术会议在我校举行

6月27—29日,由中国物理学会原子分子物理专业委员会,我校近代物理系、化学物理系,安徽光机所激光光谱学开放实验室联合主办的第七届全国原子分子物理学术会议在我

1994年

校举行,来自全国58个单位的166名代表参加了会议。大会由原子分子物理专业委员会副主任李家明院士致开幕词,我校领导汤洪高、尹鸿钧到会祝贺并讲话。会议共有《原子物理理论的新进展——相对论多通道理论》等10个邀请报告,收到学术论文195篇,反映了原子分子结构,原子分子光谱,原子、分子、离子、电子碰撞,辐射与原子分子的相互作用,原子分子与表面、固体的作用,原子分子团簇,强场及特殊条件下的原子分子等领域中的最新研究成果。

会议期间,与会代表参观了我校国家同步辐射实验室、原子分子物理实验室(电子碰撞实验室)和激光化学实验室。

● 香港TTM公司在我校设立TTM奖励基金

7月6日,香港TTM系统有限公司在我校设立TTM奖励基金,总额暂定为10万美元,有效期暂定为10年,每年奖励10名左右在科技开发和科技管理工作中取得显著成就的教职员工。

● 杨振宁在研究生院(北京)作学术演讲

8月21日,诺贝尔奖获得者、著名华裔物理学家杨振宁在我校研究生院(北京)举行了题为《巨大碳分子球和管的休克尔谱》的学术演讲会,受到研究生院(北京)师生的热烈欢迎。

● 朱清时由中国科学院大连化学物理研究所调入我校

9月12日,中国科学院院士朱清时由中国科学院大连化学物理研究所正式调入我校工作。朱清时1968年毕业于我校近代物理系,毕业后分配到青海省西宁市山川机床铸造厂工作,1974年调中国科学院盐湖研究所工作,1982年调中国科学院大连化学物理研究所工作。1991年,45岁的朱清时当选为中国科学院院士。20世纪80年代后,朱清时一直致力于分子局域模研究,在世界上首次观察到一系列纯粹局域模振动实例,并对其高分辨光谱进行了完整的理论分析,建立了包含转动的局域模振动的新理论模型,是国际上该领域的主要专家之一。此外,他还系统地研究了分子光谱学的其他重要问题。朱清时来校后将在化学物理系建立分子光谱和激光化学实验室,以保持我国在选键化学领域的领先地位。

1994 年

● 高等研究院(合肥)成立

为加强合作研究,实现优势互补,经中国科学院批准,9月17日,我校和中国科学院合肥分院正式成立中国科学技术大学高等研究院(合肥)。中国科学院常务副院长路甬祥参加了研究院揭牌仪式。

根据协议规定,双方将在科学研究、实验室建设、高层次人才培养及科技与经济相结合等方面开展高层次的实质性合作。

高等研究院(合肥)由双方共同领导,下设双方合作共建的研究中心、实验室(所)等机构。目前有内耗与固体缺陷联合开放实验室、极端条件物理研究中心、等离子体物理和核聚变研究中心、激光光谱开放实验室等。

为进一步推动合作,加强合作的领导和协调,经双方协商,共同成立中国科学技术大学、中国科学院合肥分院合作委员会。10月22日,合作委员会第一次会议在中国科学院合肥分院召开。

11月22日,中国科学技术大学与中国科学院合肥分院合作委员会扩大会议在我校召开,中国科学院副秘书长兼计划财务局局长竺玄等专程来肥促进我校与合肥分院合作事宜。竺玄在讲话中表达了中国科学院对我校与合肥分院两家单位加强合作共同建设中国科学院合肥科研教育基地的支持。中国科学院对双方合作的思路是:以项目带动合作,突出优势互补,增强整体力量。

● 1992 级本科生大学英语四级考试通过率为 96.35%

8月,我校1992级本科生中有849人参加了全国大学英语四级考试,其中有818人通过,通过率为96.35%;其中375人取得85分以上的优秀成绩,优秀率为44.17%。

据统计,本次全国高校的四级考试通过率为59.53%,其中全国重点院校的通过率为73.84%,我校通过率连续八年居全国榜首。

● 人事处、师资处、学生工作处等机构合并

9月5日,经校务会议研究决定,原人事处与师资处合并为人事处,原学生工作处与招生分配办公室合并为学生工作处。

1994年

● 我校与中国科学院上海分院签订合作协议

我校与中国科学院上海分院经过充分酝酿，决定在高层次人才培养、人才交流和科学研究等领域进行全面深入的合作。9月8日，我校校长汤洪高、上海分院院长王志勤分别代表双方在合作协议书上签字。

根据协议，双方将联合招收培养研究生，互相推荐优秀博士毕业生进对方博士后流动站工作，双方将在科研的前沿领域、交叉学科和高技术等方面加强合作交流，联合争取、共同承担国家重大科研项目；双方联合筹建跨学科研究机构，共同创建国家级研究中心，加强在科技成果转化、开发和辐射方面的合作，共同开发高科技新产品，积极推向市场。

● 研究生院（北京）举行新生开学典礼暨庆祝教师节10周年大会

9月8日，研究生院（北京）举行1994级新生开学典礼暨庆祝教师节10周年大会召开，严济慈、郁文、王佛松、王玉民等领导，王淦昌、刘东生、赵忠贤院士，张云岗、郑志鹏、白春礼、郭雷等出席了大会。研究生院（北京）1994年度共招收研究生845人。

● 路甬祥副院长在我校传达中国科学院"九五"规划有关精神

9月16日，中国科学院常务副院长路甬祥在我校为学校和中国科学院合肥分院中层干部作报告，传达中国科学院"九五"规划有关精神，并对学校的建设和发展提出了希望和要求。

● "211工程"规划顺利通过中国科学院组织的部门预审

7月14日，中国科学院决定在9月份对我校进行"211工程"重点建设规划的部门预审工作。

8月23日，按照中国科学院的要求，校领导汤洪高、余翔林、卞祖和、韩荣典等专程赴中国科学院向常务副院长路甬祥、副秘书长竺玄、基础局局长钱文藻、计划财务局副局长王声孚、人事局副局长黄伯明、基建局副局长佟凤勤等有关领导汇报了我校"211工程"规划学校论证工作的进展情况，我校"211工程"规划的目标、建设步骤、措施，以及"211工程"规划部门预审工作中的有关问题。汤洪高校长还向与会人员通报了学校机构调整、人事、分配、医疗制度改革的思路，强调了教学改革的重要性，科研、开发的重要性，以及近期将做的几件大事。

9月16—19日,由22位教育界、科技界著名专家学者组成的中国科学院中国科学技术大学"211工程"规划部门预审专家组,对我校"211工程规划"进行了专家评审。专家组组长由复旦大学校长、中国科学院院士杨福家教授担任,副组长由安徽省副省长杜宜瑾教授、中国科学院副秘书长兼计划财务局局长竺玄担任。中国科学院常务副院长路甬祥院士和国家教委"211工程"办公室主任王忠烈教授亲临指导。

评审期间,专家组听取了汤洪高校长关于我校"211工程"规划的总体汇报,审阅了规划的有关材料,参观、考察了部分实验室、教学楼、学生宿舍和食堂,观看了关于学校现状和发展规划的多媒体声像演示,并分组实地考察了规划中的重点学科。

专家组成员认真考察和分析了学校现状,考察和审议了我校"211工程"规划及建设规划,肯定了办学成绩和"211工程"规划工作。

经过认真评审,我校"211工程"规划顺利通过中国科学院组织的部门预审。建议进一步修订后,提请中国科学院向国家教委申请预备立项。

● 国际同步辐射应用学术研讨会在我校举行

在国家自然科学基金委、中国科学院、第三世界科学院的支持下,10月10—13日,我校国家同步辐射实验室主办了国际同步辐射应用学术研讨会,84名来自中、美、英、日、德、法、意等国的科学家参加了会议。

大会共收到论文80余篇,内容涉及当今国际在同步辐射研究领域的前沿课题和最新研究成果。大会组委会主席张新夷副校长在会上特别介绍了合肥同步辐射光源的建设情况以及国内外用户开展的研究工作和今后的设想,中外学者对此表示了浓厚兴趣,他们希望国家同步辐射实验室尽快实施二期工程,挖掘光源潜力,增加必要的插入元件,提高亮度,拓宽适用范围,增建光束线、站,以满足国内外用户多方面的需要,使国家同步辐射实验室在推动国际同步辐射事业发展中发挥更大的作用。

● "国家理科基础科学研究和教学人才培养基地建设和改革经验交流会"在我校召开

10月23—26日,国家教委高等教育司在我校召开"全国理科基础科学研究和教学人才培养基地建设和改革经验交流会",1991年被国家教委批准为第一批国家理科基地15个专业点的代表,数学、物理、化学、生物、地学5个学科的专家组组长,参加"地方综合大学理科基础科学研究和教学人才培养基地专业点论证会"的部分代表以及中国科学院教育局,部分省、市教委,国家教委研究生司的代表60余人参加了会议。

会议期间,国家教委高等教育司司长周远清通报了全国高校教学改革和"211工程"基本情况。各学科专家组组长分别汇报了三年来基地建设的成绩、经验和存在的问题,全体代表就共同关心的问题进行了研讨。全体代表还参观了我校数学系、基础物理中心、近代物理系有关实验室和国家同步辐射实验室、火灾科学国家重点实验室等。

全国高等学校数学与力学教学指导委员会第三次工作会议在我校召开

10月18—21日,全国高等学校数学与力学教学指导委员会第三次工作会议在我校召开。来自北京大学、清华大学等高校的30余名代表出席了会议。会议由教学指导委员会主任谷超豪院士主持。本次会议着重就课程设置和教学内容改革、教材建设计划执行情况、计算机辅助教学和数学、力学教学质量评估等进行了专题学术研讨并取得共识。

"非线性科学中若干问题"高级研讨班在我校举行

经国家教委批准,由我校与复旦大学联合组织的"非线性科学中若干问题"高级研讨班于10月17日至11月3日在我校举办,来自全国高校、科研机构的40多位教授参加了会议。

本次高级研讨班邀请谷超豪、胡和生、朱清时院士作了4个专题报告,聘请非线性科学领域及相关学科12位博士生导师主讲"可积系统的理论与方法"、"相干态与物理中的孤子"等6门课程,聘请了7位博士生导师和教授组织"混沌应用"、"可积系统"、"光孤子"等7场专题研讨会。

诺贝尔化学奖获得者马库斯教授访问我校

应中国科学院院长周光召的邀请,1992年诺贝尔化学奖得主、美国科学院院士、加州理工学院化学讲座教授马库斯(R. A. Marcus)来中国访问。10月29—31日,马库斯访问了我校。汤洪高校长会见了马库斯教授及其夫人,并进行了广泛会谈。访问期间,马库斯参观了我校国家同步辐射实验室,访问了生物系、化学物理系,并进行了学术交流。他对我校化学、生命科学领域的研究工作给予了高度的评价。10月31日,马库斯教授作了题为《化学、物理学和生物学中的电子转移反应及理论与实验的比较》的学术报告,受到师生的热烈欢迎。

1994年

● 国际自动控制联合会副主席 K. J. Astrom 等访问自动化系

11月1—2日，瑞典科学院院士、国际自动控制联合会副主席 K. J. Astrom，美国哈佛大学教授、美国工程院院士何毓琦等世界著名自动控制专家访问我校自动化系。

访问期间，专家们参观了自动化系实验室，结合各自的研究领域作了4场学术报告，并与师生们进行了座谈，他们对自动化系在教学和科研方面取得的成绩作了充分肯定。

● 范维澄任中日大学群安全与环境双边学术讨论会执行主席

11月11日，中日大学群安全与环境双边学术讨论会在清华大学举行，我校火灾科学国家重点实验室主任范维澄教授担任会议执行主席。

● 美国马里兰州州长特使马克·L·华瑟曼率团访问我校

11月11日，美国马里兰州州长特使、经济与就业发展部部长马克·L·华瑟曼率团参观、访问我校。汤洪高校长会见了代表团，介绍了学校的基本情况，欢迎马里兰州工商企业到合肥高科技广场投资，并陪同马克·L·华瑟曼一行参观了国家同步辐射实验室和火灾科学国家重点实验室。

● 郑永飞获"侯德封奖"，并被列为中国科学院"百人计划"首批资助对象

8月5日，地球与空间科学系郑永飞副教授被中国岩石矿物地球化学学会授予"侯德封奖"，以表彰他在"热液矿床稳定同位素地球化学领域作出的突出贡献"。"侯德封奖"是为纪念我国著名地球化学家、我校地球化学和稀有元素系首任系主任侯德封而设立的，每两年颁奖一次，是我国青年地球化学家最高荣誉奖。

郑永飞在同位素地球化学（特别是稳定同位素地球化学）领域取得了一系列具有开拓性的科研成就。11月，地球与空间科学系郑永飞副教授被列为中国科学院跨世纪人才"百人计划"首批资助对象，三年内将获得200万元左右的科研及设备经费。当年初，中国科学院推出选拔和培养跨世纪学科带头人的"百人计划"，即在2000年前面向国内外选拔优秀年轻人才并给予每人百万元左右的重点支持。我校地球与空间科学系稳定同位素地球化学点被确定为首批招聘的15个学科领域之一。

1994年

● 选派30名本科新生赴新加坡留学

根据国家教委文件精神,我校选派30名1994级本科新生于12月1日赴新加坡留学。学生入学后,学校将他们单独编班,进行外语培训和入学教育。10月下旬,新加坡教育署署长洪伟雄博士一行来校对被荐学生进行笔试、面试。10月26日,国家教委留学服务中心宣布我校30名赴新加坡留学本科新生全部合格,并对我校的代招、录取组织工作表示满意。

● 严东生院士受聘我校客座教授

11月16—18日,原中国科学院副院长、党组书记,现任亚洲各国科学院联合会主席,中国科学院院士,中国工程院院士严东生教授来校访问,并受聘为我校材料科学和工程系客座教授。

严东生院士在校期间,与材料科学和工程系师生进行了座谈,并参观了部分实验室。17日下午,严东生院士为全校师生作了题为《无机材料和材料科学的现状与展望》的学术报告。

● 北京中关村中学更名为中国科学技术大学附属中学(北京)

为提高北京中关村中学的教育质量,扩大我校在该地区的影响,满足中国科学院职工子女择校就学的要求,经协商并报中国科学院教育局批准,北京中关村中学自1995年3月5日起更名为"中国科学技术大学附属中学(北京)"。

11月14—15日,中关村中学校长段兴起等来校访问,我校尹鸿钧副校长等会见了来宾,双方签订了加强合作的协议。中关村中学更名后,其原机构、编制、经费等关系不变,仍隶属于北京市海淀区教育局。

● "电子与离子、原子、分子微观相互作用过程的实验和理论研究"项目通过验收

11月30日至12月1日,国家基金委重大项目"电子与离子、原子、分子微观相互作用的实验和理论研究"通过中国科学院组织的专家验收。该重大项目由中国科学院院士于敏主持,我校和北京应用物理与计算数学研究所、复旦大学等七个单位的研究人员共同完成。该项目共分七个子课题,开展了电子与离子、原子、分子的相互作用中有重要意义的基础性

问题的研究,建立了一批原子分子物理研究的实验装置,受到国内外同行的关注。

有关领导和专家对我校近代物理系教授徐克尊、杨炳忻课题组承担的"高分辨快电子能量损失谱仪"以及"(e,2e)电子动量谱仪"给予了较高评价。

11月29日,中国科学院在我校组织召开了"高分辨快电子能量损失谱仪"和"(e,2e)电子动量谱仪"专家鉴定会。

国家科委、国家自然科学基金委等九个单位的30余位代表听取了研制组的研制报告和测试报告,并实地考察了实验装置。专家们认为,其部分性能已达到国际先进水平。这两台谱仪的研制成功,为我国电子与原子、分子碰撞研究提供了强有力的手段。

● 我校7件作品参加"中国大学生第二届应用科技发明大奖赛"并全部获奖

全国大学生第二届应用科技发明大奖赛于12月3—5日在北京国际会议中心举行,我校参赛的7件作品全部获奖,其中邹谊的"全球卫星定位导航仪(GPS)"、程晓晟的"KD418—Ⅳ型微机核子秤"获二等奖。全国共有312项申报项目入选参评,我校是参展作品超过6件的12所高校之一。

● 学校召开第三届教代会第二次会议

12月8—9日,学校召开第三届教代会第二次会议。会上,汤洪高校长作《校长工作报告》,党委书记余翔林作题为《努力加强德育工作,培养社会主义的"四有"新人》的报告,提案、分房、福利委员会综合汇报了一年来的工作作,有关部门负责人分别就教学、科研、开发、后勤等工作作了专题汇报。

会议期间,代表们着重就进一步实施第三次创业暨"211工程"规划进行了讨论。

● 学校召开第二次教学研讨会

12月16—17日,学校召开第二次教学研讨会,校领导,各系、教学部正副主任、教师代表,各职能部、处负责人,高等教育研究所成员,教学委员会及学科组成员参加了会议。

汤洪高校长致开幕词,尹鸿钧副校长作了题为《面向21世纪,研讨培养高质量人才发展战略》的主题报告,部分系科专业负责人就本单位教学改革作了汇报,大家就确立教学改革的中心地位,在办学体制、课程体系、专业评估、教学实验室建设等方面进行改革等问题进行了认真讨论。

1994年

● 回良玉代省长来校座谈

12月28日,安徽省委副书记、代省长回良玉一行到学校考察,与校党政领导座谈。回良玉在座谈中指出,我校人才济济,省委、省政府提出"科教兴皖",首先要依靠我校,充分发挥我校的科技和人才优势,同时省里也要更好地支持我校,服务我校。汤洪高校长代表学校对回良玉省长及省委、省政府对学校的重视、关心、支持表示感谢,并表示学校将更好地为安徽的人才培养和经济建设服务,为"科教兴皖"作出积极贡献。

● 范维澄获国家科委等八部委联合颁发的"金牛奖"

在国家重点实验室建设十周年总结表彰大会上,火灾科学国家重点实验室主任范维澄教授被国家计委、国家科委等八部委联合授予"先进工作者"称号,获得"金牛奖"。此外,范维澄教授还被国家外国专家局评为"全国引进国外智力先进工作者",全国共有44人获此项荣誉。

● 我校本年度获国家自然科学基金资助金额在全国名列第五

1994年度国家自然科学基金经过同行专家和各学科评审,我校1994年申请面上基金224项中获得批准61项,资助金额434.2万元,批准率为27%,高于全国平均资助率16%近11个百分点。我校国家自然科学基金批准项目和资助金额在全国科研单位和高校中名列第五。

● 我校在全国大学生第一届数学模型竞赛中获得佳绩

在国家教委主办的全国大学生第一届数学模型竞赛中,我校参加决赛的三个代表队获全国一等奖,另有一个队获鲁苏皖赛区一等奖,两个队获赛区三等奖。此次大赛共有19个省市196所高校的870个代表队参加,全国共设25个一等奖。我校是全国获一等奖数目最多的高校。

● 汤洪高获"全国高等学校思想政治教育研究会卓识奖"

在广州召开的中国高等学校思想政治教育成立10周年暨1994年度年会上,我校校长汤洪高获"全国高等学校思想政治教育研究会卓识奖"。

● 一批科研成就获奖

本年度,我校共获得中国科学院自然科学奖2项、科技进步奖3项,国家教委科技进步奖4项,安徽省科技进步奖5项,安徽省高校科技进步奖16项、人文社会科学研究优秀成果奖9项,另获中国石化总公司奖1项。

● 年度数据统计

本年度全校共有教职工3 227人,其中教师1 884人,有中国科学院院士5人,教授232人(包括博士生导师101人),副教授670人;在校学生7 023人,其中博士生218人,硕士生1 005人,本科生4 341人,专科生1 459人。此外,各类成人高等学历教育在学学生2 093人。校舍建筑面积39.6万平方米。

1995年

获国家基金资助的国际合作交流项目数名列全国高校第三

1月5日在北京召开的国家自然科学基金委员会国际合作经验交流研讨会发布消息，我校1994年获国家基金资助的国际合作交流项目数名列高校第三（北京大学第一，清华大学第二）。

国际合作交流是国家自然科学基金委员会工作的重要组成部分，是发展基础研究的重要条件之一。近几年来，我校认真组织、积极开展国家基金项目的国际合作交流工作，先后与14个国家建立了合作关系，交流项目数明显增长，国家基金资助的科研工作初步形成了一个多渠道、多形式的国际合作交流的良好局面，取得了一批较高水平的研究成果。

中国数学奥林匹克竞赛暨第十届全国中学生数学冬令营在我校举行

1月8—13日，1995年中国数学奥林匹克竞赛暨第十届全国中学生数学冬令营在我校举行，来自全国各地以及俄罗斯的营员和来宾200多人参加了冬令营活动。

冬令营名誉主任汤洪高、主任冯克勤、安徽省副省长张润霞、中国数学奥委会主席王寿仁、安徽教委主任陈贤忠等出席了开幕式，冯克勤主任在致词中阐述了举办数学奥林匹克竞赛的重要意义和作用，希望同学们戒骄戒躁，争取获得更好的成绩。汤洪高、张润霞、王寿仁、陈贤忠等先后在会上讲话。

经过紧张的训练和模拟国际数学奥林匹克竞赛，上海代表队荣获团体部分第一名，捧回陈省身杯，山东、江苏代表队分获第二、第三名，陈晓敏等16名同学入选国家集训队。

活动期间，营员们还听取了数学方面的学术报告，参观了我校国家同步辐射实验室等。

1995年

◉ 商学院成立

为适应形势发展的需要,充分发挥我校多学科优势和教师队伍的作用,尽快培养出既懂经济又懂科技的高级人才,经校务工作会议研究,并报中国科学院批准,中国科学技术大学商学院于1月13日成立。商学院包括信息管理与决策科学系及其所属的信息与决策研究所和科技法学研究室、管理科学系及其所属的管理科学研究所,还包括拟成立的统计与金融系。

6月8日,学校举行商学院成立大会,安徽省人大常委会副主任吴昌期、安徽省政协副主席宋明与我校校长汤洪高、党委书记余翔林等校领导和近400名师生参加了大会。

◉ 卢荣景等看望我校教师

1月27日下午,中共安徽省委书记卢荣景和省委常委、省委秘书长季家宏来我校看望我校教师,并与教师代表们进行了座谈。

9月8日,在教师节、中秋节来临之际,安徽省委书记卢荣景,省委常委、省委秘书长季家宏,省教委主任陈贤忠等再次来我校看望师生员工,对我校的师生员工表示节日慰问和祝贺,并与学校领导进行了座谈。卢荣景说,我校是国内外著名的大学,为国家培养了大批又红又专的人才,我校在安徽,是安徽的光荣,也为安徽树立了良好的形象。他对我校为安徽省经济发展所作的贡献表示赞赏。

◉ 郑永飞、李晓光获"国家杰出青年科学基金"资助

为促进青年科技人才的成长,并鼓励海外学者回国工作,加速培养和造就一批进入科技前沿的跨世纪优秀学术带头人,国务院批准设立"国家杰出青年科学基金",拟资助50名左右优秀青年学者。经全国高校及科研单位遴选、推荐,国家自然科学基金委员会组织专家严格评审,1月份,我校郑永飞、李晓光两位教授获得"国家杰出青年科学基金"资助,全国共有49位优秀青年学者获得该项基金。

◉ 英国著名天文学家沃芬达尔教授来我校参观访问

2月12—14日,英国皇家学会会员、天文学家、达勒姆大学教授沃芬达尔来我校参观访问,汤洪高校长会见了沃芬达尔教授夫妇,介绍了我校的情况,并就中、英两国大学财政来

源情况与客人进行了交谈。会谈后,汤洪高校长主持了会议,聘请沃芬达尔为我校名誉教授。在校期间,沃芬达尔与我校天体物理中心研究人员进行了学术交流,并为全校师生作了一场学术报告。

● 冯端来校参观讲学

应汤洪高校长邀请,2月16日,我国著名物理学家、中国物理学会理事长、中国科学院院士、南京大学微结构开放实验室主任冯端教授来我校参观,并作了题为《凝聚态物理的范式讨论》的学术报告。报告会由理学院副院长王水院士主持,副校长张新夷、卞祖和,中国科学院院士钱临照及师生近二百人参加了报告会。

● 余翔林、李敦复被授予"国防军工协作配套先进工作者"称号

余翔林、李敦复教授于2月中旬被国家计委、国家科委、国家经贸委和国防科工委授予"国防军工协作配套先进工作者"光荣称号,受到四委的联合表彰。

● 与瑞士联邦理工学院成立"联合高能物理研究所"

2月19—22日,我校名誉教授、瑞士联邦理工学院教授霍费尔(H. Hofer)一行四人来我校访问。我校校长汤洪高会见了霍费尔一行,并对其关于成立联合高能物理研究所的建议给予了高度评价。21日下午,卞祖和副校长与霍费尔教授代表双方在协议上签字。

根据计划,瑞士联邦理工学院将提供一定的研究经费和设备给联合研究所,并将为近代物理系高能物理研究所的博士生每年提供奖学金;根据任务需要,双方可互派人员到对方学校工作及联合培养研究生,我校将每年选送一名博士生到瑞士联邦理工学院从事共同研究。联合研究所将充分利用我校国家同步辐射实验室的200MeV直线加速器,共建一条200MeV的电子实验束,用于各种闪烁晶体的性能和晶体辐照效应。瑞士联邦理工学院首批赠送给联合研究所的七台终端和一台200M数字化仪已经装箱启运。

● 43名教授(研究员)成为我校第二批自行增列博士生导师

经研究生院初审,校外专家评议,学科评议组评定,校学位委员会于3月2日以无记名投票方式通过,43名教授(研究员)成为我校第二批自行增列的博士生导师。

1995 年

● 全国"光子学物理基础"、"有机物光电子材料和器件"专题研讨会在我校召开

由国家自然科学基金委员会信息科学部组织、我校主办的全国"光子学物理基础"和"有机物光电子材料和器件"两个专题研讨会分别于3月6—9日和3月5—10日在我校召开。国家基金委信息科学部副主任王玉堂教授、沈家聪院士等来自全国有关高校及研究所20多个单位的近60名专家参加了会议。经过大会有关专题报告和热烈讨论后,与会人员对国家自然科学基金委员会就光子学领域在"九五"期间设立的重点项目提出了建设性意见或重点项目建议书。

● 招生实行"并轨"

3月9日,汤洪高校长主持召开校务工作会议,研究1995年招生中实行"并轨"的有关问题。为了确保我校新生质量继续保持在全国高校的先进行列,促进我校教学、学籍管理的改革,促进学生培养机制的转换,促进毕业生就业制度的改革、完善和规范奖、贷学金和勤工助学等办法,经校务工作会议认真研究,决定从1995年开始,我校实行"并轨"招生改革。会议计划招收理工类本科生1125人,比去年增招225人,学制为五年。经中国科学院批准,商学院的国民经济管理(金融与保险)专业学制试行四年制。专科暂不实行"并轨"。

● 生物学、电子学与通信两个学科增设博士后流动站

3月上旬,经全国博士后管理委员会第十五次会议批准,我校生物学、电子学与通信两个学科增设博士后流动站,设站学科所含专业(二级学科)分别为分子生物学、生物物理学及电磁场与微波技术、信号与信息处理。

● 石钟慈访问我校

3月25—27日,中国科学院院士、我校数学系兼职教授、博士生导师石钟慈教授来我校访问,汤洪高校长、冯克勤副校长及研究生院有关负责人分别拜访了石钟慈院士。在校期间,石钟慈院士作了题为《有限元方法及其新发展和应用》的学术报告。

石钟慈院士原为我校数学系主任兼计算中心主任,从1961年至1986年在校工作期间,在教学和科研方面作出了重要贡献。他曾协助已故冯康教授创立和发展了我国有限元

1995年

方法,并在该领域取得了多项举世公认的研究成果。

● 朱清时获汤普逊纪念奖

4月4日,美国麻省理工学院教授、《光谱化学学报》主编斯坦菲尔德(J. I. Steinfeld)给中国科学院院士、我校化学物理系朱清时教授发来传真,通知他获得1995年汤普逊纪念奖,朱清时也成为该奖项第一位非英美科学家获奖者,也是中国学者首次获得该项奖励。

在国际学术界,选键化学是一个新兴的研究领域,兴起时间不过20年左右,国际上许多著名实验室为此进行了不懈的努力,但都未能取得成功。1988年,应邀到英国剑桥大学做客座研究员的朱清时,在选键化学的一个关键问题——分子的局域模振动的研究中首次发现了锗烷分子的局域模振动态,回国后他又改进了研究方法,发现了硅烷分子的一系列局域模振动态,并对它们的高分辨光谱进行了完整的理论分析,建立了包括转动的局域模振动的新理论模型。他的这一发现在国内外学术界引起了极大关注,被国际同行公认为分子局域模光谱学领域的权威。朱清时院士荣获汤普逊纪念奖颁奖仪式于7月13日在北京举行。

● 中国物理学会教学委员会第二次全体扩大会议在我校召开

4月7—9日,中国物理学会教学委员会第二次全体扩大会议在我校召开,会议的中心议题是基础物理教学与人才素质的培养。中国物理学会教学委员会主任、北京大学赵凯华教授致开幕词,我校尹鸿钧副校长、安徽省教委高等教育处处长李向荣分别致贺词。

会议在听取了中国物理学会教学委员会第二次全体扩大会议的工作报告以后,由七个分委员会代表汇报了近两年来各自的主要工作。

会议期间,全体代表以及我校物理系、近代物理系、基础物理中心、科学史研究室等单位的部分教师和学生观看了《物理学前沿专题十讲》系列录像片,听取了北京大学赵凯华教授,清华大学陈泽民、邓新元、虞昊教授,我校李志超教授、施蕴渝教授、霍剑青副教授等的学术报告。

● 设立结构生物学青年实验室

4月20日,中国科学院批准在我校设立结构生物学青年实验室,学校举行了隆重的挂牌典礼。在中国科学院首批13个青年实验室中,该实验室是中国科学院微观生物学领域中唯一的青年实验室。该室是以我校生物系部分实验室为基础建立的,实验室主任由牛立

文副教授担任。

设立青年实验室,是中国科学院为支持优秀年轻学术带头人和青年科学家群体更好地开展科学研究工作、培养跨世纪优秀人才的一项重要举措。

◉ 参加国际应用科技开发协作网会议

4月26—27日,国际应用科技开发协作网会议在东南大学召开,我校副校长卞祖和与科技产业处处长刘清亮出席了会议。

该协作网是由香港理工大学发起召集,并由国内14所著名高等院校参加的。会议的宗旨是利用各高校的科技开发成果,利用香港与世界接轨的有利环境,使科技成果尽快转化为商品,进入国际市场。会议就各校的项目、合作领域等进行了座谈,同时商讨了国际应用科技开发协作网的宗旨、协作方式和发展方向。最后,协作网的成员还在已达成的有关协议上签字,协作网正式启动。

◉ 张裕恒获"全国先进工作者"称号和全国"五一"劳动奖章

5月初,我校结构成分分析中心和中国科学院结构分析开放研究实验室主任、超导专家张裕恒教授荣获1995年"全国先进工作者"称号和全国"五一"劳动奖章,以表彰他在教学和科研工作中的突出贡献。

张裕恒教授曾获中国科学院自然科学一等奖、中国科学院科技进步奖,并培养出许多优秀学生,其中部分学生已成为国内外不同学术领域中的学科带头人。

◉ 隆重召开第七次党代会

中国共产党中国科学技术大学第七次代表大会于5月4—6日在我校隆重召开。

5月4日上午,我校第七次党代会在水上报告厅举行开幕式,会议由党委副书记王学保主持,安徽省委副秘书长赵培根,中国科学院副秘书长、党组办公室主任郭传杰,安徽省委教工委书记陈贤忠等领导到会并讲话,出席开幕式的还有安徽省委组织部、中国科学院合肥分院、中国科学技术大学研究生院(北京)、解放军院校及在肥兄弟院校等单位的领导。大会收到上级领导机关和兄弟单位的贺电、贺信十几份。金大胜致开幕词,余翔林代表中共中国科学技术大学第六届委员会作了题为《加强党的建设,改进德育工作,发挥政治核心和团结核心作用,为实现"211工程"规划的宏伟目标而努力奋斗》的报告,汪翰代表上届纪律检查委员会作了纪委工作报告。171名代表出席了会议,77名各民主党派主要负责人等列席了会议。会议期间,代表们对"两委"工作报告进行了讨论。在5月6日的第二次代表大会上,代表们以无记名投票方式选举出汤洪高、余翔林、冯克勤、卞祖和、韩荣典、金大胜、李国栋、朱滨、俞书勤、马扬、林淑钦11人组成的中共中国科学技术大学第七届委员会和汪瀚、黄吉虎、顾顺勇、邵贵苏、成立庚、麦汝奇、马宪萍7人组成的中共中国科学技术大学纪律检查委员会。在闭幕式上,代表们表决通过了"两委"工作报告。汤洪高校长在会上讲话。余翔林致闭幕词。

◉ 冯克勤等3名教授成为高等理科教育面向21世纪教学内容和课程体系改革计划项目总负责人

5月10日,国家教委批准了高等理科教育面向21世纪教学内容和课程体系改革计划第一批27个项目。我校冯克勤、寿天德、王秀喜教授分别成为"数学类专业高等数学教学内容和课程体系改革研究"、"非生物学类专业生物学基础课课程体系及课程内容研究"和"力学类专业课程结构改革和基础教学内容体系改革研究"三个项目总负责人之一。另外,我校李乔、史济怀、刘文汉、尹鸿钧、赵化侨、戴蓓倩、张其锦等也成为有关项目的子项目负责人。

◉ 第七届党委领导班子组成

5月18日,汤洪高校长主持召开学校处级以上党政干部会议,中国科学院党组副书记余志华在会上宣读了中共中国科学院党组关于我校新一届党委主要领导人任职的通知。经中国科学院党组及安徽省委组织部研究批准并报请中共中央组织部同意,批准余翔林为我校第七届党委书记,金大胜、李国栋为我校第七届党委副书记。

◉ 中国科学院首届亿利达奖学金颁奖大会在研究生院(北京)召开

5月30日,中国科学院首届亿利达奖学金颁奖大会在研究生院(北京)召开,香港亿利达集团有限公司董事长刘永龄,著名华裔物理学家、诺贝尔奖获得者杨振宁及夫人杜致礼出席颁奖仪式,中国科学院常务副院长路甬祥院士、中国工程院副院长师昌绪院士及王玉民、李云玲等领导出席了大会。

1995年

● 隆重举行华罗庚铜像揭幕仪式

6月12日是我国现代数学研究奠基人、世界一流数学家、我校原副校长华罗庚教授逝世10周年纪念日。上午,华罗庚教授铜像揭幕仪式在我校物理楼前的草坪上隆重举行。安徽省副省长杜宜瑾、省教委副主任鹿世金,我校校长汤洪高、党委书记余翔林等校领导,安徽省数学界的代表,华罗庚教授生前的学生,华罗庚的家属以及我校师生员工共200多人参加了华罗庚铜像的揭幕仪式。铜像为半身胸像,华罗庚面带笑容,浓眉下的双眼注视着前方,似在深思,又似在勉励广大学子努力攀登科学高峰。基座上携刻着华罗庚的名言"聪明在于学习,天才在于积累"。

揭幕仪式后,学校举行了纪念华罗庚学术报告会。我校龚昇、冯克勤教授,校研究生院(北京)杨德庄教授,中国科学院计算数学与科学工程计算所所长袁亚湘教授,中国科学院应用数学研究所越民义教授等作了精彩的学术报告。

华罗庚是我校创办人之一,曾任数学系主任,后来长期担任我校副校长,为学校的创立与发展倾注了大量的精力,他亲自为学生讲课、编写讲义,并培养了大批研究生,我校尤其是数学系在今天能有这样的地位,华罗庚功不可没,在学校校园里树立华罗庚的铜像,就是要永远纪念这位伟人,让他永远和师生员工生活、工作在一起,激励我们为科学的振兴而努力奋斗。

华罗庚是中国科学院院士、美国科学院外籍院士、第三世界科学院院士、德国巴伐利亚科学院院士,是美国伊利诺大学、法国南锡大学等多所世界著名大学的名誉博士。他在数论、代数、多复变数函数论等学科所做的研究成果,为这些学科的发展开辟了新的研究方向,他将现代数学引入中国,创立与支持了现代数学的一个个分支。他将数学方法应用于国民经济,产生了巨大的经济效益,他推广"优选法"与"统筹法"等,开创了大面积应用数学于生产实际的先河。

华罗庚曾任中国科学院副院长、数学研究所所长、应用数学研究所所长、中国数学会理事长、中国科学技术大学副校长,领导中国数学事业长达30多年,为我国的数学事业作出了不可磨灭的贡献。

● 王广训等62位教师被被聘为高级工程师(三级)、研究员、教授

经校专业技术职务评聘委员会6月14日、16日讨论通过及中国科学院组织评审,王广训、顾俊廉、薛兴恒、顾新身、韦来生、朱国城、叶向东、明海、楼立人、李永平、陈从香、闫天堂、郭庆祥、周子舫、詹如娟、王韶舜、张培强、何世平、尹协振、张谦林、李津生、戴逸民、蒋惠林、施行觉、周泰禧、刘德良、刘兢、牛立文、周榆生、全茂达、鲍远律、林长山、张志成、王永

堂、何平笙、罗筱烈、张兴元、弁其美、庄鸿棉、郑久仁、向守平、侯建国、苏昉、王煦法、施泽生、刘志万、季明荣、瞿保钧、毛志强、范成高、徐彭寿、王贵诚、卢盛宽、肖臣国、邓国华、阮祖启、赵梅娜、蒋淮渭、李希明、张瑜、蒋嘉翔、龚立被聘为高级工程师(三级)、研究员、教授。

● 何多慧当选为中国工程院院士

中国工程院成立后的首次院士增选工作结束,中国工程院6月22日通知,我校何多慧教授当选为中国工程院院士。

何多慧是我校国家同步辐射实验室的创建者之一,他作为技术总负责人、总工程师,历时14年,主持完成了我国第一台专用同步辐射光源——合肥同步辐射加速器及光束线实验站的预研、设计、建造和调试。1981年,由他主持的合肥同步辐射装置预研制和物理设计获中国科学院重大科技成果一等奖。在我国尚无中、高能加速器和储存环之际,他和同事们克服困难,建成了具有世界先进水平的我国第一台专用同步辐射光源(800MeV储存环和200MeV直线加速器)、5条同步辐射光束线及5个实验站,开创了我国的同步辐射科技领域。1992年,合肥同步辐射加速器及光束线实验站项目获中国科学院科技进步特等奖,并被推荐申报1995年国家科技进步特等奖。作为总工程师,他个人也被评为国家级有突出贡献的中青年专家。

● 荣毅仁为商学院题词

6月26日,国家副主席荣毅仁欣然为我校新成立的商学院题词致贺,题词全文是:"创环宇学府,育工商英才——中国科大商学院成立纪念。"

● 举行1995届学生毕业典礼

6月29日下午,学校在大礼堂隆重举行1995届毕业典礼,校领导汤洪高、余翔林、尹鸿钧、金大胜、李国栋等及毕业本(专)科生、研究生、毕业班班主任及有关单位负责人参加了会议。

今年我校共有毕业生1831人,包括博士生42人,硕士生177人,本科生720人,专科生892人。其中有4名博士毕业生将转攻博士后,68名硕士毕业生考取博士研究生,360名本科生被录取为国内外硕士研究生,1399人将奔赴工作岗位。

1995年

● 《教育与现代化》季刊公开发行

7月18日,新闻出版署批复同意我校创办的《教育与现代化》为季刊,该刊由中国科学院主管,中国科学技术大学主办,公开发行,国内统一刊号为CN34—1156/G4。

● 中国合肥高性能计算中心在我校成立

经国家科委批准,中国合肥高性能计算中心于9月上旬在我校成立,"曙光1000"大规模并行计算机落户在该中心,我校陈国良教授任该中心主任。

"曙光1000"是由国家智能计算机研究开发中心研制的目前我国最大的大规模并行计算机,它采用了当代最新技术,峰值速度高达每秒25亿次,实际运算速度高达每秒15.8亿次浮点运算,内存容量达1024兆字节,创中国高性能计算机之最,是国家863计划重点项目,可广泛应用于气象预报、石油勘探、地震数据处理以及金融、证券等领域。它的研制成功,标志着我国已掌握大规模并行处理这一20世纪90年代计算机的尖端技术,进入这一高技术领域的世界先进行列,成为世界上少数几个能生产大规模并行机的国家之一。

中国合肥高性能计算中心是由我校、中国科学院合肥分院等单位共同申请兴建的,我校为主要承担单位。

● 举行1995级学生开学典礼

9月11日,我校1995级学生开学典礼在校大礼堂隆重举行,汤洪高、余翔林等校党政领导,承训部队34师副政委向小明等出席了大会,各系、机关有关部处负责人和全体1995级学生参加了大会。汤洪高校长代表学校领导和广大师生员工,对新同学的到来表示热烈的欢迎,并对同学们提出了几点要求。

1995年,我校共招收新生2273人,其中博士生114人,硕士生334人,另有委培研究生134人,代培研究生70人;本科生1123人,委培、自费专科生498人。此外,还招收各类成人教育学生1778人。我校当年开始实行本科招生"并轨",新生质量仍然保持较高水平,继续在全国高校名列前茅。

● 王水等5人受表彰

教师节期间,国家教委、人事部授予王水院士"全国教育系统劳动模范"称号,授予俞昌

旋、张玉民教授"全国优秀教师"称号；安徽省教委、人事厅授予黄吉虎副教授"安徽省优秀教育工作者"称号，授予邵良衡高级工程师"安徽省优秀教师"称号。

● 结构分析开放研究实验室通过国家评估

9月12—15日，国家计委、国家科委和国家自然科学基金委对我校结构分析开放研究实验室进行现场评估。评估工作的第二阶段于10月23—26日在北京进行，我校结构分析开放研究实验室顺利通过了国家重点实验室和开放研究实验室评估。

专家组一致认为，实验室设备运行良好，全部通过国家计量认证，利用率较高，对进口仪器的微机进行换代升级，实验室规章制度健全，具备向国内外开放和进行国际合作研究的条件。实验室领导班子团结并富有敬业精神，十分重视青年骨干队伍的培养。一批年轻学者脱颖而出，初步形成奋发向上、朝气蓬勃、学术思想活跃的研究集体。

● "乙稀全流程仿真培训系统"通过鉴定

9月20—21日，中国石油总公司委托我校自动化系和中国石化北京燕山石油化工公司联合研制的"乙稀全流程仿真培训系统"在北京通过了中国石油总公司组织的鉴定。

该系统以燕山石油化工公司30万吨乙稀改扩建工程的45万吨乙稀全流程为对象配合CENTUM—B及CENTUM—XL集散系统的仿真环境，对乙稀工艺操作人员和CENTUM仪表人员进行仿真培训，提高了工作人员的操作水平及事故处理能力。

鉴定委员会一致认为，该系统属国内首创，在软件结构、质量及系统的功能等方面居国内领先水平，主要功能已达到国际先进水平。

● 完成一开拓性科研成果：分布式智能地理信息系统

在中国科学院院长特别基金资助下，由我校信息处理中心研制的分布式智能地理信息系统，历时10年时间完成。

9月22日，中国科学院委托合肥分院主持这个项目的鉴定工作。专家们认为成果在理论方法和技术上有多处创新，在集成和综合运用先进技术方法、形成分布式的系统设计和智能化功能实现上，处于国内领先水平；在关系—框架语义的模型设计和实现上，达到国际先进水平，是一项开拓性的研究成果，在测绘制图、资源管理、区域规划、灾害监测等诸多领域有重大的应用价值。

1995年

在中国大学生数学模型竞赛中取得优异成绩

中国大学生数学模型竞赛于9月27—30日隆重举行,全国共有1 234个队,3 702名大学生参加了比赛。我校学生在这次活动中共有8个队参赛,均取得了优异成绩,有4支参赛队分获全国一、二等奖,他们是:程谟嵩、罗亚、俞天越组成的第二队和黄春峰、饶红玲、刘伟组成的第七队获全国一等奖,教练为冯宇、于清娟;贾志峰、许锦波、朱朝阳组成的第五队和孙亮、贾英东、张蓉组成的第六队获全国二等奖,教练为陈发来、周智。此外,我校还获得一个赛区二等奖,一个赛区三等奖和两个成功参赛奖。

参加全国博士后科技成果展及人才、学术交流会

10月4—7日,由国家人事部和全国博士后管理委员会联合主办的庆祝中国博士后制度实行10周年科技成果展示及人才、学术交流会在北京国际会议中心隆重开幕。党和国家领导人江泽民、李鹏、乔石、李瑞环以及中国科学院院长周光召、著名物理学家李政道等分别为大会题词。李岚清、雷洁琼、宋平、费孝通、卢嘉锡、李贵鲜、吴阶平、宋健等党和国家领导人出席了会议。李岚清副总理代表国务院作报告。全国共有98个单位参加了展示,参展项目406项。我校参展的项目共有10项,是中国科学院向大会推荐的三个重点介绍单位之一。

在这次展示会上,我校年轻的博士后袁宏永和合作导师范维澄共同研制的"在空间内早期火灾的智能监测与联动扑救系统"受到欢迎。他应邀向前来参观展示会的国务院副总理李岚清作专门汇报,并接受了新华社、中央电视台等驻京新闻单位记者的采访。

我国首次研究生院评估中我校研究生院名列前茅

受国家教委委托,学位与研究生教育评估所对全国33所普通高校研究生院进行评估,10月5日宣布的结果表明,综合各单项指标,我校研究生院在这次评估中名列前茅。

这次评估是我国首次对高校研究生院进行评估,评估内容包括"研究生培养质量"、"学科建设及成果"和"研究生院机构建设"三个方面,评估方式由自我评估、收集有关信息为主的客观评估和包括博士学位论文评价、对毕业研究生评价、管理水平评价、声誉调查在内的社会评估。

1995年

● 17名教授当选为第二届国家教委高等学校理科教学指导委员会及教学指导组成员

10月上旬，国家教委高等学校理科教学指导委员会经过调整换届，组成了第二届理科教学指导委员会。新一届理科教学委员会由13个学科教学指导委员会及30个教学指导组组成，在这13个教学指导委员会中，我校的朱清时、陈国良教授分别当选为副主任委员，冯克勤、虞吉林、周又元、李晓光、寿天德、徐果明、陈月娟7位教授分别当选为委员。在30个教学指导组中，我校徐森林、程艺、郭光灿、徐克尊、向守平、孟光耀、潘才元、牛立文8位教授当选为指导组成员。

● 国际火灾安全前沿研讨会在我校举行

由我校火灾科学国家重点实验室主办的国际火灾安全前沿研讨会于10月23—25日在我校举行，来自英国、美国、日本、澳大利亚、俄罗斯、中国等7个国家和地区的近70位专家、学者参加了会议，其中有国际火灾安全科学协会副主席、亚澳火灾科学技术学会名誉主席、日本东京大学教授平野敏佑，《国际火灾安全学报》主编、英国爱丁堡大学火灾安全工程分部主任朱斯坦博士，美国北方林火研究实验室乔治博士，香港理工大学周允基教授等国际著名的学者。

会议交流了19篇学术论文，反映了当代国际火灾科学研究的前沿水平，特别是在将火灾发生、发展和防治机理与规律的研究成果引入工程设计之中等方面作了许多有益的探索。我校范维澄教授在会上作了《火灾科学国家重点实验室的若干进展》的专题报告。这次会议得到国家科委、中国科学院、安徽省政府、安徽省公安厅等领导部门的重视和支持。国家科委的领导和安徽省政府的领导均在会上致辞祝贺，中国科学院常务副院长路甬祥还专门写来贺信。

会议期间，专家们参加了香港理工大学与我校合作建设的大空间火灾实验厅奠基仪式，并参观了我校火灾科学国家重点实验室。

● 郑永飞等15人被授予"优秀留学回国人员"称号

10月30—31日，安徽省优秀留学回国人员成果汇报暨表彰会在合肥召开。会上，来自全省23个单位的54人被授予"安徽省优秀留学回国人员"荣誉称号，其中我校的郑永飞、李嗣福、陈国良、刘祖平、王煦法、李晓光、李川奇、程曙霞、赵特秀、胡希伟、刘文汉、孙卫东、

张兴元、方兆本、李如康 15 人受到表彰。

● 实现年初提出的纵横向科研经费目标,54 个项目获得资助

1995 年度国家自然科学基金面上项目于 10 月下旬通过审议。我校共申报面上项目 234 项,其中获准资助项目 54 项,资助金额为 432.1 万元,资助率为 23.6%,高于全国平均资助率,资助项目和经费在全国排第九位。

我校此次获得资助的项目有:数理 27 项,189.1 万元;化学 8 项,72 万元;地学 5 项,38 万元;生物学 4 项,34 万元;材料学 3 项,27 万元;信息 6 项,53 万元;管理 3 项,18.5 万元。其中,朱清时教授的"激光腔内吸收光谱法研究分子局域模振动"项目获 18 万元资助,为我校本年度获资助额最高的项目。

● 回良玉省长来校视察指导工作

11 月 8 日上午,安徽省委副书记、省长回良玉来我校视察和指导工作,并与汤洪高等校领导、在校部分"两院"院士、教师和干部代表进行了座谈。回良玉省长高度评价了我校在全国和安徽省教育、科技事业中的地位和作用。他说,从全国来看,我校是一所有很强教学科研实力、为经济建设和科教发展作出很大贡献、享有很高声誉的理工科综合性重点大学,是国家高质量人才培养和高水平科学研究的重要基地之一;在安徽省,我校是高级人才最集中、科研成果最多、学术水平最高的科技和教育基地,为安徽的经济建设、社会发展、教育和科技的改革作出了很大的贡献。他希望学校在安徽省委、省政府提出的"科教兴皖"战略的实施中,在安徽省的物质文明和精神文明建设中继续作出更大的贡献。

回良玉省长在座谈中强调指出,安徽省政府同意并将积极推动与中国科学院共同建设我校,不仅在政策上支持,而且随着安徽经济实力的增强,逐步增加经费方面的支持,支持我校的建设与发展,支持我校进入国家"211 工程"。

● 郭其鹏、侯建国获国家杰出青年科学基金

1995 年度国家杰出青年科学基金评选于 11 月上旬揭晓,我校郭其鹏教授和侯建国副研究员荣获该基金资助。至此,我校共有 4 名教师获得国家杰出青年科学基金资助。

1995年

● 杨光正获第21届国际模式识别学会年度奖

11月15日,国际模式识别学会决定将第21届模式识别学会年度奖授予《在复杂背景中人面的定位》一文的作者——我校自动化系教授杨光正和美国伊利诺伊大学黄熙涛。

杨光正多年从事模式识别方面的研究工作,在国内外期刊和会议上发表了多篇有影响的论文,论文多次被SCI、EI和ISTP收录,并做出多项有价值的应用成果,受到国内外同行的好评。

● 火灾科学国家重点实验室通过国家检查验收

11月15—17日,中国科学院受国家计委委托,组成检查组和专家委员会,按照国家计委关于重点学科发展项目验收大纲的要求,对火灾科学国家重点实验室进行检查验收。

专家委员会认为,该实验室边建设边开放,做出了一批国际先进的高水平研究成果,这些成果不仅在基础理论上有高层次的创新和突破,而且对我国火灾的预报和防治具有很高的实用价值和指导意义,为推动我国火灾科学的发展作出了重要贡献。火灾科学国家重点实验室以高质量、高水平按期完成了建设任务,达到了国家计委的验收要求,同意通过验收,并建议国家计委批准该实验室验收通过。

● 美国《科学》周刊评出的中国杰出大学中我校位居第三

由世界最大的科学组织——美国科学促进会主办的国际权威杂志《科学》周刊于11月下旬根据美国情报研究所提供的中国科学家在国际科学期刊上发表论文的情况及被引用的次数,评出了中国13所最杰出的大学,它们依次是:北京大学、南京大学、中国科学技术大学、复旦大学、清华大学、兰州大学、南开大学、山东大学、武汉大学、吉林大学、上海医科大学、浙江大学、北京医科大学。这一结果表明,我校的科研、学术水平和实力,在全国高校中处于国际公认的领先水平。

● 基础物理中心开发的"基础物理实验的计算机仿真系统"通过国家教委鉴定

由基础物理中心霍剑青副教授主持开发研制的"基础物理实验的计算机仿真系统"于12月4日通过了由国家教委组织的技术鉴定。

专家们听取了课题组所作的研制报告,并认真观看了"大学物理实验仿真系统"的物理实验模拟,一致认为大学物理实验仿真系统集计算机科学、人工智能科学、教师专家系统于一体,是计算机技术在物理实验教学中应用的一个重要方面,它融入了广大教学工作者多年的教学成果,提高了高校的物理实验教学水平,有着广泛的应用和开发前景,这套系统的总体水平处于国内领先、国际先进的地位。

● 首批进入国家重点建设项目"211工程"

12月5日,在国家教委、国家计委和财政部召开的部分高等学校"211工程"立项工作会议上,我校汤洪高校长和中国科学院计划财务局王声孚局长、教育局李云玲局长参加了会议。在这次会议上,我校首批进入了由两委一部共同组织实施的国家重点建设项目"211工程"。这标志着我校继"七五"、"八五"期间的国家重点建设之后,"九五"期间将继续得到国家的重点建设。

国家重点建设项目"211工程"即面向21世纪,重点建设100所左右重点大学和一批重点学科,是贯彻落实《中国教育改革和发展纲要》、实施"科教兴国"战略的一个重要步骤,将作为国家重点建设项目列入国民经济和社会发展中长期规划和"九五"计划。"九五"期间将重点建设25所重点大学,此次首批入选的学校有北京大学、清华大学、南京大学、中国科学技术大学、北京理工大学、上海交通大学、西安交通大学、西北工业大学、北京航空航天大学、复旦大学、浙江大学、哈尔滨工业大学、南开大学、中国农业大学、天津大学15所大学。我校抓住这一机遇,提出第三次创业的口号,制订了跨世纪的"211工程"建设规划,并于1994年9月通过部门预审。

根据国家重点建设项目"211工程"总体建设规划的要求,"九五"期间,国家将向我校投入6000万元的重点建设中央专项经费,中国科学院作为主管部门将按不低于1∶1的比例投入配套建设资金。

在我校首批进入国家"211工程"之际,中国科学院常务副院长路甬祥对学校近年来的工作和建设与发展事业给予充分肯定,并指出,学校首批进入国家"211工程"值得庆贺,这不仅是学校历史上的一件大事,也是中国科学院建设中的一件大事。他还对学校"211工程"建设的目标和重点学科建设、结构调整与深化改革、继续贯彻"全院办校,所系结合"的办校方针,以及中国科学院与安徽省政府共建我校等提出了指导性意见和要求,并表示:中国科学院一定支持学校"211工程"建设。

● 全国首次"化学地球动力学高级研讨会"在我校举行

12月8—11日,由中国矿物岩石地球化学学会同位素地球化学专业委员会、第三世界

科学院中国科学技术大学地球科学和天文学高级研究中心联合举办的全国首次"化学地球动力学高级研讨会"在我校举行。国家自然科学基金委员会地球科学部综合处处长项永仁、地球化学学科负责人郭进义及国内地球化学前沿领域知名专家30余人参加了会议。

会议期间,中国科学院院士欧阳自远作了专题学术报告,我校陈江峰教授等作了专题发言。与会代表参观了郑永飞教授负责筹建的稳定同位素地球化学实验室。此外,欧阳自远还多次向地球和空间科学系师生作了有关陨石研究和天体化学的专题报告。

● 稳定同位素地球化学实验室举行挂牌仪式

我校稳定同位素地球化学实验室挂牌仪式于12月22日举行,汤洪高校长、余翔林书记为实验室揭牌并分别致词、讲话。

稳定同位素地球化学实验室主任郑永飞教授1994年首批入选中国科学院跨世纪人才培养"百人计划",并获"国家杰出青年科学家基金"资助。该实验室是作为这两项计划的配套工程而设立的。经过积极建设,实验室已初具规模,建成了硅酸盐、碳酸盐矿物氧同位素分析化学制样真空系统,以及矿物低温合成化学装置、数据处理和数值模拟计算机系统。

汤洪高、余翔林揭牌后分别在致词、讲话中表示,学校将继续支持稳定同位素地球化学实验室的建设,并希望其早日发展成国内领先、国际一流水平的实验室。

● 首创智能型安全技术系统

我校火灾科学国家重点实验室12月中旬研究成功智能防火、防盗、监控一体化的热安全工程技术集成系统。它突破了多项防火防盗世界性难题,集智能识别、多媒体视频技术、摄影空间定位技术和自动控制于一体,实现早期火灾自动识别、自动通讯报警、自动扑救、自动记录事故现场等,同时具有盗情自动报警、自动记录现场和一般监控功能。公安部、中国科学院人工智能研究所等单位专家鉴定认为"设计思想和多项高新技术集成方面属国际首创",成果引起海外专家的极大关注。

● 理、工科共有13个项目被国家教委批准进入"面向21世纪教学内容和课程体系改革计划"立项

12月20日,我校接国家教委通知,"面向21世纪高等工程教育教学内容和课程体系改革计划"第一批专家推荐立项的36个项目中,我校尹鸿钧副校长为课题负责人申报的"重点理工大学培养的人才素质与人才培养模式的研究与改革实验"、热科学和能源工程系陈

则韶教授为课题负责人申报的"热工系列课程教学内容与课程体系改革的研究与实验"被批准立项。至此,我校已有13个理工项目被批准立项。

● 隆重召开第三届教代会第三次会议

12月26—27日,学校隆重召开第三届教职工代表大会第三次会议。

26日下午,第一次全体代表大会在水上报告厅举行,汤洪高校长作了题为《抓住机遇,鼓足干劲,全面推进"211工程"建设》的工作报告,党委书记、副校长余翔林作了题为《振奋精神,扎实工作,为实现学校的"九五"目标而奋斗》的讲话;朱栋培、范成高、吴耿锋、刘清亮、王广训等分别就教育教学改革、跨世纪人才培养、科研工作、科技产业工作、后勤工作、研究生教育等方面的工作发言。此后,还进行了各代表团讨论、汇报讨论情况、代表质询等议程。在27日的第二次全体代表大会上,与会代表还分别就研究生院评估、结构中心青年人才的培养、基础物理中心物理实验课系列改革等作了大会发言,各分管副校长还分别就今后的工作向大会报告了自己的思路和设想。汤洪高校长作了总结性讲话。

会议期间,代表们对学校首批进入国家"211工程"重点建设项目深感欢欣鼓舞,大家一致认为,经过全体教职工的共同努力,学校得以跻身国家"211工程","九五"期间将得到国家的重点建设,这是学校发展史上一个新的重要里程碑,对学校世纪之交和21世纪的发展具有重要和深远的意义。

本次教代会共有正式代表345人,特邀代表24人,列席代表50人,共收到各类提案69件。会议达到了进一步统一思想、振奋精神、增强团结、鼓舞干劲的目的,对推进学校的"211工程"建设和各项事业的发展将起到积极的作用。

● 7本(套)教材获全国高校优秀教材奖

根据国家教委《高等学校优秀教材奖励工作条例》和《关于进行第三届全国高等学校优秀教材评奖工作的通知》的规定,国家教委于12月召开了国家教委第三届优秀教材评审会议,评出优秀教材一等奖140项,二等奖213项,中青年奖38项。我校首任校长郭沫若的《中国史稿地图集》(上、下),龚立的《科技交流英语》(共5册),童秉纲、孔祥言、邓国华的《气体动力学》,陈国良的《并行算法的设计与分析》荣获一等奖,李福利的《高等激光物理学》,郭光灿的《量子光学》,徐克尊、陈宏芳、周子舫的《近代物理》获二等奖。

国家教委优秀教材奖是部委一级奖励,获一等奖的教材将作为国家教委向全国普通高校推荐使用的教材,并具有申报国家级优秀教学成果奖的资格。

1995年

◉ 取得39项科技成果和获得多种奖励

在本年度我校取得的39项科技成果中,达到国际领先水平的4项,国际先进水平的23项,国内领先水平的7项,国内先进水平的4项。学校获得的奖励包括:国家级奖3项,中国科学院奖6项,其他省部级奖4项。

◉ 本年度数据统计

本年度,全校共有教职工3 450人,其中教师1 685人,有中国科学院院士、中国工程院院士6人,教授272人(包括博士生导师156人),副教授734人;在校学生7 188人,其中博士生339人,硕士生1 127人,本科生4 493人,专科生1 129人。此外,各类成人高等学历教育在校学生4 800人。

学校设有研究生院(北京、合肥)、理学院、高技术学院、管理学院、成人教育学院、商学院,有19个系和少年班、5个公共教学部,50个本科专业及其方向,47个硕士点,26个博士点,在数学、物理学、力学、天文学、工程热物理等8个学科设有博士后流动站,数学、物理学、力学3个学科为全国理科基础科学研究和教学人才培养基地,已建成国家同步辐射实验室、火灾科学国家重点实验室和结构分析研究、认知科学、内耗与固体缺陷3个中国科学院开放实验室等一批重点科研机构。

学校1995年度科研经费到款4 834.4万元,在国内外刊物发表论文987篇,专著8本,授权专利10项,鉴定成果39项,鉴定技术转让合同4项,获国家级成果奖2项、省部级成果奖12项。

学校校园总面积1 692亩,校舍建筑面积近40万平方米,固定资产2.39亿元;图书馆藏书100万册。

1996年

● 新增叶向东等54名博士生导师

根据国务院学位办公室有关文件精神,在按需设岗、择优遴选的原则下,经过学科评审组初评、校外专家评议、学科评审组根据上岗指标进行最后投票等程序,1995年12月29日,校学位评定委员会以无记名投票方式通过54名教授为此次遴选的博士生指导教师。1月3日,校务工作会议通过这批博导的聘用。

在此次遴选的博导中,有5人为研究生院(北京)的新增博导,2人为我校的兼职教授,45岁以下的教授有5人,45—55岁的教授22人,55—60岁的教授27人。至此,我校已有博士生导师170人。

● 汤洪高访问香港科技大学、出席东亚地区研究型大学校长协会筹备会议

1月5—9日和1月10—19日,汤洪高校长应香港科技大学校长吴家玮教授和台湾成功大学校长吴京教授的邀请,分别访问了香港和台湾地区的一些大学,并参加了在台湾成功大学召开的"海峡两岸高等教育发展现况学术研讨会"。

在香港科技大学,汤洪高参加了发起成立东亚地区研究型大学校长协会的筹备会议,我国内地的清华大学、复旦大学、我校以及中国香港地区、日本、韩国共8所大学的校长,作为协会发起单位的代表参加了会议。在香港访问期间,汤洪高还与香港科技大学校长吴家玮共同签署了两校学术交流协议,与香港震雄集团有限公司签署了在我校设立震雄工业奖学金的协议,与我校在职硕士研究生(山东、北京)同学会、香港丹枫集团有限公司和山东大正科技有限公司签署了关于合作创立和筹集中国科学技术大学MBA奖励基金的协议书。

1月12日在台湾成功大学举行的"海峡两岸高等教育发展现况学术研讨会",有海峡两岸近50所大学的负责人与会,其中内地有上海交通大学、北京医科大学、浙江大学和我校

在内的27所大学的校长参加了会议。会议签署了题为《以学术合作迎接中华民族的廿一世纪》的共同呼吁。会上,汤洪高还作了题为《当代中国超常教育的实践与前瞻》的专题讲演。在台湾期间,汤洪高还代表学校与台湾成功大学签署了两校学术交流与合作协议书,并访问了台湾大学、淡江大学等8所大学和1所中学,促进了我校与台湾地区一些大学的学术交流与合作。

● 大学英语考试再创佳绩

我校学生在1月6日举行的全国大学英语四、六级考试中再获佳绩。本次大学英语考试以六级为主。全国六级考试总通过率为15.9%,优秀率为0.2%;重点院校通过率为22.2%,优秀率为0.5%。我校1993级610名同学参加了六级考试,其中424人通过,通过率为69.5%;有25人取得85分以上的优秀成绩,优秀率为4.1%;通过率比全国重点大学高出47.3个百分点,优秀率高出7倍之多。

6月22日,我校1994级本科生973人又在参加的全国大学英语四、六级考试中获得佳绩。本次大学英语考试全国高校1994级平均通过率为43.6%,优秀率为2.1%;全国重点院校有74 098人参加,通过率为61.8%,优秀率为4.9%。我校1994级学生973人,有891人通过,通过率为91.6%,有284人取得85分以上优秀成绩,优秀率为29.2%;通过率比全国重点院校的平均成绩高出29.8个百分点,优秀率高出近6倍。

● "原子、分子团簇的形成机理及其特性"结题学术研讨会在我校召开

国家自然科学基金重点项目"原子、分子团簇的形成机理及其特性"结题学术研讨会于1月6日在我校举行。项目负责人唐孝威院士主持了会议,项目承担单位复旦大学、南京大学、上海光机所和我校的代表参加了会议,国家自然科学基金委数理学部物理Ⅰ学科主任胡仁元到会并讲话。会议还特邀朱清时院士等6位专家作专题学术报告。

该项目四年来在国内外学术刊物上发表论文100余篇,其中发表在国外刊物上的论文超过40%,如《Phys. Rev. A》、《Phys. Rev. B》、《Appl. Phys. Lett.》、《S. Appl. Phys.》、《中国科学》、《科学通报》、《物理学报》、《物理化学学报》等。有些成果已达到国际先进水平,有3项成果通过鉴定,其中2项获奖,还获专利1项。通过本项研究培养了一批新生力量,有2位博士后出站,7人获博士学位,13人获硕士学位,形成了一支以中青年学者为首,理论与实验相结合的团簇研究队伍。

1996年

● 隆重召开首届"跨世纪优秀年轻人才奖"颁奖大会，首批43人获奖

1月25日下午，学校隆重召开首届"跨世纪优秀年轻人才奖"颁奖大会，会议由党委书记、副校长余翔林主持，汤洪高、张新夷、韩荣典、李国栋等校领导出席会议。

首批"跨世纪优秀年轻人才奖"获得者共有43人，其中具有博士学位的32人，出国留学深造过的31人，具有高级专业技术职务的41人，平均年龄为34岁。

● 化学与材料科学学院成立

2月26日，经中国科学院批准，我校化学与材料科学学院正式成立。中国科学院院士、国际分子光谱学著名学术带头人之一——朱清时出任该院院长，俞书勤教授担任常务副院长。

该学院由化学物理系、应用化学系、材料科学和工程系以及学校量子化学研究室、选键化学实验室、微结构研究所等科研机构组成，现设有化学学科博士后流动站和4个博士点、6个硕士点，有院士2人，教授43人，其中博士生导师24人。该院下属的"化学反应的人工控制"学科已被国家教委批准为科大"211工程"重点建设的学科之一。

7月12日上午，学院成立并举行揭牌仪式。学院院长朱清时在仪式上讲话。

● 成立选键化学实验室、团簇复合材料青年实验室

经校务工作会议讨论决定，中国科学技术大学选键化学实验室、团簇复合材料青年实验室于2月下旬正式成立。选键化学实验室挂靠在化学物理系，实验室主任由朱清时院士担任。团簇复合材料青年实验室挂靠在基础物理中心，实验室主任由侯建国教授担任。

● 荣获美国大学生数学建模竞赛特等奖

3月14日，美国大学生数学建模竞赛组委会执行主席发来通知，由我校天体物理中心研究生于清娟任教练，王海涛、黄春峰、饶红玲为队员的参赛队，荣获美国大学生数学建模竞赛最高奖特等奖。这是我国大学生自1989年参加这项国际性竞赛以来首次获得这一殊荣。与此同时，由化学物理系研究生程继新为教练的另一支参赛队获得一等奖。

美国大学生数学建模竞赛组委会执行主席在给于清娟教练的电函中写道："我为您和您的队员杰出的工作致以诚挚的祝贺。"

1996年

● 周小川等受聘商学院名誉院长及兼职教授

3月28日,我校举行商学院名誉院长及兼职教授授聘仪式。国家外汇管理局局长周小川受聘我校商学院名誉院长和兼职教授。同时,还聘请了中国银行总行电脑信息部总经理陈增圭、香港丹枫集团总经理戴小明为我校兼职教授。仪式上,汤洪高校长为三位教授颁发了聘书。

● 与安庆腈纶厂共同开发的丙烯腈、腈纶装置全流程仿真培训系统通过鉴定,处于国际先进水平

3月29日,由我校与安庆腈纶厂共同开发的丙烯腈、腈纶装置流程仿真培训系统通过了中国石化总公司技术开发中心主持的专家鉴定。专家们认为,这两套系统均属世界首创,软件运行稳定,技术可靠,在国内外处于先进水平。

该仿真培训系统目前已正式投入使用,这类系统的使用在中国石化总公司尚属首次。

● 首批招收外国留学生

我校于3月份招收首批30名外国留学生,学习中国语言和文化。

● 国家教委批准我校正式建立研究生院

4月4日下午,我校研究生院建院揭牌仪式在合肥举行,中国科学院教育局局长李云玲、我校校长汤洪高为研究生院院牌揭幕,校领导、研究生院领导以及国家教委、中国科学院、中国科学院合肥分院、研究生院(北京)、管理学院等有关单位的领导出席了揭牌仪式。我校研究生院是经国家教委综合评价名列前茅、我国首批正式建立的10个研究生院之一,是我国最早而且是唯一一所由国务院直接批准创建的研究生院。

学校于1962年开始招收研究生,是全国最早进行研究生教育的高校之一;1978年经党中央批准,在北京成立了全国第一个研究生院,1986年又经国家教委批准在合肥校本部创办研究生院。目前有权授予哲学、法学、文学、管理学、理学、工学等学科门类的研究生学位及MBA专业学位,并有权受理在职人员以同等学历申请学位,现已建成博士点24个,建成硕士点46个,并在数学、物理、力学等8个一级学科的20个博士点建有博士后流动站,基础数学、凝聚态物理等14个学科是国家级和中国科学院级重点学科。

1996年

研究生院每年招收硕士研究生约400名（另为中国科学院代培硕士生约600名），招收博士生约200名（另为中国科学院代培博士生约150名）。

● 李岚清来我校考察工作

4月16日下午，中共中央政治局委员、国务院副总理李岚清携夫人章素贞，外经贸部部长助理龙永图，国家教委副总督学陈德珍等一行14人，在安徽省委书记、省政协主席卢荣景，安徽省委副书记、省长回良玉，安徽省人大常务会副主任江泽慧，安徽省副省长杜宜瑾以及省政府秘书长张平等的陪同下来我校考察工作。

下午3点，李岚清来到校东区办公楼会议室，与在肥高校负责人进行了座谈。他说，科教兴国首先要兴教，而兴教首先要重师，广大教师在教育上的贡献以及对国家经济建设和社会发展的贡献应当受到充分的肯定。他还说，国家跨世纪宏伟规划已经确定，其中很重要的内容就是提出科教兴国和可持续发展的战略。任何事，关键要看人才，因此，我们一方面要普及基础教育，提高全民素质，另一方面就是要培养大批高层次优秀人才。关于高等教育的改革问题，李岚清说，从宏观上讲，国家要集中力量提高高等教育的规模效益，促进院校调整、联合、共建。在谈到人才培养时，李岚清说，目前高校的学科专业有划分过细的问题，培养的学生适应性不强，应当加强基础课教学，宽厚扎实的基础知识是向高层次发展的保证。李岚清还对学校的内部管理制度改革、加大高等教育的投入等问题作了指示。

下午5点20分，李岚清等一行来到国家同步辐射实验室和实验室储存环大厅，兴致勃勃地参观了正在研制的XAFS光束线、实验站。参观结束后，李岚清欣然挥毫签名留念。

● 国家科委主任宋健来我校考察

4月22日下午，国务委员、国家科委主任宋健在安徽省副省长张润霞、安徽省科委主任施伟国等陪同下来我校考察工作。在校办公楼第四会议室，校长汤洪高向宋健简要介绍了学校的办学方针、特色和优势，学科建设、人才培养、科学研究、国际学术交流等方面的情况，并汇报了我校面向21世纪的第三次创业的建设目标和建设方案。

在我校选键化学实验室，宋健认真听取了实验室主任、中国科学院院士朱清时关于实验室研究领域及已取得的重要成果、今后努力目标的汇报。宋健对该实验室致力于实现化学家的理想——给分子"做手术"的重要意义以及汇聚了一批年轻人才很为赞赏，他对年轻的博士们说："实验室年轻人才很多，很有活力，你们可以大显身手，祝你们成功！"并和年轻的博士们合影留念。

随后，宋健来到国家同步辐射实验室。参观中，宋健对同步辐射装置的运行和科学意义、社会意义表示了浓厚的兴趣，仔细了解了已建成的实验线、站的工作情况，观看了工作

1996年

结果的照片。宋健说,同步辐射实验室是目前我国仅有的三大科学工程之一,已经建成,并取得很好的成果,有较好的基础,造就了这么多的科学家,而且在国际上也有了一席之地。通过"九五"期间的共同努力,我们的工作会做得更好。考察中,宋健还欣然为学校题词:"创办世界一流大学,为科教兴国做贡献。"

● 李鹏来我校视察并题词

5月4日上午,中共中央政治局常委、国务院总理李鹏在安徽省委书记卢荣景、省长回良玉等陪同下来我校结构分析研究开放实验室视察工作。李鹏对开放实验室承担了一批国家攀登计划、863项目、国家自然科学基金等重大项目,并获得国家级、中国科学院级科技进步奖和自然科学奖给予充分的肯定。

参观结束后,李鹏即席发表讲话。他说,我们国家已制订了新的五年计划和未来十五年规划,计划中很重要的一条就是科教兴国的战略,要实现经济体制和国民经济增长方式的转变,就要依靠科技和教育的发展,我校既肩负着教育的任务,又肩负着科研的任务,责任是很重大的。

李鹏还和师生代表亲切握手并交谈,和蔼可亲地询问少年班学生年龄多大。当知道他们是学生物和计算机专业时,李鹏风趣地说:"学生物将来可以为国家多打粮食,学计算机可以加快信息交流。"并勉励说:"你们很年轻,祝你们进步。"随后,李鹏欣然命笔题词:"办好中国科技大学,为科教兴国做贡献。"

● 新闻中心成立

5月7日下午,校新闻中心成立暨新闻界朋友联谊会在办公楼第一会议室举行。

新闻中心旨在协调校内现有对外宣传报道,与新闻界建立更为密切友好的合作关系,强调"内外结合,相对统管,拓宽视角,突出重点,实事求是"的工作思路,及时、准确、全面反映学校改革与发展的新成就,树立学校的整体社会形象。

● 我校承办的"算术代数几何"国际会议在黄山召开

在国际数学泰斗陈省身教授的倡议下,我校承办的"算术代数几何"国际会议于5月20—28日在黄山市举行。来自美国、日本、荷兰、瑞士、澳大利亚和中国香港地区,以及内地的70余名代表出席了会议。会议受到香港王宽诚教育基金会、国家自然科学基金委员会、国家教育委员会、中国科学院和中国数学会的积极支持和赞助,同时得到著名数学家王元院士、潘承洞院士和丁石孙教授的关心。数学界前辈曹锡华教授出席了会议。我校副校长冯克勤教授及有关领导参加会议并讲话。

这次会议的目的是了解和学习国外的最新研究成果和动向，组织国内科研队伍和制定科研规划，努力把我国在该领域的研究水平提高到国际水平。

会议选定的报告人大多数是中国年轻学者，反映了近年来在这个数学领域我国年轻人才的成长。特别是北京大学的田青春（算术曲面上的类域论）、华东师范大学的陈猛（一般型高维簇的M-正则映射）和我校的邢朝平（Drinfeld模和代数曲线有理点）等作的报告受到有关专家的高度评价和密切关注，加深了国外专家对中国算术代数几何研究水平的了解。

中国青年学者物理学讨论会在我校举行

6月24—27日，'96中国青年学者物理学讨论会在我校国家同步辐射实验室召开。本次会议由中国科学院和国家自然科学基金委员会主办，我校承办，组委会主任由我校副校长张新夷教授担任。来自美国、加拿大、澳大利亚、日本、瑞典等国的25名海外学者和我校、复旦大学、南京大学等院校和科研单位的60多名青年学者参加了本次学术讨论会，他们中50多人有博士学位，许多人是优秀的年轻学术带头人。中国科学院副院长白春礼，我校党委书记、副校长余翔林等有关领导到会祝贺并讲话。

本次研讨会的主题是薄膜材料与物理，青年学者们就半导体薄膜、磁性薄膜、介质薄膜、超导薄膜、薄膜表面和界面、薄膜生长及沉积技术、薄膜的结构与性能等研究专题作了多场学术报告，并进行了热烈的讨论。

会议期间，代表们还参观了国家同步辐射实验室等科研机构，并与中国科学院、国家自然科学基金委的领导就我国科学技术发展政策和人才培养等海内外青年学者共同关注的问题进行了座谈。

召开钱临照九十华诞庆祝会

6月27日下午，学校在国家同步辐射实验室学术报告厅举行仪式，庆祝我国物理学界的老前辈、中国科学院院士钱临照先生九十华诞。庆祝仪式由校党委书记余翔林教授主持，安徽省副省长张润霞，以及谢希德、葛庭燧、冼鼎昌、唐孝威、郭可信、冯端、闵乃本、王业宁、钱令希、霍裕平等多名中国科学院院士专程前来祝寿，国务委员、国家科委主任宋健，中国科学院院长、中国科协主任周光召发来贺电，安徽省委、省政府，中国科学院，国家自然科学基金委，南京大学，中国科学院合肥分院，复旦大学等单位送来花篮或发来贺电、贺信。参加祝寿的还有在校党政领导、部分海内外青年学者、有关系室教师代表以及钱临照的亲属。

1996年

钱临照早年留学英国伦敦大学，1937年回国，1955年当选中国科学院学部委员，1960年后一直在我校从事教学、科研和领导工作，曾任我校副校长，担任过许多重要的学术和社会兼职。他是我国晶体位错理论、电子显微学和自然科学史研究的开拓者，还在应用光学、光谱学等许多领域做了大量的开创性工作，并为我国教育事业和科技人才的培养作出了重要贡献。

祝寿会上，校长汤洪高发表贺词，他代表全校师生员工祝愿钱老健康长寿。张润霞副省长在讲话中说，为钱临照先生祝寿是安徽省科技教育界的一件盛事。谢希德院士、闵乃本院士、钱令希院士等也在庆祝活动上发言，对钱临照在科学上的贡献和高风亮节表示敬仰。

九十高龄的钱临照精神矍铄，他说，他见到了不少老朋友，也结识了很多新朋友，大家在各方面取得了很多令人高兴的成就。他祝愿我国科技事业蓬勃发展，祝愿学校在未来的建设中为国家作出更大的贡献。

祝寿活动前，还举行了庆祝钱临照九十华诞学术报告会，中国科学院电子显微镜实验室学术委员会主任郭可信院士、南京大学冯端院士、香港科技大学冯国光教授分别作了学术报告。祝寿仪式上，汤洪高校长还向钱临照赠送了由我校出版社出版的《电子显微学新进展——钱临照教授九十华诞纪念文集》一书。

◉ 隆重举行1996届学生毕业典礼

6月28日上午，我校1996届学生毕业典礼在学校大礼堂隆重举行。尹鸿钧副校长主持大会，校领导汤洪高、余翔林、冯克勤、韩荣典、金大胜、李国栋等以及教师代表、毕业班班主任、全体1996届毕业生参加了典礼。

我校1996年共有1652名学生毕业，其中博士生41人，硕士生234人，本科生622人，专科生755人。博士毕业生中将有6人转攻博士后，硕士毕业生中有60人考取博士研究生，本科毕业生中有290人被录取为国内外硕士研究生，还有1296人即将奔赴各自的工作岗位。

毕业典礼上，尹鸿钧副校长宣布了优秀毕业班、优秀毕业生名单。本届毕业中有60人荣获省级优秀毕业生称号，151人荣获校级优秀毕业生称号，9105班荣获优秀毕业班称号，24人获得中国科学院院长奖学金，22人获得郭沫若奖学金。

◉ 钱逸泰等人研究成果在美国《科学》周刊发表

我校结构研究开放实验室和应用化学系钱逸泰教授领导的课题组在苯热合成纳米氮化镓的研究中取得重大进展，在国际上首次获得了在常压下存在的岩盐相的纳米氮化镓，

并用高分辨电子显微镜直接观察到。他们的这一成果在 6 月 28 日出版的国际权威杂志《科学》周刊上发表,周刊审稿人认为,文章通报了两个激动人心的研究结果,即在非常低的温度下用苯热合成技术制备出结晶 GaN;观察到以前只在超高压下才出现的亚稳的立方岩盐相。他们的这项研究得到了国家自然科学基金委员会和国家科委攀登计划的资助。

● "211 工程"重点学科建设项目通过审核

6 月份,根据国家教委"211 工程"办公室教重办[1996]26 号文件通知,我校申报的"211 工程"建设规划中的 6 个重点学科建设项目全部顺利通过审核,这 6 个重点学科建设项目是数学与非线性科学、现代工程材料的力学行为和材料设计、极端条件下的凝聚态物理、加速器物理及同步辐射应用、化学反应的人工控制、火灾安全科学与防治工程。

● 胡锦涛来我校视察

7 月 24 日上午,中共中央政治局常委、中央书记处书记胡锦涛在中共安徽省委书记卢荣景、省长回良玉等党政领导的陪同下,到国家同步辐射实验室视察工作,并看望在肥的中国科学院院士和中国工程院院士,分别与"两院"院士及教师代表合影留念。校领导张新夷、韩荣典、金大胜、李国栋陪同视察并参加了合影。

在国家同步辐射实验室,胡锦涛听取了副校长、实验室副主任张新夷教授关于实验室建设和科研工作以及即将实施的二期工程准备工作的汇报,并参观了实验室储存环大厅,仔细询问实验室的运行情况,勉励实验室抓住实施二期工程的机遇,进一步建设好国家同步辐射实验室,做出更多高水平的科研成果。他说,学校 1958 年创办以来,在不长的时间内,很快发展成为我国最著名的大学之一,培养出大批高质量高层次人才,是我国攀登科技高峰的国家"登山队"。随后,胡锦涛会见了刘有成、朱清时、何多慧、葛庭燧、常印佛等在肥"两院"院士,询问了院士们的生活和工作情况。他希望科学家们继续努力,为实施"科教兴国"战略作出更大的贡献。胡锦涛还就人才流动问题与院士们进行了讨论。

● 范维澄获"五一"劳动奖章

7 月份,我校火灾科学国家重点实验室主任范维澄教授被中华全国总工会授予"五一"劳动奖章。

1996年

● "211工程"可行性研究报告通过专家论证

8月7—8日,我校"211工程"建设项目可行性研究报告,顺利通过了根据国家"211工程"部际协调小组办公室统筹部署、由中国科学院组织实施的专家论证。这标志着我校的"211工程"建设进入了以项目实施为重点的实质性建设阶段。

此次专家论证是国家计委进行立项审批的主要依据。经专家们论证,我校"211工程"总体建设目标明确,定位合理,办学方向和指导思想正确,建设方案切实可行,经费安排合理,建设内容和项目设计符合实事求是、突出重点和讲求整体效益的原则,特别是重点学科建设项目特色比较明显,优势相对集中,到20世纪末,我校整体综合实力名列全国高校前茅,在21世纪初建成独具特色、国际著名大学的目标是可以实现的。

专家们一致认为,我校的"211工程"可行性研究报告符合国家"211工程"总体建设规划的精神和要求,切合学校的实际情况和发展要求,予以通过。专家们也对可行性研究报告提出了一些修改意见,建议进一步修订后提请中国科学院会同国家教委报送国家计委审批。

● 范维澄、朱清时任副校长

8月28日,中国科学院科发人任字[1996]064号文件任命,范维澄、朱清时为中国科学技术大学副校长。

● 举行1996级新生开学典礼

9月9日上午,1996级新生开学典礼在学校大礼堂举行。大会由副校长尹鸿钧主持,各系、机关有关部门负责人及全体1996级研究生、本科生参加了典礼。

本年度,我校共招收新生2 303人,其中博士生115人,硕士生355人,委培研究生75人,本科生1 148人,专科生610人。从德、智、体等各方面全面衡量,新生质量继续保持全国高校先进水平。本科新生高考平均成绩为614.99分;地市级三好学生、优秀学生干部198人,占本科新生总数的17.25%。另外,还有代培研究生152人,成人高等学历教育招收新生2 092人。

1996年

● "辐射法交联生产 KG 型印染助剂"入选国家科委首批重点国家级火炬计划

我校高科技成果"辐射法交联生产 KG 型印染助剂"于 9 月上旬入选国家科委首批重点国家级火炬计划,这是安徽省唯一入选项目。该技术具有较高的技术水平和投入产出比,在市场上成为名牌产品,并形成规模化高新技术产业。

印染业是我国一个重要的创汇行业,我校从 1984 年开始从事这方面的研究,先后开发出 KG101、KG201、KG202 等系列产品,增稠效果以及织物的手感、牢度等均处于国际先进水平和国内领先水平,已获得两项国家发明专利。产品占国内市场 25% 左右,1995 年产量达到 1 000 吨,实现产值 4 000 多万元,已成为替代进口 PTF 产品的最佳选择;最新开发成功的 KG401 产品的抗电解质性能在国产合成增稠剂中名列前茅,处于国际先进水平。

● 郑永飞获第三届"中国青年科学家奖"提名奖

在 9 月 20 日结束的第三届"中国青年科学家奖"评选活动中,我校郑永飞教授以其具有开拓性的一系列重要科研成就荣获第三届"中国青年科学家奖"地球科学提名奖。

几年来,郑永飞教授在稳定同位素地球化学领域取得了许多具有国际先进水平的科研成果。在稳定同位素体系的定量理论模式、实验测定及其地球化学意义方面作出了突出贡献。到当时为止,已在国内外核心学术刊物上发表论文 70 余篇,其中 38 篇发表在国际 SCI 检索的刊物上,部分论文已被国际 SCI 检索刊物论文引用 60 余次。他曾荣获中国矿物岩石地球化学学会"侯德封奖",并首批入选中国科学院跨世纪人才培养工程"百人计划",同时还获得"国家杰出青年科学基金"资助;1995 年获得中国地质学会"金锤奖"和安徽省地质学会"青年地质科技奖"一等奖。

● 研制成功国内首创的细胞激光微操作系统

我校李银妹副教授等人研制成功的细胞激光微操作系统于 10 月 23 日通过了中国科学院组织的鉴定。专家们认为,该系统为国内首创。它的研制成功为我国细胞及亚细胞领域的研究提供了一种极其新颖而行之有效的实验手段,标志着我国细胞实验技术有了重大进展并已跻身于世界前列,它将有力地推动我国细胞生物学及相关学科的发展。

1996年

⦿ 中国科学院与安徽省政府签署共建我校协议

10月23日,中国科学院和安徽省人民政府达成共建中国科学技术大学的一致意见。安徽省省长回良玉、中国科学院常务副院长路甬祥在协议书上签字,并发表讲话。安徽省、合肥市领导季家宏、朱维芳,安徽省教委、科委、计委、财政厅以及中国科学院有关职能局领导,我校校长汤洪高、党委书记余翔林等参加了签字仪式。

回良玉省长在讲话中表示,我校是安徽省科技进步和社会发展的重要力量之一,在实施科教兴皖战略中具有不可替代的作用,安徽省委、省政府将进一步加大对我校的支持,推动省内企业和社会各界与我校的合作,争取将我校办成独具特色、国际著名并在国家建设中有重要影响的大学。

路甬祥常务副院长对安徽省委、省政府长期以来对我校的关怀和支持表示感谢。他说,安徽省正在进入经济腾飞时期;我校的发展离不开地方政府的支持,在安徽省和中国科学院的共建下,我校将更多地面向安徽,为安徽的经济发展和科技进步作出贡献。

汤洪高代表学校对安徽省和中国科学院领导的关怀表示感谢。他说,院省共建是学校管理体制改革中的重大步骤,学校将把共建作为进一步发展的动力,进一步发挥科教优势,为中国科学院、安徽省乃至全国的高层次人才培养和科技进步作出更大的贡献。

⦿ 中国科学院路甬祥常务副院长来校作报告

10月24日,校长汤洪高主持召开会议,由中国科学院常务副院长路甬祥给学校正、副教授和中层干部作报告,中国科学院教育局局长李云玲、部分正副教授和机关有关部门负责人参加了会议。

会上,路甬祥常务副院长希望学校坚持"全院办校,所系结合"的办学方针,继承和发扬"勤奋学习,红专并进,理实交融"的优良传统,坚持"加强应用,注重基础,发展新兴,扶持管理"的学科建设方针,保持浓厚的学术风气,培养高素质的人才,使学校真正成为质量优异、结构优化、规模适中、特色鲜明的国内一流、世界著名的高等学府。

⦿ 结构生物学开放实验室通过论证

中国科学院中国科学技术大学结构生物学开放实验室论证会于10月24日由中国科学院主持在我校召开,并获得通过。

经过认真充分评议,专家委员会一致同意成立中国科学院中国科学技术大学结构生物

学开放实验室。专家认为,结构生物学实验室有明确的研究方向和较好的研究基础,有较高水平的学术带头人,包括年轻的学术带头人,已形成一支以年轻人为研究主体的研究队伍。在生物大分子晶体学、核磁共振波谱学以及分子设计与计算机模拟三个领域已形成了一些有意义的研究课题。多年来承担并圆满完成了多项国家及部委级科研任务,在国内外重要刊物上发表了一批较高水平的科学论文,建立了良好的国际科研合作关系。已拥有基本的仪器设备条件,在国内高校中也有一定的学术地位,已具备对外开放条件。

● 数学、物理、力学、动力机械和工程热物理被评为"博士生重点培养基地"

10月下旬,在中国科学院组织的"博士生重点培养基地"评选中,我校数学、物理、力学、动力机械和工程热物理4个一级学科被评为"博士生重点培养基地"。这4个一级学科共有12个博士点,其中8个为第一批获国务院学位委员会批准的博士学位授权点。

● 严济慈在北京逝世

11月2日,我校名誉校长严济慈在北京逝世,享年96岁。11月8日下午,学校隆重集会悼念。在校校领导、"两院"院士、教师、机关干部和学生代表共200余人参加了悼念活动。中国科学院副院长白春礼和安徽省、合肥市有关部门领导也参加了悼念活动。

严济慈1948年当选为中央研究院院士,积极参与中国科学院的创建工作,先后任中国科学院办公厅主任、东北分院院长、数理化学部委员、技术科学部主任、副院长、学部主席团名誉主席等职,是我国现代物理学研究的开创者之一,1955年当选为中国科学院院士。

严济慈是中国科学技术大学的缔造者和创始人之一,在担任副校长(1961—1980年)、校长(1980—1984年)、名誉校长(1985年起)时,为学校的建设、重建和发展作出了卓越贡献。

● 选键化学实验室通过院级开放实验室专家评审

11月13日,我校选键化学院级开放研究实验室评审会在结构中心会议室召开,会议由专家组组长、中国科学院物理研究所所长杨国祯教授主持。副校长朱清时院士、香港中文大学吴奇教授和几位青年研究人员就实验室原先开展的课题及以后的设想作了报告。

专家们认为,我校选键化学开放研究实验室是目前我国化学物理领域中的一个设备先进、基础良好的科研基地,曾在分子反应动力学和分子激发态光谱学等领域进行过大量的工作,近年来在选键化学的基础问题上做出了一批为国际公认的重要成果,连续两年获得

1996年

国际上有影响的学术奖。实验室的学科方向明确,研究内容是具有优势的化学物理学科发展的最前沿问题,实验室的建成定会对我国化学物理的发展作出重要贡献,有可能对今后化学物理与相关科技的发展产生重大影响,使我国在该领域中站在国际前列。该实验室有学术水平很高的带头人和一支以优秀中青年人才为主体的、年龄层次和知识结构都比较合理的固定人员队伍,并且已经吸引了一些海外青年学者回国进行合作研究。由于"211工程"重点学科建设和学校的支持,实验室有能力自己筹集经费,已经具备对外开放的基本条件。评审专家一致通过并建议中国科学院批准正式成立选键化学开放研究实验室。

● 余秋雨受聘我校兼职教授

11月18日,著名学者、原上海戏剧学院院长余秋雨应邀来我校作关于文化人格的学术报告,并受聘为我校兼职教授。

● 科技论文排名继续居全国高校前列,范洪义被SCI收录论文数居全国第一

根据中国科技信息研究所对1996年中国科技人员(不含港、澳、台地区)在国内外发表论文数量和论文被引用情况的统计,我校论文排名情况继续居全国高校前列,被SCI收录论文数居全国高校第四位,被EI收录论文数居全国高校第八位,国际论文被引用篇数居全国高校第五位,国内发表论文数居全国高校第十六位。全国个人发表论文数前十名中,我校范洪义教授居全国第一名,李健民教授为第七名。

● 赵振西、龚育昌获联合国"发明创新科技之星奖"

由我校计算机系赵振西教授、龚育昌副教授主持的中国科学院"八五"项目KDPrklig集成开发环境于12月下旬荣获联合国技术信息促进系统"发明创新科技之星奖",该组织为他们颁发了奖牌和证书。

联合国技术信息促进系统是联合国科学发展基金组织和联合国开发计划署共同创立的国际技术信息机构,旨在推动科学技术发展,促进科技成果转化为生产力。世界上有160多个国家加入了该组织,"发明创新科技之星奖"由该组织中国国家分部和国家科委成果办公室共同举办,目的是选出中国的优秀成果向世界发布。

1996年

● 科技成果

本年度,我校共有13项科研成果分别获得国家级、中国科学院级及省、部级奖励,其中包括国家"八五"科技攻关重大科技成果奖1项;中国科学院自然科学一等奖2项、二等奖2项、三等奖3项,科技进步一等奖1项、三等奖1项;中国石化总公司科技进步二等奖1项;安徽省科技进步二等奖2项。

● 年度数据统计

本年度,全校共有教职工3 400人,其中教师1 800人,有中国科学院院士、中国工程院院士6人,教授322人(其中博士生导师175人),副教授750人,中青年教师占教师总数的80%以上;在校学生7 781人,其中博士生446人,硕士生1 226人,本科生5 013人,专科生1 096人。此外,各类成人高等学历教育在学学生4 500余人。

至1996年底,学校设有研究生院(北京、合肥)、理学院、高技术学院、管理学院、成人教育学院、商学院、高等研究院(合肥)、化学与材料科学学院8个学院,21个系和少年班、4个公共教学部、56个本科专业、48个硕士点、26个博士点,并在8个学科、20个专业设有博士后流动站。数学、物理学、力学3个学科为国家理科基础科学研究和教学人才培养基地。基础数学、计算数学、凝聚态物理、固体力学等14个学科为国家和中国科学院重点学科。已建成国家同步辐射实验室、火灾科学国家重点实验室和结构分析研究、认知科学、内耗与固体缺陷3个中国科学院开放实验室等一批重点科研机构。

学校本年度科研经费到款5 630.7万元,在国内外刊物发表论文1 046篇,专著23部,授权专利6项,鉴定成果32项,鉴定技术转让合同14项,获省、部级成果奖11项。

学校校园总面积1 692亩,校舍建筑面积40多万平方米,固定资产2.7亿元;图书馆藏书110万册。

1997年

● 国家计委批准我校"211工程"正式立项

1月24日,国家计委批复中国科学院,同意中国科学技术大学为国家"211工程"项目院校,在"九五"期间进行建设。这标志着我校"211工程"建设在国家重点建设项目中正式立项,也标志着我校"211工程"建设正式进入了以项目实施为重点的全面启动实施阶段。

我校"九五"期间"211工程"建设的总体建设目标是到20世纪末,在教学质量、学科建设、科学研究、管理水平和办学效益等方面有较大提高,整体办学水平居全国高校前列,成为国内高等教育领域培养高层次人才,解决国家经济建设、科技进步和社会发展重大问题的重要基地之一,为到21世纪初叶建成具有较高国际知名度和中国特色的社会主义大学奠定坚实的基础。

● 5位青年教师首批入选国家"百千万人才工程"

3月上旬,国家人事部等七部委下发通知,我校程艺、郭其鹏、侯建国、李晓光、郑永飞5位青年教师,通过激烈竞争并经专家评议,成为国家1995—1996年度"百千万人才工程"第一、第二层次人选。"百千万人才工程"是人事部、国家科委等七部委联合组织实施的培养跨世纪学术和技术带头人及后备人选计划,其培养目标是,第一层次:上百名能进入世界科技前沿,在世界科技界有较大影响的杰出青年科学家;第二层次:上千名具有国内先进水平,保持学科优势的学术和技术带头人;第三层次:上万名在各学科领域里有较高学术造诣、成绩显著、起骨干或核心作用的学术和技术带头人后备人选。

● 成立高校第一家学位与研究生教育评估中心

国内高校中首次设立的中国科学技术大学学位与研究生教育评估中心于3月31日下午正式成立,国务院学位办公室副主任顾海良和安徽省教委主任陈贤忠为中心揭牌。

该中心建立一套定性分析与定量研究相结合的自我评估的专家体系,定期对学校各学科博士、硕士学位授予质量、在职人员申请学位质量、学科建设以及学位授权申报进行自我评估和质量监控,进一步规范研究生教育的过程管理,完善学位授予工作。同时,还承担国家学位与研究生教育评估所下达的国家级评估任务。

● 国家同步辐射实验室新一届领导班子成立

经中国科学院批准,国家同步辐射实验室新一届领导班子于3月下旬正式成立。

国家同步辐射实验室新一届领导班子组成为:张新夷任实验室主任,刘祖平、董赛、傅绍军任副主任,任期四年。为了组织实施"合肥同步辐射二期工程",中国科学院决定成立项目管理委员会、项目工程指挥部和项目科技委员会。中国科学院白春礼副院长任项目管理委员会主任;刘祖平任项目工程指挥部经理兼总工程师,张新夷任副经理,李为民、盛六四任副总工程师,王秋平任总工艺师,胡胜生任总经济师。项目科技委员会由方守贤院士、何多慧院士、冼鼎昌院士、陈森玉研究员组成,方守贤任主任。

● 中国科学院首次教学成果评奖揭晓,我校11项教学成果榜上有名

中国科学院首次教学成果评奖于3月份揭晓,我校共有11项教学成果获奖,"大学物理实验的计算机仿真系统"等4项成果获一等奖,"多媒体通信教学体系的创建"等7项成果获二等奖。这些项目是学校在获得我校第三次教学成果一等奖的15个项目中进行严格筛选后向中国科学院推荐的。参加中国科学院首次评奖的共有18个单位申报的51个项目,其中一等奖8名,二等奖20名,一等奖项目将推荐为国家级教学成果奖。

● 郑永飞教授荣获第五届中国青年科技奖

第五届中国青年科技奖4月5日在京颁奖,我校郑永飞教授荣获该项奖励。

中国青年科技奖是在原中国科协青年科技奖的基础上,从1994年起与中共中央组织部、国家人事部等联合设立的,要求参评时年龄不超过37岁。第五届中国青年科技奖共有

123个单位推荐的545人参评,共评出百名获奖者,其中中国科学院有11位青年学者榜上有名。

● 新增2个中国科学院开放实验室

4月10日,中国科学院正式批准我校结构生物学开放研究实验室和选键化学开放研究实验室作为中国科学院开放实验室对国内外开放。其中,结构生物学开放研究实验室主任为施蕴渝,学术委员会主任为梁栋材;选键化学开放研究实验室主任为朱清时,学术委员会主任为李家明。至此,我校共有结构分析研究、内耗与固体缺陷、认知科学、结构生物学、选键化学5个中国科学院开放实验室。

● 校学术委员会换届,王水院士当选为主任

4月21日下午,校学术委员会顺利完成换届。王水院士当选为新一届学术委员会主任,何多慧、范维澄、卞祖和、徐善驾、钱逸泰当选为副主任。

● 国家计委批准我校"211工程"正式开工建设,建设投资计划一并下达

根据国务院批准的《"211工程"总体建设规划》和国家计委对我校"211工程"可行性研究报告的批复意见,国家计委于4月23日以计投字[1997]708号文件通知中国科学院,同意我校"211工程"正式开工建设,并下达1996年、1997年重点学科和公共服务体系建设投资计划。这标志着我校"211工程"经过历时四年多的规划论证和申请立项,正式开工实施,进入实质性建设阶段。

根据国家计委的通知,我校"211工程"重点学科和公共服务体系1996年、1997年建设投资计划在1997年一并下达,合计投资7 850万元,其中国家计委专项3 530万元,财政部专项1 470万元,中国科学院配套投资2 200万元,学校自筹650万元。

● 与研究生院(北京)举行第一次联席会议

5月6—8日,研究生院(北京)主要领导来合肥校本部,就加强双方全面合作召开校院领导联席会议。副校长尹鸿钧、朱清时、范维澄,校党委副书记李国栋,副校长、研究生院(北京)常务副院长冯克勤,研究生院(北京)党委书记颜基义,副院长石跃林、孙勤等参加了会议。

会上,汤洪高和冯克勤分别通报了双方近期主要工作,会议听取了研究生院(北京)关

1997年

于1997—2000年工作纲要的汇报,双方一致强调,要进一步加强全面合作,推进实质性联合,发挥学校的整体综合优势,共同建设国内一流、具有较高国际知名度和中国特色的社会主义现代化大学。

● 4项成果荣获国家级教学成果奖

5月下旬,国家教委公布了1997年全国普通高等学校国家级教学成果奖评审结果。我校有4项教学成果荣获二等奖,它们是:陈国良撰写的《并行算法的设计与分析》(教材),王晓蒲和霍剑青合作的"大学物理实验的计算机仿真系统",李尚志、陈发来、王树禾等的"数学建模与数学教学改革",范维澄、王清安、程晓舫、杨帮荣、吴龙标等的"火灾安全学科建设及研究生培养的探索和实践"。

● 汤洪高赴美参加环太平洋地区大学校长会议

6月1—3日,汤洪高校长赴美参加了在南加州大学举行的环太平洋地区大学校长会议。

本次大会由加州大学伯克利分校、南加州大学、加州大学洛杉矶分校、加州理工学院四所大学倡导发起,大会成立了环太平洋地区大学协会,囊括环太平洋沿岸的著名学府,旨在加强各大学间教育和学术研究的交流与合作,共同为推进本地区发展培养高科技、高层次人才。

● 我国第一台6T超导扭摆磁铁在我校研制成功

我国第一台6T超导扭摆磁铁(Wiggler)于6月上旬在我校国家同步辐射实验室研制成功,各项指标均达到设计要求。这台超导Wiggler磁铁充电后,以每分钟1万高斯的速度励磁,6分钟后达到6.04T。经过科研人员11天的努力,又顺利完成了Wiggler磁铁参数的测量,其最大磁场、好长区、磁场沿束流方向一次和二次积分值、磁场上升速率等主要指标均达到设计要求。超导开关工作可靠,磁场10次上升至6万高斯均未发生失超。并且超导Wiggler磁铁四组电源工作可靠,氦气回收系统和束流管道真空性能良好,束流管与杜瓦焊接可靠。

6万高斯超导扭摆磁铁的研制成功,可使我校同步辐射光源的可用波长缩短到原来的1/5,达到0.1纳米左右,使用范围将扩展到硬X射线波段,可为用户开展X射线精细结构吸收(XAFS)、高分辨率X射线衍射、微机械加工和光刻(LIGA)及生物大分子结构分析等多种科学实验与研究。

1997年

1998年3月,超导Wiggler磁铁在实验室800MeV电子储存环上调束成功。同年12月,超导Wiggler磁铁及XAFS光束线站通过中国科学院组织的专家验收。

● 大空间建筑火灾实验厅在我校落成

由我校与香港理工大学联合兴建的大空间建筑火灾实验厅于6月21日上午在我校顺利竣工,并举行了隆重的落成仪式。国务院总理李鹏为实验厅建成暨空间建筑火灾安全与技术研究中心成立题词:"开展火灾科学研究,造福人民,造福社会。"安徽省委书记卢荣景,合肥市副市长厉德才,国家科委、国家外国专家局、国家自然科学基金委和中国科学院有关司局的领导,我校校长汤洪高、党委书记兼副校长余翔林,香港理工大学常务副校长周威彦,亚澳火灾科学技术学会主席、我校副校长范维澄等出席了落成仪式。国际火灾安全科学学会、亚澳火灾科学技术学会等发来贺电。

我校与香港理工大学于1994年12月达成合作协议,在两校间开展大空间建筑(尤其是中庭式建筑)火灾安全工程的研究,旨在研究及开发新的大空间建筑火灾安全技术、验证火灾科学理论及火灾模型,以及解决建筑界在大空间建筑中所遇到的与火灾安全和技术有关的问题。为此,双方决定共建大空间建筑火灾安全与技术研究中心,并建造长24米、宽18米、高30米的大空间建筑火灾实验厅。

竣工仪式上,卢荣景宣读了李鹏的题词,并为题词揭幕。汤洪高和周威彦为大空间建筑火灾实验厅揭牌。竣工仪式结束后,嘉宾们一起观看了大空间火灾发生及烟气填充实验演示。

● 举行1997届学生毕业典礼

6月28日上午,我校1997届学生毕业典礼在水上报告厅举行。校领导汤洪高、余翔林、张新夷、卞祖和、韩荣典、金大胜、李国栋等出席,机关有关部处负责人、教师代表、毕业班班主任及1997届毕业生代表200多人参加了典礼。

1997年我校共有毕业生1805人,其中博士生123人,硕士生314人,本科生888人,专科生480人。他们中有16人转攻博士后,72名硕士毕业生考取博士生,522名本科生被录取为国内外硕士研究生,有1078人将奔赴不同的工作岗位。成人教育共有毕业生1850人,其中本科生178人,专科生1672人。

● 吴仪视察国家同步辐射实验室

7月8日,国家外经贸部部长吴仪在安徽省省长回良玉、合肥市市长马元飞等省、市领

导的陪同下,视察了我校国家同步辐射实验室。吴仪参观了储存环大厅各实验站,并不时提问。视察结束前,吴仪欣然题词:"向科技大学的同志们学习、致敬。"

● 5名教授被聘为国务院学位委员会第四届学科评议组成员

7月上旬,国务院学位委员会第十五次会议批准组成国务院学位委员会第四届学科评议组,我校冯克勤、汤洪高、朱清时、王水、何多慧5名教授分别被聘为数学、物理学和天文学、化学、地球物理学和地质学、核科学与技术5个学科评议组成员。

国务院学位委员会学科评议组是国务院学位委员会领导下的学术性工作组织,其主要任务是评议和审核有权授予博士、硕士学位的高等学校和研究机构及其学科专业;对新增授予博士、硕士学位的单位的整体条件进行审核;对有关学位与研究生培养规格和类型进行调整;指导和检查监督各学位授予单位的学位授予工作等。

● 张永德当选为奥地利科学院外籍院士

7月上旬,奥地利科学院副院长 Otto Hittmair 教授来函正式通知,我校近代物理系张永德教授于4月29日当选为奥地利科学院外籍院士。

张永德自1985年以来一直从事近代量子场论及应用和近代量子理论中数学物理方面的研究工作,创立了多模 Fock 空间广义线性量子变换理论,并研究了它的广泛应用;相互作用量子场的线性变换;普遍含时量子变换理论;量子 Zeno 效应存在的理论论证;多模压缩态判别准则;中子 echo 理论等。发表论文60多篇,分别刊登在美国、英国、荷兰、意大利、新加坡和中国的著名物理杂志上。

● 国家计委批准同步辐射实验室二期工程可行性研究报告

8月29日,国家计委批复中国科学院,原则同意我校国家同步辐射实验室二期工程国家重大科学工程项目可行性研究报告,原则同意该项目建设方案和资金使用计划。

我校国家同步辐射实验室二期工程建设主要任务是在现有装置基础上,重点改进光源系统,保证通用光源模式的高效运行,实现高亮度运行模式,降低机器的故障率及调整时间,控制束流轨道的稳定性,并在此基础上增建波荡器和8个同步辐射实验站。项目建设期为三年六个月,动态总投资为12 500万元(含外汇426万美元),由国家计委在年度计划中安排解决。

1997年

● 举行1997级新生开学典礼

9月8日上午,我校1997级新生开学典礼在学校大礼堂隆重举行。校领导余翔林、尹鸿钧、卞祖和、金大胜、李国栋、范维澄、朱清时等出席了大会,全体1997级研究生、本科生、专科生、成教生参加了典礼,大会由尹鸿钧副校长主持。

1997年,我校共招收新生1983人,其中博士生147人,硕士生388人,本科生1248人,专科生200人。另外还招收代培研究生285人,成教生2005人。从德、智、体诸方面综合衡量,新生质量继续保持国内高校的先进水平。

● 获准成立北美精算师考试中心

9月中旬,北美精算学会亚洲分会主管教育事务委员,美国友邦保险有限公司高级副总裁、首席精算师李达安先生通知我校,我校北美精算师考试中心已获北美精算学会批准。

我校成立的北美精算师考试中心是中国内地的第6个北美精算师考试中心,在此之前,中国人民大学、南开大学、复旦大学、湖南财经大学、中山大学已分别设立同类考试中心。

我校学生高洁、张俊妮当年5月份在上海举行的精算师考试中取得优异成绩,获得北美精算学会颁发的一等奖学金,全世界共有6人荣获该奖。

● 汤洪高出席中共"十五大",当选为中央候补委员

9月12—18日,汤洪高校长作为中共"十五大"代表,出席了在北京召开的中国共产党第十五次全国代表大会,并光荣当选为第十五届中央委员会候补委员。汤洪高是中共"十三大"、"十四大"代表,十四届中央委员会候补委员。

● 我校与联想集团签订共建计算机学院协议

我校与联想集团为了进一步加强和扩大双方合作关系,于9月22日签订了共建计算机学院的协议。这是我校与企业界联建的第一个学院。副校长尹鸿钧和联想集团常务副总裁李勤在协议上签字。协议规定,学院的启动与发展经费200万元由联想集团提供,我校提供所需的场地和教师。双方合作在我校建立联想集团人才培养基地,为联想集团培养高层次管理与技术人员;成立联想开放实验室,用于人才培养和联想科研基金项目的实施;

设立联想科研基金与教育基金,用于资助与联想集团业务发展相关的预研、工程应用和技术攻关项目的研究,奖励品学兼优的我校学生和教学成果突出的教师以及在联想科研基金项目工作中表现出色的骨干研究人员。

● 合肥高等研究院正式启动

9月26日上午,我校和中国科学院合肥分院在合肥分院举行了中国科学技术大学合肥高等研究院正式启动庆祝活动。中国科学院副院长白春礼到会祝贺并讲话,中国科学院、安徽省有关部门领导,我校领导,合肥分院院、所领导出席了会议。

庆祝活动上,白春礼宣读了中国科学院院长路甬祥的贺信,并代表中国科学院领导向高等研究院正式启动表示祝贺。

经中国科学院批准,朱清时任中国科学技术大学合肥高等研究院院长,万元熙、范维澄、余吟山、龚新高、侯建国任副院长。

● 全国高分子学术论文报告会在我校召开

为推动我国高分子学科的发展,进行广泛的学术交流,受中国化学会的委托,由我校高分子科学与工程系承办的'97全国高分子学术论文报告会于10月3—7日在我校举行。中国科学院院士、中国化学会高分子委员会主任王佛松主持了开幕式和闭幕式,安徽省副省长汪洋、我校副校长朱清时和范维澄到会并讲话。参加这次会议的单位达100个,其中高等院校73所,科研院所21所;代表近500人,是近十年来我国高分子学界规模最大的一次盛会。8名中国科学院和中国工程院院士参加了会议。刚刚回归祖国的香港特别行政区的代表首次正式参加了这次全国高分子会议,参加会议的还有旅美著名华人高分子学者等。

会上进行的4个大会报告、近50个邀请报告和约120个论文报告,显示了近年来我国高分子科学的研究水平以及在赶超世界先进水平和把科学技术转化为生产力等方面所取得的丰硕成果。加强高分子科学的基础研究和与高分子产业界的合作开发研究,加强国内学者和海外学者之间的广泛联系,以及加强高等院校和科研院所的联合科研是本次会议的重要特点。

● 全国"物理中的非线性问题"高级研讨班在我校举行

由国家教委委托我校非线性科学中心主办的全国"物理中的非线性问题"高级研讨班10月6日在我校举行开幕式。中国科学院院士、国家攀登计划非线性科学领域首席科学家

谷超豪教授主持开幕式,我校副校长尹鸿钧参加开幕式并讲话。

这次高级研讨班时间为10月6—16日,为期10天,来自国内的40多名著名学者与学员就当前国内外非线性科学领域中的一些前沿和重大问题进行了专题讨论。中国科学院院士魏荣爵和中国科学院院士、应用物理及计算研究所所长贺贤土分别作了题为《法拉第水波实验中强迫驻孤子》和《近可积哈密顿系统斑图动力学和时空混沌》的研究报告。

我校非线性科学中心是国家攀登计划的南方联络站,也是我校"211工程"重点学科建设的重要内容,几次高级研讨班的成功举办,为我国的非线性科学研究事业作出了积极贡献,在国内外产生了广泛影响。

● 何多慧荣获何梁何利科学与技术进步奖

旨在奖励祖国内地杰出科学家的香港何梁何利基金"科学与技术成就奖"和"科学与技术进步奖"于10月中旬第四次颁发,我校国家同步辐射实验室教授、中国工程院院士何多慧荣获科学与技术进步奖。

何梁何利基金是香港恒生银行四位资深董事——何善衡、梁俅琚、何添和利国伟共捐资4亿元港币于1994年在香港成立的,目的是奖励内地杰出学者。目前已颁发四届,共有186名著名科学家获得此项殊荣。科学与技术成就奖各颁发奖励证书和奖金100万港元,科学与技术进步奖各颁发奖励证书和奖金15万港元。

● 科技产业园奠基

10月24日上午,我校科技产业园奠基典礼在合肥市高新技术开发区隆重举行。国家科委副主任李学勇,安徽省委常委、秘书长季家宏,省政府副秘书长王坦,省科委主任施伟国,合肥市委副书记、常务副市长车俊,合肥市副市长盛志刚,我校校长汤洪高、党委书记余翔林,以及安徽省、合肥市有关部门,高新技术开发区,部分高校,企业等负责人出席了奠基仪式。安徽省政府发来贺电,国务委员、国家科委主任宋健题写了"中国科学技术大学科技产业园"园名。范维澄副校长主持了奠基仪式。

我校科技产业园位于黄山路和二环路交叉口,整个园区规划占地133亩,分成四大块,即公建区、化工区、医药区和电子仪器区,计划用三年时间开发完成。首期有我校辐化新技术公司、兆科药业有限公司和安全卫生中试基地三个企业进园。二期用地将建立培训中心和软件中心,并有医疗仪器公司等四个企业进入。建立科技产业园的目的在于利用高新技术开发区良好的外部环境,促进学校科技成果的商品化、产业化进程,以增强学校的自我发展能力,促进安徽省、合肥市的经济建设。

1997年

● 我校在全国大学生数学建模竞赛中取得优异成绩

11月中旬，全国大学生数学建模竞赛结果揭晓。我校组织的9支参赛队，取得了2个队全国一等奖、2个队全国二等奖、2个队赛区一等奖的优异成绩。

● 郑永飞"百人计划"项目通过验收，研究水平处于国际学术前沿

12月5日，中国科学院对该院内首批14个"百人计划"项目的执行情况和取得的成果进行了验收，我校首批"百人计划"入选者——地球与空间科学系郑永飞教授承担的"地球壳幔稳定同位素地球化学"项目顺利通过由王德滋院士任组长的专家组考核和中国科学院验收。专家们一致认为，郑永飞及其领导的研究小组科研选题瞄准国际地球化学研究的热点和前沿，按计划开展了卓有成效的研究工作，取得了系统的、有创造性的学术成就，取得了一系列具有国际先进水平的科研成果。

● 钱逸泰、施蕴渝、伍小平、陈希孺、童秉纲当选中国科学院院士

12月5日，中国科学院公布了1997年新增院士名单，我校钱逸泰、施蕴渝、伍小平、陈希孺、童秉纲5位教授光荣当选为中国科学院院士。至此，我校在校"两院"院士已达11人。1997年，中国科学院共增选院士58人，我校有5名教授当选，当选人数居全国各大学和科研单位之首。钱逸泰教授为化学部院士，施蕴渝教授为生物学部院士，伍小平教授为技术科学部院士，陈希孺、童秉纲两位教授为数理学部院士，他们中年龄最大的60岁，最小的55岁。

● 生命科学学院成立

12月17日，中国科学院批复同意我校成立生命科学学院。中国科学院院士施蕴渝教授出任该院院长，刘兢、牛立文教授担任副院长，滕脉坤任分子生物学与细胞生物学系常务副主任，周专任神经生物学与生物物理学系常务副主任。

生命科学学院是以原生物系为基础，调整相关学科和研究机构组建而成的，下设分子生物学与细胞生物学、神经生物学与生物物理学两个系，以及结构生物学和认知科学两个中国科学院开放实验室、结构生物学青年实验室和细胞分子生物学实验室等科研机构。有生物化学与分子生物学、生物物理学2个博士点，生物化学与分子生物学、生物物理学、细

胞生物学3个硕士点，1个生物学科博士后流动站。现有中国科学院院士1名，博士生导师12名，在校研究生50多名，本科生350多名。

生命科学学院成立以后，在管理体制上以学院为实体，负责组织教学、科研、学科建设、科技开发和党政管理等工作，统一招收本科生和研究生。

● 研究人员获得我国第一张生物样品软X射线全息图

12月下旬，我校科研人员利用同步辐射光源成功地获得了国内第一张生物样品软X射线全息图，并实现了全息图的光学和计算机重现。这标志着我国在软X射线显微成像技术方面取得突破性进展。

我校基础物理中心谢行恕教授领导的软X射线成像研究组，多年来系统地开展了软X射线成像技术的研究，在6月份成功地获得了软X射线同轴全息图，并用光学和计算机数字方法实现了全息图的重现，这项工作在当年8月第七届亚太地区物理会议上得到与会同行专家的认可。此后，他们又进一步得到了国内第一张生物样品的软X射线全息图，并实现了蝇翅和洋葱细胞全息图的重现。他们还发展了计算机重现技术，提出了两种新的计算机重现方案。这一系列突破性的工作，大大推进了"软X射线全息"实验方法在国内的发展。

专家认为，软X射线成像技术的进一步发展，将使人类能够观察到活体细胞的细微结构，有助于生物学家探索生命的奥秘，并使生物学的研究取得变革性进展。

● 我校被评为全国成人高等教育评估优秀学校

12月份，国家教委首次对全国范围内开展成人高等教育工作较好的高校进行表彰，我校被评为"全国成人高等教育评估优秀学校"。

本次评比表彰活动由国家教委部署，各地、各部委教育行政部门具体组织开展成人高等教育评估工作，在认真进行评选、推荐的基础上产生全国成人高等教育评估优秀学校。我校成人高等教育参加了安徽省教委组织的评估工作，并获优良等级。

● 科技论文排名继续位居全国高校前列

根据中国科技信息研究所发布的1997年度中国科技人员（不含港、澳、台地区）在国内外发表论文数量及论文被引用情况等信息，我校科技论文排名继续位居全国高校前列。其中，SCI收录375篇，在全国高校中排名第四位；EI收录208篇，排名第八位；国际论文被引

1997年

用篇数276篇,排名第五位;国内科技期刊收录数823篇,排名第十一位。我校郑仕标博士被SCI收录论文数名列全国个人第五名。

● 科技成果

本年度,我校共有21项科研成果分别获得国家级、中国科学院级、部委省级奖励,其中包括:国家自然科学三等奖1项、四等奖1项;中国科学院自然科学一等奖1项、二等奖3项、三等奖1项,科技进步特等奖1项、二等奖1项、三等奖1项;国家教委科技进步二等奖3项,安徽省科技进步二等奖2项,自然科学一等奖1项、二等奖5项。

● 年度数据统计

本年度,全校共有教职工3 350人,其中教师1 650人。教师中有中国科学院院士、中国工程院院士11人,教授321人,其中博士生导师219人,副教授763人,中青年教师占教师总数的80%以上。在校学生7 760人,其中博士生457人,硕士生1 144人,本科生5 366人,专科生793人。此外,各类成人高等学历教育在校学生4 500余人。

至1997年底,学校设有研究生院(北京、合肥)、理学院、高技术学院、管理学院(北京)、成人教育学院、商学院、高等研究院、化学与材料科学学院9个学院,22个系和少年班、4个公共教学部、56个本科专业及其方向、46个硕士点、26个博士点,并在8个学科、20个专业设有博士后流动站,具有培养学士、硕士、博士的完整教育体系。数学、物理学、力学3个学科为国家理科基础科学研究和教学人才培养基地。基础数学、计算数学、凝聚态物理、固体力学4个学科为国家重点学科,概率论与数理统计等10个学科为中国科学院重点学科。已建成同步辐射、火灾科学2个国家级重点实验室和结构分析研究、认知科学、内耗与固体缺陷、选键化学、结构生物学5个中国科学院开放实验室等一批重点科研机构。

学校1997年度科研经费到款11 541.7万元,在国内外刊物发表论文1 447篇,专著23本,授权专利8项,鉴定成果22项,签订技术转让合同7项,获省、部级成果奖9项,获国家级成果奖1项。

学校校园总面积1 692亩,校舍建筑面积48.8万平方米,教学、科研仪器设备固定资产2.7亿元;图书馆藏书120万册。

1998年

召开第四届教职工代表大会第二次会议

1月8—9日,学校召开第四届教职工代表大会第二次会议。汤洪高校长作了题为《高举邓小平理论旗帜,贯彻落实十五大精神,把学校改革和发展事业全面推向二十一世纪》的工作报告;党委书记、副校长余翔林作了题为《深入学习贯彻十五大精神,为把学校的各项事业全面推向二十一世纪而奋斗》的讲话。共有294位代表参加了会议。

安徽省教育和科研计算机网络中心在我校成立

2月25日,安徽省教育和科研计算机网络中心管理委员会和专家委员会在我校成立,安徽省教育和科研计算机网络中心同时在我校正式成立。这标志着安徽省"九五"期间十大工程之一的"金智工程",即安徽省教育和科研计算机网络建设工程进入全面实施阶段。其总体目标是建设一个技术先进、开放性能好、投资强度合理、能长期稳定运行的计算机网络,实现全省高校互联,进而与国内外计算机网络互联,共享网络资源,为各高校科研、教学和办公自动化提供一个高性能的网络环境。

5位教师当选全国人大代表、政协委员

2月,朱清时、郑永飞当选为第九届全国人大代表,方兆本、钱景仁、卢炬甫当选为第九届全国政协委员,方兆本当选安徽省政协副主席。3月,方兆本、钱景仁当选为第九届全国政协常委。

1998年

● 党政领导班子成员调整

3月10日,中国科学院副院长白春礼来校宣布学校领导班子部分成员调整任命的决定,余翔林调任中国科学院教育局局长,汤洪高兼任党委副书记,主持党委工作。4月8日,学校宣布中国科学院关于朱清时同志任常务副校长的决定。

● 联想计算机学院成立

3月25日,联想计算机学院在我校正式成立,中国科学院副院长白春礼、我校校长汤洪高、联想集团常务副总裁李勤为学院揭牌。联想集团总裁柳传志任学院名誉院长,李勤常务副总裁任院长,我校计算机科学技术系主任王煦法任常务副院长。

● 江泽民、李鹏等党和国家领导人为我校建校40周年题词

2—6月,多位党和国家领导人以及前任学校领导为我校建校40周年题词。2月,原全国人大常委会委员长乔石题词:"不断提高教学质量,培育科技英才,迎接新世纪高科技信息社会的挑战";3月29日,中共中央总书记、国家主席江泽民为我校研究生院(北京)题词:"科教兴国,人才为本";4月,全国政协副主席李贵鲜题词:"发挥科技人才优势,为科教兴国再作新贡献";5月1日,全国人大常委会委员长李鹏题词:"庆祝中国科技大学四十周年,为国家科教事业做出新贡献";同日,原校长滕藤题词:"发扬艰苦创业精神,建设国际一流大学";5月,全国人大常委会副委员长周光召、彭珮云,全国政协副主席钱伟长、朱光亚先后题词:"建设一流大学,培育兴国英才"、"发扬成绩,勇攀高峰,为科教兴国作贡献"、"风华正茂"、"培育科技英才,服务科教兴国";6月,全国人大常委会副委员长吴阶平题词:"辛勤耕耘,成绩卓著";中国科学院院长路甬祥题词:"坚持教育科研结合,培养知识创新人才";学校首任党委书记郁文题词:"继承优良传统,发扬创业精神,总结实践经验,培育时代新人,发展科学技术,攀登世界高峰,科教兴国大业,大家奋勇前进";6月26日,中共中央总书记、国家主席江泽民题词:"面向二十一世纪,建设一流大学,培育一流人才"。

● 教育基金会成立

4月2日,学校成立教育基金会,校长汤洪高任基金会理事长。教育基金会负责筹集、管理和使用社会各界对学校的捐赠基金,支持学校教学、科研工作和基础设施建设。基金

会的管理机构为理事会,理事会下设管理委员会。

◉ 主办第一届国际绿色化学高级研讨会

5月5—10日,第一届国际绿色化学高级研讨会在我校和安徽省池州市召开。安徽省副省长蒋作君、省人大常委会副主任季昆森和美国麻省理工学院斯坦费尔德教授、美国化学会绿色化学研究所所长布林博士等出席会议。

本次研讨会由我校主办,池州地区国家级生态经济示范区协办。我校常务副校长朱清时、中国科学院基础科学局局长金铎任大会组委会主任。会议期间,一批国际著名的化学专家与会作学术报告,介绍了国际上"绿色化学"领域的最新研究成果和发展动态。代表们还实地考察了池州地区国家级生态经济示范区。

◉ 第五届全国扫描隧道显微学学术会议在我校召开

5月16日,第五届全国扫描隧道显微学学术会议在我校召开,来自全国各地的100余名代表参加了会议。清华大学李家明院士、我校朱清时院士、中国科学院化学研究所王琛研究员、美国Eastern Michigan大学沈惟滇教授等分别作了大会专题报告。与会专家就扫描隧道显微学领域有关理论、仪器技术和扫描探针显微镜的应用等专题进行了广泛交流。美国DI公司和我校精密机械与精密仪器系SPM实验室签订了建立SPM示范实验室协议。

◉ 国家863重点项目"安徽省防灾减灾智能信息与决策支持系统"通过鉴定

5月28日,陈国良教授主持的国家863-306主题重点项目"安徽省防灾减灾智能信息与决策支持系统"顺利通过国家科技部组织的专家鉴定。该项目借助广域网上的客户/服务器模式,用曙光1000作为服务器,集安徽省气象台气象资料数据库和淮河水利委员会水情信息中心的水文资料数据库为一体,综合运用并行技术、网络技术和可视化技术,将数值气象预报模式MM4并行化的计算结果作为水情预测和群库优化调度的决策参考。专家们认为该项创造性工作达到国际先进水平。

◉ 新增13个博士学位授权点、9个硕士学位授权点

6月19日,国务院学位委员会公布,我校13个学科、专业被批准为博士学位授权点,9

1998年

个学科、专业被批准为硕士学位授权点。至此,我校博士点由26个增至39个,增加50%;硕士点由47个增至57个(含MBA专业学位点),增加21%。同时,我校物理学、化学、地球物理学、力学、信息与通信工程、管理科学与工程6个学科被批准为博士学位授权一级学科点,至此我校共有博士学位授权一级学科点9个(另3个分别为:数学、科学技术史、生物医学工程)。

新增的13个博士学位授权点为:原子分子物理、声学、无线电物理、有机化学、高分子化学与物理、空间物理学、地球化学、一般力学与力学基础、工程力学、精密仪器及机械、通信与信息系统、模式识别与智能系统、管理科学与工程;新增的9个硕士学位授权点为:无线电物理、神经生物学、科学技术史(生物学史)、一般力学与力学基础、材料物理与化学、制冷与低温工程、信号与信息处理、应用化学、安全技术及工程。

本次学位授权审核申报的博士点和硕士点首先经校学位评定委员会审核通过,报中国科学院审核同意后,由国务院学位办公室组织同行专家通讯评议,再经国务院学位委员会学科评议组复审,提交国务院学位委员会第十六次会议审核批准。

● 第八次党代会召开,学校党政领导班子换届

3月23日,中国科学院副院长白春礼、党组副书记郭传杰率考察组来校进行学校党政领导班子换届考察工作。6月19日下午,汤洪高主持召开学校行政领导班子换届大会。中国科学院党组副书记郭传杰、副秘书长王景川等出席大会。王景川宣读了国务院及中国科学院对我校新、老行政领导班子的任免决定,朱清时任校长,范维澄、冯克勤、程艺、王广训、金大胜(兼)任副校长。学校领导体制由试行校长负责制转为实行党委领导下的校长负责制。

6月29日至7月1日,中共中国科学技术大学第八次代表大会召开。中共安徽省委常委、省委组织部长乔传秀,中国科学院副秘书长王景川等出席会议。学校党委副书记汤洪高作题为《全面加强和改善党的领导和党建工作,为实现学校跨世纪改革和发展的战略目标而奋斗》的党委工作报告,校长朱清时作题为《努力把科大办成一流的教育科研创新基地》的讲话。会议选举产生了新一届党委和纪委,汤洪高任党委书记,金大胜、李国栋任党委副书记,李国栋兼任纪委书记。

8月14日,中国科学院任命周光召为中国科学技术大学名誉校长。

● 举行1998届学生毕业典礼

6月26日,学校举行1998届学生毕业典礼,范维澄副校长在典礼上讲话。1998届共有毕业生1951人,其中博士生97人,硕士生270人,本科生997人,专科生587人。

1998年

● 培训物理奥林匹克竞赛中国代表队取得好成绩

7月2—10日，由我校负责选拔培训并率队参赛的中国代表队在第29届国际物理奥林匹克竞赛中荣获团体总分第一名，5名选手全部获得金牌，分别位居一、二、四、六、十名，并获得个人总分第一、个人理论第一、个人实验第一、最佳女生等多个单项第一以及两个最佳解法奖。这是我国选手参加物理奥林匹克竞赛以来取得的最好成绩，也是29年来所有国际物理奥林匹克竞赛参赛国所取得的前所未有的好成绩。

● 中国科学院热安全工程技术研究中心通过论证

7月，中国科学院热安全工程技术中心通过由中国科学院高技术研究与发展局主持的可行性论证，这标志着中国科学院热安全工程技术中心在我校正式成立，范维澄任中心主任。

● 张裕恒研究组在我国首次制备出多孔硅

8月24日，张裕恒研究组在《Physical Review Letters》上发表论文，阐述通过对单晶硅外延片进行原位铁钝化水热腐蚀新方法，制备出发光强度强、发光不衰减且峰位不蓝移的多孔硅，这是我国首次制备出上述多孔硅。

● 中银天音智能多媒体实验室成立

9月5日，由我校和福建中银集团联合共建的中银天音智能多媒体实验室正式挂牌成立。该实验室设在我校电子工程与信息科学系，王仁华教授任主任。

12月6—9日，王仁华主持开发的"天音话王"汉语语音合成系统项目在首届国际汉语口语处理学术研讨会（ISCSLP '98）上被公认为代表了当时汉语语音合成领域的世界最高水平。

● 举行1998级新生开学典礼

9月7日，学校举行1998级新生开学典礼，朱清时校长在典礼上讲话。1998年共招收新生2 243人，其中博士生194人，硕士生460人，本科生1 449人，专科生140人。此外，还

1998年

招收各类代培研究生296名,成人教育学生1991名。本科生源质量继续位于全国高校前列。

● 工程科学学院成立

9月11日,工程科学学院成立,下设力学和机械工程系、精密机械与精密仪器系、热科学和能源工程系、火灾科学国家重点实验室、中国科学院热安全工程技术研究中心,伍小平院士任院长,何世平、夏源明、程晓舫任副院长。

● 隆重庆祝建校40周年

9月19—21日,学校隆重庆祝建校40周年,万余名师生员工和各级领导、嘉宾、校友以及社会各界人士共庆我校40华诞。20日上午举行庆典大会,全国人大常委会副委员长彭珮云、周光召,全国政协副主席钱伟长,安徽省委副书记王太华,中国科学院副院长白春礼出席大会并讲话,安徽省委书记回良玉、副书记孟富林,合肥市委书记马元飞以及学校老领导郁文、杨海波等出席会议。校党委书记汤洪高主持大会,校长朱清时院士作了题为《弘扬创新精神,建设一流大学》的报告。兄弟院校代表、四川联合大学校长卢铁城,校友代表、国务院新闻办公室主任赵启正,师生代表侯建国教授也分别在大会上讲话。

校庆期间,学校还举行了江泽民总书记题词纪念碑、严济慈铜像揭幕仪式,校庆纪念报告会,40周年回顾与展望报告会,高等教育改革与发展战略研讨会,当代科学技术发展趋势院士系列报告会,"所系结合,办好科大"座谈会和建校40周年校史展览等系列庆祝活动,安徽省黄梅戏剧院为祝贺我校校庆举行了专场演出。

● 管理学院庆祝建校40周年暨建院10周年

9月24日,管理学院在北京怀柔隆重举行了庆祝建校40周年暨建院10周年庆典活动,中国科学院副秘书长王景川、学校党委副书记金大胜出席大会并讲话。

● 研究生院(北京)庆祝建校40周年暨建院20周年

9月25—26日,研究生院(北京)隆重集会,庆祝建校40周年暨建院20周年。中国科学院副院长白春礼、学校首任党委书记郁文、著名科学家吴文俊等和近2000名校友参加了25日上午举行的庆祝大会。副校长冯克勤主持大会,校长、研究生院(北京)院长朱清时院

1998年

士作了《弘扬创新精神,建设一流大学》的报告。

院庆期间,研究生院(北京)还举行了严济慈雕像揭幕仪式,院士系列报告会,科技、教育和持续发展研讨会,校院史及教学、科研成果展,新校门奠基典礼以及北京校友会换届选举大会等系列庆祝活动。

● 李亚栋研究组用"还原热解催化技术"制成金刚石微粉

9月,李亚栋研究组成功运用"还原热解催化技术",用金属钠在高压釜中还原四氯化碳制成金刚石微粉,此项工作为国际首创。文章在美国《科学》周刊上发表,被美国化学与工程新闻誉为"将稻草变为黄金"。12月,"从四氯化碳催化热解制备金刚石"成果入选教育部组织评选的"1998年中国高校十大科技进展"。

● 校友总会换届

9月30日,校友总会换届,郁文任名誉会长,汤洪高任会长,马扬任秘书长。

● 朱清时出席世界高等教育大会

10月5—9日,朱清时校长出席联合国教科文组织在巴黎召开的首次世界高等教育大会,并在会上作题为《中国大学教学内容与教学方法改革》的报告。

● 阎沐霖研究组关于轻夸克质量比的研究获重大进展

10月6日,《中国科学报》报道,我校阎沐霖研究组关于轻夸克质量比的研究被国际离子物理权威评价机构——粒子物理数据组(PDG)列为二十年来该领域最新的重要成果。该成果荣获1998年度中国基础科学研究十大新闻。

● "新技术在物理教学中"国际会议在我校举行

10月19—22日,由中国物理学会、我校和三个国际著名学术组织IVPAP、ICPE、ICTP联合主办的"新技术在物理教学中"国际会议在我校举行,来自国内外的近百名专家参加会议,朱清时校长出席开幕式并讲话。

3个学科获准设置"长江学者奖励计划"特聘教授岗位

10月,经教育部"长江学者奖励计划"专家评委会评审,确定并公布了我国第一批设置特聘教授岗位的高等学校和学科。我校无机化学、核技术及应用、生物化学与分子生物学3个学科获准设置特聘教授岗位,面向国内外公开招聘特聘教授。

高校特聘教授岗位制度是教育部与香港爱国实业家李嘉诚先生及其领导的长江基建(集团)有限公司共同筹资设立的"长江学者奖励计划"的一个重要组成部分。该制度从1998年8月份开始实施,经"长江学者奖励计划"专家评委会评审,确定在全国63所高校的148个学科设置第一批特聘教授岗位。

朱清时率团访问日本

11月1—10日,朱清时校长率团访问日本东京大学、东京工业大学、早稻田大学、庆应大学、京都大学、大坂大学等著名高校和日本WACOM株式会社、邱永汉集团日本事业通信网、日本学术振兴会,并拜会了张宗植先生。

访问期间,代表团与日本东京大学、大阪大学等探讨了中日据点式大学群交流项目第二个五年计划的实施方案以及提高效益的措施,向日本学术振兴会阐述了这一交流项目在实施中双方取得的成果和效益。

上报创建高水平研究型大学报告

10月20日,学校向中国科学院呈报《关于把中国科学技术大学建成特色鲜明的高水平研究型大学的请示》。11月9日,中国科学院向教育部递交《关于将中国科学技术大学纳入国家高水平大学建设行列的报告》,明确了学校跨世纪建设与发展的目标,即到2018年建校六十周年前后,把学校建设成为规模适度、质量优异、结构合理、特色鲜明的研究型高水平大学,成为与中国科学院和其他专业研究院所及高科技企业相结合,面向全国培养具有创新能力和现代知识结构的一流人才,具有较强知识创新和技术创新能力的教育与科研基地。

第一次派员赴南极考察

11月5日,我校博士生谢周清赴南极进行科学考察,研究全球气候变化对极地环境的

影响。这是我校和安徽省第一次派员赴南极考察。

● 组成新一届学位委员会

11月18日,学校组成新一届学位委员会,共有委员33人,朱清时任主任,冯克勤、朱滨、何多慧、张立德、程艺、虞吉林任副主任。下设数学学科、物理学科、化学与材料科学学院、地学学科、生命科学学院、工程科学学院、电学学科、核技术及应用学科、人文学科、商学院、研究生院(北京)、管理学院、高等研究院13个学位分委员会。

● 安徽省代省长王太华视察学校

11月20日,安徽省代省长王太华率省政府秘书长田维谦等来我校视察指导工作,校党委书记汤洪高、校长朱清时分别作学校党政工作汇报。王太华表示,安徽省一定尽最大努力,支持我校争取进入国家重点建设的高水平大学行列,同时从社会治安、周边环境整治、基础设施建设和办学条件等方面加大对我校的支持力度。

● 科大创新股份有限公司筹委会成立

12月5日,科大创新股份有限公司筹委会成立,领导和负责科大创新股份有限公司的成立与改制上市筹备工作,朱清时校长和范维澄副校长任筹委会主任。科大创新股份有限公司的发起人有我校、中国科学院等离子体物理研究所、中国科学院合肥智能机械研究所、安徽省信息技术开发公司、日本恒星公司等多家单位。

● 学校召开四届三次教代会

12月17—18日,我校第四届教职工代表大会第三次会议召开。朱清时校长作了题为《抓住机遇,改革创新,努力建设高水平研究密集型大学》的工作报告,汤洪高书记作了题为《解放思想,开拓创新,为建设一流大学而奋斗》的讲话。293名代表参加了会议。

● 安徽工商管理学院本部落户南校区

12月22日,安徽工商管理学院成立,安徽省人大常委会副主任黄岳忠任院长,学院依托我校,联合安徽大学、合肥工业大学、安徽财经大学、安徽经济管理学院、安徽农业大学承

办,学院本部教学楼坐落我校南区。

● 国家自然科学基金资助经费名列全国第四

本年度,我校共有64项面上项目获国家自然科学基金资助,经费总额850.3万元;3项重点项目获国家自然科学基金资助,经费总额155万元;受资助项目和经费总额在全国受资助单位中名列第四。

● 部分机构调整

11月18日,理化中心成立,包括中国科学院结构分析开放研究实验室、选键化学开放实验室等若干实验室。23日,学校撤销基础物理中心,成立天文与应用物理系。12月3日,学校撤销电子技术基础部,成立电子科学与技术系。同日,决定附中、校医院为正处级建制单位。

● 曾肯成、郑永飞、牛立文等获重要荣誉

10月,曾肯成教授获得何梁何利基金1998年度科学与技术进步奖;郑永飞教授获得第四届中国青年科学家奖;11月,牛立文、毛志强、叶向东入选全国"百千万人才工程";12月22日,段路明博士获第四届中国饶毓泰基础光学奖一等奖。

● 科技论文继续位居全国高校前列

根据中国科技信息研究所发布的1998年度中国科技人员(不含港、澳、台地区)在国内外发表论文数量及论文被引用情况等信息,我校科技论文继续位居全国高校前列。其中,被《科学引文索引》(SCI)收录443篇,排名第三位;被《工程索引》(EI)收录217篇,排名第四位;被国际《科学技术会议录索引》(ISTP)收录96篇,排名第六位;被国内1286种科技期刊收录978篇,排名第十位;国际论文被引用368篇,排名第五位。范洪义教授被SCI收录论文24篇,名列全国个人第一,其论文被引证篇,数名列全国个人第二。

更为可喜的是,我校科技论文在高影响因子区域的篇数也呈上升趋势。影响因子大于2的论文从1996年的43篇上升为93篇,影响因子大于3的论文从1996年的20篇上升到31篇。

1998年

● 多项科研成果获重要教学、科技奖励

1月,朱胄远参加研制的"高等化学试题库"获1997年北京市普通高校教学成果一等奖、国家优秀教学成果二等奖;2月,刘政凯等完成的"多媒体集成工具MCAI 1.0"获第二届全国普通高等学校计算机辅助教学软件奖一等奖,王晓蒲等完成的"大学物理计算机仿真实验"获二等奖。

10月,冯江源完成的"九十年代世界高科技与主要国家综合国力发展分析预测"获安徽省第四届人文社会科学优秀成果一等奖,胡化凯完成的"五行说科学思想价值系列研究"获安徽省第四届人文社会科学优秀成果二等奖。

12月,明海等完成的"位相场测量的全息剪切术研究"获安徽省首届自然科学一等奖;李振刚等完成的"天蚕丝质基因导入家蚕的染色质遗传工程"获安徽省自然科学二等奖;陈从香等完成的"CH自由基碰撞过程动力学"获安徽省自然科学二等奖;钱逸泰等完成的"新铜氧化物超导体的制备和化学键研究"获安徽省自然科学二等奖;章璞等完成的"代数表示理论的研究"获安徽省自然科学二等奖;吴长春等完成的"机构塑性分析的非协调方法"获安徽省自然科学二等奖;田杰等完成的"放射免疫计数器"获安徽省科技进步二等奖;陈国良等完成的教材《VLSI计算机理论与并行算法》获安徽省科技进步二等奖。

本年度,潘才元等完成的"无水数值接合剂的制备及其应用"获1998年度国家技术发明四等奖;王东进等完成的"八毫米高线性度双模双极化主动寻的制导雷达前端"获中国科学院科技进步一等奖;袁宏永等完成的"智能型彩色闭路电视火灾自动监测系统"获中国科学院科技进步三等奖;徐书轩等完成的"再入弹导烧蚀滞后作用下的滚动转力矩计算"获中国科学院科技进步三等奖;陈宗海等完成的"乙烯全流程仿真培训系统"获中国科学院科技进步三等奖;孙德敏等完成的"丙烯腈反应器在线操作优化"获中国科学院科技进步三等奖;陈希孺等完成的"线性统计模型大样本理论的研究"获中国科学院自然科学一等奖;范洪义完成的"量子力学表象与变换进展"获教育部科技进步一等奖;陈国良等完成的"神经网络理论及其智能信息处理应用基础"获教育部科技进步一等奖。

● 年度数据统计

1998年,学校有教职工3 367人,其中教师1 650人。教师中"两院"院士11人,教授369人,副教授826人。在校学生8 012人,其中博士生549人,硕士生1 314人,本科生5 809人,专科生340人,成人高等教育学生近4 800人。另有博士后44人。

1999年

● 机关机构调整改革和工作人员定编定岗

1998年10月6日,校党委召开全校干部会议,进行机关机构改革动员。党委书记汤洪高提出了改革的原则是"精简、统一、效能"。学校成立了机关机构改革工作小组,党委副书记金大胜任组长。

1999年1月18日,学校召开全体机关干部大会,宣布机关调整方案,机关22个正处级机构调整为18个。具体调整为:党委组织部与党委统战部合署办公;党委学生工作部与学生工作处,党委人民武装部合署办公;教务处新设教学研究室(副处级);科研处新设科研基地建设与管理办公室(副处级);撤销研究生院研究生管理处,研究生院下设研究生院办公室、研究生培养处,校学位委员会办公室挂靠研究生院;成立招生与就业指导办公室;成立校产管理处;撤销实验设备处、科技产业处;保卫处与居民委员会合署办公。调整后的校部机关录用工作人员121人,机关编制总数压缩了35%。

5月5日,学校决定不再设置正、副教务长,正、副总务长。

● 中国科学院与安徽省达成重点共建共识

2月1日,中国科学院副院长白春礼与安徽省委副书记、常务副省长汪洋在合肥稻香楼宾馆就共同支持我校建设一流大学举行会谈并达成共识。安徽省副省长蒋作君、省政府副秘书长王坦、省教委主任陈贤忠,中国科学院副秘书长杨柏龄、教育局局长余翔林和我校校长朱清时等参加了会谈,安徽省委书记回良玉到会看望了会谈代表。根据会谈达成的共识,安徽省在此后三年内将通过省财政拨款、给予优惠政策、投资开发高新技术产业等直接和间接投入,支持我校建设经费24 600万元,并正式拟定《关于支持中国科技大学建设一流大学的若干意见》,送中国科学院向教育部申报。

1999年

● 张亚勤来校访问

3月10—11日,微软中国研究院首席科学家、我校1978级少年班校友张亚勤博士来校访问,受聘为我校客座教授。他向学校捐赠了价值150万元的软件,并为我校师生作了题为《新一代多媒体技术》的学术报告。1997年,年仅31岁的张亚勤当选为美国电气电子工程师协会会士(IEEE Fellow),成为该协会成立110年来当选会士(Fellow)最年轻的一位。

● 中国科学院、教育部、安徽省三方会谈

3月12日,教育部部长陈至立,中国科学院院长路甬祥,安徽省委副书记、常务副省长汪洋在北京就共同加大力度支持我校建设一流大学举行了会谈。三方领导高度评价了我校四十年的办学成就及形成的特色和优势,同意我校提出的面向21世纪建设一流大学的定位与目标,并且一致表示将加大力度支持我校建设。教育部党组副书记、副部长吕福源,中国科学院副院长白春礼,安徽省副省长蒋作君以及教育部、中国科学院、安徽省有关部门负责人和我校党委书记汤洪高、校长朱清时参加了会谈。

三方初步拟定,我校此后三年一流大学建设经费由三方共同落实。教育部除从中央财政落实专项经费外,支持我校参与《面向21世纪教育振兴行动计划》中所有项目的竞争,并对我校作适当政策倾斜。中国科学院在支持我校正常发展的同时,将增量支持一流大学建设资金,其中包括大科学工程在内的重点和重大项目、知识创新工程基地建设,中国科学院重大项目、重大战略项目和重点前沿领域研究,以及基本建设、知识创新工程经费中的机动部分,如"百人计划"等。安徽省除直接财政拨款配套投资外,还采取有含金量的政策性投资,如减免税收和政策性收费等;用于科研产业的开发性投资;校园环境建设的配套投资等。

● 首届工商管理硕士(MBA)研究生入学

3月18日,我校首次招收的在职攻读工商管理硕士(MBA)学位研究生班开学,首批学员共63人,他们大多是安徽省重点企业的主要管理人员或技术骨干。

● 朱清时任第四届国务院学位委员会委员

3月,朱清时校长被任命为第四届国务院学位委员会委员。第四届国务院学位委员会

由50名委员组成,中共中央政治局常委、国务院副总理李岚清任主任委员。

● 9个学科获准设置"长江学者奖励计划"特聘教授岗位

3月,经教育部批准,我校在物理化学(含化学物理)、基础数学、工程热物理、凝聚态物理、固体力学、计算数学6个学科设置特聘教授岗位,面向海内外公开招聘专家学者。这是我校第二批获准设置特聘教授岗位。

10月18日,我校天体物理、等离子体物理、通信与信息系统3个学科获准设置"长江学者奖励计划"特聘教授岗位。

● 第三次研究生教育工作会议召开

4月23—24日,学校召开第三次研究生教育工作会议。会议在总结经验的基础上研讨了我校研究生教育在一流大学建设中的地位和作用,提出了研究生教育发展的战略目标及相应配套措施。副校长兼研究生院院长程艺作题为《以建设一流大学为目标,以提高研究生培养质量为中心,开创我校研究生教育的新局面》的工作报告,朱清时校长发表了讲话。中国科学院人事教育局局长余翔林等出席了会议。

● 谢毅获首届全国优秀百篇博士学位论文奖

4月,由国务院学位委员会和教育部联合开展的全国首届优秀博士学位论文评选结果揭晓,谢毅博士的学位论文《纳米材料的溶剂加压热合成、结构及性能》入选全国百篇优秀博士学位论文。

● 87位博士生导师首次通过"遴选"上岗

4月26日,校学位委员会召开会议,审议1999年度博士生导师遴选上岗事宜,最终有87名博士生导师通过学位委员会的审议获得上岗资格,这是我校博士生导师聘任实施改革后第一批上岗的博士生导师。此后,我校博士生导师由"自行审批"改为上岗遴选聘任制,这一改革使"博导"为工作岗位而非荣誉称号的观念更加明确。

1999年

● 第五届中日理论化学双边讨论会在我校召开

5月4—6日,第五届中日理论化学双边讨论会暨诺贝尔奖获得者日本福井谦一教授纪念会在我校召开,国家自然科学基金委主任张存浩院士、北京大学黎乐民院士、日本山边时雄教授等国内外学者70余人参加了会议,朱清时校长与会并致词。

中日理论化学双边讨论会是由日本福井谦一教授和我国唐敖庆教授共同发起举办的。

● 新一届教学委员会成立

5月14日,新一届教学委员会成立,由28名委员组成。朱清时校长任委员会主任,程艺副校长任副主任。

● 本科教学工作会议召开

5月14日,1999年度本科教学工作会议开幕,朱清时校长到会并讲话。程艺副校长作了《抓住机遇,深化改革,全面提高教学质量和办学水平,为创建一流大学而努力奋斗》的主题报告,回顾了我校几年来的本科教学工作,分析了当时的高等教育形势和我校面临的主要问题,提出了以后学校教学工作的主要思路和任务。

这次会议历时一个月,学校要求根据会议讨论提纲,在教师和学生中开展广泛深入的讨论和交流,探索出具有我校特色的改革思路。各院系组织了教授讨论会、青年教师讨论会、学生讨论会等不同层次的教学改革讨论,全校师生员工就本科教学工作提出了许多有益的建议和意见。

6月14日,举行会议总结大会。总结会初步形成了以学科、专业为主线的本科教学计划,改变了以往以系为主线的计划模式;制订了大学生研究计划和Seminar课程的试行方案;加强了各学院对教学工作的统一领导;对讲座教授等教学岗位的设立及相关奖励政策进行了广泛调研并取得共识。

6月,我校在全国率先进行本科生研讨班课程、大学生研究计划试点,向本科生开放所有实验室,培养学生的创新能力。

● 举行1999届学生毕业典礼

6月25日,学校举行1999届学生毕业典礼,汤洪高、金大胜、程艺等校领导参加了大

1999年

会。1999届共有毕业生1573人，其中博士生155人，硕士生328人，本科生893人，专科生197人。31名博士生从事博士后工作，81名硕士生攻读博士学位，530名本科毕业生被录取为国内外硕士研究生，其余810人奔赴不同的工作岗位。

● 数学、物理学、力学3个国家理科基地被教育部评为优秀

6月28—30日，教育部专家组对我校数学、物理学、力学3个国家理科基础科学研究和人才培养基地进行了评估和检查。专家组认为，我校高度重视基地建设，思路明确，教学改革措施得力，基地建设配套经费得到足额落实；具有我校特色的"科学与技术、科研与教学、理论与实践"三个结合和"基础宽厚实、专业精新活和培养全面素质与创新精神"等办学思想在教学改革和实施过程中得到了实实在在的体现，效益显著；基地的教学改革，特别是科研对教学的促进作用、教学改革的力度以及探索新的教学模式等诸多方面都走在国内同类高校前列。

在2000年1月26—27日召开的"国家基础科学人才培养基地会议"上，得悉我校3个"基地"全部被评为优秀，优秀率为100%，为参评22所高校中唯一的单位。

● 信息科学技术学院成立

6月30日，学校撤销高技术学院，成立信息科学技术学院，下设电子工程与信息科学系、自动化系、计算机科学技术系、电子科学与技术系。7月1日，龚惠兴院士任信息科学技术学院院长，朱近康任常务副院长。

● 中国科学院、教育部、安徽省重点共建我校

7月25日，教育部、中国科学院、安徽省政府在我校举行重点共建我校协议签字仪式，陈至立部长、路甬祥院长、王太华省长分别代表三方在协议书上签字并致辞，决定共同支持我校在21世纪初建成世界知名的高水平大学，使我校成为我国第一所通过签署共建协议方式正式进入"985工程"建设的高校。安徽省委书记回良玉、教育部副部长周远清、中国科学院副院长白春礼、安徽省委副书记方兆祥、安徽省副省长蒋作君等出席签字仪式。

根据协议，在1999—2001年三年内，除正常投入外，教育部、中国科学院、安徽省三方分别向我校各投入建设经费3亿元。此外，教育部在我校参与《面向21世纪教育振兴行动计划》各个项目的竞争中，根据条件和可能给予政策上的支持。三方决定，根据三年内我校改革与发展的情况，在2001年后继续给予必要的支持。

1999年

根据协议,教育部、中国科学院、安徽省积极支持我校为深化教育和科技体制改革进行新的探索。中国科学院在我校高等研究院的基础上进一步推动我校同合肥分院的整合,促进教育与科技的紧密结合。我校参与安徽的高校布局结构调整和教育资源的优化配置,为提高安徽省高等教育的整体水平和办学效益发挥龙头和示范作用,在面向全国服务的同时,重点参与和服务于安徽省的经济建设和社会发展,提供人才支持和知识贡献,进一步促进教育与经济相结合。

● 世界银行贷款"高等教育发展"项目助益我校

7月,教育部在长春召开世界银行贷款"高等教育发展"项目启动工作会议,根据5月份国家计委《关于利用世界银行贷款实施高等教育发展项目可行性研究报告的批复》,正式确定我校为28所受益项目学校之一,贷款额度为230万美元,项目执行期为1999年至2004年。这标志着我校世界银行贷款"高等教育发展"项目进入具体实施阶段。

此前,1998年10月22—29日,世界银行贷款"高等教育发展"项目预评估会在我校举行,我校"高等教育发展"项目建设方案和仪器设配置方案获与会专家评审通过。

● 举行1999级学生开学典礼

9月9日,学校举行1999级新生开学典礼,程艺副校长讲话。1999年学校共招收新生2 784名,其中博士生247名,硕士生555名,本科生1 842名,专科生140名。此外,还招收代培研究生324名,成人教育学生1 520名。

● 开展"三讲"教育

9月10日,学校召开党委扩大会议,党委书记汤洪高通报了我校"三讲"教育实施意见和日程安排。我校"三讲"教育工作为期70天左右,大体上分成"思想动员,学习提高"、"自我剖析,听取意见"、"交流思想,开展批评"、"认真整改,巩固成果"四个步骤。24日,学校召开"三讲"教育动员大会,汤洪高作动员报告。29日,安徽省委常委、宣传部长王明方来我校作"三讲"教育专题辅导报告。12月10日,学校举行"三讲"教育总结大会,汤洪高作题为《着眼于高水平大学建设,扎实有效地开展"三讲"教育》的报告,我校"三讲"教育基本完成。

1999年

● 国务院学位委员会批准我校开展培养工程硕士工作

9月,国务院学位委员会批准我校开展工程硕士培养工作,并在电子与信息工程、计算机技术等工程领域具有工程硕士专业学位授予权。工程硕士专业学位是与工程领域任职资格相联系的专业性学位,侧重于工程应用,主要是为工矿企业和工程建设部门培养应用型、复合型高层次工程技术和工程管理人才。

● 安徽中科大天音信息科技有限公司成立

10月11日,我校科技实业总公司以技术入股的安徽硅谷天音信息科技有限公司举行了增资扩股和股份制改造签字仪式。合肥美菱集团控股有限公司、安徽省信托投资公司和合肥永信电脑有限责任公司三家企业共同投入3 060万元人民币,成为该公司的新股东。股份制改造后的公司名称暂定为"安徽中科大天音信息科技有限公司",资产升值至5 000万元,原安徽硅谷天音信息科技有限公司占公司总股本的49%。这是我校科技成果转化和科技产业发展的新尝试。

安徽中科大天音信息科技有限公司的主要产业方向是基于我校人机语言通信实验室汉语语音合成技术及智能多媒体通信技术的中文语言平台和智能声讯服务系统。

11月11日,6名在校学生获准得到668.85万元的安徽中科大天音信息科技有限公司的技术股权奖励。二年级博士生刘庆峰因做出多项关键技术创新获得个人最高股权奖励,并被聘任为安徽中科大天音信息科技有限公司的总经理。高校学生的科研成果变成资本,这是全国首例。

● 安徽省委书记回良玉来我校考察

10月12日,安徽省委书记回良玉、省长王太华、省委副书记王昭耀、常务副省长张平等领导来我校考察调研科技产业工作。

● '99城市火灾安全国际学术会议在黄山召开

10月12—14日,由我校火灾科学国家重点实验室承办的'99城市火灾安全国际学术会议在黄山召开,来自国内外的180多名代表参加了会议。

与会代表们围绕城市火灾安全及其风险性,建筑防火设计,火灾阻燃、探测、报警和扑

1999年

救系统,电气和工业火灾的机理研究与防治技术等专题进行了研讨和交流。

● 中国地球物理学会第十五届年会在我校召开

10月20—24日,中国地球物理学会第十五届年会在我校召开。来自中国科学院、国家地震局、国土资源部、中国石油总公司和高等院校的393名专家代表出席了年会,其中有5位中国科学院院士。程艺副校长出席开幕式并致辞。会议期间,校友陈颙院士和973课题首席科学家张国民校友还为我校师生作了《地震浅谈》和《土耳其地震》的学术报告。

● 朱清时参加东亚研究型大学协会第五届年会

10月27—31日,朱清时校长应台湾大学校长陈维昭的邀请,赴台参加了东亚研究型大学协会第五届年会。东亚研究型大学协会成立于1996年,该协会成员包括中国、日本、韩国等国家的17所大学,我校是该协会的发起学校之一。该协会成立以来,组织了一系列学术活动,且每年组织学生夏令营及专题研讨会等,加强了东亚地区大学间的联系,促进了学术发展。

● 参加"挑战杯"比赛取得好成绩

11月1日,第六届"挑战杯"全国大学生课外学术科技作品比赛结果揭晓,化学系1995级本科生刘磊的"α-和β-环糊精与苯衍生物的包合驱动力及包合物结构的新模型"获得一等奖,应用化学系1995级本科生寇会光的"超支化聚(胺—酯)的合成及其光固化性能研究"和电子工程与信息科学系1995级本科生尹波等的"基于中文实时语音技术的有声电子邮件系统"获得二等奖。我校以总分340分名列理工农医类学校第二,再次捧得优胜杯。

● 荣获全国首届RoboCup仿真机器人足球赛冠、亚军

11月13—16日,我校RoboCup集训队在首届全国RoboCup仿真机器人足球赛中荣获冠、亚军。机器人足球赛是信息科技界新兴的一项集前沿科学研究与本科教学于一体的大型活动,RoboCup赛事越来越受到世界各国的重视。

解放军总装备部政治部和我校签订关于培养军队干部协议

12月2日,解放军总装备部政治部与我校关于培养军队干部协议书签字仪式在我校举行,副校长程艺主持仪式。解放军总装备部副政委朱增泉中将、董万才少将、年福纯少将,中国科学院副院长杨柏龄,中共安徽省委副书记方兆祥,安徽省军区副政委戴长友少将等,以及我校领导出席了签字仪式。董万才少将和朱清时院士在协议书上签字。朱增泉中将和杨柏龄副院长为"中国人民解放军驻中国科学技术大学后备军官选拔培训办公室"揭牌。

根据协议,我校作为总装备部干部的培养基地,为总装备部培养输送武器装备现代化建设的高层次、紧缺专业的合格人才,并为总装备部在职干部提供学习深造的机会。总装备部进一步加强与我校在教学、科研、工程技术等领域的合作,并在诸多方面为我校提供必要的支持。双方同意,建立由总装备部政治部、我校主管领导和有关负责人参加的"依托培养"工作领导小组,总装备部在我校设立常驻的后备军官选拔培训工作办公室,具体负责选拔培训等有关事宜。

根据协议,我校在国家政策允许的范围内,主要采取推荐应届毕业本科生和研究生、选拔培训在校学生(含研究生)、招收定向生、录取在职研究生、培养在职干部五种方式为总装备部培养干部。

我校本科生赴南极进行科学考察

12月9日,我校地球与空间科学系1995级本科生尹雪斌作为我国第16次南极科学考察队的正式成员,赴南极长城站进行极地环境科学考察,这是我国首次派出本科生参加极地科学考察。国家海洋局极地办公室为尹雪斌同学提供了所需经费。

合肥经济技术学院并入我校

7月29日,我校与合肥经济技术学院签署《关于中国科学技术大学与合肥经济技术学院合并的协议》。协议明确,合肥经济技术学院整建制并入我校,合并后成为我校所属的一个学院,对外名称为中国科学技术大学经济技术学院;原合肥经济技术学院设置的学科专业、系部处等管理机构、后勤服务部门等,由我校根据学校事业发展规划和工作需要,进行合并、调整、撤销或重新设置。

8月3日,学校向中国科学院人事教育局递交《关于合肥经济技术学院并入我校的报告》;10月20日,学校向中共安徽省委教育工委和安徽省教委递交《关于中国科学技术大学

1999年

与合肥经济技术学院合并办学的报告》;同期,中国科学院和国家烟草专卖局向教育部联合递交《关于中国科学技术大学与合肥经济技术学院合并的请示》;11月23日,教育部下发《关于同意合肥经济技术学院并入中国科学技术大学的通知》,同意合肥经济技术学院并入我校。

12月17日,中国科学技术大学经济技术学院成立,副校长程艺兼任学院院长,卢业广、奚富云、张克仁任副院长;同日,中共中国科学技术大学经济技术学院委员会成立,韩移旺任党委书记,朱灿平、洪禄保任副书记。

12月18日,中国科学院、国家烟草专卖局在合肥隆重召开我校与合肥经济技术学院合并暨中国科学技术大学经济技术学院成立大会,原合肥经济技术学院整建制并入我校。大会由国家烟草专卖局副局长潘必兴主持,安徽省省长王太华、省委副书记方兆祥、副省长黄岳忠、省政协副主席张润霞,中国科学院副院长白春礼,国家烟草专卖局局长倪益瑾等领导出席大会。王太华、方兆祥、白春礼、倪益瑾等为"中国科学技术大学经济技术学院"揭牌。

12月30日,中国科学院党组任命韩移旺为学校党委常委、副书记。

● 校园网络全面升级改造

12月22日,我校与3COM亚洲有限公司举行校园计算机网络建设协议签字仪式,副校长程艺和3COM亚洲有限公司上海代表处总经理成炯在协议上签字。根据协议,我校校园网升级改造项目采用3COM公司提供的整体解决方案,采用20世纪90年代最先进的千兆以太网及快速交换以太网技术,网络连接全面光缆化,提高网络带宽。3COM公司以优惠的价格为我校提供所需网络设备和技术,并捐赠一批价值约94万美元的设备和软件。

2000年4月,校园网络改造工程基本完成。校内敷设了8500米左右的光缆,形成核心层、分布层和接入层共三个层次的校园网络结构,整个校园网络主干切换到千兆主干上。

● 丘成桐来校访问并受聘为学校名誉教授

12月23日,世界著名数学家、美国哈佛大学教授丘成桐博士来校访问,并受聘为我校名誉教授。在我校期间,丘成桐教授为师生作了题为《数学及其应用》的学术报告,并与数学系师生亲切座谈。丘成桐博士是美国科学院院士和中国科学院、台湾"中央研究院"外籍院士,由于他在微分方程、代数几何等领域的杰出贡献,于1982年荣获世界数学界最高荣誉奖——菲尔兹奖(Fields Medal),是至今唯一获得该奖的华裔科学家。

科大创新股份有限公司开业

12月28日,科大创新股份有限公司隆重举行开业典礼。典礼由公司总经理陆晓明主持,安徽省政府副省长黄岳忠以及中国科学院、安徽省、中国证监会等有关部门负责人出席了大会。

典礼上,范维澄董事长代表科大创新股份有限公司致欢迎辞,黄岳忠副省长和汤洪高书记为科大创新股份有限公司揭牌。范维澄董事长还同交通银行合肥分行行长李善发签署了银企合作协议,交通银行将为科大创新筹备上市、建设产业化基地等提供5 000万元额度的信贷支持。

科大创新股份有限公司由分属我校、中国科学院合肥分院的三个高科技企业和来自安徽省及日本的两家高新技术企业共同发起成立,注册资金为5 000万元。公司依托我校和中国科学院合肥分院人才和技术的优势,从事信息技术、生物工程产品和新材料的研制、开发、生产和销售。

火灾科学国家重点实验室等进入中国科学院知识创新工程

4月23日,中国科学院国家天文观测中心正式成立,我校天体物理中心作为中国科学院知识创新工程试点单位之一进入国家天文观测中心。12月,火灾科学国家重点实验室和结构分析、选键化学、内耗与固体缺陷开放研究实验室,量子通讯和量子计算开放实验室等通过中国科学院评审,进入知识创新工程试点基地,并获得两年共2 516万元的经费支持;生命科学学院的5个青年科学家小组也获得中国科学院知识创新工程试点基地经费支持。

合肥大学科技园入选国家大学科技园建设试点单位

12月,合肥大学科技园被科技部、教育部确定为国家大学科技园建设试点单位,我校为合肥大学科技园主要依托单位,与合肥工业大学、安徽大学等一起为依托高校。

实行岗位聘任和岗位津贴制度

12月30日,学校颁布《中国科学技术大学岗位聘任制度实施办法》(试行)和《中国科学技术大学岗位津贴制度实施办法》(试行),决定自2000年起在全校实行全员聘用合同制度,并同时在教学、科研、教学辅助和管理等方面实行岗位聘任制度和岗位津贴制度。

1999年

● 科研成果入选中国基础科学研究十大新闻

侯建国研究组完成的科研成果"C_{60}在半导体表面的吸附取向"入选1999年度中国基础科学研究十大新闻,并被美国物理学会图片新闻网报道,这是该学会网站首次发表中国科学家在国内取得的研究成果。

● 部分机构调整

2月5日,量子信息开放实验室成立,郭光灿教授任实验室主任;3月31日,量子信息开放实验室更名为"量子通讯和量子计算开放实验室";3月23日,成立科技史与科技考古系,下设科技史和科技考古两个专业,朱清时校长兼任系主任;3月24日,脑功能及细胞神经生物学开放研究实验室成立,周专教授任实验室主任;3月29日,理化中心更名为"理化科学中心",撤销结构成分分析中心,以其为基础,成立理化科学中心分析测试公共实验室;5月10日,成立理化科学中心直属支部委员会,撤销结构成分分析中心直属党支部;7月7日,现代艺术中心成立;7月13日,由原外办专家楼和招待所整合组成的接待中心成立;11月5日,校医院更名为"中国科学技术大学医院";10月11日,中国科学技术大学研究发展中心(上海浦东)成立。

● 科技论文继续位居全国高校前列

根据中国科技信息研究所发布的1999年度全国科技论文统计结果,我校科技论文被《科学引文索引》(SCI)收录705篇,名列全国高校第四位;被《工程索引》(EI)收录254篇,名列第九位;被国际《科学技术会议录索引》(ISTP)收录67篇,名列第十四位;国内科技期刊收录论文1 087篇,名列第十五位;国际论文被引证数494篇、933次,名列第三位。范洪义教授发表的科技论文被SCI收录22篇,名列个人全国第一;其国际论文被引证篇数为27篇、52次,名列全国个人第一位。谢毅教授国际论文单篇论文被引用28次,名列全国个人第五位。

● 多项科研成果获国家、省部级重要科技奖励

10月,卢德唐等与大庆石油管理局试油试采公司合作开发的"DKS 2.0现代试井软件"获1999年度中国科学院科技进步一等奖;吴鸿兴等与南京航空航天大学合作完成的"激光

冲击硬化处理系统及其应用研究"获中国科学院科技进步二等奖;朱近康等完成的"直接序列扩频通信处理和对抗"获中国科学院科技进步三等奖;范维澄等完成的"常规和微重力条件下火灾过程的计算机模拟"获中国科学院自然科学三等奖。

10月,范维澄等完成的"大空间早期火灾智能监测与电气火灾隐患检测系统"获1999年度安徽省科技进步一等奖;吴耿锋等与安徽省地震局合作完成的"新一代的地震预报专家系统NGESEP——基于模糊神经网络和符号的地震预报专家系统"获安徽省科技进步二等奖。

12月,施蕴渝等完成的"生物大分子的计算机模拟"获1999年度国家自然科学三等奖;徐克尊等完成的"高分辨快电子能量损失谱仪和电子动量谱仪"获1999年度国家科技进步三等奖。

● 杨基明、李尚志、刘庆峰获重要荣誉

5月,杨基明教授获全国"五一"劳动奖章。11月,李尚志教授获1999年度宝钢教育基金优秀教师奖特等奖第一名;刘庆峰博士荣获"五四奖学金"特别奖,受到共青团中央表彰。

● 年度数据统计

1999年,学校有教职工3360多人,其中教师1650余人。教师中"两院"院士11人,教授377人,副教授830人,另有博士后44人。在校学生8200多人,其中博士生640人,硕士生1430人,本科生5800多人,专科生340人,成人高等教育学生4800多人。

2000 年

● 召开第五届教职工代表大会第一次会议

1月6—8日,学校召开第五届教职工代表大会第一次会议,朱清时校长作了《抓住机遇,迎接挑战,勇于开拓,不断创新,努力建设世界知名的高水平大学》的工作报告,汤洪高书记作了《巩固"三讲"教育成果,深化改革,加快发展,推动高水平大学建设》的重要讲话。322名代表出席了会议,教代会共收到各类提案154件。

● 朱清时率团赴美访问10所世界一流大学

1月18日至2月6日,朱清时校长率我校代表团赴美,先后访问了美国麻省理工学院、哈佛大学、康奈尔大学、普渡大学、诺特丹大学、威斯康星(麦迪逊)大学、南加州大学、加州大学圣·芭芭拉分校、加州理工学院、斯坦福大学10所一流大学。

在美期间,我校代表团分别与康奈尔大学、普渡大学、威斯康星(麦迪逊)大学签署了校际学术交流协议,将在生物科学、信息科学、科技考古等领域开展学者互访和合作研究计划;与普渡大学理学院、工学院签署了学院间的合作交流协议;与麻省理工学院在环境科学、信息科学、管理科学方面达成合作意向;与南加州大学就师资队伍建设、教学改革及教学体制建设进行了交流;会见了诺贝尔奖获得者、斯坦福大学物理系主任朱棣文教授。

● 中国科学院召开中国科学技术大学发展工作会议

3月1—3日,中国科学院在北京召开中国科学技术大学发展工作会议,研究部署我校在21世纪初的高水平大学建设和改革与发展工作。中国科学院院长路甬祥、副院长白春

礼、副秘书长马彤军、中国科学院有关综合局和业务局领导,以及我校代表共100余人参加了会议。

3月1日,中国科学院有关综合局和各业务局领导分成五个小组,分别听取了我校对口部门与院系负责人及部分学科带头人的工作汇报,双方就学校工作进行了深入研讨。3月3日,中国科学院中国科学技术大学发展工作会议召开正式会议。朱清时校长代表学校汇报工作,路甬祥院长作了重要讲话,白春礼副院长作了会议总结。

会议充分肯定并高度评价了我校四十余年的办学成就,认为我校不仅是国家培养高级科技人才的重要教育基地,而且也是中国科学院的一个规模宏大、实力雄厚、学科齐全、充满活力的综合科研基地,中国科学院作为主管部门,在与教育部和安徽省重点共建我校的工作中应发挥主要作用。会议审议并原则同意《中国科学技术大学建设世界知名的高水平大学规划》,赞同并支持我校提出的在21世纪初建设世界知名的高水平大学的总体目标,并就学校的学科建设、科学研究与科技产业、人才培养、队伍建设、管理与运行机制、校园规划与基本建设、办学经费筹措等方面的工作,提出了重要的指导性意见。会议强调,我校应坚持教学与科研两个中心,促进教育与科研相结合,建成一流的人才培养基地和科学研究中心,中国科学院将从加强领导、宏观管理、支持学校深化改革、加大建设经费投入、支持进入第二期知识创新工程等方面,进一步加大对我校建设和发展工作的支持力度,并就有关工作作了具体部署和安排。

这次会议,是我校全面实施高水平大学建设的关键时刻召开的一次重要会议,对于我校在本世纪初的建设及其以后的长远发展具有十分重要的意义。

● 中央组织部明确汤洪高、朱清时职级

3月8日,中共中央组织部下发《关于明确汤洪高、朱清时同志职级的通知》(干任字[2000]59号),明确汤洪高、朱清时同志为副部长级干部。

● 海外校友基金会首届"爱心奖学金"颁奖

3月16日,我校海外校友基金会首届"爱心奖学金"颁奖,杨飞等50名同学获奖。海外校友基金会"爱心奖学金"旨在奖励和资助家庭贫困、学习成绩合格并且品德优良的在校学生,基本奖为100美元/年,赞助奖为200美元/年,每年获奖人数为50名,一直支持到获奖学生毕业。

2000年

● 我校与海尔集团签署全面技术合作协议

3月17日,海尔集团公司总裁张瑞敏来我校访问,为我校师生作了《海尔国际化与国际化海尔》的专题报告。

18日,朱清时和张瑞敏分别代表双方签署了全面技术合作协议。根据协议,我校与海尔集团公司将在家电信息化技术、生物技术、新材料、新能源等技术领域,人员培训与再教育,以及产品开发、经营管理的决策咨询等方面开展全面技术合作;海尔集团在我校设立研发基金1000万元人民币,以支持相关课题的研究、开发和集成。

● 高性能计算与应用实验室列为省部共建重点实验室

3月21日,安徽省科委批复同意我校高性能计算与应用实验室列为省部共建重点实验室,陈国良教授任实验室主任。

● 学制改革

4月6日,学校向中国科学院上报《关于我校更改学制的请示》(校教字[2000]08号),要求将所有五年制本科专业改为四年。4月10日,中国科学院下发《关于同意更改学制的批复》(人教字[2000]175号),同意我校大学本科各专业自2000年秋季入学的新生起,全部更改为四年学制。

● 设立研究生助教、助研岗位

3月30日,学校颁布《中国科学技术大学设立助教、助研岗位,实行岗位津贴制度暂行办法》(教研字[2000]02号),决定在研究生中设立助教、助研岗位,实行岗位津贴制度,遵照存量不变、增量改革的基本原则,鼓励研究生积极参与教学、科研和开发工作。研究生在完成一定量的教学、科研和开发任务的前提下,获得适当增量报酬,待遇得到全面提高。

● SCI收录高影响因子区域论文名列全国高校榜首

3月,中国科学院文献情报中心排出中国前五所高校1998年度科技论文在SCI一、二等级区域分布情况,我校被SCI收录在高影响因子区的论文148篇,名列全国高校榜首。

此外,该文献情报中心对中国科技论文产出力的核心区域的前十个单位进行统计,我校位居全国第三。

全国人大常委会副委员长成思危受聘我校名誉教授

4月13日,全国人大常委会副委员长、中国民主建国会中央主席成思危在安徽省人大常委会副主任苏平凡陪同下,来我校考察指导工作。成思危受聘为我校名誉教授,并为我校师生作了题为《复杂科学》的学术报告。

我校与漯河市加强和扩大全面技术合作

4月13—14日,中共漯河市委书记刘炳旺、副市长黄国英等来我校访问,洽谈双方科技合作与交流。朱清时校长与刘炳旺书记签署了关于合作建立中国科学技术大学高科技园区(漯河)的意向书。

4月29日至5月1日,朱清时校长率团访问河南省漯河市,并与漯河市政府签署《关于合作建立中国科学技术大学高科技园区(漯河)的协议书》。根据协议,在中国科学技术大学高科技园区(漯河)建设中,漯河市及有关企业负责提供园区基础建设所需的土地、资金和配套设施;学校负责根据漯河市经济发展的需要,优先选择推荐可产业化的科技项目,由漯河市政府组织相关企业予以遴选或对外招商;学校按国家有关规定以技术成果等无形资产投入;项目投资方投入建设资金和其他配套设施,并负责生产、经营和市场销售;双方共同组建中国科学技术大学高科技园区(漯河)管理机构,负责园区建设的启动实施及有关工作。

3篇论文入选全国百篇优秀博士学位论文

4月,我校段路明的《量子计算机中的相干研究与量子编码》、侯中怀的《表面反应体系中若干重要非线性问题理论研究》、李醒的《太阳风高速流中重离子的研究》3篇博士学位论文入选1999年度全国百篇优秀博士学位论文。

聘请卞学镃为我校名誉教授

5月8日,学校聘请著名力学家、美国国家工程院院士、麻省理工学院荣休教授卞学镃为名誉教授。卞学镃教授早年毕业于西南联合大学,后在麻省理工学院获得航空工程科学

2000年

博士学位,是国际上公认的杂交有限元创始人。

● 安徽省政协主席方兆祥来访

5月10日下午,中共安徽省委副书记、省政协主席方兆祥,省人大常委会副主任王秀智,副省长卢家丰等领导率有关部门负责人来我校,就科技成果转化工作进行专题调研。我校介绍了校办科技产业的发展概况、产学研工作的主要经验与做法及科技产业发展规划,并就如何加快科技成果转化、促进高新技术产业发展工作向安徽省提出加大对科技成果转化的支持力度、设立风险投资基金、成立科技成果转化管理机构、加强科技创新宣传与成果信息流通、完善科技成果转化机制等建议。

● 我校与合肥市政府签署全面合作协议

5月17日,中共合肥市委常委中心组在我校召开学习会,听取我校总体发展情况介绍和专家报告,并同我校签署全面合作协议。会议由中共合肥市委书记马元飞主持,合肥市委常委中心组成员和我校党委书记汤洪高等领导参加了会议。会上,我校副校长范维澄和合肥市政府副市长盛志刚分别代表双方签署了《全面合作协议》。

根据协议,合肥市将努力为我校创造良好的教学、科研环境,积极支持我校推进后勤社会化改革并做好各项服务工作;积极支持我校科研和科技产业发展以及在肥科技成果转化。我校大力支持合肥市现代化大城市建设,向合肥市提供最新的科技成果、信息,优先在肥推广应用优秀科技成果;积极帮助合肥市加快实现高新技术产业化和推进企业技术创新,为合肥市经济发展中的重大发展战略问题可行性论证提供专家咨询和服务;根据合肥市需要,在人才培训、交流等方面给予支持。双方建立快速信息渠道,相互联网,互通各种供需信息。

● 建立"大师讲席"制度

5月23日,学校颁布《中国科学技术大学"大师讲席"制度实施办法》,决定建立以曾在我校任教的著名科学家命名的"大师讲席"制度,拟聘请包括诺贝尔奖获得者、外国院士、国外著名大学校长等国内外著名专家、学者来校短期工作和讲学。首批在相关学科设立了"华罗庚讲席"、"严济慈讲席"、"钱学森讲席"、"贝时璋讲席"、"赵九章讲席"等。

2000年

● 部分校领导任职

5月31日,中国科学院任命朱清时为中国科学技术大学研究生院院长,高文为常务副院长,孙勤为副院长;同日,中国科学院任命高文为中国科学技术大学副校长,免去冯克勤的副校长职务;8月8日,中国科学院任命侯建国为中国科学技术大学副校长。2001年4月30日,中国科学院人事教育局批准我校党委增补侯建国为校党委常务委员会委员。

● 机器人足球队首获世界杯出线权

5月,我校机器人足球队作为我国第一支机器人足球队进入第四届机器人足球赛世界杯(RoboCup)决赛。8月25日至9月3日,第四届机器人足球赛世界杯决赛在澳大利亚墨尔本举行,我校蓝鹰队作为本届比赛唯一一支中国球队在仿真组比赛中获得第九名。

● 范维澄当选亚澳火灾科学技术学会名誉主席

5月,第四届亚澳火灾科学技术会议在日本早稻田大学召开,我校副校长、火灾科学国家重点实验室主任范维澄教授当选为亚澳火灾科学技术学会名誉主席。同月,范维澄受聘担任国家安全生产专家组能源化工组组长和国家经贸委安全工程教学指导委员会副主任。

● 召开思想政治工作研讨会

6月16—17日,学校召开思想政治工作研讨会,党委书记汤洪高作《认真贯彻"三个代表"重要思想,加强和改善新形势下高校思想政治工作》的主题报告,校长朱清时作重要讲话,党委副书记李国栋作《抓住机遇,振奋精神,扎实工作,开拓创新,努力做好新形势下的思想政治工作》的总结报告,并传达了中国科学院2000年思想政治工作会议精神。会议审议并通过了《中国科学技术大学思想政治工作研究会章程(草案)》和思想政治工作研究会第一届理事会组成人员名单。全校170余名代表参加了会议。

● 举行2000届学生毕业典礼

6月26日,学校举行2000届学生毕业典礼,党委书记汤洪高、副校长程艺等参加了大会。2000届共有毕业生2 433人,其中博士生166人,硕士生384人,本科生1 544人(包括

经济技术学院毕业生372人),专科生339人(包括经济技术学院198人)。

● 第三届全球智能控制与自动化大会在肥召开

6月28日至7月2日,由IEEE机器人与自动化学会、IEEE控制系统学会北京分会、中国自动化学会和中国人工智能学会主办,我校和安徽省科协承办的第三届全球智能控制与自动化大会在合肥隆重召开,来自海内外和全国各地的500多名代表参加大会。

● 科大创新股份有限公司通过"双高"认证

6月,科大创新股份有限公司分别通过由科技部和中国科学院组织的高新技术企业认证(即"双高"认证),取得中国证监会许可上市发行A股的资格。

● 我校与贵阳市合作建立高科技工业园

8月10—14日,朱清时校长率我校代表团访问贵阳市,并代表学校与贵阳市政府签署了合作建立中国科学技术大学贵阳高新科技工业园协议书。中共贵州省委副书记黄尧和,贵州省副省长马文骏、刘长贵等分别会见了我校代表团。

根据协议,中国科学技术大学贵阳高新科技工业园规划面积4平方公里,由贵阳市负责提供园区建设所需土地、资金和配套设施;我校根据贵阳市经济发展的需要,负责优先推荐和提供具有良好市场前景的高新科技项目。贵阳市负责为选中的项目筹集资金,使之孵化、产业化并负责市场营销,我校按项目以技术入股。双方充分利用贵阳国家高新开发区的优惠政策及上市公司相对集中的优势,把园区建设成为国内一流的高新技术成果转化和高新产业发展基地。园区优先发展生物工程技术及以此为基础的医药和食品工业,同时发展新材料、微电子与信息技术、环保科技和光机电一体化等高新技术。

● 获准开展公共管理硕士(MPA)专业学位试点工作

8月,国务院学位委员会办公室批准我校开展公共管理硕士(MPA)专业学位试点工作,我校是首批进入试办公共管理硕士(MPA)专业学位的单位之一。公共管理硕士专业学位教育重在培养从事公共事务、公共管理和公共政策研究与分析等方面的高层次应用型专门人才,招生对象主要为具有国民教育序列大学本科学历并有四年以上实际工作经历者。

2000年

● 研制成功我国首台光学微操作微加工装置

8月24日,物理系李银妹课题组研制的"光学微操作微加工装置与技术"成果通过了中国科学院鉴定,标志着我国光学微处理技术取得重大进展。

该装置是我国首台自行研制的能对微米级粒子如生物活细胞、大分子进行微操作和微加工的光学微操作微加工装置,它对微小工件的夹持、操作和机械加工是用激光实现的,并且不损伤粒子表面而深入其内部进行微操作或微加工。该装置特别适合于研究活体生物粒子,是在细胞和生物大分子层次上研究生命过程的重要工具,在细胞生物学、分子免疫学、基因工程等领域具有良好的应用前景。

● 举行2000级本科新生开学典礼

9月6日,学校隆重举行2000级本科新生开学典礼,校领导汤洪高、朱清时等出席了典礼。2000年共招收新生3 277人,其中博士生329人,硕士生906人,本科生1 902人,专科生140人。另外还招收各类代培研究生429人,继续教育学生2 220人。

● 赵忠尧纪念馆开馆

9月15日,学校举行"赵忠尧教授纪念馆"开馆仪式,全国人大常委会副委员长周光召,诺贝尔奖获得者杨振宁,中国科学院副院长白春礼,我校党委书记汤洪高、校长朱清时等出席仪式,并为纪念馆开馆揭幕。

纪念馆此次共展出了赵忠尧教授生前的近百幅珍贵照片和大量实物,基本上反映了赵忠尧教授九十余年的生活轨迹。此前,杨振宁、李政道先后为纪念馆题词,丁肇中题写了馆名。

● 首届"求是研究生奖学金"颁奖

9月15日,首届"求是研究生奖学金"颁奖典礼在我校隆重举行。典礼由我校党委书记汤洪高主持,全国人大常委会副委员长周光召、诺贝尔奖获得者杨振宁、求是科技基金会主席查济民先生、中国科学院副院长白春礼、安徽省人大常委会副主任吴天栋和校党委书记汤洪高、校长朱清时等领导出席了典礼并致辞。

"求是研究生奖学金"是在我校朱清时校长提议下,由香港求是科技基金会首次在中国

内地高校中捐资设立的奖项,专门奖助内地优秀研究生。首批获奖的51名研究生各获奖学金5 000元人民币。

9月15日,杨振宁教授为我校师生作了题为《美与物理学》的学术报告。9月14日,周光召副委员长与我校少年班学生和研究生进行了座谈。

● 学校与中国科学院上海生命科学研究院共建生命科学人才培养基地

9月19日,我校与中国科学院上海生命科学研究院签署共建生命科学人才培养基地协议。根据协议,我校生命科学学院和上海生命科学研究院共同成立人才培养理事会;双方互聘教授和研究员;共同建设远程教学设施;上海生命科学研究院为我校生命科学学院高年级学生优先安排大学本科毕业论文实践等,我校优先向上海生命科学研究院推荐本科生免试或报考研究生,双方共同争取扩大研究生推荐名额;双方还将开展科研、资源共享、外事交流等方面的合作。

● 周光召来校作专题报告

10月17日,全国人大常委会副委员长、中国科协主席、我校名誉校长周光召来校为师生作题为《科学发展的趋势和对社会的影响》的学术报告。

● 《Nature》发表孙立广研究组成果

10月19日,英国《Nature》杂志首次发表中国极地研究成果——我校极地研究小组关于过去三千年来南极阿德雷岛企鹅种群数量变化的研究成果及其独创的"企鹅考古"研究方法。研究成果表明,在没有人类干预的情况下,南极气候变化导致企鹅数量发生过剧烈波动。《Nature》杂志评审认为,"这是一种研究南极湖泊集水区历史时期企鹅数量的新奇的生物地球化学方法,在不久的将来它很可能形成某种研究活动的方向"。

● 周远清来校调研高水平大学建设工作

11月21—22日,教育部副部长周远清率教育部有关部门负责人和中国科学院人事教育局局长余翔林、安徽省政府副秘书长王坦等来我校调研世界知名高水平大学建设及有关重点共建工作,听取了朱清时校长关于我校两年来高水平大学建设的情况汇报,对我校高水平大学建设以来在科研、实验室建设方面所取得的显著成绩给了高度评价。共建三方

有关部门负责人就重点共建我校进行了会谈。

● 我校与苏州市政府签订全面合作协议

11月23—25日,朱清时校长率团访问苏州市,就加强校、市人才科技全面合作与苏州市政府领导进行了友好洽谈。朱清时校长和陈德铭市长共同签署了《中国科学技术大学—苏州市人民政府关于人才科技全面合作的框架协议》和《中国科学技术大学—苏州市人民政府关于委托培养研究生的协议》,并草签了《中国科学技术大学—苏州市人民政府共同建设中国科学技术大学研究生院(苏州)(暂命名)协议》。

根据框架协议,我校以多种形式参与中国—新加坡苏州工业园区、苏州国家高新技术开发区等高新技术产业开发区建设;参与国际科技园、软件产业园、生命科学园、传感器产业园、新材料科技园等高新技术产业特色园区和农业科技示范园区的开发建设。苏州市政府选择一批条件较好的地区和骨干企业与我校相关院系或研究机构共建一批企业技术中心和博士后流动站,共同促进高新技术产业化、传统产业高新化和科技成果转化。根据委培协议,在此后三年内,我校为苏州市在电子与信息工程、计算机技术工程、控制工程等学科领域培养110名高级人才。

● 汤洪高率团访美

11月28日至12月14日,党委书记、校友总会会长汤洪高率团赴美,先后访问了旧金山、芝加哥、华盛顿、纽约、休斯顿及洛杉矶等地,会见了我校在美校友近500人,邀请校友以多种形式回母校讲学,或进行学术访问和科研合作,与校友讨论了建立我校全球校友网络(GAN)和为我校上海浦东研发中心进行风险投资(USTCV)等问题。

● 中国科学院在我校召开结构基因组学发展战略研讨会

12月1日,中国科学院生命科学与生物技术局在我校召开结构基因组学发展战略研讨会。来自中国科学院相关研究院所,国家人类基因组南、北方研究中心,国家自然科学基金委以及我校的数十名专家学者参加了会议。

中国科学院生物学部主任梁栋材院士在主题报告中介绍了国际结构基因组学研究的状况和进展。与会专家建议,我国应在我国基因测序中有自主知识产权的方向上,尽快部署结构基因组学研究,建设国际先进水平的大型实验平台。我校生命科学学院计划与中国科学院其他研究单位合作,开展重要功能蛋白的结构基因组学研究。

2000年

● 全面实施大学生研究计划

12月6日,学校决定在全校范围内正式推广和实施大学生研究计划,开放全校所有实验室,并送一部分大学生到中国科学院各研究院所开展大学生研究计划。设立大学生研究计划基金,全面推动高年级本科生参加实验室工作,使本科生尽快接触前沿科学技术研究。

● 召开第五届教职工代表大会第二次会议

12月24—26日,学校召开第五届教职工代表大会第二次会议,朱清时校长作了题为《抓住机遇,开拓创新,努力创建世界知名的高水平大学》的工作报告,汤洪高书记作了题为《按照"三个代表"的要求,真抓实干,开拓创新,团结带领全校师生员工,坚定不移地朝着既定目标迈进》的重要讲话。共有331名代表出席了教代会。

● 网络思想政治工作被列为全国重大宣传典型

12月,中共中央宣传部将我校网络思想政治工作列为全国重大宣传典型。12月12日,安徽省委宣传部副部长陈发仁带领中央驻皖的各大媒体及安徽电视台等省内媒体的30多位记者来到我校,就我校的网络思想政治工作进行集中采访。新华社、人民日报、中央电视台、中央人民广播电台、光明日报、经济日报、中国青年报、中国教育报等13家媒体就我校的网络思想政治工作拓展与创新,以及"唱响网上主旋律,占领网下主阵地"和"课内课外互补,网上网下对接"的网络思想政治工作新格局等对我校进行了全方位的深入采访和报道。

12月25日,中央电视台在《新闻联播》中报道了我校网络思想政治工作的创建情况,人民日报、中央人民广播电台、光明日报、经济日报、中国教育报、中国青年报等中央媒体也于次日作了集中深入报道。

● 完成第八批学位授权申报工作

12月,学校圆满完成第八批学位授权申报工作。在国务院学位委员会授权的15个一级学科内自审了金融学(含:保险学)、传播学、考古学及博物馆学、中国哲学、机械电子工程、测试计量技术及仪器、检测技术及自动化装置、导航制导与控制、环境科学、企业管理(含:财务管理、市场营销、人力资源管理)10个硕士学位授权点;由安徽省学位委员会授权

2000年

审批了行政管理、教育技术学2个硕士学位授权点;由国务院学位委员会直接审批了生物学、电子科学与技术、计算机科学与技术、核科学与技术4个一级学科博士学位授权点和材料物理与化学、控制理论与控制工程、安全技术及工程3个二级学科博士学位授权点;同时获公共管理硕士(MPA)专业学位授权点。自此,我校拥有一级学科博士学位授权点13个,二级学科博士学位授权点60个(一级学科涵盖率达86.7%),二级学科硕士学位授权点79个(一级学科涵盖率达65.8%),还有MPA、MBA和工程硕士3个专业学位授权点。

● 部分机构调整

4月6日,学校明确北京大学部定位并进行机制转换,大学部职责主要为接待、后期教学服务、老干部、物业管理和事务代理工作;20日,成人教育学院更名为继续教育学院;24日,中共火灾科学国家重点实验室直属支部委员会成立;28日,后勤服务集团及董事会成立,王广训兼任董事长;28日,后勤管理处成立,撤销总务处、校园建设与管理处、生活管理处。

5月15日,学校撤销原合肥经济技术学院基础部,成立外语系南区教学部;合并原合肥经济技术学院工商管理系和会计系,成立工商管理培训部;将原合肥经济技术学院计算机科学与技术系并入我校计算机科学技术系,成立计算机科学技术系南区教学部。19日,原合肥经济技术学院社会科学部整建制并入我校哲学社会科学部。

6月6日,"量子通讯和量子计算开放研究实验室"更名为"量子通信与量子计算开放研究实验室"。

7月11日,化学与材料科学学院所属系党组织机构调整,下设中共中国科学技术大学化学物理系总支部委员会、中共中国科学技术大学应用化学系总支部委员会、中共中国科学技术大学材料科学与工程系总支部委员会、中共中国科学技术大学化学系总支部委员会、中共中国科学技术大学高分子科学与工程系支部委员会。

9月4日,科学研究处更名为科学技术处,中国科学技术大学学报编辑部挂靠科学技术处。19日,中共中国科学技术大学继续教育学院直属支部委员会成立。

11月20日,人文与社会科学学院成立,方克立任院长,张允熠、胡化凯、汤书昆任副院长;22日,中共中国科学技术大学人文与社会科学学院委员会成立。

12月4日,国家同步辐射实验室下设机构调整,设立实验室办公室、加速器部、实验部。27日,中共中国科学技术大学信息科学技术学院委员会成立。

● 多项科研成果获省、部级重要奖励

12月,王玉珍等完成的"葡萄糖异构酶的蛋白质工程"获教育部中国高校科学技术奖二

等奖;陈国良等完成的《并行计算——结构、算法、编程》获教育部自然科学教材类奖一等奖;王韶舜等完成的"PP碰撞多重产生机制和间歇现象的实验研究"获安徽省自然科学二等奖;詹如娟等完成的"金刚石膜沉积过程中的等离子体状态和金刚石电子基板的研究"获安徽省自然科学二等奖;王奎仁等完成的"亳县陨石研究"获安徽省自然科学二等奖;牟季美的"纳米材料奇异物性的实验和理论研究"获安徽省自然科学二等奖;瞿保钧等完成的"聚乙烯光引发交联的机理及其结构性能研究"获安徽省自然科学二等奖;王仁华等完成的"KD系列汉语文语转换系统"获安徽省科技进步一等奖;陈国良等完成的"遗传算法及其应用"获安徽省科技进步二等奖。

● 杨基明、王水、谢毅等获重要荣誉

4月,杨基明教授获"全国劳动模范"称号;9月,王水教授获何梁何利科学与技术进步奖;10月,谢毅、吴奇、陈仙辉入选国家"百千万人才工程"。

● 年度数据统计

2000年,学校有教职工3 890多人,其中教师1 830余人。教师中"两院"院士12人,教授446人,副教授970人,另有博士后44人。在校学生11 800多人,其中博士生770人,硕士生1 800多人,本科生近8 800人,专科生430人,继续教育学生近6 200人。

2001年

● 校学术委员会换届

1月2日,校学术委员会换届,中国科学院院士王水担任新一届学术委员会主任。

● 朱清时率团访问欧洲四国11所世界一流大学

1月8—31日,朱清时校长率代表团赴欧洲,访问考察了英国诺丁汉大学、牛津大学和剑桥大学,德国哥廷根大学、海德堡大学和亚琛理工大学,法国巴黎高等师范学院、巴黎高等理化工业学院和巴黎十一大学,意大利罗马大学和帕多瓦大学等四国11所世界一流大学。校长助理李定、地球和空间科学系主任郑永飞、外事办公室主任杨杰等作为代表团成员参加了访问考察。

● 《Nature》杂志发表侯建国研究组重要成果

1月18日,英国《Nature》杂志发表了我校侯建国、杨金龙教授和朱清时院士及其合作者用低温扫描隧道显微镜(STM)直接获得具有化学键分辨率的C_{60}单分子图像,以及利用该高分辨成像技术发现一种新的分子取向畴结构的成果。杂志审稿人认为:"在该项工作中,作者们思路清晰地论述了一项构思巧妙、实验严谨的研究工作。在低温时相邻的两个不同取向的二维畴,其整体的平动自由度和键取向自由度都得到了保持,我相信这个发现是非常独特的。"

2001年

● 我校自主审定专业门类增加

2月12日,中国科学院人事教育局批准我校自主审定专业门类扩大为理学、工学、经济学和管理学,批准我校设置考古学本科专业,并从2001年起进行中期分流教学和双学位教学。

● 路甬祥视察中科大辰信通讯产业有限公司

2月23日下午,中国科学院院长、党组书记路甬祥,中国科学院基础科学局局长金铎一行在厦门市副市长江曙霞的陪同下,视察了厦门中科大辰信通讯产业有限公司。路甬祥院长听取了公司的工作汇报,参观了公司及生产车间。他指出科大辰信的发展仅仅迈出了第一步,希望公司要规范管理、科学决策、做大规模,提高企业的抗风险能力和市场竞争能力。

● 研究成果入选中国高等学校十大科技进展

2月,我校极地环境研究室孙立广教授负责的"南极湖泊沉积序列与环境事件研究"项目通过教育部组织的成果鉴定。鉴定委员会一致认为,"该研究成果总体上达到了国际领先水平,采用创新的企鹅粪堆积层的生物地球化学分析方法探讨了企鹅数量变化的研究,处于国际领先地位"。该成果在2000年度中国高等学校十大科技进展中名列第二。

● 设立"吴文俊讲席"

3月1日下午,吴文俊先生为我校师生作了《数学机械化与机械化数学》的学术报告。朱清时校长主持报告会,并在会上宣布我校大师讲席设立"吴文俊讲席"。之前设立的大师讲席有"华罗庚讲席"、"严济慈讲席"和"钱学森讲席"。

● 召开2001年素质教育研讨会

3月23—24日,学校隆重召开2001年素质教育研讨会。党委书记汤洪高作了题为《抓住关键,把握重点,整体推进素质教育》的报告,校长朱清时作了总结,副校长程艺作了题为《以提高创新能力为核心,加强大学生全面素质教育》的报告。李尚志、何世平、刘兢、张允熠等教师代表就素质教育理念、创新能力培养模式等作了大会发言。会议期间,代表们对

我校开展素质教育的现状、存在的困难和问题进行了分析,对素质教育的概念、内涵以及如何进一步推进素质教育进行了探讨和交流。

安徽省召开专题会议研究支持我校建设和发展

4月6日上午,安徽省常务副省长张平主持召开中国科学技术大学发展工作协调会,研究落实我校高水平大学建设中需要省、市政府及有关部门支持解决的若干问题。安徽省、合肥市领导和有关部门负责人,我校校领导共20余人参加了会议。

张平常务副省长在讲话中高度评价了我校长期以来对安徽省及合肥市经济建设和社会发展、特别是科教事业所作出的重要贡献,强调了省、市政府加大力度支持我校建设与发展的重要意义,要求省、市有关部门用长远的眼光、发展的眼光,把我校的建设与省市经济、教育、科技、社会发展和城市建设等方面的发展规划紧密结合起来,充分考虑我校发展的需要,为我校的发展创造良好的环境和条件。朱清时校长等校领导在会上汇报了学校高水平大学建设的进展情况及提请省市政府支持解决的若干问题。

与会人员认真讨论研究了我校提请省市政府支持解决的若干问题,并就具体解决办法达成了一致意见。会议明确,我校一次性出资4 000万元,由合肥市政府包干负责完成我校对东区北门外约43亩土地的征用和拆迁安置工作;支持我校改建金寨路地下通道,在东、西区之间建设连接通道,并将东、西区之间土地划作我校的规划控制用地;省财政厅负责落实当年支持我校建设的1 000万元专款。此外,还就后勤社会化改革中的用地问题、安徽省建一公司和光明纸箱厂长期占用我校土地问题、校园建设费用的减免优惠政策,以及学科建设、引进人才、医疗保险、水电增容、校园周边环境及交通管理、成果转化与产业化工作等问题,提出了解决思路和实施意见。

会议决定,安徽省政府成立以张平常务副省长为组长的领导小组,加强安徽省对重点共建我校工作的领导,负责研究制定安徽省支持我校高水平大学建设的具体政策和措施,以及有关工作的协调和落实。

方兆祥主持召开我校周边环境综合治理现场办公会议

4月25日下午,安徽省委副书记、省政协主席方兆祥,省委常委、合肥市委书记车俊,省委副秘书长方一本来我校,就我校安徽省政协委员施行觉教授关于校园周边环境综合治理的提案处理工作进行现场办公。省、市有关领导,我校党委书记汤洪高、校长朱清时等领导和有关部门负责人参加了现场办公会。

会议就我校校园周边环境综合治理工作和我校请求省、市政府支持建设的有关问题进行了认真研究,提出了具体措施,明确了落实要求。会议要求,合肥市委、市政府统一领导

和组织,对我校校园周边的文化娱乐和服务场所进行整顿,特别是要取缔以学生为牟利对象、传播黄赌毒的违法经营场所;合肥市负责完成我校东、西区之间的金寨路地下通道整修工程,并交由我校独立管理和使用;省、市公安交警部门在金寨路我校东区正门处设置减速警示灯和警示牌,严格对通行车辆的管理;合肥市负责改建整修连接我校东、西区间的通道;合肥市有关部门负责建立校园周边环境,特别是校区间通道的清扫保洁和检查监督机制;省、市公安部门继续将我校列为社会治安综合治理工作的重点,加强对校园周边的治安巡逻,建立群防网络,确保不发生大的社会治安事件;省、市有关部门将对校园周边的社会治安综合治理工作每半年检查一次,严格实行一票否决制度;我校要积极配合合肥市有关部门做好校园周边环境的综合治理工作,建立健全校园社会治安综合治理组织和工作网络,同时要积极主动地与省、市有关部门加强联系,共同整治校园周边环境。会议还就解决我校征用东区北门外土地、常青镇光明纸箱厂和安徽省建一公司占用我校土地等问题达成一致意见。

● 14项教学成果获安徽省教学成果奖

4月,安徽省教育厅公布省级教学成果奖评选结果,我校14项教学成果获奖,其中特等奖2项、一等奖5项。获特等奖的成果是霍剑青等的"大学物理实验的改革与实践"和范维澄等的"面向国家重大需求,产学研与新兴交叉学科建设相结合培养高层次创新人才";获一等奖的分别是陈国良等的"并行算法类教学基地建设"、李尚志等的"数学实验课程建设"、何世平等的"理科人才培养基地的建设"、向守平等的"以全面素质教育为主线,开展以提高大学生创新意识与能力为核心的教学改革"和戴蓓倩等的"电子线路课程教学内容和体系改革"。

● "九五""211工程"项目全面验收

5月8—10日,以复旦大学原校长、英国诺丁汉大学现任校长杨福家院士为组长的验收专家组一行九人来我校,对我校"211工程""九五"期间项目建设与实施情况进行了全面的检查验收。

专家们一致认为,我校"211工程""九五"期间建设项目全部实现了预期建设目标,部分项目超额完成了原定任务,工程建设整体上取得了明显的成效。特别是在学科与队伍建设、科学研究、教学改革与人才培养等方面取得了显著成绩,取得了一批在国内外有影响的标志性成果,带动和促进了学校整体教学、科研水平的迅速提高。同时,专家们也就我校"211工程"建设实施过程中存在的一些问题提出了中肯的意见与建议。

2001年

● 第八届东亚研究型大学协会(AEARU)理事会在我校召开

5月17—20日,第八届东亚研究型大学协会(AEARU)理事会在我校召开。东京大学、浦项大学、台湾大学、香港科技大学校长或代理校长和我校朱清时校长作为理事参加了会议。会议由理事会主席、日本东京大学校长佐佐木毅教授主持。

会议回顾了过去一年协会主办的各种学术活动和学生夏令营,部署并逐项落实下一年度的学术活动和学生夏令营活动的计划。会议决定第四届网络技术研讨会于2001年11月在我校召开,我校负责中国内地成员学校承担2002年协会年会的协调工作。会议还提议我校校长朱清时院士担任下一届理事会副主席。

东亚研究型大学协会成立于1995年,集中了东亚地区的17所著名研究型大学。中国内地的成员学校有:北京大学、清华大学、复旦大学、上海交通大学、浙江大学、南京大学和我校。1999年的第五届年会推选我校朱清时校长为该协会理事会理事(共5位理事),是唯一来自中国内地的理事。

● 合肥国家大学科技园被确定为首批国家级大学科技园之一

5月30—31日,侯建国副校长和校长助理、合肥国家大学科技园工作指导委员会办公室主任陈宗海赴京参加科技部、教育部联合召开的全国大学科技园工作会议暨首批国家级大学科技园授牌仪式,以及李岚清副总理主持召开的部分与会代表大学科技园工作座谈会,由我校牵头的合肥国家大学科技园等22家大学科技园被确定为首批国家级大学科技园。

以我校为龙头的合肥国家大学科技园有限责任公司于2000年12月4日成立,公司注册资金1500万元。

● 举行后勤社会化服务委托协议书签字仪式

5月31日下午,学校举行后勤社会化服务委托协议书签字仪式,仪式由副校长、后勤服务集团董事长王广训主持。

会上,校长助理兼后勤管理处处长杨文铸、后勤服务集团总经理谢永和分别代表甲、乙双方在协议书上签字。本次后勤社会化服务委托协议是在甲、乙双方多次协商和学校有关部门共同参与讨论后形成的,内容涉及能源供应服务与管理、学生社区服务与管理、日常维修服务、校园绿化养护及环境卫生四个方面。协议明确了甲、乙双方的关系、职责范围、权

2001年

利和义务。甲方即后勤管理处代表学校对后勤工作履行计划、决策、监督、协调的职能,乙方即后勤服务集团按照社会化发展方向,进行服务与经营。甲、乙双方为契约关系,共同目标是为学校教学、科研和师生员工生活做好后勤服务与保障工作。

● 郭光灿研究组取得重要研究成果

5月,郭光灿教授领导的量子通信和量子计算开放实验室在量子信息技术基础上推出三项重大原创性成果:在国际上首次提出概率量子克隆原理;在国际上首次建立量子避错编码理论;提出一种克服消相干的新型量子处理器,为我国的量子信息科学跻身国际前沿作出了重要贡献。

● 学校对口支援西南科技大学

6月13日,根据教育部实施"对口支援西部地区高等学校计划"方案,我校对口支援西南科技大学。7月22日,我校与西南科技大学签署对口支援协议书,由我校在学科建设、师资培养、科学研究、实验室建设等方面对口支援西南科技大学。

● 朱清时、范维澄、程艺等任国家部委重要学术职务

6月,朱清时校长任中国科学院学位委员会副主任,程艺、钱逸泰为委员。

6月,朱清时、程艺、伍小平、施蕴渝、李尚志、明海、霍剑青、向守平、张其锦、何世平、郑永飞、王煦法、吴敏、王东进、吴刚、刘明侯、徐卫华分别任教育部2001—2005年理工科类全国高等学校教学指导委员会(分委员会)主任委员、副主任委员和委员,范维澄任国家经贸委安全工程专业教学指导委员会副主任委员。

● 举行2001届学生毕业典礼

6月28日,学校隆重举行2001届学生毕业典礼暨学位授予仪式,朱清时校长在仪式上讲话。全体毕业生和学位获得者着装参加毕业典礼暨学位授予仪式,这在我校历史上尚属首次,在国内高校中也是第一次。2001届我校有普通高等教育毕业生2 525人,其中博士生192人,硕士生347人,本科生1 704人,专科生282人,另有继续教育学士学位获得者268名。

2001 年

● 学校与苏州市共建研究生学院

7月18日下午,我校与苏州市人民政府共建中国科学技术大学苏州研究生学院签约仪式在苏州工业园区举行。校长朱清时、副校长程艺与苏州市委书记陈德铭、市长杨卫泽等领导出席签约仪式。

苏州研究生学院是苏州市政府和我校共同投资建设的非赢利性、公办民助的高等教育机构,学院实行董事会领导下的院长负责制。学院积极鼓励和争取其他有关高校、研究机构和企业加入董事会,参与学院的建设和管理,努力探索产学研相结合的多元化办学道路。学院近期将设置信息科技、生命科技、管理等专业,并创造条件发展新兴的交叉学科专业。学院初期在校研究生规模定为1 000人,每年招收研究生300名左右,博士研究生和硕士研究生比例根据社会需求确定。远期在校研究生规模定为2 000人。同时,积极开展非学历研究生教育。学院向海外招聘研究生导师,并聘请国内知名教授、学者任教。

● 理化科学中心获2001年CAIA(中国分析测试协会)特等奖

8月,2001年CAIA(中国分析测试协会)奖评审揭晓,我校理化科学中心侯建国、王海千、杨金龙等教授申报的"单分子扫描隧道显微术"获特等奖,理化科学中心同时还获得一等奖和三等奖各1项。

中国分析测试协会成立于1986年,为鼓励新仪器的开发与研制、实验技术和实验方法的创新,于1993年设立CAIA奖,每年评选一次。我校理化科学中心"单分子扫描隧道显微术"是CAIA历史上的第四个特等奖,也是高校系统获得的第一个特等奖。截至2001年为止,我校理化科学中心(含原结构成分分析中心)已获CAIA奖12项,其中特等奖1项、一等奖4项、二等奖4项和三等奖3项。

● 汤洪高递补为中共中央委员

9月24—26日,中国共产党第十五届中央委员会第六次全体会议在北京召开。中共中央候补委员、我校党委书记汤洪高递补为中共中央委员。汤洪高是第十四届、十五届中央委员会候补委员。

2001年

● 举行2001级本科新生开学典礼

9月10日,学校举行2001级本科新生开学典礼,校长朱清时在典礼上讲话。2001年共招收新生3 431人,其中博士生400人,硕士生1 025人,本科生1 826人,专科生180人。另外还招收各类代培研究生565人,继续教育学生2 050人。

● 学校与中国工程物理研究院签署合作协议

9月23—26日,中国工程物理研究院党委书记姜悦楷率团来我校访问,商谈双方合作事宜。24日下午,校长朱清时会见了中国工程物理研究院代表团全体成员,双方就开展人才培养、学术交流与科技合作等进行会谈,并签署《合作意向备忘录》和《联合培养定向本科生协议书》。副校长程艺、侯建国等参加了会谈。

根据协议,双方通过联合培养研究生和学术交流等方式推动学科建设与发展;通过互邀专家、教授讲学、短期工作和博士后研究、重点实验室开放课题促进学术交流;在数理建模、核探测技术、计算流体力学和流体力学中的数值方法等学科领域广泛开展科技合作。此外,我校在相关学科(专业),每年定向为中国工程物理研究院招收一定数量的本科生和硕士、博士学位研究生;双方互聘研究生导师,优势互补,联合培养研究生;中国工程物理研究院在我校设立研究生奖学金;中国工程物理研究院支持我校学生到中国工程物理研究院实习、参观、考察,完成毕业设计或学位论文,我校推荐优秀毕业生到中国工程物理研究院就业,推荐应届博士学位毕业生到中国工程物理研究院博士后流动站工作;开展科研、管理骨干培训的交流与合作,等等。

● 费孝通受聘学校名誉教授

9月24日,学校敦聘原全国人大常委会副委员长、知名社会学家费孝通为名誉教授。

● 朱清时当选东亚地区研究型大学协会副主席

在10月4日于香港科技大学召开的东亚地区研究型大学协会第七次年会上,经香港科技大学朱经武校长提名,全体一致选举我校朱清时校长为该协会副主席。

东亚地区研究型大学协会时任主席是台湾大学校长陈维昭,任期两年。按惯例朱清时校长将于2003年接任该会主席。

2001年

● 杨振宁来校访问

10月24—26日,著名物理学家、诺贝尔奖获得者杨振宁来我校出席2001年度"求是研究生奖学金"颁奖典礼,为我校50名获奖者颁奖,并作题为《二十世纪理论物理学的三个主旋律》的学术报告。

● 两项目入选《国家重点基础研究发展规划》

11月,我校郭光灿教授主持的"量子通信与量子信息技术"和范维澄教授主持的"火灾动力学演化与防治基础"入选《国家重点基础研究发展规划》2001年项目,这是我校首次作为国家973计划项目负责单位。

● 试办示范性软件学院

12月3日,教育部和国家发展计划委员会批准我校试办示范性软件学院,我校成为国内首批获准创办示范性软件学院的高校之一,开始在软件学院的办学模式、管理体制和运行机制方面进行创新探索,这也标志着我校成为我国培养多层次实用型软件人才的重要基地。

● 两名教授当选"两院"院士

12月9日,天文与应用物理系周又元教授当选中国科学院院士;12月12日,火灾科学国家重点实验室范维澄教授当选中国工程院院士。

● 召开第五届教职工代表大会第三次会议

12月23—24日,学校召开第五届教职工代表大会第三次会议,朱清时校长作题为《扎实工作,开拓进取,继续深入推进高水平大学建设》的报告,金大胜副书记宣读汤洪高书记的书面讲话《按照"三个代表"的要求,加强作风建设,不断推进高水平大学创建》。共有340名代表参加了会议。

2001年

● 新增两个中国科学院重点实验室

12月30日,材料力学行为和设计实验室、量子信息实验室被批准为中国科学院重点实验室。

● 顺利通过中国高校工商管理硕士(MBA)学位教学评估

12月,国务院学位委员会办公室公布中国高校工商管理硕士(MBA)学位教学合格评估(第二批)结果,我校顺利通过评估并在被评估的28所高校中总分名列第七。次年3月,我校MBA转入正式办学阶段。

● 部分学科、机构调整

1月10日,中共中国科学技术大学理学院委员会成立。

2月6日,"中国科学技术大学研究生院(北京)"更名为"中国科学院研究生院"。8日,科技传播与科技政策系成立。

3月27日,知识产权管理办公室成立。29日,校园基本建设办公室成立。

4月4日,陶瓷艺术中心成立。

6月12日,网络中心更名为网络信息中心。18日,网络教育学院成立。

8月18日,学校决定汽车队为学校直属机构(无行政级别),按企业化模式进行管理。27日,应用化学系撤销,其高分子学科并入高分子科学与工程系,有关应用化学与化工专业并入化学系。

9月3日,校友总会办公室成立。12日,高分子科学与工程系党总支部委员会成立,应用化学系党总支部委员会、高分子科学与工程系直属党支部委员会撤销。13日,南区办公室成立。

11月14日,我校结构分析、选键化学、结构生物学、内耗与固体缺陷四个中国科学院开放研究实验室分别更名为"中国科学院结构分析重点实验室"、"中国科学院选键化学重点实验室"、"中国科学院结构生物学重点实验室"、"中国科学院内耗与固体缺陷重点实验室"。

12月12日,地球和空间科学学院成立,撤销地球和空间科学系。13日,中共中国科学技术大学地球和空间科学系总支部委员会更名为"中共中共科学技术大学地球和空间科学学院总支部委员会"。

2001年

● 科技论文排名继续位居全国高校前列

根据中国科技信息研究所发布的2001年度中国科技论文统计结果,我校科技论文排名继续位居全国高校前列。其中,SCI收录880篇,排名全国高校第四位;EI收录391篇,排名全国高校第六位;ISTP收录167篇,排名全国高校第九位;国际论文被引证647篇、1 463次,排名全国高校第四位。范洪义教授在物理领域SCI收录论文数及国际论文被引证数(46篇、146次)均列全国个人第一位。

● 多项成果获中国科学院、安徽省重要科技奖励

本年度,我校多项科研成果获奖,其中包括中国科学院自然科学一等奖2项、二等奖1项,科技进步二等奖2项;安徽省第五届社会科学优秀成果一等奖1项、二等奖3项。

● 徐善驾、郭光灿、刘兢、汤洪高、杨承宗获重要荣誉

9月,徐善驾获"全国模范教师"称号,郭光灿获"全国优秀教师"称号,刘兢获"全国师德先进个人"称号。

11月6日,汤洪高获第十二届"半月谈思想政治工作创新奖"特等奖。

11月,我校原副校长、著名化学家杨承宗获2001年度何梁何利基金科学与技术进步奖。

● 年度数据统计

2001年,学校有教职工3 700多人,其中教师1 800余人。教师中"两院"院士16人,教授454人,副教授900余人,另有博士后54人。在校学生13 000多人,其中博士生975人,硕士生2 970余人,本科生8 800余人,继续教育学生6 800余人。

2002年

● 19个学科被评为国家重点学科

1月18日,教育部公布全国高校重点学科评审结果,我校基础数学、概率论与数理统计、理论物理、粒子物理和原子核物理、等离子体物理、凝聚态物理、光学、无机化学、物理化学(含化学物理)、天体物理、空间物理学、地球化学、生物化学与分子生物学、生物物理学、科学技术史、固体力学、流体力学、通信与信息系统、核技术及应用19个学科进入国家重点学科行列。

● 19个学科被评为安徽省重点学科

1月,我校计算数学、理论物理、原子分子物理、有机化学、固体地球物理、神经生物学、细胞生物学、材料物理与化学、工程热物理、物理电子学、电路与系统、电磁场与微波技术、信号与信息处理、控制理论与控制工程、模式识别与智能系统、计算机系统结构、计算机软件与理论、安全技术及工程、管理科学与工程19个学科被评为安徽省重点学科。

● 4个教学科研公共实验中心面向全校开放

1月,理化科学、生命科学、信息科学、工程和材料科学4个教学科研公共实验中心正式面向全校开放,为创新人才培养和不同学科的自由探索及重大科研项目,提供设备精良、管理先进、开放使用的公共实验平台。

2002年

● 我校与上海市南汇区人民政府共建研究生院上海分院

1月8日,我校与上海市南汇区人民政府在上海浦东举行共建中国科学技术大学研究生院上海分院协议签字仪式,朱清时校长和南汇区白文华区长在协议书上签字并发表讲话。

根据协议,研究生院上海分院坐落于上海浦东康桥工业园区内,是由我校与上海市南汇区人民政府共同建设的非营利性、公建民助的二级法人高等教育事业单位,实行董事会领导下的院长负责制。南汇区政府提供100公顷土地和2亿元筹建经费,并负责全部基本设施建设;我校负责研究生教育的师资队伍建设。近期拟依托张江高科技园区设置信息科技类、生命科技类、管理类等专业,并创造条件发展新兴交叉学科专业。研究生院上海分院计划于2003年秋季开始招生,首批招生300名左右。

● 2项成果入选2001年度国内十大科技进展

1月,2001年度中国基础科学研究十大新闻评选揭晓,我校侯建国研究组完成的"C_{60}纳米材料与纳米结构研究获重要进展"入选。这是我校科研成果继1998年、1999年后再次获选中国基础科学研究十大新闻。

1月16日,"两院"院士评选的中国十大科技进展新闻活动揭晓,我校侯建国研究组完成的"科学家成功直接观察分子内部结构"研究项目入选2001年中国十大科技进展新闻。

● 3个基地入选国家基础科学研究与教学人才培养优秀基地

2月1—2日,国家基础科学研究与教学人才培养基地工作会议在北京召开。我校数学、物理学、力学3个基地被评为优秀基地,李尚志、霍剑青、何世平、尹协振4位教授被评为基地建设先进工作者,施蕴渝院士在会上当选为新一届国家基础科学研究与教学人才培养基金管理委员会委员(全国共15名)。

● 学校对校名进行注册

3月11日,我校就校名中英文简称"中科大"、"科技大"、"科大"、"USTC"、"CUST"在教育服务类和科技服务类提出的9件商标注册申请全部被国家商标局受理。我校知识产权管理办公室是于2001年11月26日向国家商标局提出上述9件校名中英文简称的注册

2002年

申请的。

● 获准开展软件工程硕士专业学位授权试点

3月,学校获准开展软件工程硕士专业学位授权试点。6月1—2日,学校在校本部、深圳市和北京市同时举行2002年软件工程硕士入学考试,这是全国首次软件工程硕士招生入学考试。

● 杜江峰等在美国《物理评论快讯》上发表重要研究成果

3月,我校量子计算研究小组杜江峰等在量子博弈论的理论与实验研究方面取得重要进展,在国际上首次实现了量子博弈的实验研究。其研究成果《量子博弈在量子计算机上的实验实现》发表在《物理评论快讯》上。这是国内量子计算实验研究工作首次在该国际权威杂志上发表,审稿意见认为该工作"在理论上首次计算出博弈随纠缠度变化存在两个阈值","这是首次在实验上实现量子博弈","该文的工作既新又有意义"。由于该项研究成果的新颖性,国际权威学术期刊《自然》的网站对此作了专题报道,国际权威科普杂志《新科学家》以及美国物理学会和欧洲物理学会的网站均报道了该项研究成果。

● 6名教师支教西南科技大学

3月,我校首批派出汪克林、卢业广、任爱军、郑烔、唐健、黄胜华6名教师赴四川省西南科技大学开展支教工作。汪克林教授等一到西南科技大学即主动要求承担教学任务,分别在西南科技大学数理系、外语系、信息与控制学院、计算机学院担任教学科研工作。

● 召开科技奖励大会

4月5日上午,学校隆重召开科技奖励大会,表彰奖励在2001年度科技和专利工作中做出突出成绩的集体和个人。学校对在2001年度荣获国家级、中国科学院及省部委级奖的科技成果、我校为第一作者单位在国内外重要科技刊物上发表的科技论文,以及我校为第一权利人或第一申请人的获授权或受理的职务专利等的集体和个人给予不同额度的奖励;同时,对一些重要、重大科技项目给予科研经费奖励。会议由副校长范维澄主持,党委书记汤洪高和校长朱清时分别作了重要讲话。

2002年

● 在全校范围内实行知识产权保证书制度

4月30日,学校开始在全校范围内实行知识产权保证书制度,党委书记汤洪高、校长朱清时等校领导带头签署《中国科学技术大学教职员工维护知识产权保证书》。

● 诺贝尔化学奖获得者罗伯特·卡尔教授受聘为我校名誉教授

5月15日下午,诺贝尔化学奖获得者罗伯特·卡尔(Robert Floyd Curl)教授受聘为我校名誉教授,朱清时校长为卡尔教授颁发了聘书。

● 纳米研究论文排名世界第二

5月,科技部公布我国纳米研究现状信息,我校1996—2000年在纳米科技领域共发表论文223篇,仅次于美国加州大学伯克利分校(226篇),排名世界第二。

● 朱清时当选第三世界科学院院士

5月,第三世界科学院(TWAS)执行主席穆哈默德·哈桑致信我校校长朱清时,经第三世界科学院理事会推荐,朱清时校长当选为第三世界科学院院士。朱校长应邀于当年10月参加在印度新德里举行的第三世界科学院第八届大会以及第三世界科学组织第七届大会。

第三世界科学院于1983年11月在意大利成立。它是由第三世界国家科学家建立的一个非政治、非政府、非营利的国际科学组织,旨在促进第三世界各国科学研究与发展,以及科学家之间的相互交流,在科学研究的发展方向和重大科学项目方面进行国际合作和交流。第三世界科学院院士是从第三世界国家的科学院、国家研究理事会、大学和研究机构的著名科学家中选举产生的,时有院士588名。

● 荣获5项国家级教学成果奖

5月,教育部在北京召开"第四届高等教育国家级教学成果奖暨第三届教育部高校青年教师奖"颁奖大会,我校共获得2项高等教育国家级教学成果一等奖,3项国家级教学成果二等奖以及1项教育部高校青年教师奖。霍剑青等的"大学物理实验的改革与实践"和范

维澄等的"面向国家重大需求,产学研与新兴交叉学科建设相结合培养高层次创新人才"获国家级教学成果一等奖,陈国良等的"并行算法类教学基地建设"、李尚志等的"数学实验课程建设"和刘兢与武汉大学合作完成的"非生物类专业生物学基础课教学内容和课程体系改革研究"获国家级教学成果二等奖。

隆重举行CUSPEA学者活动周

6月9—11日,为纪念中美联合培养物理类研究生计划(CUSPEA)实施二十周年,我校隆重举行"CUSPEA学者活动周"。校领导汤洪高、朱清时、金大胜、李国栋、侯建国会见了返校的赵天池、韩先明、孟国武博士等十多位当年得到CUSPEA计划支持的我校毕业生。

活动周期间,CUSPEA校友举行了多场学术报告会,就各自的最新研究成果和工作情况向母校师生作了汇报,还多次与师生进行座谈和交流。

20世纪80年代,著名华人物理学家、诺贝尔奖得主李政道教授提出了CUSPEA计划(即"中美联合招考物理学研究生项目"),每年组织一百多名中国学生通过该计划到美国留学,其中尤以我校考取的人数最多,占全国录取总数的25.8%,居全国高校首位。

取得国内外机器人大赛优异成绩

6月15—16日,首届全国大学生机器人电视大赛在北京航天航空大学举行,我校大学生机器人队分别获得大赛冠、亚军。

8月31日,第一届亚太广播联盟(简称亚广联)亚洲太平洋机器人大赛在日本东京落幕,亚太地区18个国家和地区的20支代表队参加了比赛,我校代表队夺得亚军并获最佳技术奖。本次大赛中,我校机器人设计技术引起广泛关注。6个机器人有视觉和触觉,它们速度快,抗干扰能力强,定位准确,反映了我国在机器人技术方面已经具有国际先进水平。

MBA、MPA和工程硕士三个专业学位获准自行确定招生录取人数

6月,国务院学位委员会发布《关于2002年招收在职人员攻读硕士专业学位工作的通知》,授权我校2002年部分专业学位类别的招生录取人数可根据学校的办学条件和社会需求自行确定,我校MBA、MPA和工程硕士三个专业学位均获此授权。

2002年

● 举行2002届毕业生毕业典礼

7月2日,学校举行2002届学生毕业典礼暨学位授予仪式,朱清时校长在仪式上讲话。2002届我校有普通高等教育毕业生2444人,其中博士生201人,硕士生473人,本科生1770人,另有继续教育学士学位获得者388名。

● 钱景仁等当选全国、安徽省民主党派重要职务

7月,钱景仁任中国国民党革命委员会安徽省委员会名誉主任委员,马文淦任中国国民党革命委员会安徽省委员会副主任委员,郑永飞任中国民主同盟安徽省委员会副主任委员,方兆本任中国民主建国会安徽省委员会主任委员,虞吉林任中国民主促进会安徽省委员会副主任委员,牛立文任中国农工民主党安徽省委员会副主任委员,程晓舫任中国致公党安徽省委员会副主任委员,赵贵文任九三学社安徽省委员会名誉副主任委员,林祥钦任九三学社安徽省委员会副主任委员。

12月,郑永飞当选为中国民主同盟会第九届中央委员会委员,方兆本当选为中国民主建国会第八届中央委员会委员(常委),虞吉林当选为中国民主促进会第十一届中央委员会委员,牛立文当选为中国农工民主党第十三届中央委员会委员,程晓舫当选为中国致公党第十二届中央委员会委员,林祥钦当选为九三学社第十一届中央委员会委员。

● 汤洪高率团访问世界一流大学

8月11—31日,党委书记汤洪高率代表团赴欧洲,访问考察了英国剑桥大学、牛津大学和诺丁汉大学,德国斯图加特大学和柏林工业大学,法国国家科研中心和巴黎南大学,意大利国际理论物理中心6所世界一流大学和2个世界著名的科研中心。党委副书记、副校长金大胜,信息科学技术学院常务副院长王煦法,商学院副院长缪柏其等参加了访问考察。

学校此次组团对欧洲四国著名大学和研究中心进行访问,考察了欧洲部分著名大学的办学思路、模式和运作特点,建立了密切的合作交流关系,为我校创建高水平大学积累了经验。

● 科大创新股份有限公司上市

8月21日,科大创新股份有限公司在上海证券交易所向社会公开发行人民币普通股股

票 2 500 万股,每股发行价 4 元,募集资金 1 亿元。

科大创新股份有限公司是由我校科技实业总公司作为主发起人,联合中国科学院等离子体物理研究所的合肥科聚高技术有限责任公司、中国科学院合肥智能机械研究所、安徽省信息技术开发公司和日本恒星股份有限公司五家单位,于 1999 年 12 月以发起设立方式成立的股份有限公司。

9 月 5 日,科大创新股份有限公司在上海证券交易所交易大厅举行股票上市仪式,中国科学院副院长杨柏龄、安徽省政协副主席张润霞、我校党委书记汤洪高和合肥市副市长盛志刚等出席仪式。

◉ 举行 2002 级本科新生开学典礼

9 月 10 日,学校举行 2002 级本科新生开学典礼,校长朱清时在典礼上讲话。2002 年共招收新生 3 485 人,其中博士生 455 人,硕士生 1 267 人,本科生 1 863 人。另外还招收专业学位研究生 716 人。

◉ 举行中日重点大学群合作交流十周年庆典

9 月 11—15 日,中国科学技术大学—东京大学合作交流二十周年暨中日重点大学群合作交流十周年庆典及中日大学校长论坛在我校隆重举行。日本国会参议员、前文部大臣、前东京大学校长有马朗人,东京大学校长佐佐木毅,日本东北大学校长阿部博之,浙江大学校长潘云鹤,上海交通大学校长谢绳武,安徽省副省长蒋作君以及日本学术振兴会的有关人员出席;日本文部大臣发来贺信。朱清时校长主持了"中日大学校长论坛",中日两国 5 位大学校长就"21 世纪研究型大学的改革与发展"发表了精彩的演讲。

我校和日本东京大学于 1982 年签署学术合作协议,在物理、化学、精密机械、信息、科学管理 5 个学科领域开展 15 个合作研究项目。1993 年,中日合作的规模进一步扩大,拓展为中日两国重点大学群之间的合作交流,包括清华大学、大阪大学、上海交通大学、浙江大学等两国近十所著名理工科大学,在当代科技前沿的环境科学、信息科学领域开展合作研究。1999 年在中国宁波,中日共同举办了发展战略研讨会,深入探讨了两国如何面向 21 世纪,共同为亚州乃至世界科技事业的发展作出应有的贡献。目前,双方合作项目已由环境科学、纳米科技、信息科学扩展到高能物理、凝聚态物理等领域。

中日大学群的合作交流始终得到两国政府、科技教育主管部门的重视和支持。双方负责官员多次互访,增进了中日人民的友谊,推动了中日文化、科技的交流。

2002 年

● 我校与中国气象局开展局校合作

9月15日,中国气象局局长秦大河一行14人来我校,就开展局校合作同我校领导交流并签订合作协议。根据协议,双方按照"全面合作,优势互补;平等协商,互惠互利;多层推进,注重实效;资源共享,共同发展"的原则开展合作。合作领域包括:地球气候系统与全球变化、生态环境、遥感与现代探测技术、防灾减灾、基础科学以及现代管理、文化建设等;合作方式包括:联合培养研究生、互派访问进修学者、合编教材讲义、共同申报科研项目以及互通信息、资源共享等。双方还共同成立"中国气象局—中国科学技术大学合作工作指导委员会",研究合作事宜。

● "十五""211工程"建设项目可行性研究报告进行论证和审核

10月28—29日,中国科学院组织并邀请了以杨福家院士为组长的专家组对我校"十五"期间"211工程"建设项目可行性研究报告进行了论证和审核。

专家组认为,我校《可行性研究报告》在充分总结"九五""211工程"建设工作的基础上提出的"十五"期间建设目标和任务,符合国家的精神和要求,也符合学校总体建设目标对"十五"阶段性目标的要求。特别是在合理布局学科发展、推动学科交叉、促进前沿创新和建设公共实验平台等方面,不仅符合学校实际,而且具有较好的基础和鲜明的特色,体现了建设高水平研究型大学的要求。《可行性研究报告》中建设项目的目标设计和内容安排重点突出,明确合理;对预期实现的效益分析,实事求是,具有可检验性;经过"十五""211工程"建设,预期的建设目标和效益可以实现。大型仪器设备购置计划突出了重点学科建设,符合"十五""211工程"建设目标、建设任务和建设内容的要求。

论证期间,专家组成员经过讨论、交流,还对我校"十五""211工程"建设以及一流大学创建工作等提出了中肯、合理的意见和建议,比如:进一步加强学科交叉和融合,开创前沿学科领域和方向,培育新的学科增长点;加大队伍建设力度,提升教师创新能力和创新活力;加强实验技术队伍建设,重视计算机网络资源的建设和管理;建议中国科学院、安徽省进一步加大对我校办学的支持。

12月12日,我校"十五""211工程"建设项目可行性研究报告通过国家计委委托的中国国际工程咨询公司评估。

● 举行第五届华罗庚数学奖颁奖大会

10月31日下午,第五届华罗庚数学奖在我校隆重颁奖,北京大学姜伯驹院士和我校龚

2002年

昇教授获此殊荣。

"华罗庚数学奖"是我国数学界的最高荣誉奖,于1992年为纪念著名数学家华罗庚先生而设立。前四届的获奖者是中国科学院院士陈景润、陆启铿、谷超豪、万哲先、杨乐、周毓麟、王元与丁夏畦。

● 学科建设成效显著

7月19日,我校获准建立国家生命科学与技术人才培养基地。

10月,全国学位与研究生教育发展中心公布首次全国一级学科整体水平评估排名,我校参评理学学科均居国内前列,其中数学第六名,物理学第四名,化学第三名,电子科学与技术第五名。

● 汤洪高出席中国共产党第十六次代表大会

11月8—15日,中国共产党第十六次代表大会在北京隆重召开,十六大代表、我校党委书记汤洪高出席大会。

● 我校获得2003年硕士生招生自定复试分数线试点权

11月,我校获得2003年硕士研究生招生自定复试分数线试点权。

● 2篇博士论文入选全国百篇优秀博士学位论文

12月,刘卫国博士的《沉积环境中的硼、氯同位素地球化学》和孙阳博士的《钙钛矿结构氧化物中的超大磁电阻效应及相关物性》入选2002年全国百篇优秀博士学位论文。

● 部分机构调整

3月20日,学校撤销哲学社会科学部,成立科技哲学教学研究部、人文素质教学研究部、马克思主义理论教学研究部。22日,软件学院成立。

5月23日下午,心理教育中心正式成立。中心内设测试室、微笑成长工作坊、微笑晤谈咨询室,并建有心理健康网站"中国科大微笑在线"。

9月20日,中共中国科学技术大学哲学社会科学部总支部委员会更名为中共中国科学

2002年

技术大学社会科学总支部委员会。

● 多项成果获国家、安徽省重要科技奖励

2月,2001年度国家科学技术奖励大会在北京隆重召开,我校3项科技成果获奖。钱逸泰院士等研究的"纳米非氧化物的溶剂热合成与鉴定"获国家自然科学二等奖,范维澄院士等研制的"大空间早期火灾智能监测与电气火灾隐患检测系统"获国家科技步二等奖,陈国良教授等研制的"安徽省防灾减灾智能信息与决策支持系统"获国家科技进步二等奖。

4月22日,朱清时校长获得安徽省首届重大科技成就奖;李晓光等完成的"高温超导材料及相关体系的微结构与电磁特性研究"获安徽省自然科学一等奖;孟广耀等完成的"无机膜的软化学制备和传质过程"获安徽省科技进步二等奖;徐善驾等与安徽大学合作完成的"复杂目标RCS计算及电磁散射数值计算方法的研究"获安徽省科技进步二等奖。

● 谢毅、刘庆峰、侯建国获重要科技奖励

4月,第五届"中国青年科学家奖"和"中国青年科技创新奖"揭晓,我校化学与材料科学学院谢毅教授、科大讯飞信息科技有限公司总裁刘庆峰博士分别荣获"中国青年科学家奖"和"中国青年科技创新奖"。此次全国共有11人获得"中国青年科学家奖",10人获得"中国青年科技创新奖",我校是唯一一个同时荣获两项大奖的单位。

8月,侯建国教授获2001—2002年度海外华人物理协会(OCPA)亚洲成就奖。

● 年度数据统计

2002年,学校有教职工3667人,其中教师1800余人。教师中"两院"院士16人,教授481人,副教授849人,另有博士后60人。在校学生12920多人,其中博士生1159人,硕士生3016人,本科生8745人,继续教育学生6000余人。

2003年

2个实验室成为安徽省重点实验室

1月,我校分子医学实验室、光电子科学与技术实验室获准成为安徽省重点实验室。

火灾科学研究成果居世界第二位

1月,我校火灾科学国家重点实验室五年间被SCI收录论文128篇,在同类机构中居世界第二位,表明我国和我校在火灾科学基础研究领域进入世界先进行列。

朱清时获日本创价大学名誉博士学位

2月11—14日,朱清时校长随同教育部常务副部长周济赴日本出席了在东京大学举行的首届"中日两国重点大学校长论坛"。

其间,朱清时校长应创价大学校长若江正三博士邀请访问了创价大学,接受了该校名誉博士学位。

学科建设取得重要进展

2月,我校在13个博士学位授权一级学科范围内自主设置的16个博士学位授权点正式获准开展硕士、博士研究生培养试点工作。这些新增博士点均为急需发展的新兴、交叉学科博士点,分别是生物数学、数学物理、可再生洁净能源、空间环境科学、结构生物学、生物信息学、生物工程力学、材料力学与设计、微系统力学、信息安全、信息安全、同步辐射及

2003年

应用、金融工程、商务智能、评估系统工程、传媒管理。

10月,国家第九批学科申报工作结束,我校获准新增仪器科学与技术、材料科学与工程、动力工程与工程热物理、控制科学与工程4个一级学科博士学位授权点;新增科技哲学、环境科学2个博士点;获准自行审批增列了经济法学、民商法学、国际关系、环境工程4个硕士点。

至此,我校学科点规模总计已达17个一级学科博士学位授权点,89个博士点,105个硕士点。

● 极地环境研究室首次赴南海、北极进行科学考察

3月8日,我校极地环境研究室主任孙立广率7名科研人员组成的科学考察队启程前往南海西沙群岛的永兴岛,对晋卿岛、琛航岛等10个岛屿进行为期一个半月的科学考察,这是我校对南海西沙群岛的首次科考活动。

7月,极地环境研究室谢周清副教授被国家海洋局列为我国第二次科学考察队成员,将赴北极开展科考活动。这是继三次南极科考后,我校首次派员参与北极科考。

● 汤洪高、方兆本、钱景仁分别当选十届全国人大、政协常委

3月,汤洪高当选十届全国人大常委,方兆本、钱景仁当选十届全国政协常委。

● 获准试行本科招生自主选拔录取

3月,我校获准在普通高等教育本科招生工作中试行自主选拔录取,是全国获准开展普通高等教育本科招生改革试点工作的22所高校之一。

● 校园一卡通系统工程验收

3月31日至4月3日,我校和中国工商银行安徽省分行、广东三九智慧电子有限公司共同组成的验收小组对"校园一卡通"系统进行了最终验收。验收小组严格按照合同要求,对各子系统的功能指标和运行状况进行了认真的检测和验收,认为系统运行稳定,功能完善,达到了验收的要求,可以进行工程移交。

4月8日,安徽省科技厅组织专家对"校园一卡通"项目进行了鉴定。中国科学院信息化建设领导小组闫保平研究员出具了书面鉴定意见。专家认为,该系统采用非接触式IC

卡和智能终端设备,使校园卡与银行系统、学校管理信息系统衔接,实现了"一卡在手,走遍校园","一卡多用,一卡通用"的目标,总体达到目前国内先进水平。

我校"校园一卡通"工程于2001年下半年开始实施,是我校数字化校园建设的重要组成部分。2002年5月底整个系统全面投入试运行,10月29日至11月1日,学校与中国工商银行安徽省分行和三九智慧电子有限公司三方共同组成初验工作小组,对我校"校园一卡通"系统一期工程实施情况进行了检查验收。

● 积极预防"非典"

4月16日,学校印发《关于认真做好预防非典型肺炎工作的紧急通知》,对预防"非典"工作作出总体部署,并成立突发公共卫生事件应急处理领导小组,具体负责组织实施"非典"预防工作。

4月24日,学校成立非典型肺炎防治工作指挥部,党委书记汤洪高和校长朱清时分别任总指挥和副总指挥。

4月26日,学校发布第一号通告,明确提出了我校预防非典型肺炎的11项具体措施。

4月29日,北京大学、清华大学、复旦大学、上海交通大学、南京大学、浙江大学、西安交通大学、哈尔滨工业大学和我校9所大学校长向全国高校联合发出《团结协作,联合攻关,依靠科技,战胜"非典"》倡议书。

5月13日,学校党政中心组学习抗击"非典"英雄邓练贤同志的先进事迹。

5月17日,以"依靠科学,战胜'非典'"为主题的第三届"科技活动周"开幕。

10月18日,国务院督查组由安徽省副省长蒋作君、省政府副秘书长王坦和省有关部门负责人陪同,突击检查我校传染性非典型肺炎预防和控制工作,对我校"非典"防控工作给予了较好评价。

● 我校与中国科学院合肥智能机械研究所对研究生教育进行实质性整合

4月,中国科学院正式批复同意我校与中国科学院合肥智能机械研究所对研究生教育进行实质性整合。根据批复要求,自2003年起,合肥智能所的研究生教育将全部整合到我校,招生计划由我校统一安排并予以明确,培养、管理及学位授予工作按我校的要求进行。

● 开展2002级本科生全校性专业选择试点

5月10日,我校全面启动了2002级本科生全校性专业选择试点工作。为了让学生根

据自己的兴趣爱好和发展方向更好地完成大学本科阶段的学习,学校改革专业选择工作,为学生提供了一次重新选择专业的机会。

● 潘建伟等在量子信息与量子通信研究领域取得重要进展

5月22日和23日,《自然》和《物理评论快报》先后发表潘建伟教授等的论文《任意纠缠态纯化的实验研究》和《量子纠缠浓缩以及量子中继器的实验实现》。《自然》审稿人评价该论文:"它构成了量子信息实验领域一个非常重要的进展。"《物理评论快报》审稿人认为潘建伟等人的研究成果"非常适时地报道了量子中继器的实验实现,它是远距离量子通信实验领域一个重要的进展"。

● 学校领导班子换届

5月22日,中共中央任命中国科学院党组副书记郭传杰兼任我校党委书记。5月25日,国务院任命朱清时为我校校长。

5月28日,学校举行干部、教授大会,中共中央组织部副部长沈跃跃宣布中共中央、国务院关于我校党政主要领导职务变动的决定,全国人大常委会副委员长、中国科学院院长路甬祥作重要讲话,安徽省委书记、省人大常委会主任王太华和省委副书记兼秘书长王明方等出席大会。

6月11—12日,中国科学院对学校领导班子进行换届考核。6月18日,中国科学院任命程艺、侯建国、李国栋、李定、王东进为我校副校长(任期四年),免去金大胜(兼)、范维澄、王广训、高文(兼)的副校长职务。7月5日,学校召开干部、教授大会,中国科学院副院长白春礼代表中国科学院党组宣布我校副校长任免决定。

11月6日,中国科学院任命许武为我校党委常务副书记、副校长。11月28日,学校召开干部、教授大会,中国科学院人事教育局局长刘毅代表科学院党组宣布许武任职决定。

● 全国人大常委会副委员长路甬祥来我校视察

5月28日上午,全国人大常委会副委员长、中国科学院院长路甬祥和安徽省委书记、省人大常委会主任王太华,中央组织部副部长沈跃跃等领导出席学校干部、教授大会,路甬祥院长在大会上发表讲话,充分肯定了我校在过去几年中取得的成绩和汤洪高、朱清时为学校发展作出的贡献,并对我校党政领导班子提出了希望和要求。

在听取学校工作汇报后,路甬祥院长结合国家科技体制改革,要求我校紧紧把握此后5

到10年这一发展关键期的各种机遇,自觉面向国家重大需求和世界科学前沿,进一步调整学科结构,深化改革;切实尊重知识、尊重人才、尊重科学、尊重创造,唯贤是举,唯才是用,发挥人才的特长;对国内外优秀的人才、校友,要创造条件,有目标、有重点地吸引,要关心和支持优秀青年人才的成长,发挥老科学家的传、帮、带作用;中国科学院将在经费、人才等方面全力支持学校的建设与发展。

下午,路甬祥院长与学校部分中青年教学、科研和管理骨干进行了座谈,随后视察了合肥微尺度物质科学国家实验室(筹)、国家同步辐射实验室、火灾科学国家重点实验室、生命科学有关实验室和西区学生活动中心。

● 朱清时、汤洪高等任职国务院、安徽省学位委员会

6月,我校朱清时、李尚志、汤洪高、王水、施蕴渝、钱逸泰、何多慧7位专家当选第五届国务院学位委员会学科评议组成员,分别就职化学学科评议组、数学学科评议组、物理和天文学科评议组、地球物理学和地质学学科评议组、生物学学科评议组、材料科学与工程学科评议组、核科学与技术学科评议组,任期四年。

6月19日,朱清时任安徽省学位委员会副主任委员,汤洪高、李尚志、徐善驾、程艺任委员。

● 举行2003届学生毕业典礼

7月4日,学校举行2003届学生毕业典礼暨学位授予仪式,朱清时校长在仪式上讲话。2003届我校有普通高等教育毕业生2444人,其中博士生324人,硕士生470人,本科生2317人,另有继续教育毕业生2109名。

● 暑期校务工作务虚会召开

8月12—15日,学校召开暑期校务工作务虚会。8月12日,党委书记郭传杰主持召开全校干部大会,中国科学院人事教育局副局长杨星科在会上作了题为《发扬"全院办校,所系结合"传统,在建立和完善我院教育体系过程中,搭建科学与教育的桥梁》的报告;党委书记郭传杰、校长朱清时分别作了题为《实践"三个代表",创建一流科大——关于我校发展的一些思考》和《今后几年学校行政工作的基本思路》的报告。

8月13—15日,郭传杰书记、朱清时校长先后主持召开专题研讨会,副校长程艺、王东进、侯建国、李定、李国栋分别就教育改革与发展、科研工作、人事师资和外事工作、管理创

新和领导班子建设、深化后勤改革五个专题作了报告,提出了此后几年改革与发展的一系列思路和措施。在此基础上,会议明确提出了今后四年学校改革、建设和发展的工作思路和本学年度的工作重点。

● 第九次党代会召开

8月25日,中国共产党中国科学技术大学第九次代表大会举行开幕式暨第一次全体会议。郭传杰书记代表第八届党委会在大会上作了题为《以"三个代表"重要思想为指导,继承优良传统,弘扬创新精神,不断开创一流研究型大学建设新局面》的报告,李国栋代表第八届纪委会作了《贯彻"三个代表"重要思想,加强党风廉政建设,为一流大学建设营造良好的发展环境》的报告。安徽省委副书记王明方、省委组织部副部长黄林龙、省委教育工委书记陈贤忠、中国科学院副秘书长何岩等出席开幕式。

27日上午,大会选举产生了新一届党委和纪委。27日下午,第九届党委召开第一次全体会议,选举产生了新一届党委常委和党委书记、副书记,并批准了新一届纪委选举产生的纪委书记、副书记名单。

9月5日,中国科学院党组批复同意我校第九次党代会选举结果,郭传杰、朱清时、程艺、侯建国、李国栋、李定、王东进、鹿明任党委常委;郭传杰任党委书记,李定、鹿明任党委副书记,李定兼任纪委书记。金大胜、韩移旺任巡视员(副局级)。

● 举行2003级本科新生开学典礼

8月31日,学校举行2003级本科新生开学典礼,校长朱清时在典礼上讲话。2003年我校共招收新生4201人,其中本科新生1862人,博士生648人,硕士生1581人,外国留学生110人。另外还招收专业学位研究生1038人。

● 学校向安徽省委、省政府汇报工作

9月8日上午,党委书记郭传杰、校长朱清时率领我校党政领导班子全体成员向安徽省委、省政府汇报工作。安徽省委副书记张平、省委副秘书长方一本、省政府副秘书长兼办公厅主任梁熟、合肥市市长郭万清、省教育厅厅长陈贤忠、省科技厅厅长唐承沛等出席了汇报会。

郭传杰书记汇报了近期学校开展的主要工作,朱清时校长汇报了学校以后几年的总体建设与发展思路以及近年来在服务安徽建设方面所做的主要工作。张平副书记做总结讲

2003年

话,他就省、市及有关部门支持我校发展工作提出三点要求:一要统一认识,牢固树立支持我校发展的观念;二是重在落实,认真解决我校发展面临的各种问题,从环境、政策、服务等方面把对我校的支持落到实处,要把支持我校建设纳入省、市的发展规划和工作计划中,把我校东、西区之间的地域纳入合肥科教城的建设规划;三是要加强合作,充分发挥我校在省、市经济和社会发展中的重要作用,积极支持我校的"985工程"二期建设;同时要求学校为安徽的经济建设和社会发展作出更大贡献。

汇报会上,安徽省委、省政府决定成立由张平副书记牵头、省市政府有关领导和我校主要领导参加的联络小组,加强省、市支持我校建设和我校为地方服务工作的领导和协调机制;同时成立工作小组,建立定期沟通的工作机制,研究落实工作的有关具体问题。

● 学校印发3个会议议事规则

9月8日,学校印发《中国科学技术大学党委全委会议议事规则》、《中国科学技术大学党委常委会议议事规则》和《中国科学技术大学校长工作会议议事规则》。

● 我校"十五""211工程"建设项目可行性研究报告获国家批复

9月8日,国家发展和改革委员会批复同意我校"十五""211工程"建设项目可行性研究报告。我校"十五""211工程"包括11个重点学科建设项目、3个公共服务体系建设项目和师资队伍建设项目,建设总投资27 200万元,其中中央专项资金9 000万元,中国科学院配套资金9 200万元,学校自筹资金9 000万元。

● 庆祝建校45周年

9月17日,微软"长城计划安徽行"开幕式暨庆祝中国科学技术大学建校45周年学术报告会在我校举行,学校聘请微软亚洲研究院张亚勤、沈向洋、张宏江、李世鹏、李明镜等专家为我校兼职博导,聘请许峰雄为兼职教授;沈向洋、许峰雄、李世鹏、张高在我校举行系列学术报告会,并与有关院系和教师座谈交流,探讨加强双方在科研和教学方面的合作。朱清时校长和微软亚洲研究院沈向洋副院长共同为"微软—科大智能计算研究中心"揭牌。

9月18日,学校隆重举行郭永怀先生"两弹一星"功勋奖章捐赠暨首届郭永怀奖学金颁发仪式,郭永怀先生夫人李佩教授向我校捐赠郭永怀先生的"两弹一星"功勋奖章,程艺副校长宣布设立郭永怀奖学金,李佩教授亲自为首届郭永怀奖学金获得者颁奖。同日,学校举行"思源"碑揭幕仪式。

9月19日上午,学校举行校史馆开馆仪式暨校史展览,郭传杰书记和朱清时校长为校史馆揭幕。下午,学校举行庆祝建校45周年大学校长报告会,清华大学校长顾秉林、台湾大学校长陈维昭分别以《建设世界一流大学的思考与实践》、《如何迈向世界一流大学——台大的努力方向》为题,畅谈创建世界一流大学的实践和体会。当晚,学校举行庆祝建校45周年文艺晚会。

9月22日,学校举行庆祝建校45周年第二场大学校长报告会,香港科技大学校长朱经武作题为《高温超导与氢——新世纪最理想的能源传输系统》的报告。

● 东亚研究型大学协会第九届年会暨第十三届理事会在我校举行

9月20日,东亚研究型大学协会第九届年会暨第十三届理事会在我校举行,协会主席、台湾大学校长陈维昭主持了本届年会和理事会,安徽省省长王金山出席开幕式并讲话,我校朱清时校长在会上当选为新一届协会主席。该次会议共有来自日本东京大学、京都大学、大阪大学、东北大学、东京工业大学、筑波大学,韩国高等科学技术研究学院、汉城大学、浦项大学,中国科学技术大学、北京大学、清华大学(北京)、复旦大学、南京大学和香港科技大学、台湾大学、清华大学(新竹)17所著名研究型大学的校长参加会议,是近年来东亚研究型大学协会规模最大、出席校长最多的一次会议。

● 7位同志挂任安徽省科技副职

9月,我校在全校范围内进行了科技副职的选派工作。最后中共安徽省委决定,提名夏炳乐、竺长安、张克仁、陈学平、陶进绪、黄攸立同志分别挂职担任阜阳市、巢湖市、宣城市、池州市、安庆市、黄山市人民政府副市长,提名夏维东同志挂职担任安徽省能源集团有限公司副总经理。

● 我校入选2003年中国科技事业单位自主知识产权竞争力百强

9月,我校入选2003年中国科技事业单位自主知识产权竞争力百强,排名第十一位。

● 上海研究院和苏州研究院成立

10月9日,学校成立上海研究院和苏州研究院。上海研究院、苏州研究院是我校分别与上海市南汇区政府、苏州市政府共同建设的非营利性研究机构,具有独立法人资格;研究

院实行董事会领导下的院长负责制,是我校工程硕士特别是软件工程硕士和工商管理硕士等人才培养的实习基地,同时开展各类非全日制教育,为地方和企业培养急需的实用型人才。

● 海外校友代表团回国访问

10月19日至11月1日,以胡荣湘博士为团长的我校海外校友代表团一行30人,先后访问了上海、苏州、杭州、合肥和北京等地,引起社会各界的广泛关注。校领导朱清时等于29日与海外校友代表座谈,听取校友们关于学校建设与发展的意见和建议。全国人大常委会副委员长、中国科学院院长路甬祥,中国科学院副院长白春礼,中国科学院党组副书记、我校党委书记郭传杰等于30日在北京会见我校海外校友代表团全体成员并与他们座谈。

● 获准新增5个博士后科研流动站

10月23日,我校获准在地球物理学、科学技术史、材料科学与工程、控制科学与工程、管理科学与工程5个一级学科设立博士后科研流动站。

● 进行机构改革

11月5日,学校成立机构改革领导小组和工作小组,党委书记郭传杰和校长朱清时任领导小组组长,党委副书记、副校长李定任工作小组组长,副校长侯建国、巡视员金大胜任工作小组副组长。

11月20日,学校对校部机关机构设置进行调整,校部机关机构由原来的23个减为17个,成立发展与规划研究室。其中,原招生与就业指导办公室工作职能并入学生工作处,原西区办公室、南区办公室工作职能并入党政办公室,原校长办公室所属的知识产权管理职能划归科学技术处,后勤管理处房产管理职能划归校产管理处,组建机关综合服务中心、学生服务中心、外事服务中心和核算中心。

● 全国人大常委会委员长吴邦国视察我校

11月16日上午,中共中央政治局常委、全国人大常委会委员长吴邦国在中共安徽省委书记、省人大常委会主任王太华和省长王金山等的陪同下,到我校国家同步辐射实验室、火灾科学国家重点实验室视察工作,党委书记郭传杰等校领导陪同视察。

在国家同步辐射实验室,郭传杰书记简要汇报了学校历史、基本情况和近年来创建一流研究型大学的进展;国家同步辐射实验室常务副主任盛六四汇报了实验室的建设和运行情况。吴邦国委员长询问了学校的办学规模,对我校在人才培养和科学研究方面取得的成绩给予了充分肯定,随后参观了实验室储存环大厅,详细了解了实验站的工作原理、运行特点和关键技术。

在火灾科学国家重点实验室,实验室副主任袁宏永汇报了实验室的发展历程、已开展的主要工作和奋斗目标。吴邦国委员长询问了我国火灾科学的发展情况,观看了大空间火灾智能探测与定点扑救实体试验,充分肯定了火灾科学国家重点实验室在解决高大空间火灾防治世界难题方面所取得的成绩。他强调,我国应进一步加强火灾安全方面的基础建设和研究力量,就国家消防安全尤其是其中的关键科学和技术问题进行深入研究,加快成果转化的速度和质量,在维护社会安全和促进国民经济建设中发挥重要作用。

● 5位教授增选为院士

11月24日,我校李曙光、吴奇、陈国良、侯建国、郭光灿5位教授在2003年中国科学院院士增选中当选为院士,这是我校自1999年以来增选院士人数最多的一年。此外,在2003年新增的58位中国科学院院士中,有8人为我校校友。

● 中国科学院"全院办校,所系结合"座谈会在我校召开

11月30日,中国科学院"全院办校,所系结合"座谈会在我校召开。中国科学院副院长白春礼作重要讲话,朱清时校长汇报了学校建设与发展概况及今后的发展思路,中国科学院有关部门及各研究院所领导和我校代表共100多人参加了会议。郭传杰主持大会并做总结讲话。与会同志结合《中国科学院关于支持中国科学技术大学贯彻新形势下"全院办校,所系结合"办学方针的意见》(征求意见稿)展开了热烈讨论,对新形势下加强科研与教育的结合,充分发挥各自优势,全面提高中国科学院人才培养、科学研究和服务社会的水平提出了许多建设性意见和建议。

会上,中国科学院数学与系统科学研究院、上海生命科学研究院分别与我校签订了院校合作协议,北京空气动力研究所崔尔杰院士、福建物质结构研究所所长洪茂椿院士、大连化学物理研究所所长包信和研究员分别被聘任为我校工程科学学院院长、化学系主任、化学物理系主任。

2003 年

◉ 校区扩建第一期工程项目顺利通过国家验收

11月30日、12月1日,中国科学院受国家发展和改革委员会的委托,在我校分别主持召开了"中国科学技术大学校区扩建第一期工程"(以下简称一期工程)项目初步验收会和国家验收会。

我校校区扩建一期工程是"七五"期间国家重点建设项目,最初批准建设规模为16.7万平方米,总投资9 300万元。项目自1987年开始实施,1998年全部完工。受设备、材料和其他政策性调价因素影响,最终投资规模为15 230万元。

验收组专家认真审议后认为,我校一期工程布局合理,工艺设计先进、实用,工程质量合格,达到设计标准,满足使用要求,运行情况良好,总体上达到了目前国内高校较高的水平,一致通过项目国家验收。

◉ 召开第六届教职工代表大会第一次会议

12月25日,我校召开第六届教职工代表大会第一次会议,朱清时校长作了题为《开拓创新,加快发展,努力开创一流研究型大学建设的新局面》的工作报告,党委书记郭传杰作了题为《以"三个代表"重要思想为指导,调动全校教职工的积极性和创造性,加快推进一流研究型大学建设工作》的重要讲话,并传达了全国人才工作会议的主要精神;副校长许武、程艺、侯建国、李国栋、李定、王东进就分管工作向大会作了工作汇报。大会讨论并原则通过了《中国科学技术大学教职工代表大会暂行条例实施细则》(修订案),完成了教代会的换届工作。共有325位代表出席会议。

◉ 获准筹建合肥微尺度物质科学国家实验室

11月25日,科技部正式批准我校筹建合肥微尺度物质科学国家实验室。合肥微尺度物质科学国家实验室(筹)是在对中国科学院结构分析重点实验室、选键化学重点实验室、量子信息重点实验室和原子分子物理实验室进行交叉整合的基础上组建的,研究领域为物理学、化学、生物学、材料科学和信息科学的交叉前沿。

国家实验室是国家组织开展与国家发展密切相关的基础性、前瞻性、战略性科技创新活动的基地,发展目标是规模较大、学科交叉、人才汇聚、管理创新的国际一流实验室。此次同时获准筹建的国家实验室还包括北京凝聚态物理国家实验室、武汉光电国家实验室、清华信息科学与技术国家实验室、北京分子科学国家实验室。

2003年

● 部分学科、机构调整

2月26日,近代物理系和天文与应用物理系的理论物理学科整合至近代物理系;物理系和天文与应用物理系的凝聚态物理学科整合至物理系;物理教学实验中心成立,统一规划和管理理学院物理教学实验,隶属天文与应用物理系。

8月30日,党委办公室和校长办公室合署办公,统称党政办公室。

9月8日,校博物馆成立。

● 发表科技论文数继续保持全国高校前列

2003年,我校发表的科技论文数继续位居全国高校前列,其中SCI收录1 087篇,排名全国高校第五位;EI收录629篇,排名全国高校第七位;ISTP收录186篇,排名全国高校第十八位;国际论文被引证1 343篇、3 389次,排名全国高校第四位。

● 多项成果获国家、安徽省重要奖励

2月,我校电子工程与信息科学系王仁华等研制的"KD系列汉语文语转换系统"获2002年度国家科技进步二等奖,由我校火灾科学国家重点实验室推荐的日本国立消防所所长平野敏佑获中华人民共和国国际科学技术合作奖。

4月,安徽省2001年度科学技术奖评选结果揭晓,我校钱逸泰院士获重大科技成就奖;孙立广等完成的"南极湖泊系统的沉积序列与环境事件研究"获安徽省自然科学一等奖;胡友秋等完成的"太阳风的加热和加速"获安徽省自然科学二等奖;霍然等完成的"大空间火灾实验研究和火灾探测平台的研制及其应用"获安徽省科技进步二等奖。

9月28日,安徽省科学技术奖励大会召开,我校何多慧院士获2002年度安徽省重大科技成就奖,侯建国等完成的"用扫描隧道显微学对单分子结构的理论和实验研究"获安徽省自然科学一等奖;李炯生等完成的"组合矩阵论研究"获得者安徽省自然科学二等奖;王秀喜等与合肥通用机械研究所合作完成的"在用动力管网大口径煤气管道危险源分析及安全保障工程技术研究"获安徽省科技进步二等奖,任传胜等与合肥三立自动化工程有限公司合作完成的"大中型泵站(群)综合自动化系统"获安徽省科技进步二等奖。

12月17日,国家知识产权局公布《关于授予中国专利金奖和中国专利优秀奖的决定》,火灾科学国家重点实验室袁宏永、范维澄和王清安等的发明专利"利用彩色影像三基色差分进行火灾探测与定位的方法"(专利号为ZL95100519.7)获中国专利金奖。

2003年

◉ 陈国良、郭光灿、侯建国、潘建伟、谢毅等获重要荣誉

1月,谢毅教授获第二届中国科学院—拜耳青年科学家奖,她是获此殊荣的第一位女科学家。

9月,陈国良、李尚志教授获首届国家级教学名师奖,霍剑青、程福臻教授获安徽省教学名师奖;侯建国、俞汉青入选全国留学回国人员先进个人,我校是唯一有两人入选回国人员先进个人的高校。

10月10日,潘建伟教授获2003年度奥地利科学院奖,这是我国科学家首次获得这一奖项。

12月,郭光灿院士获2003年度何梁何利基金科学与技术进步奖。

◉ 年度数据统计

2003年,学校有教职工3 557人,其中教师1 120人,专职研究人员322人。教师中"两院"院士23人,教授458人,副教授580余人,另有博士后110人。在校学生13 794人,其中博士生1 498人,硕士生3 873人,本科生8 423人,另有专业学位研究生1 575人,继续教育学生3 830人。

2004年

● 我校与合肥市联合召开全面合作联席会议

2月17日,我校与合肥市人民政府联合召开全面合作联席会议,双方就加强全面合作取得了共识,特别是我校参与科学城建设,合肥市支持"科大花园"建设、水电增容改造等,决定进一步完善校市合作的工作协调机制。

● 3门课程入选教育部"2003年度国家精品课程"

2月,我校陈国良的"并行计算"、李尚志的"数学实验"、霍剑青的"大学物理实验"3门课程入选教育部"2003年度国家精品课程"。

● "科大花园"项目正式启动

2003年7月7日,安徽省委副书记张平、合肥市市长郭万清等来我校考察,听取了校领导郭传杰、朱清时关于我校近期发展目标和拟建"科大花园"等工作的汇报,现场决定了"科大花园"的建设用地问题。8月,学校第九次党代会决定加大"科大花园"建设的力度与速度。11月10日,"科大花园"项目的总体规划设计工作正式启动。

2004年2月17日,学校与合肥市人民政府召开全面合作联席会议,就"科大花园"等工作达成共识。3月开始,通过一系列招标和评审工作,确定了"科大花园"项目总体规划方案。8月18日,合肥市发展计划委员会下达正式批复意见(计投[2004]357号),通过了"科大花园"项目工程扩初设计方案。9月23日,合肥市住房制度改革办公室正式下达《关于同意中国科学技术大学组织职工全额集资建住房的批复》(合房改办[2004]400号),"科大花

2004年

园"项目全额集资建房申请得到批准。10月29日,"科大花园"建设项目正式破土动工建设,标志着该项目由规划设计阶段进入实质性的建设阶段。2006年4月25日,"科大花园"全额集资建房挑房选号工作完成。

● 设立课程讲座教授

随着学校教师退休高峰的到来,一大批科研背景强、教学经验丰富、教学效果良好的教师陆续从教学第一线退下来,致使提高教学质量与高水平教师短缺的矛盾日显突出,一些重要课程将要或者已经面临后继无人的局面。有鉴于此,学校为了进一步调动广大教师从事教学工作的积极性,尽快改变上述状况,并有针对性地加大培养青年教师的力度,决定设置"课程讲座教授"。3月4日,学校印发《中国科学技术大学关于设立课程讲座教授的实施意见(试行)》。课程讲座教授的应聘条件为:热爱教育事业,工作认真负责,具有良好的学风和科学道德;教学经验丰富,讲课效果优秀,熟悉教学环节;身体健康;已退休且具有高级职称。课程讲座教授的主要职责为:每年至少高质量地讲授一门本科生主干课程;师德垂范,积极培养青年教师;就本课程的教学内容和教材建设提出系统的建设性意见。

9月9日,学校下发《关于聘任史济怀等5位教授为首批课程讲座教授的通知》。课程讲座教授在理学院首批试行。学校首聘的"课程讲座教授"是:史济怀(数学分析)、李炯生(线性代数)、谢盛刚(微积分)、阮图南(普通物理和量子力学)、张永德(量子力学)。

9月10日下午,在庆祝第20个教师节之际,学校在水上报告厅举行首批"课程讲座教授"聘任仪式。副校长侯建国主持受聘仪式,党委书记郭传杰,副校长程艺,党委副书记、副校长李定出席仪式,并为首批"课程讲座教授"颁发了聘书。

● "全院办校,所系结合"工作取得新进展

2月27日,学校成立"全院办校,所系结合"实施工作领导小组,许武任组长,程艺、王东进任副组长。3月3日,许武主持召开领导小组第一次全体会议,研究部署"全院办校,所系结合"工作。

3月9日,中国科学院印发《关于支持中国科学技术大学贯彻新形势下"全院办校,所系结合"办学方针的意见》(科发人教字[2004]55号),明确新形势下"全院办校,所系结合"工作的指导思想,对做好"全院办校,所系结合"工作提出了具体的要求。

3月17日,学校向出席中国科学院2004年度工作会议的院领导、院机关各部门和院属各单位的领导汇报我校的建设与发展情况,特别是进一步贯彻"全院办校,所系结合"办学方针的基本思路和工作设想。中国科学院党组副书记、校党委书记郭传杰结合分析我校的办学优势和不足,充分阐述了贯彻"全院办校,所系结合"工作的指导思想和重要意义。朱

2004年

清时校长代表学校作了题为《全面贯彻"全院办校,所系结合"办学方针,开创一流研究型大学建设新局面》的报告。许武对贯彻"全院办校,所系结合"办学方针的若干具体问题作了补充说明,并就有关工作进行了通报。

3月13日,学校分别与长春光学精密机械与物理研究所、长春应用化学研究所签署了全面合作协议。4月4日,与合肥物质科学研究院签署了全面合作协议。5月13日、15日,分别与南京分院、上海分院签署了全面合作协议。6月1日,与武汉分院签署了全面合作协议。8月16日,与长春分院签署全面合作协议。9月19日,与成都分院签署全面合作协议。9月24日、9月27日、10月5日,分别与兰州分院、广州分院、沈阳分院签署全面合作协议。10月28日,与政策与管理研究所签署全面合作框架协议。12月14日,与西安分院、陕西省科学院签署全面合作协议。12月15日,与昆明分院签署全面合作协议。

● 教育部部长周济来校视察指导工作

4月9日,教育部部长周济在安徽省副省长田维谦陪同下,来校视察指导工作,听取了校领导朱清时、许武的学校工作汇报。周济表示教育部将继续与中国科学院、安徽省做好共建我校工作。周济一行还考察了合肥微尺度物质科学国家实验室(筹)和国家同步辐射实验室。

● 中国科学院院长办公会议研究学校建设与发展工作

5月8日,中国科学院院长路甬祥主持召开院长办公会议,听取我校的工作汇报,讨论和研究加大力度支持我校建设与发展工作的有关问题。校领导郭传杰、朱清时、许武、侯建国参加会议。科学院领导先后听取了朱清时、许武代表学校所作的《关于科大建设与发展若干重要问题的汇报》和《关于科大园区规划和建设工作的汇报》。路甬祥在总结讲话中对我校46年来的办学成就给予充分肯定,表示中国科学院继续积极支持我校发展。

会议原则同意我校发展战略规划的总体思路,同意在下半年召开第四次中国科学技术大学发展工作会议,并推动与教育部、安徽省对我校新一轮重点共建工作的落实;会议还就加大力度支持我校园区基本建设工作、支持我校的"所系结合"工作和北京教育基地建设、科技创新平台和学科建设、专职科研人员编制等问题形成了明确意见,并作了初步工作安排。

● 电子校务系统建设正式启动

5月11日,学校和江苏东大金智软件股份有限责任公司签订了电子校务系统建设合

同,标志着我校电子校务系统建设正式开始实施。

● 3篇博士论文入选2004年全国百篇优秀博士学位论文

5月19日,教育部学位与研究生教育发展中心公布了2004年全国百篇优秀博士学位论文入选名单,我校3篇论文入选,分别是袁岚峰的《分子、团簇和凝聚体系中相互作用的计算研究》、王毅的《离散竞争动力系统的一般性质及反应扩散方程解的收敛性》、步磊的《两个遗传性白内障致病基因的定位与克隆》。

● 中国科学院创新案例系列讲座开讲

5月21日,中国科学院创新案例系列讲座2004年度第二讲在我校举行,数学与系统科学研究院院长郭雷院士、昆明动物所副所长张亚平院士分别作《在时代环境中创新成才》和《我在边疆——青年学者的定位与成才》的报告。

9月8日,中国科学院创新案例系列讲座2004年第四讲在中国科学院研究生院举行,我校副校长侯建国院士、中国科学院金属研究所所长卢柯院士分别作《脚踏实地,创新成才》和《材料科学研究的动力与乐趣》的报告。

● 第六届校学位委员会成立

6月16日,第六届校学位委员会成立,朱清时任主任委员,何多慧任常务副主任,陈国良、程艺、侯建国、李定、王东进任副主任。数学学科、物理天文学科、化学材料学科、力学工程学科、地学环境学科、电子信息与计算机学科、生命学科、管理人文学科、国家同步辐射实验室、合肥微尺度物质科学国家实验室(筹)、专业学位(管理类)、专业学位(工程类)、智能所各分委员会同时成立。

● 鹿明任学校新闻发言人

6月30日,校党委副书记鹿明任学校新闻发言人。

● 举行2004届学生毕业典礼暨学位授予仪式

7月1日,学校举行2004届学生毕业典礼暨学位授予仪式,朱清时校长在典礼上讲话。

2004年

2004年共有毕业生6 401人,其中博士生395人,硕士生1 025人,本科生2 531人,专科生155人,继续教育毕业生2 295人。

◉ 潘建伟研究组成果在《Nature》上发表

7月1日,《Nature》杂志发表了我校潘建伟教授等完成的重大研究成果:五粒子纠缠态以及终端开放的量子态隐形传输的实验实现,在国际上首次实现五粒子纠缠态的制备与操纵。

◉ 授予诺贝尔奖获得者特霍夫特名誉博士学位

7月27日,学校授予诺贝尔物理学奖得主特霍夫特(G't Hooft)教授名誉博士学位,朱清时校长向特霍夫特颁发了博士学位证书。

特霍夫特是著名物理学家,现任荷兰乌特列支(Utrecht)大学终身教授。他对现代物理学的发展,特别是对于量子非阿贝尔规范理论的重整化的证明作出了杰出贡献,为基本粒子的理论基础——粒子物理的标准模型奠定了基础,并因此和导师维尔特曼(M. Veltman)荣获1999年度诺贝尔物理学奖。

◉ 暑期校务工作会议召开

8月23—25日,学校召开2004年暑期校务工作会议,研究和讨论学校中长期发展战略规划,研究、部署和安排本学期学校党政主要工作。中国科学院党组成员、秘书长李志刚在全校干部大会作了题为《回顾与展望》的报告,朱清时校长作了题为《把科大办成一流研究型大学的关键:以人为本》的讲话,校领导李定、程艺、王东进、侯建国、许武、李国栋、鹿明先后就学校总体发展战略规划、学科建设与发展规划、科技发展规划、人才队伍建设规划、园区建设规划、校园文化建设规划等作了专题报告。

◉ 举行2004级新生开学典礼

9月4日,学校举行2004级新生开学典礼,朱清时校长在典礼讲话。2004年共招收新生3 715人,其中本科生1 848人,硕士生1 296人,博士生(秋季)591人。另有专业学位研究生以及800余名有关研究院所的代培生。

2004年

● 开设"中国科大论坛"

"中国科大论坛"是学校主办的高层论坛,旨在邀请国内外著名专家学者等各界杰出人士来校作报告,就科技、教育、文化、经济、政治等领域的各类重大和前沿课题,传播前沿知识,交流创新思想,弘扬先进文化,彰显时代精神,推动以创新能力为核心的全面素质教育。

9月10日下午,我校名誉校长、中国科学技术协会主席周光召院士为"中国科大论坛"作了《选择人生》的首场报告。11月18日,中国科学院理论物理研究所何祚庥院士为"中国科大论坛"作了《做人·做事·做学问》的报告。

● 安徽省省长王金山来校调研考察

9月29日,安徽省省长王金山在省领导任海深、田维谦、徐立全以及有关部门和合肥市人民政府负责人陪同下来校调研考察,并与我校教师代表进行了座谈,王金山表示安徽省全力支持我校的建设与发展。王金山一行还参观了国家同步辐射实验室和合肥微尺度物质科学国家实验室(筹)。

● 中国科学院第四次中国科学技术大学发展工作会议在北京举行

10月12日,中国科学院第四次中国科学技术大学发展工作会议在北京举行。全国人大常委会副委员长、中国科学院院长路甬祥,教育部部长周济,安徽省省长王金山,中国科学院副院长白春礼、江绵恒,安徽省委副书记张平、副省长田维谦,校党委书记郭传杰、校长朱清时,中国科学院、教育部,安徽省有关部门负责人,合肥市有关领导,中国科学院所属研究院所负责人,解放军总装备部、总参谋部,中国航天科工集团公司等特邀单位代表,我校领导以及各院系、重点科研机构、机关有关部门负责人共200多人出席了开幕式。开幕式由白春礼主持。

开幕式上,朱清时代表学校党政领导班子作了《抓住机遇,加快发展,努力创建一流研究型大学》的工作汇报,就2004—2018年总体发展战略规划的主要内容和今后几年的建设与发展思路作了介绍。郭传杰宣读了中国科学院、教育部、安徽省人民政府继续重点共建中国科学技术大学协议,路甬祥、周济、王金山分别代表三方在协议上签字。随后,周济、王金山、路甬祥先后发表重要讲话,希望学校抓住"985工程"二期机遇,加快发展,为国家和地方经济建设作出更大贡献。

下午,许武作《积极推进"全院办校,所系结合",探索优势互补、互动双赢的合作新模

式》的工作汇报,部分研究院所及我校有关学院分别作"所系结合"工作经验交流发言。郭传杰在闭幕式上的讲话中强调新时期、新形势下开展"全院办校,所系结合"要有新的特点、新的内涵和新的形式。

白春礼作大会总结,就贯彻落实本次会议精神、支持我校一流研究型大学建设、全面推进"全院办校,所系结合"等工作作出了部署,提出了要求。

● 中国学位与研究生教育2004—2020年发展规划战略研讨会在我校举行

10月17—18日,由教育部主持立项的中国学位与研究生教育2004—2020年发展规划战略研究研讨会在我校召开。来自全国14所大学研究生院、教育研究院(所)以及国务院学位办公室和上海教育科学研究院的41位专家参加了会议。会议由教育部"985工程"办公室主任郭新立主持,教育部副部长赵沁平、国务院学位办公室主任杨卫、武汉大学党委书记顾海良等出席会议并讲话。会议初步形成《中国学位与研究生教育2004—2020年发展规划战略研究报告》的总体框架。

● 我校机器人足球队获多项殊荣

在10月15—20日举行的"2004中国机器人足球大赛"上,我校蓝鹰小型组机器人足球队夺得了RoboCup小型组冠军和3D仿真组、四腿机器狗组亚军。

● 新一届校学术委员会成立

10月25日,新一届校学术委员会成立,李曙光院士任主任,周又元、侯建国、施蕴渝、伍小平、陈国良、何多慧、王东进任副主任。

● 合肥微尺度物质科学国家实验室(筹)建设计划通过专家论证

11月2—3日,合肥微尺度物质科学国家实验室(筹)的建设计划通过由国家科技部组织的专家论证。专家组对合肥微尺度物质科学国家实验室(筹)的建设计划进行了可行性论证,听取了实验室主任唐叔贤院士、常务副主任侯建国院士的工作报告,以及朱清时院士代表依托单位所作的报告,考察了实验室的研究工作与基础建设情况,并与实验室骨干人员进行了座谈。中国科学院副院长白春礼、科技部副部长程津培、安徽省副省长田维谦出席了2日上午的开幕式并发表重要讲话。

2004年

合肥微尺度物质科学国家实验室是由我校独立承担的,对物理、材料、生物、化学等实行大跨度学科联合方式组建的国家实验室,2003年11月25日正式开始筹建,是国家科技部第一批批准筹建的5个国家实验室之一。2004年8月,香港城市大学常务副校长唐叔贤院士、我校副校长侯建国院士分别受聘担任合肥微尺度物质科学国家实验室(筹)主任、常务副主任。

◉ "多媒体计算与通信教育部—微软重点实验室"成立

11月8日,微软亚洲研究院与国家教育部科技司签署合作协议,将中国高校与微软亚洲研究院已建立的5所"联合研究实验室"建设成为"教育部—微软重点实验室",纳入教育部重点实验室管理体系。由我校承建的"多媒体计算与通信教育部—微软重点实验室"成为第一批共建的5个"教育部—微软重点实验室"之一。

◉ 李长春来我校视察调研

11月19日上午,中共中央政治局常委李长春在王太华、王金山等省、市领导的陪同下来我校视察,并就加强和改进高校大学生思想政治工作进行调研。李长春一行还视察了国家同步辐射实验室,校领导郭传杰、许武等陪同视察。

考察期间,李长春主持召开了师生代表座谈会。郭传杰向李长春简要介绍了学校的基本情况,重点汇报了我校加强和改进大学生思想政治教育工作的做法和成效、体会和目前存在的问题与建议。师生代表李曙光、周密、潘正祥、钟小强、孔燕、俞能海、汪臻真等先后发言。在仔细听取学校汇报和师生代表的发言后,李长春就如何进一步学习贯彻《中共中央、国务院关于进一步加强和改进大学生思想政治教育的意见》精神,切实加强大学生思想政治教育工作,培养和造就"四有新人"作了重要讲话。

◉ 侯建国当选为第三世界科学院院士

11月23—24日,在意大利里雅斯特举行的第三世界科学院(TWAS)第十五届全体大会上,侯建国当选为第三世界科学院院士。

◉ 10篇论文入选首届中国科学院优秀博士学位论文

11月,中国科学院公布了首届中国科学院优秀博士学位论文评审结果,我校10篇论文

2004年

入选。分别是曾长淦的《扫描隧道显微镜在分子自组装和分子电子学中的应用》;杨昭荣的《铬基硫族尖晶石体系超大巨磁电阻效应及相关物性的研究》;王俊贤的《活动星系核的铁 Kα 荧光线辐射和钱德拉 X 卫星南天深度巡天》;姜锐的《交通流复杂动态特征的微观和宏观模式研究》;汪毓明的《行星际磁云及相关事件综合研究》;李勇的《甘氨酸与 GABA 共释放及其在受体水平的相互作用》;郑仁奎的《钙态锰矿氧化物中的电荷有序态及相关性能研究》;翁文国的《腔室火灾中回燃现象的模拟研究》;罗琳的《基于小波的高维图像视频媒体压缩》;黄文的《动力系统的复杂性与点串》。

◉ 岗位聘任与三元结构薪酬制度开始实施

12月7日,学校召开岗位聘任与三元结构薪酬制度实施工作会议,侯建国主持会议,校领导朱清时、许武出席会议并分别讲话。机关各部处、直属技术支撑单位党政负责人,各学院、直属科研机构岗位聘任与薪酬制度实施工作小组全体成员参加了会议。

"三元结构薪酬制度"是国际著名高校的通行做法,它将学校岗位分为教师、党政管理和技术支撑三个系列,三个系列的薪酬依据"岗位"、"资历"和"绩效"三个要素而定。

◉ 国家同步辐射实验室二期工程项目通过国家验收

12月14日,国家重大科学工程项目"国家同步辐射实验室二期工程项目"顺利通过国家验收。安徽省领导王金山、田维谦,中国科学院副院长白春礼,校领导郭传杰、朱清时,华中科技大学校长樊明武院士,中国科学院高能物理研究所方守贤院士,国家发改委有关部门负责人等出席了验收会开幕式。国家验收委员会认为,国家同步辐射实验室通过二期工程建设,提高了装置技术水平,扩大了实验应用领域,基本完成国家发展和改革委员会批准的建设目标,一致同意国家同步辐射实验室二期工程项目通过国家验收。

◉ 贾庆林来我校视察工作

12月20日上午,中共中央政治局常委、全国政协主席贾庆林在郭金龙、王金山、方兆祥等省、市领导的陪同下来我校视察,校领导郭传杰、朱清时等陪同视察,贾庆林充分肯定了我校在人才培养、科学研究和实验室建设等方面取得的成绩。贾庆林一行参观了国家同步辐射实验室、合肥微尺度物质科学国家实验室(筹)。

2004年

● 召开第六届教职工代表大会第二次会议

12月28—29日,我校第六届教职工代表大会第二次会议召开,朱清时作题为《抓住机遇,齐心协力,开拓创新,加速创建一流研究型大学》的工作报告,郭传杰作题为《总揽全局,谋划改革,开创党建创建协调发展的新局面》的讲话。秘书长汪克强以及教务处、科技处、人事师资处、学生工作处、监察审计处、后勤管理处、校园基本建设办公室、后勤服务集团负责人分别就"全院办校,所系结合"、教学与人才培养、科学研究、人事师资、学生工作,以及后勤服务、园区建设等作了重点发言。共有407名代表参加了会议。

● 多项成果分别入选国际、国内年度十大科技进展

1月12日,潘建伟研究组完成的"中国科学技术大学在量子通信实验领域取得重大进展"入选由"两院"院士投票评选的2003年度中国十大科技进展新闻。

2月25日,潘建伟研究组完成的"多光子量子纠缠态的操纵与鉴别"入选由教育部科学技术委员会组织评选的2003年度中国高等学校十大科技进展。

12月1日,潘建伟研究组的"五光子纠缠和终端开放的量子态隐形传输"成果入选由美国物理学会评选的2004年度国际物理学十大进展,这是美国物理学会首次将中国科学家在国内取得的研究成果选入国际物理学年度十大进展。12月23日,该成果入选欧洲物理学会评选的2004年度国际物理学十大进展。12月27日,该成果入选由教育部科学技术委员会组织评选的2004年度中国高等学校十大科技进展。

● 多项成果获国家、省级重要科技奖励

2月20日,郭光灿、段路明等完成的"量子信息技术的基础研究"成果获2003年度国家自然科学二等奖。

12月,辛厚文、侯中怀等完成的"复杂化学体系中重要非线性问题和研究"获安徽省自然科学一等奖,徐克尊等完成的"原子分子的能量分辨快电子碰撞谱学研究"、许小亮等完成的"半导体光电功能材料磷化铟、氮化镓和氧化锌的特性研究"获安徽省自然科学二等奖。

2004 年

◉ 部分机构调整

3月2日,中共中国科学技术大学软件学院、医院直属支部委员会分别成立。6月8日,撤销物资供应中心。7月1日,撤销经济技术学院。7月2日,撤销中共中国科学技术大学经济技术学院委员会。11月20日,中共中国科学技术大学机关委员会成立,中共中国科学技术大学机关总支委员会同时撤销。12月22日,安全科学与工程系成立,隶属工程科学学院。

◉ 俞书勤、胡友秋、潘建伟获重要荣誉

9月6日,中国教科文卫体工会全国委员会决定授予我校化学与材料科学学院俞书勤教授"全国师德先进个人"光荣称号。此前,他还获得"安徽省师德标兵"和"安徽省五一劳动奖章"等荣誉。9月,地球和空间科学学院胡友秋教授荣获"全国模范教师"称号。11月21日,潘建伟教授当选第15届"中国十大杰出青年"。

◉ 发表科技论文数继续保持全国高校前列

2004年,我校发表科技论文数继续保持全国高校前列。其中,SCI收录1 161篇,排名第五位;EI收录647篇,排名第七位;ISTP收录201篇,排名第十八位;国际被引1 297篇、3 008次,排名第四位。在1995—2004年十年间,我校SCI收录论文累积被引用篇数为4 576篇,累积被引用次数达25 011次,排名第五位。

◉ 年度数据统计

2004年,学校有教职工3 500多人,其中教师约1 120人。教师中有"两院"院士25人,教授468人,副教授580人,另有博士后161人。在校学生13 228人,其中博士生1 726人,硕士生4 039人,本科生7 463人。另有专业学位硕士生2 080人,继续教育学生2 997人。

2005 年

● 彭珮云来校视察

1月18日,中国红十字会会长、全国妇联名誉主席、我校原党委书记彭珮云在安徽省有关部门负责人的陪同下来学校视察,并与校领导和老同志进行座谈。彭珮云肯定学校在人才培养、科学研究、师资队伍建设等方面取得的成绩,对学校长期坚持"质量优异、特色鲜明、规模适度、结构合理"的办学方针表示赞赏。彭珮云一行还参观了国家同步辐射实验室、合肥微尺度物质科学国家实验室(筹)等。

● 郭传杰率代表团访美看望校友

2月14—24日,中国科学院党组成员、校党委书记郭传杰一行七人赴美访问。访美期间,郭传杰一行向校友们全面系统地介绍学校近年来的建设成就和未来发展的规划与思路,还就校友们关心的一些情况和问题作了介绍和说明。校友对学校的建设和发展成就及良好发展态势感到高兴,同时提出宝贵的意见和建议,表示愿意为母校的建设和发展贡献力量。

● 倪四道研究组成果登上《Nature》

我校地球和空间科学学院倪四道教授及其国外合作者通过对地震辐射的高频信号的分析研究,找到一种预测海啸可能性的方法,可以在地震发生后的25分钟内确定地震的破裂长度和持续时间等基本参数,从而为海啸提供早期预警。该项研究成果发表在3月31日出版的《Nature》杂志上。

2005年

● 新增4个省部级重点实验室

3月,"先进功能材料"和"物理电子学"2个省级重点实验室成立。4月,"壳幔物质与环境"和"基础等离子体物理"2个中国科学院重点实验室成立。

● 周永康来校视察

4月7日,中共中央政治局委员、中央书记处书记、国务委员兼公安部部长周永康在安徽省领导郭金龙、王金山和校领导郭传杰、朱清时、许武、王东进的陪同下,视察了国家同步辐射实验室、火灾科学国家重点实验室和合肥微尺度物质科学国家实验室(筹),并听取学校和实验室的工作汇报。

● 合肥微尺度物质科学国家实验室(筹)按行政实体运行

4月22日,学校决定撤销理化科学中心行政建制,对合肥微尺度物质科学国家实验室(筹)按行政实体运行,原理化科学中心的各项行政工作纳入合肥微尺度物质科学国家实验室(筹)统一管理。6月16日,中共中国科学技术大学合肥微尺度物质科学国家实验室(筹)总支部委员会成立,中共中国科学技术大学理化科学中心直属支部委员会同时撤销。

● 学校在全国一级学科整体水平评估中名列前茅

4月21—23日,第三届中国学位与研究生教育学会评估委员会公布全国一级学科整体水平评估(2002—2004)排名,我校有11个一级学科进入前五名,数量列全国第六位。在进入排名前五名的11个一级学科中,理学学科有物理学(第四)、化学(第三)、天文学(第五)、地球物理学(第二)、地质学(第四)、科学技术史(第一),工学学科有力学(第四)、动力工程及工程热物理(第五)、电子科学与技术(第五)、矿业工程(第三)、核科学与技术(第二)。

● "全院办校,所系结合"工作取得新进展

4月25日,我校与中国科学院高能物理研究所合作成立核探测技术与核电子学联合实验室。5月17日,与中国科学院高能物理研究所签署全面合作协议。6月20日,与中国科学院大连化学物理研究所合作成立化学物理联合实验室。7月7日,与中国科学院自动化

研究所合作成立智能科学与技术联合实验室。8月14日,与中国科学院新疆分院签署全面合作协议。9月22日,与中国科学院沈阳计算技术研究所合作成立网络与通信联合实验室。9月26日,中国科学院金属研究所与化学与材料科学学院签署"李薰奖学金"协议书。10月13日,与中国科学院上海天文台合作成立星系和宇宙学联合实验室。11月16日,与中国科学院上海有机化学研究所合作成立绿色合成化学联合实验室。12月28日,与中国科学院合肥物质科学研究院共建的"合肥强磁场科学技术研究中心"成立。

◉ 全校学生工作会议召开

5月27—28日,学校召开全校学生工作会议,校领导以及400多名代表参加了会议。安徽省教育厅副厅长虞志方、中国科学院研究生院副院长马石庄应邀出席了27日上午的开幕式并致辞。

在会上,许武作题为《育人为本,德育为先,努力开拓我校学生思想政治教育工作新局面》的主题报告,郭传杰作题为《立足全局,以人为本,齐心协力把我校学生工作推上一个新台阶》的重要讲话。陈祖墀、孙立广、陈旸、杨寿保、张宗瑜等6位同志分别作了经验交流和典型发言。大会进行了两个半天的分组学习和讨论。大会还表彰了一批学生工作优秀集体和优秀个人。

◉ 3篇论文入选2005年全国百篇优秀博士学位论文

5月,教育部学位管理与研究生教育司公布了2005年全国百篇优秀博士学位论文入选名单,我校3篇论文入选,分别是数学系黄文的《动力系统的复杂性与点串》、地球和空间科学学院汪毓明的《行星际磁云及相关事件综合研究》、工程科学学院姜锐的《交通流复杂动态特性的微观和宏观模式研究》。

◉ 安徽省委书记郭金龙来校调研

6月27日,中共安徽省委书记、省人大常委会主任郭金龙在省领导张学平、田维谦及有关部门负责人的陪同下来校调研,听取了校领导关于学校工作的汇报,与校领导进行了座谈交流,郭金龙表示进一步支持学校建设和发展。在校期间,郭金龙还与我校干部和师生代表进行了座谈并讲话。

2005 年

● 校党政领导班子届中考核述职大会召开

6月29日,学校召开党政领导班子届中考核述职大会。考核组组长、中国科学院党组副书记、常务副院长白春礼,中国科学院人事教育局局长刘毅、监察审计局副局长李晓光,安徽省委组织部副部长陈松林等12位考核组成员出席会议,全校党政干部和教授共200余人参加了会议。

会上,朱清时校长代表学校党政领导班子作了题为《坚持以人为本,加速制度创新,积极推进一流研究型大学建设》的工作报告。白春礼在会上发表了重要讲话。刘毅对学校党政领导班子的届中考核工作进行了具体布置。会议当场进行了民主测评。会后,考核组成员分组与教学科研和管理骨干进行谈话。

● 教育部"援疆学科建设计划"启动,我校对口支援新疆师范大学

6月23日,教育部正式启动了"援疆学科建设计划"。根据该计划的部署和安排,我校对口支援的高校为新疆师范大学,具体支持的3个一级学科分别为:数学、物理学、化学。8月14日,许武一行七人赴新疆师范大学,与该校签署了对口支援和合作协议。

● 举行2005届学生毕业典礼暨学位授予仪式

7月7日,学校举行2005年毕业典礼暨学位授予仪式,校长朱清时在典礼上讲话。2005届毕业生共有4658人,其中博士生455人,硕士生1267人,本科生1743人,专科生10人,继续教育毕业生1183人。

● 开展保持共产党员先进性教育活动

根据中共中央和安徽省委的统一部署,我校保持共产党员先进性教育活动从7月初开始,至12月底基本结束,集中学习教育分三个阶段:学习动员阶段,分析评议阶段,整改提高阶段。

7月7日,学校召开保持共产党员先进性教育活动动员大会,校领导朱清时、程艺、侯建国、王东进,安徽省教育厅副厅长虞志方,全国人大常委汤洪高,安徽省委保持共产党员先进性教育活动第33督导组组长孙献忠及成员等出席了会议。郭传杰作重要讲话,许武对我校保持共产党员先进性教育活动进行了全面部署。孙献忠充分肯定了我校先进性教育

2005年

活动的前期准备工作,并对我校搞好先进性教育活动提出意见。9月12日,学校召开保持共产党员先进性教育活动分析评议阶段动员大会,许武作动员报告并作阶段部署,孙献忠出席会议并作指导讲话。10月12日,学校召开保持共产党员先进性教育活动整改提高阶段动员大会,许武作动员报告并作阶段部署,安徽省省直机关纪工委副书记、省委保持共产党员先进性教育活动第33督导组副组长张业成出席会议并作指导讲话。10月26日,学校召开保持共产党员先进性教育活动整改提高阶段群众意见反馈会议,郭传杰代表学校党政领导班子对群众意见及整改思路的总体情况进行了反馈和通报。校领导朱清时、侯建国、李国栋、鹿明等回答了部分师生的现场提问。11月10日,学校召开保持共产党员先进性教育活动群众满意度测评大会,张业成出席会议并作指导讲话,郭传杰在会上作了重要讲话,许武对先进性教育活动群众满意度测评提出了具体要求。随后,参加会议的全体代表进行了满意度测评工作。经过统计,群众满意率为60.2%,基本满意率为37.2%。11月29日,学校召开保持共产党员先进性教育活动整改提高阶段总结大会,许武作总结报告,要求做好先进性教育活动巩固和扩大整改成果工作。

2006年1月6日下午,学校召开保持共产党员先进性教育活动总结大会,党委书记郭传杰主持会议,安徽省委保持共产党员先进性教育活动第33督导组全体成员出席会议。校党委常务副书记、副校长、校保持共产党员先进性教育领导小组副组长许武代表党委作总结讲话。会议宣布了《关于表彰先进基层党组织、优秀共产党员和优秀党务工作者的决定》,16个基层党组织获"先进基层党组织"光荣称号,郭光灿等63位同志获"优秀共产党员"光荣称号,李平等19位同志获"优秀党务工作者"光荣称号。

● 蓝鹰机器人队屡获殊荣

7月13—17日,我校蓝鹰队在第九届RoboCup机器人足球世界杯赛上夺得仿真2D组世界亚军。

7月28—30日,蓝鹰队在2005年全国机器人大赛上夺得四腿机器人、仿真2D、仿真3D和小型组4项比赛中的3项冠军和2项亚军。

● 举行2005级新生开学典礼

8月28日,学校举行2005级新生开学典礼,朱清时校长在典礼上讲话。2005年学校共招收新生4 815人,其中普通高等教育博士生680人,硕士研究生1 735人,本科生1 851人,专业学位研究生549人。

2005 年

● 8篇论文入选2005年度中国科学院优秀博士学位论文

8月,中国科学院人事教育局公布了2005年度中国科学院优秀博士学位论文名单,我校8篇论文入选,分别是黄运锋的《量子纠缠态制备、操纵的实验研究》;杨小虎的《宇宙大尺度结构的统计研究》;熊宇杰的《一维纳米结构的液相化学合成与同步组装》;赵瑾的《团簇及单分子隧道结的理论研究》;李震宇的《新材料物性的第一性原理研究》;陈耀的《多成分太阳风模型》;贾斌的《交通瓶颈处车流复杂动态特性的元胞自动机模拟》;梁兴的《不动点指标理论及其在K型单调和竞争动力系统中的应用》。

● 3个团队入选2005年度中国科学院创新团队

8月,2005年度中国科学院创新团队评出,我校量子信息学研究团队、微尺度物理化学研究团队、超快量子光学研究团队入选2005年度中国科学院创新团队。

● 侯建国研究组成果登上《Science》

侯建国、杨金龙和朱清时等人利用低温超高真空扫描隧道显微镜,巧妙地对吸附于金属表面的钴酞菁分子进行"单分子手术",成功实现了单分子自旋态的控制。首次实现单个分子内部的化学反应,并利用局域的化学反应来改变和控制分子的物理性质,从而实现重要的物理效应,为单分子功能器件的制备提供了一个极为重要的新方法,揭示了单分子科学研究的新的广阔前景。该成果发表于9月2日出版的《Science》杂志上。12月14日,中央电视台《新闻联播》在头条位置以《中国科技大学:单分子"手术"有望将科学幻想变为现实》为题,专题报道我校单分子基础研究领域获得的重大突破。

● 中国科学院国际合作管理与发展工作研讨会在我校召开

9月8—9日,中国科学院2005年国际合作管理与发展工作会议在我校召开。中国科学院副院长陈竺,中国科学院党组成员、校党委书记郭传杰,国家自然科学基金委国际合作局、科技部国际合作司、外交部外管司、国家外国专家局经济司等部门负责人出席会议,来自中国科学院院属85个单位的代表参加了会议。

陈竺、郭传杰分别在大会上讲话。会上,中国科学院国际合作局副局长邱举良还宣读了《有效吸纳国际科技资源,推进我院创新跨越持续发展》主题报告。国家自然科学基金委

2005年

国际合作局局长韩建国、科技部国际合作司副司长姚为克、外交部外管司潘瑾、国家外国专家局经济司李莉及邱举良分别作了报告。光电研究院、半导体研究所、新疆生地所、大气物理研究所、上海生命科学研究院、近代物理研究所、昆明植物所、广州分院的代表分别作了专题发言。

● 五十周年校庆筹备工作正式启动

9月26日,校党委书记郭传杰在学校2004—2005年度人才表彰大会上,宣布五十周年校庆筹备工作正式启动。12月7日,学校召开专题会议,研究布置五十周年校庆筹备工作。侯建国、鹿明分别就校庆筹备工作做出指示,汪克强通报了关于五十周年校庆筹备工作的有关建议,并就筹备工作的初步安排和需要开展的有关工作做了分工和布置。

● 李岚清、成思危做客"中国科大论坛"

9月27日,原中央政治局常委、国务院副总理李岚清做客"中国科大论坛",作题为《音乐·艺术·人生》的报告。报告会上,李岚清回答了同学们提出的问题,并把他亲笔签名的《李岚清教育访谈录》、《李岚清音乐笔谈》的中、英文版和《李岚清音乐笔谈书花集》赠送给我校,许武代表学校接受了赠书,并向他赠送《岚清同志在中国科大》纪念影集。

10月11日,全国人大常委会副委员长成思危做客"中国科大论坛",作题为《中国宏观经济》的报告。安徽省有关方面负责人和我校领导郭传杰、许武等出席了报告会。报告会后,成思危还回答了学生的提问。

● 7门课程被评为2005年度"省级精品课程"

9月,我校"偏微分方程"、"高聚物的结构与性能"、"计算物理"、"光学"、"有机化学"、"地球科学概论"、"数值计算方法"7门课程获2005年度"省级精品课程"荣誉称号。

● 共青团中央书记处第一书记周强来校调研

11月7日,共青团中央书记处第一书记周强、组织部长倪邦文、统战部长安桂武等在合肥市委书记孙金龙、共青团安徽省委书记方春明等陪同下来校调研。周强听取了学校的基本情况介绍,并对学校共青团工作表示肯定。周强一行还考察了少年班、国家同步辐射实验室和科大讯飞公司。

2005 年

● 部分学校领导职务调整

11月11日,中国科学院决定侯建国任常务副校长,窦贤康任校党委常委、副校长。

● 我校本科教学工作水平顺利通过教育部评估

11月20—25日,教育部专家组一行15人来校进行本科教学工作水平评估,在历时一周的检查评估期间,专家组对我校本科教学进行了全方位的检查评估。11月25日,专家组召开大会,向学校师生反馈了对我校本科教学工作水平进行考察评估的意见,充分肯定了我校本科教学工作的主要成绩,还对我校今后的本科教学工作提出了建设性的意见和建议。

● 召开第六届教职工代表大会第三次会议

12月29—30日,学校召开第六届教职工代表大会第三次会议,校长朱清时作题为《深化改革,加快发展,全面推进一流研究型大学建设》的工作报告,党委书记郭传杰作题为《把握大局,加强领导,以科学发展观统领一流研究型大学建设工作》的讲话。常务副校长侯建国,科技处、监察审计处负责人分别就学位与研究生教育、科学研究以及"科大创新"案件查处工作作了重点发言。共有226名代表参加了会议。

● 2位教授当选中国科学院院士

12月,理学院天体与应用物理系张家铝教授和理化科学中心张裕恒教授当选中国科学院院士。

● 多项成果入选国内年度十大科技进展

1月13日,潘建伟研究组完成的"在量子信息实验领域取得重大突破"入选由"两院"院士投票评选的2004年中国十大科技进展新闻。

1月,潘建伟研究组完成的"五光子纠缠和终端未定量子隐形传态的实验实现"和我校参与建设的"中国下一代互联网示范工程CNGI核心网CERNET2主干网"两项成果入选由教育部科技委组织评选的2004年度中国高等学校十大科技进展。

2005 年

12月26日，侯建国研究组完成的"单分子选键化学研究领域获重大进展"和郭光灿研究组完成的"实现国际最长距离实用光纤量子密码系统"两项成果入选2005年国内十大科技新闻。

◉ 潘建伟、李曙光获重要荣誉

4月，潘建伟入选"2004年度中国十大科技新闻人物"；6月8日，获得2005年度欧洲物理学会菲涅尔奖；8月20日，获得求是杰出科学家奖。

10月14日，李曙光获得2005年度何梁何利基金科学与技术进步奖地球科学奖。

◉ 部分机构调整

3月25日，中共中国科学技术大学继续教育学院总支部委员会成立，中共中国科学技术大学继续教育学院直属支部委员会同时撤销。中共中国科学技术大学少年班总支部委员会成立，中共中国科学技术大学少年班直属支部委员会同时撤销。

4月22日，学校决定撤销原设在北京的中国科学技术大学管理学院，将设在合肥校本部的"中国科学技术大学商学院"更名为"中国科学技术大学管理学院"。

5月13日，中共中国科学技术大学火灾科学国家重点实验室总支部委员会成立，中共中国科学技术大学火灾科学国家重点实验室直属支部委员会同时撤销。5月16日，系统生物学系成立，隶属于生命科学学院。5月24日，中共中国科学技术大学商学院总支部委员会更名为中共中国科学技术大学管理学院总支部委员会。

9月26日，中共中国科学技术大学企业工作委员会成立。

◉ 多项成果获国家、省级重要科技奖励

3月28日，郑永飞等完成的"矿物氧同位素分馏系数的理论计算和实验测定"获2004年度国家自然科学奖二等奖。

12月，范维澄获安徽省重大科技成就奖，潘建伟等的"基于线性光学器件的量子通讯与量子计算"获安徽省自然科学一等奖，明海等的"掺杂聚合物光纤特性和聚合物光纤器件及系统研究"获安徽省自然科学二等奖。

2005年

◉ 多项成果获国家、省级教学成果奖励

3月,我校获得2005年安徽省高等教育教学成果特等奖2项,一等奖5项。其中,大学生创新能力培养设计团队的"大学生创新能力培养体系的建设与实践"和尹民等的"物理基础研究与人才培养基地建设"获特等奖。王秀喜等的"力学专业课程结构和基础课教学内容体系改革"、叶邦角等的"实行多元化的'电磁学'教学,探索普通物理教学的新模式"、何平笙等的"全面提升高分子物理重点课程的教学质量"、孙蓝等的"以认知主体为本,以语言实践为中心的研究生英语教学探索与实践"、周学海等的"计算机教育的研究与实践"获一等奖。

9月,我校何平笙主持的"全面提升高分子物理重点课程的教学质量"、王秀喜主持的"力学类专业课程结构和基础课教学内容体系改革"和程艺主持的"大学生创新能力培养体系建设与实践"3个项目获第五届高等教育国家级教学成果二等奖。

◉ 科研论文统计情况在国内名列前茅

2005年我校共发表国际国内论文4408篇,其中国内论文1544篇,SCI论文1499篇(全国排名第五位)、EI论文1048篇(全国排名第八位),ISTP论文317篇。2005年我校国际论文被引用篇数2061篇,被引用次数5633次,均排名全国第四位。在部分学科SCI论文高产机构排名(前十名)中,我校物理(460篇)、天文(25篇)均居全国第三位,化学(513篇)居全国第四位,地学(67篇)居全国第七位。

◉ 年度数据统计

2005年,学校有教职工3414人,其中教师1100余人。教师中有"两院"院士26人,教授444人,副教授550人,另有博士后166人。在校学生14785人,其中博士生2365人,硕士生4972人,本科生7448人。另有专业学位硕士生2228人,继续教育学生2118人。

2006 年

● 举行 MBA/MPA 大家庭暨 2005 届毕业庆典

1月2日,"MBA/MPA 大家庭暨 2005 届毕业庆典"在学校大礼堂举行。安徽省省长王金山、合肥市委书记孙金龙在庆典上讲话,并分别为 MPA 杰出校友和 MBA 杰出校友颁奖。安徽省政协副主席方兆本、省政府秘书长张俊、校领导、各界嘉宾以及校友代表、MBA/MPA 合作办学单位领导出席了毕业庆典。

● 成果入选中国十大科技进展新闻

1月16日,由"两院"院士投票评选的"2005 年中国十大科技进展新闻"揭晓,"我国科学家成功实现首次单分子自旋态控制"入选。该项目由我校侯建国研究组利用低温超高真空扫描隧道显微镜,对吸附于金属表面的钴酞菁分子进行"单分子手术",实现了单分子自旋态的控制。

● 吴邦国来校视察

2月8日,中共中央政治局常委、全国人大常委会委员长吴邦国在安徽省领导郭金龙、王金山、孙金龙、张学平的陪同下来我校视察,听取学校的工作汇报,充分肯定了我校在人才培养、科学研究和试验室建设等方面取得的成绩,吴邦国一行参观了合肥微尺度物质科学国家实验室(筹)。

2006年

● "十五""211工程"建设14个子项目通过校内验收

根据"211工程"部际协调小组办公室的部署,我校成立了以朱清时校长为组长的"十五""211工程"子项目校内验收专家组,并于2月20日对重点建设的11个学科建设子项目和3个公共服务体系建设子项目进行了总结验收。专家组依据项目资金使用、仪器设备购置、学科建设、人才培养、队伍建设、标志性成果等指标对子项目建设情况进行了评议。子项目验收专家组经讨论评议和投票表决,认为我校"十五""211工程"建设的14个子项目均达到了验收要求,验收通过。

● 中国科学院院长办公会听取学校专题汇报

3月2日,全国人大常委会副委员长、中国科学院院长路甬祥主持召开中国科学院院长办公会议,听取我校关于"十一五"期间建设与发展工作的专题汇报。会上,常务副校长侯建国代表学校就"十一五"建设与发展问题向院长办公会议做了专题汇报。校领导郭传杰、朱清时、许武参加了专题汇报。院长办公会议对我校在国家科教事业中的重要地位,以及近年来所取得的办学成绩给予了高度评价,对我校初步制订的"十一五"期间建设和发展规划给予了充分肯定,赞同我校继续遵照"全院办校,所系结合"和"质量优异,特色鲜明,规模适度,结构合理"的方针,朝着一流研究型大学的长远目标稳步迈进。院长办公会议就我校"十一五"期间的学科建设、人才队伍建设、园区建设、大科学工程建设与管理、"所系结合"工作等提出了重要的指导性意见与要求。

● 召开本科教学工作会议

3月27日,学校召开本科教学工作会议。郭传杰书记、朱清时校长在大会上讲话,窦贤康副校长作大会主题报告。教务处、学生工作部(处)分别介绍本科教学工作和学生管理工作的情况;各学院、少年班介绍了的教学工作和改革设想;会议表彰了2005年度各项教学成果。

● 路甬祥为五十周年校庆题写主题

3月,全国人大常委会副委员长、中国科学院院长路甬祥为我校五十周年校庆题写主题:"我创新,故我在,科教报国五十年。"

中国科学技术大学编年史稿

2006年

● 陈至立来校视察

4月5日,国务委员陈至立在教育部长周济、安徽省委书记郭金龙、省长王金山的陪同下来我校视察并发表重要讲话,听取了学校的工作汇报,充分肯定了我校的办学理念、办学方针,以及在人才培养、科学研究和实验室建设等方面取得的成绩。陈至立一行参观了合肥微尺度物质科学国家实验室(筹)。

● 学校与苏州市人民政府签署《中国科学技术大学苏州研究院章程》

4月17日,《中国科学技术大学苏州研究院章程》签字仪式在我校举行,朱清时校长和阎立市长分别代表中国科学技术大学和苏州市人民政府签署了章程。《章程》规定:中国科学技术大学苏州研究院是由苏州市人民政府与中国科学技术大学合作建设的高等科研和教育机构,其主要任务是:以高水平科研开发和以其为平台的研究生培养为主,同时开展各类与区域经济发展紧密联系的应用型专业学位研究生教育;并根据苏州及工业园区的人才需求,设置新兴的交叉学科专业。

● 精密机械与精密仪器系2003级本科班荣获"全国先进班集体标兵"称号

4月,教育部、共青团中央联合表彰了全国三好学生、优秀学生干部和先进班集体及其标兵,我校精密机械与精密仪器系2003级本科班(PB03009班)荣获"全国先进班集体标兵"称号。

● 召开五十周年校庆筹备工作动员大会

5月9日,学校召开五十周年校庆筹备工作动员大会,成立五十周年校庆筹备工作领导小组及各工作组,全面启动五十周年校庆筹备工作。校庆筹备工作领导小组在校庆顾问委员会和筹备委员会的领导下,负责校庆筹备工作的具体事务。校庆筹备工作领导小组组长侯建国,副组长鹿明、李国栋、李定、汪克强、尹登泽,领导小组下设校庆办公室、咨询顾问组、总体策划组、公共关系组、新闻宣传组、重大活动组、学术活动组、文体活动组、校史编研组、出版项目组、校友联络组、信息技术组、基建项目组、后勤保障组、安全保卫组和志愿服务组。

2006年

● 举行《严济慈》纪念邮票首发式

5月13日,《严济慈》纪念邮票首发式在我校西区严济慈铜像前举行。严济慈亲属和安徽省委副书记杨多良、省政府秘书长张俊、校领导,以及安徽省邮政局领导出席首发式,杨多良、郭传杰为《严济慈》纪念邮票揭幕。

● "十五""211工程"项目通过国家全面验收

5月15—17日,"十五""211工程"重点建设项目国家整体验收专家组对我校重点建设项目进行了全面验收。以陈佳洱院士为组长的验收专家组听取了我校重点建设项目情况汇报,考察了各子项目建设情况。专家组认为,我校全面、高质量地完成了"十五""211工程"建设的各项任务,很好地实现了预期的各项建设目标,取得了明显的投资效益。

● 软件学院通过国家评估

5月27—28日,教育部国家示范性软件学院验收核查专家组对我校软件学院进行验收核查。专家组对我校软件学院进行了充分的考察、调研、核查、分析,认为学校在办学政策上给予软件学院支持力度大,中期评估之后的两年时间里,软件学院基本设施及实验室逐步完善,成绩有目共睹;软件学院领导班子团结精干,学院的定位和发展方向值得鼓励,学生质量比较好。专家组建议软件学院要进一步加大与工业企业的合作,注重与其他学科的融合,同时可适当扩大招生规模。

● 召开五十周年校庆首次新闻发布会

6月2日,学校召开五十周年校庆首次新闻发布会,向社会各界、海内外校友和全校师生员工发布校庆第一号公告。中国航天科工集团原总经理、科技委主任夏国洪和校领导,以及校庆合作单位代表、校友代表、各地校友会负责人出席会议。人民日报社、新华社、光明日报社、科技日报社、中国教育报社、中国青年报社、安徽日报社、安徽电视台等20多家新闻单位的记者参加了新闻发布会。新闻发布会上,举行了首批校庆合作单位及个人捐赠仪式,开通了五十周年校庆网站,启动了五十周年校庆标识征集活动和校庆活动方案征集活动。五十周年校庆第一号公告与校庆标识征集启事同日在《人民日报》、《光明日报》、《科技日报》、《中国青年报》、《中国教育报》、《科学时报》公开发布。

2006年

● 召开学位与研究生教育第四次发展工作会议

6月29—30日,学校召开学位与研究生教育第四次发展工作会议,郭传杰书记和朱清时校长出席会议并讲话,常务副校长侯建国在会上作了题为《中国科大学位与研究生教育改革与发展思考》的报告,全校各相关部处、学院干部教授300余人参加了会议。

梁樑教授代表我校研究生培养现状调研课题组作了《中国科大学位与研究生教育现状调研分析报告》的专题汇报,从生源、师资、培养、科研、就业五个环节对我校学位与研究生教育现状进行了全面分析和透视;研究生院副院长屠兢、李晓光、张淑林先后就研究生招生、研究生教学培养和研究生学位、学科建设工作作了主题汇报;林子敬、牛立文、郑永飞、崔海建先后作了专题发言,分析了研究生工作中的课程设置、教育教学改革、学科建设、培养质量和英语教学等问题,并提出了一些建议和解决办法;与会代表对研究生招生宣传和选拔机制改革创新、教学培养工作、课程体系设置、创新能力培养、重点学科建设、导师队伍建设等方面展开了讨论;会议表彰了部分在研究生教育战线作出突出贡献的导师、管理者和班主任。

● 我校获第十届机器人世界杯竞赛仿真2D组冠军

6月,在第十届机器人世界杯竞赛上,我校"蓝鹰"机器人代表队为我国捧得冠、亚军各1项,创我国参加此项赛事以来最好成绩。"蓝鹰"机器人代表队参加了3个组别的赛事,获得仿真2D组世界冠军、仿真3D组世界亚军、四腿组第五名。

● 举行2006届学生毕业典礼暨学位授予仪式

7月2日,学校举行2006届学生毕业典礼暨学位授予仪式,朱清时校长在典礼上讲话。2006年共有389名学生获博士学位,814名学生获硕士学位,1553名学生获学士学位。

● 生物质洁净能源研究取得重要进展

我校历时四年成功研制出具有自主知识产权的"自热式生物质热解液化装置"和"双循环流化床生物质气化装置"。专家鉴定委员会一致认为,自热式生物质热解液化装置设计合理、结构新颖,采用两级螺旋进料器有效解决了生物质进料系统的进料速率定量控制、密封和堵塞问题,研究技术达到国际先进水平。7月3日,中央电视台《新闻联播》以《我国科

学家突破秸秆炼油技术,两吨秸秆可炼一吨油》为题,报道了我校生物质洁净能源实验室在生物质洁净转化方面的研究成果。

安徽省副省长田维谦和安徽省省委常委、常务副省长任海深分别于7月24日和8月3日率团视察了该实验室。

● 举办全国结构生物学研究生暑期学校

7月15日至8月5日,2006年全国结构生物学研究生暑期学校在我校举办。暑期学校共邀请了15名海内外知名专家学者,为来自全国20多所高校和研究院所的近100名研究生开设了相关课程以及前沿学术专题报告会。

● 朱清时出席国务院教育工作座谈会

为筹备召开全国教育工作会议,国务院决定召开四次座谈会,分别围绕教育形势、基础教育、职业教育和高等教育,邀请真正懂得教育的同志提出意见和建议。7月18日,朱清时校长与其他四位教育专家应邀出席了国务院教育工作座谈会,温家宝总理主持座谈会并发表讲话,华建敏、陈至立和国家有关部门负责人出席。温家宝说,教育是百年大计,决定着今后几代人、十几代人以至几十代人的命运。把中国的教育搞上去,这不仅是这一届政府,也是今后若干届政府的任务。要把教育的发展放在更加突出的位置,将教育兴国、教育立国、教育强国确立为国家意志和国家发展战略。各级政府要进一步采取有力措施,实实在在地增加教育投入,坚定不移地努力实现财政性教育经费占国民生产总值4%的目标。

朱清时校长建议,高等教育发展下一步的重点是要提高教育质量,高校也要重视培养高级技术人才,加快教育思想革新和教育体系建设,着力培养学生创新能力。谈到社会关心的高考问题,朱清时认为,在目前国情下,高考是最公正、最平等选拔人才的方法,"千万不要把高考取消掉"。温家宝表示:"高考制度要完善,但我们不会走回头路。"

● 8门课程获"省级精品课程"荣誉称号

7月,我校"无机化学"、"物理化学"、"高分子物理实验"、"非物理类力学"、"计算力学基础"、"微机原理与接口"、"算法基础"、"大学英语"8门课程入选2006年度"安徽省精品课程"。

2006年

● 第十届全国大学生羽毛球锦标赛在我校举行

8月12日,"交通银行杯"第十届全国大学生羽毛球锦标赛在我校南区体育馆开幕,来自全国16个省、市和香港、澳门特别行政区的47支代表队参加了本次锦标赛。我校女双选手于洋、杜婧获乙组女双冠军。

● 成立医药生物技术系

8月31日,学校与中国科学院广州生物医药与健康研究院合作成立医药生物技术系。该系将根据当今世界医药生物技术的趋势设置相关课程,强调实用性与前沿性,注重培养学生的创新意识和实际操作能力,使学生能够迅速掌握最新的现代医药生物技术和理论,并迅速适应生物科技发展的需要。同时,双方还合作成立了中国科学技术大学医药生物技术研究中心。

● 举行2006级新生开学典礼

9月3日,学校举行2006级新生开学典礼。2006年共招收新生6 307人,其中本科生1 941人,全日制硕士生1 957人,博士生701人,非全日制的专业学位硕士生740人。另有1 038名各研究院所代培生。

● 主办一流大学建设研讨会

9月18—19日,第四届"一流大学建设研讨会"在我校举行。教育部副部长赵沁平、安徽省副省长田维谦等出席会议并讲话,来自北京大学、清华大学、南京大学、复旦大学、浙江大学、上海交通大学、西安交通大学、哈尔滨工业大学、中国科学技术大学9所国内著名大学的领导和有关部门负责人出席了会议。本次会议围绕一流研究型大学在建设创新型国家和培养创新型人才中的责任与使命等问题进行了交流和研讨。

● 许武当选为第八届安徽省委委员

10月30日,在中国共产党安徽省第八次代表大会上,校党委常务副书记、副校长许武当选为第八届安徽省委委员。

2006年

◉ 中国科学院院长办公会议听取我校五十周年校庆等工作汇报

11月3日,中国科学院院长办公会议听取了学校关于五十周年校庆总体方案、"全院办校,所系结合"工作和设立"中国科学院科大教育基金"等事项的汇报。会议决定成立中国科学院校庆筹备工作领导小组,同意召开中国科学院"全院办校,所系结合"工作会议,同意由中国科学院国有资产经营有限责任公司向中国科学技术大学捐资1亿元人民币,设立"中国科学院科大教育基金"。

◉ 启动校友问候行动

11月5日,学校召开五十周年校庆志愿者动员大会暨校友问候行动启动仪式。校友问候行动的主要任务是加强校友联络,收集整理校友联系方式,完善校友信息库,并向校友传递母校的问候。在随后的三个月时间内,1 400多名教师、学生志愿者参加了此次活动,共收集整理了20 000多名校友的联系方式,以书面方式向近5 000名校友寄出了新年贺信和学校简报,通过电子邮件向约22 000名校友寄发了电子贺卡和学校简报,并通过手机短信平台向近6 000名校友送出新年祝福。

◉ MPA专业学位点通过国家评估

11月16日,以中国人民大学公共管理学院院长董克用教授为组长的全国MPA教学合格评估专家组,对我校公共管理硕士(MPA)专业学位进行为期一天的实地评估。专家组经过听取汇报、现场质询和提问后,一致同意我校MPA专业学位通过教学合格评估。

◉ 《中国科学技术大学"十一五"期间建设与发展规划》正式发布实施

12月22日,学校宣布经中国科学院院长办公会议批准,《中国科学技术大学"十一五"期间建设与发展规划》正式发布实施。《规划》指出,"十一五"期间,学校将贯彻"质量优异,特色鲜明,规模适度,结构合理"和"全院办校,所系结合"的办学方针,推进一流研究型大学建设,为在2018年前后建成一流研究型大学奠定良好的基础,为我国实施科教兴国战略和实现建设创新型国家的战略目标作出积极的贡献。

质量优异即坚持"办精品大学,育科技英才"。以提高教育质量为重点,培养一流人才,创造一流成果;巩固和发展本科教育优势,着力提高研究生教育质量,保持和提升人才培养

质量的优秀声誉;在面向国家战略需求和世界科技前沿的部分领域形成科研优势,人均科研产出水平居国内高校领先地位。

特色鲜明即坚持"全院办校,所系结合"。积极探索促进教育与科研相结合的创新模式,为国家建设科学研究与高等教育有机结合的知识创新体系提供可资借鉴的经验;强化学科优势,推进多学科的汇聚、交叉与融合,培育和发展若干新兴交叉学科。

规模适度即坚持"学科和谐发展,规模服从质量"。提高规模效益,建立控制人数指标、提升人均指标的评价观念;教学科研人员保持在1500人左右,全日制普通高等教育学生规模约16 000人,本科生与研究生分别为8 000人左右。

结构合理即坚持"有所为,有所不为"。积极调整学科专业结构,优化师资队伍组成结构,形成学科和人才动态发展的和谐架构;改革教学科研的组织模式,形成促进教学科研融合,共享并充分利用资源,科学高效的矩阵式、网格化管理体系。

● 召开第七届教职工代表大会第一次会议

12月29—30日,学校召开第七届教职代表大会第一次会议,朱清时校长作题为《深化改革,协调发展,全面推进一流研究型大学建设》的工作报告,郭传杰书记作题为《构建和谐校园,促进学校发展》的重要讲话。窦贤康、李国栋、李定、王东进副校长分别本科招生就业和教学、校园基本建设、"科大创新"案、科技成果转化等问题作了主题发言。科技处、研究生院、人事师资处、发展与规划研究室分别作重点发言。

● 科技论文发表情况继续居全国高校前列

2006年度,我校共发表SCI论文1 558篇,居全国高校第六位;EI论文1 264篇,居全国高校第七位;ISTP论文357篇;中国科技论文与引文数据库(CSTPCD)收录国内论文1 750篇,分别比2005年增长了3.94%、20.6%、12.6%和13.34%。我校国际论文被引用篇数2 333篇,被引用次数6 844次,分别居全国高校第四位和第三位,分别比2005年度提高了13.2%和21.5%。我校有8个学科进入十大学科全国SCI收录论文高产机构前20名:物理(第二位)、天文(第五位)、化学(第六位)、地学(第十位)、数学(第十二位)、环境科学(第十五位)、材料科学(第十七位)和生物(第二十位)。在2006年度SCI收录的中国作者作为第一作者发表的国际合著论文中,共评选出4篇合作最广泛的论文,我校有1篇论文名列其中。本年度进行了首届"中国百篇最具影响优秀国际学术论文"评选,我校有5篇论文入选,并列全国第二;1篇论文入选"第一届中国百篇最具影响优秀国内学术论文"。

2006年

● 科研成果入选2006年度国际物理学重大进展

12月,美国物理学会评选的2006年度国际物理学重大进展揭晓,我校潘建伟教授研究小组发表在《Physical Review Letters》上关于"单光子量子态远程克隆"的研究成果榜上有名。

● 朱清时、程福臻等获重要荣誉

5月21日,在第三届中国教育管理科学论坛上,经论坛组委会审定,我校朱清时校长获得首届"中国教育管理科学卓越成就奖";8月,程福臻获第二届高等学校教学名师奖;9月,梁万珍获全国"三八红旗手"荣誉称号,杨金龙获第九届中国青年科技奖;12月,谢毅获第三届中国青年女科学家奖。

● "全院办校,所系结合"工作取得新进展

5月,学校与广州能源研究所签署全面合作协议;7月,学校和广州生物医药与健康研究院联合成立医药生物技术系,广州生物医药与健康研究院院长陈凌教授兼任系主任;9月,学校与上海应用物理研究所签署全面合作协议;学校全年共有763名本科生到研究院所开展大学生研究计划和毕业实习;学校接收各研究院所代培研究生1 038人;上海有机化学研究所、光电研究所分别在学校设立黄鸣龙奖学金、成光奖学金。

● 年度数据统计

2006年,学校有教职工3 410多人,其中教师1 300余人。教师中"两院"院士26人、教授470人,副教授710人,博士后166人。全日制在校学生14 785人,其中博士生2 365人,硕士生4 972人,本科生7 448人。另有专业学位硕士生3 091人,继续教育学生2 000多人,中国科学院代培研究生1 038人。

中国科学技术大学编年史稿

2007年

2007 年

● 举行2006年下半年度学位着装授予仪式

1月2日,学校举行2006年下半年度学位着装授予仪式。学校本次共授予145人博士学位、655人硕士学位(其中工程硕士学位331人、工商管理硕士学位161人、公共管理硕士学位84人)、109人普通本科学士学位、264人成人本科学士学位。

● 我校与合肥市全面合作第三次联席会议召开

1月18日,我校与合肥市全面合作第三次联席会议在合肥市政务大楼会议中心举行。安徽省、合肥市领导孙金龙、杜平太、王林建、安列、张晓麟、江明、张进等,我校领导郭传杰、朱清时、许武、侯建国、李国栋、李定、王东进、鹿明、窦贤康等,以及合肥市委、市政府及我校相关部门负责人出席会议。合肥市委副书记、市长吴存荣主持会议。

许武介绍了学校的发展战略规划、近年来取得的办学成就、校市合作取得的进展以及下一步的思路和建议等。王东进介绍了"中国科学技术大学公共安全研究院"的筹建情况。

合肥市委常委、常务副市长王林建通报了合肥市经济和社会发展情况,表示将大力支持"科大花园"建设和学校周边环境改善,加强校庆期间以科技合作为主题的双边协作,不遗余力地支持学校五十年校庆工作。

朱清时在讲话中表示,学校的发展与合肥市的大力支持密不可分。合肥市提出"工业兴市",也给学校提出了新的任务,我们在办好理科的同时,也要把工科办好。郭传杰对安徽省、合肥市党委和政府对学校的大力支持表示感谢,他认为学校五十周年校庆也是合肥市提升形象、加快发展的好机遇,希望双方多从理念、战略上考虑校市合作问题,持续加强协作。

安徽省委常委、合肥市委书记孙金龙表示,我校是合肥市重要的无形资产和"靓丽的名

2007年

片",我校形成了一些领头企业和有潜力的产业,为合肥市的经济发展、扩大就业、改善民生等都起到了积极的作用。希望我校发挥品牌效应,牵头组织重大项目,积极吸引优秀人才,与合肥市开展广泛的科技合作,合肥市将更加主动地做好有关服务,落实有关工作,解决实际问题。

● 科研成果入选中国十大科技进展新闻

1月21日,由565名"两院"院士投票评选出的2006年"中国十大科技进展"新闻在京揭晓,我校潘建伟研究组的成果"实现两粒子复合系统量子态的隐形传输"入选。这是我校研究成果连续第四次入选中国十大科技进展新闻,也是该小组的研究成果最近四年内第三次入选中国十大科技进展新闻。

● 成功实现六光子薛定谔猫态

合肥微尺度物质科学国家实验室(筹)潘建伟、杨涛、陆朝阳等通过实验成功制备出国际上纠缠光子数最多的薛定谔猫态和可以直接用于量子计算的簇态,刷新光子纠缠和量子计算领域的两项世界纪录。该项研究成果以封面标题的形式发表在2月1日出版的英国《Nature》杂志的子刊《Nature·Physics》上。审稿人评价其是"光学量子计算领域至今最先进的实验工作"和"一个出色的成就,为量子计算、量子纠错和量子力学基本问题的研究铺平了道路"。

● 路甬祥来校视察

2月6日,全国人大常委会副委员长、中国科学院院长路甬祥在安徽省领导黄岳忠、田维谦的陪同下,到学校视察指导工作,充分肯定了学校在教学与人才培养、科学研究、管理体制与运行机制、基础设施建设等方面取得的成绩。

● 郭传杰一行代表学校看望在京老领导、老科学家

2月7—11日,校领导郭传杰、侯建国、鹿明一行代表学校看望了在京的三十多位老领导、老科学家和他们的亲属,通报了五十周年校庆计划和筹备情况,邀请老领导、老科学家和他们的亲属参与五十周年校庆的各项活动。校领导看望的老领导、老科学家有:周光召、彭珮云、李昌、贝时璋、马大猷、何泽慧、郁文、杨海波、滕藤、田夫、吴文俊、杨承宗、李敏华、

李佩、余翔林、王玉民、龚昇、包忠谋、冯克勤等。

● 2项科研成果入选中国基础研究十大新闻

2月15日,我校生命科学学院和合肥微尺度物质科学国家实验室(筹)温龙平研究组"发现一种可有效通过皮肤传送大分子药物的透皮短肽"、合肥微尺度物质科学国家实验室(筹)潘建伟团队的研究成果"在光纤通信中成功实现一种抗干扰的量子密码分配方案"2项科研成果入选2006年度"中国基础研究十大新闻"。

● 白春礼、张晓强来校视察

2月28日,中国科学院常务副院长白春礼、国家发改委副主任张晓强来我校视察指导工作。他们先后视察了国家同步辐射实验室、中国科学院量子信息重点实验室等部门,对实验室的工作和取得的成果给予了充分肯定,勉励实验室年轻科技人员,并希望国家同步辐射实验室引进更多的高水平用户来做实验。

● 与西南科技大学签署"十一五"期间对口支援协议

3月5日,西南科技大学校长肖正学率团访问我校。双方签署了《中国科学技术大学与西南科技大学"十一五"期间对口支援协议书》。

● 我校一级学科排名进入全国前列

3月,教育部学位与研究生教育发展中心公布2006年的全国一级学科整体水平评估排名,我校以理学学科为代表的一批学科均进入前列。数学排名全国第五位,物理学排名全国第二位,化学并列全国第四位,力学排名全国第四位,仪器科学与技术排名全国第十一位,材料科学与工程并列全国第十三位,动力工程与工程热物理并列全国第七位,电子科学与技术并列全国第十三位,信息与通信工程并列全国第十九位,控制科学与工程并列全国第十倍,计算机科学与技术排名全国第十一位,矿业工程并列全国第五位,管理科学与工程并列全国第十位。

2007年

● MPA中心以"优秀"成绩通过全国MPA教学合格评估

3月，国务院学位委员会公布了全国首批24所MPA专业学位教育试点高校教学合格评估结果，我校以"优秀"成绩顺利地通过了国家的教学合格评估。

● 郭传杰率团访问中国科学院上海分院

4月12日，郭传杰、许武、窦贤康率学校代表团访问中国科学院上海分院及中国科学院在沪的部分研究院所，回顾、总结了双方三年来开展全面合作的进展与经验，共同探讨了进一步推动双方合作的新模式、新机制和战略举措。

● 朱清时出席东亚研究型大学协会第20届理事会会议

4月16—18日，朱清时校长出席由香港科技大学主办的东亚研究型大学协会第20届理事会会议。

● 周光召来校视察

4月27日，原全国人大常委会副委员长、原中国科协主席、我校名誉校长周光召来校视察了生命科学教学科研楼、中国科学院量子信息重点实验室，听取了学校情况汇报，并和师生代表座谈。

● 中国科学院"全院办校，所系结合"工作会议在学校隆重召开

5月14日，中国科学院"全院办校，所系结合"工作会议在我校隆重召开。全国人大常委会副委员长、中国科学院院长路甬祥出席会议并发表重要讲话。安徽省人民政府省长王金山，中国科学院常务副院长白春礼，安徽省人大常委会副主任黄岳忠、安徽省副省长田维谦，中国科学院党组成员、秘书长李志刚，科学院机关有关部门领导，院属有关单位领导，中国科学院研究生院领导及有关部门负责人，以及校领导和部分教师、干部共300多人出席了开幕式。开幕式由郭传杰书记主持。

许武作了题为《全院办校，促进教育与科研结合；所系结合，培养一流创新型人才》的工作报告。中国科学院研究生院党委书记、副院长邓勇作了《探索实践研究生教育创新，共同

2007年

培养高素质人才》的工作报告。白春礼代表中国科学院宣读了《关于表彰中国科学院"全院办校,所系结合"工作先进单位和优秀个人的决定》,郭传杰代表中国科学院宣读了《关于授予李佩同志"中国科学院教书育人特别贡献奖"的决定》,授予李佩教授"中国科学院教书育人特别贡献奖"。

5月14日下午,大会举行经验交流和分组讨论。广州分院、数学与系统科学研究院、声学研究所、自动化研究所、合肥物质科学研究院、我校生命科学学院分别发言。与会代表分成九个小组,中国科学院各主管局和研究院所与中国科学技术大学、中国科学院研究生院相关部门和对口院系,就"全院办校,所系结合"工作进行深入的交流。

5月15日上午,大会举行闭幕式,中国科学院常务副院长、党组副书记白春礼作会议总结,各小组召集人汇报了分组交流情况。闭幕式由中国科学院党组成员、秘书长李志刚主持。

6月18日,中国科学院下发《关于进一步支持中国科学技术大学在新形势下贯彻"全院办校,所系结合"办学方针的实施意见》(科发人教字[2007]174号),要求院属单位进一步贯彻"全院办校,所系结合"办学方针,加强中国科学技术大学与研究院所的结合与合作,实现优势互补、共同发展。《意见》就推动"全院办校,所系结合"办学方针的落实提出了28条具体意见。

● 本科教学质量工程启动

5月21日,学校启动本科教学质量工程,并表彰第一届、第二届国家级、省级教学名师。国家教学名师陈国良、程福臻,安徽省教学名师霍剑青、何平笙、史济怀、胡友秋、王秀喜、阮图南、吴清松、徐耀忠获得表彰。

● 叶向东任校党委副书记、副校长

5月,叶向东任校党委副书记、副校长。

● 五十周年校庆第二次新闻发布会隆重举行

6月5日,五十周年校庆第二次新闻发布会隆重举行,国家最高科学技术奖获得者吴文俊院士,中国科学院人事教育局原局长、原我校党委书记余翔林,校领导以及有关新闻媒体记者出席了发布会。

郭传杰宣读了校庆第二号公告,宣布校庆顾问委员会首批委员名单。我校名誉校长、原全国人大常委会副委员长、"两弹一星"元勋周光召担任顾问委员会名誉主任,全国人大常委会副委员长、中国科学院院长路甬祥任顾问委员会主任,吴文俊等12名专家、领导和校友担任顾问委员会副主任,原我校教师、中国科学院资深院士王元等80人为顾问委员会委员。

原我校教师李佩教授向"郭永怀奖学金"捐赠30万元个人积蓄,余翔林教授向学校捐赠43件校史资料和物品。发布会还公布了五十周年校庆标识。

● 李学勇来校检查指导工作

6月17日,科技部党组书记、副部长李学勇一行到我校检查指导工作,听取了学校领导的工作汇报,参观了合肥微尺度物质科学国家实验室(筹)。

● 陈至立视察生物质热解产业化中试基地

6月18日,国务委员陈至立率领国家发改委、科技部、教育部和中国科学院的有关领导视察生物质热解产业化中试基地——安徽易能生物能源有限公司。安徽省领导郭金龙、王金山、孙金龙、田维谦,校长朱清时陪同视察。

● 举行2007届学生毕业典礼暨学位授予仪式

6月28日,学校举行2007届学生毕业典礼暨学位授予仪式。2007年,我校共有440名学生获博士学位,964名学生获硕士学位,1 729名学生获学士学位。

● 中央媒体集中报道我校创新大学生思想政治工作

6月7—11日,人民日报社、新华社、光明日报社、中央电视台、中央人民广播电台、中国青年报社、中国教育报社、中国教育电视台、科学时报社等中央媒体来我校集中采访报道大学生思想政治工作。6月14—16日,上述中央媒体连续刊登报道我校创新大学生思想政治教育工作的长篇通讯或消息,《光明日报》《中国青年报》《中国教育报》《科学时报》15日在报道时还配发了评论员文章,对我校的做法给予高度评价。

中国科学技术大学编年史稿

2007年

● 2007年全国物理化学研究生暑期学校在我校举办

7月16日,由我校承办的2007年全国物理化学研究生暑期学校在我校开学,来自全国高校、研究院所的248名在读博士、硕士研究生、青年学者及青年教师参加了开学典礼,国务院学位委员会办公室主任杨玉良院士和朱清时校长出席仪式并讲话。本次全国物理化学研究生暑期学校举办时间为7月16日至8月3日,国内外近30位该领域的知名专家学者来校为参学研究生授课以及作前沿学术专题报告。

● 万钢来校视察

8月6日,科技部部长万钢在安徽省副省长田维谦、科技部基础司司长张先恩、中国科学院基础局局长李定的陪同下,到我校国家同步辐射实验室检查指导工作。万钢充分肯定了我校在人才培养、科学研究和实验室建设等方面取得的成绩。

● 何多慧、朱清时出席全国优秀教师代表座谈会

8月31日,全国优秀教师代表座谈会在中南海怀仁堂举行。中共中央总书记、国家主席、中央军委主席胡锦涛出席座谈会并发表重要讲话。全国模范教师、我校何多慧院士作为全国优秀教师代表参加了座谈会,朱清时校长代表学校出席了座谈会。

● 我校国家重点学科申报工作喜获丰收

8月,教育部公布了获批的一级学科国家重点学科和二级学科国家重点学科名单。我校有8个一级学科(数量并列全国高校第六位)、4个二级学科在列。新增的一级学科国家重点学科为:数学、物理学、化学、地球物理学、生物学、科学技术史、力学、核科学与技术,共涵盖41个二级学科。单独的二级学科国家重点学科为:天体物理、地球化学、通信与信息系统、计算机软件与理论。二级学科国家重点学科涵盖数由19个增至45个。

在理学学科门类,我校本次获得一级学科国家重点学科6个,数量并列全国高校第一;在二级学科层面上,国家重点学科涵盖数达到35个。国家重点学科在我校培养理学博士研究生的学科点中的涵盖率达到了100%。

在工学学科门类,我校本次获得一级学科国家重点学科2个;在二级学科层面上,国家重点学科涵盖数达到10个;国家重点学科在我校培养工学博士研究生的学科点中的涵盖

率达到 37%。

● 霍剑青、施蕴渝获第三届高等学校国家级教学名师奖

8月,国家教育部公布了第三届高等学校教学名师奖 100 位获奖教师名单,我校霍剑青教授、施蕴渝院士荣获第三届高等学校国家级教学名师奖。

● 新校徽正式确定

经广泛征求意见并研究讨论,学校决定对原有"梅花型"校徽进行加工制作和完善,并面向全体师生员工、校友和社会各界公开征集《中国科学技术大学校徽设计方案》。8月,在广泛征集校徽设计方案的基础上,学校委托设计了新校徽。新校徽在加工中全部保留了原梅花校徽的基本元素,并融入国际化元素,增加了中国科学技术大学校名的中英文全称。其主要元素的寓意如下:

1. 梅花。梅花是科大人勤奋刻苦、追求真知和百折不挠、永不言败的精神品格的象征。"梅花香自苦寒来",反映了学校艰难曲折的历史境遇,传达了科大人艰苦创业的精神风貌。梅花顶风傲雪、不畏严寒绽放清芳的品格,与科大人勤奋刻苦,追求真知,矢志不渝,坚持科教报国的理想信念汇通契合。"欲传春消息,不怕雪埋藏",梅花作为报春第一枝,是科大人勇于创新,锐意改革的精神品格的象征。

2. 火箭。腾空飞跃的火箭,表达了科大人积极进取,乐观向上,勇于担当国家使命、攀登科学高峰的壮志豪情。托起火箭的四根线条,代表了学校的人才培养目标——培养"德、智、体、美"全面发展的科技英才。

3. 打开的书。书本是知识的象征。知识就是力量。建校以来,学校一直坚持"基础宽厚实、专业精新活,注重培养创新精神和全面素质"的教学方针,一代代青年学子在这里勤奋学习,汲取了丰富的知识素养,为攀登科学高峰打下了坚实的基础。书本经过修饰之后,像一支破土的嫩芽,又似一只飞翔的海燕,象征着这所充满新鲜活力的年轻的大学展翅翱翔。

4. 正圆形外围轮廓。新校徽增加了庄重典雅的外围轮廓,增加了中英文校名全称,使得校徽与国际化接轨。圆形轮廓将传统的梅花校徽包蕴其中,使得传统的梅花校徽成为新校徽的一个整体元素,而显得更为突出。

5. 深蓝色主色调。校徽以深蓝色为主色调,体现了科技、理性、厚重、深邃、宽容的文化品格,与中国科学院院徽的色调一致,表明学校作为中国科学院所属的大学和中国科学院文化传统的一脉相承。

2007年

● 全国政协委员视察团来校视察

9月6日,全国政协副主席罗豪才率全国政协委员视察团来我校视察。视察团一行40余人先后参观了我校国家同步辐射实验室和微尺度物质科学国家实验室(筹),安徽省领导杨多良、田维谦陪同视察。

● 举行2007级新生开学典礼

9月8日,学校举行2007级新生开学典礼。2007年共招收本科生1963人,秋季共招收学历教育研究生3815名,其中博士研究生710人,硕士研究生2130人,为中国科学院有关研究院所代培研究生975人。

● 我校3项国家重点基础研究发展计划项目获批实施

9月26日,我校3项2007年度国家重点基础研究发展计划项目获得批准,朱清时院士、杜江峰教授、史庆华教授分别担任首席科学家。

● 朱清时出席第二届中德大学校长论坛

10月3—8日,第二届中德大学校长论坛在德国柏林举行。朱清时校长应邀出席了此次会议,并在大会上作了《优秀大学案例》的报告。

● 郭传杰、许武出席中国共产党第十七次全国代表大会

10月15—21日,党的十七大代表、安徽省委委员、校党委常务副书记、副校长许武在北京出席中国共产党第十七次全国代表大会,校党委书记郭传杰列席大会。

● 侯建国荣获2007年度何梁何利科学与技术进步奖

10月31日,何梁何利基金第十四届颁奖典礼在北京钓鱼台国宾馆隆重举行,林元培院士等67人获得何梁何利奖,我校常务副校长侯建国院士喜获何梁何利"科学与技术进步

奖"。国务委员陈至立、全国人大副委员长路甬祥、全国政协副主席李贵鲜等国家领导人出席颁奖典礼。

此前,我校共有何多慧、曾肯成、王水、杨承宗、郭光灿、李曙光六位教授获得何梁何利基金奖项。

● 杨振宁来校作报告

11月14日,世界著名理论物理学家、诺贝尔物理学奖获得者杨振宁先生做客"中国科大论坛",作题为《1957年宇称不守恒在物理界所引起的震荡》的报告。

● 徐善驾当选 IEEE Fellow

11月,美国电气与电子工程师协会（The Institute of Electrical and Electronics Engineers,IEEE）公布2008年新当选的Fellow,我校徐善驾教授因在介质导波结构研究领域所取得的杰出成就和所作出的卓越贡献,被遴选为IEEE Fellow,成为我校教师获此殊荣的第一人。

● 1篇博士论文入选2007年全国百篇优秀博士学位论文

11月,教育部、国务院学位委员会公布2007年全国百篇优秀博士学位论文评选结果,我校王克东博士的《扫描隧道显微术在特殊纳米体系中的应用与发展》博士论文入选,另有6人获"全国优博论文提名奖"。

● 国家计划发行中国科学技术大学建校五十周年纪念邮票

11月,国家邮政局公布《2008年纪特邮票发行计划》,《中国科学技术大学建校五十周年》被正式列入2008年全部25套纪特邮票发行计划之中。

● 我国首台龙芯万亿次计算机在我校研制成功

12月26日,我国首台采用国产高性能通用处理器芯片"龙芯2F"和其他国产器件、设备和技术的万亿次高性能计算机"KD—50—Ⅰ"在我校研制成功。这台体积仅0.89立方米大小的万亿次高性能计算机于日前通过了以王守觉院士为主任的专家委员会鉴定,成为

2007年

中国高性能计算机国产化的一次重要突破。

"KD—50—Ⅰ"万亿次计算机采用单一机柜,集成了336颗"龙芯2F"处理器,理论峰值计算能力达到10 080亿次/秒,是我国首台采用国产高性能通用处理器芯片"龙芯2F"和其他国产器件、设备和技术的万亿次高性能计算机,完全由我国自主研制,拥有自主知识产权。该项成果被评为2007年中国重大技术进展之一。

俞昌旋当选中国科学院院士

12月27日,中国科学院发布《中国科学院2007年院士增选和外籍院士选举结果的公告》,我校俞昌旋教授当选为中国科学院院士。

召开第七届教职工代表大会第二次会议

12月28—29日,学校召开第七届教职工代表大会第二次会议,朱清时校长作题为《提高质量,协调发展,大力推进一流研究型大学建设》的工作报告,郭传杰书记作题为《高举旗帜,改革创新,以科学发展观统领一流研究型大学建设》的讲话。窦贤康、张淑林分别就本科教学工作和教学改革情况、学位与研究生教育工作和国家重点学科建设情况作了重点发言,预算专家委员会、校庆办公室、校产管理处、校园基本建设办公室、科技处、人事师资处、党委宣传部分别报告了学校预算专家委员会工作、校庆筹备工作、"科大花园"及校园基本建设工作、科研工作、人才队伍建设、学校视觉形象识别系统设计的情况。

3门课程被评为2007年度国家级精品课程

12月,教育部、财政部公布2007年度国家精品课程名单。我校程福臻教授主持的"电磁学"、刘斌教授主持的"地震学原理与应用"、陈发来教授主持的"线性代数和空间解析几何"3门课程获"国家精品课程"荣誉称号。

部分机构调整

7月17日,力学和机械工程系更名为近代力学系。

9月11日,成立招生就业处,学生工作部(处)工作职责中有关本科招生和学生就业指导服务方面的工作职责划归招生就业处负责。

2007年

◉ 年度数据统计

2007年,学校有教职工3046人,其中教研人员1540余人。教师中"两院"院士27人,教授463人,副教授653人,博士后200余人。共有全日制在校生15579人,其中博士生2090人,硕士生5822人,本科生7667人。另有中国科学院和其他科研机构代培研究生979人,专业学位硕士生2316人,继续教育学生2818人。

中国科学技术大学编年史稿

附 录

历任校党政领导一览表

任职年度	校长	副校长	书记	副书记
1958	郭沫若 1958.9—1978.6	晋曾毅	郁 文 1958.9—1963.5	晋曾毅、张新铭、田夫
1960				王卓
1961		曹海波、严济慈、华罗庚		曹海波
1962		武汝扬		武汝扬
1963			刘 达 1963.5—1966.6	
1964				张新铭
1965		钱志道		
1966				王榆
1970			姜智敏 1971.6—1973.11	石占金、李东林
1972			刘 达 1972.9—1975.11	徐文成
1974				张行言
1975			欧远方 1975.11—1977.9	吴庆华、李容稳
1977		李昌（第一）	武汝扬 1977.9—1978.10	
1978		杨海波、李云扬、钱临照、杨承宗		李云扬、马西林、王铮、孔真、许世尧
1979		卢岗峰	杨海波 1978.4—1987.1	
1980	严济慈 1980.2—1984.9	马西林		卢岗峰
1982		包忠谋、辛厚文		
1984		方励之、龚昇、王玉民		管惟炎、王玉民、王学保
1985	管惟炎 1985.4—1987.1			
1986		蔡有智		
1987	滕 藤 1987.1—1988.2	王义端	彭珮云 1987.1—1988.2	刘吉
1988	谷超豪 1988.2—1993.7	刘乃泉（第一）、尹鸿钧	刘乃泉 1988.2—1990.4	王义端、宋天顺
1989		史济怀		
1990		汤洪高（常务）	汤洪高 1990.4—1993.8	
1991		余翔林		
1993		冯克勤、张新夷、卞祖和、韩荣典		金大胜
1995	汤洪高 1993.7—1998.6		余翔林 1993.8—1998.7	李国栋
1996		范维澄、朱清时		
1998		朱清时（常务）、程艺、王广训、金大胜		
1999	朱清时 1998.6至今		汤洪高 1998.7—2003.5	韩移旺
2000		高文、侯建国		
2003		李国栋、李定、王东进、许武	郭传杰 2003.5至今	许武（常务）、李定、鹿明
2005		侯建国（常务）、窦贤康		
2007		叶向东		叶向东

注：

1. 自1970年至1978年，姜智敏、刘达、欧远方先后任校革委会主任，童惕安、石占金、李东林、徐静洲、钱志道、武汝扬、杨秀清、徐文成、张行言、吴庆华、李容稳、卢岗峰先后任革委会副主任。1972年9月至1973年11月，姜智敏任校党委第一书记。

2. 1978年4月至1978年11月期间，杨海波任校党委第一书记，武汝扬任第二书记。

附 录

历年本科生、研究生招生、毕业情况一览表

年度	本科生 招生	本科生 毕业	硕士研究生 招生	硕士研究生 毕业	博士研究生 招生	博士研究生 毕业	备注
1958	1 634						1. 1999年12月合肥经济技术学院并入我校,经济技术学院2000—2003年本科毕业生分别为368、384、473、609人,统一计入我校当年毕业生数。 2. 自2000年起,我校学制由五年改为四年。 3. 1985—2008年成人高等教育本、专科毕业生共24 486人。
1959	1 403						
1960	1 755						
1961	518						
1962	500		4				
1963	614	1 606	10				
1964	625	1 420	16				
1965	617	1 684	4				
1967		611					
1968		642		20			
1969		637		1			
1970		630					
1972	529						
1973	200						
1974	344						
1975	538	525					
1976	584	197					
1977	738	343					
1978	999	502	107				
1979	526		27				
1980	557	573	4				
1981	568		113		6		
1982	588	699	135	2	6		
1983	662	873	124	6	6	1	
1984	715	533	191		6		
1985	778	542	462	246	55	7	
1986	752	574	338	123	26		
1987	810	574	326	281	59	28	
1988	772	638	323	304	56	17	
1989	598	687	250	315	48	31	
1990	664	714	240	273	40	46	
1991	775	703	226	189	43	34	
1992	803	740	251	167	61	25	
1993	946	757	354	155	37	27	
1994	928	573	470	177	125	40	
1995	1 123	720	401	192	148	56	
1996	1 148	747	430	298	161	49	
1997	1 248	888	431	421	198	105	
1998	1 450	997	464	385	194	139	
1999	1 842	983	555	422	248	158	
2000	1 902	1 552	780	384	330	195	
2001	1 826	1 705	995	306	308	187	
2002	1 862	1 871	1 267	548	455	191	
2003	1 862	2 321	1 581	470	648	324	
2004	1 848	2 595	1 709	1 025	656	395	
2005	1 842	1 743	1 735	1 267	680	455	
2006	1 941	1 770	1 957	1 581	701	648	
2007	1 963	1 706	2 130	1 709	710	656	
合计	44 897	37 575	18 410	11 267	6 011	3 814	

系科专业设置沿革

一、1958—1963 年

系 别	专 业	备 注	
1. 原子核物理和原子核工程系 （1961 年改称近代物理系）	原子核物理		
	原子核工程	1963 年更名为反应堆工程专业	
2. 技术物理系	半导体物理		1963 年，磁学、光学、固体物理三个专业合并成物理学专业
	铁氧体	1961 年改称磁学专业	
	低温物理	1961 年并入固体物理专业	
	固体物理		
	光学	1960 年增设	
3. 化学物理系	高速化学反应动力学		
	物理力学		
4. 物理热工系 （1960 年更名为工程热物理系，1961 年并入近代力学系）	燃气轮机及喷气发动机	1960 年改称喷气动力热物理专业	
	原子能动力	1960 年改称原子核动力热物理专业，1961 年撤销	
	工程热物理	1960 年撤销	
5. 无线电电子学系	无线电技术		
	声学		
	电子学	1961 年改称电子器件专业，1962 年改称电真空专业，1963 年改称电子物理学专业	
	电波天线		1961 年合并为微波专业，后于 1963 年更名为无线电物理学专业
	量子电子学	1960 年增设	
6. 自动化系	自动学	1960 年改称自动控制理论专业	1963 年合并成自动控制专业
	远动学	1960 年改称运动物体自动控制专业	
	自动化技术工具	1960 年改称自动控制特殊精密仪表专业	
	自动化计算技术	1961 年并入电子计算机专业	
	能源自动控制	1959 年增设，1960 年撤销	
7. 力学和力学工程系 （1961 年改称近代力学系）	高速空气动力学		
	高温固体力学	1963 年更名为飞行器结构力学专业	
	土及岩石力学	1960 年撤销	
	化学流体力学	1961 年撤销	
	高速高压	1960 年增设，1961 年撤销	
	工程爆破技术	1960 年增设	
8. 放射化学和辐射化学系 （1960 年更名为原子能化学系，1961 年更名为近代化学系）	放射化学工艺学	1960 年，前两个专业合并为放射化学专业，1961 年又与辐射化学专业合并为放射化学专业	
	同位素化学		
	辐射化学		
9. 地球化学和稀有元素系	稀有分散元素地球化学	1960 年，地球化学专业改称为生物及海洋地球化学专业，1961 年撤销此四个专业，设置地球化学专业	
	放射性元素地球化学		
	同位素地球化学		
	地球化学		
	稀有元素	1961 年调整到近代化学系，1963 年更名为化学专业	
10. 高分子化学和高分子物理系	高分子合成	1961 年撤销	
	高分子物理		
	高分子物理化学	1961 年合并为高分子化学和重有机合成专业	
	重有机合成		

续表

系　别	专　业	备　注
11. 应用数学和电子计算机系	应用数学	
	电子计算机	1961年调整到自动化系
	工程逻辑	1961年撤销
12. 生物物理系	生物物理	
13. 应用地球物理系	高空物理	1963年更名为大气物理专业,同年更名为高空大气物理专门组
	天气控制	1963年更名为大气物理专门组
	地壳物理	1960年增设,1963年更名为固体地球物理专门组
	探空技术	1961年增设,1963年改为无线电遥测专门组(探空技术专门组)
14. 科学情报系 (1959年,我校合并中国科学情报大学后增设)	物理	1960年并入技术物理系
	化学	1960年并入高分子化学与高分子物理系
	生物	1960年并入生物物理系

注:

1. 1960年7月11日,中国科学院决定我校有四个系须改用公开名称:原子核物理和原子核工程系公开名称为"近代物理系",原子能化学系公开名称为"同位素化学系",地球化学和稀有元素系公开名称为"地球化学系",应用数学和电子计算机系公开名称为"应用数学系"。

2. 1961年5月9日,根据中央"调整、巩固、充实、提高"的方针,经报中国科学院、教育部同意,学校将原有的13个系、46个专业合并为12个系、30个专业。将工程热物理系与力学和力学工程系合并为近代力学系。

二、1964—1977年

年度 系别	1964	1966	1972	1973	1974	1975	1976	1977
1. 数学系	数学	应用数学	计算数学△	△		△	△	
			物理数学	停				
			微分方程	停				
			应用数学		△			
		统计运筹	统计运筹△			△	△	△
			基础数学					△
2. 物理系	半导体物理		半导体物理△		△		△	
	物理学		激光△			△	△	
			磁学	△		△		△
			晶体		△			
			固体发光		△			
			低温物理	△		△	△	
	地球物理		地震△	地球物理	△	△	△	△
				空间物理	△	△	△	△
	生物物理			△		△	△	△
	无线电遥测	转至6系						

中国科学技术大学编年史稿

附　录

续表

年度\系别		1964	1966	1972	1973	1974	1975	1976	1977
3. 近代化学系	化学			无机和分析化学△	无机化学△		△	△	
					分析化学		△	△	△
	高分子化学		高分子化学	高分子化学△	高分子化学和高分子物理	△		△	
	高分子物理			高分子物理△					
	物理力学		化学物理	物理化学△	化学物理△				△
	高速化学反应动力学			物理力学	停				
	地球化学				△		△		△
	放射化学			放射化学	停				
				辐射化学		△	△	△	
4. 近代物理系	原子核物理			实验核物理	原子核及高能实验物理	△	△	△	
				理论核物理	原子核及粒子理论物理△				
				电物理		△	△		
	反应堆工程				停				
5. 近代力学系	空气动力学		高速空气动力学	△		△			
	飞行器结构力学与强度计算		飞行器结构力学	△					△
	热物理		航空发动机热物理	喷气发动机热物理△		△	△		
	爆炸力学				△				
6. 无线电电子学系	无线电技术			无线电技术△		△	△	△	
				无线电遥测△					△
	无线电物理		微波技术	△				△	
	电子物理学		电真空器件	电真空△		停			
	声学			无线电声学		停			
	自动控制			△		△	△	△	
	计算技术与装置		电子计算机	△	△			△	△

注：

1. 表中"停"指该专业停办，"△"指该专业当年招生。表中空白处除停办专业外，指该专业名称不变，且当年未招生。

2. 1964年7月，我校原有的12个系、30个专业合并为6个系、24个专业，即：数学系（数学专业）、物理系（包括原技术物理系、生物物理系、应用地球物理系）、近代化学系（包括原近代化学系、地球化学系、高分子化学和高分子物理系、化学物理系）、近代物理系、近代力学系、无线电电子学系（包括原无线电电子学系、自动化系）。

3. 1971年9月8日，根据全国教育工作会议决定，我校物理系大气物理专业（其实为地球物理专业下的大气物理专门组）调入吉林大学，至9月底全部交接完毕。

4. 1973年5月30日，学校进行专业调整，共设29个专业，部分专业名称稍有变动。

附 录

三、1978—1988 年

系　别	专　业	备　注
1. 数学系	计算数学	
	统计运筹	1988年分为数理统计专业与运筹专业
	基础数学	
	应用数学	
2. 物理系	半导体物理	
	激光和光学	在原激光、晶体学、固体发光三个专门组的基础上，后分为激光与光学专业（1988年改称光学与光电子学专业）、晶体物理专业（1987年调入材料科学与工程系）、发光与光谱专业（1988年更名为固体光学专业）
	低温物理	
	磁学	1988年更名为磁性物质与材料专业
3. 近代化学系	无机化学	1983年调入应用化学系，1988年改称化学专业
	分析化学	1983年调入应用化学系，1988年改称应用化学专业
	辐射化学	1983年调入应用化学系
	高分子化学	1983年调入应用化学系，又于1987年调入材料科学与工程系
	高分子物理	
	化学物理	
4. 近代物理系	理论物理	
	实验核物理	1983年更名为实验核及粒子物理专业（1988年又更名为原子核物理与核技术专业），在原核电子学专门组的基础上成立核电子学专业（1988年更名为核电子学与核技术应用专业）
	电物理	后在等离子体专门组、加速器专门组的基础上成立等离子体物理专业与加速器物理专业
5. 近代力学系	高速空气动力学	1983年改称流体力学专业
	飞行器结构力学	1983年改称固体力学专业
	喷气发动机热物理	1983年调入工程热物理系
	爆炸力学	
6. 无线电电子学系	无线电技术	
	微波技术	
	自动控制	1983年调入系统科学与管理科学技术系
	电子计算机	1983年调入信息和计算机科学系
	无线电遥测	1988年更名为电子学与信息系统专业
7. 地球和空间科学系（1978年3月成立）	地球物理	由物理系调入
	空间物理	
	地球化学	由近代化学系调入
	大气物理	1980年自吉林大学调回，1988年改称大气物理与大气环境专业
8. 生物系（1978年3月成立）	生物物理	由物理系调入
	分子生物学	
	细胞生物学	1983年成立
9. 精密机械与精密仪器系（1978年11月成立）	精密机械与精密仪器	由近代力学系调入，1988年分为精密机械专业、精密仪器专业
10. 自动化系（1988年由系统科学与管理科学系分出）	自动控制	由无线电电子学系调入

续表

系　别	专　业	备　注
11. 信息和计算机科学技术系（1982年成立，1987年更名为计算机科学技术系）	计算机科学技术	由无线电电子学系电子计算机专业调入后更名
12. 应用化学系（1983年成立）	无机化学	由近代化学系调入
	分析化学	
	辐射化学	
13. 工程热物理系（1983年成立）	工程热物理	由近代力学系喷气发动机热物理专业调入后更名
14. 材料科学与工程系（1987年成立）	材料物理	由物理系晶体物理专业调入后更名
	材料化学	由应用化学系高分子化学专业调入后更名
	高分子材料	由应用化学系高分子物理专业调入后更名
	无机非金属材料	由应用化学系无机化学专业调入后更名
15. 科技管理与科技情报系（1987年成立）	科技信息	1988年改称管理信息系统
	科技编辑	
	科技情报	
16. 经济管理和系统科学系（1988年由系统科学与管理科学系分出）	管理科学	

注：

1. 1978年4月，学校曾成立科学组织与计划管理系筹备组，并成立独立专业"科学组织与计划管理"。

2. 1983年4月9日，在无线电电子学系自动化专业基础上成立系统科学与管理科学系。1988年3月16日，系统科学与管理科学系分为自动化系、经济管理和系统科学系。

3. 1988年7月7日，中国科学院同意我校成立管理学院，院址设在北京管理干部学院内。学院由经济管理和系统科学系、科技管理与科技情报系以及在北京即将新建的管理工程系组成。

四、1989—2007年

学　院	系　部	备　注
	少年班、教改试点班	
理学院（1993年12月9日成立，1994年1月11日挂牌）	数学系（1系）	
	物理系（2系）	
	近代物理系（4系）	
	天文与应用物理系（22系）	1998年成立
化学与材料科学学院（1996年7月3日成立，12日挂牌）	近代化学系（3系）	1993年更名为化学物理系
	应用化学系（12系）	2001年撤销
	材料科学与工程系（14系）	
	化学系（19系）	1997年成立
	高分子科学与工程系（20系）	1997年成立
生命科学学院（1998年1月12日成立，2月23日挂牌）	分子生物学与细胞生物学系（8系）	1998年成立
	神经生物学与生物物理学系（21系）	1998年成立
	系统生物学系	2005年成立
	医药生物技术系	2006年成立

中国科学技术大学编年史稿

附 录

续表

学 院	系 部	备 注
工程科学学院 (1998年9月11日成立 12月30日挂牌)	近代力学系(5系)	1992年更名为力学和机械工程系
	精密机械与精密仪器系(9系)	
	工程热物理系(13系)	1992年更名为热科学和能源工程系
	安全科学与工程系	2004年成立
信息科学技术学院 (1999年6月30日成立)	无线电电子学系(6系)	1993年更名为电子工程与信息科学系
	自动化系(10系)	
	计算机科学技术系(11系)	
	电子科学与技术系(23系)	1998年成立
地球和空间科学学院 (2001年12月12日成立, 2002年4月3日挂牌)	地球和空间科学系(7系)	2001年学院建成后撤销系
商学院 (1995年1月13日成立, 2005年4月22日更名为 管理学院)	科技管理与科技情报系(15系)	1991年更名为科技情报系,1993年又更名为信息管理与决策科学系
	经济管理与系统科学系(16系)	1991年更名为管理科学系
	统计与金融系(17系)	1995年成立
	工商管理培训部	
人文与社会科学学院 (2000年11月20日成立)	外语系(18系)	1992年成立
	科技史与科技考古系(24系)	1999年成立
	科技传播与科技政策系(25系)	2001年成立
	马克思主义理论教学研究部	2002年成立
	人文素质教学研究部	2002年成立
	科技哲学教学研究部	2002年成立
	体育教学部	

注:

1. 1995年1月13日商学院成立,包括信息管理与决策科学系、管理科学系以及新成立的统计与金融系。

2. 1996年2月26日,中国科学院批准我校在现有化学物理系、应用化学系及材料科学与工程系的基础上成立化学与材料科学学院。1997年1月25日,学校调整化学与材料科学学院系级机构,下设化学物理系、应用化学系、化学系、材料科学与工程系、高分子科学与工程系(恢复原高分子化学和高分子物理系建制后更名)。

3. 1997年12月17日,中国科学院同意我校成立生命科学学院。1998年1月12日,学校以原生物系为基础,调整相关学科和研究机构,正式成立生命科学学院。下设分子生物学与细胞生物学系、神经生物学与生物物理学系。

4. 1998年9月11日,工程科学学院成立,下设力学和机械工程系、精密机械与精密仪器系、热科学和能源工程系。

5. 1999年12月17日,合肥经济技术学院并入我校,学校成立经济技术学院,该学院为学校二级学院。2004年7月1日,学校撤销经济技术学院。

6. 2001年8月27日,应用化学系撤销,其高分子学科并入高分子科学与工程系,有关应用化学与化工专业并入化学系。

7. 2002年3月20日,学校撤销哲学社会科学部,成立科技哲学教学研究部、人文素质教学研究部、马克思主义理论教学研究部。

8. 2003年2月26日,近代物理系和天文与应用物理系的理论物理学科整合至近代物理系,物理系和天文与应用物理系的凝聚态物理学科整合至物理系。

9. 2005年4月22日,撤销原设在北京的中国科学技术大学管理学院,将设在合肥校本部的"中国科学技术大学商学院"更名为"中国科学技术大学管理学院"。

附 录

党群行政机构沿革

一、创建时期的党群行政机构

1. 1958年6月18日学校成立筹备处。8月30日,学校决定:各教研组和图书馆均直属校长领导,暂由教务处负责教学组织的筹备工作;成立勤工俭学办公室、学校俱乐部(受团委领导);校卫队受人事处领导;原总务处更名为行政处。10月13日,学校决定成立思想、教学、勤工俭学、行政四个专业小组,四个小组分别由政治教研组、教务处、勤工俭学办公室、校长办公室等单位领导。本年度学校的主要机构有:校长办公室、人事处、行政处、教务处、图书馆、勤工俭学办公室、团委会。

2. 1959年4月成立校务委员会。本年度学校的组织机构主要包括:组织部、宣传部、团委会、校长办公室、教务处、人事处、行政处、基建处、生产劳动处、器材处、图书馆、马列主义教研室。

3. 1961年5月,党委设立统战部,10月成立武装部,11月成立生活管理处,撤销基建处,基建工作移交行政处。

4. 1963年9月,撤销生活管理处,原生活管理处所属人员并入行政处统一管理。11月,分设党委办公室与校长办公室;专设统战部;明确武装部为党委的一个部门;成立档案室;行政处改称总务处;成立工会。

5. 1965年3月,学校建立政治部,下设办公室、组织部、宣传部、统战部、马列主义教研室和保卫科,并受党委委托指导共青团和工会的工作。5月,武装部划归政治部。8月,政治部设秘书科。12月,校党委决定成立教务部(下设教务处、外语教研室、体育教研室、统筹方法研究室和图书馆)和校务部(下设校务办公室、保卫处和行政处)。

至此,学校的组织机构如下页表所示。

中国科学技术大学编年史稿

附　录

校党委	政治部	秘书科
		组织部
		干部部
		宣传部
		统战部
		武装部
		马列主义教研室
	团委会	
	工　会	
	监委会	
校务委员会	教务部	教务处①
		统筹方法研究室
		外语教研室
		体育教研室
		图书馆
	校务部	校务办公室
		行政处
		保卫处

二、"文化大革命"时期的党群行政机构

1. 1968年3月,中国科学技术大学革命委员会成立。
2. 1969年2月,学校成立教育革命组。
3. 1970年11月,校革命委员会下设:办事组,政治工作组(分设组织小组、宣传小组、人事小组、保卫小组),教育革命组(分设教育小组、科研生产小组、器材小组),后勤组(后称校务组,分设总务小组、生产生活小组、房产小组、财务小组),人民武装部。

至1972年,学校的主要组织机构如下页表所示。

---

① 1958年8月成立的勤工俭学办公室于次年8月分设为生产劳动处、器材处,科学研究工作暂由生产劳动处主管;1960年2月生产劳动处更名为劳动科研处;1962年5月劳动科研处并入器材处;1963年11月撤销器材处,划归教务处实验室科管理。

附 录

校党委 (正、副书记)	政治部	办公室	
		组织部①	干部科
			组织科
		宣传部	
		保卫部	
		统战部	
		马列主义教研室	
		武装部	
	团委会		
	工 会		
	监委会		
校务委员会 (正、副校长)	教务部	教务处	印刷厂、机械厂
		统筹方法研究室	
		外语教研室	
		体育教研室	
		图书馆	技术档案资料室
	校务部	校务办公室	
		行政处	卫生所、子弟小学、幼儿园
校革命委员会	办公室		
	政工组	组织小组	
		人事小组	
		宣传小组	
		保卫小组	
		学生小组	
		团委办公室	
		政治理论教研室	
	教育革命组	教育小组	机械厂、印刷厂、图书馆、外语教研室、科技情报室
		科研小组	
		生产小组	
		器材小组	
	校务组	行政小组	
		总务小组	
		财务小组	卫生所、小学、幼儿园
		房产小组	
		生产生活管理小组	
		基建办公室	防空办公室、体育教研室
	人民武装部		

---

① 自1964年10月起,组织部与人事处合并,一个机关两个牌子,对党内是组织部,对党外是人事处,组织部副部长兼人事处处长。

附 录

三、改革开放后的党群行政机构

1. 1977年，学校呈报中国科学院《关于改变组织机构的请示报告》，决定撤销四大组的办事机构，设立政治部、教学部、科学研究部、后勤部、校长办公室等。1978年3月15日，中国科学院批复同意（将后勤部更名为校务部，校长办公室更名为办公室）。20日，四部一室正式成立。政治部下设组织部、宣传部、统战部、人事处、保卫处和学生工作处；教学部下设教务处、研究生科和印刷厂等；科研部下设科研生产处、器材处、各实验中心和机械厂等；校务部下设基建处、行政管理处、校医院和农场；图书馆和职工子弟学校属学校领导。

2. 1978年10月，取消原设的政治部、教学部、科研部、后勤部、基建部；设立党委办公室、组织部、宣传部、人武部、保卫处、校办公室、人事处、学生工作处等党政机构；在党委领导下，设立纪律检查委员会。设立教务长、副教务长，负责教学科研工作，下设教务处、科研处、生产管理处、器材处、师资培训和研究生管理处、图书馆。设立总务长、副总务长，负责后勤工作，下设生活管理处、行政管理处、房产管理处、财务处、医院。基建工作设基建综合处、工程技术处、材料设备处。设立北京教学管理处，以加强北京后期教学管理工作。设立校学术委员会。（如下页图）

3. 1981年2月，北京教学管理处划归研究生院（北京）领导。3月，校党委决定将1978年设立的基建处、材料处、计划处合并为基建处。10月，学校设立"中国科学技术大学研究生院（北京）大学工作部"。

4. 1982年1月，原师资培训与研究生管理处分开，分别设立师资处和研究生处（次年改为研究生部）。10月，经校党委常委会研究决定，马列主义教研室、同步辐射实验室、物理教研室、电工电子学教研室、外语教研室、体育教研室、实验工厂、印刷厂、附中九个单位为系（处）级建制。

5. 1987年4月，科研处实验室科纳入器材处，改为实验设备处。10月，西区办公室（正处级）成立，目的是组织协调西区的后勤、教学和学生管理等工作。

6. 1988年10月，成立监察审计处；12月，成立招生分配办公室（正处级）。

7. 1994年9月，原人事处与师资处合并为人事处，原学生工作处与招生分配办公室合并为学生工作处。

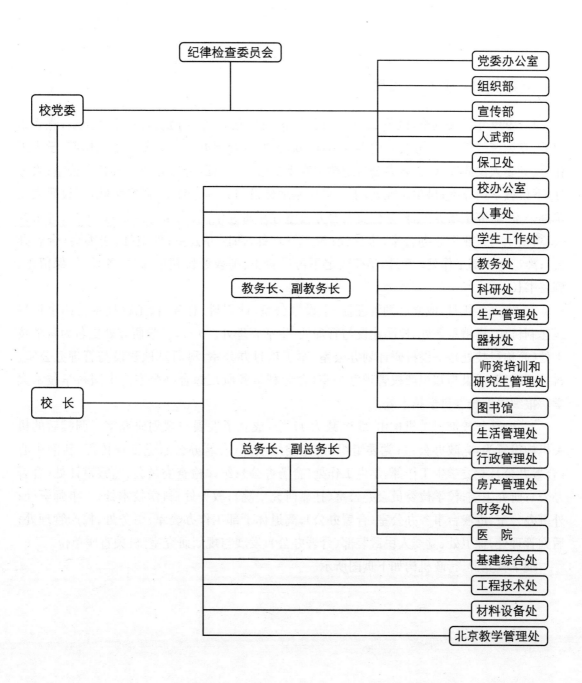

四、近期党群行政机构设置

1. 1999年机关调整，机关22个正处级机构调整为18个，分别是：党委办公室；党委组织部、党委统战部（合署办公）；党委宣传部、新闻中心（合署办公）；党委学生工作部、学生工作处、党委人民武装部（合署办公）；纪律检查委员会、监察处（合署办公）；校长办公室；教务处，下设教学研究室；科学研究处，下设科研基地建设与管理办公室；研究生院，下设研究生院办公室、研究生培养处，校学位委员会办公室挂靠研究生院；人事师资处；财务处；外事办公室；招生与就业指导办公室；审计处；校产管理处；西区办公室；保卫处、居委会（合署办公）；离退休干部工作处。5月，学校决定不再设置正、副教务长和正、副总务长，暂保留正、副秘书长。

2. 2000年4月，成立后勤管理处，下设办公室、计划科、总务科、工程技术科四个正科级建制机构；撤销总务处、校园建设与管理处、生活管理处。9月，科学研究处更名为科学技术处（简称科技处），下设科研计划办公室、军工项目办公室、科研基地建设与管理办公室、科技开发部、成果与知识产权管理办公室（含专利事务所）、综合办公室。中国科学技术大学学报编辑部挂靠科学技术处。

3. 2003年校部机关机构由23个减为17个，成立了发展与规划研究室。调整后的机关机构设置为：党政办公室；党委组织部、党委统战部（合署办公）；党委宣传部、新闻中心（合署办公）；党委学生工作部、学生工作处（合署办公）；纪律检查委员会、监察审计处（合署办公）；研究生院；校学位委员会办公室（挂靠研究生院）；教务处；科学技术处；人事师资处；外事办公室、港澳台事务办公室（合署办公）；离退休干部工作办公室；财务处；校产管理处；后勤管理处；保卫处、党委人民武装部（合署办公）；发展与规划研究室（机关直属单位）。

现学校党群、行政机构如下页图所示。

中国科学技术大学编年史稿

附　录

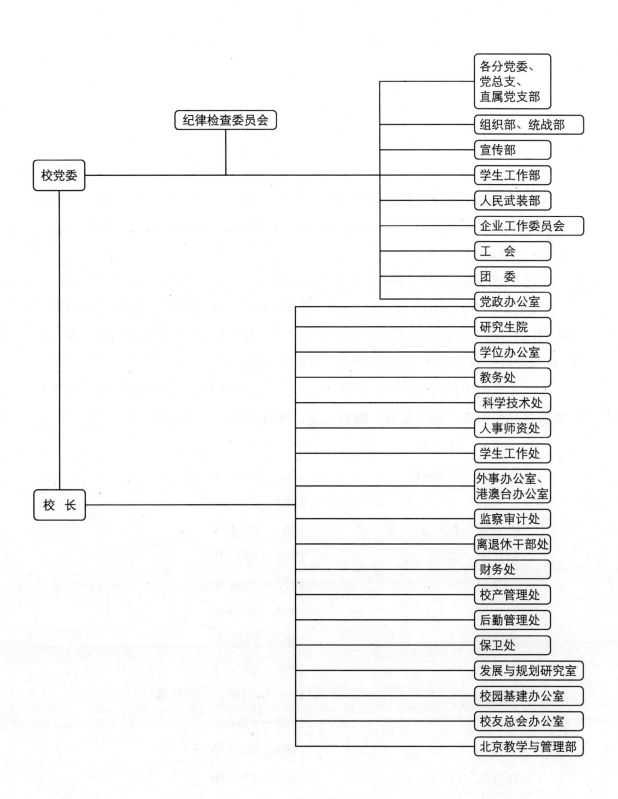

后 记

中国科学技术大学自创建以来已走过半个世纪的风雨历程。作为新中国创办的新型理工科大学的成功典范,中国科学技术大学创造了我国教育史和科技史上的一个又一个辉煌。

为迎接建校五十周年,保存历史记忆,弘扬传统,怀念先贤,彰显成就,传承文化,学校于2007年初决定成立校史编研组,开展系统的校史研究。在研究和编纂过程中,我们查阅了大量档案资料,坚持实事求是,秉笔直书,力求记述准确,语言精炼,具有史料性和可读性,以起到存史、资政、育人作用。

本书主要由中国科学技术大学档案馆(校史馆)、科技史与科技考古系、党政办公室等单位组织人力协作完成。编写人员具体分工为:

王高峰　张志辉	1959—1960年
贾　瑞　张志辉	1961—1962年
付邦红	1963—1966年
柯资能　杨　晶　祝　捷	1967—1971年
胡化凯　陈崇斌	1972—1976年
丁兆君	1977—1982年
万　绚	1983—1986年
汤传霞	1987—1989年
程学玲	1990—1992年
丁毅信	1958年、1993—1994年
张新年	1995—1997年
方黑虎	1998—2000年
郑红群	2001—2003年
马　壮	2004—2005年
何淳宽	2006—2007年

后 记

本书附录由丁兆君、孙洪庆、刘杰、张振、王燕霞等完成。全书由丁毅信、丁兆君、吴华宝等统稿。

中国科学技术大学党委书记郭传杰教授审稿并提出许多修改意见,部分学校历任与现任领导、校学术委员会领导等提出大量宝贵意见,校出版社为本书编纂和出版付出大量劳动,在此一并致谢。

限于编者水平,差错在所难免,敬请广大师生员工、校友和广大读者批评指正。

编 者

2008 年 8 月